Windows Scripting lernen

Holger Schwichtenberg

Windows Scripting lernen

Windows Script Host,
Visual Basic Script,
Windows PowerShell

ADDISON-WESLEY

An imprint of Pearson Education

München • Boston • San Francisco • Harlow, England
Don Mills, Ontario • Sydney • Mexico City
Madrid • Amsterdam

Bibliografische Information der Deutschen Nationalbibliothek

Die Deutsche Nationalbibliothek verzeichnet diese Publikation in der Deutschen Nationalbibliografie; detaillierte bibliografische Daten sind im Internet über *http://dnb.dnb.de* abrufbar.

10 9 8 7 6 5 4 3 2 1

15 14 13

ISBN 978-3-8273-3205-9

Umschlagkonzept: Kochan & Partner, München
Lektorat: Thomas Pohlmann
Korrektorat: Petra Kienle
Herstellung: Claudia Bäurle, cbaeurle@pearson.de
Satz: Nadine Krumm, mediaService, Siegen, www.mediaservice.tv
Druck und Verarbeitung: Kösel, Krugzell (www.KoeselBuch.de)
Printed in Germany

Inhaltsverzeichnis

Über den Autor Dr. Holger Schwichtenberg

- Studienabschluss Diplom-Wirtschaftsinformatik an der Universität Essen
- Promotion an der Universität Essen im Gebiet komponentenbasierter Softwareentwicklung
- Seit 1996 selbstständig als unabhängiger Berater, Dozent, Softwarearchitekt und Fachjournalist
- Geschäftsführung und Leitung der Softwareentwicklung bei *www.IT-Visions.de*
- Mehr als 50 Fachbücher bei Microsoft Press, Addison-Wesley und dem Carl Hanser-Verlag und mehr als 700 Beiträge in Fachzeitschriften
- Gutachter in den Wettbewerbsverfahren der EU gegen Microsoft (2006–2009)
- Ständiger Mitarbeiter der Zeitschriften iX (seit 1999), dotnetpro (seit 2000) und Windows Developer (seit 2010) sowie beim Online-Portal *heise.de* (seit 2008)
- Regelmäßiger Sprecher auf nationalen und internationalen Fachkonferenzen (z.B. TechEd, Microsoft IT Forum, BASTA, Advanced Developers Conference, OOP, VS One, Wirtschaftsinformatik, Net.Object Days, Windows Forum, DOTNET-Konferenz, XML-in-Action)
- Zertifikate und Auszeichnungen von Microsoft:
  - Microsoft Most Valuable Professional (MVP)
  - Microsoft Certified Solution Developer (MCSD)
- Thematische Schwerpunkte:
  - Microsoft .NET Framework, Visual Studio, C#, Visual Basic .NET
  - .NET-Architektur / Auswahl von .NET-Technologien
  - Einführung von .NET Framework und Visual Studio / Migration auf .NET
  - Webanwendungsentwicklung mit IIS, ASP.NET, AJAX und Silverlight
  - Enterprise .NET, verteilte Systeme mit .NET insbes. WCF
  - Relationale Datenbanken, XML, Datenzugriffsstrategien
  - Objektrelationales Mapping (ORM) insbes. ADO.NET Entity Framework
  - Windows PowerShell (WPS) und Windows Management Instrumentation
- Ehrenamtliche Community-Tätigkeiten:
  - Vortragender für die International .NET Association (INETA)
  - Betrieb der Community-Websites *www.dotnetframework.de*, *www.windows-scripting.de* und *www.powershell-doktor.de*
- Firmen-Website: *http://www.IT-Visions.de*
- Weblog: *http://www.dotnet-doktor.de*
- Kontakt: *buero@IT-Visions.de sowie Telefon 0201 7490-700*

Vorwort

Vorwort zur fünften Auflage

Liebe Leserinnen, liebe Leser,

das Erscheinen von Windows 8 und Windows Server 2012 nehmen wir zum Anlass für eine erneute Aktualisierung dieses Buchs. Auch in den neuesten Microsoft-Betriebssystemen ist der Windows Script Host weiterhin enthalten und ein wichtiges Werkzeug für die automatisierte Systemadministration.

„Windows Scripting lernen" ist das letzte verbliebene Buch zum Windows Scripting Host (WSH) auf dem deutschen Markt.

Neben einigen Aktualisierungen zum WSH (insbesondere hinsichtlich der restriktiveren Vergabe administrativer Rechte in Windows 8) bietet diese 5. Auflage Ihnen vor allem mehr Inhalte zum Thema Windows PowerShell. Behandelt wird die PowerShell 3.0, die in Windows 8 und Windows Server 2012 enthalten ist und auf Windows 7 und Windows Server 2008 (inkl. R2) als Zusatz installierbar ist.

Ich danke Ihnen für Ihre Treue zu diesem Buch.

Dr. Holger Schwichtenberg

Essen, im Oktober 2012

Vorwort zur vierten Auflage

Liebe Leserinnen, liebe Leser,

das Erscheinen von Windows 7 und Windows Server 2008 R2 nehmen wir zum Anlass für eine Aktualisierung des Buchs. Die weiterhin hohen Verkaufszahlen im Zeitalter von Vista und PowerShell zeigen, dass der Windows Scripting Host (WSH) in den Unternehmen noch aktiv genutzt wird, selbst wenn er in den letzten Jahren keine großen Veränderungen mehr erfahren hat.

Natürlich ist der Markt kleiner geworden. In Deutschland gab es einmal sechs Bücher zum WSH. Von diesen sind nur noch „Windows Scripting lernen" und der große Bruder „Windows Scripting" übrig geblieben.

Mittelfristig wird die PowerShell größere Bedeutung als der WSH erlangen. In diesem Buch gebe ich Ihnen einen Ausblick auf die PowerShell 2.0. Aber dieser Ausblick ist hier bewusst kurz gewählt. In meinen Büchern „Windows Scripting (6. Auflage)" und „Windows PowerShell 2.0 – Das Praxishandbuch" (beide bei Addison-Wesley erschienen) gehe ich genauer auf die PowerShell ein.

Ich danke Ihnen für Ihre Treue zu diesem Buch.

Dr. Holger Schwichtenberg

Vorwort zur dritten Auflage

Liebe Leserinnen, liebe Leser,

auch mit Erscheinen von Windows Vista und der Windows PowerShell ist der Windows Script Host (WSH) noch aktuell und er wird es auch für die nächsten Jahre noch bleiben. Windows Vista basiert entgegen früheren Ankündigungen noch nicht auf dem .NET Framework, sondern weiterhin komplett auf dem Component Object Model (COM) und noch älteren C/C++-Techniken. Der WSH und seine COM-basierten Scripting-Komponenten sind also das primäre Instrument für die automatisierte Systemadministration unter Vista.

Die Windows PowerShell, die Microsoft als gemeinsamen Nachfolger von WSH und Windows-Kommandozeilen-Shell ansieht, ist zwar mächtig und einfach, steht aber hinsichtlich des direkt nutzbaren Funktionsumfangs (in Form der Commandlets) noch weit hinter dem WSH zurück. Noch muss man hier in vielen Fällen in die Tiefen von .NET einsteigen. Erst mit kommenden Windows-Versionen und anderen Microsoft-Produkten wird es für die PowerShell einen Funktionsumfang geben, der auch Scripting-Einsteiger anspricht.

Grund genug also, diesem meistverkauften deutschen Scripting-Buch eine neue Auflage zu spendieren. In dieser Neuauflage finden Sie neben vielen kleinen Verbesserungen neue Texte zu folgenden Themen:

- Scripting-Neuerungen in Windows Vista (Kapitel 19)
- Einführung in die Windows PowerShell (Kapitel 20)
- Prozessverwaltung per Skript, insbesondere die Kommunikation zwischen Skripten und Konsolenanwendungen (Kapitel 16)
- Mehr Beispiele zur Verwendung von Text- und XML-Dateien als Ein- und Ausgabedateiformat für Skripte (in mehreren Kapiteln)

Beim Alten geblieben ist die Website, auf der Sie sich registrieren können für die Foren, Zusatz-Downloads und den Newsletter:

http://www.Windows-Scripting.de

Weiterhin viel Spaß beim Skripten wünscht Ihnen

Dr. Holger Schwichtenberg

Essen, im Mai 2007

Vorwort zur zweiten Auflage

Dass viele Administratoren sich ein Einsteigerbuch zum WSH wünschten, war mir klar, als ich dieses Buch Ende 2002 zusammen mit meinen drei Co-Autoren geschrieben habe. Dass wir damit die Position des Marktführers unter den Scripting-Büchern in Deutschland einnehmen würden, hätte ich nicht erwartet. Natürlich freuen wir uns sehr über die positive Resonanz.

Bereits Ende 2003 ist ein korrigierter Nachdruck erschienen, in dem wir die restlichen kleinen Tippfehler in dem Buch und auf der CD beseitigt haben. Nun liegt eine überarbeitete und erweiterte zweite Auflage vor Ihnen. Komplett neu in diesem Buch sind die Kapitel 16 („Scripting der Gruppenrichtlinien") und 17 („Sicheres Scripting").

Herzlich bedanken möchte ich mich bei allen Lesern, die durch ihr Feedback geholfen haben, diese zweite Auflage noch besser zu machen.

Ausdrücklich hinweisen möchte ich Sie auf die Website zu diesem Buch:

http://www.Windows-Scripting.de

Aktuell bietet Ihnen diese Website folgende Informationen und Dienste:

- Umfangreiches Windows Scripting-Glossar
- FAQ zum WSH
- Diskussionsforum zum Windows Scripting (Fragen von registrierten Lesern werden von den Autoren dieses Buchs vorrangig beantwortet!)
- Verzeichnis von Scripting-Komponenten
- Klassenreferenz für die Windows Management Instrumentation (WMI)
- Feedback-Fragebogen zu diesem Buch
- Aktualisierungen zu den Skripten in diesem Buch (sofern sich technische Änderungen in Windows ergeben oder Verbesserungen von uns oder den Lesern gefunden werden)
- Skriptarchiv mit über 200 weiteren WSH-Skripten
- Scripting-News und -Newsletter
- Und last, but not least: Informationen zu unseren Scripting-Schulungen und zum Support bei Fragen rund um den WSH.

Ich wünsche Ihnen nun viel Erfolg mit diesem Buch und würde mich freuen, Sie auf meiner Website begrüßen zu dürfen!

Dr. Holger Schwichtenberg

Essen, im Mai 2004

Vorwort zur ersten Auflage

WSH

Zur automatisierten Systemadministration ist der Windows Script Host (WSH) eine sehr mächtige Alternative gegenüber der schon etwas angestaubten Windows-Batch-Programmierung. Unsere Erfahrungen aus Scripting-Schulungen und Beratungsterminen in den letzten vier Jahren haben aber gezeigt, dass es vielen Administratoren schwerfällt, sich in die Welt des Scriptings einzuarbeiten – oft auch gehemmt durch die Tatsache, dass das Scripting zum Bereich Programmierung/Softwareentwicklung gezählt wird.

Zielgruppe

Scripting ohne Vorkenntnisse

„*Windows Scripting lernen*" wendet sich an Administratoren ohne Programmierkenntnisse. Dieses Buch enthält eine schrittweise Einführung in die Entwicklung von Skripten. Auch ohne Vorerfahrung in der Programmierung lernen Sie durch dieses Buch die Möglichkeiten zur automatisierten Administration von Unternehmensnetzwerken mit dem Windows Script Host (WSH), Visual Basic Script und verschiedenen sogenannten COM-Komponenten kennen.

Methodik

Didaktischer Aufbau

Das Buch hat eine didaktische Struktur mit aufeinander aufbauenden Kapiteln. Bewusst wird darauf verzichtet, detaillierte Hintergründe sowie jede Möglichkeit und jede Option vorzustellen. Dieses Buch fokussiert auf das Wesentliche, um Ihnen einen leichten Einstieg in das Windows Scripting zu ermöglichen.

Einführung

Alle grundlegenden Konzepte der Programmierung wie Variablen, Fallunterscheidungen, Schleifen, Fehlerbehandlung und die Arbeit mit Komponenten, Klassen und Objekten werden von Grund auf eingeführt. Außerdem finden Sie eine ausführliche Erklärung zur Installation und Konfiguration der Skripte und Komponenten sowie Hinweise auf mögliche Probleme oder Fehlersituationen.

Die Beispiele sind bewusst einfach gehalten. Dennoch werden Sie lernen, alle wesentlichen Aufgaben der System- und Netzwerkadministration durch Skripte zu lösen. Der deutliche Schwerpunkt dieses Buchs liegt nicht auf dem Scripting im Heimeinsatz, sondern auf dem Scripting in Unternehmensnetzwerken. Daher finden Sie hier auch Themen wie das Scripting des Active Directory, der Netzwerkkonfiguration und von Ereignisprotokollen.

Am Ende jedes Kapitels stehen Aufgaben, die Sie einsetzen können, um Ihr Wissen zu vertiefen und praktisch zu üben. Gewisse Wiederholungen sind in diesem Einsteigerbuch übrigens kein Fehler, sondern didaktische Absicht.

Wie Sie dieses Buch lesen sollten

Leseanleitung

Aufgrund des didaktischen Konzepts sollten Sie die ersten fünf Kapitel dieses Buchs unbedingt sequenziell in der vorgegebenen Reihenfolge lesen. Ab Kapitel 6 werden dann verschiedene Gebiete des Scriptings aufgabenorientiert behandelt. Die Kapitel 6 bis 16 müssen Sie nicht notwendigerweise sequenziell lesen. Hier können

Sie durchaus direkt zu den Kapiteln springen, die Sie besonders interessieren. Die von uns gewählte Reihenfolge beinhaltet aber eine Steigerung im Schwierigkeitsgrad.

Am Ende eines jeden Kapitels gibt es einen Aufgabenteil; die passenden Lösungen stehen zusammenhängend im Anhang, so dass das „Spicken" etwas erschwert wird.

Weitere Unterstützung im WWW

Website

Als Leser dieses Buchs haben Sie Zugriff auf einen zugangsbeschränkten Bereich der deutschen Windows Scripting-Website, die Sie unter *http://www.Windows-Scripting.de* finden. Ein Service dieser Website ist, dass Sie den Autoren dieses Buchs verbliebene Fragen stellen können.

Der große Bruder „Windows Scripting"

Weiterführende Literatur

Im Buchhandel werden Sie einen „großen Bruder" zu diesem Buch finden, der schon zwei Jahre länger auf dem Markt ist: „Windows Scripting" geht parallel zu diesem „Windows Scripting Lernen" bei Addison-Wesley in die dritte Auflage. Dieser Titel aus der WinTec-Reihe ist ein umfassendes Nachschlagewerk zu allen Bereichen der Skriptprogrammierung und richtet sich an Entwickler und Administratoren, die bereits Vorkenntnisse in mindestens einer Programmiersprache besitzen. Wenn Sie nach der Lektüre von „Windows Scripting lernen" noch Wissensdurst verspüren, dann sollten Sie zum großen Bruder greifen.

Dank

Mein herzlicher Dank gilt

- meinen Co-Autoren Sven Conrad, Thomas Gartner und Oliver Scheer, die tatkräftig mitgeholfen haben, den umfangreichen Stoff aus dem „Windows Scripting"-Buch auf die „Lernen"-Reihe herunterzubrechen,
- Ayse Aruca und Georg Meindl für ihre kritischen Anmerkungen als Testleser dieses Buchs,
- meiner Korrektorin Astrid Schürmann, die wieder einmal mit hoher Präzision nicht nur die sprachlichen Fehler aus unserem Text entfernt, sondern uns auch auf inhaltliche Inkonsistenzen hingewiesen hat,
- und meiner Lektorin Sylvia Hasselbach für ihre Geduld bei der doch langwierigen Geburt dieses Werks.

Ich wünsche Ihnen nun viel Erfolg mit diesem Buch.

Holger Schwichtenberg

Essen, im November 2002

1 Einführung in den Windows Script Host (WSH)

Dieses Kapitel erklärt einige grundlegende Begriffe zum Windows Scripting und zeigt Ihnen schrittweise die Erstellung von zwei einfachen Skripten auf. **Lernziele**

1.1 Der Windows Script Host

Microsoft hat die automatisierte Systemadministration lange vernachlässigt. Die Windows-Batch-Kommandozeilensprache ist nicht nur kompliziert, sondern auch nicht mächtig genug für viele Aufgaben der Systemadministration. Die Lücke wurde von Drittanbietern gefüllt, die sich aber mangels Bekanntheit und Marktmacht nicht durchsetzen konnten. Dieses fehlende Durchsetzungsvermögen hatte auch die negative Konsequenz, dass es kaum vorgefertigte Automatisierungslösungen gab. **DOS-Batch**

Ende der Neunzigerjahre hat Microsoft mit dem Windows Script Host (WSH) endlich eine Alternative zur Windows-Kommandozeilenprogrammierung veröffentlicht. Der WSH ist Teil der sogenannten Active Scripting-Architektur, zu der auch das Scripting im Internet Explorer und die Active Server Pages (ASP) im Internet Information Server (IIS) sowie zahlreiche andere Microsoft-Produkte gehören. In diesem Einsteigerbuch wird aber nur der WSH behandelt. Mehr über andere Scripting-Hosts und die Gesamtarchitektur erfahren Sie in [SCH07a]. **WSH**

> Der Windows Script Host hieß in seiner ersten Version noch Windows Scripting Host. Sie werden beide Begriffe synonym in Microsoft-Dokumentationen und im Internet finden.

1.2 Scripting versus Programmierung

Gibt es einen Unterschied zwischen den Worten *Programmierung* und *Scripting*? Ja und nein, je nach Standpunkt. Scripting ist eine Unterdisziplin der Programmierung, die sich durch folgende Eigenschaften auszeichnet:

Eigenschaften des Scriptings

- Die Sprache dient dem Ad-hoc-Gebrauch, d.h., es gibt wenige Voraussetzungen (Systemanforderungen) für ein Skript.
- Die Syntax der Sprache ist einfach zu verwenden und zu erlernen.
- Die Sprache wird interpretiert, d.h., es gibt keinen expliziten Übersetzungsvorgang der Sprache in eine andere Sprache. Die Übersetzung der Befehle der Skriptsprache in die Maschinensprache des Computers erfolgt automatisch und ständig während der Ausführung des Skripts.
- Es gibt nur ein sehr schwaches Typsystem; Sie müssen also als Skriptentwickler kaum Unterscheidungen zwischen Zeichenketten, Zahlen und Datumsangaben machen.
- Die Abstraktion von technischen Details der Maschinensprache (der Sprache des Mikroprozessors) ist sehr hoch.
- Eine Skriptsprache ist der Maschinensprache und der Computerhardware ferner als eine normale Programmiersprache und kann daher einen Computer nicht so leicht zum Absturz bringen.

Wenn wir in diesem Buch von Programmierung reden, dann meinen wir immer die Unterdisziplin Scripting. Lassen Sie sich von dem Begriff Programmierung nicht abschrecken, sondern verstehen Sie sich als Entwickler von Skripten als eine Art Programmierer. Scripting ist der beste Einstiegsweg für die Weiterentwicklung zum „richtigen" Programmierer. Mit „richtigem Programmieren" sei hier die Entwicklung mit Nicht-Skriptsprachen gemeint.

> Ein Compiler ist das Gegenstück zu einem Interpreter. Während ein Interpreter ein Programm fortlaufend und immer wieder in Maschinensprache übersetzt, führt ein Compiler die Übersetzung einmalig aus und speichert das Ergebnis. Ein interpretiertes Programm ist schneller änderbar als ein kompiliertes Programm, weil der Kompilierungsschritt entfällt.

1.3 Voraussetzungen

WSH-Installation

Der Windows Script Host (WSH) gehört zum Standardinstallationsumfang der neueren Microsoft-Betriebssysteme. Bei den älteren muss er als Erweiterung installiert werden. Inzwischen sind fünf Versionen des WSH im Umlauf:

- Version 1.0 (interne Versionsnummer: 5.0)
- Version 2.0 (interne Versionsnummer: 5.5)
- Version 5.6 (entspricht auch der internen Versionsnummer 5.6)
- Version 5.7 (entspricht auch der internen Versionsnummer 5.7)
- Version 5.8 (entspricht auch der internen Versionsnummer 5.8)

Microsofts Versionszählung

Diese Versionsnummern führen zu der berechtigten Frage, wie Microsoft zu solch einer Zählweise kommt. Der Grund dafür ist, dass man sich bei Microsoft oftmals nicht einigen kann, ob man bei neu eingeführten Betriebssystembestandteilen die Versionszählung des Betriebssystems übernimmt oder aber eine eigene Versionszählung beginnt. Der WSH wurde für Windows 2000 (NT 5.0) entwickelt und das, was sich im Setup mit WSH 1.0 meldet, versteht sich intern auch als WSH 5.0. Als dann bis zur Veröffentlichung von Windows 2000 eine weitere Version des WSH fällig war, bekam diese die Nummer 2.0 (intern: 5.5). Mit der dritten Version hat Microsoft dann die interne und die externe Versionsnummer angeglichen, wobei die Versionsnummer dann nicht mehr zum Betriebssystem passte, denn Windows XP war NT 5.1.

Tabelle 1.1 Verfügbarkeit des WSH in verschiedenen Betriebssystemversionen

Betriebssystem	Verfügbarkeit des Windows Script Hosts
Windows 95	WSH nicht enthalten; WSH 1.0, 2.0 oder 5.6 können nachträglich installiert werden
Windows 98	WSH 1.0; Aktualisierung auf 2.0 oder 5.6 möglich
Windows ME	enthält WSH 2.0; Aktualisierung auf 5.6 möglich
Windows NT 4.0	WSH nicht enthalten; WSH 1.0, 2.0 oder 5.6 können nachträglich installiert werden
Windows 2000	enthält WSH 2.0; Aktualisierung auf 5.6 möglich
Windows XP	enthält WSH 5.6 (Version 5.6.6626); Aktualisierung auf Version 5.7 verfügbar im Rahmen des Updates „Windows Script 5.7" (wird installiert mit Service Pack 3)
Windows Server 2003	enthält WSH 5.6 (Version 5.6.8515) Aktualisierung auf Version 5.7 verfügbar im Rahmen des Updates „Windows Script 5.7" (wird installiert mit Service Pack 3)
Windows Preinstallation Environment (WinPE)	enthält WSH 5.6
Windows Vista	enthält WSH 5.7
Windows Server 2008	enthält WSH 5.7
Windows 7	enthält WSH 5.8
Windows Server 2008 R2	enthält WSH 5.8
Windows 8	enthält WSH 5.8
Windows Server 2012	enthält WSH 5.8

Wenn Sie unsicher sind, welche WSH-Version auf Ihrem System installiert ist, dann betrachten Sie die Dateieigenschaften der Datei *WScript.exe* in Ihrem *System-* bzw. *System32*-Verzeichnis. Wenn diese Datei fehlt, ist der WSH nicht installiert. Das sollte aber in moderneren Windows-Versionen gar nicht mehr vorkommen.

Später in diesem Kapitel werden Sie noch ein Skript kennenlernen, mit dem Sie die Versionsnummer des WSH per Programmcode ermitteln können.

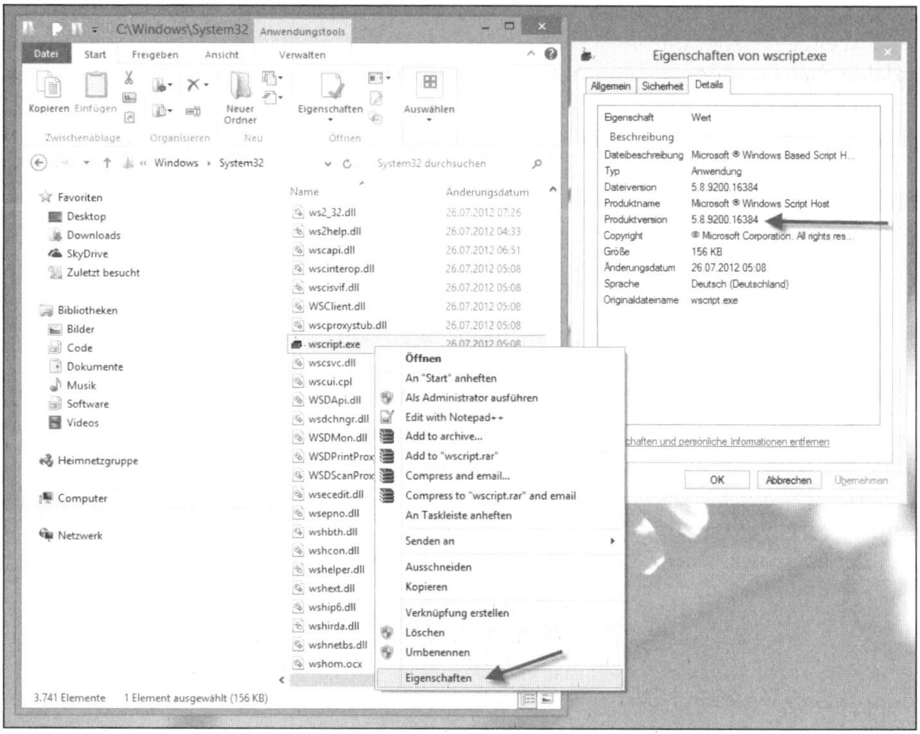

Bild 1.1 *Ermittlung der Versionsnummer des installierten WSH (hier in Windows 8 „RTM")*

1.4 Die Sprache Visual Basic Script

Sprachen für den WSH

Der Windows Script Host besitzt keine eigene Programmiersprache, sondern arbeitet mit zahlreichen verschiedenen Programmiersprachen zusammen. Microsoft liefert die Sprachen Visual Basic Script (VBScript) und JScript. Von anderen Herstellern kann man Perl, REXX, Python, Haskell und Ruby in Versionen bekommen, die jeweils mit dem WSH zusammenarbeiten.

> Nicht jede Programmiersprache arbeitet automatisch mit dem WSH zusammen. Eine Programmiersprache muss eine spezielle Schnittstelle zur Active Scripting-Architektur besitzen, damit sie „WSH-fähig" ist.

Für dieses Buch kamen nur diejenigen Sprachen infrage, die eine große Verbreitung im Bereich des Windows Scriptings haben. JScript ist eine Variante von JavaScript, das im Bereich des Scriptings in Webbrowsern marktbeherrschend ist. Im Bereich des WSH sind allerdings schätzungsweise 90% der Skripte, die man von Microsoft bekommt oder im Internet findet, in VBScript geschrieben. Dafür gibt es zwei Gründe:

- VBScript ist einfacher als JScript/JavaScript.
- VBScript ist eine Light-Version der Sprache Visual Basic, die unangefochten die am meisten verwendete Programmiersprache unter Windows ist.

Daher wählt auch dieses Buch VBScript als Programmiersprache. Die Besprechung einer weiteren Programmiersprache kommt für ein Einsteigerbuch wie dieses aus didaktischen Gründen nicht infrage. Dass sich VBScript nicht beim Browser-Scripting durchgesetzt hat, liegt übrigens daran, dass es nicht von allen Webbrowsern standardmäßig unterstützt wird.

> In der Microsoft-Dokumentation ist auch oftmals der Begriff *Visual Basic Scripting Edition* zu finden, andere gebräuchliche Abkürzungen sind VBScript und VBS.

VBScript muss nicht separat installiert werden, denn die *VBScript.dll*, in der die Sprache realisiert ist, wird zusammen mit dem WSH installiert. Es gibt verschiedene Versionen dieser DLL, die aktuelle ist Version 5.8.

> Visual Basic Script ist eine Interpreter-Sprache, dennoch meldet VBScript manchmal einen „Kompilierungsfehler". Dieser Begriff ist nicht korrekt, es sollte besser „Skriptstruktur-Fehler" heißen. Das bedeutet, dass Ihr Skript nicht korrekt aufgebaut ist und daher gar nicht erst gestartet werden kann.

1.5 Das erste Skript

Wenn Sie noch nie ein Skript unter Windows erstellt haben, wird Ihnen das folgende Beispiel erste Erfolgserlebnisse bereiten.

Voraussetzung

Voraussetzung für das erste Beispiel ist, dass Sie den Windows Script Host in der Version 1.0, 2.0 oder 5.6/5.7/5.8 installiert haben.

WWW

> Das nachfolgende Skript befindet sich – wie alle Skripte in diesem Buch – natürlich auf der Buch-Website im Verzeichnis */code*. Das */code*-Verzeichnis ist nach Kapiteln in Unterverzeichnisse unterteilt, damit man die Beispiele schneller finden kann.
>
> Bei diesem ersten Skript sollten Sie sich aber durchaus die Mühe machen, die Skriptdateien selbst zu erstellen.

Ihr erstes Skript

So erstellen Sie Ihr erstes Skript für den WSH in der Sprache Visual Basic Script:

- Legen Sie eine Textdatei an, indem Sie irgendwo auf dem Desktop oder in einem Verzeichnis im Dateisystem im Kontextmenü *Neu | Textdatei* wählen. Es erscheint eine Datei *Neue Textdatei.txt*.
- Benennen Sie die Datei in *ErstesSkript.vbs* um. Bestätigen Sie die Nachfrage des Betriebssystems, ob die Dateinamenerweiterung wirklich geändert werden soll.
- Wählen Sie aus dem Kontextmenü der Datei *Bearbeiten*, sodass sich der Windows Editor „Notepad" öffnet. (Sofern Sie einen anderen Editor installiert haben, mag jetzt dieser gestartet werden.)

- Geben Sie Folgendes in die erste Zeile ein:

```
WScript.Echo "Ab heute kann ich skripten!"
```

  Bitte beachten Sie das Leerzeichen [Leertaste] nach `Echo` und die Anführungszeichen ["].
- Speichern Sie die Änderungen ab. Sie können den Editor schließen, müssen es aber nicht.
- Doppelklicken Sie auf die Datei *ErstesSkript.vbs*. Wenn Sie alles richtig gemacht haben und das System Ihnen wohlgesonnen ist, wird das nachstehend abgebildete Dialogfenster erscheinen.

Bild 1.2
Skriptdatei, Quellcode und Ausgabe des ersten Skripts in Windows XP

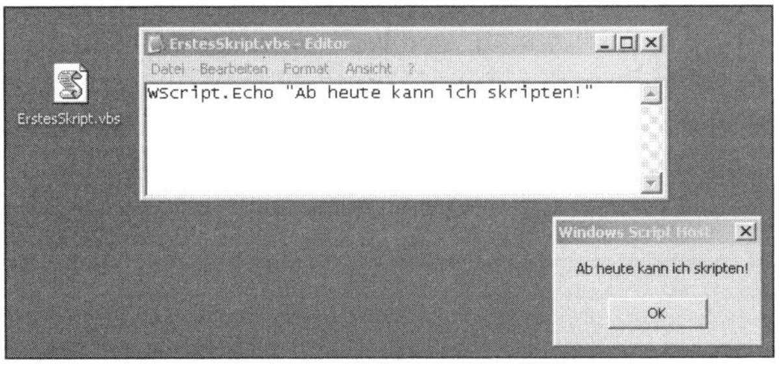

Unter Windows Vista und Windows 7/8 (bzw. den Server-Betriebssystemen der gleichen Generation) sieht die Anzeige nur leicht anders aus. Sofern Sie dieses einfache Skript von Ihrem lokalen Desktop ausführen, ist die Funktionsweise gleich. Die ab Windows Vista enthaltene erhöhte Sicherheit verhindert jedoch, dass Skripte von Netzwerklaufwerken und Skripte, die Veränderungen im System vornehmen, ohne Weiteres ausgeführt werden können. Bitte lesen Sie dazu das Kapitel 19.2!

Bild 1.3
Skriptdatei, Quellcode und Ausgabe des ersten Skripts in Windows 8

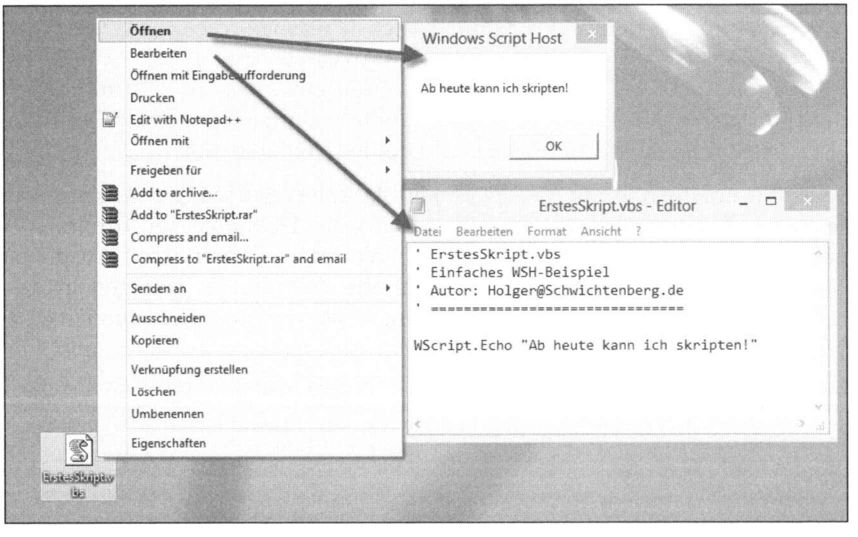

Bildschirmausgabe

Das Skript besteht nur aus einem einzigen Befehl: `WScript.Echo`. Der Punkt trennt dabei das Objekt `WScript` und die Operation (alias „Methode") `Echo`. Die Bedeutung des Punkts zwischen den Wörtern `WScript` und `Echo` wird später in diesem

Buch noch näher erläutert. Nach dem Befehl folgt ein Leerzeichen, um den Befehl von seinen Parametern zu trennen. Danach folgt ein Parameter, in diesem Fall eine Zeichenkette. `WScript.Echo` erzeugt eine Ausgabe auf dem Bildschirm. Der Parameter gibt an, was ausgegeben werden soll.

> Die Groß- und Kleinschreibung der Befehle ist übrigens irrelevant. Visual Basic Script unterscheidet (im Gegensatz zu einigen anderen Programmiersprachen) nicht zwischen einem Groß- und einem Kleinbuchstaben. Bezüglich der auszugebenden Meldung ist die Unterscheidung natürlich wichtig, weil der WSH die Meldung genau so anzeigt, wie Sie sie eingegeben haben.
>
> In diesem Buch werden Sie an einigen Skripten den Hinweis finden, dass die Groß- und Kleinschreibung doch relevant ist: Eine Komponente des Windows-Betriebssystems verlangt, dass die Begriffe „WinNT“ und „LDAP“ genau so und nicht anders im Skriptcode verwendet werden.

1.6 Scripting im Kommandozeilenfenster

Der WSH ist genau genommen nicht nur **ein** Scripting Host, sondern er umfasst zwei eng verwandte Scripting Hosts: WScript und CScript. Beide Scripting Hosts sind hinsichtlich ihres Befehlsumfangs fast identisch. Sie unterscheiden sich lediglich darin, wohin die Ausgaben gehen:

WSH für Windows

- Bei WScript (*WScript.exe*) erfolgt die Ausführung als Windows-Anwendung. Alle Ausgaben werden in Form von Dialogfenstern dargestellt. Wenn das Skript viele Ausgaben macht, kann dies sehr lästig sein, da jedes Dialogfenster einzeln bestätigt werden muss. Zudem ist jede Dialogbox modal: Das Skript hält an und wartet auf die Bestätigung. WScript eignet sich also für die unbeaufsichtigte Ausführung nur dann, wenn das Skript keine Ausgaben macht. Gut geeignet ist WScript jedoch, wenn der Benutzer über jeden einzelnen Schritt informiert werden und dabei die jeweils erfolgten Veränderungen überprüfen möchte (also beispielsweise beim Debugging, also bei der Fehlersuche).

WSH für die Kommandozeile

- Bei CScript (implementiert in *CScript.exe*) erfolgt die Ausführung des Skripts im Kontext einer Kommandozeile (auch Konsole oder „DOS-Box“ im Administratorenjargon). Die Form der Ausgabe hängt von den verwendeten Ausgabebefehlen ab: Alle Ausgaben über die Methode `WScript.Echo` erfolgen in das Konsolenfenster. Alle Ausgaben über die spracheigenen Ausgabemethoden (z.B. `MsgBox()` in VBScript) werden weiterhin als modale Dialogfenster dargestellt. Ein Vorteil von CScript ist, dass es mit der Methode `WScript.StdIn.ReadLine` das Einlesen von Eingaben des Benutzers im Kommandozeilenfenster unterstützt. Ausgaben können mit dem Kommandozeilenbefehl für Umleitungen [>] in eine Textdatei oder an einen Drucker umgeleitet werden.

Wenn Sie nicht vorher Veränderungen an Ihrem System vorgenommen haben, dann wurde das erste Beispiel mit WScript gestartet. Denn WScript ist auf einem „normalen“ Windows die Standardeinstellung.

Um das Skript mit CScript zu starten, gehen Sie wie folgt vor:

- Öffnen Sie die Windows-Eingabeaufforderung.
- Tippen Sie „cscript" ein. Bitte beachten Sie das Leerzeichen [Leertaste] nach dem Befehl!
- Geben Sie dahinter den Pfad zu Ihrem Skript ein, z.B. „*b:\code*". Wenn der Pfad Leerzeichen enthält, müssen Sie ihn in Anführungszeichen ["] setzen.
- Als Gesamtbefehl erhalten Sie dann:

```
cscript "b:\code\ErstesSkript.vbs"
```

- Führen Sie den Befehl durch Drücken der Eingabetaste [↵] aus.

Sie werden feststellen, dass die Ausgabe nun in das Kommandozeilenfenster geht.

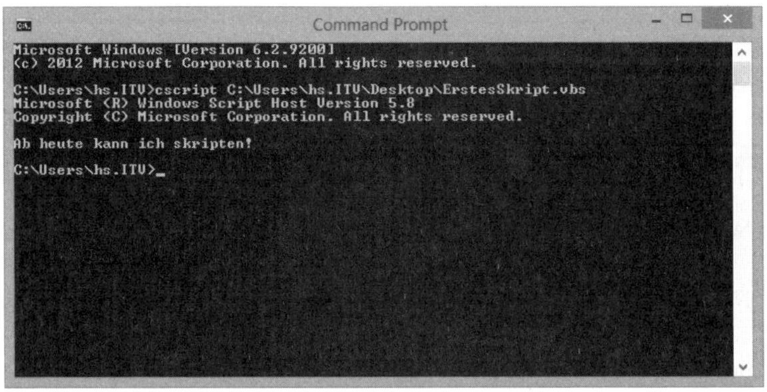

Bild 1.4 *Ausführung des ersten Skripts mit CScript im Kommandozeilenfenster*

Sie haben das Skript auf dem Desktop erstellt und das Eintippen des (langen) Pfads zu dem Skript finden Sie sehr lästig? Sie müssen den Pfad nicht eingeben, denn die Windows-Eingabeaufforderung fügt automatisch den Pfad ein, wenn Sie eine Datei per Ziehen & Fallenlassen (Drag&Drop) auf das Kommandozeilenfenster ziehen. Sie tippen also nur „cscript" gefolgt von einem Leerzeichen [Leertaste]. Danach ziehen Sie die Datei *ErstesSkript.vbs* mit der Maus auf das Kommandozeilenfenster und lassen die linke Maustaste los. Anschließend müssen Sie nur noch die Eingabetaste [↵] drücken.

Leider funktioniert der Ziehen & Fallenlassen-Trick nicht, wenn das Konsolenfenster und der Windows-Desktop mit verschiedenen Rechten laufen, z.B. der Desktop unter den Einschränkungen der Benutzerkontensteuerung (siehe Kapitel 6) und das Konsolenfenster mit vollen administrativen Rechten. Hier kann man nur Pfade über den Menüpunkt *Bearbeiten/Einfügen* einsetzen, wenn man vorher den Pfad (nicht die Datei!) in der Zwischenablage hat.

Bild 1.5 *Ziehen & Fallenlassen einer Skriptdatei in das Konsolenfenster (hier in Windows 8)*

> Wenn Sie Gefallen daran gefunden haben, dass Ihre Skripte im Kommandozeilenfenster ausgeführt werden, dann ist Ihnen vielleicht auch das Eintippen von „CScript" mit der Zeit lästig und Sie möchten CScript zu Ihrem Standard-Scripting-Host machen. Das ist möglich, indem Sie an der Kommandozeile einmalig folgenden Befehl eingeben:
>
> `cscript //H:cscript` ↵

Standard-Script-Host

Danach werden alle Skripte automatisch mit CScript gestartet. Wenn Sie eine Skriptdatei per Doppelklick im Windows Explorer starten, werden Sie sehen, dass sich ein Kommandozeilenfenster öffnet. Dieses Kommandozeilenfenster schließt sich aber auch sofort nach Skriptende wieder. Wenn Sie die Ausgaben betrachten wollen, müssen Sie

- entweder vorher selbst eine Windows-Eingabeaufforderung öffnen und dort das Skript starten (hier brauchen Sie dann kein einleitendes „cscript" mehr, es reicht der Pfad zum Skript),
- oder Sie stellen den Befehl `MsgBox("Ende")` an das Ende des Skripts. Dann bekommen Sie nach Ablauf des Skripts auf jeden Fall ein Dialogfenster. Das Kommandozeilenfenster ist dann so lange sichtbar, bis Sie das Dialogfenster bestätigt haben.

Die Einstellung von CScript als Standard-Scripting-Host können Sie auch rückgängig machen:

`cscript //H:wscript` ↵

> Wenn Sie die Benutzerkontensteuerung eingeschaltet haben, müssen Sie für die Änderung die Eingabeaufforderung als Administrator starten, da Sie sonst nicht die Rechte haben, die Registrierungsdatenbank zu verändern, wo diese Einstellung abgelegt wird.

1.7 Das zweite Skript: Versionsnummern ermitteln

Das zweite Skript dient dazu, die Versionsnummer des installierten WSH und der installierten Sprachversion von Visual Basic Script zu ermitteln.

```
' wsh-versionsnummer.vbs
' Ausgabe der Versionsnummern des WSH und von VBScript
' verwendete Komponenten: WSH, VBS
' ================================

WScript.Echo _
"Dies ist der " & WScript.Name & _
" Version " & WScript.Version

WScript.Echo _
"Dies ist die Sprache " & ScriptEngine & _
" Version " & _
ScriptEngineMajorVersion & "." & _
ScriptEngineMinorVersion & "." & _
ScriptEngineBuildVersion
```

Kommentare

Listing 1.1: Ermittlung der Versionsnummern (auf der Buch-Website: /Skripte/Kapitel01/wsh-versionsnummer.vbs)

Geben Sie dieses Skript genauso ein wie das erste. Die ersten vier Zeilen müssen Sie nicht mit eingeben; sie sind nur Kommentare. Sie werden diese vier Kommentarzeilen vor jedem Skript in diesem Buch finden. Die Zeilen sagen Ihnen nicht nur etwas über das Anwendungsgebiet des Skripts, sondern nennen Ihnen auch den Namen des Skripts auf der Buch-Website und welche Installationen Sie benötigen, damit das Skript ablaufen kann.

Kaufmännisches Und (&)

In dem Skript kommen neben dem `WScript.Echo`-Befehl auch verschiedene andere Befehle vor, die Informationen über die Versionsnummer liefern. Das kaufmännische Und (&) verknüpft dabei die Ausgabetexte mit diesen Befehlen und erzeugt eine gemeinsame Ausgabezeichenkette.

Unterstriche

Achten Sie aber auf die Unterstriche [_] am Zeilenende: Diese sind notwendig, um den Zusammenhalt der Zeile zu definieren. Das Skript besteht eigentlich nur aus zwei Befehlen und jeder Befehl muss in genau einer Zeile stehen. Mit dem Unterstrich kann man eine Zeile aber aufspalten und dies ist hier sinnvoll, weil man in einem Buch nicht so viel in eine Zeile bekommt wie auf dem Bildschirm im Notepad. Ohne die Unterstriche machen Einsteiger an dieser Stelle oft den Fehler, dass sie etwas im Editor in zwei Zeilen tippen, weil es im Buch aus satztechnischen Gründen in zwei Zeilen steht. Um dieses Problem zu vermeiden, sind die Zeilen hier durch die Unterstriche aufgetrennt.

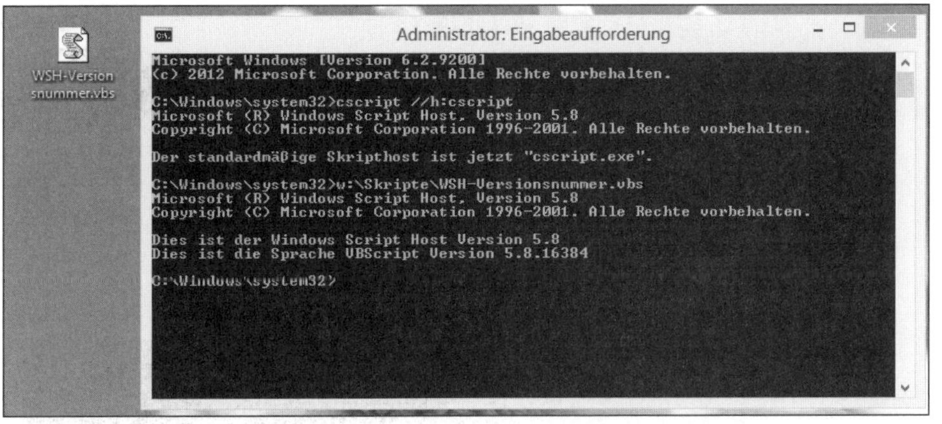

Bild 1.6 *Ausgabe des Versionsnummern-Skripts (hier in Windows 8)*

1.8 Ein Wort zur Sicherheit

Windows-Sicherheit

Eine häufig gestellte Frage ist, welche Aktionen man per Skript ausführen kann. Grundsätzlich gilt: Die Windows-Sicherheit wirkt natürlich auch für Skripte, d.h., ein Benutzer kann per Skript nur die Aktionen ausführen, die er mittels eines geeigneten Werkzeugs auch von der grafischen Benutzerschnittstelle ausführen könnte.

In diesem Buch finden Sie sowohl Aktionen, die unter normalen Rechte-Einstellungen jeder Benutzer ausführen kann (z.B. Dateien beschreiben, Inhalte eines Ordners auflisten, Netzwerklaufwerk verbinden), als auch Aktionen, die Administratoren vorbehalten sind (Benutzer anlegen, Netzwerkkonfiguration ändern).

> Wenn einige der Skripte in diesem Buch nicht funktionieren, sollten Sie zunächst prüfen, ob Sie Sicherheitsbeschränkungen (z.B. durch System- oder Gruppenrichtlinien) unterliegen, die diese Aktion verbieten.

> Windows Vista warnt beim Starten und Bearbeiten von Skripten (bei WSH-Skripten ebenso wie bei Skripten in HTML-Anwendungen) von einem Netzlaufwerk und fordert zur expliziten Bestätigung des Skriptstarts auf. Die Warnung erscheint sowohl beim Start an der Windows-Oberfläche als auch beim Start von der Kommandozeile; sie erscheint jedoch nicht bei Skripten, die im lokalen Dateisystem liegen. Dieses Verhalten ist seit Windows Server 2008 und Windows 7 dann wieder abgeschafft worden.

1.9 Wie geht es weiter?

Was Sie wissen müssen

Damit Sie Funktionen des Betriebssystems skripten können, benötigen Sie Wissen in drei Bereichen:

- Editoren, mit denen Sie Befehle eingeben können
- Befehle der Skriptsprache VBScript. VBScript selbst stellt nur allgemeine Befehle zum Programmablauf bereit. Befehle zum Zugriff auf Betriebssystemfunktionen gibt es hier nicht.
- Befehle für den Zugriff auf das Betriebssystem. Diese Befehle werden in sogenannten Klassen bereitgestellt, die in Form von sogenannten Komponenten veröffentlicht werden.

In welcher Reihenfolge Sie es lernen

Sie haben in diesem Kapitel den Windows Editor „Notepad" verwendet. Sie möchten aber vielleicht einen besseren Editor einsetzen, um mehr Komfort zu haben. Daher folgt zunächst eine Vorstellung verschiedener Editoren.

Um Klassen nutzen zu können, braucht man Programmierbefehle aus VBScript. Deshalb folgt logischerweise in Kapitel 4 zunächst die schrittweise Einführung in die Befehle von VBScript.

Das vierte und das fünfte Kapitel geben Ihnen einen Überblick über die oben erwähnten Objekte und Komponenten.

Ab Kapitel 8 ist das Buch dann aufgabenorientiert aufgebaut: Sie lernen nacheinander verschiedene Gebiete des Scriptings kennen und werden mit zahlreichen Beispielen versorgt.

Sie werden wahrscheinlich feststellen, dass dieses Buch nicht alle Aufgaben enthält, die Sie gerne per Skript ausführen möchten. Das hat zwei Gründe:

- Dies ist ein Einsteigerbuch, das darauf fokussiert, Ihnen einen Einstieg in das Windows Scripting zu vermitteln. Dieses Buch kann und will nicht vollständig sein.
- Auch wenn Microsoft inzwischen zahlreiche Scripting-Möglichkeiten bietet, so gibt es immer noch unzählige Funktionen des Betriebssystems, die entweder überhaupt nicht oder nur unter erheblichem zusätzlichen Programmieraufwand in einer professionellen Programmiersprache wie C++ gelöst werden können.

Wenn Sie wissen möchten, ob eine Funktion „skriptbar" (per Skript steuerbar) ist, sei Ihnen ein Blick in das große „Windows Scripting"-Buch [SCH07a] oder das Microsoft TechNet Script Center [MST02] empfohlen. Sie können auch gerne auf der Leser-Website eine Frage an das Autorenteam stellen.

1.10 Fragen und Aufgaben

Nehmen Sie sich bitte etwas Zeit, um die nachfolgenden Fragen zu beantworten. Sie helfen Ihnen, das Wissen aus diesem Kapitel zu wiederholen und praktisch zu üben. Die richtigen Antworten bzw. Musterlösungen finden Sie im Anhang.

1. Wodurch unterscheiden sich der Windows Scripting Host und der Windows Script Host?
2. Wird der WSH 5.8 automatisch mit Windows 8 installiert?
3. Wird Visual Basic Script nur deshalb sehr häufig beim Scripting verwendet, weil es eine Compiler-Sprache ist?
4. Was ist an diesem Befehl falsch?

   ```
   WScript.Echo Keine Tippfehler machen!"
   ```

5. Was ist der wesentliche Unterschied zwischen WScript und CScript?
6. Wie erreicht man, dass alle Skripte im Kommandozeilenfenster gestartet werden?
7. Kann sich ein Befehl über mehrere Zeilen erstrecken?
8. Schreiben Sie ein Skript, das ausgibt: „Am Ende dieser Zeile steht die Versionsnummer des installierten WSH: x.x“ (wobei x.x. durch die jeweilige Versionsnummer ersetzt wird).

2 Scripting-Werkzeuge

Lernziele

Die Effizienz und der Spaß bei der Entwicklung von Skripten hängen wesentlich davon ab, wie einfach und komfortabel die Erfassung der Skripte und die Fehlersuche in den Skripten sind. In diesem Kapitel stellen wir drei Editoren (das Windows-Werkzeug *Notepad* sowie die kostenpflichtigen Drittanbieterprodukte *PrimalScript* und *SystemScripter*) und den *Microsoft Script Debugger* zur Fehlersuche vor. PrimalScript und SystemScripter sind leider keine zufällige Auswahl aus einer umfangreichen Produktpalette. Nein, diese beiden Editoren sind die einzige Wahl für alle, die regelmäßig Skripte entwickeln. Alle anderen Editoren auf dem Markt bieten keine erwähnenswerten Funktionen für das Windows Scripting mit dem WSH!

Kein WSH-Editor von Microsoft

Auch wenn Produktnamen und Marketing aus Redmond etwas anderes suggerieren: Es gibt keinen WSH-Skripteditor von Microsoft. Der in Microsoft Office-Produkte integrierte Microsoft Script Editor ist nur eine Entwicklungsumgebung für Skripte in HTML-Seiten. Gleiches gilt für die Entwicklungsumgebung Visual InterDev 6.0, die sich zwar mit ein paar Tricks zu etwas Unterstützung für den WSH hinreißen lässt (vgl. [SCH07a]), aber dennoch weit davon entfernt ist, die Wünsche des Skriptentwicklers zu erfüllen.

Kein WSH-Skripteditor aus Redmond

Der Umgang mit den Editoren Notepad, PrimalScript und SystemScripter wird anhand des folgenden Skripts kurz beschrieben. In diesem Beispiel werden die zwei Konstanten `HALLO` und `WELT` in der Zeichenfolge-Variablen `Ausgabe` zusammengeführt. Diese Ausgabe wird dann mithilfe eines Dialogfensters (`MsgBox`) ausgegeben.

```
' HalloWelt.vbs
' Hallo Welt Beispiel
' ===============================

Const HALLO = "Hallo"
Const WELT = "Welt"
Dim Ausgabe
' Zusammensetzen des Ausgabetexts
Ausgabe = HALLO & " " & WELT

' Die eigentliche Ausgabe
MsgBox Ausgabe
```

Listing 2.1: *HalloWelt.vbs*

Das Skript ist bewusst sehr einfach gehalten, da der Fokus dieses Kapitels auf den Editor-Funktionen liegt. Schwierigere Skripte lernen Sie in den folgenden Kapiteln kennen.

2.1 Nur zur Not: Notepad

Nur zur Not

Der „ultimative" Editor „Visual" Notepad ist auch in der aktuellen Version immer noch ungeschlagen einfach und unkonventionell. Er „brilliert" mit Standardfunktionen wie *Suchen*, *Ersetzen* und *Gehe zu*. Dabei lässt er doch geschickt alle wesentlichen Wünsche an eine Skriptentwicklungsumgebung offen. Aber Sie wissen ja, warum der Windows Editor „Notepad" heißt? Zur **Not** ist ein gutes **Pad** ...

Fangen wir also mit dem einen (einzigen) Vorteil an, den Notepad bietet: Er ist auf allen Windows-Installationen vorhanden. Egal, an welchem PC man gerade arbeitet, man kann sich darauf verlassen, dass Notepad da ist. Das ist in vielen (Not-) Situationen ein nicht zu unterschätzender Vorteil!

Nun zu dem Rest: Notepad unterstützt nicht einmal Standardfunktionen normaler Editoren wie Zeilennummern und Mehrfachfenster. Kenner älterer Windows-Versionen wissen, dass es sich bei der Funktion *Gehe zu* – zum Springen in eine bestimmte Zeile – um die Luxusfunktion von Notepad schlechthin handelt. Nach speziellen WSH-Funktionen wie der farblichen Markierung der VBScript-Befehle und der direkten Ausführung der Skripte aus der Entwicklungsumgebung heraus braucht man unter diesen Vorzeichen im Notepad gar nicht erst zu suchen.

Die folgende Bildschirmabbildung zeigt denn auch, wie wenig ein Skriptentwickler von Notepad erwarten kann. WSH-Skriptdateien bieten im Kontextmenü den Eintrag *Bearbeiten*, der direkt in den Notepad führt.

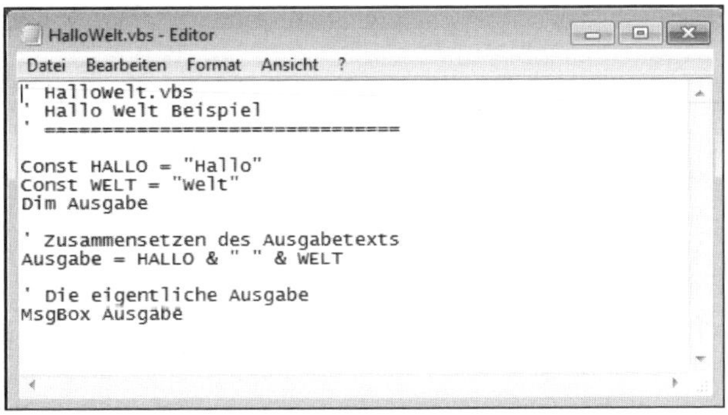

Bild 2.1 *Das Hallo Welt-Skript im Notepad*

Starten

Um das Skript nach dem Bearbeiten zu starten, muss man mühevoll den Weg über die Kommandozeile oder über eine neue Funktion im Kontextmenü *Senden an* beschreiten.

Über die Kommandozeile muss die Datei als Parameter der entsprechenden WSH-Variante (*wscript.exe* oder *cscript.exe*) angegeben werden, um von diesem Host ausgeführt zu werden.

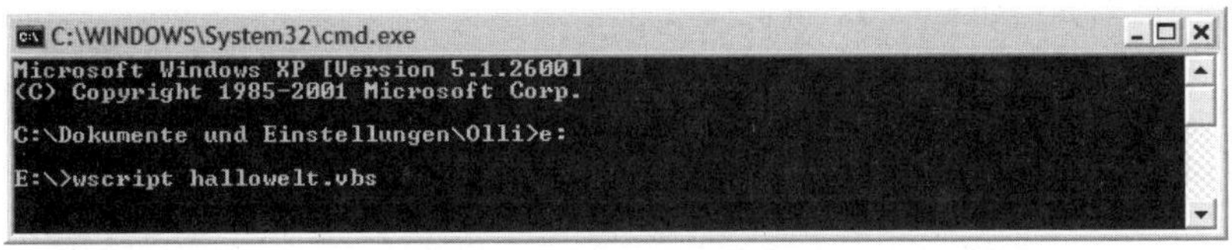

Bild 2.2 *Starten eines Skripts über die Kommandozeile*

Fehlersuche

Das Behandeln von Fehlern mithilfe des Notepad erweist sich insofern als sehr aufwendig, als es keine direkte Verbindung zwischen Editor-Funktion und dem WSH gibt. Skripte können nicht direkt aus dem Editor gestartet werden; daher erfährt der Editor auch nichts von den Fehlern und kann nicht an die Fehlerstelle springen. Fehlermeldungen, die in der Kommandozeile oder über ein Dialogfenster ausgegeben werden, müssen genau untersucht werden. Die dort angegebene Zeilennummer lässt sich anschließend innerhalb des Notepads dazu verwenden, zumindest in die Zeile zu springen (*Bearbeiten | Gehe zu ...*), die den Fehler verursacht hat.

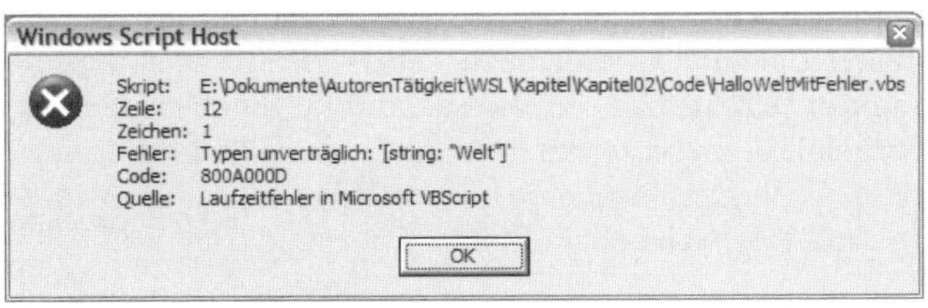

Bild 2.3 *Mögliche Fehlermeldung eines VBScripts*

Da sich Microsoft seit langem beharrlich weigert, mehr Funktionalität in den Notepad einzubauen, werden in den folgenden Unterkapiteln zwei kommerzielle Alternativen besprochen. Wie bereits eingangs dieses Kapitels gesagt: PrimalScript und SystemScripter sind die beiden einzigen echten WSH-Skripteditoren.

Wenn Sie keinen speziellen WSH-fähigen Editoren erwerben wollen, aber dennoch etwas mehr Komfort als beim Notepad wünschen, können Sie natürlich auch jeden anderen Texteditor anstelle des Notepads einsetzen. Es existieren zahlreiche kommerzielle und nichtkommerzielle Texteditoren. Einige Beispiele dafür nennt die nachfolgende Tabelle.

Editor	Hersteller	Bezugsquelle
UltraEdit	IDM Computer Solutions	*http://www.ultraedit.com*
Eclipse	Eclipse Foundation	*http://www.eclipse.org*
EditPlus	ES-Computing	*http://www.editplus.com*
Textpad	Helios Software Solutions	*http://www.textpad.com*
Multiedit	American Cybernetics	*http://www.multiedit.com*
VIM The Editor	Freeware	*http://www.vim.org*
Scintilla	Freeware	*http://www.scintilla.org*
Notepad++	Freeware	*http://notepad-plus.sourceforge.net*

Tabelle 2.1: *Eine Auswahl von Texteditoren*

2.2 Einer für alles: PrimalScript

Sapien

Bei PrimalScript der Firma Sapien handelt es sich um einen erstklassigen, aber kommerziellen Universal-Editor, der einige spezielle Funktionen für die Entwicklung von WSH-Skripten bietet. PrimalScript (aktuelle Version: 6.5 alias „2012") unterstützt nicht nur direkt den Windows Script Host (WSH) und sogenannte Windows Script Components (WSC), sondern auch eine Vielzahl weiterer Sprachen und Scripting-Umgebungen, wie z.B. Windows PowerShell, REXX, HTML, ASP, XML, Python, Tcl, lotusScript, Batch, KiXtart, C#, Persl etc. Allerdings hat dieser große Funktionsumfang auch seinen Preis (349 Dollar).

PrimalScript bietet sehr umfangreiche Funktionen an, die den Entwickler bei seiner Arbeit unterstützen. Dazu gehört u.a. eine Übersicht vieler Sprachkonstrukte, die sich als Vorlage direkt in das eigene Skript übertragen lassen (vgl. den linken Bereich der folgenden Abbildung). Zusätzlich verfügt PrimalScript über Syntax Coloring (automatische Farbunterscheidung), umfangreiche integrierte Hilfefunktionalitäten und Eingabehilfe. Trotz des sehr breiten Leistungsumfangs benötigt PrimalScript 6 MB auf der Festplatte und ist somit sehr schlank.

Installation/ Bezugsquelle

Nach dem Download der selbst entpackenden Installationsdatei von PrimalScript über die Website von Sapien (*http://www.sapien.com/*) führt diese automatisch durch ein Setup, das den Editor vollständig einsatzbereit macht. Anschließend befindet sich ein entsprechender Eintrag im Startmenü.

Beim Anlegen einer neuen Datei hat man die Qual der Wahl des Skript- bzw. Anwendungsformats. Wie bereits erwähnt unterstützt PrimalScript noch weitere Skriptsprachen, in unserem Fall wählt man allerdings VBScript. Abhängig von der gewählten Sprache bietet PrimalScript angepasste Eingabe- und Syntaxhilfen an.

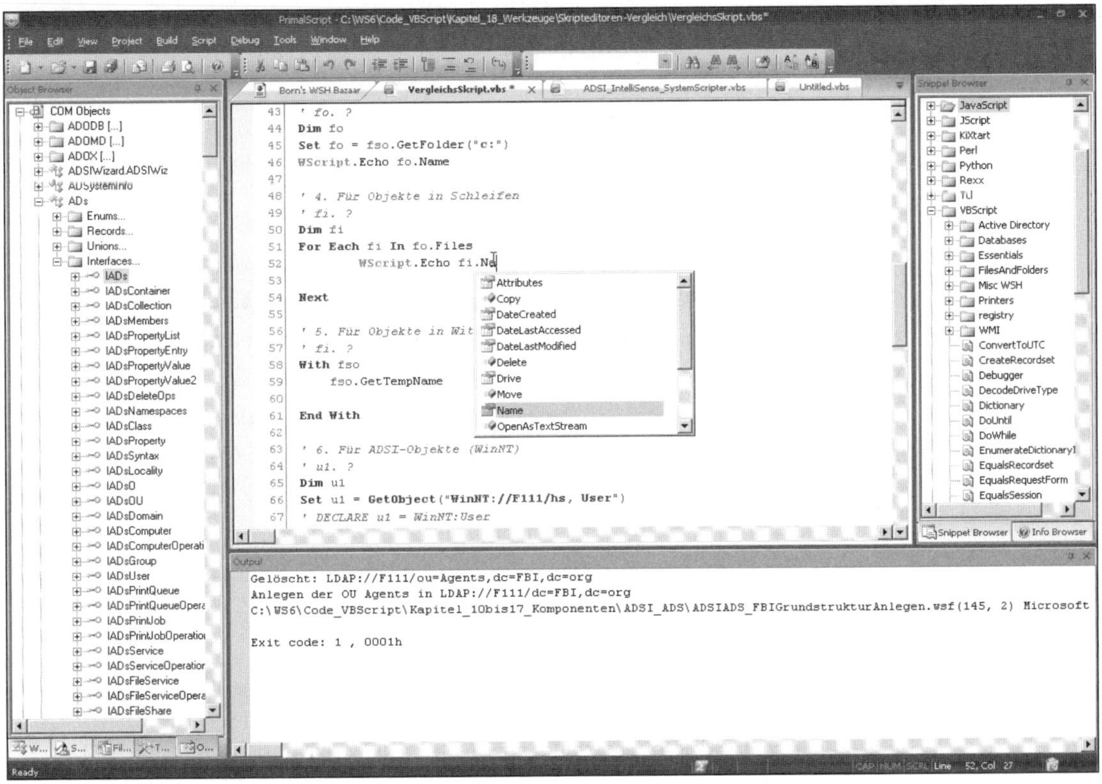

***Bild 2.4:** Editieren eines Skripts mit PrimalScript*

Eingabehilfen

PrimalScript verfügt über verschiedene Hilfefunktionen. Über ein spezielles Fenster, das als Nexus bezeichnet wird (vgl. obige Abbildung links), kann man über mehrere Registerkarten direkt auf das Dateisystem zugreifen, diverse Hilfequellen aufrufen, frei definierbare externe Werkzeuge einblenden, Codeteile übernehmen und die Inhalte von Komponenten betrachten.

> PrimalScript bietet für viele beim Scripting verwendete Objekte eine Auswahlfunktion der jeweils zur Verfügung stehenden Befehle an. Mehr dazu erfahren Sie in Kapitel 5 im Zusammenhang mit Objekten, weil an dieser Stelle die notwendigen Grundbegriffe noch nicht erklärt sind.

Abspeichern

Nach der erfolgreichen Eingabe des Skripts muss dieses selbstverständlich gespeichert werden – es sei denn, man will es nicht für die Ewigkeit aufbewahren. Über das Menü *Tools | Options* lässt sich auch festlegen, ob das Skript bei Ausführung automatisch gespeichert und die vorherige Version in eine *.bak*-Datei umbenannt werden soll.

Start des Skripts Um das Skript auszuführen, reicht anschließend das Drücken der F7-Taste oder des entsprechenden Symbols in der Symbolleiste. Vom Skript erzeugte Ausgaben werden automatisch in einem eigenen Ausgabefenster angezeigt. Diese Ausgaben sind auch nach der Ausführung noch verfügbar, sodass sie später ausgewertet werden können.

Ausgabe von Meldungen Innerhalb des Ausgabefensters werden alle Meldungen des Skripts ausgegeben. Tritt ein Fehler auf, wird dieser mit einer Meldung und der Angabe der Zeilennummer ebenfalls dort ausgegeben. Mithilfe der Zeilennummer lässt sich dann der Fehler im Code besser finden und untersuchen.

2.3 Der WSH-Spezialist: SystemScripter

Unser deutscher Kollege Dr. Tobias Weltner ist angetreten, PrimalScript Konkurrenz zu machen. Sein SystemScripter ist hervorgegangen aus dem Vorprodukt Scripting Spy und trägt aktuell die Versionsnummer 6.0 aus dem Jahre 2008. Leider ist dies auch die letzte Version.

Vergleich mit PrimalScript Der SystemScripter unterscheidet sich in den folgenden Punkten von PrimalScript:

- Bessere IntelliSense-Funktion für Scripting-Objekte
- IntelliSense-Funktion auch für Klassen der Windows Management Instrumentation (vgl. Kapitel 6.6)
- Codeprüfung bereits während der Eingabe
- Laufzeitfehler werden als Tooltipps angezeigt
- Suchfunktion über alle Scripting-Komponenten
- Generator für Skriptcode-Beispiele
- Encoding und Decoding von Skripten, um den Skriptcode für Menschen unleserlich zu machen (vgl. Kapitel 19)

Fehlende Funktionen Gegenüber PrimalScript existieren aber auch drei Einschränkungen beim SystemScripter:

- Der SystemScripter unterstützt nur VBScript und keine anderen Skriptsprachen.
- Er unterstützt nur den WSH und keine anderen Skriptumgebungen.
- Mit dem Skripteditor können nur einfache Skriptdateien (*.vbs*) bearbeitet werden. XML-basierte Skriptdateien mit der Dateinamenerweiterung *.wsf* (die in diesem Einsteigerbuch nicht behandelt werden) und Dokumentenformate wie HTML und XML sind nicht editierbar.

Folglich ist der SystemScripter eine gute Wahl, wenn Sie wirklich nur VBScript-Dateien für den WSH editieren wollen. Universeller, aber für WSH-Skriptentwickler an einigen Stellen auch etwas weniger komfortabel ist PrimalScript.

> **Bezugsquelle**
>
> Den SystemScripter (aktuelle Version 6.0) können Sie auf der Website *http://www.scriptinternals.de* zum Preis von 149 Euro erwerben.

Installation

Der SystemScripter trägt sich mit dem Punkt *mit SystemScripter öffnen* in das Kontextmenü von *.vbs*-Dateien im Windows Explorer ein. Außerdem hängt sich der SystemScripter als Tooltipp für *.vbs*-Dateien in den Explorer ein und zeigt die ersten Zeilen des Quelltexts eines Skripts schon beim Überfahren mit der Maus.

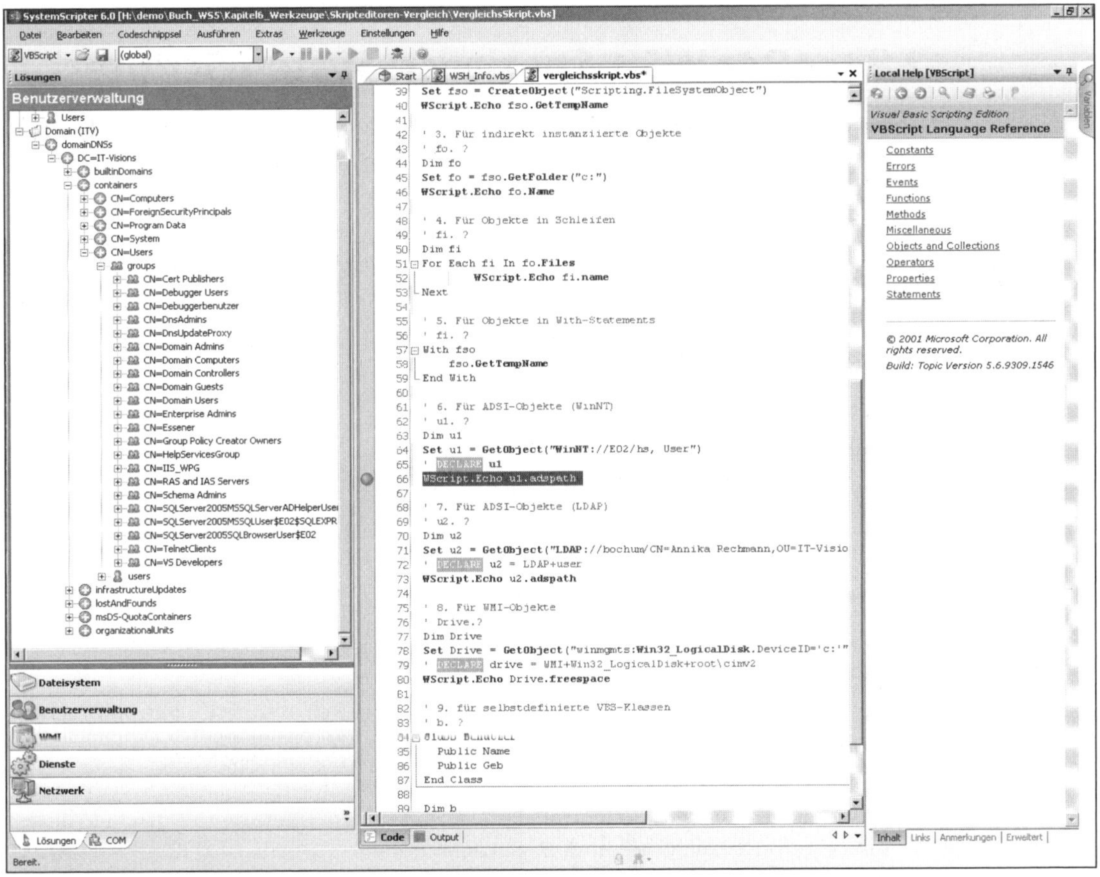

Bild 2.5: Skripte editieren im SystemScripter Version 6.0

Grundfunktionen

Der SystemScripter bietet eine Zeilennummerierung und eine gute Farbunterscheidung zwischen VBScript-Sprachbefehlen, Bezeichnern, Operatoren und Literalen. Leider sind die Farben nicht konfigurierbar. In den sehr spärlichen Editor-Optionen kann man nur die Schriftart und die Schriftgröße wählen.

Eingabehilfen Als Eingabehilfen liefert der SystemScripter Auto-Vervollständigen nicht nur für VBScript-Befehle, sondern auch für bereits verwendete Variablen. Für Objekte bietet der Editor eine Auswahlliste der verfügbaren Befehle, die bei mehr Objekten funktionieren als bei PrimalScript.

Codegeneratoren Der SystemScripter enthält zahlreiche Codegeneratoren, die Skriptfragmente erzeugen. Einige Codegeneratoren sind über den Kontextmenüeintrag Codeschnipsel erreichbar, andere hingegen über die Fensterleiste Lösungen.

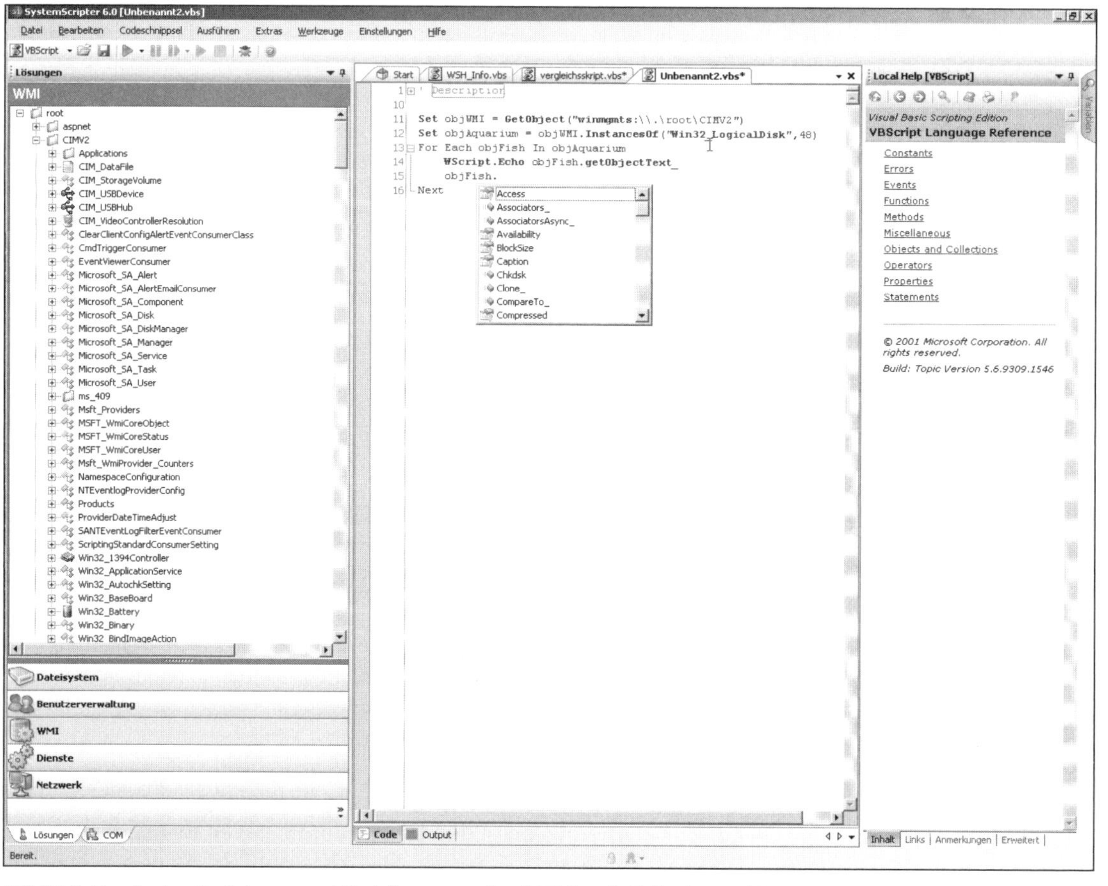

Bild 2.6: Der SystemScripter erzeugt Codefragmente durch Ziehen & Fallenlassen (Drag&Drop) aus dem Lösungsfenster.

Durch einen Klick auf den Start-Pfeil in der Symbolleiste oder die Registerkarte *Skript ausführen* wird ein Skript innerhalb des SystemScripter gestartet. Ausgaben, die eigentlich ins Kommandozeilenfenster gehen würden, landen in der Registerkarte *Skript ausführen*. Fehler zeigt der SystemScripter direkt im Codefenster an – sehr elegant mithilfe von Tooltipps (siehe folgende Abbildung).

Dokumentation Eine Schwachstelle des SystemScripter ist die fehlende Dokumentation: Hier wird nur die WSH-Dokumentation von Microsoft, nicht aber eine Hilfedatei zum Editor selbst mitgeliefert. Lediglich auf der Website gibt es einige Hinweise.

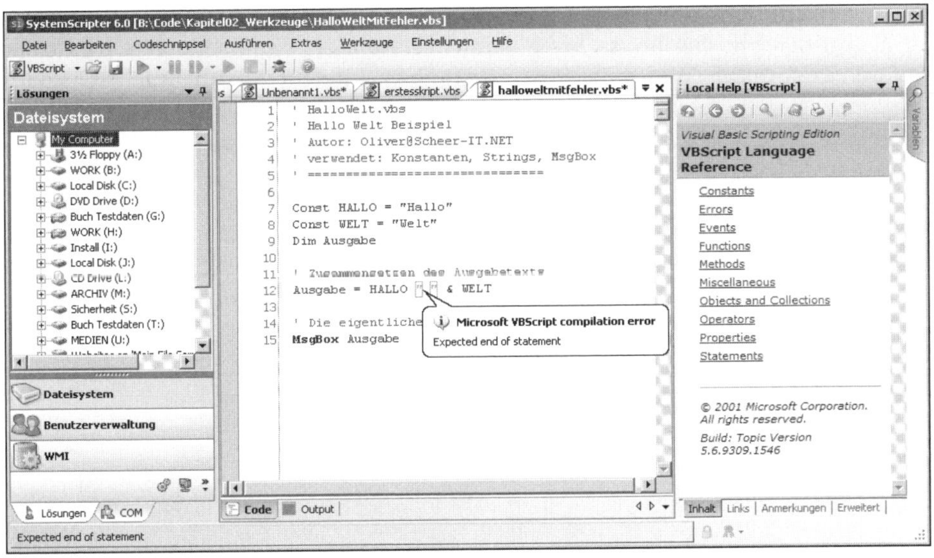

Bild 2.7 *Anzeige einer Fehlermeldung im System-Scripter 6.0*

2.4 Microsoft Script Debugger

Das Debugging, also das Finden und Entfernen von Bugs (Programmfehlern) in Skripten, ist eine zentrale Aufgabe für den Skriptprogrammierer.

Der *Microsoft Script Debugger* (*msscrdbg.exe*) ist ein Debugging-Werkzeug, das zusammen mit dem Internet Explorer installiert wird. Mit dem Script Debugger können aber nicht nur Internet Explorer-Skripte, sondern auch WSH-Skripte auf Fehler untersucht (auf Neudeutsch: *debugt*) werden.

WWW

> Auf der Buch-Website finden Sie den Script Debugger auch als Einzel-Setup im Verzeichnis *\Install\Werkzeuge\Debugger\Microsoft Script Debugger.*

> Die Editoren PrimalScript und SystemScripter enthalten auch jeweils einen eigenen Skript-Debugger, der aufgrund der Integration in den Editor komfortabler zu bedienen ist. Allerdings sind diese Produkte im Gegensatz zum Microsoft Script Debugger auch kostenpflichtig.

2.4.1 Fehlerarten

Man muss beim Debugging drei Arten von Fehlern unterscheiden.

Kompilierungsfehler

Kompilierungsfehler: Der Begriff **Kompilierungsfehler** scheint in einem Buch über Scripting auf den ersten Blick verwunderlich zu sein, da Skriptsprachen ja interpretiert werden. Eine Kompilierung im engeren Sinne findet beim WSH auch nicht statt, doch wird das Skript vor dem Start durch den WSH auf die syntaktische Gültigkeit hin überprüft. Bereits zu diesem Zeitpunkt kann die Vollständigkeit von

Sprachkonstrukten kontrolliert werden. Ein Kompilierungsfehler entsteht beispielsweise, wenn Sie im nachfolgenden Listing die Zeile 5 (`End If`) weglassen. Sofern ein Kompilierungsfehler festgestellt wird, wird die Ausführung des Skripts gar nicht erst begonnen, selbst wenn die ersten Befehle des Skripts fehlerfrei sind.

```
a = msgbox("Fehler oder kein Fehler?",vbYesNo)
If a = vbYes then
   u = 0
   x = 7 / u ' Laufzeitfehler: Division durch 0
End If  ' ohne diese Zeile -> Kompilierungsfehler
Msgbox "Ergebnis: " & X
```

***Listing 2.2:** Demo-Skript*

Bild 2.8 *Anzeige eines Kompilierungsfehlers im WSH*

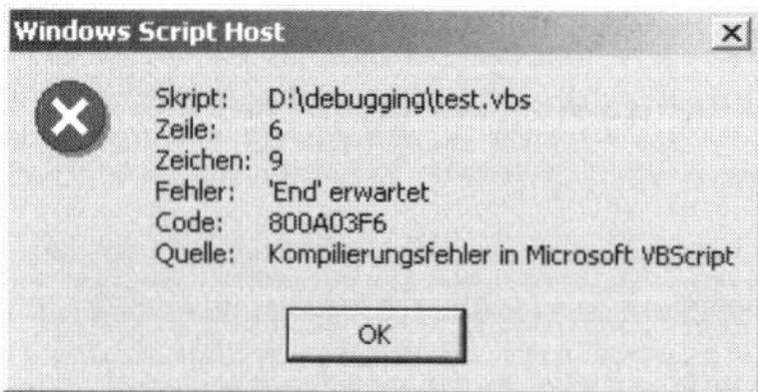

Laufzeitfehler

Laufzeitfehler: Der Parser findet jedoch nicht alle Fehler (z.B. nicht initialisierte Variablen oder nicht definierte Unterroutinen) und kann auch zahlreiche Fehler gar nicht finden (z.B. Division durch null). Diese Fehler werden erst zur Laufzeit festgestellt, d.h., die Skriptausführung beginnt und wird beim Auftreten des Fehlers angehalten. Sofern die Programmzeile, in der sich der Fehler befindet, nicht durchlaufen wird, tritt der Fehler auch nicht auf. Wenn Sie im obigen Listing mit Nein antworten, tritt der „Division durch null"-Fehler also nicht auf.

Bild 2.9 *Laufzeitfehler im WSH*

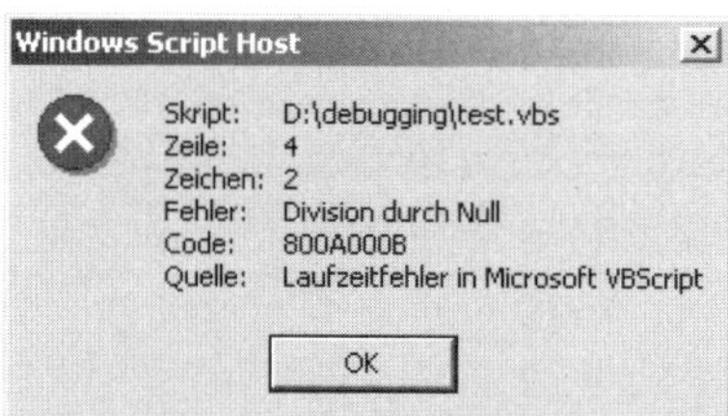

Logische Fehler

Logische Fehler: Das größte Problem sind logische Fehler: Sie werden nicht vom WSH bemerkt, sondern führen zu unerwarteten Ergebnissen bei der Ausführung.

2.4.2 Start des Debuggers

Für den Windows Script Host (WSH) muss das Debugging grundsätzlich mit dem Schlüssel *HKEY_LOCAL_MACHINE\SOFTWARE\Microsoft\Windows Script Host\Settings\ActiveDebugging* = *1* aktiviert sein.

Wenn obige Voraussetzung erfüllt ist, gibt es drei Möglichkeiten, den Microsoft Script Debugger für ein WSH-Skript zu starten:

- Wenn das Skript mit der WSH-Kommandozeilenoption `//D` aufgerufen wurde, startet der WSH den Debugger bei einem Kompilierungs- oder Laufzeitfehler.
- Wenn das Skript mit der WSH-Kommandozeilenoption `//X` aufgerufen wurde, startet der WSH den Debugger schon beim ersten Befehl unabhängig davon, ob ein Fehler passiert ist. Diese Option benötigt man zum Finden logischer Fehler.
- In VBScript gibt es einen speziellen Befehl, der den Debugger startet: `Stop`. Zusätzlich muss der WSH aber auch mit der Kommandozeilenoption `//D` gestartet werden.

Beispiel

Die folgende Programmzeile startet das Skript *MonitorServices.vbs* von der ersten Programmzeile an im Debugger:

```
cscript //X H:\Skripte\10_Services\MonitorServices.vbs
```

In der nächsten Grafik sehen Sie das Skript innerhalb des Microsoft Script Debuggers. Die erste Zeile, die einen Befehl enthält (`Dim`-Anweisungen werden ignoriert), wird vom Debugger gelb unterlegt.

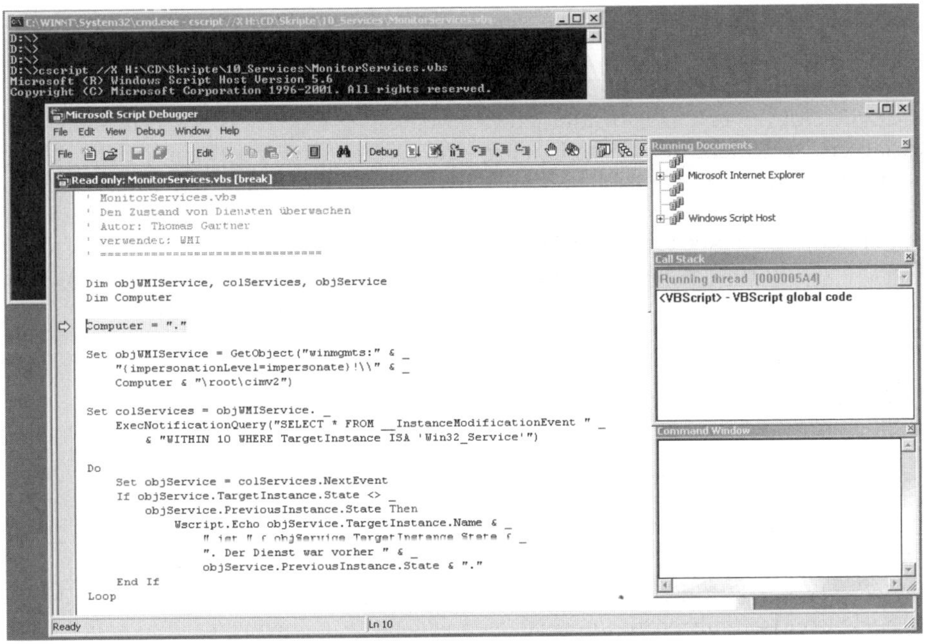

Bild 2.10 *Start eines Skripts im Microsoft Script Debugger*

> Neben dem kostenlosen Microsoft Script Debugger gibt es noch einen WSH-Debugger im kostenpflichtigen Microsoft-Produkt *Visual InterDev 6.0*. Sind beide Debugger installiert, bietet Windows vor dem Aufruf des Debuggers einen Auswahldialog.

2.4.3 Funktionen des Microsoft Script Debugger

Innerhalb des Microsoft Script Debuggers stehen folgende Funktionen zur Verfügung:

Funktionen im Debug-Modus

- Durch Drücken der Taste F8 gelangen Sie zum nächsten Befehl (Einzelschrittmodus). Die jeweils aktuelle Zeile ist gelb markiert.
- Die Taste F5 setzt das Programm fort. Es läuft weiter, bis es auf einen Fehler, einen `Stop`-Befehl oder einen zuvor im Debugger gesetzten Haltepunkt trifft.
- Über die Taste F9 können Haltepunkte gesetzt werden, an denen das Skript stoppen soll (Zeilen mit Haltepunkt werden vom Debugger rot markiert und mit einem Punkt vor der Zeile versehen).
- In einem sogenannten Direktfenster (*Command Window*) kann man mit dem Fragezeichen (?) Werte von Variablen abfragen und Unterroutinen direkt aufrufen.
- Die Aufrufreihenfolge der Unterroutinen kann man im Fenster *Call Stack* betrachten.

Editor

Der Script Debugger besitzt zwar einen eingebauten einfachen Skripteditor (Menü *Datei/Neu*), jedoch können auch darin erstellte Skripte nicht innerhalb des Debuggers gestartet werden, sondern müssen extern aufgerufen werden und unterliegen damit den gleichen Beschränkungen wie andere Skripte auch.

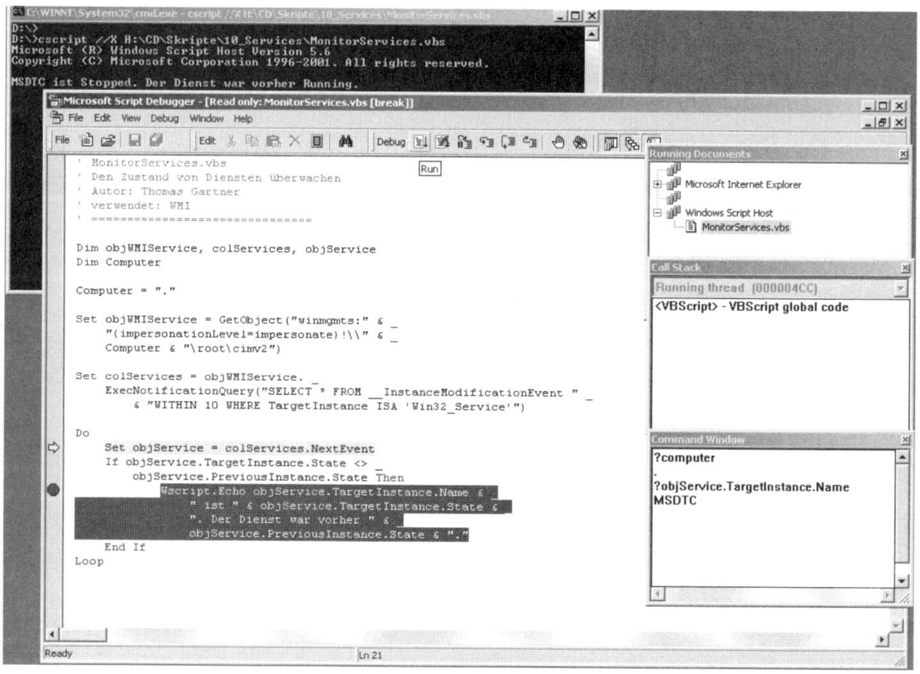

Bild 2.11 Analyse eines Skripts im Script Debugger

2.5 Fragen und Aufgaben

1. Welches ist das einfachste Mittel, um eine VBScript-Anwendung zu erstellen?
2. Was versteht man unter dem Begriff *Debugging*?
3. Welche Arten von Fehlern können innerhalb eines Skripts auftreten?

3 Scripting und die Benutzerkontensteuerung

Dem Problem, dass ein fortgeschrittener Benutzer, Administrator oder Entwickler in bisherigen Windows-Versionen nur reibungslos arbeiten konnte, wenn er immer als Administrator an seinem Rechner angemeldet war, begegnet Microsoft seit Windows Vista mit einer neuen Funktion, die „Benutzerkontensteuerung“ heißt (engl. User Account Control (UAC), zuvor auch User Account Protection (UAP) genannt).

3.1 Benutzerkontensteuerung

Benutzerkontensteuerung (User Account Control, UAC) bedeutet, dass alle Anwendungen seit Windows Vista immer unter normalen Benutzerrechten laufen, auch wenn ein Administrator am System angemeldet ist. Wenn eine Anwendung höhere Rechte benötigt (z.B. administrative Aktionen, die zu Veränderungen am System führen), fragt Windows explizit in Form eines sogenannten „Consent Interface“ beim Benutzer nach, ob der Anwendung diese Rechte gewährt werden sollen. **UAC**

Bei Administratoren reicht zur Bestätigung ein Mausklick („Consent Prompt“), normale Benutzer müssen Name und Kennwort eines administrativen Kontos eingeben („Credential Prompt“). Erst nach der Bestätigung wird die Anwendung mit administrativen Rechten ausgestattet (engl. „elevated“).

Der einfache Wechsel aus dem normalen Benutzerkontext heraus soll Administratoren und Softwareentwickler dazu motivieren, im Standardfall immer als Normalbenutzer zu arbeiten, mit der Gewissheit, doch schnell zu mehr Macht zu kommen. Während der Anzeige des sogenannten „Consent Interface“ graut der Rest von Windows aus und steht aus Sicherheitsgründen nicht zur Verfügung.

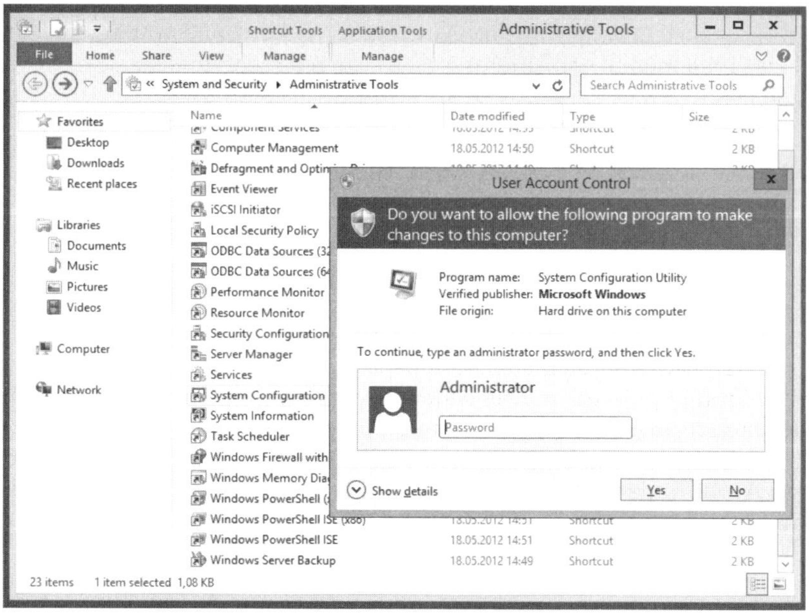

***Bild 3.1** UAC-Bestätigungsanforderung bei normalen Benutzern*

In Windows Vista kam auch bei der Änderung von Systemeinstellungen durch Administratoren immer eine Nachfrage. Ab Windows 7 wurde dies geändert. Im Standard kommt bei Änderungen mit Hilfe der Systemsteuerung und der Administrativen Werkzeuge keine Nachfrage mehr. Man kann aber durch Einstellen der Benutzerkonteneinstellungen auf die höchste Stufe in der Systemsteuerung erreichen, dass wie bei Vista immer eine Nachfrage kommt.

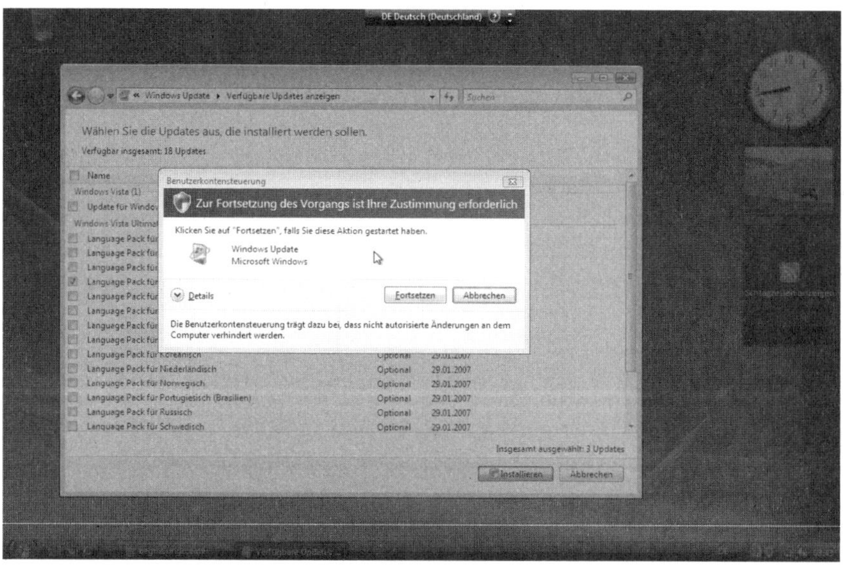

***Bild 3.2:** UAC-Bestätigungsanforderung bei Administratoren (hier in Windows Vista)*

> Die Benutzerkontensteuerung führt im Anwender- und Administratorenalltag manchmal zu Problemen, wenn (ältere) Anwendungen nicht mit UAC zurechtkommen und abstürzen.

3.2 WSH-Skripte arbeiten nicht mit der Benutzerkontensteuerung zusammen

Keine UAC-Unterstützung für WSH

Leider hat Microsoft bei der Entwicklung der Benutzerkontensteuerung nicht mehr richtig über den WSH nachgedacht und diesen nicht so verändert, dass er reibungslos mit den neueren Betriebssystemen zusammenarbeitet, also den Consent Prompt oder Credential Prompt präsentiert. Dies bedeutet, dass viele administrative Skripte, die höhere Rechte erfordern (z.B. Starten und Stoppen von Diensten, Benutzerverwaltung), nicht mehr funktionieren können. Viele administrative Skripte brechen daher auch bei Ausführung vom Desktop des Administrators – ohne Nachfrage – mit einer „Zugriff verweigert"-Fehlermeldung ab.

Bild 3.3 Der Administrator kann wegen UAC keinen Benutzer mehr per Skript anlegen.

Ein Administrator wird also bei vielen Skripten mit den bisherigen Strategien für einen Skriptstart (Doppelklick oder Ausführen im Kommandozeilenfenster) scheitern. Das Skript wird mit der Meldung, dass die Rechte nicht ausreichen, abbrechen. Ein WSH-Skript fragt bei Anwendern nicht nach höheren Rechten, weil eine Unterstützung für UAC in den WSH leider nicht eingebaut wurde.

Normale Windows-Anwendungen besitzen im Kontextmenü auch einen Befehl *Als Administrator ausführen*, mit dem man – nach Bestätigung des entsprechenden UAC-Dialogs – die höheren (normalen) Rechte erzwingen kann. Leider sucht man im Kontextmenü eines Skriptsymbols den Befehl *Als Administrator ausführen* vergeblich. Microsoft hat auch diese Funktion für WSH-Skripte leider nicht vorgesehen.

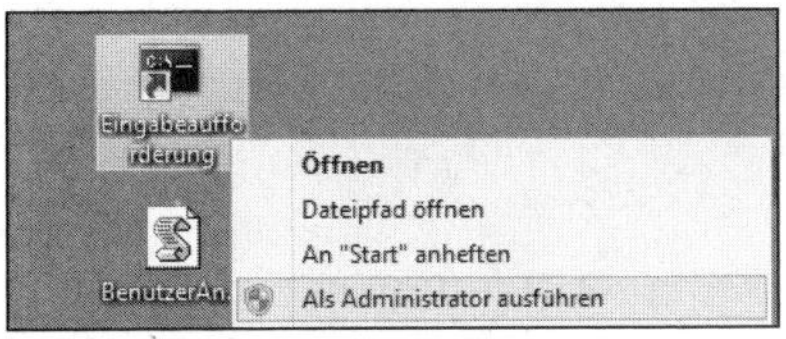

Bild 3.4 Kompilierte Windows-Anwendungen haben im Kontextmenü einen Eintrag „Als Administrator ausführen" – Skripte leider nicht.

3.3 Lösungen des Problems

Lösungsmöglichkeiten

Ein Administrator hat fünf Möglichkeiten, ein Skript dennoch mit vollen Rechten zu starten:

1. Start eines Konsolenfensters mit Administratorrechten und Start des Skripts aus dem Konsolenfenster heraus (Details siehe unten)
2. Start des Skripts mit dem Kommandozeilenwerkzeug zur Rechteerhöhung, das es auch schon in Windows 2000/XP und 2003 gab: *runas.exe*. Der Nachteil dieser Methode ist, dass der Administrator dann bei jedem Skriptstart sein Kennwort neu eingeben muss.
3. Erstellen einer Verknüpfung zu einem Skript, wobei in der Verknüpfung dem Skript explizit *cscript.exe* oder *wscript.exe* voranzustellen ist (Details siehe unten)
4. Deaktivierung der UAC-Funktion für alle Skripte durch eine Anwendungskompatibilitätskonfiguration mit dem Application Compatibility Toolkit. Da man aber dort die Einstellung nur für *cscript.exe* und *wscript.exe*, nicht aber für einzelne Skripte vornehmen kann, ist dies keine befriedigende Lösung.
5. Generelle Deaktivierung der UAC-Funktion für Administratoren durch Änderung der Systemrichtlinie (Details siehe unten). Diese Lösung ist nicht zu empfehlen, weil damit viel von der erhöhten Sicherheit von Windows außer Kraft gesetzt wird.

3.4 Start aus dem Admin-Konsolenfenster heraus

Ein Konsolenfenster kann direkt mit erhöhten Rechten gestartet werden. Diese Funktion ist im Kontextmenü des Symbols für die Eingabeaufforderung (sowohl auf dem Desktop als auch im Startmenü oder in einem Windows Explorer-Fenster) verfügbar (*Als Administrator ausführen*).

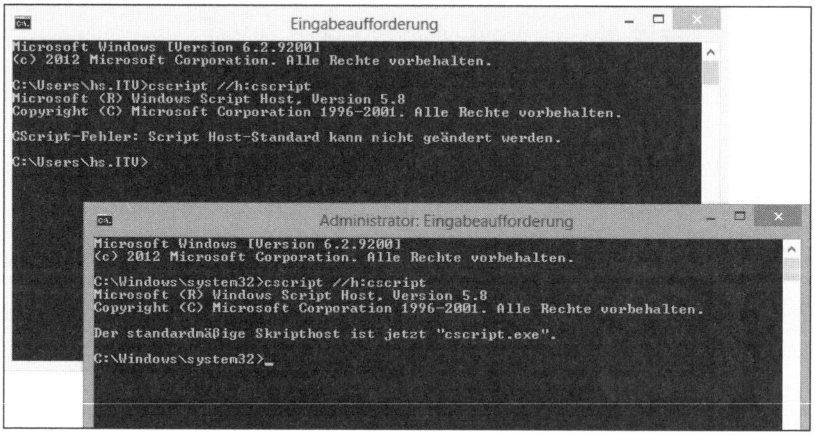

Bild 3.5 *Zwei Konsolenfenster mit unterschiedlichen Rechten auf einem Desktop: Nur in der Konsole, die mit Administratorrechten gestartet wurde, kann der Befehl ausgeführt werden.*

Ein Konsolenfenster, das unter Administratorrechten läuft, zeigt im Gegensatz zu einem normalen Konsolenfenster auch das Wort „Administrator" im Fenstertitel.

In den Eigenschaften einer .exe-Datei oder einer Verknüpfung auf eine .exe-Datei kann man festlegen, dass dieses Programm immer „als Administrator" gestartet werden soll. Leider ist dies für Skriptdateien nicht möglich.

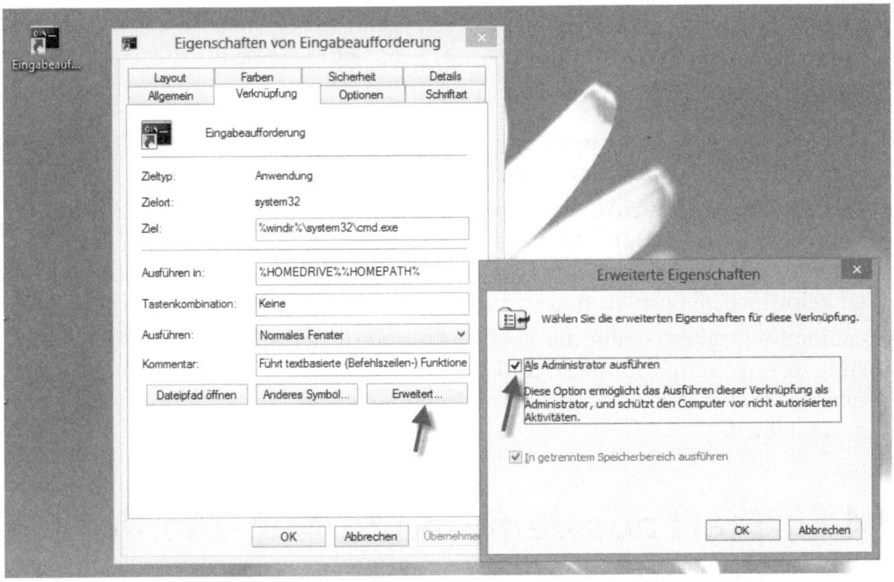

Bild 3.6: *Festlegung der erweiterten Eigenschaften eines Programms oder eine Verknüpfung zu einem Programm*

3.5 Anlegen einer Verknüpfung zu wscript.exe oder cscript.exe

Das Anlegen einer Verknüpfung ist ein Trick, um Windows vorzugaukeln, dass es sich um eine normale Windows-Anwendung handelt. Dadurch kann man zwar immer noch kein Skript per Doppelklick unter Administrator-Rechten starten, zumindest aber erscheint *Als Administrator ausführen* im Kontextmenü.

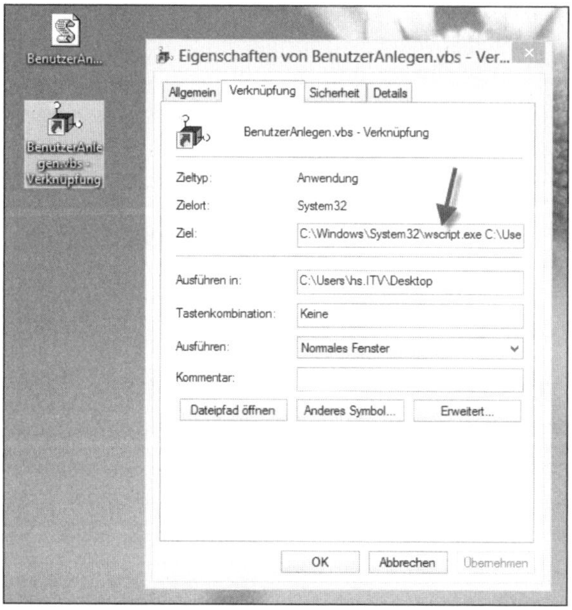

Bild 3.7 *Man erstellt eine Verknüpfung zu dem Skript und nennt dabei explizit wscript.exe oder cscript.exe.*

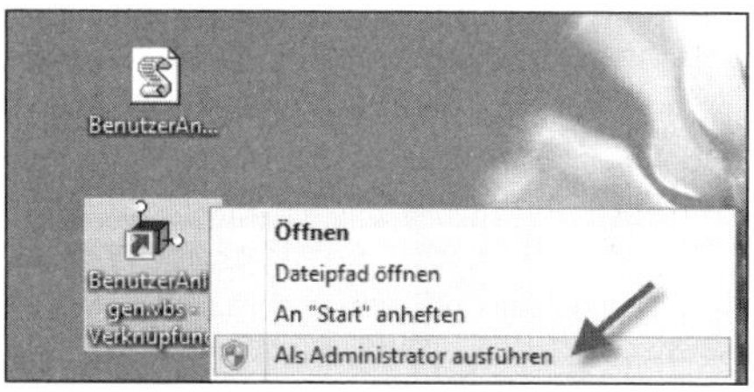

Bild 3.8 *Dann erscheint im Kontextmenü „Als Administrator ausführen“.*

Bild 3.9 *Und Windows stellt nach Bestätigung des „Consent Prompt“ die normalen Rechte für diesen Prozess her.*

3.6 Benutzerkontensteuerung deaktivieren

UAC ausschalten

Eine wohl überlegte Entscheidung muss für die Deaktivierung der Benutzerkontensteuerung sein, denn damit verzichtet man auf ein Sicherheitsfeature.

Die Benutzerkontensteuerung kann auf Benutzerebene in der Systemsteuerung deaktiviert werden. Danach startet jede Anwendung mit vollen Rechten.

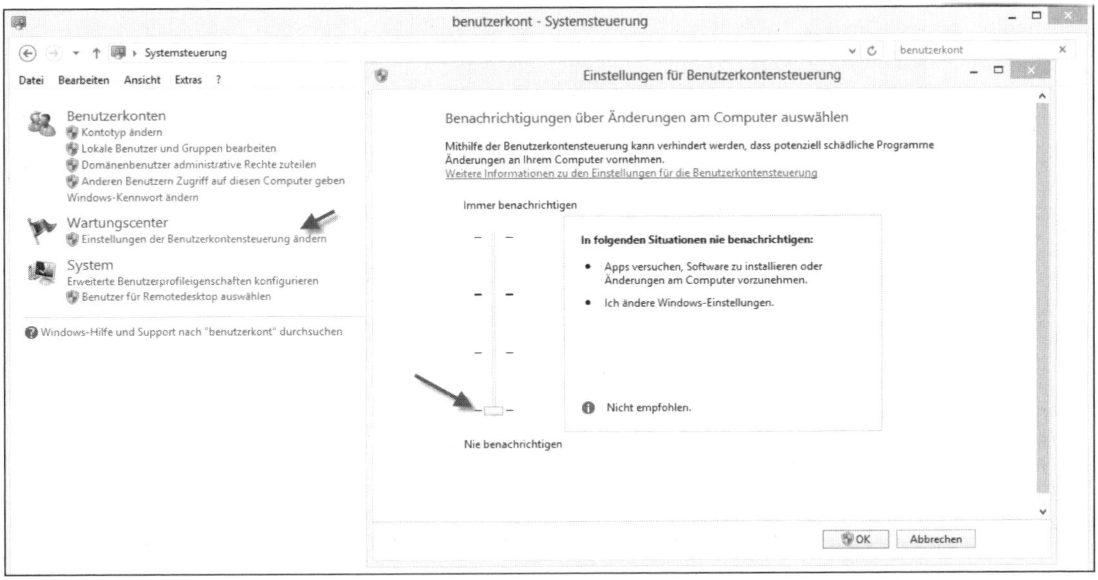

***Bild 3.10:** Feinere Einstellung der Benutzerkontensteuerung (hier in Windows 8)*

Alternativ kann man diese Einstellung global für das System setzen, indem man dem Registrierungsdatenbankeintrag *EnableLUA* im Schlüssel *HKEY_LOCAL_MACHINE\SOFTWARE\Microsoft\Windows\CurrentVersion\Policies\System* den Wert „0" zuweist. Auch über eine lokale Sicherheitsrichtlinie (siehe Bildschirmabbildung) ist dies möglich.

Die Deaktivierung für alle Benutzer wirkt nur, wenn man danach den Rechner neu startet.

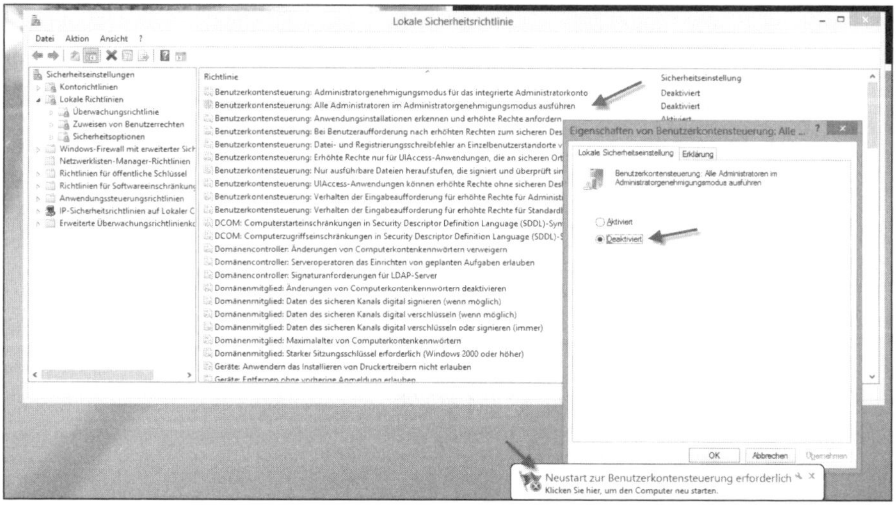

3.7 Änderungen der Benutzerkontensteuerung in Windows 8 und Windows Server 2012

In Windows 8 und Windows Server 2012 hat sich Microsoft neue Varianten der Benutzerkontensteuerung überlegt.

In Windows 8 kann die Benutzerkontensteuerung gar nicht mehr komplett deaktiviert werden, auch nicht für Administratoren. Es kann nur noch deaktiviert werden, dass Nachfragen bei Änderungen durch die Systemsteuerung oder die MMC-Verwaltungsanwendungen kommen. Skripte und auch die Windows-Eingabeaufforderung sowie andere .exe-Anwendungen laufen auch bei ausgeschalteter UAC unter verminderten Rechten. Man muss explizit „Als Administrator ausführen" wählen bzw. einen der oben genannten Tricks anwenden, um dies auch für Skripte zu erlauben.

In Windows Server 2012 startet ein Administrator alle Skripte, die Konsole und andere .exe-Anwendungen unter vollen Rechten.

4 Programmieren mit VBScript

Lernziel

In diesem Kapitel werden die Grundlagen für das Programmieren mit VBScript vermittelt. Dazu gehören die grundlegenden Regeln, die beim Erstellen von VBScript-Code notwendig sind, sowie das Arbeiten mit Konstanten und Variablen. Anschließend wird die Verwendung von Bedingungen und Schleifen besprochen, mit denen der Ablauf des Skripts gesteuert werden kann. Weiterhin geht es um eingebaute Funktionen und selbst definierte Unterroutinen. Am Ende wird das Rüstzeug für den Umgang mit Laufzeitfehlern vermittelt.

> Ein großes Gebiet der VBScript-Programmierung ist die Arbeit mit Objekten. Dieses wichtige Thema ist in Kapitel 5 ausgelagert.

4.1 Die Visual Basic-Sprachfamilie

Die Sprache BASIC (Beginners All Purpose Symbolic Instruction Code) hat bei Microsoft eine lange Geschichte, zunächst als QBasic, später als Visual Basic. Innerhalb der Microsoft Windows-Welt ist Visual Basic die beliebteste Programmiersprache.

Visual Basic gibt es in vier Dialekten:

- Das eigentliche Visual Basic zur Entwicklung eigenständiger Anwendungen
- Embedded Visual Basic zur Entwicklung für Windows CE (das Handheld-Betriebssystem von Microsoft)
- Visual Basic for Applications (VBA) als Makrosprache in Microsoft Office und anderen Endbenutzer-Anwendungen
- Visual Basic Script (VBS) für den Windows Script Host (WSH) und andere Skriptumgebungen in Windows-Anwendungen

VBA und VBScript haben ähnliche Anwendungsgebiete. Der Hauptunterschied liegt darin, dass VBScript kostenlos ist, während Microsoft für die Verbreitung von Anwendungen mit integriertem VBA kräftig Lizenzgebühren kassiert. VBA ist außerdem nicht nur eine Sprache, sondern umfasst auch eine komfortable Entwicklungsumgebung, worin der Hauptgrund für den hohen Preis zu suchen ist.

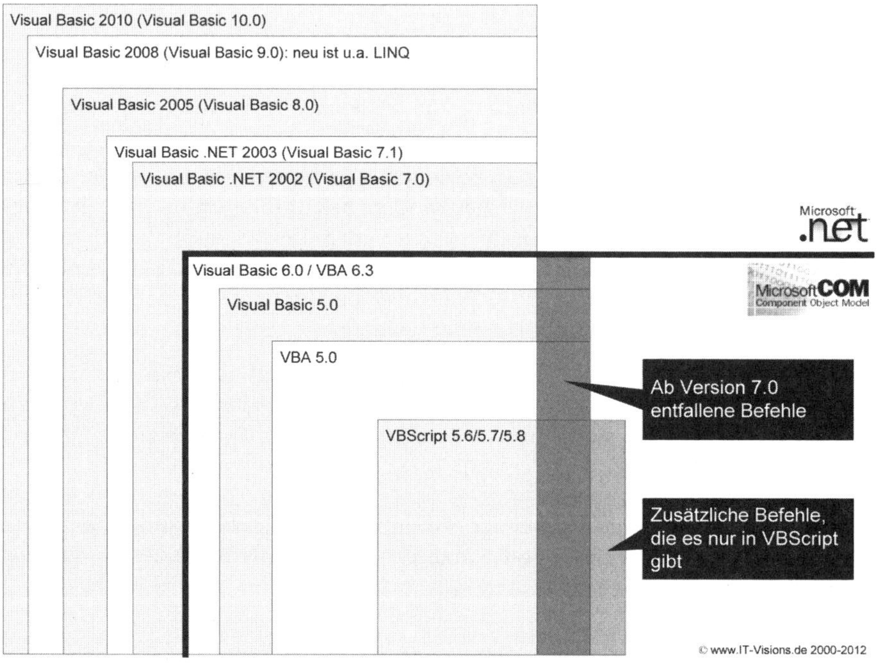

Bild 4.1 *Sprachumfang der VB-Dialekte*

Visual Basic Wie in Kapitel 1 bereits erwähnt ist Visual Basic Script eine Interpreter-Sprache, bei der die Befehle erst während des Ablaufs zeichenweise in Maschinensprachebefehle für den Mikroprozessor umgesetzt werden.

4.2 Allgemeines zum Arbeiten mit VBScript

In diesem Abschnitt geht es um grundlegende Regeln und den Aufbau von VBScript-Dateien. Im Gegensatz zu anderen Sprachen gibt es nur wenige Konventionen, die eingehalten werden müssen.

VBScript-Syntax

Als Erstes einige einfache Regeln für die formale Struktur (Syntax) von VBScript:

- Grundsätzlich enthält jede Zeile genau einen Befehl.
- Es ist möglich, mehrere Befehle getrennt durch einen Doppelpunkt in eine Zeile zu schreiben. Auf diese Möglichkeit sollten Sie aber aus Gründen der Übersichtlichkeit verzichten.
- Wenn Befehle sich über mehr als eine Zeile erstrecken sollen, müssen alle Zeilen mit nicht abgeschlossenen Befehlen mit einem Unterstrich „_" enden.
- Leerzeilen, Leerzeichen und Tabulatoren sind in beliebiger Häufung erlaubt, um den Skriptcode übersichtlicher zu machen.
- VBScript ist nicht case-sensitive: Die Groß- und Kleinschreibung der Schlüsselwörter ist also ebenso ohne Bedeutung wie die Schreibweise Ihrer selbst gewählten Bezeichner für Variablen, Unterroutinen etc.
- Sofern es nicht durch Bedingungen, Schleifen oder Unterroutinen (die Sie später in diesem Kapitel kennenlernen werden) anders bestimmt wurde, wird ein Skript sequenziell ausgeführt. Die Ausführung beginnt in der ersten Zeile. Folglich ist die Reihenfolge der Befehle für die korrekte Ausführung des Skripts grundsätzlich wichtig. In vielen Fällen gibt es jedoch mehrere verschiedene richtige Reihenfolgen. Demnach ist die Reihenfolge nicht beliebig.

Ein Befehl pro Zeile

Bei der Erstellung von VBScript-Code gibt es also prinzipiell die Möglichkeit, mehrere Anweisungen (Befehle) in eine Zeile zu schreiben. Diese Befehle müssen dazu allerdings mit einem Doppelpunkt [:] voneinander getrennt werden.

```
ErsterBefehl() : ZweiterBefehl() : DritterBefehl()
```

Allerdings entspricht dies nicht ganz der ordentlichen Programmierung. Damit der erstellte Code einfach zu lesen ist, sollte man pro Zeile immer nur einen Befehl verwenden:

```
ErsterBefehl()
ZweiterBefehl()
DritterBefehl()
```

Groß- und Kleinschreibung

Im Gegensatz zu anderen Sprachen, wie z.B. C++ oder Java, hält es VBScript mit der Groß- und Kleinschreibung nicht so genau. Es wird nicht zwischen diesen beiden Schreibweisen unterschieden, sodass die folgenden Codezeilen absolut identisch interpretiert werden:

```
IF wert1>wert2 THEN wert2 = wert1
If wert1>wert2 Then wert2 = WERT1
if Wert1>wert2 then wert2 = Wert1
```

Zeilenumbrüche

Zwar ist es in VBScript möglich, sehr lange Codezeilen zu schreiben, allerdings sind diese für die Lesbarkeit nicht gerade von Vorteil. Sollte einmal der Fall auftreten, dass eine sehr lange Codezeile entsteht, so kann man zwischen zwei Zeichen (Buchstaben oder Symbolen), die nicht zu einem Befehl oder Wert gehören, durch einen Unterstrich [_] trennen und in der nächsten Zeile fortsetzen. Das folgende Beispiel verdeutlicht diese Möglichkeit.

```
If (Wert1>Wert2) And (Wert2>Wert3) Or (Wert1>Wert3) Then
   ...
End If
```

Dieser Code kann durch Umbrechen von Zeilen mit dem Unterstrich wie folgt dargestellt werden:

```
If (Wert1>Wert2) And _
   (Wert2>Wert3) Or _
   (Wert1>Wert3) Then
   ...
End If
```

4.3 Kommentare

Grundsätzlich sollte man bei der Programmierung dem eigentlichen Programmcode zusätzliche Kommentare hinzufügen, um das Programm für sich selbst und andere verständlich zu machen. Ein gutes Skript zeichnet sich dadurch aus, dass es gut lesbar ist, dass der Code also entsprechend kommentiert wurde. Zwar kann man anhand des Programmcodes oft schon sehen, was innerhalb eines Skripts geschieht, allerdings wird diese Lesbarkeit durch Kommentare wesentlich verbessert. Um einen Kommentar innerhalb eines Codes zu definieren, muss dieser mit einem Hochkomma ['] oder mit dem Schlüsselwort REM eingeleitet werden.

```
' Kommentare.vbs
' Kommentieren von Quellcode
' verwendet: keine weiteren Komponenten
' ===============================

' Dies ist ein Kommentar

REM Dies ist auch ein Kommentar
```

Listing 4.1: *Kommentare.vbs*

Dieses Beispiel enthält, wie jedes Beispiel-Listing in diesem Buch, einige Kommentarzeilen, die das Skript beschreiben (Name der Datei, Beschreibung, Autor etc.), sowie zwei beispielhafte Kommentare mittels Hochkomma ['] und REM-Befehl.

4.4 Literale

Bei Literalen handelt es sich um statische Werte, die direkt innerhalb des Codes hinterlegt werden. Literale werden zum Beispiel für folgende Aufgaben verwendet:

- Texte, die das Skript ausgeben soll
- Namen von Dateien, die das Skript auslesen soll
- Schwellwerte, die für Gültigkeitsprüfungen verwendet werden sollen

Es gibt verschiedene Arten von Werten:

Zahlen

Ganzzahlige numerische Werte werden einfach durch die Aneinanderreihung von Ziffern dargestellt (z.B. 123). Bei Fließkommazahlen (nicht ganzzahligen numerischen Werten) wird das Dezimaltrennzeichen nicht durch ein Komma dargestellt, sondern – amerikanisch – durch einen Punkt (z.B. 123.456).

Andere Zahlensysteme

Neben dem Dezimalsystem unterstützt VBScript noch zwei andere Zahlensysteme: Hexadezimalzahlen werden durch ein vorangestelltes "`&h`", Oktalzahlen durch ein "`&o`" kenntlich gemacht.

> Beim Scripting werden manchmal Zahlen als Hexadezimalzahlen oder Oktalzahlen dargestellt, weil die Darstellung einer bestimmten Zahl in diesen Zahlensystemen einfacher ist als im Dezimalsystem.

Strings

Zeichenketten werden in Anführungszeichen ["] dargestellt. Jeweils am Anfang und am Ende des Textes begrenzt dieses Zeichen die Zeichenketten. Möchte man innerhalb einer Zeichenkette selbst ein Anführungszeichen darstellen, so muss dieses mittels doppelter Anführungszeichen geschehen, z.B. „Hier ist ein Anführungszeichen ""Hallo"" ! ".

Datum und Uhrzeit

Datums- und Uhrzeit-Werte werden innerhalb von zwei Nummerzeichen [#] dargestellt. Darüber hinaus erfolgt die Darstellung im amerikanischen Format, d.h. `mm/dd/yyyy`. Für das Datum „11. April 1975" schreibt man also: `#04/11/1975#`. Auch die Uhrzeit muss in amerikanischer Schreibweise angegeben werden, z.B. `#04/11/1975 11:15:00AM#`.

True und False

Die Wahrheitswerte (boolesche Werte) „Wahr" und „Falsch" werden mittels der beiden Wörter `True` und `False` dargestellt.

Währungsangaben

Die Darstellung von Währungswerten ist abhängig von den Währungseinstellungen innerhalb der Systemsteuerung. Für eine auf Euro eingestellte Systemsteuerung wäre folgender Wert möglich: „3.231,59 _". Dabei muss der Wert innerhalb von Anführungszeichen angegeben werden.

Empty und Null

Der Sonderzustand „noch kein Wert zugewiesen" wird durch das Wort `Empty` angezeigt; der Sonderzustand „Variable hat keinen Wert" wird durch das Wort `Null` dargestellt.

Ausgabe von Werten

Die einfachste Möglichkeit der Verwendung von Literalen ist der in Kapitel 1 vorgestellte `WScript.Echo`-Befehl. Das folgende Beispiel zeigt, wie `WScript.Echo` die beschriebenen Formen von Literalen ausgibt. In der Ausgabe sieht man, dass Hexadezimalzahlen und Oktalzahlen immer als Dezimalzahlen ausgegeben werden.

```
' Literale.vbs
' Ausgabe von Literalen
' ==================================================================

' Ausgabe von Zahlen
WScript.Echo(123123)

WScript.Echo(323.923)
WScript.Echo(&o77)
WScript.Echo(&h0AE1)

WScript.Echo("Mein Name ist Oliver")

WScript.Echo(#04/11/1975#)
WScript.Echo(#04/11/1975 11:15:00AM#)

WScript.Echo(True)
WScript.Echo(False)

WScript.Echo("3.412,56 _")

WScript.Echo(Null)
WScript.Echo(Empty)
```

Listing 4.2: Literale.vbs

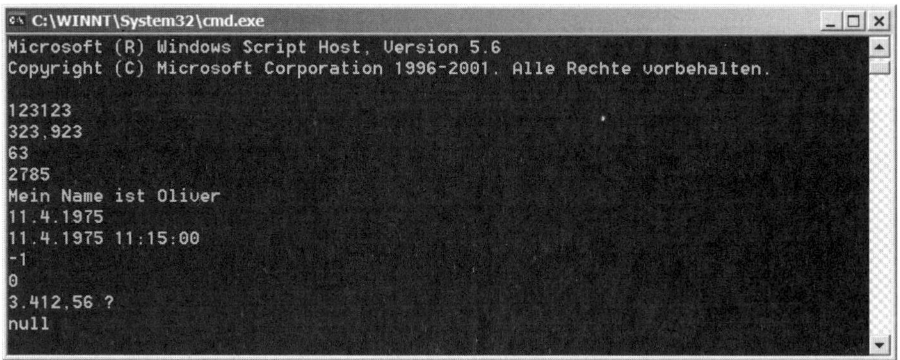

Bild 4.2 Literale in der Kommandozeile, ausgeführt mit CScript.exe

4.5 Konstanten

Konstanten

Bei Konstanten handelt es sich um fest definierte Werte, die sich über den gesamten Zeitraum der laufenden Anwendung nicht verändern sollen bzw. die vom Design her auch nicht verändert werden dürfen. Ihr Zweck liegt darin, feste Werte zu definieren, die im laufenden Skript immer wieder verwendet werden können. Diesen Werten wird durch eine Konstantendefinition ein Name gegeben, sodass über diesen Namen auf den Wert zugegriffen werden kann.

Ein typisches Beispiel, das auch immer wieder in diesem Buch vorkommt, ist der Name des anzusprechenden Computers. Dieser muss oft mehrmals in einem Skript verwendet werden. Wenn der Name sich ändert, müsste normalerweise auch das Skript an mehreren Stellen geändert werden. Aus diesem Grund definiert man besser am Anfang des Skripts eine Konstante:

```
Const COMPUTER = "E04"
```

Danach verwendet man nicht mehr das Literal „Sonne", sondern `COMPUTER` als Alias für das Literal „Sonne".

```
Const COMPUTER = "E04"
Wscript.Echo "Zugriff auf den Computer " & COMPUTER
' ... diverse Befehle ...
Wscript.Echo "Computer " & COMPUTER & " wurde neu gestartet."
```

Kaufmännisches UND

Wichtig ist, dass `COMPUTER` nicht innerhalb der Anführungszeichen steht, sondern über das kaufmännische Und-Zeichen mit den beiden Literalen „Computer" und „wurde neu gestartet." verbunden ist. Alternativ kann zur Verkettung auch das Pluszeichen verwendet werden.

Würden Sie schreiben „Computer COMPUTER wurde neu gestartet.", dann würde der WSH genau das buchstabengetreu ausgeben und nicht den Namen „E04" an die richtige Stelle einbauen. Eine Ersetzung einer Konstanten durch den zugewiesenen Wert findet nur statt, wenn der Name der Konstante nicht in Anführungszeichen steht.

Das Wort `COMPUTER` ist ein beliebiger Begriff, der in diesem Zusammenhang Bezeichner genannt wird. Das Wort komplett großzuschreiben, ist kein Muss; in diesem Buch werden aber alle selbst definierten Konstanten großgeschrieben.

Im Gegensatz zu Variablen (diese werden in Unterkapitel 4.6 beschrieben) kann der Wert von Konstanten zur Laufzeit nicht verändert werden. Wird dies versucht, so tritt ein Laufzeitfehler auf.

> Bei Bezeichnern handelt es sich um vom Skriptentwickler vergebene Namen für Konstanten, Variablen und Unterroutinen. Die Namen dürfen relativ flexibel definiert werden, unterliegen allerdings den folgenden Regeln:
>
> - Sie müssen mit einem Buchstaben beginnen.
> - Sie dürfen nicht länger als 255 Zeichen sein.
> - Sie dürfen nicht mit Schlüsselwörtern der Sprache identisch sein.
> - Sie dürfen außer dem Unterstrich keine Satz- oder Sonderzeichen enthalten.

4.5.1 Vordefinierte Konstanten

Regeln für Bezeichner-Kommentare

VBScript enthält bereits ein umfangreiches Repertoire an vordefinierten Konstanten, die in verschiedenen Szenarien eine große Hilfe darstellen. So gibt es beispielsweise für einige Grundfarben Konstanten, die den Zahlenwert für die Farbe kapseln, sodass man sich nicht mehr diese Zahl, sondern nur noch den Namen merken muss.

Die eingebauten Konstanten erkennt man an ihrem Namen. Sie beginnen stets mit „vb". Das folgende Beispiel zeigt die Konstante `vbCrLf` (Carriage Return/Line Feed), die bewirkt, dass die Ausgabe in der nächsten Zeile fortgesetzt wird.

```
' KonstantenStandard.vbs
' Arbeiten mit Konstanten
' ===============================

WScript.Echo("Dies ist ein Beispiel für Standardkonstanten von VBScript.")
WScript.Echo("Eine Zeile." & vbCrLf & "Noch eine Zeile." & vbCrLf & _
    "Und noch eine Zeile.")
```

***Listing 4.3:** KonstantenStandard.vbs*

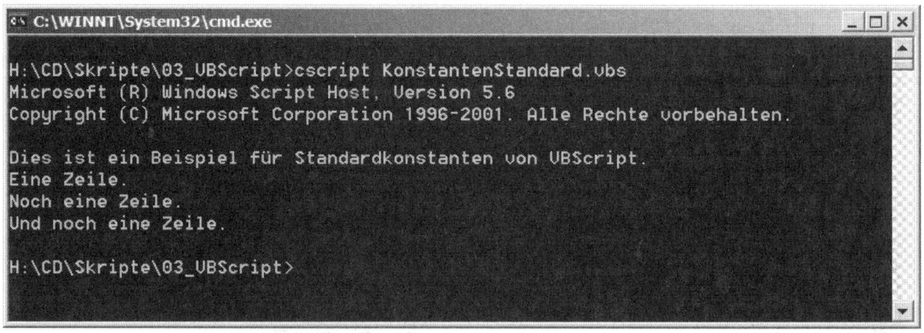

***Bild 4.3** Ausgabe des Listings*

4.5.2 Definieren eigener Konstanten

Die bisher beschriebenen vordefinierten Konstanten reichen allerdings bei Weitem nicht in allen Fällen aus. Um die Entwicklung von Skripten zu verbessern und durch eigene Konstanten den Skriptcode lesbarer und wartbarer zu gestalten, ist es möglich, eigene Konstanten zu definieren. Dies geschieht mit dem Schlüsselwort `Const`. Jede beliebige Art von Literalen kann zugewiesen werden.

```
Const conMeinAlter = 27
Const conMeinComputer = "R2D2"
Const conDatum = #08/31/02#
Const MEIN_NAME = "Oliver"
```

Namen für Konstanten

Für die Entwicklung von Skripten und die Verwendung von Konstanten empfiehlt es sich, eine einheitliche Form für die Vergabe von Konstantennamen zu verwenden. Dabei existieren keine verpflichtenden Vorgaben; allerdings gibt es bereits einige sinnvolle Schreibweisen für Konstanten. Zum einen kann durch das Voransetzen von „con" für „Const" ein Bezeichner als Konstante gekennzeichnet werden, z.B. `conFesterWert`. Eine weitere Möglichkeit wäre aber auch die Großschreibung des Bezeichners, z.B. `FESTER_WERT`. Dadurch werden Les- und Wartbarkeit wesentlich verbessert. Letztere Notation verwenden wir in diesem Buch.

4.5.3 Verwenden von Konstanten

Das folgende Beispiel definiert zwei Konstanten `MEIN_NAME` und `MEIN_ALTER`. Diese beinhalten eine Zeichenkette und eine Zahl. Diese Werte werden innerhalb der Anwendung für eine Ausgabe des Namens und für den Vergleich des Alters des Benutzers verwendet.

```
' Konstanten.vbs
' Arbeiten mit Konstanten
' verwendet: Const
' ===============================

Const MEIN_NAME = "Oliver"
Const MEIN_ALTER = "27"

' Ausgabe des Namens des Skriptautors
WScript.Echo("Mein Name ist " & MEIN_NAME & ".")

' Ausgabe des Alters des Skriptautors
WScript.Echo("Ich bin " & MEIN_ALTER & " Jahre alt.")
```

Listing 4.4: *Konstanten.vbs*

4.6 Variablen

Variablen

Bei Variablen handelt es sich – ähnlich wie bei Konstanten – um Speicher für einzelne Werte. Wie in Konstanten können auch in Variablen beliebige Literale aufgenommen werden. Im Gegensatz zu Konstanten sind die Inhalte von Variablen aber zur Laufzeit des Skripts, wie der Name schon sagt, variabel – sie lassen sich verändern. Die Veränderung kann die Zuweisung eines anderen Literals sein oder die Zuweisung eines Ausdrucks, der ein Ergebnis erreicht. „Ausdruck" ist ein anderes Wort für eine Formel. Ein Ausdruck besteht aus mindestens einem Operator und mindestens einer Variablen oder Konstanten.

Variablen werden innerhalb von Skripten dazu verwendet, dynamisch Werte aufzunehmen, um mit diesen weiterzuarbeiten und sie auf beliebige Weise zu manipulieren, um so zu einem gewünschten Ergebnis zu kommen.

Für die Namen von Variablen gelten die gleichen Regeln wie für die Namen von Konstanten. Variablen schreiben wir in diesem Buch in normaler Groß-/Kleinschreibweise. Um eine Variable von einem Befehl unterscheiden zu können, verwenden wir folgende Vereinbarung:

1. Alle Variablen-Bezeichner sind auf Deutsch (sofern es nicht nur einfache Namen wie x und y sind).
2. Befehle erhalten als Zusatz immer ein Klammernpaar `()`. Das ist so üblich, und Sie werden später noch verstehen warum.

4.6.1 Verwendung von Variablen

Eine Variable kann auf der linken oder rechten Seite einer Zuweisung verwendet werden.

Allgemeine Form	Beispiel
`Variable = Literal`	`Name = "Holger Schwichtenberg"`
`Variable1 = Variable2 Operator Variable3`	`Name = "Holger " & "Schwichtenberg"`

Außerdem kann eine Variable

- in einer Bedingung,
- als Zähler oder Bedingung in einer Schleife oder
- als Parameter für den Aufruf einer Prozedur oder Funktion verwendet werden.

Diese drei Fälle lernen Sie später in diesem Buch noch kennen.

Deklaration

Explizite Deklarierung

Damit Variablen verwendet werden können, **sollten** sie erst **deklariert** werden. Deklarieren bedeutet, sie werden dem Skript „offiziell" bekannt gegeben. Diese Deklarierung kann mit dem Schlüsselwort `Dim` geschehen.

```
Dim schleifenZaehler
Dim aktuellesDatum, startDatum, endDatum
```

Es ist möglich, innerhalb einer Deklarationsanweisung eine oder auch mehrere Variablen zu definieren.

Implizite Deklarierung

Eine Deklarierung ist in VBScript nicht unbedingt notwendig; man kann eine Variable auch ohne vorherige Deklarierung verwenden.

```
irgendEinDatum = #04/11/75#
eineZahl = 42
```

> Die Nichtdeklarierung von Variablen wird allerdings als „schlechter" Stil angesehen. Grundsätzlich ist es übersichtlicher und „ordentlicher", Variablen immer zu Beginn des Skripts mittels `Dim` zu deklarieren. Eine Deklarierung kann auch erzwungen werden, indem man an den Anfang des Skripts den Befehl `Option Explicit` setzt. Alle undeklarierten Variablen führen dann zu einer Fehlermeldung.

Beispiel

Zuweisung von Werten

Nach der „ordentlichen" Deklarierung einer Variablen kann sie verwendet werden. Das folgende Skript definiert verschiedene Variablen und weist diesen entsprechend Werte zu. Anschließend werden diese Werte ausgegeben.

```
' VariablenVerwenden.vbs
' Arbeiten mit Variablen
' ===============================

Dim Zahl1, Zahl2, Zahl3
Dim Text1, Text2, Text3

Zahl1 = 4
Zahl2 = 3
Zahl3 = Zahl1 + Zahl2
WScript.Echo(CStr(Zahl1) + " + " + CStr(Zahl2) + " = " + CStr(Zahl3))

Text1 = "Hallo"
Text2 = "Welt"
Text3 = Text1 + " " + Text2
WScript.Echo(Text1 + " + " + Text2 + " = " + Text3)
```

***Listing 4.5:** VariablenVerwenden.vbs*

Eine Variable, egal ob deklariert oder nicht deklariert, hat vor der ersten Zuweisung den Wert `0` bzw. leere Zeichenkette (""). Wenn Sie auf den Inhalt einer Variablen zugreifen, bevor Sie einen Wert zugewiesen haben, erhalten Sie je nach Kontext die `0` oder die leere Zeichenkette. Hier liegt auch eine besondere Gefahr, wenn man ohne `Option Explicit` arbeitet. In dem folgenden Skript wird aufgrund eines Schreibfehlers nichts ausgegeben. Dem WSH fällt das nicht auf.

```
GesamterName = "Holger Schwichtenberg"
WScript.Echo GesamteName
```

Wenn man dagegen `Option Explicit` verwendet und die Variable `GesamterName` deklariert, dann bemerkt der WSH, dass `GesamterName` nicht deklariert ist.

```
' SinnVonOptionExplicit.vbs
' Begründet den Einsatz von Option Explicit
' ===============================
Option Explicit
Dim GesamterName
GesamterName = "Holger Schwichtenberg"
WScript.Echo GesamteName
```

Es kommt zu folgender Fehlermeldung:

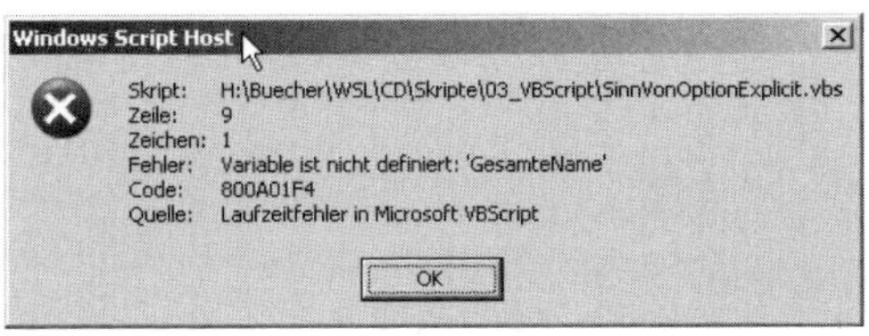

***Bild 4.4:** Fehler, wenn bei Einsatz von „Option Explicit" eine Variable nicht deklariert ist*

4.6.2 Datentypen

Variablen in VBScript (und anderen Programmiersprachen) sind Elemente, die Daten aufnehmen können. Variablen sind ein wichtiges Konzept, damit ein Programm flexibel Informationen aufnehmen und verarbeiten kann. Jede Variable kann Daten einer bestimmten Art aufnehmen, z.B. Zahlen, Texte, Datumswerte etc. Da diese unterschiedlichen Arten von Daten auch unterschiedlich behandelt werden, spricht man davon, dass jede Variable einen sogenannten *Datentyp* besitzt.

Variant Anders als in vielen anderen Programmiersprachen muss man in VBScript nicht statisch festlegen, welchen Datentyp eine Variable hat. Eine einzige Variable kann zur Laufzeit unterschiedliche Werte annehmen, die zu unterschiedlichen Datentypen gehören. Dies bezeichnet man als einen „varianten" Datentyp.

Das folgende Beispiel zeigt auf, wie sich eine Variable dynamisch an die aktuelle Situation (Zuweisung) anpassen kann. Dieses Skript weist einer Variablen verschiedene Arten von Werten zu. Die in VBScript eingebaute Funktion `TypeName()` liefert den Datentyp, den der aktuelle Inhalt einer Variablen besitzt.

```
' VariablenVariant.vbs
' Bestimmen des Datentyps einer Variablen
' ============================================================

Dim var ' Variable

' Nicht initialisiert
WScript.Echo("var ist vom Typ: " + TypeName(var))

' Zuweisung von Null
var = Null
WScript.Echo("var ist vom Typ: " + TypeName(var))

' Zuweisung eines Datums
var = Now()
WScript.Echo("var ist vom Typ: " + TypeName(var))

' Zuweisung einer Zahl

var = 1104
WScript.Echo("var ist vom Typ: " + TypeName(var))

' Zuweisung von "Kein Wert"
var = null
WScript.Echo("var ist vom Typ: " + TypeName(var))
```

Listing 4.6: *VariablenVariant.vbs*

Das Skript erzeugt folgende Ausgabe:

```
var ist vom Typ: Empty
var ist vom Typ: Null
var ist vom Typ: Date
var ist vom Typ: Integer
var ist vom Typ: Null
```

Die folgende Tabelle nennt alle Datentypen, die VBScript kennt.

Tabelle 4.1 Datentypen in VBScript

Untertyp	Beschreibung
`Empty`	Dieser Datentyp kommt nur vor, wenn der Variablen noch kein Wert zugewiesen wurde.
`Null`	Dieser Datentyp kommt nur vor, wenn der Variablen explizit das Literal `Null` zugewiesen wurde. `Null` steht für „kein Wert“.
`Boolean`	Entweder `True` oder `False`
`Integer`	Eine Ganzzahl zwischen –32.768 und 32.767
`Currency`	Ein Währungswert zwischen –922.337.203.685.477,5808 und 922.337.203.685.477,5807
`Long`	Eine Ganzzahl zwischen –2.147.483.648 und 2.147.483.647
`Single`	Eine Fließkommazahl mit einfacher Genauigkeit von –3,402823E38 bis –1,401298E-45 für negative Werte und von 1,401298E-45 bis 3,402823E38 für positive Werte
`Double`	Eine Fließkommazahl mit doppelter Genauigkeit. Wertebereiche: von –1,79769313486232E308 bis –4,94065645841247E-324 für negative Werte und von 4,94065645841247E-324 bis 1.79769313486232E308 für positive Werte
`Date`	Ein Datum zwischen dem 1. Januar 1000 und dem 31. Dezember 9999
`String`	Eine Zeichenkette mit variabler Länge. Die maximale Länge kann 2 Milliarden Zeichen betragen.
`Object`	Ein Objekt. Eine detaillierte Beschreibung dazu findet sich am Ende dieses Kapitels.

Wenn Sie in anderen Quellen lesen, dass VBScript keine Datentypen besitze, dann ist das nicht falsch. Technisch gesehen gibt es in VBScript nur einen einzigen Datentyp namens `Variant`, der die o.g. Untertypen besitzt. Da dies jedoch praktisch keine andere Auswirkung hat als die Tatsache, dass man den Datentyp einer Variablen nicht fest definieren muss, haben wir im vorliegenden Einsteigerbuch etwas von diesen technischen Details abstrahiert.

4.7 Operatoren

Damit Variablen und/oder Konstanten auch miteinander interagieren können, werden Operationen benötigt, die auf diese Variablen und/oder Konstanten angewendet werden können. Operatoren sind ein wesentlicher Baustein der schon zuvor erwähnten Ausdrücke. Innerhalb von VBScript sind drei Formen von Operationen möglich:

- arithmetische Operationen
- Vergleichsoperationen
- logische Operationen

Jede dieser Gruppen verfügt über einen Satz an einzelnen Operatoren, die nun kurz beschrieben werden.

Arithmetische Operatoren

Arithmetische Operatoren

Eine arithmetische Operation liefert immer ein Ergebnis zurück, das basierend auf dem Operator und den Argumenten erstellt wird:

```
Ergebnis = <Wert1> <Operator> <Wert2>
```

Operator	Beschreibung
`^`	Potenzierung. Das Potenzieren einer Zahl mit einem Exponenten, z.B. 5^3, wird in VBScript mit `5^3` beschrieben.
`/`	Division. Zum Dividieren eines Werts durch einen bestimmten Nenner wird der Schrägstrich verwendet: `5/3`
`\`	Ganzzahldivision. Liefert den ganzzahligen Anteil des Divisionsergebnisses zurück.
`Mod`	Modulo-Arithmetik. Liefert den nicht ganzzahligen Anteil des Divisionsergebnisses zurück.
`+`	Addition
`-`	Subtraktion und Negation einer Zahl (ein negativer Wert wird mit einem vorangestellten Minus dargestellt, z.B. `-5`)
`&`	Zeichenkettenverkettung. Für das Zusammenfügen von Zeichenketten wird das kaufmännische Und („&") verwendet, z.B. `"Hallo " & Name & "!"`.

```
' Operatoren1.vbs
' Arithmetische Operatoren
' verwendet: keine weiteren Komponenten
' ===============================

' Potenzieren
WScript.Echo("5^3=" & 5^3)
' Unäre Negation
WScript.Echo("-5=" & -5)

' Division
WScript.Echo("5/3=" & 5/3)
```

```
' Ganzzahldivision
WScript.Echo("5\3=" & 5\3)

' Modulo-Arithmetik
WScript.Echo("5 Mod 3=" & 5 Mod 3)

' Addition
WScript.Echo("5+3=" & 5+3)

' Subtraktion
WScript.Echo("5-3=" & 5-3)

' Zeichenkettenverkettung
WScript.Echo("""Hallo"" & "" "" & ""Welt""=" & "Hallo" & " " & "Welt")
```

***Listing 4.7:** Operatoren1.vbs*

Die letzte Zeile des Skripts gibt zusätzlich zu dem Text „Hallo Welt" auch Anführungszeichen mit aus. Dazu müssen zwei Anführungszeichen (für die Darstellung der Anführungszeichen innerhalb der Zeichenkette) und ein Anführungszeichen zum Beginn der Zeichenkette verwendet werden.

Dieses Skript erzeugt die folgende Ausgabe:

```
5^3=125
-5=-5
5/3=1,66666666666667
5\3=1
5 Mod 3=2
5+3=8
5-3=2
"Hallo" & " " & "Welt"=Hallo Welt
```

Vergleichsoperatoren

Operatoren für Vergleiche

Bei Vergleichsoperationen werden immer zwei Werte miteinander verglichen. Der Aufruf dieser Operation führt einen Vergleich aus, der zurückliefert, ob dieser Vergleich gültig ist oder nicht:

```
Gueltig = <Wert1> <Vergleichsoperation> <Wert2>
```

Operator	Beschreibung
=	Gleichheit
<>	Ungleichheit
<	Kleiner als
>	Größer als
<=	Kleiner gleich
>=	Größer gleich

Das folgende Listing demonstriert die Verwendung und die Rückgabe der entsprechenden Gültigkeit.

```
' Operatoren2.vbs
' Arithmetische Operatoren
' verwendet: keine weiteren Komponenten
' ================================
Dim Wert1, Wert2, Gueltig

Wert1 = 4
Wert2 = 11

Gueltig = Wert1 = Wert2
WScript.echo("Wert1 = Wert2 = " & Gueltig)

Gueltig = Wert1 <> Wert2
WScript.Echo("Wert1 <> Wert2 = " & Gueltig)

Gueltig = Wert1 < Wert2
WScript.Echo("Wert1 < Wert2 = " & Gueltig)

Gueltig = Wert1 > Wert2
WScript.Echo("Wert1 > Wert2 = " & Gueltig)

Gueltig = Wert1 <= Wert2
WScript.Echo("Wert1 <= Wert2 = " & Gueltig)

Gueltig = Wert1 >= Wert2
WScript.Echo("Wert1 >= Wert2 = " & Gueltig)
```

Listing 4.8: *Operatoren2.vbs*

Das Resultat dieses Skripts lautet:

```
Wert1 = Wert2 = Falsch
Wert1 <> Wert2 = Wahr
Wert1 < Wert2 = Wahr
Wert1 > Wert2 = Falsch
Wert1 <= Wert2 = Wahr
Wert1 >= Wert2 = Falsch
```

Logische Operatoren

Operatoren für logische Ausdrücke

Bei logischen Operationen handelt es sich um Verknüpfungen von mehreren Vergleichsausdrücken. Das Ergebnis einer logischen Operation ist `True` oder `False`.

Operator	Beschreibung
`Not`	Logische Negation. Negiert einen Wert: Aus `True` wird `False` und aus `False` wird `True`.
`And`	Logische Konjunktion. Liefert die Kombination zweier Argumente zurück. `True` und `True` ergeben `True`. `True` und `False` jedoch liefern `False` zurück.
`Or`	Logische Disjunktion. Liefert `True` zurück, sobald eins von zwei Argumenten `True` ergibt.
`Xor`	Logische Exklusion (Entweder-Oder). Liefert nur dann `True` zurück, wenn maximal ein Argument `True` ergibt.

Das folgende Listing verdeutlicht diese Operatoren:

```
' Operatoren3.vbs
' Arithmetische Operatoren
' verwendet: keine weiteren Komponenten
' ===============================================================
Dim Wert1, Wert2, Gueltig

Wert1 = True
Wert2 = False

Gueltig = Not Wert1
WScript.Echo("Not True = " & Gueltig)

Gueltig = Wert1 And Wert2
WScript.Echo("Wert1 And Wert2 = " & Gueltig)

Gueltig = Wert1 or Wert2
WScript.Echo("Wert1 or Wert2 = " & Gueltig)

Gueltig = Wert1 XOr Wert2
WScript.Echo("Wert1 XOr Wert2 = " & Gueltig)
```

Listing 4.9: *Operatoren3.vbs*

Dieses Skript liefert folgende Ausgabe:

```
Not True = Falsch
Wert1 And Wert2 = Falsch
Wert1 or Wert2 = Wahr
Wert1 XOr Wert2 = Wahr
```

Bitweise Operationen

Flags

Die Operatoren AND, OR und NOT können auch eingesetzt werden, um einzelne Bits in einer Zahl auf 0 oder 1 zu setzen. Wenn man mehrere boolesche Werte speichern muss, fasst man diese – um Speicherplatz zu sparen – häufig zu einer Zahl zusammen. Dabei steht dann jedes einzelne Bit der Zahl für einen booleschen Wert. Jeden einzelnen Wert in einer solchen Zahl nennt man ein **Flag**.

Tabelle 4.2 Bitweise Operationen

Aktion	Erläuterung	Operator
Setzen auf `True`	Wechsel von `0` auf `1`	`Zahl Or 2^Bitnummer`
Setzen auf `False`	Wechsel von `1` auf `0`	`Zahl and (not  2^Bitnummer)`
Umkehrung aller Flags	Alle `0` auf `1` und alle `1` auf `0`	`Not Zahl`

Diese Operationen veranschaulicht das folgende Skript.

```
' BitweiseOperationen.vbs
' Verwendung von AND, OR und NOT für Flags
' ================================
Option Explicit
Dim zahl

' 7. Bit einschalten
Zahl = Zahl or 2^7
Wscript.Echo zahl

' 5. Bit einschalten
Zahl = Zahl or 2^5
Wscript.Echo zahl

' 0. Bit einschalten
Zahl = Zahl or 2^0
Wscript.Echo zahl

' 5. Bit ausschalten
Zahl = Zahl and (not 2^5)
Wscript.Echo zahl

' 7. Bit ausschalten
Zahl = Zahl and (not 128) '(2^7)
Wscript.Echo zahl
```

Listing 4.10: *BitweiseOperationen.vbs*

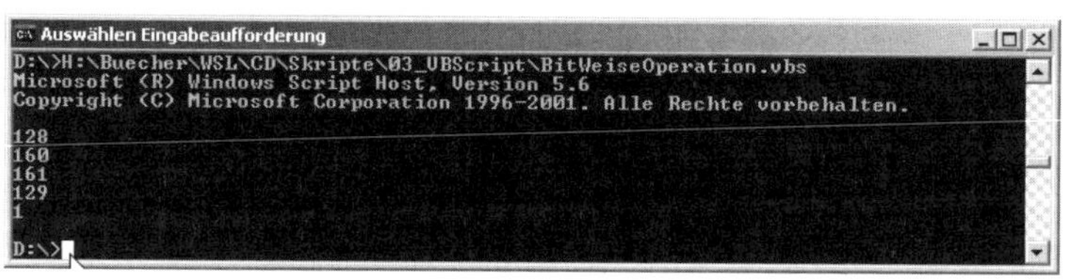

Bild 4.5 *Ausgabe des obigen Skripts*

4.8 Bedingungen

VBScript beherrscht, wie viele andere Programmiersprachen auch, die bedingte Programmausführung. Von einer bedingten Programmausführung spricht man, wenn in Abhängigkeit von bestimmten Bedingungen nicht alle Befehle in einem Skript ausgeführt, sondern ein oder mehrere Befehle übersprungen werden. Genau genommen heißt dies für das Skript, dass abhängig davon, ob eine bestimmte Bedingung erfüllt ist oder nicht, ein bestimmter Code-Abschnitt verarbeitet bzw. nicht verarbeitet wird.

Formen von Bedingungen

Innerhalb von VBScript gibt es zwei grundsätzliche Formen für die bedingte Programmausführung. Durch eine Fallunterscheidung wird es ermöglicht, den Programmablauf abhängig von bestimmten Bedingungen zu steuern:

- `If...Then`
- `Select Case`

4.8.1 If ... Then

Mittels des Konstrukts `If <Bedingung> Then <Anweisung>` lässt sich abhängig von einer bestimmten Bedingung, z.B. `EingegebeneZahl > 1`, der weitere Verlauf des Skripts steuern. Entspricht die definierte Bedingung der Wahrheit, ist also der Wert der Variablen `EingegebeneZahl` tatsächlich größer 1, so wird die folgende Anweisung ausgeführt.

```
Dim Wert1, Wert2

Wert1 = 4
Wert2 = 20

If Wert1>Wert2 Then _
       WScript.Echo("Der erste Wert ist größer als der zweite")

If Wert1<Wert2 Then _
       WScript.Echo("Der zweite Wert ist größer als der erste")

If Wert1=Wert2 Then _
       WScript.Echo("Beide Werte sind gleich groß")
```

In diesem Beispiel werden zwei Werte miteinander verglichen. Es wird ausgegeben, ob ein Wert größer ist und welcher größer ist. Da die Codezeile zu lang für die Darstellung ist, wird sie mithilfe des Unterstrichs getrennt. Sie hätte aber genauso gut auch wie die folgende `If ... End If`-Anweisung geschrieben werden können.

Möchte man mehrere Anweisungen abhängig von einer Bedingung ausführen, so muss man das folgende Konstrukt verwenden:

```
If Bedingung Then
    Anweisung1
    Anweisung2
    ...
End If
```

Else Im vorigen Beispiel werden immer alle drei Bedingungen überprüft, obwohl immer nur eine zutreffen kann. Möchte man den Ablauf etwas optimieren, also beim Zutreffen einer Bedingung eine weitere Überprüfung vermeiden, so lässt sich das folgende, erweiterte Konstrukt verwenden:

```
If Bedingung Then
    Anweisung1
    Anweisung2
    ...
[ElseIf Bedingung Then
    Anweisungsblock]
[Else
    Anweisungsblock]
End If
```

Das vorherige Beispiel sähe wie folgt aus:

```
' BedingungIfThen.vbs
' Prüfen von Bedingungen
' verwendet: keine weiteren Komponenten
' ================================

Dim Wert1, Wert2

Wert1 = 4
Wert2 = 20

If Wert1>Wert2 Then _
    WScript.Echo("Der erste Wert ist größer als der zweite")

If Wert1<Wert2 Then _
    WScript.Echo("Der zweite Wert ist größer als der erste")

If Wert1=Wert2 Then _
    WScript.Echo("Beide Werte sind gleich groß")

If Wert1>Wert2 Then
    WScript.Echo("Der erste Wert ist größer als der zweite")
Elseif Wert1<Wert2 Then
    WScript.Echo("Der zweite Wert ist größer als der erste")
Else
    WScript.Echo("Beide Werte sind gleich groß")
End If
```

Listing 4.11: *BedingungIfThen.vbs*

In diesem Skript werden zwei Varianten der `If`-Bedingung verwendet. Einige Zeilen wurden zur Darstellung mit einem Unterstrich [_] getrennt, haben allerdings die Bedeutung einer Zeile.

4.8.2 Select Case

Als eine Alternative zum `If ... Then`-Konstrukt steht das `Select Case`-Konstrukt zur Verfügung. Mittels dieser Anweisung lassen sich ebenfalls einfache Bedingungen überprüfen, allerdings auf eine etwas übersichtlichere Art und Weise:

```
Select Case Ausdruck
    Case Wert1: Anweisungsblock1
    Case Wert2: Anweisungsblock2
    ...
    Case BedingungN:
[Case Else: Anweisungsblock]
End Select
```

Über diesen Befehl lässt sich eine Variable oder Konstante auf einen bestimmten Inhalt hin prüfen. Das folgende Listing überprüft den Inhalt von `Wert1` auf einen bestimmten Inhalt mittels der `Select Case`-Bedingung.

```
' BedingungSelectCase.vbs
' Prüfen von Bedingungen
' verwendet: keine weiteren Komponenten
' ===============================

Dim Wert1

Wert1 = 2

Select Case Wert1
    Case 1:
        WScript.Echo("Sie haben eine 1 eingegeben")
        WScript.Echo("Auf einem Bein kann man nicht stehen")
    Case 2:
        WScript.Echo("Sie haben eine 2 eingegeben")
        WScript.Echo("Tea for Two")
    Case 3:
        WScript.Echo("Sie haben eine 3 eingegeben")
        WScript.Echo("Aller guten Dinge sind drei")
    Case Else: _
        WScript.Echo("Sie haben eine Zahl größer 3 eingegeben")
End Select
```

***Listing 4.12:** BedingungSelectCase.vbs*

4.8.3 Bedingte Ausgaben zur Fehlersuche

Während der Entwicklung von Skripten ist es oft nützlich, Hilfsinformationen auszugeben, die eine genaue Kontrolle der Verarbeitung ermöglichen. Diese Informationen sollten allerdings nicht in der Endversion enthalten sein. Dafür bietet sich ein einfacher, aber wirkungsvoller Mechanismus an, der es erlaubt, die Ausgabe solcher Zusatzinformationen beliebig zu aktivieren und wieder zu deaktivieren.

> Die Suche nach Fehlern in einem Skript wird *Debugging* genannt.

Das folgende Listing zeigt, wie man durch eine Konstante (`DebugMode`) zusätzliche Informationen ausgeben lassen kann, wenn sie gewünscht sind, und wie man sie unterdrücken kann, wenn sie nicht erwünscht sind.

```
' Debuggen.vbs
' Aktivieren und Deaktivieren von Debug-Meldungen
' verwendet: keine weiteren Komponenten
' ===============================

Const DebugMode = True     ' Debug-Ausgaben sind aktiviert
'Const DebugMode = False   ' Debug-Ausgaben sind deaktiviert

Dim i, j        ' Hilfsvariablen
Dim iEingabe    ' Eingabewert
Sub DebugAusgabe(Text)
    Dim sMeldung
    If DebugMode = True Then
        sMeldung = "Debug-Meldung: " & vbCrLf & _
            vbTab & Text & vbCrLf
        WScript.Echo sMeldung
    End If
End Sub

DebugAusgabe("Skriptanfang")

iEingabe = InputBox("Bitte eine Zahl eingeben", "Frage")

DebugAusgabe("Es wurde " + CStr(iEingabe) + " eingegeben.")

j = 1
For i = 1 To iEingabe
    j = j * i
    DebugAusgabe("Schleife i=" + CStr(i) + _
        " Wert j=" + CStr(j))
Next

WScript.Echo "Die Fakultät von " + CStr(iEingabe) + _
    " lautet " + CStr(j)

DebugAusgabe("Skriptende")
```

***Listing 4.13:** Debuggen.vbs*

Dieses Skript liefert folgende Ausgabe, wenn die Konstante `DebugMode = True` gesetzt wurde:

```
Debug-Meldung:
    Skriptanfang

Debug-Meldung:
    Es wurde 4 eingegeben.

Debug-Meldung:
    Schleife i=1 Wert j=1

Debug-Meldung:
    Schleife i=2 Wert j=2

Debug-Meldung:
    Schleife i=3 Wert j=6

Debug-Meldung:
    Schleife i=4 Wert j=24

Die Fakultät von 4 lautet 24
Debug-Meldung:
    Skriptende
```

Für den Fall, dass die Konstante `DebugMode` auf `False` gesetzt wurde, reduziert sich die Ausgabe auf Folgendes:

```
Die Fakultät von 4 lautet 24
```

4.9 Schleifen

Wiederholte Ausführung

Bei Schleifen handelt es sich um Konstrukte zur wiederholten Verarbeitung eines oder mehrerer Befehle. Wenn ein bestimmter Befehl beispielsweise fünfmal aufgerufen werden soll, so könnte man natürlich rein theoretisch den Befehl fünfmal nacheinander in das Skript schreiben. Dem WSH ist das egal (er macht brav, was ihm befohlen wird), aber guter Stil ist das nicht. Und diese Vorgehensweise versagt natürlich dann, wenn die Anzahl der Wiederholungen nicht konstant ist, sondern sich aus dem Programmablauf variabel ergibt. Eine Schleife dagegen kann an eine bestimmte Bedingung gebunden werden. Im Fall einer konstanten Menge von Schleifendurchläufen setzt man den Befehl in eine Schleife und lässt diese alle Werte zwischen 1 und 5 durchlaufen. Dadurch wird der gewünschte Befehl fünfmal aufgerufen. Allerdings sind Schleifen noch viel flexibler und es existieren unterschiedliche Formen für verschiedene Ansprüche.

VBScript kennt folgende Formen von Schleifen:

- zählergesteuerte Schleifen
- bedingungsgesteuerte Schleifen

Zählergesteuerte Schleifen

Im einfachen Fall der zählergesteuerten Schleifen gibt es eine genau definierte Anzahl von Durchläufen und somit wird der enthaltene Code entsprechend oft ausgeführt. Diese Form von Schleifen ist relativ einfach zu handhaben. Man definiert einen Start- und einen Endwert. Alle Werte einschließlich der beiden angegebenen Werte werden durchlaufen. Zusätzlich ist es möglich, eine bestimmte Schrittweite anzugeben, z.B. eine Schrittweite von zwei. Dadurch wird nur jeder zweite Wert der Schleife durchlaufen.

Bedingungsgesteuerte Schleifen

Im Gegensatz dazu gibt es Schleifen, deren Fortsetzung bzw. Abbruch von einer ganz bestimmten Bedingung abhängig ist. Eine genaue Anzahl von Durchläufen ist deshalb nicht von vornherein steuerbar. Eine solche Bedingung könnte beispielsweise eine bestimmte Zahl innerhalb einer Variablen sein, z.B.: „Die Schleife wird so lange durchlaufen, bis der Inhalt der Variablen `eingegebeneZahl` kleiner als 100 ist.“ Somit kann beispielsweise eine Benutzereingabe so lange wiederholt werden, bis der Benutzer einen korrekten Wert eingegeben hat.

4.9.1 For ... Next

Diese Schleife beginnt bei einem bestimmten Startwert und endet bei einem Endwert. Bei jedem Durchlaufen der Schleife wird der Zähler um einen bestimmten Wert hochgezählt, bis die gewünschte Obergrenze erreicht ist. In der Regel wird der Zähler bei jedem Durchlauf um eins erhöht. Allerdings ist es auch möglich, jede andere ganzzahlige Schrittweite zu verwenden.

```
For LaufVariable = Start To Ende [Step Schrittweite]
   Anweisungsblock
Next
```

Das folgende Beispiel fragt eine Zahl ab und berechnet daraus deren Fakultät. Dies geschieht durch eine Schleife, die von eins bis zur eingegebenen Zahl durchlaufen wird und die alle auftretenden Werte dieser Schleife multipliziert.

```
' SchleifenForNext.vbs
' Durchlaufen einer Schleife
' verwendet: keine weiteren Komponenten
' ==============================

Dim iFakultaetErgebnis, iFakultaet

iFakultaet = 5

iFakultaetErgebnis = 1
For iZaehler = 1 To iFakultaet
   iFakultaetErgebnis = iFakultaetErgebnis * iZaehler
Next

WScript.Echo("Die Fakultät von " + CStr(iFakultaet) + " ist " +
   Cstr(iFakultaetErgebnis))
```

Listing 4.14: *SchleifenForNext.vbs*

Weitere Möglichkeiten

Eine andere Schleifenform ist die For Each-Schleife. Diese wird aus didaktischen Gründen erst im Zusammenhang mit Objekten erklärt.

Sie werden vielleicht irgendwo einmal hören, dass es auch bei der For ... Next-Schleife Möglichkeiten gibt, die Anzahl der Durchläufe an eine Bedingung zu knüpfen. Das ist richtig, jedoch wird dies hier bewusst verschwiegen, um nicht von dem Konzept abzukommen, sich auf das Wesentliche zu beschränken. Im nächsten Abschnitt lernen Sie daher die Do ... Loop-Schleife als richtige Alternative für bedingungsgesteuerte Schleifen kennen.

4.9.2 Do ... Loop

Eine andere Schleifenform ist die Do ... Loop-Schleife. Diese wird durch eine bestimmte Bedingung gesteuert. In Abhängigkeit davon, ob die Bedingung erfüllt ist oder nicht, wird die Schleife abgebrochen oder fortgesetzt.

Die Bedingung kann entweder vor dem ersten Durchlauf der Befehle zum ersten Mal ausgeführt werden (eine sogenannte kopfgesteuerte Schleife) oder nach dem ersten Durchlauf (eine sogenannte fußgeprüfte Schleife).

Kopfgeprüfte Schleife

Verwendet man die Do...Loop-Schleife als eine kopfgesteuerte Schleife, prüft man also eine Bedingung vor dem ersten Durchlaufen ab, dann hat die Do ... Loop-Schleife zwei Ausprägungsformen: Einmal wird mittels Do While <Bedingung>...Loop die Schleife so lange ausgeführt, wie die Bedingung gültig ist. Eine andere Form lautet Do Until <Bedingung>...Loop; dabei wird die Schleife so lange ausgeführt, wie eine Bedingung nicht erfüllt ist.

```
Do While | Until <Bedingung>
    Anweisungsblock
Loop
```

Diese Syntax wird für eine kopfgesteuerte Prüfung verwendet. Möchte man die Schleife allerdings mindestens einmal durchlaufen und erst am Ende des Durchlaufs die Bedingung prüfen, dann kann man folgende Syntax verwenden:

```
Do
    Anweisungsblock
Loop While | Until <Bedingung>
```

Das folgende Beispiel zeigt eine Do While <Bedingung>...Loop-Schleife, die so lange ausgeführt wird, wie die Bedingung gültig ist.

```
' SchleifenDoWhile.vbs
' Durchlaufen einer Schleife, solange eine bestimmte Bedingung erfüllt ist
' verwendet: keine weiteren Komponenten
' ===============================

Dim zaehler, maxWert

maxWert = 50

zaehler = 0
```

```
Do While zaehler < maxWert
    zaehler = zaehler + 1
    WScript.Echo("zaehler = " + CStr(zaehler))
Loop
```

Listing 4.15: *SchleifenDoWhile.vbs*

Dieses Beispiel enthält eine Schleife, die so lange ausgeführt wird, wie die Variable zaehler kleiner als maxWert ist. Da in jedem Schleifendurchlauf zaehler um eins erhöht wird, tritt dieser Fall früher oder später ein. Es kann bei einer kopfgesteuerten Schleife der Fall vorkommen, dass der Schleifeninhalt niemals ausgeführt wird. Das passiert dann, wenn die Bedingung an das Ergebnis unwahr (False) ist, im obigen Beispiel also dann, wenn maxwert entweder 0 oder eine negative Zahl ist.

Das nächste Beispiel zeigt eine Do Until <Bedingung>...Loop-Schleife, die so lange ausgeführt wird, wie die Bedingung nicht gültig ist.

```
' SchleifenDoUntil.vbs
' Durchlaufen einer Schleife, bis eine bestimmte Bedingung erfüllt ist
' verwendet: keine weiteren Komponenten
' ===============================

Dim eingegebeneZahl

Do Until (eingegebeneZahl <=100) and (eingegebeneZahl>0)
    eingegebeneZahl = _
       CInt(InputBox("Zahl zwischen 0-100", "Bitte eingeben"))
Loop

MsgBox "Sie haben die Zahl " + _
        CStr(eingegebeneZahl) + _
        " eingegeben.", vbOkOnly, _
        "Vielen Dank"
```

Listing 4.16: *SchleifenDoUntil.vbs*

Dieses Beispiel fragt so lange vom Benutzer eine Zahl ab, bis diese zwischen 0 und 100 liegt. Dazu wird die Funktion InputBox() verwendet, diese wird in Kapitel 4.11.2 näher erläutert. Liegt die Zahl außerhalb dieses Bereichs, so wird die Schleife wiederholt. Dadurch lassen sich bestimmte Zahlen, die für die weitere Verarbeitung notwendig sind, auf ihre Korrektheit prüfen und erzwingen.

Bild 4.6 *Dialogfenster, das InputBox() erzeugt*

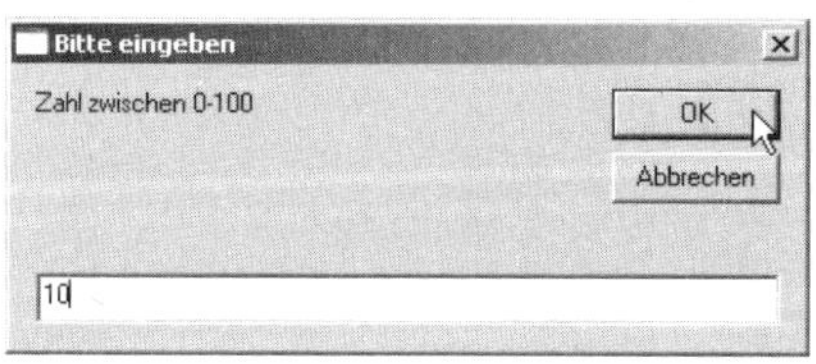

Allerdings ist es auch möglich, die Schleife mitten in einem Durchlauf abzubrechen. Dies geschieht durch den Befehl Break Do.

```
' SchleifenExitLoop.vbs
' Abbrechen einer Schleife
```

```
' verwendet: keine weiteren Komponenten
' ===============================

Dim maxDurchlaeufe, durchlauf

durchlauf = 0
maxDurchlaeufe = 10000

Do While durchlauf <= maxDurchlaeufe

    durchlauf = durchlauf + 1
    WScript.Echo("Durchlauf Nummer " + CStr(durchlauf))
    If MsgBox("Möchten Sie diese Schleife verlassen?", _
vbYesNo + vbDefaultButton2, "Frage") = vbYes Then
        Exit Do
    End If

Loop
```

Listing 4.17: *SchleifenExitLoop.vbs*

Diese Schleife fragt den Benutzer mithilfe eines Dialogfensters, ob er die Schleife verlassen möchte. Dazu wird die Funktion `MsgBox()` verwendet; diese wird in Kapitel 4.11.1 näher erläutert.

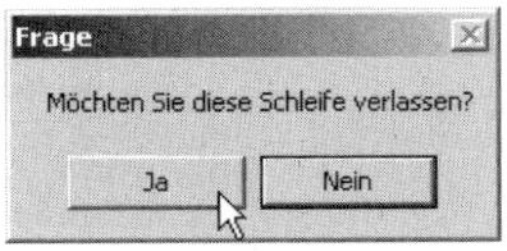

Bild 4.7
Dialogfenster, das MsgBox() erzeugt

Fußgesteuerte Schleife

Eine andere Form der `Do ... Loop`-Schleife prüft die Bedingung zum Durchlaufen der Schleife am Ende eines Durchlaufs. Das hat zur Folge, dass die Schleife mindestens einmal durchlaufen wird, bevor die Bedingung überprüft wird. Das folgende Beispiel verdeutlicht dies:

```
' SchleifenDoUntil2.vbs
' Fußgesteuerte Schleife
' verwendet: keine weiteren Komponenten
' ===============================

Dim zaehler, maxWert

maxWert = 100
zaehler = 100

Do
        zaehler = zaehler + 1
Loop Until zaehler > maxWert

WScript.Echo("Zaehler = " + CStr(zaehler))
```

Listing 4.18: *SchleifenDoUntil2.vbs*

Die Variable `zaehler` enthält am Ende des Skripts den Wert 101, obwohl die Bedingung der Schleife festlegt, dass die Schleife nur fortgesetzt wird, wenn `zaehler` kleiner als `maxWert` (100) ist. Die Schleife wird mindestens einmal durchlaufen, bevor geprüft wird.

4.10 Arrays (Variablenmengen)

Bisher war von Variablen die Rede, die nur einen Wert aufnehmen können. Um aber mehrere Werte in einer Variablen zu speichern, muss man auf sogenannte Arrays zurückgreifen. Arrays sind Mengen von Variablen, die eine frei wählbare Anzahl von Werten aufnehmen können.

4.10.1 Eindimensionale Arrays

Ein Array wird ähnlich wie eine normale Variable definiert, lediglich die Größe des Arrays sollte mit angegeben werden.

```
Dim ZahlenWerte(9)
```

Ein Array besteht aus einer Auflistung von Feldern, die einen beliebigen Datentyp enthalten können. Die Zahl in Klammern gibt dabei den größten Index an Feldern an. Bei der Dimensionierung des Arrays bedeutet die Zahl 9, dass das Array zehn Felder hat, die von 0 bis 9 durchnummeriert sind.

> Beachten Sie, dass in einem Array nicht jeder Feldeintrag durch einen Wert belegt sein muss. So wird sehr häufig der Feldwert 0 nicht belegt. Vergleichen Sie dazu das übernächste Skript (*VariablenArrayReDim.vbs*).

Um Werte in ein Array zu schreiben, geht man genauso vor wie bei der normalen Zuweisung von Variablenwerten, wobei stets in runden Klammern anzugeben ist, welche Feldnummer adressiert werden soll.

```
ZahlenWerte(0) = 4
ZahlenWerte(1) = 54
ZahlenWerte(2) = 75
ZahlenWerte(3) = 19
ZahlenWerte(4) = 2
ZahlenWerte(5) = 48
ZahlenWerte(6) = 39
ZahlenWerte(7) = 27
ZahlenWerte(8) = 15
ZahlenWerte(9) = 5
```

Die folgende Abbildung zeigt beispielsweise ein Array, das zehn Werte aufnimmt.

Bild 4.8
Ein Array mit zehn Werten

0	1	2	3	4	5	6	7	8	9
4	54	75	19	2	48	39	27	15	5

Um einzelne Werte aus dem Array auszulesen, kann man wie folgt vorgehen:

```
WScript.Echo(ZahlenWerte(4))
```

Diese Ausgabe liefert den Inhalt des vierten Werts im Array ZahlenWerte zurück: 2.

Das folgende Beispiel generiert sieben Zufallszahlen und schreibt diese in ein Array. Das Generieren einer Zufallszahl wird mit dem Befehl Rnd() bewältigt. Dies und das Schleifenkonstrukt For ... Next werden im weiteren Verlauf dieses Kapitels noch ausführlicher beschrieben.

```
' VariablenArrays.vbs
' Verwenden von Arrays
' verwendet: keine weiteren Komponenten
' ===============================

Dim zahlenListe(7)
Dim zaehler

For zaehler = 0 To 7
    zahlenListe(zaehler) = Round(rnd(1000)*49)
Next
For zaehler = 0 To 7
    wscript.echo "Zahl " + CStr(zaehler) + " = " + CStr(zahlenListe(zaehler))
Next
```

Listing 4.19: *VariablenArrays.vbs*

Redimensionieren

Die Größe eines Arrays ist mit der Deklaration nicht unveränderlich festgelegt. Es ist durchaus möglich, die Anzahl von Werten in einem Array zu verändern; dazu wird der Befehl ReDim verwendet. Die eigentliche Variable muss zu Beginn mittels unbestimmter Array-Größe definiert werden: Dim Zahlen(). Anschließend kann jederzeit in der Anwendung die Größe des Arrays über ReDim Zahlen(x) verändert werden.

```
' VariablenArrayReDim.vbs
' Redimensionierung eines Arrays
' verwendet: keine weiteren Komponenten
' ===============================

Dim Zahlen()
ReDim Zahlen(10)

Dim i

For i = 1 To 10
    Zahlen(i) = Round(Rnd(100)*100, 0)
    WScript.Echo("Zahl " + CStr(i) + " = " + _
        CStr(Zahlen(i)))
Next

WScript.Echo("10 Zahlen generiert")

ReDim Zahlen(100)
```

```
For i = 11 To 100
    Zahlen(i) = Round(Rnd(100)*100, 0)
    WScript.Echo("Zahl " + CStr(i) + " = " + _
        CStr(Zahlen(i)))
Next
```

Listing 4.20: *VariablenArrayReDim.vbs*

Dieses Skript erzeugt erst zehn Zufallszahlen, gibt anschließend aus, dass diese erzeugt wurden, und generiert dann 90 weitere Zufallszahlen.

4.10.2 Mehrdimensionale Arrays

Die bisherigen Arrays haben immer nur eine Dimension verwendet, z.B. eine Zahlenreihe von 1 bis 10. Allerdings ist es auch möglich, mehrere Dimensionen innerhalb eines Variablen-Arrays zu verwenden. Möchte man Werte für zwei Dimensionen (z.B. x-Achse und y-Achse) speichern, so kann man dies mit einem mehrdimensionalen Array realisieren. Die folgende Abbildung zeigt ein solches zweidimensionales Array.

Bild 4.9 *Zweidimensionales Array mit 5 x 5 Werten*

	1	**2**	**3**	**4**	**5**
1	20	11	75	4	9
2	2	45	16	78	0
3	99	23	77	91	31
4	35	46	3	98	21
5	38	36	12	5	79

Um dieses Array zu definieren und anzusprechen, reichen folgende Anweisungen:

```
' Definieren des Arrays
Dim Quadrat(5,5)

' Wert schreiben
Quadrat(2,3) = 16

' Wert lesen
WScript.Echo(Quadrat(2,3))
```

Das folgende Beispiel führt ein Array vor, das 10 x 10 x 10 Werte aufnehmen kann.

```
' VariablenArrayMehrdimensional.vbs
' Verwenden von mehrdimensionalen Arrays
' verwendet: keine weiteren Komponenten
' ===============================

Dim Wuerfel()
ReDim Wuerfel(10, 10, 10)
Dim x, y, z
```

```
For x = 1 To 10
    For y = 1 To 10
        For z = 1 To 10
            Wuerfel(x, y, z) = Round(Rnd(100)*100, 0)
            WScript.Echo(CStr(x) + ":" + _
                CStr(y) + ":" + CStr(z) + _
                " = " + CStr(Wuerfel(x, y, z)))
        Next
    Next
Next
```

Listing 4.21: *VariablenArrayMehrdimensional.vbs*

Da es programmiertechnisch sehr aufwendig wäre, 10 x 10 x 10 Felder manuell zu füllen, wird dies mithilfe der `For ... Next`-Schleife realisiert. Diese Schleife wird später in diesem Kapitel noch genauer beschrieben.

4.11 Eingebaute Funktionen

Funktionen in Ausdrücken

Funktionen sind Befehle, die ein Ergebnis zurückliefern. Sie können in Ausdrücken anstelle von Variablen verwendet werden, aber nur auf der **rechten** Seite einer Zuweisung.

- Erlaubt ist: `x = Funktion()`.
- Verboten ist: `Funktion() = x`.

In diesem Abschnitt geht es um Funktionen, die standardmäßig bereits im Sprachumfang von VBScript (und auch in den anderen Visual Basic-Dialekten) vorhanden sind. Dabei handelt es sich in erster Linie um viele Funktionen aus der Kategorie „Freundliche Helfer", die Alltagsaufgaben übernehmen, um die sich der Entwickler dann nicht mehr kümmern muss.

> Ebenso wie eine Variable kann auch eine Funktion unterschiedliche Werte haben. Der Unterschied ist der, dass eine Variable nur ein einfacher Speicher ist. Eine Funktion dagegen ist kein Speicher, sondern eine (komplexe) Abfolge von Befehlen. Der Wert wird in der Funktion errechnet.

Eingabehilfen

Für die eingebauten VBScript-Funktionen und im Skript selbst definierte Unterroutinen (vgl. Kapitel 4.12) bietet der Editor PrimalScript während der Eingabe Sprechblasen an, die zeigen, welche Parameter die Methode erwartet.

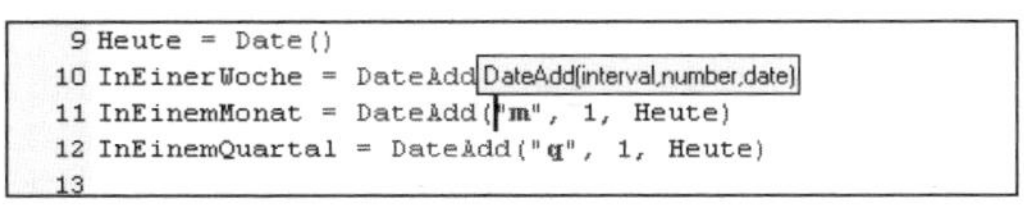

Bild 4.10 *Sprechblasen für die Parameter einer VBScript-Funktion im Editor PrimalScript*

4.11.1 Ein- und Ausgabefunktionen

Dieses Kapitel bespricht ausführlicher die Funktionen `MsgBox()` und `Input Box()`, die Sie an einigen wenigen Stellen schon kennengelernt haben.

MsgBox()

Die Funktion `MsgBox()` (Kurzform für Message Box, zu Deutsch: Dialogfenster) dient dazu, Informationen innerhalb eines kleinen Dialogfensters auszugeben. Anders als der Ausgabebefehl `Wscript.Echo`, dessen Ausgabeform von dem verwendeten Scripting Host (WScript oder CScript) abhängig ist, erzeugt `MsgBox()` immer ein Dialogfenster.

Dabei ist es möglich, diese Methode mit bis zu fünf Parametern aufzurufen und dadurch die Darstellung des Dialogfensters anzupassen.

```
Rückgabewert = MsgBox(Ausgabetext, Buttons, Fenstertitel, Hilfe, Kontext)
```

Der Parameter `Ausgabetext` enthält den eigentlichen auszugebenden Text. Über `Buttons` lässt sich definieren, welches Symbol und welche Schaltflächen angezeigt werden sollen und welche Schaltfläche bereits vorselektiert ist. VBS hat dafür einige Konstanten vordefiniert. Es ist möglich, jeweils eine Konstante für das Symbol, die gewünschten Schaltflächen und die vorselektierten Schaltflächen zu kombinieren. Über `Fenstertitel` lässt sich dem Fenster eine Überschrift zuweisen. Die Parameter `Hilfe` und `Kontext` können für benutzerdefinierte Hilfesysteme verwendet werden; dies wird hier allerdings nicht weiter beschrieben. Die Funktion liefert einen `Rückgabewert` zurück, der angibt, welche Schaltfläche gedrückt wurde.

Tabelle 4.3 Darstellungskonstanten für MsgBox()

Konstante	Wert	Beschreibung
vbOkOnly	0	Nur die *OK*-Schaltfläche anzeigen
vbOkCancel	1	*OK*- und *Abbrechen*-Schaltfläche
vbAbortRetryIgnore	2	*Abbrechen*, *Wiederholen* und *Ignorieren*
vbYesNoCancel	3	*Ja*, *Nein* und *Abbrechen*
vbYesNo	4	*Ja* und *Nein*
vbRetryCancel	5	*Wiederholen* und *Abbrechen*
vbCritical	16	Stoppsymbol
vbQuestion	32	Fragezeichensymbol
vbExclamation	48	Warnungssymbol
vbInformation	64	Information
vbDefaultButton1	0	Erste Schaltfläche ist standardmäßig selektiert.
vbDefaultButton2	256	Zweite Schaltfläche ist standardmäßig selektiert.
vbDefaultButton3	512	Dritte Schaltfläche ist standardmäßig selektiert.
vbDefaultButton4	768	Vierte Schaltfläche ist standardmäßig selektiert.

Konstante	Wert	Beschreibung
`vbApplicationModal`	0	Das Fenster muss geschlossen werden, bevor das Skript fortgesetzt wird.
`vbSystemModal`	4096	Bei Win16-Systemen werden alle Anwendungen angehalten, bis das Fenster geschlossen wird. Bei Win32-Systemen steht dieses Fenster immer im Vordergrund.

Das folgende Beispiel demonstriert die Verwendung der beschriebenen Konstanten mit der `MsgBox()`-Funktion. Die Methode `WelcherButtonWurdeGedrueckt()` gibt aus, welche Schaltfläche innerhalb des Informationsdialogs gedrückt wurde.

```
' KonstantenMsgBox.vbs
' Konstanten für die Verwendung in Nachrichtenfenstern
' verwendet: keine weiteren Komponenten
' ==========================================================================
Sub WelcherButtonWurdeGedrueckt(tmpButtonKonstante)
    Dim strButtonName
    Select Case tmpButtonKonstante
        Case vbOk
            strButtonName = "OK"
        Case vbCancel
            strButtonName = "Abbrechen"
        Case vbAbort
            strButtonName = "Abbrechen"
        Case vbRetry
            strButtonName = "Wiederholen"
        Case vbIgnore
            strButtonName = "Ignorieren"
        Case vbYes
            strButtonName = "Ja"
        Case vbNo
            strButtonName = "Nein"
        Case Else
            strButtonName = "Unbekannter Button"
    End Select
    MsgBox "Es wurde der " & strButtonName & _
        "-Button gedrückt", vbInformation, "Information"
End Sub

Dim tmpWert

' vbOkCancel + vbCritical
tmpWert = MsgBox("Achtung! Hier ist ein Stoppschild, also bitte anhalten!", _
vbOkCancel + vbCritical, "Stopp-Symbol")
WelcherButtonWurdeGedrueckt(tmpWert)
```

```
' vbAbortRetryIgnore + vbQuestion
tmpWert = MsgBox("Dies ist eine Frage", vbAbortRetryIgnore + vbQuestion, _
"Fragezeichen-Symbol")
WelcherButtonWurdeGedrueckt(tmpWert)

' vbYesNoCancel + vbExclamation
tmpWert = MsgBox("Achtung! Dies ist eine Warnung", vbYesNoCancel + _
vbExclamation + vbDefaultButton3s, "Warnung-Symbol")
WelcherButtonWurdeGedrueckt(tmpWert)

' vbRetryCancel + vbInformation
tmpWert = MsgBox("Dies ist nur eine Information", vbRetryCancel + _
vbInformation + vbDefaultButton2, "Information-Symbol")
WelcherButtonWurdeGedrueckt(tmpWert)
```

Listing 4.22: *KonstantenMsgBox.vbs*

Die Methode `WelcherButtonWurdeGedrueckt()` gibt die gedrückte Schaltfläche in einem Dialogfenster aus. Diese Methode wird nach jedem Dialogfenster im weiteren Skript aufgerufen.

```
Dim tmpWert

' vbOkCancel + vbCritical
tmpWert = MsgBox("Achtung! Hier ist ein Stoppschild, also bitte anhalten!", _
vbOkCancel + vbCritical, "Stopp-Symbol")
WelcherButtonWurdeGedrueckt(tmpWert)
```

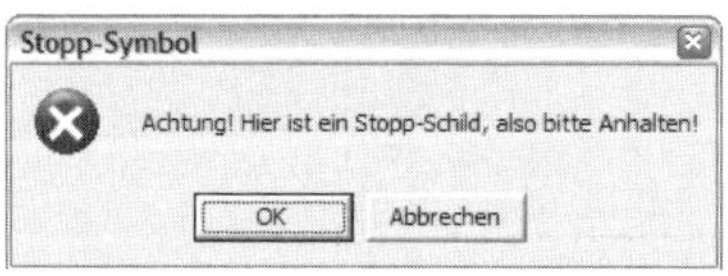

Bild 4.11 *MsgBox() mit vbCritical-Symbol und vbOkCancel-Schaltfläche*

```
' vbAbortRetryIgnore + vbQuestion
tmpWert = MsgBox("Dies ist eine Frage", vbAbortRetryIgnore + vbQuestion, _
"Fragezeichen-Symbol")
WelcherButtonWurdeGedrueckt(tmpWert)
```

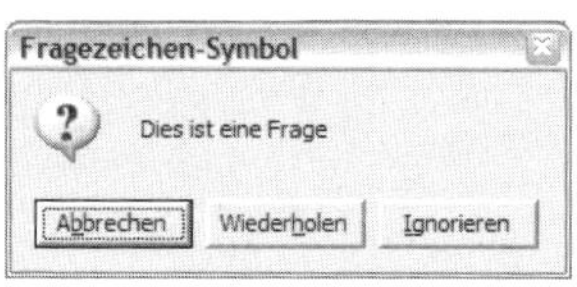

Bild 4.12 *MsgBox() mit vbQuestion-Symbol und vbAbortRetry-Ignore-Schaltfläche*

```
' vbYesNoCancel + vbExclamation
tmpWert = MsgBox("Achtung! Dies ist eine Warnung", vbYesNoCancel + _
vbExclamation + vbDefaultButton3s, "Warnung-Symbol")
WelcherButtonWurdeGedrueckt(tmpWert)
```

Bild 4.13
MsgBox() mit vbExclamation-Symbol und vbYesNoCancel-Schaltfläche

```
' vbRetryCancel + vbInformation
tmpWert = MsgBox("Dies ist nur eine Information", vbRetryCancel + _
vbInformation + vbDefaultButton2, "Information-Symbol")
WelcherButtonWurdeGedrueckt(tmpWert)
```

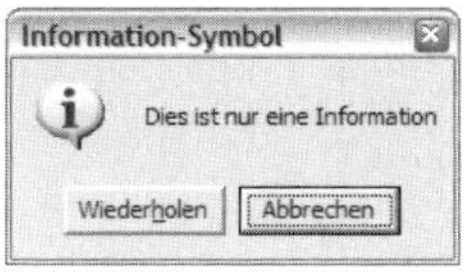

Bild 4.14
MsgBox() mit vbInformation-Symbol und vbRetryCancel-Schaltfläche

Die folgende Tabelle umfasst alle möglichen Rückgabewerte, die von `MsgBox()` zurückgeliefert werden können. Die Methode `WelcherButtonWurdeGedrueckt()` gibt für eine dieser übergebenen Konstanten jeweils einen Text in einem Dialogfenster aus.

Tabelle 4.4
Konstanten für Rückgabewerte von MsgBox()

Konstante	Wert	Beschreibung
vbOk	1	OK wurde angeklickt.
vbCancel	2	Abbrechen wurde geklickt.
vbAbort	3	Abbrechen wurde geklickt.
vbRetry	4	Wiederholen wurde geklickt.
vbIgnore	5	Ignorieren wurde geklickt.
vbYes	6	Ja wurde geklickt.
vbNo	7	Nein wurde geklickt.

Farbkonstanten

Für die Verwendung von Farben stehen ebenfalls Konstanten zur Verfügung.

Tabelle 4.5
Farbkonstanten

Farbkonstante	Beschreibung
vbBlack	Schwarz
vbRed	Rot
vbGreen	Grün
vbYellow	Gelb
vbBlue	Blau
vbMagenta	Magenta
vbCyan	Cyan
vbWhite	Weiß

InputBox()

Die Funktion InputBox() ermöglicht die Benutzereingaben mithilfe eines eigenen Dialogs. Innerhalb dieses Dialogs steht ein Eingabefeld zur Verfügung, in das der Benutzer einen beliebigen Wert eingeben kann.

Die Funktion kann wie folgt aufgerufen werden:

```
Rueckgabe = InputBox(prompt, title, default)
```

Das folgende Beispiel fragt den Benutzernamen ab und gibt ihn aus.

```
' FunktionInputbox.vbs
' Die integrierte Funktion InputBox
' verwendet: keine weiteren Komponenten
' ===============================

Dim Wert

Wert = InputBox("Bitte geben Sie Ihren Namen ein", "Eingabe", "Oliver")

WScript.Echo("Hallo " + Wert + "!")
```

***Listing 4.23:** FunktionInputBox.vbs*

4.11.2 Konvertierungsfunktionen

VBScript kennt zwar nur den Datentyp Variant, allerdings kann dieser unterschiedlichste Formen von Werten beinhalten. Im Umgang mit Benutzereingaben werden prinzipiell immer nur Texteingaben vom Benutzer angenommen. Man hat zwar durchaus die Möglichkeit, ein Datum einzugeben, aber VBScript liest dies erst einmal als Zeichenkette ein.

Genau an dieser Stelle werden Konvertierungsfunktionen benötigt, die einen bestimmten Variableninhalt (z.B. eine Zeichenkette) in ein anderes Format (z.B. eine Zahl oder ein Datum) übertragen. Erst wenn Werte ein bestimmtes Format besitzen, können entsprechende Funktionen darauf angewendet werden. Beispielsweise können nur Zahlen miteinander addiert werden, bei Zeichenketten ergibt dies keinen Sinn.

Die folgende Tabelle zeigt die verfügbaren Funktionen zur Konvertierung.

Funktion	Beschreibung
CBool()	Liefert wahr oder falsch zurück, abhängig davon, ob die übergebene Bedingung gültig ist.
CByte()	Konvertierung einer Zeichenkette in einen Byte-Wert, falls möglich
CCur()	Konvertierung einer Zeichenkette in einen Währungswert
CDate()	Konvertierung einer Zeichenkette in einen Datumswert
CDbl()	Konvertierung einer Zeichenkette in eine Double-Variable, also in eine Zahl mit Nachkommastellen

Funktion	Beschreibung
Chr()	Konvertierung eines ANSI-Codes in ein Zeichen
CInt()	Konvertierung einer Zeichenkette in eine Integer-Variable, also einen ganzzahligen Wert
CLng()	Konvertierung einer Zeichenkette in eine Long-Variable, also einen sehr großen ganzzahligen Wert
CSng()	Konvertierung einer Zeichenkette in eine Single-Variable
CStr()	Konvertierung eines Werts in eine Zeichenkette

Das folgende Listing zeigt, wie die Konvertierungsfunktionen verwendet werden können.

Konvertierungsbeispiele

```
' Konvertierungsfunktionen.vbs
' Konvertierungsfunktionen von VBScript
' verwendet: keine weiteren Komponenten
' ===============================

On Error Resume Next

' Asc - Konvertierung eines Zeichens in einen ANSI-Wert
WScript.Echo "Asc-Konvertierung von 'A' = " & Asc("A")
WScript.Echo "Asc-Konvertierung von 'Abc' = " & Asc("Abc")
WScript.Echo "Asc-Konvertierung von 'dEF' = " & Asc("dEF")

' CBool - Konvertierung von Bedingungen
WScript.Echo "CBool-Konvertierung von '5 = 5' = " & CBool(5 = 5)
WScript.Echo "CBool-Konvertierung von '0' = " & CBool(0)
WScript.Echo "CBool-Konvertierung von '1' = " & CBool(1)
WScript.Echo "CBool-Konvertierung von '4 = 5' = " & CBool(4 = 5)

' CByte - Konvertierung einer Zeichenkette in einen Byte-Wert
WScript.Echo "CByte-Konvertierung von '123' = " & CByte("123")
WScript.Echo "CByte-Konvertierung von 'ABC' = " & CByte("ABC")
If Err.Number<>0 Then
    WScript.Echo "Es ist ein Fehler bei dieser Konvertierung aufgetreten"
    Err.Clear()
End If
' CCur - Konvertierung einer Zeichenkette in einen Währungsbetrag
WScript.Echo "CCur-Konvertierung von '12,34' = " & CCur("12,34")
WScript.Echo "CCur-Konvertierung von '4.321,99' = " & CCur("4.321,99")

' CDate - Konvertierung einer Zeichenkette in einen Datumswert
WScript.Echo "CDate-Konvertierung von '11.4.1975' = " & CDate("11.4.1975")
WScript.Echo "CDate-Konvertierung von '31.7.02' = " & CDate("31.7.02")

' CDbl - Konvertierung einer Zeichenkette in einen Double-Wert
WScript.Echo "CDbl-Konvertierung von '55,43' = " & CDbl("55,43")
WScript.Echo "CDbl-Konvertierung von '2312,32323' = " & CDbl("2312,32323")
```

```
' Chr - Konvertierung einer Zahl in das entsprechende ASCII-Zeichen
WScript.Echo "Chr-Konvertierung von '65' = " & Chr(65)
WScript.Echo "Chr-Konvertierung von '123' = " & Chr(123)

' CInt - Konvertierung einer Zeichenkette in einen Double-Wert
WScript.Echo "CInt-Konvertierung von '65' = " & CInt("65")
WScript.Echo "CInt-Konvertierung von '123,2323' = " & CInt("123,2323")
WScript.Echo "CInt-Konvertierung von '12a' = " & CInt("12a")
If Err.Number<>0 Then
    WScript.Echo "Es ist ein Fehler bei dieser Konvertierung aufgetreten"
    Err.Clear()
End If

' CLng - Konvertierung einer Zeichenkette in einen Long-Wert
WScript.Echo "CLng-Konvertierung von '65' = " & CLng("65")
WScript.Echo "CLng-Konvertierung von '123' = " & CLng("123")

' CSng - Konvertierung einer Zeichenkette in einen Single-Wert
WScript.Echo "CSng-Konvertierung von '65' = " & CSng("65")
WScript.Echo "CSng-Konvertierung von '123' = " & CSng("123")

' CStr - Konvertierung einer Zeichenkette in einen String-Wert
WScript.Echo "CStr-Konvertierung von '65' = " & CStr("65")
WScript.Echo "CStr-Konvertierung von '123' = " & CStr("123")

' Hex - Konvertierung einer Zeichenkette in einen Hex-Wert
WScript.Echo "Hex-Konvertierung von '65' = " & Hex("65")
WScript.Echo "Hex-Konvertierung von '123' = " & Hex("123")

' Oct - Konvertierung einer Zeichenkette in einen Oktal-Wert
WScript.Echo "Oct-Konvertierung von '65' = " & Oct("65")
WScript.Echo "Oct-Konvertierung von '123' = " & Oct("123")
```

Listing 4.24: *Konvertierungsfunktionen.vbs*

> Bei einigen Scripting-Befehlen kann die Verwendung dieser Funktionen notwendig sein, damit sie korrekt arbeiten.

4.11.3 Abs() und Int()

Absolute Zahlen

Die Funktion `Abs()` liefert für eine übergebene Zahl den absoluten, also den positiven Wert der Zahl zurück. Der Aufruf kann wie folgt geschehen:

```
Abs(-11.04)
```

Ganzzahlen

Die Funktion `Int()` entfernt bei einer Zahl alle Nachkommastellen. Diese Funktion ist nicht mit dem Runden von Zahlen zu verwechseln. Der Aufruf geschieht wie folgt:

```
Int(23.93)
```

Das folgende Listing demonstriert noch einmal die Verwendung der beiden Funktionen.

```
' FunktionAbsInt.vbs
' Die integrierte Funktion InputBox
' verwendet: keine weiteren Komponenten
' ===============================

Wscript.echo(CStr(Abs(-11.04)))

WScript.Echo(CStr(Abs(1975)))

WScript.Echo(CStr(Int(23.93)))

WScript.Echo(CStr(Int(1.99)))
```

Listing 4.25: *FunktionAbsInt.vbs*

Dieses Listing liefert folgende Ausgabe zurück:

```
11,04
1975
23
1
```

4.11.4 Rnd()

Um Zufallszahlen zu generieren, steht die Funktion Rnd() zur Verfügung. Allerdings liefert diese Funktion nur einen Wert, der sich zwischen 0 und 1 befindet. Um eine Zufallszahl aus einem bestimmten Wertebereich zu erhalten, verwendet man folgende Formel: **Zufallszahl**

```
Zufallszahl = Int((Obergrenze - Untergrenze + 1) * Rnd() + Untergrenze)
```

Dieses Listing erzeugt zwei Zufallszahlen mit unterschiedlichen Ober- und Untergrenzen. Damit der Zufallszahlengenerator auch initialisiert wird und somit immer neue Zufallszahlen liefert, muss vor dem ersten Aufruf von Rnd() der Befehl Randomize() verwendet werden. Wird dieser nicht benutzt, treten bei jedem Skriptdurchlauf immer wieder dieselben Zahlen auf.

```
' FunktionRnd.vbs
' Erstellen von Zufallszahlen
' verwendet: keine weiteren Komponenten
' ===============================

Dim Untergrenze, Obergrenze, Zufallszahl

Randomize()

Untergrenze = 0
Obergrenze = 100
Zufallszahl = Int((Obergrenze - Untergrenze + 1) * Rnd() + Untergrenze)
```

```
WScript.Echo("Eine Zufallszahl zwischen " & CStr(Untergrenze) & _
    " und " & CStr(Obergrenze) & " = " & CStr(Zufallszahl))

Untergrenze = 10
Obergrenze = 20
Zufallszahl = Int((Obergrenze - Untergrenze + 1) * Rnd() + Untergrenze)
WScript.Echo("Eine Zufallszahl zwischen " & CStr(Untergrenze) & _
    " und " & CStr(Obergrenze) & " = " & CStr(Zufallszahl))
```

Listing 4.26: *FunktionRnd.vbs*

4.11.5 InStr()

Zeichenketten finden

Um zu überprüfen, ob ein bestimmtes Zeichen oder Wort in einer Zeichenkette vorkommt, verwendet man die Funktion `InStr()`. Diese liefert, falls vorhanden, die genaue Startposition des gesuchten Zeichens oder Wortes zurück. Ist das Zeichen oder Wort nicht vorhanden, wird `0` zurückgeliefert.

Der Aufruf der Funktion sieht wie folgt aus:

```
InStr(Startposition, Zeichenkette, Suchtext, Vergleichsart)
```

Der Parameter `Startposition` gibt an, ab welchem Zeichen der Text durchsucht werden soll. `Zeichenkette` beinhaltet den zu durchsuchenden Text. `Suchtext` umfasst das zu suchende Zeichen oder Wort. Über `Vergleichsart` können mittels der Konstanten `vbTextCompare` und `vbBinaryCompare` die Suchoptionen festgelegt werden; dies ist allerdings optional. Wenn `vbTextCompare` verwendet wird, wird kein Unterschied zwischen Groß- und Kleinschreibung gemacht.

```
' FunktionInStr.vbs
' Prüfen auf das Vorkommen von Zeichenketten
' verwendet: keine weiteren Komponenten
' ================================

Dim Zeichenkette, Wort, Position

Zeichenkette = "Beam me up, Scotty!"
Wort = "up"
Position = InStr(1, Zeichenkette, Wort, vbTextCompare)
WScript.Echo("Die Zeichenkette '" & Wort & _
       "' beginnt an der " & CStr(Position) & ". Stelle")
```

Listing 4.27: *FunktionInStr.vbs*

4.11.6 Left(), Right() und Mid()

Bestandteile von Zeichenketten

Die Methoden `Left()`, `Right()` und `Mid()` liefern einen Teil einer bestimmten Zeichenkette zurück. Je nach Bezeichnung der Funktion wird von links (`Left()`), rechts (`Right()`) oder einem Bereich aus der Mitte `Mid()` ausgegangen. Die genauen Aufrufparameter sehen folgendermaßen aus:

```
Left(Zeichenkette, Anzahlzeichen)
Right(Zeichenkette, Anzahlzeichen)
Mid(Zeichenkette, Anfang, Anzahlzeichen)
```

Dieses Listing zeigt die genaue Verwendung:

```
' FunktionLeftRightMid.vbs
' Prüfen auf das Vorkommen von Zeichenketten
' verwendet: keine weiteren Komponenten
' ===============================

Dim Zeichenkette, Teil

Zeichenkette = "Hund, Katze, Maus"
Teil = Left(Zeichenkette, 4)
WScript.Echo("Left = " & Teil)

Teil = Mid(Zeichenkette, 7, 5)
WScript.Echo("Mid = " & Teil)

Teil = Right(Zeichenkette, 4)
WScript.Echo("Right = " & Teil)
```

Listing 4.28: *FunktionLeftRightMid.vbs*

Das Ergebnis lautet:

```
Left = Hund
Mid = Katze
Right = Maus
```

4.11.7 Replace() und Trim()

Textersetzungen

Innerhalb einer Zeichenkette ist es möglich, einen bestimmten Teil durch einen anderen Text zu ersetzen. Dies wird von der Funktion `Replace()` durchgeführt.

```
NeuerText = Replace(AlterText, SuchText, NeuerText)
```

Leerzeichen entfernen

Es kommt vor, dass Text mit führenden oder folgenden Leerzeichen versehen ist. Um auf einfache Weise überflüssige Leerzeichen zu entfernen, stehen drei Funktionen zur Verfügung. Mittels `Trim()` lassen sich Leerzeichen am Anfang und am Ende einer Zeichenkette entfernen. `LTrim()` erledigt dies nur für den Textanfang und `RTrim()` nur für das Ende einer Zeichenkette.

```
AlterText = "   Hallo   "
NeuerText = Trim(AlterText)
```

Im folgenden Skript wird dies verdeutlicht:

```
' FunktionReplaceTrim.vbs
' Ersetzen von Text
' verwendet: keine weiteren Komponenten
' ===============================
```

```
Dim AlteZeichenkette, NeueZeichenkette

' Ersetzen von "Morgen" durch "Abend"
AlteZeichenkette = "Guten Morgen"
NeueZeichenkette = Replace(AlteZeichenkette, "Morgen", "Abend")
WScript.Echo("Replace = " & NeueZeichenkette)
' Abschneiden von Leerzeichen
AlteZeichenkette = "   Guten Tag    "
NeueZeichenkette = Trim(AlteZeichenkette)
WScript.Echo("Trim  = '" & NeueZeichenkette & "'")

NeueZeichenkette = RTrim(AlteZeichenkette)
WScript.Echo("RTrim = '" & NeueZeichenkette & "'")

NeueZeichenkette = LTrim(AlteZeichenkette)
WScript.Echo("LTrim = '" & NeueZeichenkette & "'")
```

***Listing 4.29:** FunktionReplaceTrim.vbs*

Das Ergebnis:

```
Replace = Guten Abend
Trim  = 'Guten Tag'
RTrim = '   Guten Tag'
LTrim = 'Guten Tag    '
```

4.11.8 UCase() und LCase()

Groß- oder Kleinschrift

Um einen Text durchweg in Groß- oder Kleinschrift zu halten, kann auf die Funktion `UCase()` für Großschrift und `LCase()` für Kleinschrift zurückgegriffen werden. Diese Funktionen werden unter anderem benötigt, wenn man Vergleiche anstellen möchte, bei denen zwischen Groß- und Kleinschreibung nicht unterschieden wird.

```
' FunktionUCaseLCase.vbs
' Groß- und Kleinschreibung
' verwendet: keine weiteren Komponenten
' ===============================

Dim Zeichenkette

Zeichenkette = "VBScript ist nicht schwer."

WScript.Echo(UCase(Zeichenkette))
WScript.Echo(LCase(Zeichenkette))
```

***Listing 4.30:** FunkionUCaseLCase.vbs*

Das Ergebnis dieses Skripts:

```
VBSCRIPT IST NICHT SCHWER.
vbscript ist nicht schwer.
```

> Bei allen Vergleichen von Zeichenketten mit dem Gleichheitszeichenoperator wird normalerweise zwischen Groß- und Kleinschreibung unterschieden. Wenn Sie Eingaben des Benutzers prüfen, sollten Sie unbedingt `UCase()` oder `LCase()` anwenden, damit nicht ein Unterschied in der Groß- und Kleinschreibung zum Fehlschlagen der Prüfung führt.
>
> Beispiel: `if UCase(Kennwort) = UCase("Essen") then ...`

4.11.9 Split() und Join()

Zeichenkette aufspalten

Die Funktion `Split()` hat die Aufgabe, eine Zeichenkette in ein Array von Zeichenketten zu zerlegen. Dabei benötigt diese Funktion einen Parameter, der angibt, welches Zeichen die Stelle markiert, an der die Zeichenkette aufgespaltet werden soll.

Ein Aufruf dieser Funktion sieht dabei so aus:

```
Werte = Split("Hund, Katze, Maus", ",")
```

Im folgenden Listing wird dieses Vorgehen verwendet.

```
' FunktionSplit.vbs
' Zerlegen einer Zeichenkette
' verwendet: keine weiteren Komponenten()
' ===============================

Dim MehrereWerte
Dim EinzelneWerte

MehrereWerte = "Hund, Katze, Maus"
EinzelneWerte = Split(MehrereWerte, ",")

WScript.Echo(EinzelneWerte(0))
WScript.Echo(EinzelneWerte(1))
WScript.Echo(EinzelneWerte(2))
```

Listing 4.31: *FunktionSplit.vbs*

Die Ausgabe dieses Skripts sieht wie folgt aus:

```
Hund
Katze
Maus
```

Zeichenketten zusammensetzen

Der Gegensatz zur `Split()`-Funktion ist die Funktion `Join()`, sie tut genau das Gegenteil: Sie setzt Zeichen in einem Array wieder zu einem Text zusammen.

Dieses Listing zeigt die genaue Vorgehensweise.

```
' FunktionJoin.vbs
' Zusammenfügen einer Zeichenkette
' verwendet: keine weiteren Komponenten
' ===============================
```

```
Dim Woerter(3)
Dim EinSatz

Woerter(1) = "Hund"
Woerter(2) = "Katze"
Woerter(3) = "Maus"

EinSatz = Join(Woerter, ", ")
WScript.Echo(EinSatz)
```

Listing 4.32: *FunktionJoin.vbs*

4.11.10 Date(), Time() und Now()

Aktuelle Zeit

Um aktuelle Angaben über den Tag bzw. die Uhrzeit des Computers zu erfahren, stehen gleich mehrere Funktionen zur Verfügung. Mittels `Date()` wird das aktuelle Datum, mit `Time()` die aktuelle Uhrzeit ermittelt. Die Funktion `Now()` liefert sowohl das aktuelle Datum als auch die aktuelle Uhrzeit zurück.

```
' FunktionDateTimeNow.vbs
' Datums- und Zeitfunktionen
' verwendet: keine weiteren Komponenten
' ===============================

Dim Datum, Uhrzeit, Jetzt

Datum = Date()
Uhrzeit = Time()
Jetzt = Now()

WScript.Echo("Datum   = " & Datum)
WScript.Echo("Uhrzeit = " & Uhrzeit)
WScript.Echo("Jetzt   = " & Jetzt)
```

Listing 4.33: *FunktionDateTimeNow.vbs*

Die Ausgabe des Skripts:

```
Datum   = 14.10.2002
Uhrzeit = 22:57:19
Jetzt   = 14.10.2002 22:57:19
```

4.11.11 DateAdd() und DateDiff()

Rechnen mit Datum und Uhrzeit

Wie das aktuelle Datum bzw. die Uhrzeit ermittelt wird, wurde bereits im vorherigen Abschnitt beschrieben. Um auf diesen oder anderen Werten Rechenoperationen durchzuführen, stehen zwei weitere nützliche Funktionen zur Verfügung. Mittels `DateAdd()` lassen sich beliebige Zeitwerte zu einem angegebenen Datum addieren. Ähnliches gilt für die `DateDiff()`-Funktion, die einen bestimmten Zeitwert von einem Datumswert abzieht.

Bei dieser Funktion ist allerdings zu beachten, dass es für die Addition bzw. Subtraktion sehr wichtig ist, das richtige Intervall für die Berechnung anzugeben. Möchte man Sekunden addieren, so muss man die folgenden Angaben machen:

```
NeuesDatum = DateAdd(Intervall, Anzahl, Datum)
```

Die folgende Tabelle zeigt die möglichen Intervalle auf, die verwendet werden können, um einen Zeitwert zu addieren.

Tabelle 4.6 Formate für die Intervalldefinition

Intervall	Beschreibung
yyyy	Jahr
q	Quartal
m	Monat
y	Tag im Jahr
d	Tag
w	Wochentag
ww	Woche im Jahr
h	Stunde
n	Minute
s	Sekunde

Das folgende Listing berechnet basierend auf dem heutigen Datum das Datum in einer Woche, in einem Monat und in einem Quartal.

```
' FunktionDateAddDiff.vbs
' Datums- und Zeitfunktionen
' verwendet: keine weiteren Komponenten
' ===============================

Dim Heute, InEinerWoche, InEinemMonat, InEinemQuartal

Heute = Date()
InEinerWoche = DateAdd("d", 7, Heute)
InEinemMonat = DateAdd("m", 1, Heute)
InEinemQuartal = DateAdd("q", 1, Heute)

WScript.Echo("Heute          = " & Heute)
WScript.Echo("InEinerWoche   = " & InEinerWoche)
WScript.Echo("InEinemMonat   = " & InEinemMonat)
WScript.Echo("InEinemQuartal = " & InEinemQuartal)

TageDazwischen = DateDiff("d", Heute, InEinemQuartal)
WScript.Echo("Tage zwischen " & Heute & " und " & _
InEinemQuartal & " = " & TageDazwischen)
```

Listing 4.34: *FunktionDateAddDiff.vbs*

Das Ergebnis:

```
Heute          = 14.10.2002
InEinerWoche   = 21.10.2002
InEinemMonat   = 14.11.2002
InEinemQuartal = 14.01.2003
Tage zwischen 14.10.2002 und 14.01.2003 = 92
```

4.11.12 Hour(), Minute(), Second(), Day(), Month(), Year() und WeekDay()

Teile extrahieren

Im vorherigen Unterkapitel wurde beschrieben, wie man die aktuelle Zeit des Systems anhand von `Date()`, `Time()` und `Now()` erhalten kann. Oftmals werden allerdings auch Teile dieser Informationen benötigt. Dafür stehen ebenfalls einige Funktionen zur Verfügung.

Tabelle 4.7 *Funktionen zur Zeit- und Datumsberechnung*

Funktion	Beschreibung
`Hour()`	Liefert die Stunde einer übergebenen Uhrzeit zurück.
`Minute()`	Liefert die Minute einer übergebenen Uhrzeit zurück.
`Second()`	Liefert die Sekunde einer übergebenen Uhrzeit zurück.
`Day()`	Liefert den Tag eines übergebenen Datums zurück.
`Month()`	Liefert den Monat eines übergebenen Datums zurück.
`Year()`	Liefert das Jahr eines übergebenen Datums zurück.
`Weekday()`	Liefert eine Zahl zwischen 1 und 7 zurück, die den Wochentag darstellt. Über die Konstanten `vbMonday`, `vbTuesday`, `vbWednesday`, `vbThursday`, `vbFriday`, `vbSaturday` und `vbSunday` lässt sich zuordnen, um welchen Tag es sich bei dieser Zahl genau handelt.

Die beiden folgenden Skripte veranschaulichen diese Funktionen:

```
' FunktionHourMinuteSecond.vbs
' Datums- und Zeitfunktionen
' verwendet: keine weiteren Komponenten
' ================================================================

Dim Jetzt

Jetzt = Time()
WScript.Echo("Jetzt   = " & Jetzt)
WScript.Echo("Stunde  = " & Hour(Jetzt))
WScript.Echo("Minute  = " & Minute(Jetzt))
WScript.Echo("Sekunde = " & Second(Jetzt))
```

Listing 4.35: *FunktionHourMinuteSecond.vbs*

Die Ausgabe von `Time()`, `Hour()`, `Minute()` und `Second()` sieht folgendermaßen aus:

```
Jetzt   = 23:29:24
Stunde  = 23
Minute  = 29
Sekunde = 24
```

Das gleiche Skript mit den entsprechenden Datumsfunktionen:

```
' FunktionDayMonthYear.vbs
' Datums- und Zeitfunktionen
' verwendet: keine weiteren Komponenten
' ===============================

Dim Heute

Heute = Date()
WScript.Echo("Heute     = " & Heute)
WScript.Echo("Tag       = " & Day(Heute))
WScript.Echo("Monat     = " & Month(Heute))
WScript.Echo("Jahr      = " & Year(Heute))
WScript.Echo("Wochentag = " & Weekday(Heute))
If Weekday(Heute) = vbSunday Then WScript.Echo("Sonntag")
If Weekday(Heute) = vbMonday Then WScript.Echo("Montag")
If Weekday(Heute) = vbTuesday Then WScript.Echo("Dienstag")
If Weekday(Heute) = vbWednesday Then WScript.Echo("Mittwoch")
If Weekday(Heute) = vbThursday Then WScript.Echo("Donnerstag")
If Weekday(Heute) = vbFriday Then WScript.Echo("Freitag")
If Weekday(Heute) = vbSaturday Then WScript.Echo("Samstag")
```

Listing 4.36: *FunktionDayMonthYear.vbs*

Dieses Listing erzeugt die folgende Ausgabe:

```
Heute     = 17.10.2002
Tag       = 17
Monat     = 10
Jahr      = 2002
Wochentag = 5
Donnerstag
```

4.11.13 Format(), FormatNumber() und FormatDateTime()

Um die Darstellung von Werten anzupassen, z.B. um Zahlen als Währung darzustellen, stehen drei Formatierungsfunktionen zur Verfügung. Mithilfe dieser Funktionen und bestimmter Formatierungsanweisungen lassen sich nahezu beliebige Formatierungen vornehmen.

Zahlen formatieren

Für die Formatierung von Zahlen kann der folgende Ausdruck verwendet werden:

```
FormatNumber Ausdruck, AnzDezimalstellen, FührendeNull, _
    KlammerNegativeZahl, Zifferngruppieren
```

Bei `FormatNumber()` ist lediglich der erste Parameter (Ausdruck) zwingend erforderlich.

Argument	Beschreibung
`Ausdruck`	Die Zahl, die formatiert werden soll
`AnzDezimalstellen`	Anzahl der Stellen hinter dem Komma
`FührendeNull`	Folgende Werte sind möglich: `TristateTrue`, `TristateFalse` und `TristateDefault`
`KlammerNegativeZahl`	Folgende Werte sind möglich: `TristateTrue`, `TristateFalse` und `TristateDefault`
`Zifferngruppieren`	Folgende Werte sind möglich: `TristateTrue`, `TristateFalse` und `TristateDefault`

Prozentzahlen-Formatierung

Um Prozentzahlen ordentlich darzustellen, gibt es die Funktion `FormatPercent()`. Die Parameter sind mit denen der Funktion `FormatNumber()` identisch. Allerdings ist zu beachten, dass die übergebene Zahl einer Prozentzahl entspricht, d.h., die Zahl „1" entspricht 100%.

```
FormatNumber Ausdruck, AnzDezimalstellen, FührendeNull, _
    KlammerNegativeZahl, Zifferngruppieren
```

Datum und Zeit formatieren

Datums- und Zeitwerte lassen sich auf unterschiedliche Weise darstellen. Diese Darstellung ist einerseits abhängig von der länderspezifischen Systemeinstellung des Computers, aber auch von der gewünschten Form (kurz oder lang).

Tabelle 4.8 Konstanten für die FormatDateTime-Funktion

Formatierungskonstante	Beschreibung
`vbGeneral`	Falls ein Datumsanteil enthalten ist, wird dieser im Kurzformat dargestellt. Falls ein Zeitanteil enthalten ist, wird dieser im Langformat dargestellt.
`vbLongDate`	Darstellung eines Datums in langer Schreibweise, entsprechend der Ländereinstellung
`vbShortDate`	Darstellung des Datums in kurzer Schreibweise, entsprechend der Ländereinstellung
`vbLongTime`	Darstellung der Zeit in langer Schreibweise, abhängig von der Ländereinstellung
`vbShortTime`	Darstellung der Zeit in kurzer Schreibweise, abhängig von der Ländereinstellung

```
FormatDateTime Wert, Formatname
```

Das folgende Listing demonstriert die Verwendung:

```
' FunktionFormat.vbs
' Formatierungen
' verwendet: keine weiteren Komponenten
' ===============================

' Zahlen
Wscript.echo(FormatNumber(-23.317, 2, TristateFalse, TristateTrue,
TristateTrue))
Wscript.echo(FormatNumber(.429, 2, TristateTrue, TristateTrue, TristateTrue))

' Prozent
WScript.Echo(FormatPercent(.45))
WScript.Echo(FormatPercent(.89157, 2, TristateFalse, TristateTrue,
TristateTrue))


' Datums- und Zeitwerte
Dim Jetzt
Jetzt = Now

WScript.Echo(FormatDateTime(Jetzt))
WScript.Echo(FormatDateTime(Jetzt,vbLongDate))
WScript.Echo(FormatDateTime(Jetzt,vbShortTime))
```

Listing 4.37: *FunktionFormat.vbs*

4.11.14 IsDate(), IsNumeric(), IsArray()

Datum? Ob es sich bei einer Variablen um ein Datum handelt, kann durch die Funktion `IsDate()` geprüft werden. Als einzigen Parameter erwartet diese Funktion die entsprechende Variable.

Zahl? Das Gleiche gilt für Zahlen. Die Funktion `IsNumeric()` liefert den Wert `True` (wahr) zurück, falls eine gültige Zahl übergeben wurde.

Array? Um zu überprüfen, ob es sich bei einer Variablen um ein Array handelt, kann die Funktion `IsArray()` benutzt werden.

Das folgende Skript weist einer Variablen nacheinander unterschiedliche Variablentypen zu und überprüft diese auf die aufgezählten Eigenschaften.

```
' FunktionIsDate.vbs
' Datums- und Zeitfunktionen
' verwendet: keine weiteren Komponenten
' ===============================

Dim Wert
Dim WertListe(10)

Wert = 123
```

```
WScript.Echo("Wert")
WScript.Echo("IsDate = " & IsDate(Wert))
WScript.Echo("IsNumeric = " & IsNumeric(Wert))
WScript.Echo("IsArray = " & IsArray(Wert))
WScript.Echo("--")

Wert = #11/04/1975#
WScript.Echo("Wert")
WScript.Echo("IsDate = " & IsDate(Wert))
WScript.Echo("IsNumeric = " & IsNumeric(Wert))
WScript.Echo("IsArray = " & IsArray(Wert))
WScript.Echo("--")
WScript.Echo("Wertliste")
WScript.Echo("IsDate = " & IsDate(Wertliste))
WScript.Echo("IsNumeric = " & IsNumeric(Wertliste))
WScript.Echo("IsArray = " & IsArray(Wertliste))
WScript.Echo("--")
```

Listing 4.38: *FunktionIsDate.vbs*

Die Ausgabe:

```
Wert
IsDate = Falsch
IsNumeric = Wahr
IsArray = Falsch
--
Wert
IsDate = Wahr
IsNumeric = Falsch
IsArray = Falsch
--
Wertliste
IsDate = Falsch
IsNumeric = Falsch
IsArray = Wahr
```

4.12 Unterroutinen

Um die Übersichtlichkeit eines Skripts zu verbessern und Wiederholungen von Programmcode an mehreren Stellen im Skript zu vermeiden, besteht die Möglichkeit, wiederkehrende Programmzeilen in sogenannte Unterroutinen zu kapseln und anstelle der wiederkehrenden Befehle nur noch die Unterroutinen aufzurufen. Dadurch erhöht sich einerseits die Lesbarkeit; es werden nicht mehr alle Befehle, sondern nur noch eine Funktion aufgerufen. Des Weiteren schlägt sich eine Änderung an der Funktion sofort im gesamten Skript nieder.

Der Name (Bezeichner) einer selbst definierten Unterroutine ist genauso (frei) wählbar wie der Name einer Variablen oder einer Konstanten. In diesem Buch verwenden wir zur Unterscheidung von den eingebauten Funktionen immer deutsche Namen. Die nachstehende Tabelle gibt Ihnen einen Überblick über die Benennungskonventionen.

Bezeichner für Unterroutinen

Tabelle 4.9 Konventionen für Bezeichner in diesem Buch

Art	Wählbarer Name	Sprache	Schreibweise
Variable	Ja	Deutsch	Groß + klein
Konstante	Ja	Deutsch	Groß
VBScript-Schlüsselwörter (Befehle + eingebaute Funktionen)	Nein	Englisch	Groß + klein
Selbst definierte Unterroutine	Ja	Deutsch	Groß + klein

4.12.1 Unterroutine ohne Rückgabewert (Prozedur)

Prozeduren

Eine Unterroutine, die keinen Wert als Ergebnis ihrer Ausführung zurückliefert, wird oft auch als Prozedur bezeichnet. Innerhalb einer Prozedur lassen sich verschiedene Befehle auf die gewünschte Weise integrieren. Darüber hinaus hat man die Möglichkeit, Parameter zu übergeben.

Parameter sind Werte, die an die Unterroutine übergeben werden und dort für diverse Zwecke (z.B. eine Berechnung) verwendet werden können. Die Parameter verändern das Verhalten einer Unterroutine. Eine Unterroutine kann beliebig viele Parameter haben. Diese werden durch Kommata getrennt.

<table>
<tr><th>Definition einer Unterroutine ohne Parameter</th><th>Definition einer Unterroutine mit Parametern</th></tr>
<tr><td><pre>Sub Unterroutine1()
    Anweisung1
    Anweisung2
    ...
    AnweisungN
End Sub</pre></td><td><pre>Sub Unterroutine2(a, b)
    Anweisung1
    Anweisung2
    ...
    AnweisungN
End Sub</pre></td></tr>
</table>

Um diese Unterroutine innerhalb eines Skripts zu verwenden, reicht es, den Namen der Unterroutine (ggf. mit Werten für die dazugehörigen Parameter) aufzurufen:

Aufruf einer eigenen Routine ohne Parameter	Aufruf einer eigenen Routine mit Parametern
`Unterroutine1`	`Unterroutine2(23, "Hallo")`

Das folgende Listing zeigt dies an einem konkreten Beispiel:

```
' Unterroutinen.vbs
' Verwendung von Unterroutinen
' verwendet: keine weiteren Komponenten
' ===============================
Sub TextAusgabe(sText)
    WScript.Echo("---------------------------------")
    WScript.Echo(sText)
    WScript.Echo("---------------------------------")
End Sub

Sub NachrichtenDialog(sText)
    MsgBox sText, vbOkOnly + vbInformation, "Information"
End Sub

' Hier beginnt erst das eigentliche Skript

Dim sBeispiel

TextAusgabe "Dies ist ein Beispieltext"
NachrichtenDialog "Noch ein Beispieltext"
TextAusgabe "Und schon wieder ein Beispieltext"
NachrichtenDialog "Und jetzt der letzte Beispieltext"
```

Listing 4.39: *Unterroutinen.vbs*

4.12.2 Unterroutine mit Rückgabewert (Funktion)

Funktion Die im vorherigen Unterkapitel beschriebenen Unterroutinen liefern keinen Wert zurück, d.h., sie führen etwas aus, geben aber kein Ergebnis oder Ähnliches an den aufrufenden Code zurück. Möchte man allerdings eine bestimmte Berechnung wiederholt ausführen, benötigt man Unterroutinen, die einen Wert zurückgeben. Eine Unterroutine mit Rückgabewert ist eine selbst definierte Funktion. Eine selbst definierte Funktion wird genauso aufgerufen wie eine eingebaute Funktion.

Die allgemeine Syntax einer solchen Unterroutine mit Rückgabewert sieht wie folgt aus:

```
Function Unterroutine(a, b)
    Anweisung1
    Anweisung2
   ...
    AnweisungN
    Unterroutine = a + b
End Function
```

Rückgabewert festlegen

Der Rückgabewert einer Unterroutine wird durch die Zuweisung eines Ausdrucks an den Namen der Unterroutine definiert, oben also durch:

```
Unterroutine = a + b
```

Das folgende Beispiel zeigt eine selbst definierte Unterroutine, die es erlaubt, zwei Werte miteinander zu multiplizieren.

```
' Unterroutine.vbs
' Fußgesteuerte Schleife
' verwendet: keine weiteren Komponenten
' ==================================================================
Function Multi(wert1, wert2)
    Multi = wert1 * wert2
End Function

Dim zahl1, zahl2, ergebnis

zahl1 = CInt(InputBox("Bitte Zahl 1 eingeben", "Eingabe", 5))
zahl2 = CInt(InputBox("Bitte Zahl 2 eingeben", "Eingabe", 10))
ergebnis = Multi(zahl1, zahl2)

MsgBox() "Das Ergebnis der Multiplikation lautet: " + _
    CStr(ergebnis), vbOkOnly, "Ergebnis"
```

Listing 4.40: *Unterroutine.vbs*

4.13 Benutzerdefinierte Fehlerbehandlung

VBScript hat standardmäßig die grundlegende Eigenschaft, beim Auftreten eines Fehlers das laufende Skript sofort zu beenden und eine Fehlermeldung auszugeben. Das hat den Nachteil, dass die weitere Verarbeitung nicht mehr erfolgen kann.

Bild 4.15 *Eine Fehlermeldung von WScript.exe*

Dieses Verhalten ist nicht immer hilfreich und auch nicht immer gewünscht, daher gibt es innerhalb von VBScript mehrere Möglichkeiten, mit Fehlern umzugehen. Einerseits kann man Fehlermeldungen und das Abbrechen der Anwendung vollständig unterdrücken, sodass jeder Fehler eiskalt ignoriert wird. Das Ignorieren sämtlicher Fehler geschieht mittels folgender Codezeile:

```
On Error Resume Next
```

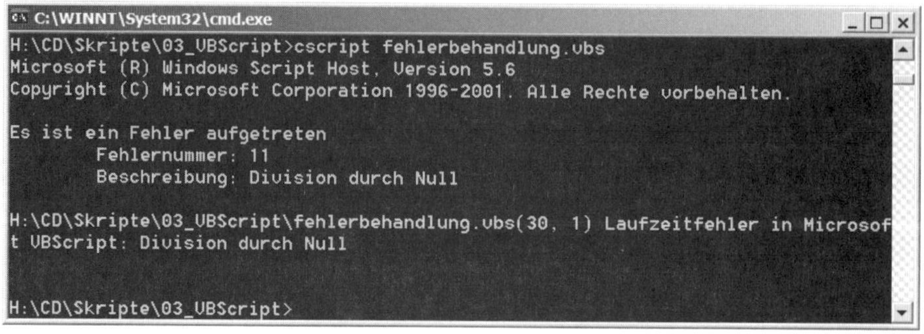

Bild 4.16 *Eine Fehlermeldung von CScript.exe*

Möchte man diese Ignorierung von Fehlern wieder deaktivieren und damit wieder das vollständige Abbrechen der Verarbeitung aktivieren, falls ein Fehler auftritt, so funktioniert dies mit folgender Zeile:

```
On Error GoTo 0
```

Allerdings ist es nicht immer sinnvoll, Fehler vollständig zu ignorieren. Oft ergibt es durchaus Sinn, den Fehler näher zu untersuchen und entsprechend darauf zu reagieren. Dafür stellt VBScript ein Objekt zur Verfügung, das alle relevanten Informationen über einen eventuell aufgetretenen Fehler beinhaltet. Diese Informationen sind über das `Err`-Objekt zugänglich.

> Die Bedeutung des Wortes „Objekt" erfahren Sie gleich im nächsten Hauptkapitel (Kapitel 5). Bitte erlauben Sie mir aus Gründen der Übersichtlichkeit diesen Vorgriff.

```
' Fehlerbehandlung.vbs
' Abfangen von Fehlermeldungen
' verwendet: keine weiteren Komponenten
' ===============================

' Ordentliche Fehlerbehandlung
Sub Fehlermeldung
    If Err.Number<>0 Then
        WScript.Echo("Es ist ein Fehler aufgetreten")
        WScript.Echo(vbTab & "Fehlernummer: " & Err.Number)
        WScript.Echo(vbTab & "Beschreibung: " & Err.Description & vbCrLf)
        Err.Description
    End If
End Sub

Dim wert

' Deaktivieren von Fehlerabbrüchen
On Error Resume Next

' Division durch Null
```

```
wert = 2 / 0
Fehlermeldung

' Aktivierung des Fehlerabbruchs
On Error GoTo 0

' Division durch Null
wert = 2 / 0
Fehlermeldung
```

Listing 4.41: *Fehlerbehandlung.vbs*

Dieses Beispiel der Fehlerbehandlung erzeugt die nachfolgende Ausgabe. Die zweite Fehlermeldung resultiert daraus, dass der zweite Fehler nicht vom Code, sondern von der Laufzeitumgebung abgefangen wird.

```
Es ist ein Fehler aufgetreten. Fehlernummer: 11.
Beschreibung: Division durch Null
E:\Fehlerbehandlung.vbs(30, 1) Laufzeitfehler in Microsoft VBScript:
Division  durch Null
```

4.14 Fragen und Aufgaben

1. Welche Möglichkeiten existieren, um den Programmablauf durch bestimmte Bedingungen zu beeinflussen?
2. Mit welcher Funktion kann man dem Benutzer Informationen mitteilen bzw. von ihm abfragen?
3. Mit welcher Funktion lässt sich eine Zahl in eine Zeichenkette konvertieren?
4. Wie kann man einen Anweisungsblock beliebig oft wiederholen lassen?
5. Wie kann überprüft werden, ob eine Variable einen Datumswert oder eine Zahl enthält?
6. Wie müssen eigene Unterroutinen aussehen, die einen Rückgabewert zurückliefern?

5 Programmieren mit Objekten

Die Active Scripting-Architektur und die Sprache Visual Basic Script nennt man objektbasiert oder objektorientiert. In diesem Buch ist Ihnen ein Objekt schon vielfach begegnet: `WScript` als Teil des Befehls `WScript.Echo()`. Sie erinnern sich vielleicht daran, dass in Kapitel 1 darauf hingewiesen wurde, dass die Bedeutung des Punktes zwischen `WScript` und `Echo` noch erläutert werden wird. Nun ist es so weit.

> Ganz genau genommen gibt es zwischen den Begriffen **objektbasiert** und **objektorientiert** einen Unterschied. Dieser Unterschied ist leider nicht in einem Satz zu erklären und ihn aufzuzeigen, würde weit über das Curriculum eines Einsteigerbuchs hinausführen. Wir möchten Sie dazu auf [SCH07a] verweisen.

5.1 Was ist ein Objekt?

In der Softwareentwicklung hat sich ein Konzept durchgesetzt, das sich Objektorientierung nennt. Dabei programmiert man mit sogenannten Objekten. Dieser Objektbegriff ist hier ähnlich zu sehen wie der Objektbegriff in der menschlichen Sprache:

- Ein Objekt hat Eigenschaften wie beispielsweise einen Namen, eine Farbe und eine Größe.
- Man kann mit einem Objekt Dinge tun, zum Beispiel es bewegen oder seine Farbe verändern.
- Objekte können Signale aussenden, beispielsweise Töne erzeugen.

Mitglieder eines Objekts

Bei der objektorientierten Programmierung hat man diesen drei Möglichkeiten, die ein Objekt innehat, Fachbegriffe gegeben:

- Attribute (auch: Eigenschaften)
- Methoden
- Ereignisse

Man sagt, ein Objekt **hat** (oder **besitzt**) Attribute, Methoden und Ereignisse, wobei ein Objekt jeweils **beliebig viele** Attribute, Methoden oder Ereignisse besitzen kann. Zusammenfassend werden diese drei Konzepte als Mitglieder eines Objekts bezeichnet, damit man nicht immer „Attribute, Methoden und Ereignisse" aufzählen muss.

Bild 5.1 Grafische Darstellung eines Objekts mit Attributen, Methoden und Ereignissen

Attribute, Methoden, Ereignisse

Attribute können gelesen oder gesetzt werden. Methoden können aufgerufen werden und dabei Parameter übergeben bekommen. Sie können entweder einen, keinen oder mehrere Werte zurückliefern. Ereignisse löst das Objekt selbst aus. Auf Ereignisse kann man reagieren, indem man Programmcode hinterlegt, der im Falle der Auslösung des Ereignisses abgearbeitet werden soll. Diesen Programmcode nennt man eine Ereignisbehandlungsroutine.

Objekte in der realen Welt sind z.B. ein Haus, ein Baum, ein Tisch, ein Auto oder ein Mensch (an dieser Stelle soll der Begriff Objekt als Oberbegriff zu sehen und daher die Versachlichung des Menschen gestattet sein). Bei der objektorientierten Programmierung ist es üblich, Programm-Objekte zu bilden, die realen Objekten entsprechen: ein Haus-Objekt für ein Haus, ein Baum-Objekt für einen Baum etc. Es ist aber natürlich auch möglich, Programm-Objekte zu bilden, die es in der Realität nicht gibt.

Objekte beim Windows Scripting

Das Windows Scripting arbeitet mit Objektorientierung und Objekten. Objekte beim Windows Scripting sind zum Beispiel eine Datei (engl. File), ein Benutzer (engl. User), eine Domäne (engl. Domain) oder eine Netzwerkkarte (engl. Network Adapter). Dies sind Objekte, die in der Realwelt „Betriebssystem" vorkommen. Daneben gibt es beim Windows Scripting auch Objekte wie `ADSystemInfo`, das verschiedene Funktionen zusammenfasst, die in der Realwelt so nicht zusammengefasst existieren.

5.2 Was ist eine Klasse?

Klassen

Es gibt Objekte (z.B. Datei, Benutzer), von denen es nicht nur ein, sondern mehrere oder sogar beliebig viele Exemplare geben kann. Mit dem Begriff **Klasse** fasst man alle gleichartigen Objekte zusammen. Ein Beispiel: In der Klasse „Datei“ gibt es die Objekte „abc.doc“, „xyz.txt“ und „rst.xls“. Ein Objekt bezeichnet man auch als **Instanz** einer Klasse. Eine Klasse definiert, welche Mitglieder (Attribute, Methoden und Ereignisse) jede Instanz oder jedes Exemplar der Klasse haben soll. Und eine Klasse enthält auch den Programmcode, der ausgeführt werden soll, wenn eine Methode aufgerufen wird. Dieser Programmcode ist in allen Instanzen einer Klasse gleich (und wird daher auch nur einmal im Speicher abgelegt). Eine Klasse ist eine Schablone zur Erzeugung von Objekten. Synonym zu Klasse wird oft auch der Begriff **Objekttyp** verwendet.

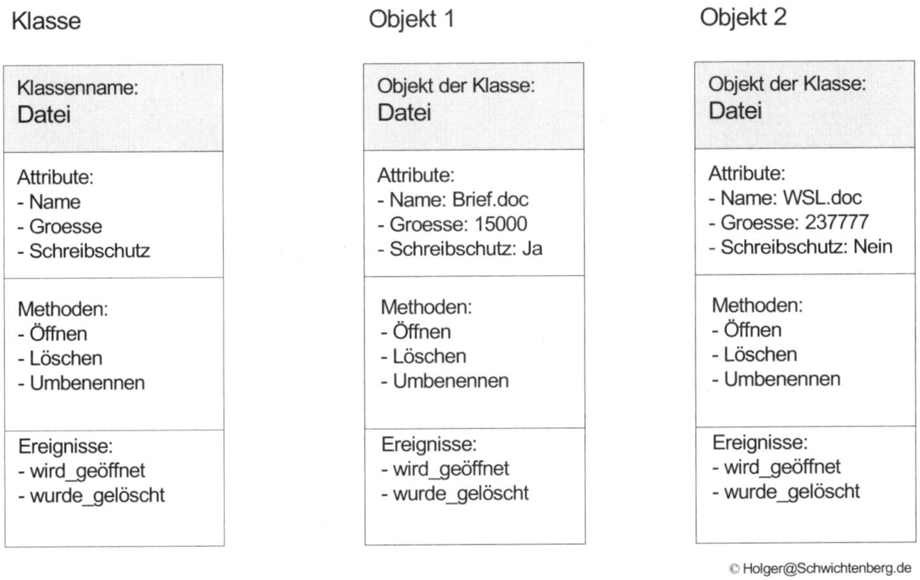

Bild 5.2 Klasse vs. Objekt

Instanzen

In der objektorientierten Programmierung geht man so vor, dass man zunächst eine Klasse definiert und danach Instanzen einer Klasse erzeugt, die man dann zur Programmierung verwendet. Den Vorgang, aus einer Klasse eine Instanz zu bilden, nennt man **Instanziierung** (teilweise in der Literatur auch mit einem i geschrieben: **Instanzierung**). Man sagt, eine Klasse wird **instanziiert**.

Beispiele für Instanzen sind:

- Der Opel mit dem Kennzeichen „E-GO123“ ist eine Instanz der Klasse `Auto`.
- Der Benutzer mit dem Namen „HS“ ist eine Instanz der Klasse `Benutzer`.

Spitznamen

Eine Instanz kann einen Namen haben; dieser wird beim Windows Scripting auch als **Spitzname** (engl. **Moniker**) bezeichnet, weil Objekte intern anders angesprochen werden. Der Aufbau dieser Spitznamen ist von Klasse zu Klasse sehr unterschiedlich. In den obigen Beispielen waren die Spitznamen „E-GO123“ und „HS“.

Klassen beim Windows Scripting

Beim Windows Scripting arbeiten Sie mit Klassen, die Microsoft (oder andere Hersteller) definiert haben. Das Betriebssystem erzeugt automatisch im laufenden Betrieb unzählige Instanzen dieser Klassen. Ihre Aufgabe als Skriptentwickler ist es lediglich, die gewünschte Instanz zu finden und gemäß Ihren Anforderungen auszulesen oder zu verändern. In vielen Fällen erzeugen Sie auch selbst Instanzen, z.B. wenn Sie eine neue Datei oder einen neuen Benutzer anlegen. Mit der Definition eigener Klassen haben Sie zunächst nichts zu tun: Das ist zwar möglich, führt jedoch weit über dieses einführende Buch hinaus.

***Bild 5.3** Objekt mit Klasse und Spitzname*

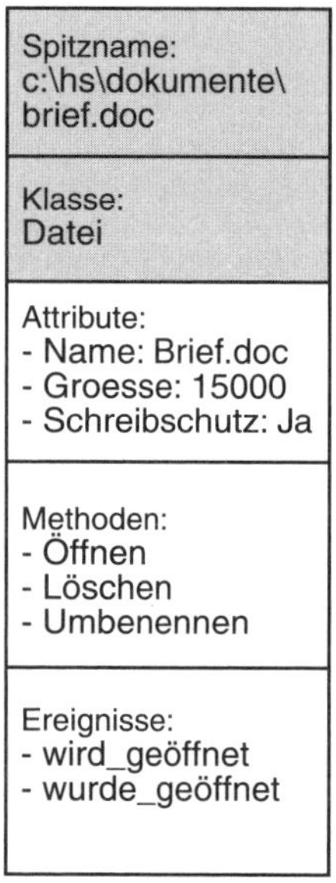

Klassennamen

Die von Microsoft und anderen Herstellern definierten Klassen haben in der Regel englische Namen, die oftmals aus mehreren Wörtern bestehen und zum Teil abgekürzt sind. Beispiele für Klassennamen sind:

- `File`
- `FileSystemObject` (manchmal werden die Begriffe Class oder Object als Teil des Namens einer Klasse verwendet, was eigentlich überflüssig ist)
- `IADsUser` (I steht für Interface, ADs für Active Directory Service)
- `SWbemObject` (S steht für Scripting, Wbem für Web Based Enterprise Management)

Damit Sie Klassennamen im Text sofort erkennen, sind diese (ebenso wie Befehle, Variablen etc.) in diesem Buch in einer anderen Schriftart dargestellt.

> In der objektorientierten Programmierung gibt es einen Unterschied zwischen einer *Schnittstelle* (engl. *Interface*) und einer Klasse/einem Objekt. Da dieser Unterschied jedoch im Rahmen der in diesem Buch vorgestellten Objekte keine Bedeutung hat, wird im Folgenden auf die nähere Erläuterung und Verwendung des Begriffs Schnittstelle verzichtet. Mehr dazu finden Sie in [SCH07a].

5.3 Objekte haben Beziehungen

In der Realität sind Objekte miteinander verbunden: Ein Baum hat Äste und Zweige, ein Auto hat einen Motor und Räder etc. Auch bei Betriebssystem-Objekten gibt es solche Zusammenhänge: Eine Domäne enthält Benutzer und Computer, ein Computer besteht aus einem Prozessor und mehreren Festplatten usw. Diese Zusammenhänge müssen durch Programmier-Objekte abgebildet werden.

Objekte verweisen auf andere Objekte

Die Lösung zur Abbildung dieser Zusammenhänge ist einfach: Ein Mitglied eines Objekts kann selbst wieder ein Objekt sein. Zum Beispiel kann ein Attribut ein Objekt beinhalten oder eine Methode ein Objekt als Ergebnis liefern.

Daraus ergibt sich eine Objekthierarchie, die man in Form eines Objektbaums darstellen kann. Wir zeigen an einigen Stellen diese Objektbäume, weil sie gut geeignet sind, die Zusammenhänge zwischen den Objekten zu verstehen.

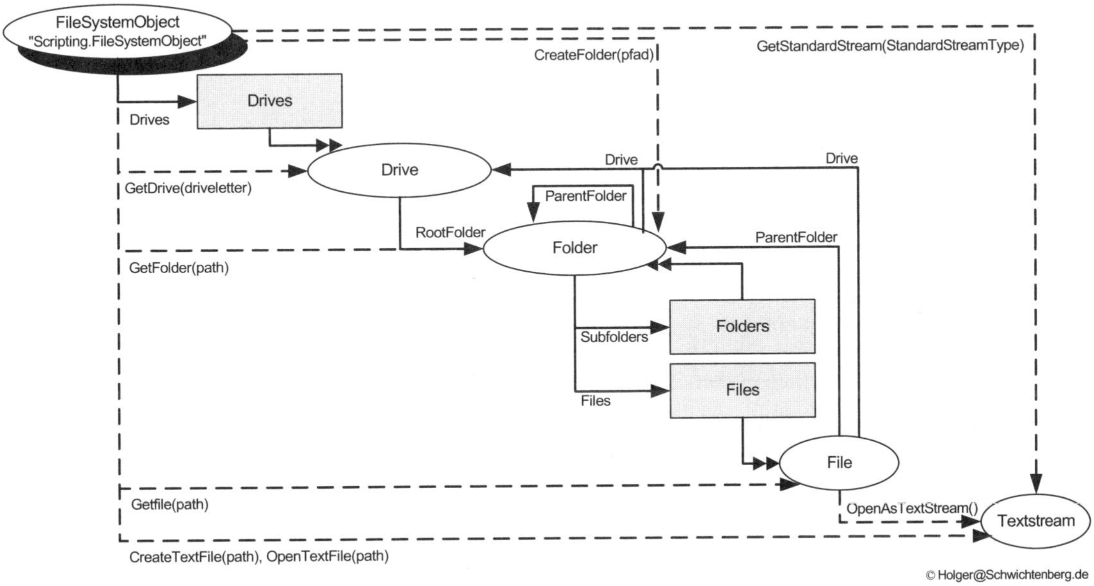

Bild 5.4: *Objektbaum für Objekte, die ein Dateisystem repräsentieren*

Die möglichen Zusammenhänge zwischen den Objekten sind in der Definition einer Klasse hinterlegt. In der Regel steht dort geschrieben, welche Arten von Objekten miteinander verbunden sind. Es ist aber auch möglich, dass in einer Klasse definiert ist, dass ein Mitglied ein beliebiges Objekt enthalten kann.

Befehlskette

Bei den Mitgliedern einer Klasse muss man zwischen Mitgliedern unterscheiden, die einfache Daten – wie eine Zahl oder eine Zeichenkette – liefern, und Mitgliedern, die ein Objekt liefern. Mitglieder, die selbst wieder Objekte sind, haben nämlich wieder Mitglieder, sodass eine lange Befehlskette entstehen kann.

```
Objekt1.UnterObjekt2.UnterObjekt3.UnterObjekt4.Methode_von_Unterobjekt4()
```

> Die zur Darstellung eines Objektbaums verwendete Notation lässt sich in sechs einfachen Regeln erklären:
>
> - Einzelne Objekte sind durch Ovale dargestellt. In dem Oval steht der Name der Klasse.
> - Objektmengen (vgl. Kapitel 5.9) sind durch Rechtecke dargestellt. In dem Rechteck steht der Name der Klasse.
> - Durchgezogene Linien sind Attribute, die auf andere Objekte verweisen.
> - Gestrichelte Linien sind Methoden, die ein Objekt als Ergebnis liefern.
> - Eine einfache Pfeilspitze bedeutet, dass auf genau ein einzelnes Objekt verwiesen wird (1:1-Beziehung). Eine doppelte Pfeilspitze bedeutet, dass eine Objektmenge beliebig viele Objekte dieses Typs enthalten kann (1:n-Beziehung).
> - Ovale mit Schatten sind direkt mit `CreateObject()` instanziierbare Klassen. Alle anderen Objekte sind nur indirekt instanziierbar.

5.4 Was ist eine Komponente?

Komponenten sind mehrere Klassen

Wir haben ja bereits erwähnt, dass Microsoft und andere Hersteller unzählige Klassen vordefiniert haben. Es stellt sich die Frage, wo diese Definitionen liegen. Klassen sind beim Windows Scripting in sogenannten **Komponenten** definiert. Eine Komponente ist eine Programmdatei im Dateisystem mit der Dateinamenerweiterung *.dll*, *.exe* oder *.wsc*. Eine Komponente ist die kompilierte Form einer Klassendefinition und dient dazu, die Klasse auf einem Computer zu installieren oder an einen anderen Computer weiterzugeben. Eine Komponente enthält mindestens eine Klasse; sie kann aber beliebig viele Klassen enthalten.

Bild 5.5 Eine Komponente mit mehreren Klassen

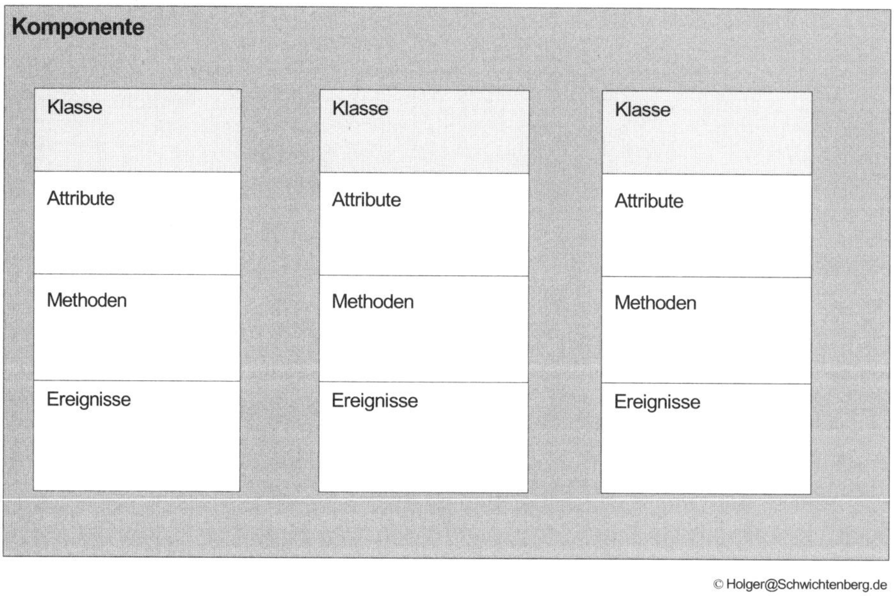

Es gibt feste Regeln, wie eine solche Komponente aufgebaut ist. Das ist notwendig, damit die Klassen dieser Komponente

- auf verschiedenen Computern verwendet werden können;
- genutzt werden können, egal von welchem Hersteller sie stammen;
- von verschiedenen Programmiersprachen aus genutzt werden können;
- aus verschiedenen Umgebungen heraus genutzt werden können.

COM

Diese Regeln heißen Component Object Model (COM). Eine Komponente, die diesen Regeln folgt, heißt COM-Komponente. Eine Klasse in einer COM Komponente heißt folglich COM-Klasse und deren Instanz COM-Objekt.

DCOM, OLE, ActiveX, MTS, COM+

COM ist eine Technologie, die Microsoft entwickelt hat, die aber von verschiedenen Herstellern verwendet wird. Distributed COM (DCOM) ist eine Erweiterung von COM, um Klassen auf entfernten Rechnern anzusprechen. Der häufig verwendete Begriff ActiveX ist übrigens eine Teilmenge der COM-Technologie. Gleiches gilt für die Begriffe Object Linking and Embedding (OLE), Microsoft Transaction Server (MTS) und COM+. An dieser Stelle werden wir keine weiteren Interna von COM dokumentieren, sondern wir möchten Sie dazu auf [SCH07a] verweisen.

Bereits der Standardinstallationsumfang von Windows enthält unzählige COM-Komponenten. Durch viele Anwendungen werden weitere Komponenten installiert. Die Komponenten liegen entweder im Verzeichnis der Anwendung oder im *%Windows%*-Verzeichnis. Aber: Nicht jede *.dll*- oder *.exe*-Datei ist eine COM-Komponente. Jedoch ist jede *.wsc*-Datei eine Komponente.

In Kapitel 6 finden Sie eine kurze Einführung in die wichtigsten Komponenten für das Windows Scripting.

5.5 Wie arbeitet man mit Objekten?

Jede Programmiersprache hat ihre eigene Art und Weise, mit Objekten umzugehen. Hier soll lediglich beschrieben werden, wie VBScript mit Objekten umgeht.

Aktionen mit Objekten

Eine objektorientierte Sprache muss folgende Aktionen in Bezug auf Objekte unterstutzen:

- Instanziierung eines Objekts aus einer Klasse
- Auslesen des Werts eines Attributs
- Setzen des Werts eines Attributs
- Aufrufen einer Methode
- Reagieren auf ein Ereignis
- Löschen eines Objekts
- Duplizieren eines Objekts
- Vergleichen zweier Objekte
- Ermitteln der Klasse, zu der ein Objekt gehört

In der Literatur werden Sie eine Unterscheidung zwischen objektorientierter und objektbasierter Sprache finden. Visual Basic Script ist genau genommen eine objektbasierte Sprache. Aus Gründen der Vereinfachung sprechen wir in diesem Buch aber nur von Objektorientierung.

Objektvariablen

Variablen speichern Objekte

Visual Basic Script speichert ein Objekt, indem es sich einen Zeiger auf den Speicherbereich merkt, in dem das Objekt gespeichert ist. Dieser Zeiger wird in einer Variablen gespeichert, genau wie ein anderer Wert (eine Zahl oder eine Zeichenkette) auch. Man spricht dann von einer **Objektvariablen**. Die Objektvariable kann – wie jede andere Variable auch – einen beliebigen Namen (Bezeichner) haben (ausgenommen sind bestimmte Schlüsselwörter, vgl. Kapitel 4), die nichts mit dem Namen der Klasse oder dem Spitznamen des Objekts zu tun haben müssen. Leichter zu merken ist der selbst vergebene Name aber meistens schon, wenn man den Klassennamen oder den Spitznamen bei der Namenswahl berücksichtigt. In vielen Beispielen in diesem Buch verzichten wir allerdings auf lange Variablennamen, weil die Programmzeilen dadurch sehr lang werden und viele Zeilenumbrüche in einem Buch den Quellcode unübersichtlich machen (horizontal „scrollen" kann man in einem Buch eben nicht).

Instanziierung eines Objekts aus einer Klasse

Zur Erinnerung: Instanziierung ist der Vorgang der Erzeugung einer Instanz (eines Exemplars) einer Klasse.

Bevor man ein Objekt, das Operationen auf dem Betriebssystem anbietet, verwenden kann, muss man es instanziieren und in einer Objektvariablen speichern. Um an ein Objekt zu kommen, gibt es beim Windows Scripting vier Möglichkeiten:

CreateObject()

- Am häufigsten ist die Verwendung von `CreateObject()`. Bei `Create Object()` gibt man in Klammern den Namen einer Klasse in Form einer Zeichenkette an, z.B.:

  ```
  Set o = CreateObject("Scripting.FileSystemObject")
  ```

  Wichtig ist, dass man eine Variable bereitstellt (hier o), die das Objekt aufnimmt, und dass man `Set` vor diesen Befehl schreibt.

  Die Namen der Klassen sind meistens zweigliedrig und durch einen Punkt [.] getrennt. Es gibt aber auch Klassennamen, die aus nur einem Wort bestehen (z.B. `ADsSystemInfo`) oder die eine Zahl als drittes Element besitzen, z.B. `Word.Application.10`.

GetObject()

- In einigen Fällen wird `GetObject()` als Alternative zu `CreateObject()` verwendet. `GetObject()` erwartet als Parameter einen URL oder einen Dateisystempfad. `GetObject()` wird dann angewendet, wenn das Objekt bereits irgendwo im System vorhanden ist.

  Beispiele:

  `set o = GetObject("c:\daten\umsaetze.xls")` oder

  `set o = GetObject("WinNT://meinComputer/Benutzername")`

- Ablaufumgebungen wie der Windows Script Host (WSH) und Sprachen wie VBScript bieten auch eingebaute Objekte (engl. Intrinsic Objects), die nicht mit `CreateObject()` oder `GetObject()` aufgerufen werden müssen und auch nicht so aufgerufen werden dürfen. Eingebaute Objekte werden nicht vom Skriptentwickler, sondern vom WSH selbst automatisch instanziiert. Sie haben einen eindeutigen Namen und stehen automatisch zur Verfügung.

Intrinsic Objects

Beispiele:

- `WScript` im Windows Script Host
- `Err` in VBScript

  Ein eingebautes Objekt kann zur Verwendung in einem Skript mit einem anderen Namen belegt werden, indem es einer Variablen zugewiesen wird.

```
Set WS = WScript
```

- Die letzte Möglichkeit, ein Objekt zu gewinnen, ist der Aufruf einer Operation in einem anderen Objekt. Dies sei hier ein abgeleitetes Objekt genannt. Beispielsweise liefert der Aufruf von `GetFile()` in dem `FileSystemObject` ein Objekt des Typs `File`.

  Beispiel:

```
set o = CreateObject("Scripting.FileSystemObject")
set f = o.GetFile("c:\daten\test.txt")
```

Abgeleitete Objekte

Der Unterschied zwischen `CreateObject()` und `GetObject()` sollte eigentlich der sein, dass man mit Ersterem eine neue Instanz einer Klasse erzeugt und mit Letzterem auf eine bestehende Instanz zugreift. Allerdings ist die Verwendung dieser Befehle nicht konsistent. Um auf eine bestehende Excel-Datei zuzugreifen, verwendet man `GetObject()`. Für den Zugriff auf eine bestehende Textdatei kann man `GetObject()` nicht verwenden (hier kommt `CreateObject()` zum Einsatz). Und sowieso wird im Falle des Zugriffs auf eine Excel-Datei nicht ein bestehendes COM-Objekt verwendet, sondern das COM-Objekt, das die Datei repräsentiert, wird erst beim Aufruf von `GetObject()` erzeugt.

GetObject() vs. CreateObject()

> Es gibt keine Regeln für die Verwendung von `CreateObject()` oder `GetObject()`, dies ist leider eine Frage des Wissens.

Auslesen des Werts eines Attributs

Nachdem man ein Objekt in einer Objektvariablen abgelegt hat, erfolgen die meisten Zugriffe darauf, indem man das Mitglied durch einen Punkt [.] von der Objektvariablen trennt.

Wert aus Eigenschaft auslesen

```
Variable = Objektvariable.Attributname
```

Wenn das Attribut keinen einfachen Wert, sondern ein weiteres Objekt liefert, muss `Set` davor gesetzt werden:

```
Set Objektvariable = Objektvariable.Attributname
```

Dies ist eine lästige Ausnahme, die vielen Skriptentwicklern Probleme bereitet, da man auch diese Fälle auswendig lernen muss.

Setzen des Werts eines Attributs

Eigenschaft mit Wert belegen

Um einen Wert zu setzen, muss man die obige Syntax nur umkehren:

```
Objektvariable.Attributname = Ausdruck
```

Als Ausdruck können wie bei normalen Variablen entweder Literale, Konstanten, Variablen oder berechnete Ausdrücke mit Operatoren verwendet werden.

Es gibt auch den Fall, dass einem Attribut ein anderes Objekt zugewiesen werden soll. Dann ist `Set` zu verwenden.

```
Set Objektvariable.Attributname = Objektvariable
```

Durch die Zuweisung eines Objekts an ein Attribut eines anderen Objekts entsteht eine Objekthierarchie (also ein Objektmodell).

Aufruf einer Methode

Methoden

Der Aufruf einer Methode unterscheidet sich nicht vom Aufruf einer Unterroutine, bis auf die vorangestellte Objektvariable und die Trennung durch den Punkt [.]. Man unterscheidet auch hier, ob die Methode Parameter erwartet oder nicht und ob eine Methode einen Rückgabewert liefert oder nicht.

Tabelle 5.1 Beispiele für Methodenaufrufe

Rückgabewert	Parameter	Beispiel
Nein	Nein	`Objektvariable.Methode`
Nein	Ja	`Objektvariable.Methode Parameter1, Parameter2,...`
Ja	Nein	`Var = Objektvariable.Methode`
Ja	Ja	`Var = Objektvariable.Methode(Parameter1, Parameter2,...)`

> Auch hier ist zu beachten, dass die runden Klammern um die Parameterliste nur dann zu verwenden sind, wenn die Methode einen Rückgabewert hat.

Reagieren auf ein Ereignis

Ereignisse

Die Erstellung einer Ereignisbehandlungsroutine unterscheidet sich sehr stark von Klasse zu Klasse. Die Vorgehensweisen werden daher bei den entsprechenden Klassen besprochen.

Löschen eines Objekts

Nothing

VBScript besitzt eine automatische Speicherverwaltung. Das heißt, Sie müssen sich als Skriptentwickler normalerweise keine Gedanken darüber machen, dass der Speicher, den Ihre Objekte belegen, wieder freigegeben wird. Spätestens beim Beenden des Skripts wird der verwendete Speicher freigegeben. Er wird auch freigegeben, wenn einer Objektvariablen ein anderes Objekt zugewiesen wird.

Dennoch gibt es einen Befehl, um ein Objekt zu vernichten und den Speicher sofort freizugeben. Man weist dabei der Objektvariablen den Wert `Nothing` zu:

```
Set Objektvariable = Nothing
```

Diesen Befehl müssen Sie nur einsetzen, wenn Sie in Ihrem Programm sehr, sehr viele Objektvariablen verwenden, die im späteren Ablauf des Skripts nicht mehr benötigt werden.

Duplizieren eines Objekts

Man kann ein Objekt in VBScript nicht duplizieren, sondern man kann lediglich den Verweis auf ein Objekt duplizieren. Wenn die Objektvariable `O1` auf ein Objekt verweist und Sie in Ihr Skript einfügen

```
Set O2 = O1
```

dann verweist `O2` danach auf das gleiche Objekt wie `O1`.

Die Befehle

```
O1.Attributname = "Text"
```

und

```
O2.Attributname = "Text"
```

sind dann also völlig synonym.

> Vergessen Sie auch in diesem Fall nicht das Wort `Set`. Ohne das Schlüsselwort `Set` kommt es nicht unbedingt zu einem Fehler, aber möglicherweise zu unerwünschten Ergebnissen.

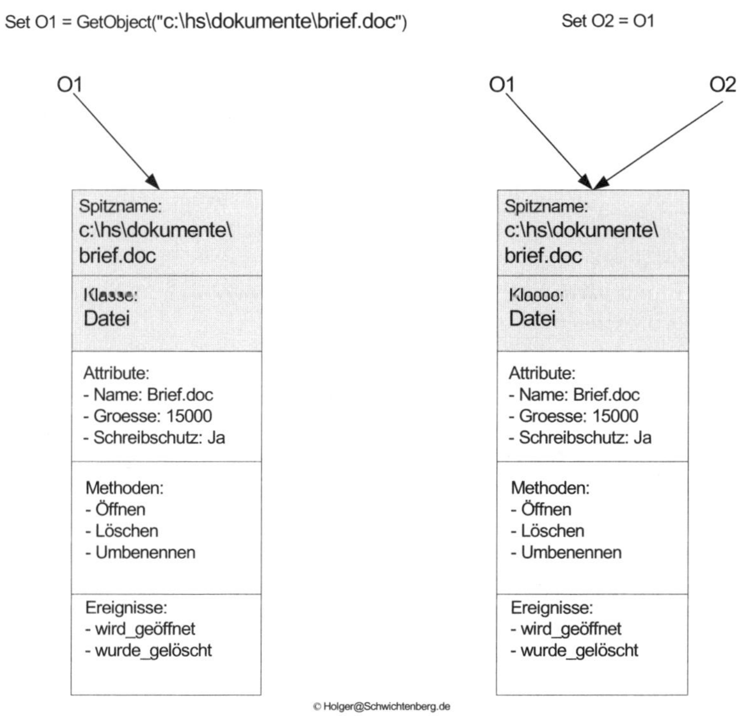

Bild 5.6 *Duplizieren von Objektverweisen*

Vergleich zweier Objekte

Sie können vergleichen, ob zwei Objektvariablen auf das gleiche Objekt verweisen. Dafür wird allerdings nicht das Gleichheitszeichen, sondern der Operator `is` verwendet.

```
If o1 Is O2 Then
   WScript.Echo "gleiches Objekt!"
Else
   WScript.Echo "verschiedene Objekte!"
End If
```

Ermitteln der Klasse, zu der ein Objekt gehört

Die Funktion `TypeName()` liefert zu einem Objekt den Namen der Klasse, von der das Objekt abstammt.

```
WScript.Echo "Objekt ist eine Instanz der Klasse: " & _
TypeName(Objektvariable)
```

> Leider funktioniert die `TypeName()`-Funktion nicht immer so, wie man es sich wünschen würde. Aufgrund der komplexen inneren Architektur des Component Object Models (COM) gibt es mehrere verschiedene Bezeichnungen für ein und dieselbe Klasse. Es würde hier zu weit führen, dies näher zu erklären. Merken Sie sich bitte nur, dass die mit `TypeName()` ermittelten Namen nicht unbedingt den in diesem Buch dokumentierten Namen entsprechen müssen. Leider gibt es keinen anderen Weg, sodass diese Aufgabe nur unbefriedigend gelöst ist beim Windows Scripting.

5.6 Eingabehilfen für Objekte

Ein guter Editor hilft Ihnen bei der Programmierung mit Objekten dadurch, dass er für ein Objekt alle verfügbaren Attribute und Methoden in einer Liste anzeigt. Diese Hilfe bietet Ihnen der Windows-Editor „Notepad" natürlich nicht. Für das Windows Scripting gibt es überhaupt nur wenige Editoren auf dem Markt, die diese Funktion beherrschen.

Auto-Vervollständigen für Objekte

PrimalScript und SystemScripter haben wir in Kapitel 2 unter anderem deshalb vorgestellt, weil sie diese sehr hilfreiche Funktion bieten. So werden für Objekte nach der Eingabe des Punkts „." alle verfügbaren Attribute und Methoden in einem Kontextmenü angezeigt. Der Programmierer muss anschließend nur noch aus einer Liste das gewünschte Element auswählen. Der Code wird dann automatisch vervollständigt.

> Diese Technik bezeichnet Sapien, der Hersteller von PrimalScript, als *PrimalSense*, was der IntelliSense-Funktion von Microsoft entspricht, die Sie aus zahlreichen Microsoft-Produkten kennen.

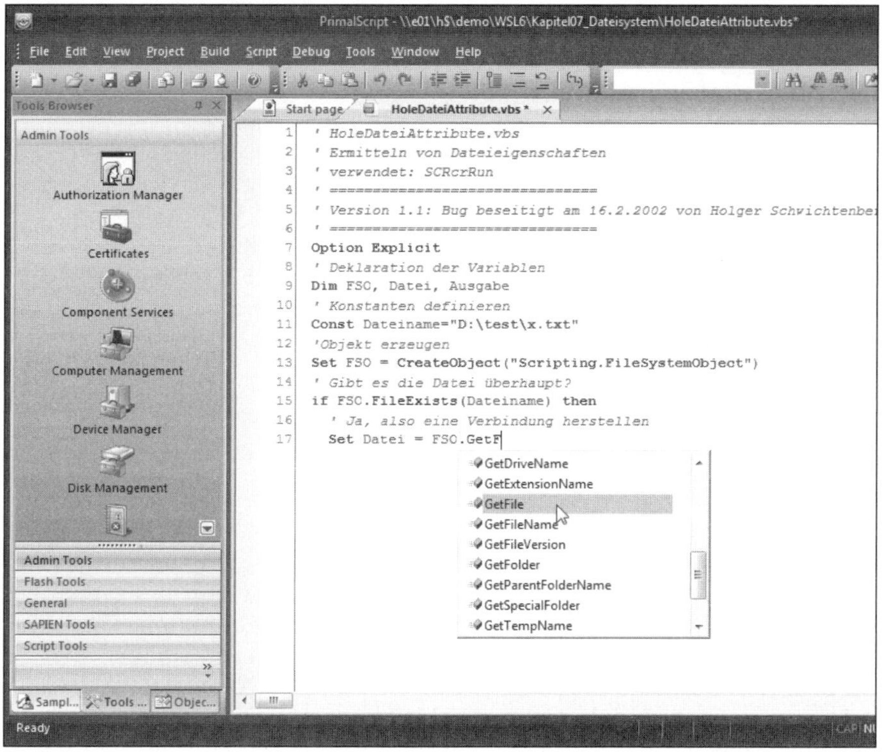

Bild 5.7 PrimalScript-Eingabehilfe für das Objekt „Scripting. FileSystem Object“

5.7 Wie erfahre ich, welche Objekte es überhaupt gibt?

Objekte kennen und suchen

Diese Frage ist leider nicht eindeutig und nicht befriedigend beantwortbar. Die globale Antwort lautet: Lesen Sie die Microsoft-Dokumentation oder kaufen Sie sich ein gutes Buch. Es gibt nämlich einige Tausend Objekte auf jedem Windows-System. Es existieren Werkzeuge, um herauszufinden, welche Objekte auf einem Computer vorhanden sind, und meistens kann man auch ermitteln, was diese Objekte ungefähr anbieten. Jedoch ist diese Suche oft sehr aufwendig und frustrierend, zumal der Name eines Objekts und die Namen seiner Methoden oftmals nur ungenau widerspiegeln, was das Objekt wirklich tut.

Trotz dieser Vorrede hier einige Hinweise:

- Alle Klassennamen, die bei `CreateObject()` verwendet werden können, finden Sie in der Registrierungsdatenbank direkt unterhalb des Hauptschlüssels *HKEY_CLASSES_ROOT*. Schauen Sie dort einmal nach, was Ihr Windows so alles anbietet.
- Welche Protokolle bei `GetObject()` erlaubt sind, findet man ebenfalls in *HKEY_CLASSES_ROOT*, allerdings versteckt zwischen den Klassennamen. Leider ist nicht eindeutig erkennbar, was ein Protokoll und was keins ist. Ein Anhaltspunkt

kann sein, dass einige Protokolle den Untereintrag „URL-Protokoll“ besitzen (siehe z.B. *HTTP* und *LDAP*).

- Die eingebauten Objekte findet man nicht in der Registrierungsdatenbank. Dabei hilft nur die jeweilige Dokumentation.
- Welche Objekte von einem anderen Objekt ableitbar sind, erfährt man ebenfalls nicht in der Registrierungsdatenbank. Dazu muss man ein Werkzeug nutzen, das die Innereien eines Objekts auslesen kann. Solche Werkzeuge sind beispielsweise der Objektkatalog in der Visual Basic 6.0-Entwicklungsumgebung (auch enthalten in den Microsoft Office-Visual Basic-Editoren und in Visual InterDev 6.0) oder *oleview.exe* von Microsoft. Leider haben in diesen Werkzeugen die Klassen oft andere Namen als in der Registrierungsdatenbank, was das Auffinden sehr erschwert.

Bild 5.8
Klassen in der Windows-Registrierungsdatenbank

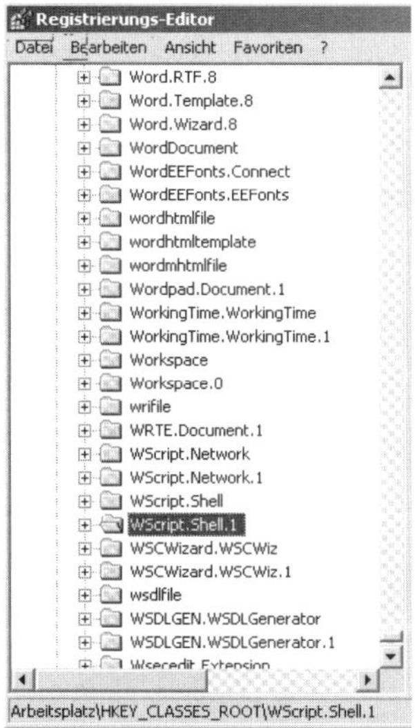

5.8 Was passiert, wenn ein Objekt nicht da ist?

Fehlersituationen

Wenn Sie ein Objekt aufrufen, das es nicht gibt, bekommen Sie eine Fehlermeldung. Auch hier muss man wieder Fälle unterscheiden:

- `CreateObject()` meldet „ActiveX-Komponenten kann kein Objekt erstellen“. (Das „n“ ist übrigens kein Tippfehler, sondern ein Übersetzungsfehler in Windows!)
- `GetObject()` meldet „ungültige Syntax“.
- Beim Zugriff auf ein eingebautes Objekt, das es nicht gibt, kommt „Objekt erforderlich“.
- Beim Aufruf eines nicht vorhandenen abhängigen Objekts lesen Sie: „Objekt unterstützt diese Eigenschaft oder Methode nicht.“

5.9 Was ist eine Objektmenge?

Collections

In vielen Fällen hat man nicht nur eine einzige Instanz einer Klasse, sondern mehrere Instanzen. Zum Beispiel kann es unzählige Instanzen der Klasse `User` geben. Objekte können zu *Objektmengen* (auch *Auflistung*, *Sammlung* oder engl. *Collection* genannt) zusammengefasst werden, z.B. alle lokalen Benutzer auf einem bestimmten Computer. Diese Objektmenge wäre homogen, weil alle Objekte in der Menge zur Klasse `User` gehören. Es gibt aber auch heterogene Objektmengen mit Objekten aus verschiedenen Klassen. Zum Beispiel enthält eine Domäne Objekte der Typen `User`, `Group` und `Computer`.

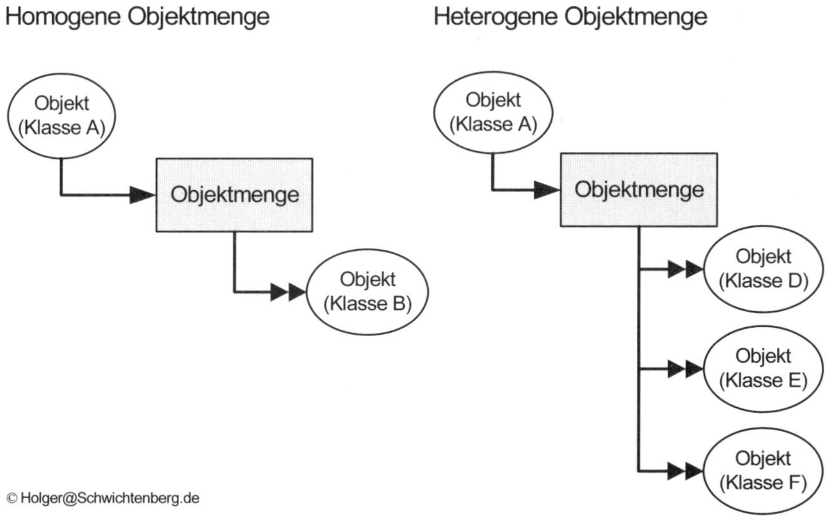

Bild 5.9 *Typen von Objektmengen*

Objektmengen beim Scripting

Bei der Skriptprogrammierung haben Sie es sehr oft mit Objektmengen zu tun. Typische Aufgaben sind:

- Schleifen über alle Objekte in einer Objektmenge (z.B. Auflisten aller Benutzer)
- Zugriff auf einzelne Objekte in einer Objektmenge (z.B. Zugriff auf Benutzer „HS" oder den vierten Benutzer in der Menge)
- Ergänzen oder Entfernen von Objekten aus einer Objektmenge (z.B. Hinzufügen oder Entfernen eines Benutzers)

> Eine Objektmenge ist selbst ein Objekt. Gegenüber einem normalen Objekt besitzt sie nur einige Funktionen zusätzlich, z.B. Objekte auflisten, Objekt ergänzen, Objekt löschen. Die bisherigen Aussagen über die Erzeugung und Verwendung von Objekten treffen auch auf Objektmengen zu.

For Each ... Next

Objektmengen durchlaufen

Die `For Each ... Next`-Schleife ähnelt zwar der `For ... Next`-Schleife, allerdings werden bei dieser kein Start- und Endwert benötigt. Diese Schleife verwendet man zum Durchlaufen von Objektmengen. Für jedes Element in einer bestimmten Menge wird die Schleife einmal durchlaufen. Bei einer solchen Menge kann es sich beispielsweise um alle Dateien eines bestimmten Verzeichnisses handeln.

```
For Each Objektvariable in Objektmenge
    Anweisungsblock
Next
```

Beispiel

Eine Objektmenge kann man am besten an einem Beispiel veranschaulichen. Dazu ist leider ein kleiner Vorgriff auf Kapitel 8 („Scripting des Dateisystems") notwendig. Das folgende Skript gibt eine Liste der verfügbaren Laufwerke aus. Es sei schrittweise erklärt:

- Zunächst wird eine Instanz der Klasse `Scripting.FileSystemObject` erzeugt und der Objektvariablen `Dateisystem` zugewiesen.
- Die Klasse `Scripting.FileSystemObject` liefert im Attribut `Drives` eine Objektmenge mit den Laufwerken.
- Über das Attribut `Count` wird die Anzahl der Objekte in der Menge ausgegeben.
- Mit `For Each Laufwerk In Laufwerke...Next` wird dann eine Schleife über alle Laufwerke definiert.
- Innerhalb der Schleife wird geprüft, ob das Laufwerk verfügbar ist. Nur für die verfügbaren Laufwerke werden der Laufwerksbuchstabe (Attribut `DriveLetter`) und der Name des Laufwerks (Attribut `Volume Name`) ausgegeben.

```
' SchleifenForEachIn.vbs
' Schleife über eine Menge von Objekten
' verwendet: SCRRun
' ===============================

' --- Objekt erzeugen
Set Dateisystem = CreateObject("Scripting.FileSystemObject")

' --- Objektmenge aus dem erzeugten Objekt holen
Set Laufwerke = Dateisystem.Drives

' --- Anzahl der Laufwerke ausgeben
WScript.Echo "Anzahl der Laufwerke: " & Laufwerke.Count

' --- Schleife beginnen
For Each Laufwerk In Laufwerke
If Laufwerk.Isready then
  wscript.echo  Laufwerk.DriveLetter & ":" & Laufwerk.VolumeName
End if
Next
```

***Listing 5.1:** SchleifenForEachIn.vbs*

Viele, aber nicht alle Objektmengen bieten `Count` an. In einigen Objektmengen heißt es `Length`. Wiederum andere unterstützen die automatische Zählung gar nicht. Da hilft dann nur das Mitzählen in einer Schleife mit `For Each...Next`.

Mit `For Each` kann auch ein Array (vgl. Kapitel 4) aufgelistet werden.

Zugriff auf einzelne Objekte in einer Objektmenge

Zunächst einmal muss man festhalten, dass nicht alle, aber viele Objektmengen den gezielten Zugriff auf einzelne Objekte ermöglichen. Um auf einzelne Objekte in einer Objektmenge zugreifen zu können, haben alle Objekte in einer Objektmenge einen eindeutigen Schlüsselwert. Normalerweise greift man über die Funktion `Item()` gezielt auf ein einzelnes Objekt zu:

```
Objektmenge.Item(Schlüsselwert)
```

Diesen Ausdruck kann man oft (aber nicht immer!) auch verkürzen auf:

```
Objektmenge(Schlüsselwert)
```

Als Schlüsselwert kommen fallweise Zahlen oder Zeichenketten zum Einsatz. Einige Objektmengen unterstützen auch beide Vorgehensweisen. Im Falle des Einsatzes von Zahlen gibt es oft eine sequenzielle Zählung, die meistens bei `0`, manchmal aber auch bei 1 beginnt.

Beispiel

Im folgenden Skript wird der gezielte Zugriff auf das Laufwerk D: gezeigt.

```
' Objektmengenzugriff.vbs
' Zugriff auf einzelne Elemente einer Objektmenge
' verwendet: SCRRun
' ===============================================================
' --- Objekt erzeugen
Set Dateisystem = CreateObject("Scripting.FileSystemObject")

' --- Objektmenge aus dem erzeugten Objekt holen
Set Laufwerke = Dateisystem.Drives

' --- Objekt einzeln ansprechen (ALTERNATIVE 1)
WScript.echo Laufwerke.Item("D:").VolumeName

' --- Objekt einzeln ansprechen (ALTERNATIVE 2)
WScript.echo Laufwerke("D:").VolumeName

' --- Objekt einzeln ansprechen (ALTERNATIVE 3)
WScript.echo Dateisystem.GetDrive("D:").Volumename
```

> Die dritte Alternative zeigt, dass es auch noch andere Wege zum selben Ziel geben kann. Diese alternativen Vorgehensweisen sind aber von Klasse zu Klasse unterschiedlich.

Verändern einer Objektmenge

Leider gibt es für das Hinzufügen eines Objekts zu einer Objektmenge und das Entfernen eines Objekts aus einer Objektmenge keine allgemeingültige Vorgehensweise. Viele Objektmengen kochen hier ihr eigenes Süppchen, d.h., die Befehle sind in jeder Objektmenge anders. Sie finden die Erläuterungen bei der jeweiligen Objektmenge in den folgenden Kapiteln dieses Buchs.

An dieser Stelle soll nur erwähnt sein, wie es **häufig** funktioniert.

Add()

- Ergänzt wird ein Objekt mit der `Add()`-Methode. Dabei sind eine Objektvariable mit dem aufzunehmenden Objekt und der Schlüsselwert, über den das Objekt später identifizierbar sein soll, anzugeben.

```
Objektmenge.Add Objektvariable, Schlüsselwert
```

Remove()

- Zum Entfernen aus der Liste ist der Schlüsselwert notwendig, der an die Methode `Remove()` übergeben wird.

```
Objektmenge.Remove Schlüsselwert
```

> Statt `Add()` heißt es oft `Insert()` und statt `Remove()` oft `Delete()`.

5.10 Fragen und Aufgaben

1. Was ist an folgendem Befehl falsch?

```
o = CreateObject("Scripting.FileSystemObject")
```

2. Was ist an folgenden Befehlen falsch?

```
Set Benutzer= Domaene.Create "user", "HolgerSchwichtenberg"
Benutzer.ChangePassword("rot", "gruen")
```

3. Was wird in diesem Skriptfragment ausgegeben?

```
set k1 = CreateObject("Wahlen.KanzlerKandidat")
set k2 = CreateObject("Wahlen.KanzlerKandidat")
k1.Name = "Gerhard"
k1.Gehalt = 100000
k2.Name = "Edmund"
k2.Gehalt = 90000
set k1 = k2
k1.Gehalt = 120000
Msgbox k2.gehalt
```

4. Wie greift man auf das zehnte Element einer Objektmenge mit Namen `BenutzerListe` zu?

6 Komponenten für das Scripting

Im vorherigen Kapitel haben Sie gelernt, dass der Zugriff auf Funktionen des Betriebssystems beim Windows Scripting durch Objekte realisiert wird und diese Objekte Instanzen von Klassen sind, die in Komponenten definiert sind. In diesem Kapitel lernen Sie die Komponenten kennen, die in diesem Buch verwendet werden. **Lernziel**

Die hinteren Kapitel dieses Buchs (ab Kapitel 8) sind **aufgabenorientiert** aufgebaut, d.h., Sie lernen jeweils das Scripting des Dateisystems, der Benutzerverwaltung, der Hardware usw. in einem eigenen Kapitel kennen. Die Windows Scripting-Komponenten sind aber nicht derart nach Aufgaben unterteilt. Das bedeutet, dass eine Komponente mehrere Aufgabenbereiche umfassen kann, und für einen Aufgabenbereich benötigt man oftmals Klassen aus mehreren Komponenten.

In diesem Kapitel werden daher zusammenhängend alle Komponenten vorgestellt, damit Sie die einzelnen Aufgabenbereiche in fast beliebiger Reihenfolge lesen können. Dieses Kapitel vermittelt also die Grundlagen zum Verständnis der folgenden Kapitel. Sie sollten es lesen, auch wenn es Ihnen zunächst etwas theoretisch erscheint. Die praktische Nutzung dieser Komponenten folgt im weiteren Verlauf des Buchs.

> In jedem in diesem Buch vorgestellten Skript finden Sie vier Kopfzeilen. Eine davon beginnt mit „verwendet:". Dahinter finden Sie die Kürzel der Komponenten, die installiert sein müssen, damit das Skript lauffähig ist. Die häufigste Ursache von nicht funktionierenden Skripten sind fehlende Komponenten oder Komponenten in falschen Versionen. Bitte beachten Sie die Hinweise in diesem Kapitel zu den benötigten Komponenten.

6.1 WSH Runtime (WSHRun)

Die WSH Runtime-Komponente (kurz: WSHRun) ist eine bunte Mischung aus Funktionen, die beim Windows Scripting hilfreich sind. **Gemischtwarenladen**

6.1.1 Installation

Die WSH Runtime-Komponente wird in der Datei *wshom.ocx* (eine *.ocx*-Datei ist das Gleiche wie eine DLL) realisiert und diese Datei wird automatisch zusammen mit dem Windows Script Host (WSH) installiert. Sie ist also auf allen Systemen vorhanden, auf denen es den WSH gibt (vgl. Kapitel 1).

Versionsnummer Die Versionsnummer dieser Komponente entspricht der Versionsnummer des WSH. Nutzen Sie das in Kapitel 1 vorgestellte Verfahren, um die Dateiversion von *wshom.ocx* mit dem Windows Explorer zu ermitteln.

6.1.2 Klassen

WSHRun ist eine sehr einfache Komponente mit zwei zentralen Klassen:

- `WScript.Shell`: Die `Shell`-Klasse ist eine bunte Sammlung verschiedener Funktionen, die hauptsächlich in Zusammenhang mit der Benutzeroberfläche, den Umgebungsvariablen, der Registrierungsdatenbank und dem Ereignisprotokoll stehen.
- `WScript.Network`: Mit dieser Klasse wird der Zugriff auf Netzwerk- und Druckerverbindungen möglich. Sie ist deshalb dazu geeignet, die nötigen Verbindungen beim Anmelden eines Benutzers vorzunehmen. Außerdem können der Computername und der aktuell angemeldete Benutzer ermittelt werden.

Diese beiden Klassen instanziiert man mit `CreateObject()`. Von diesen Klassen aus können Instanzen anderer Klassen erreicht werden, wie die beiden folgenden Abbildungen zeigen.

Bild 6.1 *Objektmodell für WScript.Shell*

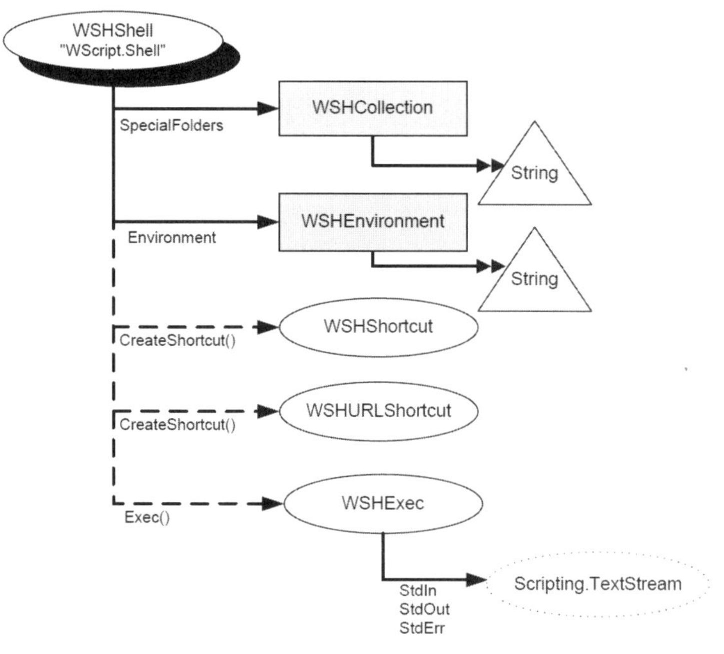

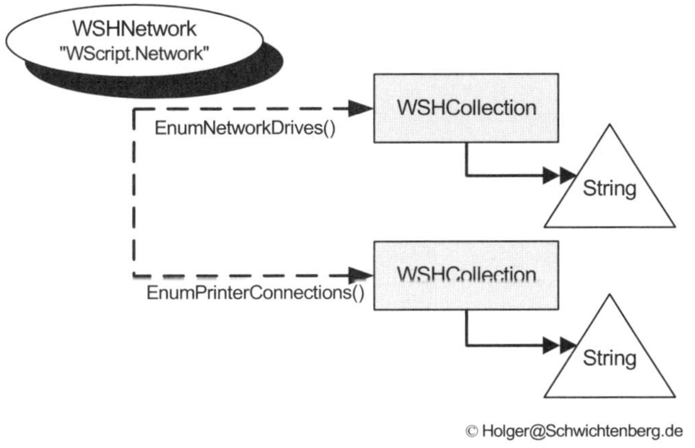

Bild 6.2
Objektmodell für WScript. Network

Tabelle 6.1
Klassen der WSH Runtime-Komponente

Klasse	Zugriff	Erläuterung
`WScript`	Dies ist ein eingebautes Objekt (Intrinsic Object), das nicht instanziiert werden muss. Es kann einfach über seinen Namen angesprochen werden.	Dieses Objekt stellt Basisfunktionen des Windows Script Hosts (WSH) wie die Ausgabe von Text in Dialogfenstern oder Kommandozeilenfenstern und die Auswertung der Kommandozeilenparameter des Skripts bereit. Ganz genau genommen ist diese Klasse nicht Teil der WSH Runtime-Komponente, sondern direkt in den WSH eingebaut. Im Rahmen der Beispiele in diesem Buch macht das aber keinen praktischen Unterschied.
`WSHShell`	`CreateObject("WScript.Shell")`	Die `WSHShell`-Klasse ist inzwischen eine Mischung sehr verschiedener Funktionalitäten: Zugriff auf Umgebungsvariablen, Schreiben ins Ereignisprotokoll, Lesen und Schreiben der Registrierungsdatenbank, Senden von Tastendrücken an Fenster, Erzeugen und Verändern von Verknüpfungen im Dateisystem, Zugriff auf Spezialordner und Ausgabe von Dialogboxen.
`WSHNetwork`	`CreateObject("WScript.Network")`	Mit dieser Klasse wird der Zugriff auf Netzwerkverbindungen und Drucker möglich. Sie ist daher bestens dafür geeignet, die nötigen Verbindungen beim Anmelden eines Benutzers vorzunehmen. `WSHNetwork` gehört zu den Klassen, von denen eigene Instanzen angelegt werden können.

Klasse	Zugriff	Erläuterung
WSHCollection	Nur über die Klassen WSHShell oder WSHNetwork	Ein WSHCollection-Objekt ist ein Hilfsobjekt zur Verwaltung von Wertemengen, nicht wie üblich von Objekten. Die WSHObjektmengenklasse ist nicht von außen instanziierbar, sondern wird von den Klassen WSHShell (im Attribut SpecialFolders) und WSHNetwork (EnumNetworkDrives, EnumPrinterConnections) verwendet.
WSHEnvironment	Nur über die Klasse WSHShell	Dies ist eine Objektmengenklasse mit mehr Ähnlichkeit mit WSHCollection als mit einer richtigen Objektmengenklasse. Sie speichert Umgebungsvariablen.
WSHShortcut	Nur über die Klasse WSHShell	Ein WSHShortcut-Objekt repräsentiert eine Datei- oder Ordnerverknüpfung. Ein Objekt dieser Klasse wird durch die Methode WSHS hell.CreateShortcut() erzeugt.
WSHURLShortcut	Nur über die Klasse WSHShell	Ein WSHURLShortcut-Objekt repräsentiert eine spezielle Verknüpfung zu einem Uniform Resource Locator (URL). Ein Objekt dieser Klasse wird durch die Methode WSHShell.CreateShortcut() erzeugt.
WSHExec	Nur über die Klasse WSHShell	Ein WSHExec-Objekt dient der Überwachung eines externen Programms, das mittels der Methode Exec() auf einem WSHShell-Objekt gestartet wurde.

6.1.3 Beispiele

Zahlreiche Beispiele zur Verwendung dieser Komponente kommen später in allen Kapiteln in diesem Buch vor.

6.2 Scripting Runtime (SCRRun)

Dateisystemzugriff

Die Scripting Runtime-Komponente dient hauptsächlich dem Zugriff auf das Dateisystem:

- Direkter Zugriff auf einzelne Laufwerke, Ordner und Dateien
- Iteration über Laufwerke und Ordner
- Zusammensetzung und Aufspaltung von Pfadangaben
- Anlegen, Verschieben, Kopieren und Löschen von Ordnern

- Verschieben, Kopieren und Löschen von Dateien jeden Typs
- Anlegen, Lesen und Beschreiben von Textdateien
- Lesen und Verändern von Laufwerks-, Ordner- und Dateieigenschaften
- Direkter Zugriff auf Sonderordner
- Zugriff auf die Standardein- bzw. -ausgabe
- Ändern von Dateiattributen
- Zugriff auf Dateilänge und Daten
- Versionsinformationen von DLLs

Folgende Funktionen, die in Zusammenhang mit dem Dateisystem anfallen, deckt die SCRRun-Komponente jedoch nicht ab:

- Anlegen, Lesen und Beschreiben von binären Dateien
- Suchfunktion über das Dateisystem
- Zugriff auf den Sperrstatus einer Datei
- Zugriff auf Sicherheitsinformationen
- Zugriff auf Verzeichnisfreigaben
- Zugriff auf erweiterte Dateiattribute (z.B. Autorenname bei Word-Dokumenten)
- Zugriff auf die Kontextmenüeinträge einer Datei
- Überwachung von Dateisystemänderungen (neue Datei, Dateiänderung etc.)

Für einige dieser Anwendungen werden wir in diesem Buch dennoch Lösungen auf Basis anderer Komponenten finden.

> Die SCRRun-Komponente bietet neben dem Dateisystemzugriff auch noch zwei andere Funktionsbereiche (Verschlüsselung von Skripten und Speicherung von Daten in Listen), die in diesem Buch aber nicht verwendet werden.

6.2.1 Installation

Die Scripting Runtime-Komponente wird ebenfalls automatisch zusammen mit dem WSH installiert (*scrrun.dll*).

Versionsnummer ermitteln

Nutzen Sie das in Kapitel 1 vorgestellte Verfahren, um die Dateiversion von *scrrun.dll* mit dem Windows Explorer zu ermitteln. Die Datei liegt im *%System%*-Verzeichnis Ihrer Windows-Installation.

6.2.2 Klassen

In diesem Buch wird die SCRRun-Komponente nur zum Zugriff auf das Dateisystem verwendet. Die nachfolgende Abbildung zeigt die Klassen, die mit dem Dateisystemzugriff in Verbindung stehen.

Bild 6.3
Objektmodell für die Scripting Runtime-Komponente

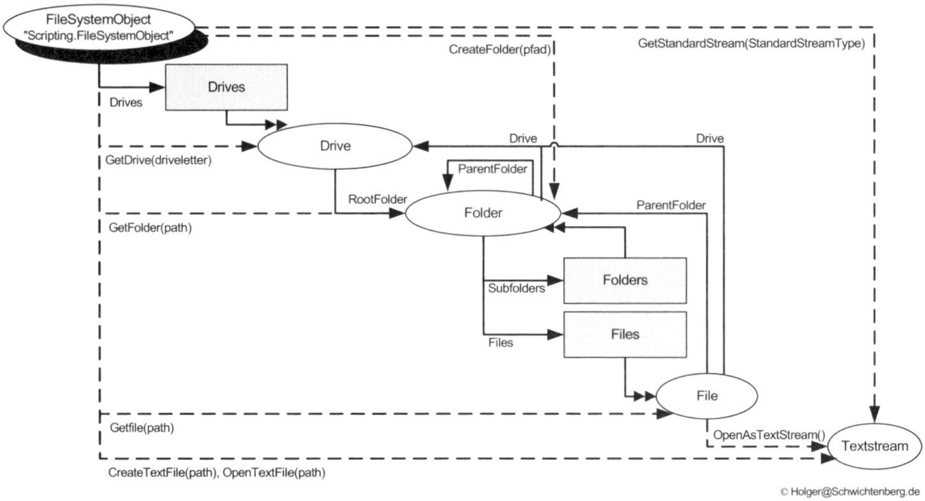

Tabelle 6.2
Klassen der Scripting Runtime-Komponente

Klasse	Zugriff	Erläuterung
`FileSystemObject`	`CreateObject("Scripting. FileSystemObject")`	Ein Objekt dieser Klasse repräsentiert das komplette Dateisystem, das von dem Rechner aus, auf dem das Skript läuft, erreichbar ist (einschließlich der Netzlaufwerke). Diese Stammklasse ist die einzige instanziierbare Klasse aus dem Bereich Dateisystemzugriff und dient der Erzeugung neuer Instanzen der anderen Klassen.
`Drive`	Über die Methode `Get-Drive()` aus einer Instanz der Klasse `FileSystemObject`	Repräsentiert ein Laufwerk.
`Drives`	Über das Attribut `Drives` in einer Instanz der Klasse `FileSystemObject`	Liste aller verfügbaren Laufwerke (nicht nur Festplatten, sondern alle Arten von Laufwerken, die im Windows Explorer angezeigt werden können), also Diskettenlaufwerk, Festplatte, CD, andere Wechselmedien und auch Laufwerksverknüpfungen
`File`	Über die Methode `GetFile()` aus einer Instanz der Klasse `FileSystemObject`	Repräsentiert ein Verzeichnis.
`Files`	Über das Attribut `Files` in einer Instanz der Klasse `FileSystemObject`	Liste aller Dateien in einem Verzeichnis
`Folder`	Über die Methode `GetFolder()` aus einer Instanz der Klasse `FileSystemObject`	Repräsentiert ein Verzeichnis.

Klasse	Zugriff	Erläuterung
`Folders`	Über das Attribut `SubFolders` in einer Instanz der Klasse `Folder`	Liste aller Ordner in einem Laufwerk oder einem übergeordneten Ordner
`TextStream`	Über die Methode `OpenTextStream()` oder `CreateTextStream()` in einer Instanz der Klasse `FileSystemObject`	Repräsentiert eine Textdatei oder einen Standard-I/O-Stream.

6.2.3 Objektauswahl

Hilfsroutinen

Wichtig ist, dass man nicht direkt über `GetObject()`auf ein Laufwerk, eine Datei oder ein Verzeichnis zugreifen kann, sondern dass man immer zunächst eine Instanz von `FileSystemObject` mittels des Befehls `Create Object("Scripting.FileSystemObject")` erzeugen muss. Diese Klasse bietet dann Methoden wie `GetDrive()`, `GetFile()` und `GetFolder()` zum Zugriff auf die Elemente des Dateisystems.

6.2.4 Beispiele

Beispiele zu dieser Komponente finden Sie später in diesem Buch.

6.3 ActiveX Data Objects (ADO)

Datenbankzugriff

Die ActiveX Data Objects (kurz: ADO) ist eine Komponente zum Zugriff auf Daten aller Art (wobei es durchaus richtig ist, im Singular zu sprechen: Mehrere Objekte bilden eine Komponente.). Hauptsächlich wird ADO jedoch zum Zugriff auf Datenbanken (z.B. Microsoft Access, Oracle oder SQL Server) verwendet. Datenbanken spielen beim Scripting als Quelle und permanenter Speicher für Konfigurationsdaten (z.B. Benutzerlisten) eine wichtige Rolle.

6.3.1 Installation

ADO 2.8

ADO gehört nicht zum Installationsumfang der meisten Windows-Versionen, es wird aber mit vielen Zusatzprodukten (z.B. Microsoft Office) installiert. Sie finden die aktuellste Version (zurzeit Version 2.8) von ADO auf der Website zu diesem Buch im Verzeichnis */install*.

Versionsnummer ermitteln

Es gibt sehr viele verschiedene Versionen dieser Komponente. Nutzen Sie das in Kapitel 1 vorgestellte Verfahren, um die Dateiversion von *msado15.dll* mit dem Windows Explorer zu ermitteln. Die Datei liegt in der Regel nicht im *%System%*-Verzeichnis Ihrer Windows-Installation, sondern unter *\Programme\Gemeinsame Dateien\system \ado*.

> Die *msado15.dll* ist ein gutes Beispiel dafür, dass die im Dateinamen enthaltene Zahl nichts über die wirkliche Versionsnummer aussagt. Im Fall von ADO hat sich die *15* seit der Version 1.5 nicht mehr verändert, weil Microsoft sich danach entschlossen hat, nicht mehr in jeder Version einen eigenen Dateinamen zu produzieren.

6.3.2 Klassen

ADO-Klassen ADO ist eine mächtige Komponente. Beim Scripting sind aber im Wesentlichen die in der folgenden Tabelle genannten Klassen relevant.

Tabelle 6.3 *Die wichtigsten Klassen in der ADO-Komponente*

Klasse	Zugriff	Erläuterung
`Connection`	`CreateObject("ADODB.Connection")`	`Connection` repräsentiert eine Verbindung zu einer Datenbank.
`RecordSet`	`CreateObject("ADODB.RecordSet")` oder über ein `Connection`-Objekt	`Recordset` repräsentiert eine Menge von Datensätzen, also eine Tabelle in einer Datenbank oder das Ergebnis einer Abfrage mit dem SQL-Befehl SELECT.
`Field`	Nur über die Klasse `RecordSet`	Ein `Field`-Objekt repräsentiert eine einzelne Spalte in einem `RecordSet`.
`Fields`	Nur über die Klasse `RecordSet`	`Fields` ist die Menge aller `Field`-Objekte, also aller Spalten in einer Tabelle.

Bild 6.4 *Objektmodell für die ADO-Komponente*

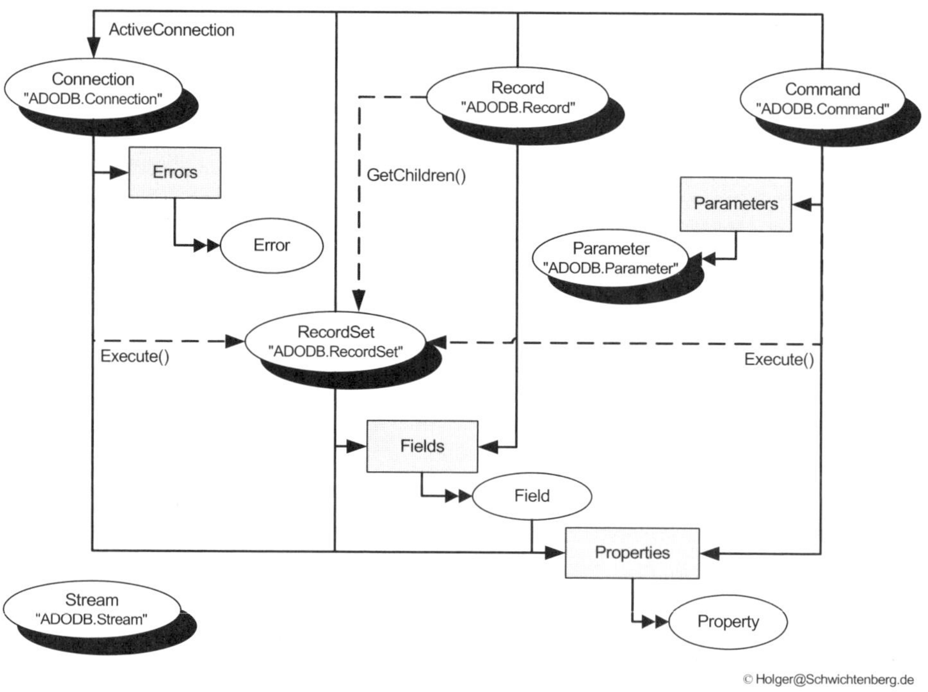

6.3.3 Objektauswahl

Mit diesen Objekten kann man auf jede beliebige Tabelle (oder Teilmenge einer Tabelle) in (fast) jeder beliebigen Datenbank zugreifen. Voraussetzung für den Zugriff ist, dass auf dem System ein passender Treiber für die Datenbank vorhanden ist. Als Treiber können sowohl sogenannte ODBC-Treiber als auch sogenannte OLEDB-Provider verwendet werden.

Wenn ein Treiber vorhanden ist, benötigt ADO zwei Angaben von dem Skript:

- eine sogenannte *Verbindungszeichenfolge*, die den Standort der Datenbank und den Datenbanktreiber beschreibt;
- einen Befehl in der Sprache *Structured Query Language (SQL)*, der definiert, welche Tabelle oder Teilmenge einer Tabelle oder Schnitt-/Vereinigungsmenge mehrerer Tabellen aus der Datenbank geholt werden soll.

Verbindungszeichenfolgen

Ein Beispiel für eine Verbindungszeichenfolge ist die folgende Spezifikation des Zugriffs auf eine Access-Datenbank mit Namen *Scripting.mdb*:

```
Provider=Microsoft.Jet.OLEDB.4.0;Persist Security Info=False;User
ID=admin;Data Source=D:\buch\scripting.mdb
```

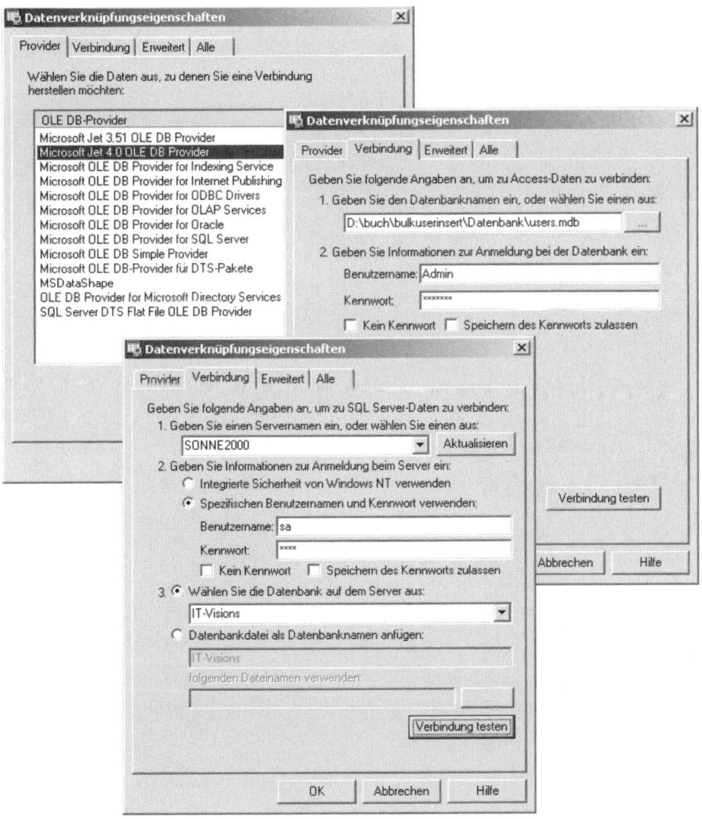

Bild 6.5 Auswahl des OLEDB-Providers in einer UDL-Datei und Spezifikation einer Verbindung zu einer Access- bzw. SQL Server-Datenbank

Man kann ganze Kapitel über Verbindungszeichenfolgen schreiben. Anstatt Ihnen beizubringen, welche Kommandos es dort gibt, zeigen wir Ihnen lieber, wie man sich die Verbindungszeichenfolge von einem Wizard erstellen lassen kann. Dieser Wizard ist das OLEDB Datenlink-Fenster, das auf jedem Windows vorhanden ist.

Gehen Sie folgendermaßen vor:

1. Legen Sie eine neue Textdatei im Dateisystem an.
2. Benennen Sie die Datei um in einen Namen mit der Dateinamenerweiterung *.udl*, z.B. *MeineDB.udl*. Das Icon verändert sich dadurch.
3. Doppelklicken Sie auf die *.udl*-Datei.
4. Arbeiten Sie sich durch die Registerkarten, beginnend auf der ersten.
5. Schließen Sie danach das Fenster.
6. Öffnen Sie dann die Datei mit dem Windows-Editor *Notepad*, indem Sie *Öffnen mit...* und dort *Notepad* auswählen. Sie sehen dann einen Inhalt wie den folgenden:

```
[oledb]
; Everything after this line is an OLEDB initstring
Provider=Microsoft.Jet.OLEDB.4.0;Persist Security Info=False;
   User ID=admin;Data Source=D:\buch\data\meier.mdb
```

7. Kopieren Sie den Inhalt der Zeile, die mit „PROVIDER" beginnt, als Verbindungszeichenfolge in Ihr Skript.

SQL-Befehle

SQL ist eine standardisierte Abfragesprache, zu der es viele Bücher gibt. Hier soll nur der wichtigste Befehl – `SELECT` – kurz erläutert werden.

Die allgemeine Form lautet:

```
SELECT SpaltenListe FROM Tabelle WHERE Bedingung
```

Dabei ist

- `SpaltenListe` eine durch Kommata getrennte Liste der Spalten, die aus der Tabelle ausgewählt werden sollen;
- `Tabelle` der Name der Tabelle, die die Daten liefern soll;
- `Bedingung` eine Einschränkung der Datensätze (Zeilen) der Tabelle.

Beispiel für einen SQL-Befehl:

```
SELECT Vorname, Name FROM Benutzer WHERE Name = "Meier"
  and Status = 10
```

> Auch für SQL-Befehle gibt es Wizards, z.B. den Abfrage-Designer in Microsoft Access, der in ähnlicher Form auch in den Microsoft SQL Server Tools und Visual Studio enthalten ist.

6.3.4 Beispiele

> Konkrete Scripting-Beispiele zu ADO folgen in Kapitel 7.

6.4 Active Directory Service Interface (ADSI)

Verzeichnisdienstzugriff

Das Active Directory Service Interface (ADSI) ist eine Komponente für den Zugriff auf Verzeichnisdienste. Ein Verzeichnisdienst ist eine (hierarchische) Objektmenge von Benutzern, Gruppen, Diensten und anderen Ressourcen in einem Netzwerk.

Das „Active Directory" im Namen suggeriert, dass ADSI nur etwas mit dem Active Directory in Windows Server zu tun hat. Dies ist nicht korrekt. Mit ADSI können folgende Verzeichnisdienste verwaltet werden:

- Windows NT4-Benutzerdatenbank und -Dienste (einschließlich der lokalen Benutzerdatenbanken von Windows 2000 Professional, Windows XP, Windows Vista, Windows 7/8 und Windows Server 2000/2003/2008/2012 ohne Active Directory)
- alle Verzeichnisdienste, die das Lightweight Directory Access Protocol (LDAP) verstehen. Dazu gehören insbesondere:
- Windows Server 2000/2003/2008/2012 Active Directory
- Microsoft Exchange Server
- Novell NetWare ab Version 3.x
- Netware Directory Service ab Version 4.0
- Microsoft Internet Information (IIS) Server ab Version 4.0

6.4.1 Installation

Die folgende Tabelle zeigt die Verfügbarkeit von ADSI. Das erwähnte Add-On finden Sie auf der Website zu diesem Buch im Verzeichnis */install*. Die aktuelle Version ist 2.5.

Tabelle 6.4 Verfügbarkeit der ADSI-Komponente

Betriebssystem	Verfügbarkeit von ADSI
Windows 95	Installation des Add-Ons notwendig
Windows 98	Installation des Add-Ons notwendig
Windows ME	Installation des Add-Ons notwendig
Windows NT4	Installation des Add-Ons notwendig
Alle neueren Windows-Versionen (einschließlich Windows 8 und Windows Server 2012)	ADSI 2.5 gehört zum Standardinstallationsumfang.

Versionsnummer ermitteln Um die Versionsnummer von ADSI auf Ihrem System zu ermitteln, ermitteln Sie die Dateiversion von *activeds.dll* mit dem Windows Explorer. Die Datei liegt in der Regel im *%System%*-Verzeichnis Ihrer Windows-Installation.

> In Windows XP erhalten Sie die Dateiversion 5.1.2600.0 und in Windows Server 2003 5.2.3790.0, in Windows 7 ist die Nummer 6.1.7600. Alle diese Versionen enthalten leichte interne Veränderungen. Vom Wesen her handelt es sich jedoch um ADSI 2.5.

> ADSI kann auf entfernte Computer zugreifen und dort Aktionen ausführen. Es muss aber nur auf dem Computer installiert sein, auf dem das Skript läuft. Eine Installation auf dem anzusprechenden Computer ist nicht notwendig.

ADSI ist keine einzelne DLL, sondern eine Menge von DLLs. Für jeden Verzeichnisdienst gibt es eine DLL. Man spricht von ADSI-Providern. ADSI ist durch andere ADSI-Provider erweiterbar.

Provider Die wichtigsten Provider sind der **LDAP-Provider** und der **WinNT-Provider**. Der LDAP-Provider ermöglicht die komplette Verwaltung jedes LDAP-basierten Verzeichnisdienstes, also z.B. eines Active Directory. Der WinNT-Provider unterstützt die Verwaltung folgender Objekte: NT4-Domänen, Computer, lokale und Domänenbenutzer, lokale und globale Benutzergruppen, Windows-Dienste, Verzeichnisfreigaben, Druckerwarteschlangen, Druckaufträge, Benutzersitzungen und in Benutzung befindliche Dateien.

6.4.2 Klassen

Welche Klassen ADSI bereitstellt, hängt von dem Verzeichnisdienst ab, der angesprochen wird. Die beiden nachfolgenden Tabellen nennen die wichtigsten Klassen für NT4-basierte Systeme und das Active Directory. In allen Fällen greift man mittels `GetObject()` auf ein konkretes Objekt zu. Nach `GetObject()`ist ein sogenannter ADSI-Pfad anzugeben, der allgemein folgenden Aufbau hat:

```
<Verzeichnisdienst-ID>:<Verzeichnisdienst-spezifischer Teil>
```

Der Hauptteil eines ADSI-Pfads ist also abhängig vom jeweiligen Verzeichnisdienst und dort in der Regel auch vom anzusprechenden Objekttyp. Die Pfade sind die gleichen, wie sie auch bei der Administration der Systeme verwendet werden.

Die Beispiele in den folgenden Tabellen werden Ihnen aber helfen, sich mit den Pfaden zurechtzufinden. Ein Hilfsmittel zur Ermittlung von Pfaden ist der Active Directory Browser, siehe hierzu Kapitel 6.4.3.

Beachten Sie unbedingt Folgendes: Die Verzeichnisdienst-ID unterscheidet zwischen Groß- und Kleinschreibung. Bitte schreiben Sie buchstabengenau „WinNT" und „LDAP" und nicht „WINNT", „winnt", „ldap" oder Ähnliches. Dies ist der häufigste Fehler beim Windows Scripting. Zum Glück ist dies auch der einzige Ort, wo die Groß-/Kleinschreibung relevant ist. Um unnötige Support-Anfragen zu vermeiden, werden wir diese Aussage an einigen Stellen wiederholen.

Klassen für WinNT-basierte Systeme (WinNT-Provider)

Die nachfolgende Tabelle nennt die wichtigsten ADSI-Klassen für Windows NT 4.0, Windows 2000 Professional, Windows 2000 Server ohne Active Directory, Windows XP, Windows Vista und Windows 7/8 sowie Windows Server 2003/Windows Server 2008 (jeweils inkl. R2), Windows Server 2012 ohne Active Directory.

Tabelle 6.5 ADSI-Klassen für NT 4.0, Windows 2000 Professional, Windows 2000 Server ohne Active Directory, Windows XP, Windows Vista und Windows 7/8 sowie Windows Server 2003/2008 (jeweils inkl. R2) sowie 2012 ohne Active Directory (WinNT-Provider)

Klasse	Zugriff	Erläuterung
`Domain`	`GetObject("WinNT://DomainName")`	NT4-Domäne
`Computer`	`GetObject("WinNT://DomainName/ComputerName")` oder `GetObject("WinNT://ComputerName")`	Computer
`User`	`GetObject("WinNT://DomainName/BenutzerName")` oder `GetObject("WinNT://PDCName/BenutzerName")` oder `GetObject("WinNT://ComputerName/BenutzerName")`	Benutzerkonto in Domäne oder auf einem Computer
`Group`	`GetObject("WinNT://DomainName/GruppenName")` oder `GetObject("WinNT://PDCName/GruppenName")` oder `GetObject("WinNT://ComputerName/GruppenName")`	Benutzergruppe in Domäne oder auf einem Computer
`Service`	`GetObject("WinNT://ComputerName/DienstName")`	Dienst auf einem Computer der NT-Produktfamilie
`PrintQueue`	`GetObject("WinNT://ComputerName/Druckername")`	Druckerwarteschlange
`PrintJob`	Nur über eine Instanz von `PrintQueue`	Ein Druckauftrag in einer Druckerwarteschlange
`FileShare`	`GetObject("WinNT://ComputerName/lanmanserver/FreigabeName")`	Verzeichnisfreigabe

Bitte beachten Sie, dass Sie die kursiv geschriebenen Begriffe *DomainName*, *ComputerName*, *BenutzerName*, *FreigabeName* etc. durch konkrete existierende Namen in Ihrem Netzwerk ersetzen müssen. In den Beispielen in diesem Buch sind konkrete Namen genannt, damit die Beispiele Sinn ergeben. Ein häufiger Fehler beim Ausprobieren der Beispiele ist jedoch zu vergessen, die eigenen Namen einzutragen.

Bitte beachten Sie auch, dass „WinNT" in genau dieser Schreibweise geschrieben werden muss, also nicht „winnt" oder „WINNT" oder „Winnt". Wenn Sie dies nicht beachten, kommt es zu kuriosen Fehlermeldungen.

Bild 6.6 *Objektmodell der ADSI-Klassen für den WinNT-Provider*

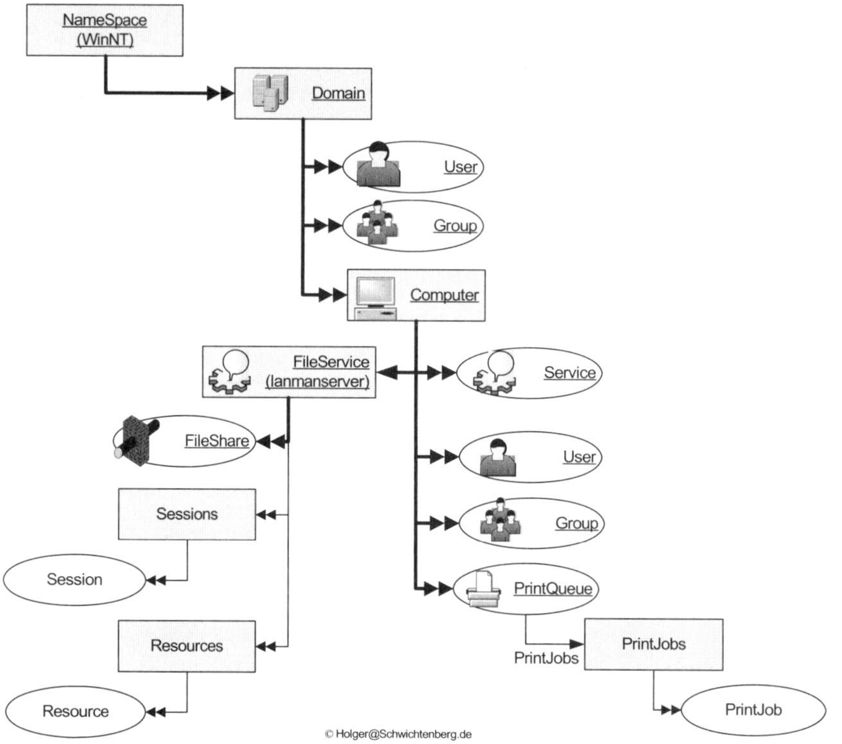

Klassen für das Active Directory (LDAP-Provider)

Die nachfolgende Tabelle nennt die wichtigsten Klassen für das Active Directory in Windows Server 2000, Windows Server 2003 (inkl. R2) und Windows Server 2008 (inkl. R2) sowie Windows Server 2012.

Tabelle 6.6 *ADSI-Klassen für das Active Directory*

Klasse	Zugriff (Beispiel)	Erläuterung
`Domain`	`GetObject("LDAP://dc=x,dc=y")`	Active Directory-Domäne
`Computer`	`GetObject("LDAP://cn=PC171,cn=Computers,dc=x,dc=y")`	Computer
`User`	`GetObject("LDAP://cn=Holger Schwichtenberg,cn=users,dc=x,dc=y")`	Benutzerkonto in Domäne
`Group`	`GetObject("LDAP://cn=Trainer,cn=users,dc=x,dc=y")`	Benutzergruppe in Domäne
`organizationalUnit`	`GetObject("LDAP://ou=Entwickler,dc=x,dc=y")`	Dienst auf einem Computer der NT-Produktfamilie
`Contact`	`GetObject("LDAP://cn=Microsoft Hotline,ou=Entwickler,dc=x,dc=y")`	Kontakteintrag

In dem o.g. LDAP-Pfad kann man alternativ auch einen bestimmten Domänencontroller angeben, z.B. `GetObject("LDAP://DomainControler/dc=x,dc=y")`.

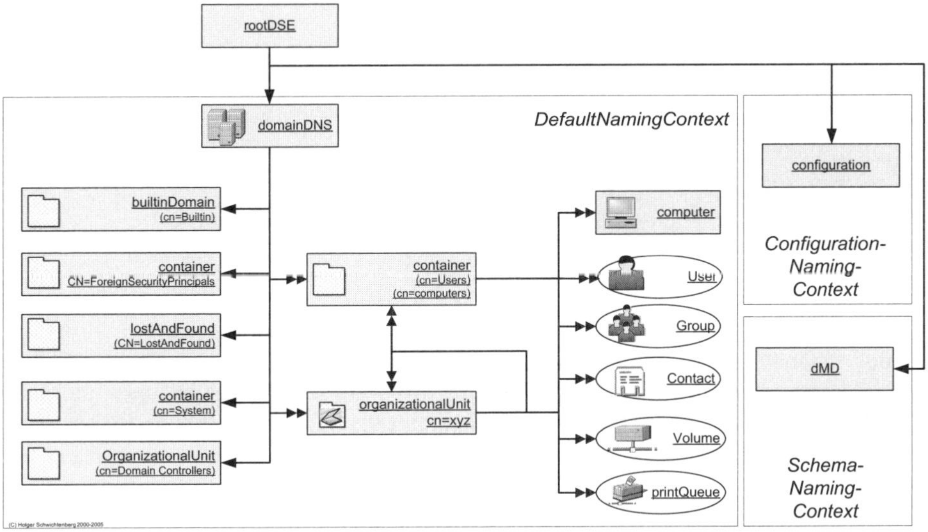

Bild 6.7
Objektmodell der ADSI-Klassen für das Active Directory

Für den Zugriff auf das Active Directory werden LDAP-Pfadnamen verwendet. Bitte haben Sie Verständnis dafür, dass es über den Umfang dieses Buchs hinausführen würde, LDAP-Pfadnamen zu erklären, weil dies allgemeines Wissen zum Active Directory ist. Nutzen Sie ein Buch über den Aufbau des Active Directory, wenn Sie Informationen über den Aufbau der LDAP-Pfadnamen benötigen. Ersetzen Sie die o.g. Beispielpfade durch eine konkrete Pfadangabe aus Ihrer Umgebung, sodass sich ein Befehl wie

```
Set Benutzer = GetObject("LDAP://ServerE02/CN=Holger Schwichtenberg,
OU=Geschaeftsleitung,DC=IT-VISIONS,DC=local")
```

ergibt, um auf einen Benutzer zuzugreifen.

> Bitte beachten Sie, dass das Wort LDAP immer komplett in Großbuchstaben geschrieben werden muss.

Beispiel

Das folgende Beispiel veranschaulicht die Anwendung eines ADSI-Objekts. **Beispiel**

```
' ADSI_Einzelobjekt.vbs
' Zugriff auf ein Objekt im Active Directory
' verwendet: ADSI
' ----------------------------------------------------------------
Set Benutzer = GetObject("LDAP://ServerE02/CN=Holger Schwichtenberg,
OU=Geschaeftsleitung,DC=IT-VISIONS,DC=local")
' --- Objekt auslesen
WScript.Echo(Benutzer.givenname)
WScript.Echo(Benutzer.lastname)
WScript.Echo(Benutzer.telephonenumber)
' --- Objekt beschreiben
```

```
Benutzer.Description = "Inhaber www.IT-Visions.de"
Benutzer.SetInfo
WScript.Echo(Benutzer.Description)
```

Listing 6.1: *Auslesen und Verändern eines Benutzer-Objekts aus dem Active Directory*

> Alle Schreibzugriffe müssen mit einem Aufruf der Methode `SetInfo()` abgeschlossen werden. Erst dann werden die Änderungen wirksam.

Container-Objekte

Container und Blätter

Verzeichnisdienst-Objekte können andere Objekte enthalten. Sie werden dann Container genannt. Objekte, die keine anderen Objekte enthalten können, heißen Blätter. Der Zugriff auf die Container-Objekte und ihre Attribute ist vollkommen identisch mit dem Zugriff auf Blatt-Objekte. Auf Container kann man aber die `For Each`-Schleife anwenden, um alle Unterobjekte aufzulisten.

Im folgenden Beispiel werden nicht nur die Namen, sondern auch die Klassenzugehörigkeiten der Unterobjekte aufgelistet.

```
' ADSI_Unterobjekte.vbs
' Liste der Unterobjekte eines Computer-Objekts
' verwendet: ADSI
' ------------------------------
Set computer = GetObject("WinNT://PC171")
WScript.Echo computer.name
For Each obj In computer
    WScript.Echo obj.class & ":" & obj.name
Next
```

Listing 6.2: *Auflisten eines Container-Objekts*

Create() und Delete()

Außerdem kann man auf einen Container die Methoden `Create()` und `Delete()` anwenden. `Create()` erzeugt neue Objekte, `Delete()` löscht bestehende Objekte. In beiden Fällen ist der Klassenname anzugeben.

```
' ADSI_AnlegenLoeschen.vbs
' Anlegen und Löschen eines Objekts mit ADSI
' verwendet: ADSI
' -----------------------------------------------------------------
Const COMPUTERNAME = "PC171"
Set NTDomain = GetObject("WinNT://" & COMPUTERNAME)
Set Benutzer = NTDomain.Create("user", "HolgerS")
Benutzer.Fullname = "Holger Schwichtenberg"
Benutzer.Description = "Autor"
Benutzer.SetInfo
WScript.Echo("Benutzer angelegt!")

Set NTDomain = GetObject("WinNT://" & COMPUTERNAME)
NTDomain.Delete "user", "HolgerS"
WScript.Echo("Benutzer wieder gelöscht!")
```

Listing 6.3: *Anlegen und Löschen eines Objekts mit ADSI*

Besonderheiten

Besondere Attribute

Es gibt einige Attribute in ADSI-Objekten, die man nicht direkt ansprechen kann. Es würde hier zu weit führen zu erklären, welche Attribute das sind (vgl. [SCH07a]). Nehmen Sie bitte an dieser Stelle einfach hin, dass man in einigen Fällen folgende etwas umständliche Form wählen muss:

```
Objekt.Put "Attributname", Wert
Variable = Objekt.Get("Attributname")
```

Mehrwertige Attribute

Außerdem gibt es mehrwertige Attribute, also Attribute, die mehr als einen Wert haben können. Mehrwertige Attribute werden über Arrays zugewiesen und benötigen die speziellen Methoden `GetEx()` und `PutEx()`. Auch dazu erfahren Sie mehr in [SCH07a], weil dieser Fall in den Beispielen in diesem Buch nicht vorkommt.

Notwendige Typkonvertierungen

Bei bestimmten Konstellationen kann es hinsichtlich des Datentyps zu Problemen bei der Übergabe von Werten an `Put()` kommen. So übergibt VBScript eine Variable vom Datentyp `Variant` per Zeiger; der ADSI-Provider für LDAP unterstützt aber diese Form der Übergabe nicht. Sie müssen VBScript mit einem Trick dazu zwingen, keinen Zeiger, sondern den Wert direkt zu übergeben.

- Eine Möglichkeit ist, beim Aufruf von `Put()` die Variable explizit in den passenden Subtyp zu konvertieren.

  ```
  u.Put "samAccountName", CStr(un)
  objRecipient.Put "mailPreferenceOption", CInt(0)
  ```

- Eine andere Möglichkeit besteht darin, den Wert einfach in Klammern zu setzen. Wie in Kapitel 2 beschrieben, sieht VBScript dann einen Ausdruck, der ausgewertet wird, und ein Ausdruck wird immer als sein Wert übergeben, nicht als Zeiger.

  ```
  u.Put "samAccountName", (un)
  ```

6.4.3 Hilfsmittel

Active Directory Service Browser

Um die Objekthierarchie eines Verzeichnisdienstes zu erkunden, ist der Microsoft *Active Directory Service Browser (ADB)* ein zweckmäßiges Werkzeug. Der ADB ermöglicht es Ihnen, sich von einem beliebigen Ausgangspunkt ebenenweise durch einen Verzeichnisdienst zu hangeln. Der Wert des ADB für das Scripting liegt in zwei Punkten:

- Der ADB zeigt den kompletten ADSI-Pfad des aktuell ausgewählten Objekts an. Diesen Pfad kann man per Ausschneiden & Einfügen (Cut&Paste) in ein Skript übernehmen.
- Der ADB zeigt in einem Auswahlmenü, welche Attribute das aktuell ausgewählte Objekt besitzt. Hier kann man also erkennen, welche Attributnamen man in seinen Skripten verwenden kann.

> Der ADB ist ein kostenloses Werkzeug von Microsoft, für das es allerdings keinen Support bei Microsoft gibt. Sie finden den ADB auf der Buch-Website unter */install/Werkzeuge*.

Bild 6.8 Ansicht eines Kontakteintrags in einem Active Directory

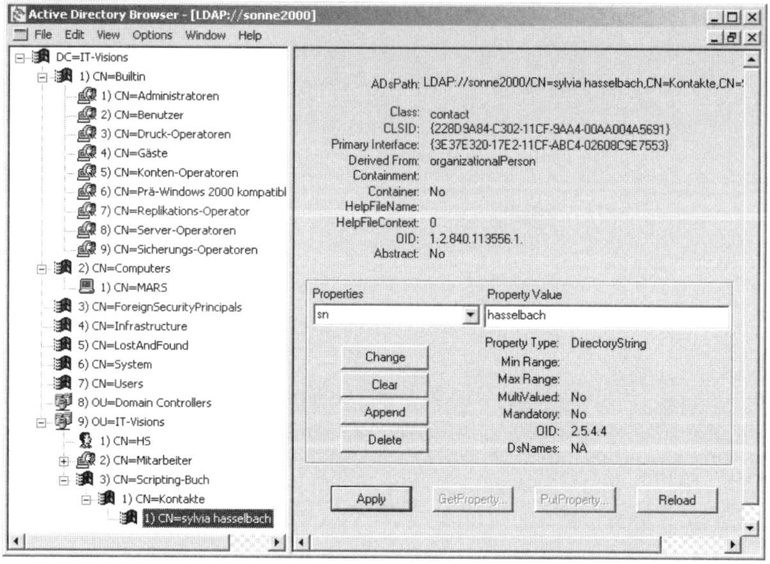

6.5 Group Policy Management-Komponente (GPMC Objects)

Gruppenrichtlinien Gruppenrichtlinien sind ein mächtiges Werkzeug zum Anpassen von Windows und für die Rechtebeschränkung von Benutzern in Active Directory-basierten Windows-Netzwerken. Gruppenrichtlinien wurden mit Windows 2000 Server eingeführt und danach in jeder neuen Serverversion erweitert.

GPMC Lange Zeit gab es Defizite in den Administrationswerkzeugen für Gruppenrichtlinien; insbesondere für große Unternehmen mit einer Vielzahl von Organisationseinheiten und einer Vielzahl unterschiedlicher Gruppenrichtlinien war die Verwaltung der Gruppenrichtlinien sehr mühsam und unübersichtlich. Zusammen mit dem Windows Server 2003 hat Microsoft daher eine neue Verwaltungskonsole für Gruppenrichtlinien entwickelt, die Group Policy Management Console (GPMC). In der deutschen Version findet man sowohl den Begriff GPMC als auch „Gruppenrichtlinienverwaltung". Die GPMC wurde zwar für Windows Server 2003 entwickelt, funktioniert aber mit Ausnahme einiger weniger Funktionen auch mit Windows 2000-Domänen.

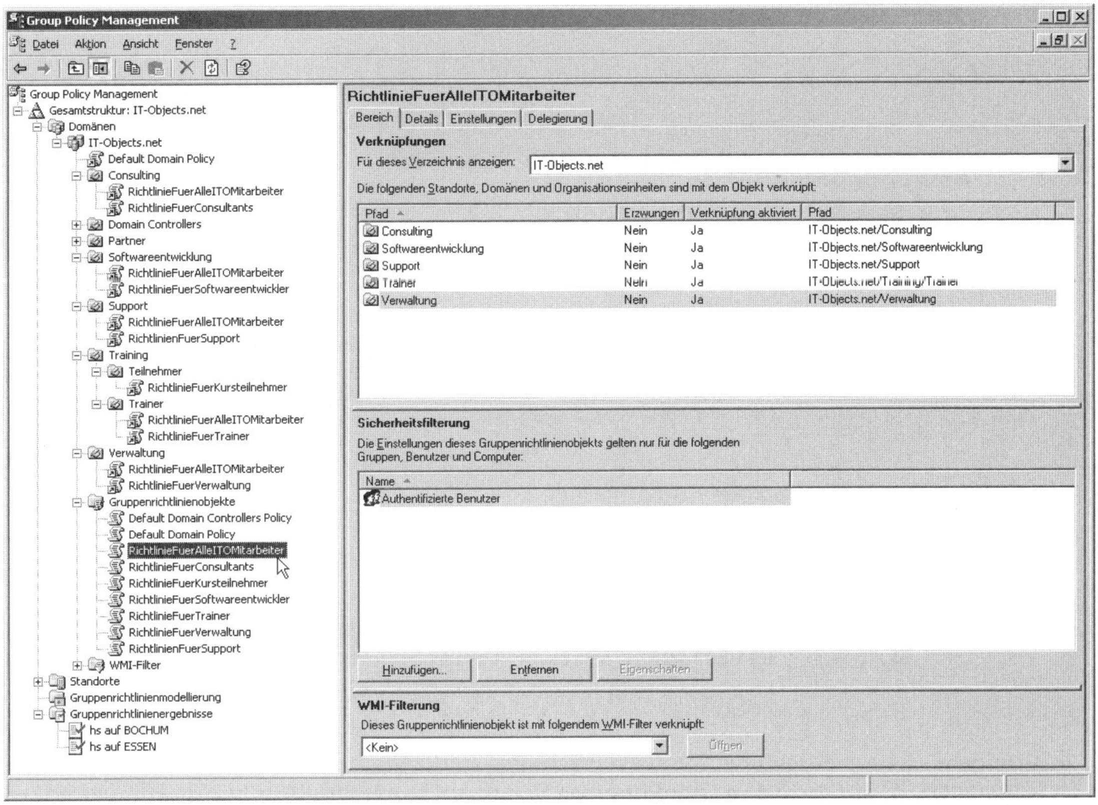

Bild 6.9: *Gruppenrichtlinien in der GPMC*

Die GPMC bietet folgende Funktionen:

- komfortable Zuweisung von Richtlinien zu Organisationseinheiten
- Berichte in HTML-Form über die auf eine OU, einen Benutzer oder eine Gruppe einwirkenden Richtlinien und Einstellungen
- Sichern und Wiederherstellen von Gruppenrichtlinienobjekten
- Importieren und Exportieren sowie Kopieren und Einfügen von Gruppenrichtlinienobjekten

GPMC-Scripting

Die GPMC-Funktionen können komplett über eine Scripting-Komponente gesteuert werden, die hier im Folgenden vorgestellt werden soll. Anwendungsbeispiele für die Komponente finden Sie in Kapitel 18.

> Nicht zu den Funktionen der GPMC gehört jedoch die Erstellung von Gruppenrichtlinien; diese Funktion wird wie bisher über den „Gruppenrichtlinien-Editor" bereitgestellt. Daher können Gruppenrichtlinien weiterhin nicht per Programmcode/Skript definiert werden. Die GPMC-Komponente ermöglicht nur die Zuordnung von vordefinierten Gruppenrichtlinien. Die Funktionen des Gruppenrichtlinien-Editors sind leider nicht Scripting-fähig.

6.5.1 Installation

gpmc.msi

Die Group Policy Management Console (GPMC) ist ein Add-On (*gpmc.msi*), das Sie auf der Buch-Website im Verzeichnis */install/Komponenten/GPMC* finden. Durch die Installation der GPMC wird auch die GPMC-Scripting-Komponente installiert. Bei neueren Windows Server-Versionen ist die GPMC schon enthalten.

Das GPMC-Werkzeug läuft nur unter den Betriebssystemen ab Windows XP, kann aber nicht nur Windows Server 2003/2008/2012, sondern auch Windows 2000 Server-basierte Active Directory-Installationen verwalten. Für die Installation der GPMC auf Windows XP muss dort auch das .NET Framework installiert sein.

Lizenzrechtlich ist der Einsatz der GPMC auf beliebig vielen Systemen kostenlos, sobald man eine Lizenz von Windows Server besitzt.

Veränderungen nach der Installation

Nach der Installation der *gpmc.msi* gibt es drei Veränderungen in Ihrem System:

- Im Ordner *Verwaltung* im Start-Menü findet man ein neues Werkzeug *Gruppenrichtlinienverwaltung*.
- Die Registerkarte *Gruppenrichtlinie* in der MMC-Konsole *Active Directory-Benutzer und -Computer* ist nicht mehr verfügbar und durch einen Hinweis auf die GPMC ersetzt.
- Sie finden im Unterverzeichnis */Programme/GPMC/Script* eine Reihe von Beispielskripten.

6.5.2 Klassen

Die GPMC-Komponente implementiert zahlreiche Klassen, die ein umfangreiches Objektmodell bilden (siehe Abbildung). Der Name einer jeden Klasse beginnt mit den Großbuchstaben GPM. Der Name der Wurzelklasse des Objektmodells besteht nur aus diesen drei Großbuchstaben. Das Wurzelobjekt, von dem alle weiteren Aktionen ausgehen, wird instanziiert mit `CreateObject("GPMgmt.GPM")`.

Begriffserklärungen

Container im Active Directory (Sites, Domänen und Organisationseinheiten) werden innerhalb der GPMC-Komponente Scopes of Management (SOMs) genannt.

Ein Global Unique Identifier (GUID) ist eine Zahl, die die Eigenschaft besitzt, über Raum und Zeit eindeutig zu sein, obwohl sie dezentral erzeugt wird. Ein GUID umfasst 16 Byte (128 Bit), also einen Bereich von rund 3,4028236e+38 Werten (2 hoch 128). Üblicherweise erfolgt die Darstellung als Hexadezimalzahl in geschweiften Klammern, z.B. {6AC1786C-016F-11D2-945F-00C04fB984F9}. GUIDs werden an verschiedenen Stellen in Windows eingesetzt, u.a. zur eindeutigen Identifizierung von Gruppenrichtlinien.

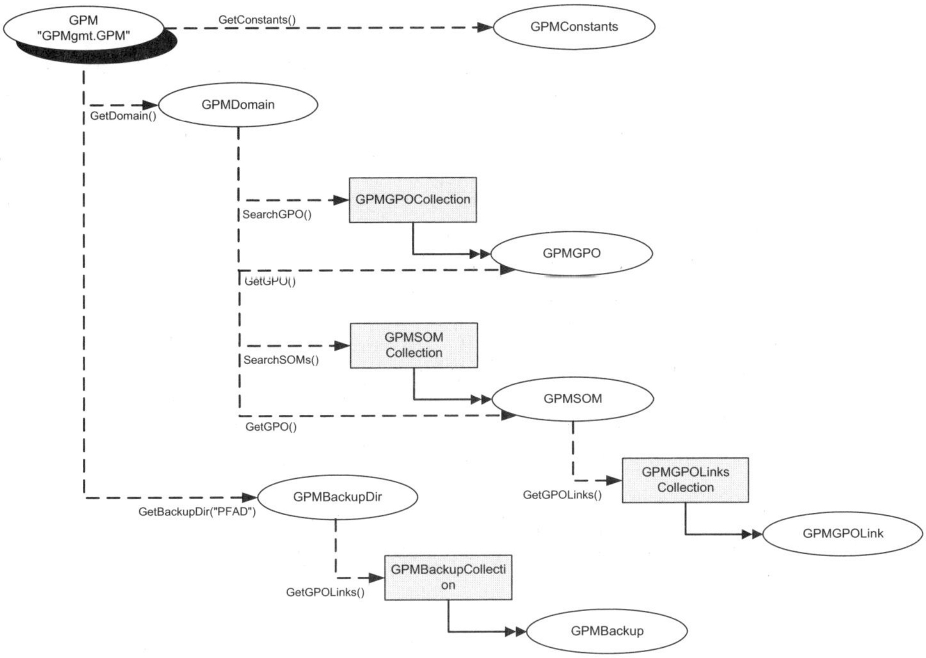

Bild 6.10
GPMC-Objektmodell

Wichtige Klassen

Das Objektmodell der GPMC-Komponente ist sehr geradlinig:

- Über `GetDomain()` erhält man von dem `GPM`-Objekt aus ein `GPMDomain`-Objekt.
- Das `GPMDomain`-Objekt liefert über `SearchGPOs()` eine Liste aller Gruppenrichtlinien in Form einzelner `GPMGPO`-Objekte.
- Das `GPMDomain`-Objekt liefert außerdem über `SearchSOMs()` eine Liste aller AD-Container in Form einzelner `GPMSOM`-Objekte.
- Ein einzelnes `GPMGPO`-Objekt kann über den GUID der Gruppenrichtlinie als Parameter für die Methode `GetGPO()` direkt angesprochen werden.
- Ein einzelnes `GPMSOM`-Objekt kann über den LDAP-Pfad des Containers als Parameter für die Methode `GetSOM()` direkt angesprochen werden.
- Jedes `GPMSOM`-Objekt besitzt eine `GPMGPOLinkCollection` mit einzelnen `GPMGPOLink` Objekten, die jeweils eine Verknüpfung des Containers mit einer Gruppenrichtlinie repräsentieren.

Verknüpfungen

Ein `GPMGPOLink`-Objekt enthält laut Objektmodell zwar einen Verweis auf ein `GPMSOM`-Objekt, nicht jedoch auf ein `GPMGPO`-Objekt. Die Beziehung zu dem zugehörigen Gruppenrichtlinienobjekt wird hergestellt über die Attribute `GPMDomain` und `GPOID`. `GPMDomain` enthält den voll qualifizierten Domänennamen als Zeichenkette, `GPOID` den `GUID` des Gruppenrichtlinienobjekts. Diese Informationen reichen aus, um gezielt ein einzelnes `GPMGPO`-Objekt ermitteln zu können. Der nachfolgende Befehl liefert das Objekt für die „Default Domain Controllers Policy" in der Domäne „it-visions.net":

```
GPM.GetDomain("it-visions.net", "", Constants.UseAnyDC). _
GetGPO("{6AC1786C-016F-11D2-945F-00C04fB984F9}")
```

Tabelle 6.7 Die wichtigsten GPMC-Klassen

Klasse	Zugriff	Erläuterung
GPM	CreateObject ("GPMgmt.GPM")	Wurzelobjekt der GPMC-Komponente
GPMConstants	Über die Methode GetConstants() in einer Instanz der Klasse GPM	GPMConstants ist ein Objekt, das alle für die Arbeit mit der GPMC-Komponente wichtigen Konstanten zusammenfasst.
GPMDomain	GPM.GetDomain(Domänenname)	Eine Active Directory-Domäne
GPMGPO	Über die Methode GetGPO(GUID) in einer Instanz von GPMDomain oder über die GPMGPOCollection	Ein einzelnes Gruppenrichtlinienobjekt
GPMGPOCollection	Über die Methode SearchGPOs() in einer Instanz von GPMDomain	Menge aller Gruppenrichtlinienobjekte in einer Domäne
GPMGPOLink	Über die GPMGPOLinksCollection	Eine Verknüpfung zwischen einer Gruppenrichtlinie und einem AD-Container
GPMGPOLinksCollection	Über GetGPOLinks() in einer Instanz von GPOSOM	Menge aller Verknüpfungen eines AD-Containers zu Gruppenrichtlinien
GPMSOM	Über die Methode GetSOM(GUID) in einer Instanz von GPMDomain oder über die GPMSOMCollection	Ein Active Directory-Container
GPMSOMCollection	Über die Methode SearchSOMs() in einer Instanz von GPMDomain	Menge aller Active Directory-Container in einer Domäne
GPMBackupDir	GetBackupDir("PFAD") in einer Instanz von GPM	Ein Verzeichnis im Dateisystem mit Sicherungskopien von GPOs
GPMBackupCollection	SearchBackups(SearchCriteria) in einer Instanz von GPMBackupDir	Eine Menge von Sicherungskopien von GPOs in einem Verzeichnis im Dateisystem
GPMBackup	Durch For ... Each über eine GPMBackupCollection	Eine einzelne Sicherungskopie eines GPO
GPMSearchCriteria	CreateSearchCriteria() in einer Instanz von GPM	Eine Suchanfrage, die Eingabeparameter für die Methoden SearchBackups(), SearchGPOs() oder SearchSOMs() ist

6.5.3 Hilfsmittel

Wichtige Hilfsmittel für die Arbeit mit der GPMC-Komponente sind die grafische GPMC-Benutzerschnittstelle (MMC-Snap-In „Gruppenrichtlinienverwaltung“) sowie die Kommandozeilenwerkzeuge *secedit.exe* (Windows 2000) bzw. *gpupdate.exe* (ab Windows XP).

MMC-Snap-In „Gruppenrichtlinienverwaltung"

GPMC-Benutzeroberfläche

Das MMC-Snap-In „Gruppenrichtlinienverwaltung" benötigen Sie, um Gruppenrichtlinienobjekte zu erstellen und den Erfolg Ihrer Skripte betrachten zu können.

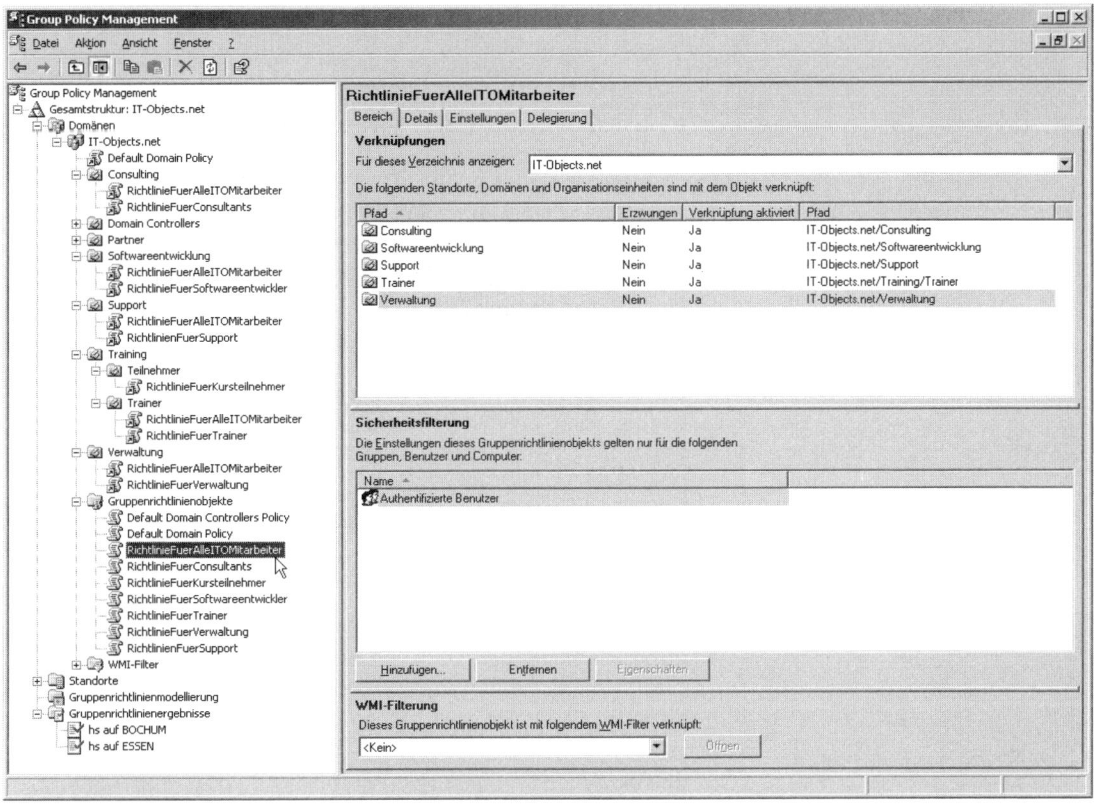

Bild 6.11: GPMC-MMC-Snap-In

Richtlinien erzeugen und zuweisen

Gruppenrichtlinien werden nach der Installation der GPMC nicht mehr in der Konsole *Active Directory-Benutzer und -Computer*, sondern in der GPMC angelegt. Wählen Sie dazu die Organisationseinheit bzw. den Container aus, der bzw. dem Sie die Richtlinie zuweisen wollen, und wählen Sie dann im Kontextmenü *Gruppenrichtlinienobjekt hier erstellen und verknüpfen*. Nach der Vergabe eines Namens erscheint die neue Gruppenrichtlinie unterhalb der Organisationseinheit.

Alternativ können Sie eine neue Richtlinie im Ast *Gruppenrichtlinienobjekte* anlegen, indem Sie dort im Kontextmenü *Neu* wählen. In diesem Fall legen Sie eine Gruppenrichtlinie an, die zunächst keiner Organisationseinheit zugewiesen ist. Sie können eine bestehende Gruppenrichtlinie per Ziehen & Fallenlassen (Drag&Drop) einem Container zuweisen. Da die Reihenfolge der Gruppenrichtlinienobjekte innerhalb eines Containers nicht beliebig ist, kann man in den Eigenschaften eines Containers die Reihenfolge ändern.

Um die Gruppenrichtlinie zu ändern, wählen Sie *Bearbeiten* im Kontextmenü der Richtlinie. Dadurch öffnet sich der Group Policy Object Editor (*GPEdit.dll*), der auch unter Windows 2000 schon vorhanden war.

WMI-Filter Ein WMI-Filter ist ein in der WMI Query Language (WQL) festgelegter Suchausdruck (vgl. auch Kapitel 6.6.3). WMI-Filter können dazu verwendet werden, Gruppenrichtlinien fallweise auszuführen. Ein WMI-Filter besteht aus einer oder mehreren WQL-Abfragen. Wenn eine Gruppenrichtlinie an einen WMI-Filter gebunden ist, dann wird sie nur ausgeführt, wenn alle WQL-Abfragen des Filters ein Ergebnis liefern.

Auf diese Weise kann man die Ausführung einer Gruppenrichtlinie von einer beliebigen Information im WMI-Repository abhängig machen. Beispielsweise liefert die folgende WQL-Abfrage nur dann ein Ergebnis, wenn sie auf einem Computer mit Windows XP (Windows Build 2600) ausgeführt wird:

```
SELECT *
FROM Win32_OperatingSystem
WHERE BuildNumber=2600
```

Indem Sie diesen WMI-Filter an eine Gruppenrichtlinie binden, erreichen Sie, dass die Gruppenrichtlinie nur auf Windows XP-Computern ausgeführt wird.

> Die WMI-Filter-Funktion ist nur ab Windows Server 2003-basierten Active Directory-Installationen verfügbar.

Ergebnismengen Die für einen konkreten Active Directory-Benutzer oder -Computer geltenden Richtlinien zu ermitteln, ist nicht trivial, weil Container Gruppenrichtlinien an die Untercontainer vererben und weil an jeden Container beliebig viele Gruppenrichtlinien gebunden sein können.

Wenn Sie eine Organisationseinheit anwählen, können Sie auf der Registerkarte *Gruppenrichtlinienvererbung* sehen, welche Gruppenrichtlinien durch die Containervererbung auf eine Organisationseinheit einwirken.

Sie können auch die einzelnen Einstellungen betrachten, die für ein konkretes Objekt auf Basis der Summe der wirkenden Gruppenrichtlinien gelten. Dies nennt man den Resultant Set of Policies (RSoP). Man kann einen RSoP-Bericht sowohl auf der Ebene einer Organisationseinheit (Ast *Gruppenrichtlinienmodellierung*) als auch auf der Ebene eines Benutzers oder einer Gruppe (Ast *Gruppenrichtlinienergebnisse*) einsehen. Im letzteren Fall kann man wählen, für welchen Computer der RSoP angezeigt werden soll.

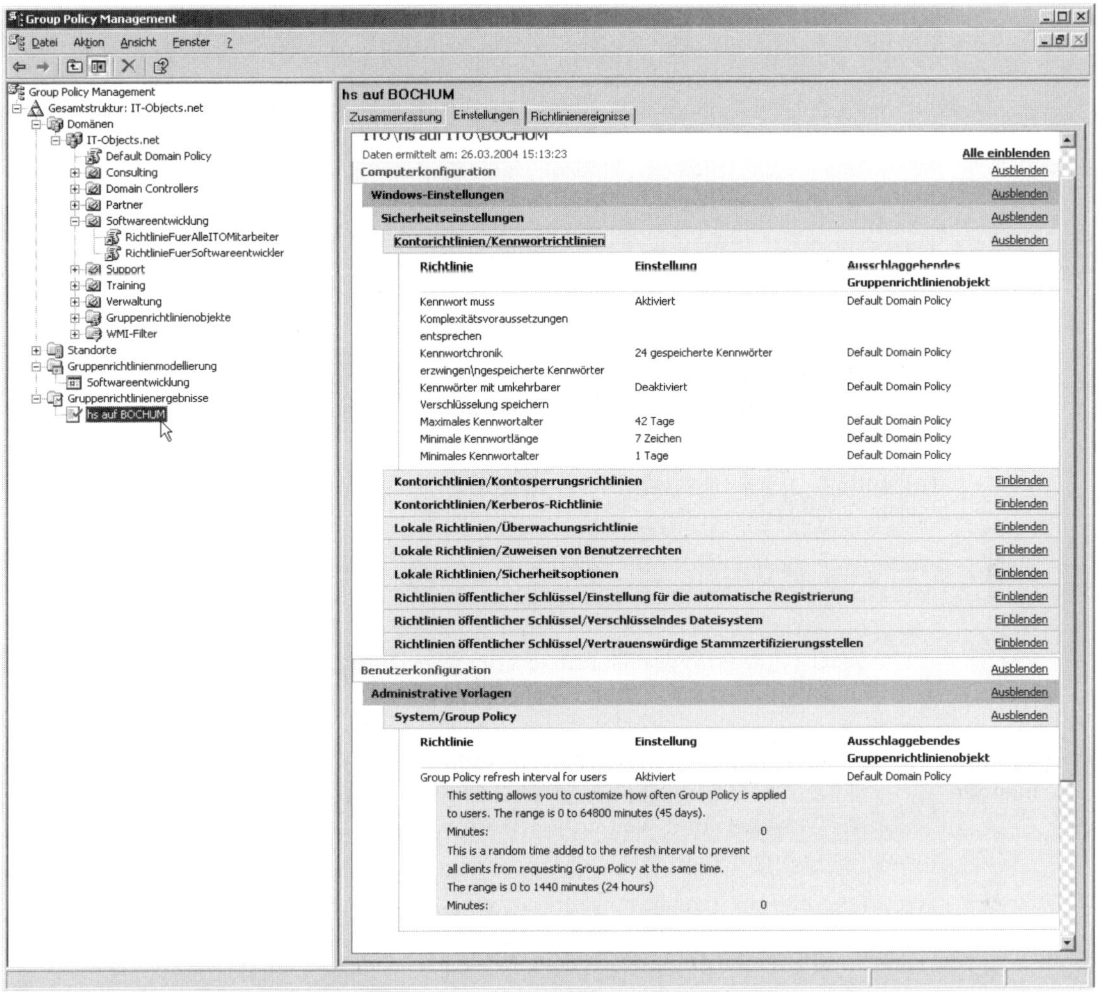

Bild 6.12: *Beispiel für einen RSoP-Bericht*

Aktualisierung von Gruppenrichtlinien

secedit.exe/ gpupdate.exe

Normalerweise werden Gruppenrichtlinien nur in längeren Intervallen (fünf Minuten auf Domänencontrollern, 90 Minuten zzgl. einer zufälligen Verzögerung von 0 bis 30 Minuten auf anderen Computern) aktualisiert. Diese für Testzwecke (und auch einige Realwelt-Situationen) unbefriedigende Wartezeit kann durch die Nutzung der Kommandozeilenwerkzeuge *secedit.exe* bzw. *gpupdate.exe* oder die Reduzierung des Aktualisierungsintervalls manipuliert werden.

Die Kommandozeilenwerkzeuge *secedit.exe* (Windows 2000) bzw. *gpupdate.exe* (ab Windows XP) erzwingen die sofortige Aktualisierung aller Gruppenrichtlinien auf einem System (siehe folgende Tabelle). Leider gibt es keine Skriptbefehle zum Erzwingen der Gruppenrichtlinienaktualisierung; Sie können aber die Werkzeuge *secedit.exe* und *gpupdate.exe* aus einem Skript heraus als externe Prozesse starten (vgl. Kapitel 16.2).

Gruppenrichtlinienaktualisierung in Windows 2000	Gruppenrichtlinienaktualisierung ab Windows XP
`secedit /refreshpolicy user_policy /enforce` `secedit /refreshpolicy machine_policy /enforce`	`gpupdate /force`

Group refresh interval

Eine andere Alternative (nur für Benutzerrichtlinien) besteht darin, das Aktualisierungsintervall herabzusetzen. Es ist möglich, durch die Gruppenrichtlinieneinstellung */Benutzerkonfiguration/Administrative Vorlagen/System/Group Policy/Group refresh interval for users* das Aktualisierungsintervall auf wenige Sekunden (Einstellung 0, vgl. folgende Abbildung) zu reduzieren.

> Wenn Sie das Aktualisierungsintervall in der „Default Domain Policy" ändern, dann wirkt die Aktualisierung sowohl auf Veränderungen in allen bestehenden Gruppenrichtlinien als auch in Bezug auf die Neuzuordnung von Gruppenrichtlinien oder die Entfernung bereits bestehender Gruppenrichtlinien.

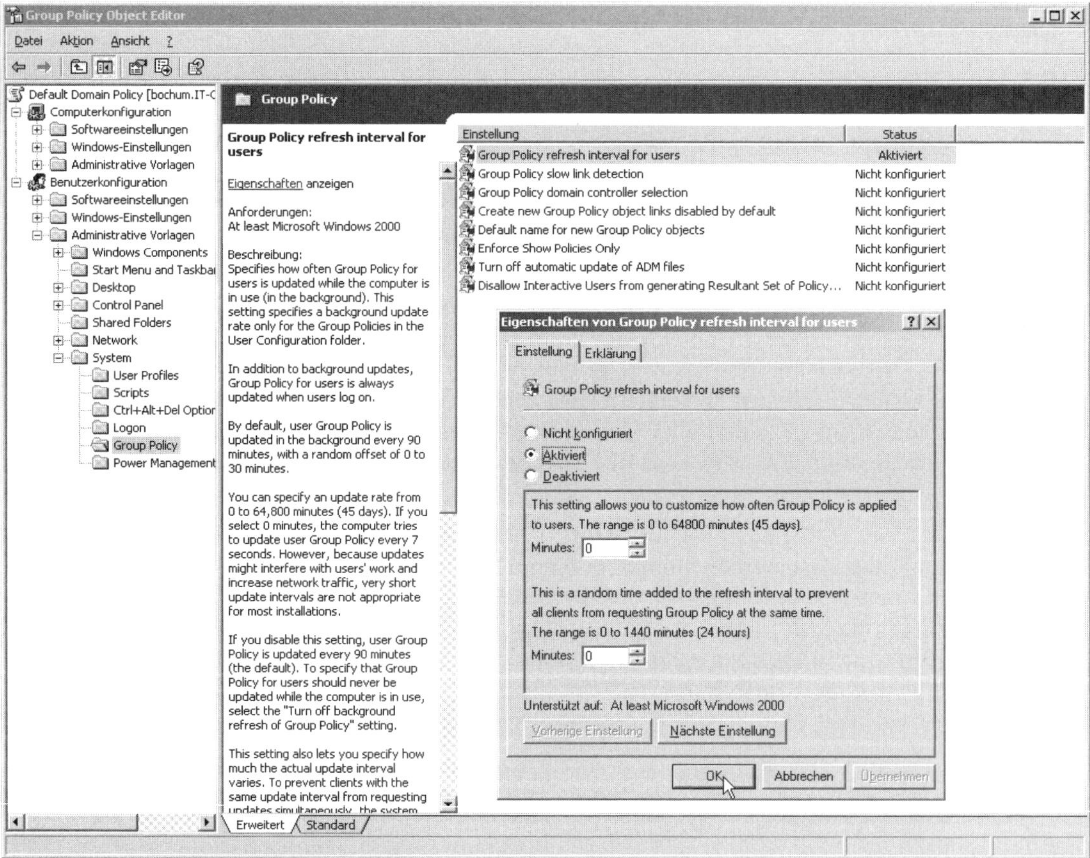

Bild 6.13: *Setzen des Aktualisierungsintervalls für Gruppenrichtlinien*

6.5.4 Beispiele

Konkrete Scripting-Beispiele zur GPMC-Komponente folgen in Kapitel 18.

6.6 Windows Management Instrumentation (WMI)

WMI

Die Windows Management Instrumentation (kurz: WMI) ist die größte, mächtigste, umfassendste und komplizierteste Komponente für das Windows Scripting.

Die *Windows Management Instrumentation* ist ein übergreifender Ansatz zum Zugriff auf alle möglichen Arten von System- und Netzwerkinformationen. WMI ermöglicht auch den Zugriff auf Informationen aus Quellen wie Registrierungsdatenbank, Dateisystem und Ereignisprotokolle, die durch andere Einzelkomponenten bereits abgedeckt sind. Während WMI den Vorteil der Einheitlichkeit bietet, sind die speziellen Komponenten im konkreten Anwendungsfall oft etwas einfacher zu handhaben. Daneben gibt es aber unzählige Funktionen, die man nur mit WMI realisieren kann.

WBEM

WMI ist die Microsoft-Implementierung des *Web Based Enterprise Managements (WBEM)*. WBEM ist ein Standard der Desktop Management Task Force (DMTF) für das Netz- und Systemmanagement, also zur Verwaltung von Netzwerk- und Systemressourcen (z.B. Hardware, Software, Benutzer). WBEM wurde ursprünglich von BMC Software, Cisco Systems, Compaq, Intel und Microsoft entwickelt und später an die DMTF übergeben. Aus historischen Gründen findet man in WMI-Tools häufig noch die Bezeichnung WBEM.

CIM

Kern von WBEM ist das *Common Information Model (CIM)*, das die durch WBEM zu verwaltenden Ressourcen durch objektorientierte Methoden modelliert. CIM ist ein Framework zur Beschreibung sowohl physischer als auch logischer Objekte (alias Managed Objects). Die DMTF versteht CIM als eine Vereinigung bestehender Managementarchitekturen wie dem OSI Management Framework X.700 (Common Management Information Protocol – CMIP) und dem Simple Network Management Protocol.

Managed Object

Ein Managed Object (MO) ist eine von WMI/WBEM verwaltete und im CIM beschriebene Ressource in einem System oder einem Netzwerk.

Der Name *Web Based Enterprise Management* ist irreführend, weil er nahelegt, dass es sich bei WBEM um eine grafische Benutzerschnittstelle auf Webbasis für das Management von Systeminformationen handelt. WBEM ist jedoch lediglich eine Architektur mit Programmierschnittstelle, also weder Tool noch Anwendung.

6.6.1 Installation

WMI ist in vielen verschiedenen Versionen im Umlauf, siehe Tabelle.

Tabelle 6.8 Verfügbarkeit der WMI-Komponente

Betriebssystem	Verfügbarkeit
Windows 95	Nicht enthalten, Add-On für WMI 1.5 kann installiert werden
Windows 98	Version 1.0 enthalten, Add-On für WMI 1.5 kann installiert werden
Windows ME	WMI 1.5 enthalten
Windows NT4	Nicht enthalten, Add-On für WMI 1.5 kann installiert werden
Windows 2000	WMI 1.5 gehört zum Standardinstallationsumfang
Windows XP	WMI 5.1 gehört zum Standardinstallationsumfang
Windows Server 2003	WMI 5.2 gehört zum Standardinstallationsumfang
Windows Vista und Windows Server2008	WMI 6.0 gehört zum Standardinstallationsumfang
Windows 7 und Windows Server 2008 R2	WMI 6.1 gehört zum Standardinstallationsumfang
Windows 8 und Windows Server 2012	WMI 6.2 gehört zum Standardinstallationsumfang

Im Zuge von Windows 8/Windows Server 2012 entwickelte Microsoft auch eine neue Implementierung von WMI. Microsoft nennt diese Version „WMI 2“. Damit bezieht Microsoft sich aber auf die grundlegende WMI-Infrastruktur, während die Versionszählung 6.x sich auf die Inhalte im WMI-Repository bezieht. Microsoft knüpft für die WMI-Infrastruktur an die alte Versionszählung (1.5) bei Windows 2000 an.

WMI 2 ist für alle Betriebssysteme verfügbar, auf denen auch PowerShell 3.0 verfügbar ist (also ab Windows 7 und Windows Server 2008) und wird zusammen mit PowerShell 3.0 als Teil des „Windows Management Framework“ installiert.

Versionsnummer ermitteln

Um die Versionsnummer des bei Ihnen installierten WMI zu ermitteln, starten Sie das Skript *WMI-Version.vbs* von der Website zu diesem Buch (Verzeichnis */Skripte/Kapitel06/*).

```
' WMI-Version.vbs
' WMI-Version ermitteln
' verwendet: WMI
' -------------------------------

Dim objWO   ' As WbemScripting.SWbemObject
Set objWO = GetObject("WinMgmts:root\default:__cimomidentification=@")
Msgbox "WMI-Version: " & objWO.versionusedtocreatedb
```

Listing 6.4: */Skripte/Kapitel06/WMI-Version.vbs*

Provider

Provider

WMI ist – genau wie ADSI – nicht in einer einzigen DLL realisiert. Für unterschiedliche Systembausteine gibt es unterschiedliche sogenannte WMI-Provider. Für jeden WMI-Provider existiert eine DLL.

> WMI kann genauso wie ADSI Fernzugriffe auf andere Computer realisieren. Anders als bei ADSI muss dazu aber auf beiden Computern WMI installiert sein.

WMI starten

Win-Mgmt.exe

WMI wird durch die ausführbare Datei *WinMgmt.exe* implementiert. *WinMgmt.exe* läuft unter NT-basierten Systemen als Dienst unter dem Namen „WinMgmt (Windows-Verwaltungsinstrumentation)". Auf Windows 9x/Windows ME wird *WinMgmt.exe* beim ersten WMI-Aufruf als normaler Prozess gestartet, wenn ein Aufruf erfolgt.

> Bitte stellen Sie auf NT-basierten Systemen sicher, dass die WMI-Dienste sowohl auf dem aufrufenden als auch auf dem aufgerufenen Rechner nicht deaktiviert sind, weil sonst Ihre Skripte nicht funktionieren können.

6.6.2 WMI-Klassen

WMI 6.2 bietet derzeit mehrere tausend Klassen. Zum Beispiel gibt es auf einem Windows 8 mit installiertem Office 2010 25.114 Klassen. Durch die Installation von Zusatzprodukten kommen Dutzende, teilweise sogar Hunderte weiterer Klassen hinzu, da heute viele Softwareprodukte einen WMI-Provider mitliefern.

WMI-Klassen beginnen meistens mit der Vorsilbe „Win32" oder „CIM". Spezielle Systemklassen beginnen mit einem doppelten Unterstrich „__".

Tabelle 6.9 Beispiele für WMI-Klassen

WMI-Klassennamen	Bedeutung
`Win32_OperatingSystem`	Klasse für das installierte Betriebssystem
`Win32_CDRomDrive`	CD-ROM-Laufwerk
`Win32_Networkadapter`	Netzwerkadapter
`Win32_LogicalDisk`	Laufwerk
`Win32_VideoController`	Grafikkarte
`CIM_DataFile`	Datei
`CIM_Directory` und `Win32_Directory`	Verzeichnis/Ordner
`Win32_Product`	Installierte Software
`Win32_Process`	Laufender Prozess
`Win32_WordDocument`	Ein Dokument für Microsoft Word
`Win32_NTLogEvent`	Ereignisprotokolleintrag
`Win32_UserAccount`	Benutzerkonto (lokales Konto oder Domänenkonto)

WMI-Klassennamen	Bedeutung
`Win32_Share`	Verzeichnisfreigabe im Netzwerk
`Win32_PingStatus`	Klasse zur Ausführung eines Ping
`__Namespace`	WMI-Namensraum
`__Event`	Basisklasse für WMI-Ereignisse
`__InstanceDeletionEvent`	Konkretes Ereignis, das ausgelöst wird, wenn ein WMI-Objekt gelöscht wurde

6.6.3 Scripting-Hilfsklassen für WMI

Vom eigentlichen WMI ist die WMI-COM-Komponente abzugrenzen. Sie realisiert ein Metaobjektmodell (vgl. Erläuterungen dazu im Kapitel „COM"), um die sehr große Anzahl von WMI-Grundklassen ansteuern zu können und es zu ermöglichen, dass zusätzliche WMI-Provider ohne Veränderung der WMI-COM-Komponente adressiert werden können.

Tabelle 6.10 Klassen der WMI-COM-Komponente

Klasse	Erläuterung
`SWbemLocator`	Diese Klasse stellt eine (von mehreren) Möglichkeiten dar, die Verbindung zu einem WMI-Server aufzubauen und Zugriff auf einen Namensraum zu nehmen. Diese Klasse ist instanziierbar durch `WbemScripting.SWbemLocator`.
`SWbemObject`	`SWbemObject` ist die zentrale Metaklasse für den Zugriff auf WMI-Instanzen und WMI-Klassen.
`SWbemObjectSet`	Eine Objektmenge von Objekten des Typs `SWbemObject`.
`SWbemServices`	Ein `SWbemServices`-Objekt repräsentiert einen WMI-Namensraum als Ganzes.
`SWbemMethod`	Repräsentiert eine Methode in einem MO
`SWbemMethodSet`	Objektmenge aller Methoden in einem MO
`SWbemProperty`	Repräsentiert ein Attribut in einem MO
`SWbemPropertySet`	Objektmenge aller Attribute in einem MO
`SWbemObjectPath`	Dient dem Lesen und Schreiben von WMI-Pfaden
`SWbemNamedValue`	Ein `SWbemNamedValue` speichert ein Attribut-Wert-Paar. Die Klasse besitzt nur zwei Attribute (`Name` und `Value`).
`SWbemNamedValueSet`	Liste von `SWbemNamedValue`-Objekten, repräsentiert also eine Liste von Attribut-Wert-Paaren. Dieses Instrument wird z.B. eingesetzt, um die Schlüsselwerte eines MO zu ermitteln und um bei asynchronen Aufrufen Informationen an die Ereignisbehandlungsroutinen zu übermitteln.
`SWbemPrivilege`	Repräsentiert ein einzelnes Privileg

Klasse	Erläuterung
SWbemPrivilegeSet	Liste aller Privilegien
SWbemQualifier	Repräsentiert einen Qualifier
SWbemQualifierSet	Repräsentiert eine Liste von Qualifiern
SWbemSecurity	Sicherheitseinstellungen, die aber auch über den WMI-Pfad vorgenommen werden können. Die Klassen SWbemLocator, SWbemServices, SWbemObject, SWbemObjectSet, SWbemObjectPath, SWbemLastError und SWbemEventSource besitzen ein Attribut Security_ vom Typ SWbemSecurity.
SWbemEventSource	Ein Objekt dieser Klasse ist das Ergebnis der Methode ExecNotificationQuery() aus der Klasse SWbemServices. Nach der Ausführung einer Aktion dient das SWbemEventSource-Objekt dazu, die auftretenden Ereignisse nacheinander abzugreifen.
SWbemLastError	Informationen über den letzten Fehler. Der Aufbau der Klasse entspricht exakt dem der Klasse SWbemObject.
SWbemSink	SWbemSink dient COM-Clients dazu, Benachrichtigungen von Ereignissen und im Rahmen von asynchronen WMI-Operationen zu empfangen.

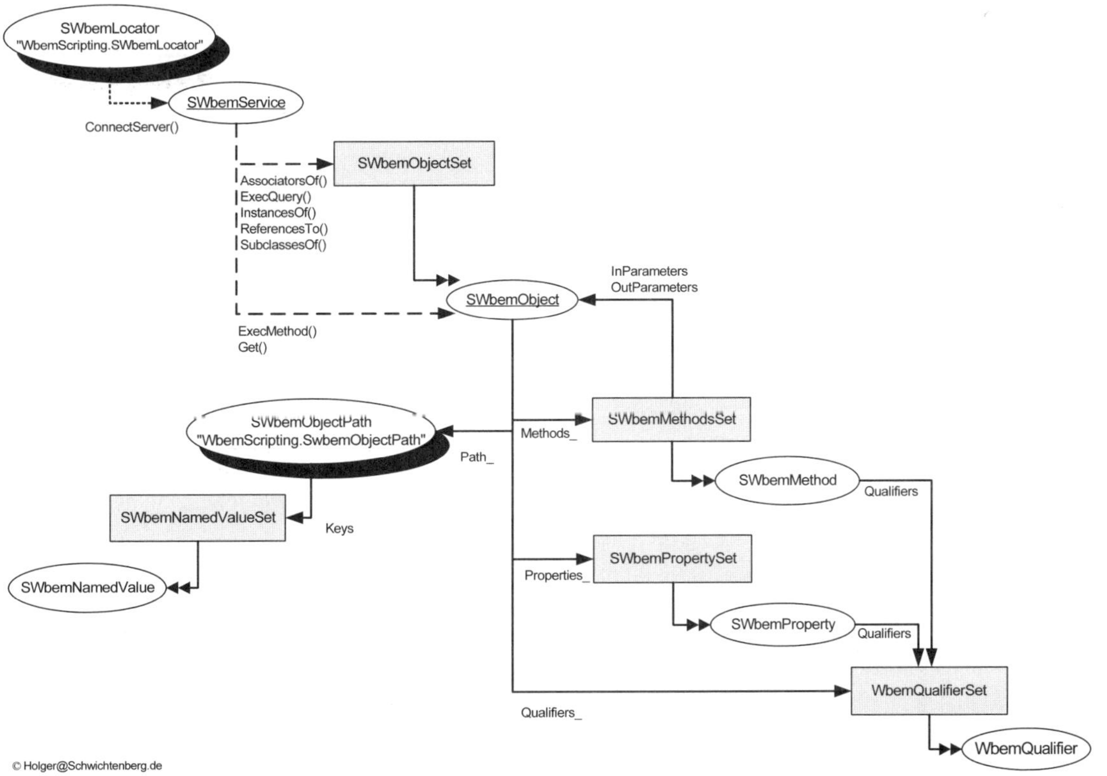

Bild 6.14: Das komplette Objektmodell der WMI-Scripting-Hilfsklassen

6.6.4 Objektauswahl

Grundsätzlich verwendet WMI den `GetObject()`-Befehl. Bei `GetObject()` anzugeben ist eine Zeichenkette in einer speziellen Form, ein sogenannter WMI-Pfad.

Ein WMI-Pfad ist folgendermaßen aufgebaut:

Aufbau der WMI-Pfade

```
WinMgmts:\\Computer\Namensraum:Klasse.Schluessel='wert'
```

Dabei bedeuten die jeweiligen Elemente Folgendes:

- `WinMgmts` ist ein feststehender Begriff, der dem WSH sagt, dass nun WMI zu verwenden ist. Anders als bei ADSI ist die Groß-/Kleinschreibung egal.
- `Computer` steht für den Namen des anzusprechenden Computers. Ein Punkt in Anführungszeichen (" ") steht dabei für den lokalen Computer, auf dem das Skript läuft.
- `Namensraum`: Da WMI so viele Klassen besitzt, sind diese in einen hierarchischen Baum einsortiert. Der Pfad in dem Baum wird Namensraum (engl. Namespace) genannt.
- `Klasse` ist der Name der Klasse, die angesprochen werden soll.
- Mit `Schluessel='wert'` wird festgelegt, welche Instanz der Klasse angesprochen werden soll. Dabei ist `Schluessel` der Name des Schlüsselattributs der Klasse und `Wert` der Wert dieses Schlüsselattributs in der gesuchten Instanz.

Die folgende Tabelle zeigt Beispiele für den Zugriff auf WMI-Objekte am Beispiel der Klasse `Win32_LogicalDisk`, die ein Laufwerk repräsentiert. Die Klasse liegt im Namensraum `\root\cimv2`. Wie Sie der Tabelle entnehmen können, sind viele Bestandteile der Pfadangabe optional.

Tabelle 6.11 *Beispiele für WMI-Zugriffe*

Objekt	Pfad
Die Instanz der Klasse `Win32_LogicalDisk` aus dem Namensraum `\root\cimv2`: mit dem Namen „D:" auf dem lokalen Computer	`GetObject("WinMgmts:\\.\root\cimv2:` `Win32_LogicalDisk.DeviceID='D:'")`
Die Instanz der Klasse `Win32_LogicalDisk` aus dem Namensraum `\root\cimv2`: mit dem Namen „D:" auf dem Computer *ServerE02*	`GetObject("WinMgmts:\\SERVERE02\root\cimv2:` `Win32_LogicalDisk.DeviceID='D:'")`
Die Instanz der Klasse `Win32_LogicalDisk` aus dem Standardnamensraum mit dem Namen „D:" auf dem lokalen Computer	`GetObject("WinMgmts:` `Win32_LogicalDisk.DeviceID='D:'")`

> Der sogenannte Standardnamensraum, in dem die Klasse gesucht wird, wenn kein Namensraum explizit genannt wurde, ist in der Registrierungsdatenbank festgelegt (*HKEY_LOCAL_MACHINE\Software\Microsoft\WBEM\Scripting\Default Namespace*). Die Standardeinstellung ist `\root\cimv2`. Sie sollten diese Einstellung nicht ändern.

Beispiel

Ein Beispiel hilft, die Anwendung zu veranschaulichen. Das folgende Skript gibt den Namen eines Laufwerks aus und ändert ihn dann. Wichtig ist der Aufruf der Methode `Put_()`. Änderungen in WMI-Objekten werden erst nach Aufruf dieser Methode wirksam.

Einzelobjekt ansprechen

```
' WMI_EinzelObjekt.vbs
' Ändern des Namens eines Laufwerkes
' verwendet: WMI
' -------------------------------
Const COMPUTERNAME = "ServerE02"
Set Laufwerk = GetObject("WinMgmts:\\" & COMPUTERNAME & _ "\root\cimv2:Win32_
LogicalDisk='C:'")
WScript.Echo "Name vorher: " & Laufwerk.VolumeName
Laufwerk.VolumeName = "Laufwerk C"
Laufwerk.Put_
WScript.Echo "Änderung ausgeführt!"
WScript.Echo "Name nachher: " & Laufwerk.VolumeName
```

***Listing 6.5:** Verwendung eines einzelnen WMI-Objekts*

Mengenzugriffe: alle Instanzen

Eine schöne Besonderheit von WMI besteht darin, dass man nicht nur ein bestimmtes Objekt ansprechen kann, sondern auch alle Instanzen einer Klasse bzw. eine beliebige Teilmenge aus den Instanzen einer Klasse wählen kann.

Dazu nennt man bei `GetObject()` nur „WinMgmts" und den Namen des anzusprechenden Computers. Auf dem zurückgelieferten Objekt ruft man `InstancesOf()` unter Nennung des Klassennamens auf. Mit `For Each` kann man dann alle Instanzen auflisten.

Alle Instanzen ansprechen

```
' WMI_Menge1.vbs
' Größe der Laufwerke ermitteln
' verwendet: WMI
' -------------------------------

Set Computer - GetObject("WinMgmts:\\COMPUTERNAME")
Set menge = Computer.InstancesOf("Win32_LogicalDisk")
For Each o In menge
    WScript.Echo o.name & " Größe:" & o.size
Next
```

***Listing 6.6:** Beispiel für das Auslesen aller Instanzen einer WMI-Klasse*

> Neu seit Windows Vista ist, dass man in einer WMI-Objektmenge über die Eigenschaft `ItemIndex()` direkt ein Element der Liste ansprechen kann. Beispielsweise ist `Menge.ItemIndex(1)` das zweite Element, weil die Zählung bei 0 beginnt.

Ausgewählte Instanzen ansprechen

Mengenzugriffe: ausgewählte Instanzen (Einsatz von WQL)

Will man die Menge auf einige ausgewählte Instanzen einschränken, reicht die Änderung einer Zeile. Bei Verwendung von `ExecQuery()` statt `InstancesOf()` kann man über die Sprache WMI Query Language, eine abgewandelte Form der Structured Query Language (SQL, vgl. Kapitel 6.3.3), angeben, welche Instanzen man haben möchte.

```
SELECT AttributListe FROM Klasse WHERE Bedingung
```

Dabei ist `Klasse` ein beliebiger WMI-Klassenname. `AttributListe` ist ein * (stellvertretend für alle Attribute) oder eine durch Kommata getrennte Liste von Attributnamen, die in der Klasse vorkommen.

Die Ergebnismenge lässt sich durch die Angabe von Attributnamen und die Verwendung einer `FROM`-Klausel hinsichtlich der Breite und Länge einschränken. Andere Schlüsselwörter werden nicht unterstützt.

Tabelle 6.12 *Beispiele für WQL-Abfragen*

WQL-Abfrage	Erläuterung
`SELECT * FROM Win32_Service WHERE state='running' and startmode='manual'`	Alle NT-Dienste, die laufen, aber manuell gestartet wurden
`SELECT IPAddress FROM Win32_NetworkAdapterConfiguration WHERE IPEnabled=TRUE`	Das mehrwertige Attribut `IPAddress` einer Netzwerkkarte, die für das IP-Protokoll zugelassen ist
`SELECT RecordNumber, Message FROM Win32_NTLogEvent WHERE Logfile='Application'`	Eintragsnummer und Nachricht aller Einträge in das Anwendungs-Ereignisprotokoll

Beispiel Es folgt ein Beispiel, das alle Laufwerke auflistet, deren Laufwerksbuchstabe nicht `A:` oder `B:` ist (also größer als `B:`). Zu jedem Laufwerk wird die Größe angezeigt.

```
' WMI_Menge2.vbs
' Größe der Laufwerke ermitteln, deren Laufwerksbuchstabe größer B ist
' verwendet: WMI
' ------------------------------
Set Computer = GetObject("WinMgmts:\\ServerE02")
Set menge = Computer.ExecQuery("SELECT * FROM Win32_LogicalDisk WHERE
Name>'b:'")
For Each o In menge
   WScript.Echo o.name & " Größe:" & o.size
Next
```

Listing 6.7: *Beispiel für das Auslesen ausgewählter Instanzen einer WMI-Klasse*

Bitte beachten Sie, dass `b:` in einfachen Anführungszeichen stehen muss, da das Attribut `Name` eine Zeichenkette erwartet.

> WQL ist eine abgespeckte und in Teilen ergänzte Version der Standardsprache SQL. Bitte haben Sie Verständnis dafür, dass wir in diesem Buch SQL nicht erklären können. Sie werden im Handel zahlreiche Bücher zu SQL finden. WQL ist in [SCH07a] erklärt.

6.6.5 Hilfsmittel

WMI Object Browser

Ähnlich wie für ADSI gibt es auch für WMI ein Werkzeug, um die vorhandenen Objekte zu betrachten und entlang der Hierarchie der Objekte das System zu erforschen, mit dem Ziel, geeignete Objekte und Attribute für das Scripting zu finden. Das Werkzeug heißt *WMI Object Browser* und läuft innerhalb des Internet Explorers.

Der WMI Object Browser ist ein kostenloses Werkzeug von Microsoft. Sie finden ihn als Teil der „WMI Tools“ auf der Buch-Website unter */Werkzeuge*.

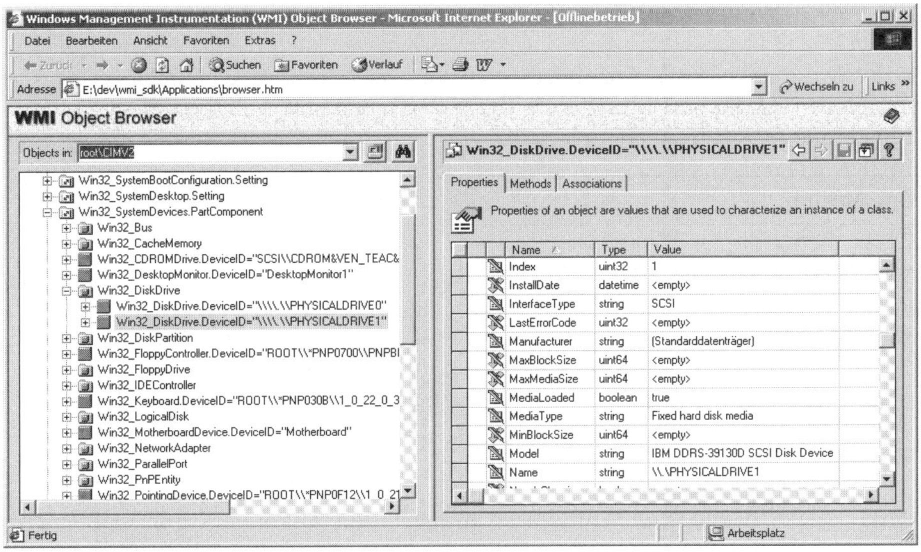

Bild 6.15 Der WMI Object Browser zeigt an, dass der Computer zwei Festplatten besitzt, wobei die angewählte zweite Festplatte eine IBM DDRS-Festplatte mit SCSI-Schnittstelle ist.

6.7 Microsoft XML (MSXML)

Document Object Model

Die Extensible Markup Language (XML) ist eine Metasprache zur Definition von Auszeichnungssprachen. XML gilt als die neue Universallösung für die Darstellung von Daten.

XML ist für das Scripting als Speicher für Konfigurationsdaten für Skripte und als Ausgabeformat für die Ergebnisse eines Skripts relevant. Es folgt zunächst eine kurze Einführung in XML.

6.7.1 XML-Grundlagen

Elemente und Attribute

XML ist kein Binärformat, sondern wird in Form von druckbaren Zeichenketten („im Quellcode“) gespeichert. Ebenso wie die Hypertext Markup Language (HTML) besteht auch XML aus Tags mit Attributen und Informationen zwischen diesen Tags. Ein XML-Element besteht aus einem öffnenden und einem schließenden Tag. Tags werden wie in HTML mit „<“ und „>“ begrenzt. Attributwerte stehen in einfachen oder doppelten Anführungszeichen. Die Syntax eines Elements mit einem Attribut sieht so aus:

```
<Elementname Attributname="Information">
Information
</Elementname>
```

Ein Element, das keinen Inhalt hat (ein sogenanntes leeres Element), kann statt durch <Elementname></Elementname> auch durch die Kurzform <Elementname/> geschlossen werden. Dies ist in HTML nicht möglich.

***Bild 6.16** Beispiel für eine XML-Datei, die in diesem Buch verwendet wird*

```
- <BENUTZER>
  - <USERS>
    - <USER>
        <BENUTZERNAME>HugoHastig</BENUTZERNAME>
        <VORNAME>Hugo</VORNAME>
        <NACHNAME>Hastig</NACHNAME>
        <GEBURTSDATUM>01.08.1935</GEBURTSDATUM>
        <ABTEILUNGSNUMMER>1</ABTEILUNGSNUMMER>
      </USER>
    - <USER>
        <BENUTZERNAME>WilliWinzig</BENUTZERNAME>
        <VORNAME>Willi</VORNAME>
        <NACHNAME>Winzig</NACHNAME>
        <GEBURTSDATUM>27.05.1944</GEBURTSDATUM>
        <ABTEILUNGSNUMMER>1</ABTEILUNGSNUMMER>
      </USER>
    - <USER>
        <BENUTZERNAME>StefanDerrick</BENUTZERNAME>
        <VORNAME>Stefan</VORNAME>
        <NACHNAME>Derrick</NACHNAME>
        <GEBURTSDATUM>23.12.1912</GEBURTSDATUM>
        <ABTEILUNGSNUMMER>2</ABTEILUNGSNUMMER>
      </USER>
    - <USER>
        <BENUTZERNAME>HarryKlein</BENUTZERNAME>
        <VORNAME>Harry</VORNAME>
        <NACHNAME>Klein</NACHNAME>
        <GEBURTSDATUM>14.02.1958</GEBURTSDATUM>
        <ABTEILUNGSNUMMER>3</ABTEILUNGSNUMMER>
      </USER>
    </USERS>
  </BENUTZER>
```

Informationsspeicherung

In XML können Informationen auf drei verschiedene Weisen abgelegt werden:

- eingeschlossen zwischen dem Anfang und dem Ende des Elements

  ```
  <Element>
  Wert
  </Element>
  ```

- in einem Attribut

  ```
  <Element Attribut=Wert>
  </Element>
  ```

- Schließlich kann auch die Anordnung der Elemente selbst Träger der Information sein.

  ```
  <Element>
    <HatKeinenWert/>
  </Element>
  ```

Regeln

Wohlgeformtheit

Anders als HTML erwartet XML jedoch eine Wohlgeformtheit der Dokumente. Die XML-Parser sind in der Regel so eingestellt, dass ein Verstoß gegen die Regeln der Wohlgeformtheit zu einem Fehler führt. Die Wohlgeformtheit wird durch die in der folgenden Tabelle genannten Regeln definiert.

Tabelle 6.13 XML-Wohlgeformtheit versus HTML

XML-Regel	zum Vergleich: HTML
Jedes Element muss geschlossen werden. Die Auslassung des schließenden Tags führt zu einem Fehler.	In HTML gibt es auch einige Tags, die nicht geschlossen werden müssen. Die Auslassung des schließenden Tags führt jedoch nicht zu einem Fehler.
Elementnamen sind case-sensitive.	Zwischen Groß- und Kleinschreibung wird in HTML nicht unterschieden.
Elementnamen dürfen keine Leerzeichen enthalten.	Gilt auch in HTML.
Elemente dürfen sich nicht kreuzweise überlappen.	Das sollte auch in HTML nicht vorkommen, führt aber allenfalls zu einer unerwünschten Darstellung, nicht zu einem Fehler.
Die Anführungszeichen um Attributwerte sind verpflichtend.	Dies ist in HTML nur dann verpflichtend, wenn der Attributwert Leerzeichen enthält.
Jeder Attributname darf pro Element nur einmal vorkommen. Allerdings darf jedes Element mehrfach das gleiche Unterelement besitzen.	Gilt auch in HTML.
Jedes XML-Dokument besitzt genau einen obersten Knoten, dem alle anderen Knoten untergeordnet sein müssen. Der oberste Knoten heißt in XML Document Element.	In HTML sollte ein Dokument mit <HTML> beginnen und mit </HTML> enden, eine Verletzung ist aber kein Fehlergrund.

DOM und MSXML

DOM

Das *XML Document Object Model (DOM)* ist eine Programmierschnittstelle für XML-Dokumente. DOM ist die Repräsentation eines XML-Dokuments in Form eines Objektmodells, das die logische Struktur des Dokuments widerspiegelt. Mit DOM lassen sich per Programmcode folgende Funktionen ausführen:

- Navigation durch die Struktur und den Inhalt eines Dokuments
- Veränderung der Struktur durch Einfügen und Löschen von Elementen
- Veränderungen der Eigenschaften von Strukturelementen
- Veränderung der Inhalte
- Erstellung kompletter Dokumente von Grund auf

MSXML

Das Document Object Model liegt in der Verantwortung der DOM Working Group des World Wide Web Consortium (W3C). Den Zugriff auf das Document Object Model (DOM) eines XML-Dokuments ermöglicht die Komponente Microsoft XML (MSXML).

6.7.2 Installation

MSXML wird zusammen mit dem Microsoft Internet Explorer installiert. Jede Version des Internet Explorers enthält eine neue Version von MSXML. Aktuell ist die Version 4.0 im Internet Explorer 6.0.

Versionsnummer ermitteln

Um die Versionsnummer von MSXML zu ermitteln, betrachten Sie die Dateiversion der *msxml3.dll* im *%System%*-Verzeichnis Ihres Systems.

6.7.3 Klassen

Zwölf Knotentypen

XML kennt zwölf verschiedene Knotentypen und entsprechend gibt es in MSXML zwölf verschiedene Klassen.

Tabelle 6.14 Die wichtigsten MSXML-Klassen

Klasse	Zugriff	Erläuterung
`DOMDocument`	`CreateObject ("Microsoft.XMLDOM")`	Ein `DOMDocument` repräsentiert den im XML-Quelltext unsichtbaren Startknoten eines XML-Baums, der stets den Namen „document" und den gleichnamigen Knotentyp besitzt. Eine Umbenennung ist nicht möglich. `DOMDocument` stellt zahlreiche Basisfunktionen wie das Erzeugen neuer Knoten und das Laden und Speichern des Dokuments bereit. Jedes `DOMDocument` besitzt genau ein sogenanntes `DocumentElement`, das nicht mit dem unsichtbaren Startknoten verwechselt werden darf. Das `DocumentElement` ist der sichtbare oberste Knoten eines XML-Dokuments.
`XMLDOM-ParseError`	Nur über die Klasse `DOMDocument`	Ein Objekt dieser Klasse ist über das Attribut `parseError` des `DOMDocument` erreichbar. `XML-DOM ParseError` enthält detaillierte Informationen über den letzten Fehler, der beim Parsen aufgetreten ist.
`XMLDOMImplementation`	Nur über die Klasse `DOMDocument`	Diese Klasse stellt lediglich eine Methode bereit: Mit `HasFeature(feature, version)` kann überprüft werden, ob der Parser bestimmte Features unterstützt. In Version 1.0 unterstützt MSHTML die Features „XML", „DOM" und „MS-DOM".
`XMLDOMNodeList`	Nur über die Klasse `DOMDocument`	Ist eine Objektmenge von `XMLDOMNode`-Objekten.

Klasse	Zugriff	Erläuterung
`XMLDOMNamedNodeMap`	Nur über die Klasse `DOMDocument`	Ist eine spezielle Objektmenge für Knoten des Typs `XMLDOMAttribute`, also für die Attribute von XML-Elementen. Unterstützt im Gegensatz zu `XMLDOM NodeList` den Zugriff auf enthaltene Attribute über ihren Namen (u.a. durch `getNamedItem(name)` und `setNamedItem(name)`).
`XMLDOMNode`	Nur über die Klasse `DOMDocument`	Repräsentiert einen Knoten in einem XML-Baum. Dabei sind viel mehr Dinge ein Knoten als nur die Elemente (Tags). Auch der Inhalt der Tags, die Attribute und das Dokument selbst sind Knoten. Jedes `Node`-Objekt enthält zwei Collections: `childnodes` ist eine `XMLDOMNodeList`-Objektmenge der untergeordneten Knoten. `Attributes` ist eine `XMLDOM NamedNodeMap` der Attribute des Knotens.

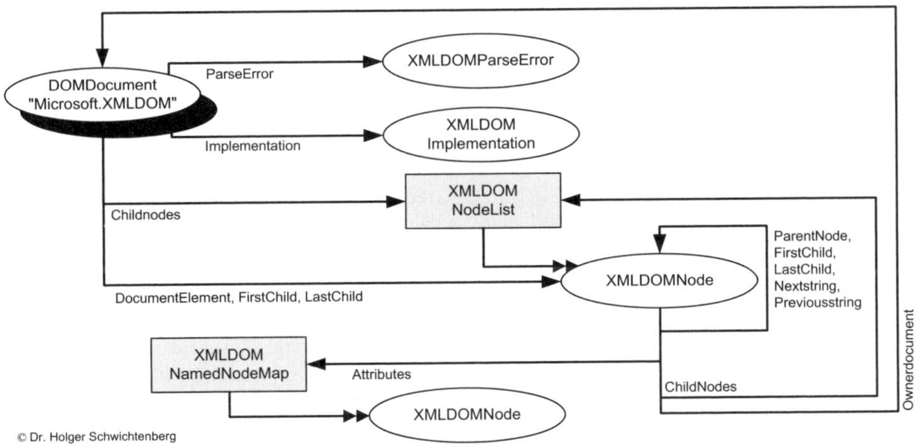

Bild 6.17 *Das Objektmodell der MSXML-Komponente*

6.8 Fragen und Aufgaben

1. Wie installiert man die WSH Runtime-Komponente und die Scripting Runtime-Komponente?
2. Wie instanziiert man ein `File`-Objekt?
3. Was ist die einfachste Möglichkeit, eine Verbindungszeichenfolge für den Zugriff auf eine Access-Datenbank zu ermitteln?
4. Was ist falsch an dem Befehl `set o = GetObject("ldap://ServerE01")`?
5. Was können Sie ausprobieren, wenn es zu einer Fehlermeldung kommt beim Versuch, ein Verzeichnisattribut mit `obj.Attributname = Wert` zu verändern?
6. Wie kann man alle Laufwerke ausgeben, deren freier Speicher mehr als 1.000.000 Byte beträgt?

7 Datenübergabe und Datenausgabe

Lernziel

Man kann den Wert von Skripten erheblich steigern, indem man die Skripte parametrisierbar macht. Wenn Sie zum Beispiel ein Skript schreiben, das einen Benutzer anlegt, dann können Sie den Kontonamen und die Detaildaten durch Konstanten im Skript ablegen, wie wir das bisher getan haben. Wollen Sie aber einen anderen Benutzer anlegen, so müssen Sie das Skript erneut im Editor öffnen und die Konstantendefinitionen ändern. Das ist vielleicht noch ein akzeptables Vorgehen, sofern Sie selbst als Autor des Skripts der einzige Nutzer sind. Es ist jedoch nicht akzeptabel, wenn Sie das Skript an andere weitergeben möchten oder wenn das Skript sehr häufig mit unterschiedlichen Eingabemengen verwendet wird.

WSH-Skripte können mit Kommandozeilenparametern aufgerufen werden. Dies ist eine adäquate Vorgehensweise, solange nur sehr wenige Daten benötigt werden. Wenn Sie ein Skript schreiben, das hundert Benutzer anlegt, dann werden Sie sich wünschen, die Daten dieser hundert Benutzer in einer Datei speichern und dem Skript einfach den Pfad zu der Datei übergeben zu können.

Auch wenn ein Skript große Datenmengen ausgibt (z.B. eine Liste aller vorhandenen Benutzer), bietet sich die Speicherung in Dateien an.

In diesem Kapitel lernen Sie daher zwei Vorgehensweisen:

- Aufruf von WSH-Skripten mit Kommandozeilenparametern
- Lesen und Speichern von Daten in Dateien unterschiedlichen Typs (wir zeigen Textdateien, Access und XML)

Eine andere Alternative der Datenübergabe an Skripte ist die Interaktion mit dem angemeldeten Benutzer. Diese Möglichkeit wurde bereits in Kapitel 4 (Befehle `MsgBox()` und `InputBox()`) vorgestellt. Auch die Registrierungsdatenbank kann als Konfigurationsspeicher für Skripte verwendet werden. Mehr dazu in Kapitel 14.

> Die Skripte in diesem Kapitel führen keine Aktion im Betriebssystem aus. Sie dienen lediglich der Demonstration der Datenübergabe und -ausgabe. Die Routinen, die diese Daten weiterverarbeiten können (also z.B. Benutzer anlegen), lernen Sie aus didaktischen Gründen erst später in diesem Buch kennen.

7.1 Kommandozeilenparameter

Ein WSH-Skript kann beim Aufruf Kommandozeilenparameter übergeben. Die Form der Kommandozeilenparameter ist dabei **fast** beliebig. Sie haben die Möglichkeit, die Kommandozeilenparameter mit einem Sonderzeichen (z.B. Minus oder Schrägstrich) einzuleiten. Dies ist üblich für optionale Parameter. Sie können Attribut-Wert-Paare bilden, wobei die Trennung auch durch ein beliebiges Sonderzeichen erfolgen kann.

```
-datei test.txt
/benutzer:hs
```

Kommandozeilenparameter können sowohl bei *WScript.exe* (der Windows-Version des WSH) als auch bei *CScript.exe* (der Kommandozeilenversion des WSH, vgl. Kapitel 1) übergeben werden. Bei der Kommandozeilenversion muss man die Parameter einfach nur hinter den Skriptnamen hängen:

```
Skriptname2.vbs -datei test.txt /benutzer:hs
```

Bei *WScript.exe* kann man Argumente in einer Dateiverknüpfung angeben.

Arguments

Das aufgerufene Skript selbst kann über das eingebaute Objekt `WScript` (das nicht instanziiert werden muss) auf die übergebenen Kommandozeilenparameter zugreifen. Bei dem Unterobjekt `WScript.Arguments` handelt es sich um eine Objektmenge von Werten, die über die Kommandozeile übergeben wurden.

Arguments-Eigenschaften

Die `Arguments`-Objektmenge verfügt selbst über zwei Attribute, die genauere Auskunft über die übergebenen Argumente liefern können. Mittels `Arguments.Count` lässt sich feststellen, wie viele Argumente übergeben wurden. Über `Arguments.Item(x)` kann man auf ein bestimmtes Argument zugreifen, das x-te Argument, wobei das erste Argument mit `0`, das zweite mit 1 usw. angesprochen wird.

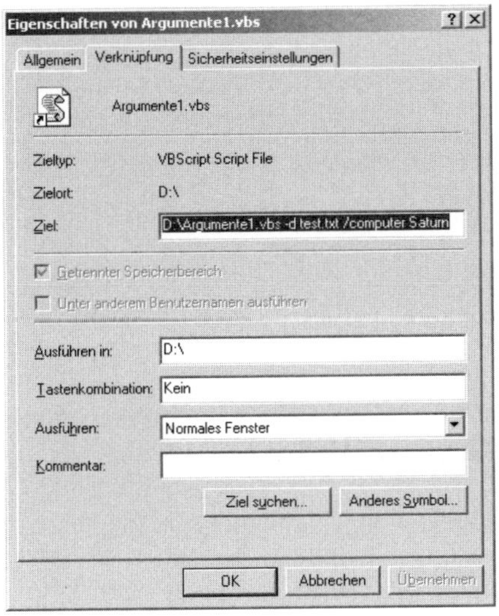

Bild 7.1 *Kommandozeilenparameter in einer Verknüpfung angeben*

```
' Argumente1.vbs
' Auslesen von Kommandozeilenargumenten
' ==============================

Option Explicit

Dim i
Dim oArgumente

Set oArgumente = WScript.Arguments

WScript.Echo("Es wurden " + _
    CStr(oArgumente.Length) + _
    " Argumente übergeben.")

For i = 0 To oArgumente.Count - 1
    WScript.Echo("Argument " + _
        CStr(i) + " = " + _
        oArgumente(i))
Next
```

Listing 7.1: *Argumente1.vbs*

Dieses Skript liefert die Anzahl der übergebenen Argumente und listet diese auf. Diese Möglichkeit der Übergabe von Werten eignet sich jedoch nur für Skripte, bei denen ein bestimmtes Argument immer an einer exakten Position oder aber eine Liste von gleichartigen Argumenten übergeben wird. Ein möglicher Aufruf sähe wie folgt aus:

```
CmdArgumente.vbs 44 23 23 12
```

7.1.1 Komplexere Parameter

Möchte man allerdings ein Skript erstellen, das unterschiedliche Argumente für unterschiedliche Zwecke aufnehmen kann, muss man eine Fallunterscheidung für die Argumente integrieren. Das folgende Skript bietet die Möglichkeit, ein oder mehrere Argumente zu übergeben. Allerdings sollte vor dem eigentlichen Argumentwert eine Beschreibung für das entsprechende Argument übergeben werden.

Ein beispielhafter Aufruf des nachstehenden Skripts sieht folgendermaßen aus:

```
Argumente2.vbs -d test.txt /computer Compi32
Argumente2.vbs -verzeichnis c:\temp
```

Gibt man keines der drei Argumente (`-d`, `-v`, `-c`) an, so erscheint ein Hilfe-Dialogfenster, das anzeigt, wie das Skript zu verwenden ist.

```
' Argumente2.vbs
' Auslesen von Kommandozeilenargumenten
' verwendet: WSHRun
'     Übergabe unterschiedlicher Argumente
'     Dabei muss jedes Argument mit einer Kennzeichnung
'     übergeben werden.
' ===============================

Option Explicit

Dim i
Dim oArgumente

Dim sDatei
Dim sVerzeichnis
Dim sComputer

Set oArgumente = WScript.Arguments

' Bei Argument 0 beginnen
i = 0

If oArgumente.Count > 0 Then
   Do
        If UCase(oArgumente(i)) = "-V" Or _
           UCase(oArgumente(i)) = "-VERZEICHNIS" Then
           ' --- Verzeichnisargument
           i = i + 1
           sVerzeichnis = oArgumente(i)

        Elseif UCase(oArgumente(i)) = "-D" Or _
           UCase(oArgumente(i)) = "-DATEI" Then
           ' --- Dateiargument
           i = i + 1
           sDatei = oArgumente(i)
```

```
        Elseif UCase(oArgumente(i)) = "/C" Or _
            UCase(oArgumente(i)) = "/COMPUTER" Then
            i = i + 1
            sComputer = oArgumente(i)

        End If
        i = i + 1
    Loop Until i>=oArgumente.Count
End if

If sDatei = "" And sVerzeichnis = "" And sComputer = "" Then
    ' Es wurde kein Argument übergeben
    WScript.Echo("Es wurden keine oder falsche Argumente übergeben.")
    WScript.Echo(vbTab + _
        "-d dateiname oder -datei dateiname")
    WScript.Echo(vbTab + _
        "-v verzeichnisname oder -verzeichnis verzeichnisname")
    WScript.Echo(vbTab + _
        "-c computername oder -computer computername")

Else

    If sDatei <> "" Then
        WScript.Echo("Datei = " + sDatei)
        ' Aktionen für die übergebene Datei
    End If

    If sVerzeichnis <> "" Then
        WScript.Echo("Datei = " + sVerzeichnis)
        ' Aktionen für das übergebene Verzeichnis
    End If

    If sComputer <> "" Then
        WScript.Echo("Computer = " + sComputer)
        ' Aktionen für den übergebenen Computer
    End If

End If
```

***Listing 7.2:** Argumente2.vbs*

7.1.2 Kommandozeilenparameter des WSH

Sie haben weiter oben gelernt, dass Sie sehr flexibel bezüglich des Aufbaus Ihrer Parameter sind. Sie erinnern sich hoffentlich noch, dass dort einschränkend „**fast** beliebig“ stand, denn Sie dürfen Ihre Kommandozeilenparameter nicht mit einem doppelten Schrägstrich einleiten. Parameter, die mit einem doppelten Schrägstrich beginnen, betrachtet der WSH nämlich als Anweisungen an sich selbst, nicht an das Skript. Die folgende Tabelle zeigt die definierten Kommandozeilenparameter des WSH.

Tabelle 7.1 *WSH-Kommandozeilenparameter*

Kommandozeilenoption	Bedeutung
`//B`	Batch-Modus: Alle Ausgaben von `WScript.Echo()` werden unterdrückt. Dies gilt nicht für Ausgaben, die von Sprachen direkt erzeugt werden (z.B. `MsgBox()` in VBScript).
`//I`	Interaktiver Modus: Ausgaben werden dargestellt. (Dies ist die Standardeinstellung.)
`//D`	Debugging wird aktiviert: Bei einem Fehler wird der Debugger gestartet, sofern einer installiert und das Debugging durch die Registrierungsdatenbankeinstellungen grundsätzlich zugelassen ist.
`//X`	Skript wird im Debugger gestartet. Der Unterschied zur Option `//D` besteht darin, dass das Skript in diesem Fall nicht auf einen Fehler wartet, sondern von der ersten Zeile an im Debugger startet.
`//E:Engine`	Unabhängig von der Dateinamenerweiterung wird eine bestimmte Skriptsprache zur Ausführung der Skriptdatei verwendet.
`//H:CScript`	Einstellung der WSH-Variante, die verwendet wird, wenn ein Doppelklick oder Ziehen & Fallenlassen (Drag&Drop) auf eine Datei erfolgt. Standard ist WScript. Diese Option verändert auf einfache Weise die Shell-Verknüpfung für zum WSH gehörende Dateinamenerweiterungen auf CScript.
`//H:WScript`	Zurücksetzen der Standardstartoption auf *wscript.exe*
`//T:nn`	Timeout: Hinter `//T:` kann angegeben werden, wie viele Sekunden das Skript maximal laufen darf. Mit `//T:2` wird das Skript nach zwei Sekunden – sofern es nicht vorher regulär beendet wurde – mit der Meldung „Die Skriptausführungszeit wurde überschritten" zwangsweise beendet.
`//Logo`	WSH-Version und der Copyright-Vermerk werden bei *cscript.exe* angezeigt. (Dies ist die Standardeinstellung.)
`//Nologo`	Die Ausgabe der WSH-Version und des Copyright-Vermerks in der Kommandozeile wird bei CScript unterdrückt. Bei WScript hat diese Option keine Relevanz, weil dort sowieso kein „Logo" gezeigt wird.
`//S`	Speicherung der aktuellen Kommandozeileneinstellungen für diesen Benutzer
`//Job: jobname`	Aus der angegebenen Skriptdatei wird nur ein bestimmter Job ausgeführt. (Diese Option gehört zu einer Funktion des WSH, die in diesem Buch nicht erläutert wird.)

Wenn Sie ein Skript mit einem Kommandozeilenparameter aufrufen, der mit einem Doppelschrägstrich beginnt und nicht in obiger Tabelle vorkommt, erhalten Sie eine Fehlermeldung.

7.2 Zugriff auf Datendateien

Wenn größere Datenmengen zu lesen sind oder ein Skript unbeaufsichtigt laufen soll, dann sind die bisherigen Ein- und Ausgabewege für Skripte ungeeignet. In diesem Unterkapitel stellen wir Ihnen vor, wie Sie Textdateien, Microsoft Access-Datenbanken und XML-Dateien als Eingabe- oder Ausgabedatei für Skripte nutzen können.

TextStream-Objekt

Das `TextStream`-Objekt nutzt für die Textbearbeitung die folgenden drei Modi, die durch entsprechende Konstanten definiert werden:

- `ForReading`: Die Datei wird zum Lesen geöffnet. Der Wert ist 1.
- `ForWriting`: Die Datei wird zum Schreiben geöffnet. Der Wert ist 2.
- `ForAppending`: Die Datei wird zum Anhängen von Text geöffnet. Der Wert ist 8.

Außer beim Zugriff auf die INI-Dateien (siehe Kapitel 7.2.2) nutzen alle Verfahren für den Zugriff auf Datendateien dieselbe Datenbasis. Es wird eine Benutzerliste mit den Attributen Benutzername (Text), Vorname (Text), Nachname (Text), Geburtsdatum (Datum) und Abteilungsnummer (Zahl) verwendet.

7.2.1 Zugriff auf CSV-Dateien

Eine CSV-Datei (CSV steht für Comma Separated Value) ist eine Textdatei, in der Werte enthalten sind, die durch eindeutige Trennzeichen voneinander getrennt sind. Eine CSV-Datei kann auch die Feldnamen enthalten, diese stehen dann in der ersten Zeile. Als Trennzeichen wird meistens das Semikolon oder das Komma verwendet.

Die Scripting Runtime-Komponente ermöglicht die Bearbeitung von Textdateien über die `TextStream`-Klasse. Ein `TextStream`-Objekt repräsentiert eine geöffnete Textdatei.

> Es ist zwar möglich, mit dieser Klasse auch binäre Dateien zu öffnen, jedoch gibt es in `FSO` keine Verfahren, um binäre Dateien korrekt zu verarbeiten. Daher sollten Sie die `TextStream`-Klasse nur auf Textdateien anwenden.

> Moderner als INI-Dateien ist die Verwendung von XML-Dateien.

Anlegen einer CSV-Datei

Dieses Beispiel beschreibt das Anlegen einer CSV-Datei. Zur Ausführung des Skripts wird ein vollständig installierter Windows Script Host (WSH) vorausgesetzt. Da es sich bei einer CSV-Datei um eine Textdatei handelt, erfolgt die Anlage einer solchen Datei über das `TextStream`-Objekt der Scripting Runtime-Komponente.

Das Skript erzeugt eine Referenz auf eine Instanz von `FileSystemObject` durch den Aufruf von `CreateObject()` und speichert diese Referenz in der Variablen `FSO`. Die Methode `CreateTextFile()` erzeugt eine neue Datei mit dem Namen *Benutzerliste.csv*. Zusätzlich wird die Zeile mit den Feldnamen in der ersten Zeile der Datei durch die `WriteLine()`-Funktion eingetragen. Anschließend wird die Datei durch `Close()` geschlossen.

```
' CSVDatei_Erzeugen.vbs
' Anlegen einer CSV-Datei und Speichern der Feldnamen
' verwendet: SCRRun
' ===========================================================================
Option Explicit
' Deklaration der Variablen
Dim FSO,Datei
Const Dateiname="Benutzerliste.csv"
'Erzeugen einer Objektreferenz
Set FSO = CreateObject("Scripting.FileSystemObject")
'Erzeugen der Datei
Set Datei = FSO.CreateTextFile(Dateiname)
' Schreiben der Spaltennamen
Datei.WriteLine("Benutzername;Vorname;Nachname;Geburtstag;Abteilungsnummer")
Datei.Close
```

Listing 7.3: */Skripte/Kapitel07/CSVDatei_Erzeugen.vbs*

Das Auslesen einer solchen Datei ist noch nicht sinnvoll, da augenblicklich keine Daten enthalten sind. Das Schreiben von Daten in eine CSV-Datei wird im nächsten Abschnitt erklärt.

Schreiben einer CSV-Datei

CSV-Datei beschreiben

Jede Spalte einer CSV-Datei ist durch ein Trennzeichen (hier: Semikolon) von der Nachbarspalte getrennt. Um eine Benutzerliste in einer CSV-Datei abzulegen, werden im folgenden Beispielskript die benötigten Variablen deklariert und anschließend über die `Array()`-Funktion mit Werten gefüllt.

Über `CreateObject()` wird ein Verweis auf das `FileSystemObject` erzeugt und in der Variablen `FSO` gespeichert. Anschließend wird durch die `Create TextFile()`-Methode die im vorherigen Beispiel erzeugte Textdatei geöffnet und die Objektreferenz in der Variablen `Datei` gespeichert. Neu in diesem Beispiel ist der Öffnungsmodus `ForAppending`; er erlaubt das Anhängen von Daten an bestehende Dateien. Mittels einer `For`-Schleife werden alle Werte der entsprechenden Arrays in der Datei abgelegt. Die `Close()`-Methode schließt die Datei am Ende des Skripts.

Anzahl der Einträge

Eine Besonderheit in der Schleife ist die Funktion `UBound()`, welche die Anzahl von Einträgen eines Arrays zurückliefert.

```
' CSVDatei_Beschreiben.vbs
' Schreiben von Werten in eine CSV-Datei
' verwendet: SCRRun
' ================================
Option Explicit
' Variablen deklarieren
Dim Benutzername, Vorname, Nachname, Geburtstag, Abteilungsnummer
Dim FSO,Datei,i
Const ForWriting = 2
Const ForAppending=8
' Arrays mit Werten füllen
```

```
Benutzername=Array("HugoHastig","WilliWinzig", _
  "StefanDerrick","HarryKlein")
Vorname=Array("Hugo","Willi","Stefan","Harry")
Nachname=Array("Hastig","Winzig","Derrick","Klein")
Geburtstag=Array("01.08.1935","27.05.1944","23.12.1912","14.02.1958")
Abteilungsnummer=Array("1","1","2","3")

'Erzeugen eines FSO-Objekts
Set FSO = CreateObject("Scripting.FileSystemObject")
'Erzeugen der Datei
Set Datei = fso.OpenTextFile("Benutzerliste.csv",ForAppending)
'Schreiben der einzelnen Werte
For i=0 to UBound(Benutzername)
  Datei.Write Benutzername(i) & ";"
  Datei.Write Vorname(i) & ";"
  Datei.Write Nachname(i) & ";"
  Datei.Write Geburtstag(i) & ";"
  Datei.Writeline Abteilungsnummer(i)
Next
Datei.Close
```

Listing 7.4: */Skripte/Kapitel07/CSVDatei_Beschreiben.vbs*

> Ein erneutes Anlegen der Datei ist nicht notwendig, weil die Datei im Modus `ForAppending` geöffnet wurde. Dadurch werden die zu schreibenden Daten am Ende der Datei angehängt.

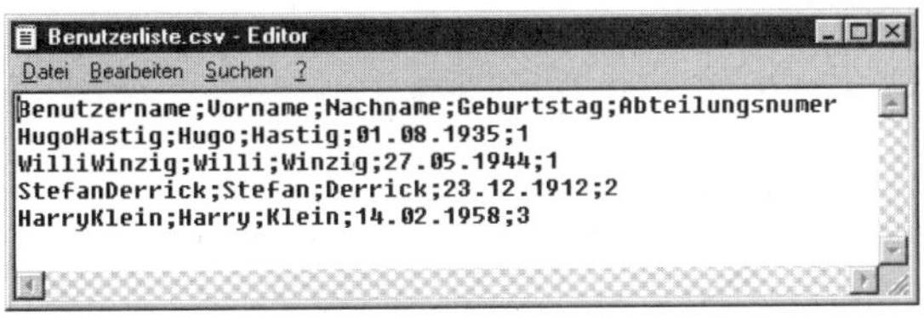

Bild 7.2 *Werte in der CSV-Datei*

Lesen einer CSV-Datei

Aufteilen von Zeilen

Wenn sich Daten in einer CSV-Datei befinden, können sie mit den Methoden eines `TextStream`-Objekts ausgelesen werden. Nach der Erzeugung der Referenz auf das `FileSystemObject` und dem Speichern derselben in der Variablen `FSO` wird eine CSV-Datei zum Lesen durch die `OpenText File()`-Methode geöffnet. Um die Daten nun zeilenweise einzulesen, wird die `ReadLine()`-Methode des `FileSystemObject` verwendet. Dies geschieht in einer `While`-Schleife, die als Abbruchkriterium die Eigenschaft `AtEndOfStream` überprüft. Diese Eigenschaft liefert den Wert `True` zurück, sobald das Ende der Datei erreicht ist.

Jede gelesene Zeile wird in der Variablen `TextZeile` zur Weiterverarbeitung abgelegt. Das Aufteilen der Zeile in die einzelnen Werte erfolgt durch die `Split()`-Funktion, welche die aufzuteilende Zeichenkette und das verwendete Trennzeichen (hier: Semikolon) als Parameter erwartet. Als Rückgabewert liefert die Funktion ein Array mit den Werten der Zeile. Dieses Array ist *nullbasiert*, d.h., das erste Element erhält den Index 0, das zweite den Index 1 und das letzte Element den Index `AnzahlEinträge-1`. Das Array wird durch die Variable `Benutzer` repräsentiert.

Anschließend werden in jedem Schleifendurchlauf die ermittelten Werte mit der `Echo()`-Methode des `WScript`-Objekts ausgegeben.

Freigabe des Dateizugriffs

Ist das Ende der Datei erreicht, wird sie geschlossen und der Zugriff auf die Datei freigegeben. Diese Aufgabe erfüllt die `Close()`-Methode des `TextStream`-Objekts.

```
' CSVDatei_Lesen.vbs
' Lesen einer CSV-Datei und Ausgabe der gelesenen Werte
' verwendet: SCRRun
' ==========================================================================
Option Explicit
' Konstanten definieren
Const ForReading = 1
Const Dateiname="Benutzerliste.csv"
' Variablen deklarieren
Dim FSO, Datei, Benutzer
Dim TextZeile
'Objekt erzeugen
Set FSO=CreateObject("Scripting.FileSystemObject")
'Öffnen der Datei zum Lesen
Set Datei = FSO.OpenTextFile(Dateiname, ForReading, False)
'Datei bis zum Ende durchlaufen
While not Datei.AtEndOfStream
'Lesen einer Zeile
TextZeile=Datei.Readline()
'Zeile an Semikolon trennen und die Werte
'in einem Array speichern
Benutzer=Split(TextZeile,";")
'Ausgabe der Benutzerdaten
Wscript.echo Benutzer(0) & ";" & Benutzer(1) & ";" & Benutzer(2) & _
  ";" & Benutzer(3) & ";" & Benutzer(4)
Wend
'Schließen der Datei
Datei.Close
```

Listing 7.5: */Skripte/Kapitel07/CSVDatei_Lesen.vbs*

Bild 7.3
Ausgabe der gelesenen Werte

7.2.2 Zugriff auf INI-Dateien

INI-Dateien werden zum Speichern von Konfigurationseinstellungen unter Windows benutzt. Zwar speichern das Windows-Betriebssystem und viele Anwendungen Konfigurationsdaten inzwischen in der Windows-Registrierungsdatenbank, aber INI-Dateien sind noch nicht ausgestorben, weil sie sich einfacher zusammen mit einer Anwendung verbreiten lassen als Registrierungsdatenbankeinstellungen, für die oft ein eigenes Setup-Programm notwendig ist.

INI-Dateien sind Textdateien mit einem speziellen Aufbau. Sie haben üblicherweise die Dateinamenerweiterung *.ini*. Im Rahmen des Scriptings ist der Zugriff auf INI-Dateien wichtig, um auf existierende INI-Dateien von Alt-Anwendungen zuzugreifen oder für die Skripte eigene INI-Dateien anzulegen.

Aufbau einer INI-Datei

Der Aufbau einer INI-Datei wird im Folgenden kurz beschrieben: Es existieren Gruppen, die durch eckige Klammern gekennzeichnet sind. Unterhalb dieser Gruppen, die auch *Sektionen* genannt werden, werden die einzelnen Einträge und Werte aufgelistet. Die einzelnen Sektionen können Einträge enthalten oder auch leer sein. Die Trennung von Eintrag und Wert erfolgt über ein Gleichheitszeichen. Ein Eintrag endet immer am Ende der Zeile; Einträge, die sich über mehrere Zeilen erstrecken, sind nicht möglich.

Im nachfolgenden Listing ist beispielhaft ein Auszug aus der Datei *Win.ini* dargestellt.

```
[fonts]
[extensions]
[mci extensions]
[files]
[Mail]
MAPI=1
CMC=1
```

Keine Methoden vorhanden

Da der Windows Script Host keine Methoden zur Verwaltung von INI-Dateien zur Verfügung stellt, müssen diese von Hand erstellt werden, wobei das Lesen und Schreiben von INI-Dateien am aufwendigsten ist.

Anlegen einer INI-Datei

Bei einer INI-Datei handelt es sich um eine normale Textdatei. Leider gibt es von Microsoft keine spezielle Klasse für INI-Dateien, die die spezielle Struktur einer INI-Datei beherrscht. Eine INI-Datei kann nur über die allgemeine Klasse `TextStream` gelesen und bearbeitet werden.

Lesen einer INI-Datei

Suchen nach Sektionen

Um nun auf einen Wert in der INI-Datei lesend zuzugreifen, muss die Datei zeilenweise gelesen werden. Dann wird jede Zeile daraufhin untersucht, ob es sich um eine Sektion handelt. Dies erfolgt über den Vergleich des ersten Zeichens einer Zeile. Das erste Zeichen einer Sektionszeile muss eine eckige Klammer [sein. Wenn es sich bei dem Eintrag um eine Sektion handelt, muss überprüft werden, ob der Name mit dem gesuchten Sektionsnamen übereinstimmt. Ist dies der Fall, werden die einzelnen Einträge durchlaufen. Auch hier erfolgt ein Vergleich, ob der gesuchte Eintrag in der Zeile enthalten ist. Ist auch dieser Schritt erfolgreich abgeschlossen, d.h. der richtige Eintrag in der richtigen Sektion gefunden, wird der Wert dadurch ermittelt, dass die Position des Gleichheitszeichens in der Zeile bestimmt wird. Hinter dem Gleichheitszeichen befindet sich der gesuchte Wert. Dieser wird durch die `Right()`-Funktion ermittelt. Diese Funktion ermittelt einen Wert, indem eine gegebene Anzahl von Zeichen von rechts aus einer Zeichenkette extrahiert wird.

```
' INIDatei_Lesen.vbs
' Lesen eines bestimmten Eintrags aus einer INI-Datei
' Verwendet: FSO
' ===============================
Option Explicit
' Variablen deklarieren
Dim FSO, IniDatei, Zeile, EintragWert, Zeichen
Dim EintragGefunden,  SektionGefunden
Dim I
' Konstanten definieren
Const ForReading = 1
Const Dateiname="C:\boot.INI"
Const Sektion="boot loader"
Const Eintrag="default"

' Erzeugen eines FSO-Objektes
Set FSO = CreateObject("Scripting.FileSystemObject")
' INI-Datei zum Lesen öffnen
Set IniDatei = FSO.OpenTextFile(Dateiname, ForReading)
' Durchlaufe die gesamte Datei
Do While Not IniDatei.AtEndOfStream
  Zeile=IniDatei.readline
  ' Wenn die aktuelle Zeile eine Sektion kennzeichnet
    If Left(Zeile,1)="[" Then
      ' Ist es die gesuchte Sektion?
      If UCase(Mid(Zeile,2,Len(Sektion)))=UCase(Sektion) Then
        ' Ja
        SektionGefunden=True
      Else
        ' Nein
        SektionGefunden=False
      End If
    Else
      If SektionGefunden Then
        'Ist die aktuelle Zeile der gesuchte Eintrag?
         If UCase(Left(Zeile,Len(Eintrag)))=UCase(Eintrag) Then
           I = Len(Eintrag)+1
           ' So lange wiederholen, bis der Eintrag gefunden wurde
           Do While I<Len(Zeile)
             Zeichen = Mid(Zeile,I,1)
             ' Suche das Gleichheitszeichen
             If Zeichen="=" Then
```

```
                ' Ermitteln des Wertes
                EintragWert=Right(Zeile,Len(Zeile)-I)
                ' Abbruchbedingung setzen
                I=Len(Zeile)
                EintragGefunden=True
              Else
                I=I+1
              End If
            Loop
          End If
        End If
      End If
Loop
' Datei schließen
IniDatei.close
' Wert zurückgeben
WScript.Echo "Der gesuchte Wert ist: " & Trim(EintragWert)
```

Listing 7.6: */Skripte/Kapitel07/INIDatei_Lesen.vbs*

Schreiben einer INI-Datei

Beim Schreiben macht sich stärker als beim Lesen einer INI-Datei bemerkbar, dass es keine speziellen Klassen für die Bearbeitung solcher Dateien gibt. Deshalb nutzt das Skript in diesem Kapitel eine temporäre Datei, um Werte in einer INI-Datei zu verändern. Die Originaldatei wird zeilenweise gelesen. Die erste `If`-Abfrage überprüft, ob es sich bei der gelesenen Zeile um eine Sektion handelt. Ist dies der Fall, wird überprüft, ob es sich um die gesuchte Sektion handelt. Im Erfolgsfall wird die Variable `SektionGefunden` auf den Wert `True` gesetzt.

Nun erfolgt eine Überprüfung, ob die gelesene Zeile den zu ändernden Wert enthält; ist dies der Fall, wird der Wert des Eintrags abgeschnitten. Dies übernimmt die `Left()`-Funktion, die den Eintragsnamen extrahiert. Als Parameter erwartet `Left()` die Zeichenkette, aus der der Wert entnommen werden soll, sowie die Anzahl der zu entnehmenden Zeichen. Anschließend wird die Variable `AlterEintrag` auf den Wert `True` gesetzt, um zu kennzeichnen, dass eine Veränderung stattgefunden hat. Die Zeile wird nun durch `WriteLine()` in die temporäre Datei übertragen.

Wenn nach dem Durchlauf durch die Datei die Variable `AlterEintrag` immer noch den Wert `False` enthält, handelt es sich um einen neuen Eintrag, der in die Datei eingefügt werden muss. Es wird überprüft, ob die Variable `Sektion` gefüllt ist. Dann wird die Sektion in die temporäre Datei eingetragen. Es werden nun die Inhalte der Variablen `Eintrag` und `Inhalt` mit einem Gleichheitszeichen als Zeichenkette verknüpft und ebenfalls in die temporäre Datei geschrieben.

Zum Schluss wird die Originaldatei gelöscht und die temporäre Datei an den Speicherplatz der Originaldatei verschoben und entsprechend umbenannt.

Temporäre Dateien

Das Skript verwendet für die Verwaltung der temporären Datei die Funktion `GetTempName()` und zur Ablage im */Temp*-Verzeichnis die Funktion `GetSpecialFolder()`. Der Funktion `GetSpecialFolder()` wird der Wert „2" übergeben, woraufhin der Pfad zum */Temp*-Verzeichnis des aktuell angemeldeten Benutzers zurückgegeben wird. Die Funktion `GetTemp Name()` erzeugt nun einen eindeutigen Dateinamen. Mit diesen beiden Werten wird die temporäre Datei durch die Funktion `CreateTextFile()` angelegt und geöffnet.

```
' INIDatei_Schreiben.vbs
' Schreiben in eine INI-Datei
' Verwendet: FSO
' ================================
Option Explicit

' Variablen deklarieren
Dim FSO, IniDatei, TempDatei
Dim temp, TempFolder
Dim Zeile,AlterEintrag
Dim SektionGefunden
'Konstanten deklarieren
Const ForReading = 1
Const ForWriting = 2
Const Dateiname="g:\test\ITVisions.ini"
Const Eintrag="Website"
Const Inhalt="www.IT-Visions.de"
Const Sektion="Internet"
' -- Werte vorbelegen
AlterEintrag=False
SektionGefunden=False
' Erzeugen des FSO-Objektes
Set FSO = CreateObject("Scripting.FileSystemObject")
' INI-Datei öffnen
Set IniDatei = FSO.OpenTextFile(Dateiname, ForReading)
' Temporären Dateinamen erzeugen
temp = FSO.GetTempName
' Ermitteln des Temp-Verzeichnisses
TempFolder=FSO.GetSpecialFolder(2)
' Erzeugen der temporären Datei und gleichzeitiges Öffnen
Set TempDatei = FSO.CreateTextFile(TempFolder & "\" & temp, True)
' Solange das Ende der Datei nicht erreicht ist
Do While Not IniDatei.AtEndOfStream
  ' Zeilenweise einlesen
  Zeile=IniDatei.Readline
  ' Sektionsbeginn suchen
  If Left(Zeile,1)="[" Then
    If InStr(UCase(Zeile), "[" + UCase(Sektion) + "]") > 0 Then
      ' Ja
      SektionGefunden=True
    Else
      ' Nein
```

```
  SektionGefunden=False
    End If
  Else
    If SektionGefunden Then
      If UCase(Left(Zeile,Len(Eintrag)))=UCase(Eintrag) Then
        ' Eintrag gefunden
        ' Neuen Eintrag in Variable schreiben
        Zeile=Eintrag & "=" & Inhalt
        ' Merker setzen
        AlterEintrag=True
      End If
    End If
  End If
  ' Zeile in temp. Datei schreiben
  TempDatei.Writeline(Zeile)
Loop
' Wenn es ein neuer Eintrag ist, dann Sektion und Eintrag schreiben
If Not AlterEintrag Then
  If Sektion <> "" Then TempDatei.Writeline("[" + Sektion + "]")
  TempDatei.Writeline(Eintrag + " =" + Inhalt)
End If

' Temporäre Datei schließen
TempDatei.Close
' INI-Datei schließen
IniDatei.Close

' Temporäre Datei kopieren und alte Datei überschreiben
FSO.CopyFile TempFolder & "\" & temp,Dateiname,True
' Temporäre Datei löschen
FSO.DeleteFile TempFolder & "\" & temp, True
WScript.Echo„Neue INI-Datei wurde erzeugt!"
```

***Listing** 7.7: /Skripte/Kapitel07/INIDatei_Schreiben.vbs*

7.2.3 Zugriff auf Access-Datenbanken

Kleinere Datenmengen lassen sich in den bisher beschriebenen Dateiarten bequem verwalten. Sollen aber größere Datenmengen verarbeitet werden, bietet sich die Verwendung von Datenbankdateien an. Diese speichern Informationen in Tabellen, die durch Zeilen und Spalten definiert sind. Neben dem sequenziellen Zugriff unterstützen Datenbanken über die Abfragesprache SQL (Structured Query Language) auch den gezielten Zugriff auf einzelne Zeilen und Spalten.

Datenbanken enthalten Informationen in Gestalt von Strukturdaten und Inhaltsdaten. Die Strukturdaten enthalten den statischen Informationsanteil (Tabellennamen, Spaltenüberschriften) einer Informationseinheit, die Inhaltsdaten sind der dynamische Anteil.

> In diesem Kapitel wird als Datenbank Microsoft Access verwendet, weil diese Datenbank weit verbreitet, einfach und kostengünstig ist. Die in diesem Kapitel verwendeten Skripte setzen nicht voraus, dass Microsoft Access auf dem Computer, auf dem das Skript läuft, installiert ist. Die kostenlose Komponente ADO enthält alles, um eine Datenbank per Skript zu lesen oder zu beschreiben. Sie müssen dafür keine Lizenzgebühren an Microsoft zahlen. Sie benötigen allerdings Microsoft Access oder ein fortgeschrittenes Skript, das über dieses Buch hinausführen würde, wenn Sie eine andere Datenbank als die auf der Buch-Website mitgelieferte verwenden oder diese Datenbank in ihrer Struktur verändern wollen.

Gitterstruktur Das grundlegende Objekt einer Access-Datenbank ist die Tabelle. Darin werden alle Daten gespeichert. Eine Tabelle unterteilt sich in Datensätze, die in Zeilen dargestellt werden. Jede Zeile enthält eine Anzahl von Feldern, die die Spalten darstellen. Diese Spalten werden über einen Feldnamen angesprochen, wie etwa Vorname oder Abteilungsnummer.

> Voraussetzung für dieses Kapitel ist die Installation der ActiveX Data Objects (ADO), die in Version 2.8 auf der Buch-Website enthalten sind. Neuere Windows-Versionen enthalten bereits diese Version im Standard.

Lesen in einer Access-Datenbank

Ziel dieses Kapitels ist der Zugriff auf Informationen, die in Form von Tabellen in einer Access-Datenbank vorliegen. Für den lesenden Zugriff auf Access-Datenbanken werden die Objekte `Connection` und `RecordSet` verwendet.

Verbindung aufnehmen Um auf eine Datenbankdatei zugreifen zu können, wird eine Verbindung zu dieser Datenquelle erstellt. Dies geschieht über das `Connection`-Objekt. Um eine Verbindung aufzubauen, sind der Name des passenden Datenbanktreibers und der Pfad zur Datenbankdatei anzugeben. Dafür wird eine spezielle Notation verwendet, die sich Verbindungszeichenfolge nennt. `Provider` kennzeichnet hier den verwendeten Datenbanktreiber, während in `Data Source` der Pfad und Dateiname der zu verwendenden Datenbankdatei übergeben werden.

```
"Provider=Microsoft.Jet.OLEDB.4.0; Data Source=C:\user.MDB;"
```

Diese Verbindungszeichenfolge wird über die `Open()`-Methode an das `Connection`-Objekt übergeben.

```
DBConnection.Open "Provider=Microsoft.Jet.OLEDB.4.0; Data Source=C:\user.MDB;"
```

Ausführen einer Abfrage Die `Open()`-Methode öffnet nun die Verbindung zur Datenquelle und mittels der `Execute()`-Methode wird eine SQL-Anfrage an das Datenbanksystem gesendet, das eine Auflistung in Form eines `RecordSet`-Objekts zurückgibt. Der SQL-Befehl ruft alle Zeilen und Spalten der Tabelle „Benutzer" ab:

```
SqlString="SELECT * FROM Benutzer"
```

Zur Sicherheit wird der Datensatzzeiger durch Aufruf der `MoveFirst()`-Methode auf den ersten Datensatz positioniert. Das Durchlaufen des kompletten `RecordSet` erfolgt in einer `While`-Schleife. Nach jedem Schleifendurchlauf muss der Datensatzzeiger mit `MoveNext()` unbedingt auf den nächsten Datensatz gesetzt werden, da es sonst zu einer Endlosschleife kommt. Das Dateiende wird über die `EOF()`-Eigenschaft abgefragt, die `False` liefert, solange das Dateiende noch nicht erreicht ist. Liefert die Eigenschaft `True`, wird die Schleife sofort verlassen.

> Es gehört zum guten Programmierstil, am Ende des Skripts das `RecordSet`- sowie das `Connection`-Objekt zu schließen, um die verwendeten Ressourcen freizugeben.

```
' DatenbankTabelle_Lesen.vbs
' Lesen der Benutzerliste aus einer Access-Datenbank
' verwendet: ADO
' ===================================================
'Deklarieren der Variablen
Dim DBConnection, SqlString, Ergebnismenge
'Definieren der Konstanten
Const Verbindung="Provider=Microsoft.Jet.OLEDB.4.0; Data Source=.\User.MDB;"
' Erstellen eines Connection-Objekts
Set DBConnection = CreateObject("ADODB.Connection")
' Öffnen der Verbindung zur Datenbank
' Die MDB-Datei muss im selben Verzeichnis liegen wie das Skript
DBConnection.Open Verbindung
' Abfrage der Tabelle Benutzer
SqlString="SELECT * FROM Benutzer"
' Ausführen der Abfrage und Rückgabe eines Recordsets
Set Ergebnismenge = DBConnection.Execute(SqlString)
' An den Anfang des Recordsets springen
Ergebnismenge.MoveFirst
' Durchlaufen des gesamten Ergebnisses
Do While Not Ergebnismenge.eof
  ' Ausgabe der Daten
  WScript.echo "Ausgabe der Daten für " & Ergebnismenge("Benutzername")
  WScript.Echo Ergebnismenge("Vorname")
  WScript.Echo Ergebnismenge("Nachname")
  WScript.Echo Ergebnismenge("Geburtsdatum")
  WScript.Echo Ergebnismenge("Abteilungsnummer")
  WScript.Echo "################"
  ' Datensatzzeiger auf den nächsten Datensatz positionieren
  Ergebnismenge.MoveNext
Loop
' Recordset schließen
Ergebnismenge.Close
' Verbindung schließen
DBConnection.Close
```

Listing 7.8: */Skripte/Kapitel07/DatenbankTabelle_Lesen.vbs*

Schreiben in eine Access-Datenbank

Werte eintragen

Nun sollen in Datenbanken nicht nur Werte ausgelesen, sondern auch neue Werte hinzugefügt oder geändert werden. Auch dieses Feature wird durch die ADO-Komponente unterstützt. Das folgende Beispielskript schreibt Werte in die Datenbanktabelle „Benutzer2“, die aus der CSV-Datei „Benutzerliste“ ausgelesen werden.

Nach der Variablendeklaration und der Konstantendefinition erfolgt die Erstellung der für den Einlesevorgang benötigten Objekte. Es werden ein `FileSystemObject`-, ein `File`-, ein `Connection`- sowie ein `Recordset`-Objekt benötigt.

Eingabedaten aus Datei

Das `FileSystemObject` wird mittels der `CreateObject()`-Methode erzeugt und in der Variablen `FSO` abgelegt, während das `File`-Objekt durch die `OpenTextFile()`-Methode instanziiert wird.

Die beiden Datenbankobjekte `Connection` und `Recordset` werden ebenfalls durch `CreateObject()` erzeugt und in den entsprechenden Variablen abgelegt.

Das Öffnen der `Connection` erfolgt über die `Open()`-Methode unter Angabe der Verbindungszeichenfolge. Die `Connection` wird der `ActiveConnection`-Eigenschaft des `Recordset` zugeordnet. In `Source` wird der Name der zu beschreibenden Tabelle angegeben.

Gemeinsamer Zugriff

Die Angaben zum `LockType` und `CursorType` schließen die Definition der vom `RecordSet` benötigten Parameter ab. Die genaue Erläuterung dieser Parameter würde den Rahmen dieses Buchs sprengen. Daher sei hier nur erklärt, dass die gewählten Parameter Ihnen den uneingeschränkten Schreib- und Lesezugriff auf die Datenbank ermöglichen und eine parallele Bearbeitung der Datenbank durch eine andere Anwendung möglich bleibt. So können Sie das Skript testen und die Ergebnisse direkt in Microsoft Access betrachten. Die Öffnung des `Recordset` erfolgt dann über die `Open()`-Methode.

Nun wird die Textdatei zeilenweise bis zum Ende gelesen; jede Zeile wird über die `Split()`-Funktion an den Positionen der Semikola aufgetrennt und in der `Array`-Variablen `Benutzer` abgelegt.

Temporäre Zeilen

Um neue Datensätze zu einer Tabelle hinzuzufügen, stellt das `Recordset` die `AddNew()`-Methode bereit, die eine temporäre leere Zeile in der Tabelle anlegt. Durch Setzen der einzelnen Spaltenwerte gelangen die Daten in diese temporäre Zeile. Das Setzen der Werte kann auf zwei Arten erfolgen: Das `Recordset` erlaubt den Zugriff auf die einzelnen Spalten einmal über den Spaltennamen oder über den Spaltenindex. Aus Gründen der Verständlichkeit benutzt dieses Beispiel den Zugriff über den Spaltennamen. Zum Zugriff wird der Spaltenname als Zeichenkettenliteral in runden Klammern an den Variablennamen `Tabelle` des `Recordset`-Objekts angehängt. In der Datenbank gespeichert werden diese Werte durch den Aufruf der `Update()`-Funktion.

Nachdem die Daten in die Tabelle eingetragen wurden, werden die `File`-, `RecordSet`- und `Connection`-Objekte durch Aufruf der `Close()`-Methode geschlossen.

```
' SchreibeDatenbankTabelle.vbs
' Schreiben von Werten in eine Datenbanktabelle
' verwendet: SCRRun, ADO
' ===========================================================================

' Variablen deklarieren
Dim DBConnection
Dim Tabelle
Dim FSO
Dim Datei,TextZeile,Ausgabe, Zaehler
' Konstanten für Datenzugriffe definieren
Const Verbindung="Provider=Microsoft.Jet.OLEDB.4.0; Data Source=.\User.MDB;"
Const adOpenDynamic = 2
Const adLockOptimistic = 3
Const ForReading = 1
Const adOpenKeyset = 1

' FSO erstellen
Set FSO=CreateObject("Scripting.FileSystemObject")
' Datei zum Einlesen öffnen
Set Datei = FSO.OpenTextFile("Benutzerliste.csv", ForReading, False)
' Connection-Objekt erstellen
Set DBConnection = CreateObject("ADODB.Connection")
' Connection öffnen
' Die MDB-Datei muss im selben Verzeichnis liegen wie das Skript
DBConnection.Open Verbindung
' Recordset-Objekt erstellen
Set Tabelle = CreateObject("ADODB.Recordset")' verwendete Connection festlegen
Tabelle.ActiveConnection = DBConnection
' Zugriffsart festlegen
Tabelle.CursorType = adOpenDynamic
' Sperrart festlegen
Tabelle.LockType = adLockOptimistic' verwendete Quelle angeben
Tabelle.Source="Benutzer2"
' Tabelle öffnen
Tabelle.Open
Zaehler=0
' Gesamte Textdatei durchlaufen
While not Datei.AtEndOfStream
  ' Erste Zeile überlesen, enthält die Feldnamen
  if Zaehler=0 then TextZeile=Datei.Readline()
  ' Zeilenweise einlesen
  TextZeile=Datei.Readline()
  ' Werte trennen
  Benutzer=Split(TextZeile,";")
  ' Hinzufügen einer neuen Tabellenzeile
  Tabelle.AddNew
  ' Spalten mit Werten besetzen
  Tabelle("Benutzername") = Benutzer(0)
```

```
    Tabelle("Vorname") = Benutzer(1)
    Tabelle("Nachname") = Benutzer(2)
    Tabelle("Geburtsdatum") = CDate(Benutzer(3))
    Tabelle("Abteilungsnummer") = CInt(Benutzer(4))
    ' Änderungen schreiben
    Tabelle.Update
    Zaehler=Zaehler+1
Wend
'Objekte schließen
Tabelle.Close
DBConnection.Close
Datei.Close
```

Listing 7.9: */Skripte/Kapitel07/SchreibeDatenbankTabelle.vbs*

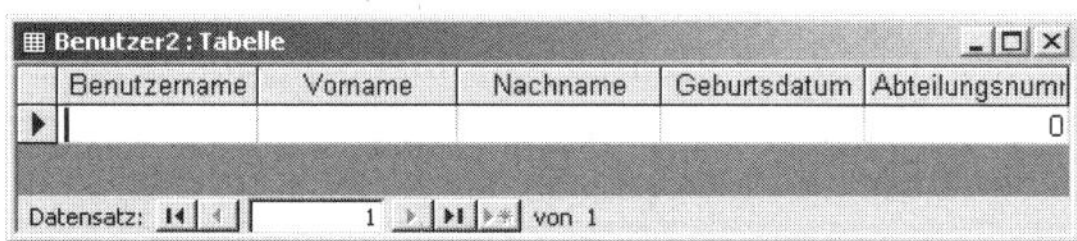

Benutzer2 : Tabelle

Benutzername	Vorname	Nachname	Geburtsdatum	Abteilungsnumm
				0

Datensatz: 1 von 1

Bild 7.4
Tabelle vor dem Einfügen der Daten

Nach dem Einfügen stehen die Daten in der Access-Tabelle, wie die nachstehende Abbildung zeigt.

Benutzer2 : Tabelle

Benutzername	Vorname	Nachname	Geburtsdatum	Abteilungsnumm
HugoHastig	Hugo	Hastig	01.08.1935	1
WilliWinzig	Willi	Winzig	27.05.1944	1
StefanDerrick	Stefan	Derrick	23.12.1912	2
HarryKlein	Harry	Klein	14.02.1958	3
				0

Datensatz: 1 von 4

Bild 7.5
Tabelle nach dem Einfügen der Daten

7.2.4 Zugriff auf XML-Dateien

Den Zugriff auf das Document Object Model (DOM) eines XML-Dokuments ermöglicht die Komponente MSXML. Diese erweitert das standardisierte XML-DOM um zusätzliche Funktionalitäten zum Parsen des Dokuments und zum Laden eines Dokuments in den XML-Parser. Erst durch diese Erweiterungen wird es möglich, MSXML unabhängig vom Internet Explorer in eigene Anwendungen zu integrieren.

> Es ist modern, eine XML-Datei anstelle von INI-Dateien oder der Registrierungsdatenbank zu verwenden. Das Microsoft .NET Framework verwendet zur Konfiguration nur XML-Dateien.

Aufbau einer XML-Datei

Der Aufbau eines XML-Dokuments erfolgt in Baumstruktur: Das Dokument enthält einen eindeutigen Wurzelknoten, der die anderen enthaltenen Knoten umschließt. Die den Knoten umschließenden Bezeichner werden Tags genannt. Jedes Knoten-Tag muss vollständig sein; wird also ein Tag geöffnet, muss es auch wieder geschlossen werden.

```
<BENUTZERNAME>HugoHastig</BENUTZERNAME>
```

Für Knoten, die keine Werte enthalten, ist eine besondere Notation zugelassen. Das Knoten-Tag muss nur einmal aufgeführt werden, aber am Ende einen Schrägstrich „/“ enthalten. Ist beispielsweise von einem Benutzer der Vorname nicht bekannt, kann man auch schreiben:

```
<VORNAME/>
```

Alternativ wäre die Schreibweise

```
<VORNAME></VORNAME>
```

Jede XML-Datei enthält zusätzlich zum Wurzelknoten evtl. mehrere Kinderknoten, die auch wiederum eigene Kinderknoten enthalten können. Diese Knotenstruktur wird über die Auflistung `XMLDOMNodeList` verwaltet. Ein gültiges XML-Dokument muss wenigstens den Wurzelknoten enthalten.

Zusätzlich kann jeder Knoten noch Attribute aufnehmen, die Eigenschaften des Knotens beschreiben. Die Angabe von Attributen ist nur im Start-Tag des Knotens erlaubt. So lässt sich im Tag `<Abteilungsnummer>` auch der Name der Abteilung definieren:

```
<ABTEILUNGSNUMMER Name="Vertrieb">1</ABTEILUNGSNUMMER>
```

Das folgende Listing zeigt die XML-Datei, die in diesem Kapitel angelegt und gelesen wird.

```
<BENUTZER>
  <USERS>
    <USER>
      <BENUTZERNAME>HugoHastig</BENUTZERNAME>
      <VORNAME>Hugo</VORNAME>
      <NACHNAME>Hastig</NACHNAME>
      <GEBURTSDATUM>01.08.1935</GEBURTSDATUM>
      <ABTEILUNGSNUMMER>1</ABTEILUNGSNUMMER>
    </USER>
    <USER>
      <BENUTZERNAME>WilliWinzig</BENUTZERNAME>
      <VORNAME>Willi</VORNAME>
      <NACHNAME>Winzig</NACHNAME>
      <GEBURTSDATUM>27.05.1944</GEBURTSDATUM>
      <ABTEILUNGSNUMMER>1</ABTEILUNGSNUMMER>
    </USER>
    <USER>
      <BENUTZERNAME>StefanDerrick</BENUTZERNAME>
      <VORNAME>Stefan</VORNAME>
      <NACHNAME>Derrick</NACHNAME>
      <GEBURTSDATUM>23.12.1912</GEBURTSDATUM>
      <ABTEILUNGSNUMMER>2</ABTEILUNGSNUMMER>
    </USER>
    <USER>
      <BENUTZERNAME>HarryKlein</BENUTZERNAME>
      <VORNAME>Harry</VORNAME>
      <NACHNAME>Klein</NACHNAME>
```

```
      <GEBURTSDATUM>14.02.1958</GEBURTSDATUM>
      <ABTEILUNGSNUMMER>3</ABTEILUNGSNUMMER>
    </USER>
  </USERS>
</BENUTZER>
```

Listing 7.10: */Skripte/Kapitel07/Benutzer.xml*

Anlegen einer XML-Datei

Wurzelknoten erzeugen

Wie ein XML-Dokument angelegt wird, zeigt das folgende Skript. Zunächst wird eine Instanz von `Msxml.DOMDocument` erstellt und in der Variablen `XMLDokument` abgelegt. Der Aufruf der `CreateElement()`-Methode erzeugt ein `Node`-Objekt mit dem als Parameter übergebenen Namen. Dieses `Node`-Objekt wird in der Variablen `XMLWurzel` abgelegt. Nun erfolgt das Hinzufügen des `Node`-Objekts zum eigentlichen Dokument; dies übernimmt die `AppendChild()`-Methode, die das `Node`-Objekt an das `DOMDocument` bindet. Das Speichern der Datei durch `Save()` legt die XML-Datei auf dem Datenträger ab.

```
' XMLDatei_Erzeugen.vbs
' Erzeugen einer XML-Datei
' verwendet: XML
' ===============================
Option Explicit
' Variablen deklarieren
Dim XMLDokument
Dim XMLWurzel
' XML-Dokument erzeugen
Set XMLDokument = CreateObject("Msxml.DOMDocument")
' Wurzelelement erzeugen
Set XMLWurzel = XMLDokument.CreateElement("BENUTZER")
' Wurzelelement an das Dokument anhängen
XMLDokument.AppendChild XMLWurzel
' Datei speichern
XMLDokument.Save "User.xml"
```

Listing 7.11: */Skripte/Kapitel07/XMLDatei_Erzeugen.vbs*

Knoten erzeugen

Um die Beispieldaten in einer XML-Datei zu speichern, werden sie aus der CSV-Datei gelesen und in ein XML-Dokument überführt. Das Erzeugen eines Knotens innerhalb eines XML-Dokuments vollzieht sich in zwei Schritten, weil die `XMLDOMNodeList`-Auflistung keine `Add()`-Methode bereitstellt.

Zunächst muss eine Instanz der entsprechenden Knotentyp-Klasse erzeugt werden. Da die Knotentyp-Klassen nicht von außen instanziierbar sind, kann dies nur über eine Methode der Stammklasse erfolgen. `DOMDocument` bietet Methoden der Form `create{KnotentypName}()` an, also z.B. `CreateElement()` und `createProcessingInstruction()`.

Danach muss das Element an die gewünschte Stelle in den Baum eingehängt werden. Dafür stehen die Methoden `AppendChild()` und `InsertBefore()` in der `Nodes`-Klasse zur Verfügung. `AppendChild()` fügt den neuen Knoten am Ende der Liste der

Kinderknoten an. Bei InsertBefore() kann ein Kinderknoten angegeben werden, von dem aus gesehen links der neue Knoten angefügt werden soll.

```
' XMLDatei_Schreiben.vbs
' Lesen einer CSV-Datei und Ausgabe in ein XML-Dokument
' verwendet: XML, SCRRun
' ================================
Option Explicit
' Konstanten definieren
Const ForReading = 1
' Variablen deklarieren
Dim FSO, Datei, Benutzer
Dim TextZeile
Dim XMLDokument, XMLWurzel, XMLBenutzer, XMLBenutzerliste
Dim XMLBenutzername, XMLVorname, XMLNachname, XMLGeburtsdatum,
XMLAbteilungsnummer
'Objekt erzeugen
Set FSO=CreateObject("Scripting.FileSystemObject")
'Öffnen der Datei zum Lesen
Set Datei = FSO.OpenTextFile("c:\Benutzerliste.csv", ForReading, False)
' Erzeugen des XML-Dokuments
Set XMLDokument = CreateObject("Msxml.DOMDocument")
' Erzeugen des Wurzelelements
Set XMLWurzel = XMLDokument.createElement("BENUTZER")
' Hinzufügen des Wurzelelements zum Dokument
XMLDokument.appendChild XMLWurzel
' Erzeugen der Benutzerliste - Auflistung
Set XMLBenutzerliste = XMLDokument.createElement("USERS")
XMLWurzel.appendChild XMLBenutzerliste
' Überlesen der Feldnamen
Datei.SkipLine()
'Datei bis zum Ende durchlaufen
while not Datei.AtEndOfStream
  ' Erzeugen der Benutzer-Collection
  Set XMLBenutzer=XMLDokument.createElement("USER")
  XMLBenutzerliste.appendChild XMLBenutzer
  'Lesen einer Zeile
  TextZeile=Datei.Readline()
  'Zeile an Semikolon trennen und die Werte
  'in einem Array speichern
  Benutzer=Split(TextZeile,";")
  'Ausgabe der Benutzerdaten in ein XML-Dokument
  Set XMLBenutzername = XMLDokument.createElement("BENUTZERNAME")
  XMLBenutzername.Text = Benutzer(0)
  XMLBenutzer.appendChild XMLBenutzername
  Set XMLVorname = XMLDokument.createElement("VORNAME")
  XMLVorname.Text = Benutzer(1)
  XMLBenutzer.appendChild XMLVorname
  Set XMLNachname = XMLDokument.createElement("NACHNAME")
  XMLNachname.Text = Benutzer(2)
```

```
  XMLBenutzer.appendChild XMLNachname
  Set XMLGeburtsdatum = XMLDokument.createElement("GEBURTSDATUM")
  XMLGeburtsdatum.Text = Benutzer(3)
  XMLBenutzer.appendChild XMLGeburtsdatum
  Set XMLAbteilungsnummer =  & _
  XMLDokument.createElement("ABTEILUNGSNUMMER")
  XMLAbteilungsnummer.Text = Benutzer(4)
  XMLBenutzer.appendChild XMLAbteilungsnummer
Wend
' XML-Datei speichern
XMLDokument.Save "Benutzer.xml"
'Schließen der Datei
Datei.Close
```

Listing 7.12: */Skripte/Kapitel07/XMLDatei_Schreiben.vbs*

> Es besteht auch die Möglichkeit, mithilfe der ActiveX Data Objects (ADO) beliebige Datenquellen in XML-Form umzuwandeln, zu speichern bzw. entsprechend strukturierte XML-Dateien in Form eines `RecordSet` zu laden.

Lesen einer XML-Datei

Load() und LoadXML()

Ein XML-Dokument kann auf drei Weisen in den Speicher geladen werden:

- aus einer externen Datei mithilfe der Methode `Load()`,
- durch Übergabe einer XML-Quelltext-Zeichenkette an die Methode `LoadXML()`,
- durch schrittweise Erzeugung des XML-Baums.

Synchrones und asynchrones Laden

Standard im XML-DOM ist das asynchrone Laden, d.h., nach der Ausführung von `Load()` wird die Kontrolle direkt an den Aufrufer zurückgegeben und das Dokument im Hintergrund in das Objekt geladen. Mithilfe des Attributs `ReadyState` kann der Zustand des Ladevorgangs überwacht werden. `ReadyState` durchläuft die Werte von 0 bis 4. Der Wert 4 bedeutet, dass das Dokument komplett geladen wurde.

```
Do While XMLDokument.readyState < 4
    wscript.echo "Warte..." & XMLDokument.readyState
Loop
```

Async

Sie können dies vermeiden, indem Sie den Ladevorgang auf „synchron" setzen. Dazu müssen Sie dem Attribut `async` den Wert `False` zuweisen.

```
XMLDokument.async = False
```

Das Beispielskript liest die vorhandene XML-Datei *Benutzer.xml* ein, die mit dem vorherigen Beispiel erstellt wurde. Dazu wird über `Create Object()` ein Verweis auf ein `DOMDocument` erzeugt und in der Variablen `XMLDokument` abgelegt. Die Eigenschaft `Async` wird auf `False` gesetzt, um den Ladevorgang synchron auszuführen. Danach wird die Datei über `Load()` geladen. Es erfolgt eine Abfrage der Knotenauflistung `User`, die sich in der dritten Ebene befindet. Dies wird gekennzeichnet durch den Abfrageparameter „*/*/USER“. In einer For-Schleife werden die Text-Eigenschaften aller Unterknoten an der Konsole ausgegeben. Die Anzahl der Unterknoten bildet die obere Grenze für die For-Schleife, die durch die Length-Eigenschaft repräsentiert wird. Da die Auflistung der Unterknoten nullbasiert ist, muss die Auflistung von 0 bis Length-1 durchlaufen werden.

```
' XMLDatei_Lesen.vbs
' Lesen einer XML-Datei und Ausgabe der Werte an der Konsole
' verwendet: XML
' ===========================================================
Option Explicit
' Deklaration der Variablen
Dim XMLDokument
Dim Benutzerknoten
Dim Zaehler
' Erzeugen des Verweises
Set XMLDokument = CreateObject("Msxml2.DOMDocument")
' Asynchrones Laden ausschalten
XMLDokument.async = False
' Datei laden
XMLDokument.load("C:\Benutzer.xml")
' Knoten-Auflistung auswählen
Set Benutzerknoten = XMLDokument.selectNodes("*/*/USER")
' Alle Knoten durchlaufen
For Zaehler=0 to Benutzerknoten.length-1
  ' Daten ausgeben
  Wscript.echo Benutzerknoten.item(Zaehler).childNodes.item(0).Text & ";" _
  & Benutzerknoten.item(Zaehler).childNodes.item(1).Text & ";" _
  & Benutzerknoten.item(Zaehler).childNodes.item(2).Text & ";" & _
  Benutzerknoten.item(Zaehler).childNodes.item(3).Text & ";" & _
  Benutzerknoten.item(Zaehler).childNodes.item(4).Text
Next
```

Listing 7.13: */Skripte/Kapitel07/XMLDatei_Lesen.vbs*

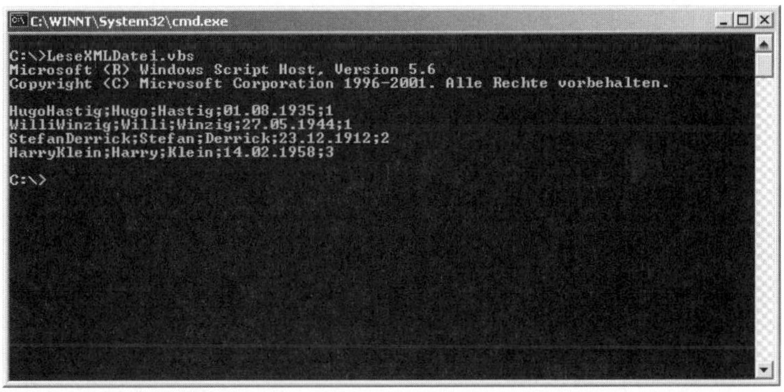

Bild 7.6 *Ausgabe der XML-Datei*

7.3 Fragen und Aufgaben

1. Mit welcher Methode können Zeilen an einem beliebigen Trenner aufgeteilt werden?
2. Welche Öffnungsmodi unterstützt das `TextStream`-Objekt bei der Textbearbeitung?
3. Unterstützt der Windows Script Host die Verwaltung von INI-Dateien? Wenn ja, wie heißen die Methoden?
4. Kann die Eigenschaft `Provider` des `Connection`-Objekts nach dem Erzeugen des Objekts geändert werden?
5. Müssen mit `AddNew()` hinzugefügte Zeilen eines `RecordSet`-Objekts explizit gespeichert werden? Wenn ja, wie heißt die dazu benötigte Methode?
6. Lassen sich Excel-Dateien mit den Methoden der SCRRun-Komponente lesen und schreiben?
7. Wird für den Zugriff auf Excel-Dateien Microsoft Excel benötigt?
8. Lassen sich leere XML-Knoten erstellen? Wenn ja, welche Möglichkeiten bietet XML an?
9. Was lässt sich durch XML-Attribute definieren?
10. Das nachfolgende Skript enthält einen Fehler. Beschreiben Sie diesen.

```
Option Explicit
' Variablen deklarieren
Dim FSO,Datei
'Konstanten definieren
Const ForReading = 1
Const ForWriting = 2
Const ForAppending=8

'Erzeugen eines FSO-Objekts
Set FSO = CreateObject("Scripting.FileSystemObject")
'Erzeugen der Datei
Set Datei = FSO.OpenTextFile("Benutzerliste.csv",ForReading)
    'Spaltennamen schreiben
    Datei.WriteLine("Hier wird ein Fehler ausgelöst")
Datei.Close
```

11. Auch das folgende Listing enthält einen „beliebten" Programmierfehler. Finden Sie diesen und ergänzen Sie das Skript um evtl. fehlende Zeilen.

```
Dim DBConnection, SqlString, Ergebnismenge
Const Verbindung="Provider=Microsoft.Jet.OLEDB.4.0; Data _ Source=.\
User.MDB;"
Set DBConnection = CreateObject("ADODB.Connection")
DBConnection.Open Verbindung
SqlString="SELECT * FROM Benutzer"
Set Ergebnismenge = DBConnection.Execute(SqlString)
Ergebnismenge.MoveFirst
Do While Not Ergebnismenge.eof
WScript.echo Ergebnismenge("Benutzername")
Loop
```

8 Scripting des Dateisystems

Dieses Kapitel vermittelt das Wissen im Umgang mit dem Dateisystem aus der Sicht der Skriptprogrammierung. Hierbei werden Themen wie Laufwerke, Ordner und Dateien behandelt. Der Dateisystemzugriff baut im Wesentlichen auf den `Klassen` der Scripting Runtime-Komponente auf. **Lernziele**

8.1 Dateien

Um auf die äußeren Attribute einer Datei zuzugreifen, etwa um sie zu kopieren oder zu löschen, wird ein `File`-Objekt benötigt. Dieses Objekt stellt die Scripting Runtime-Komponente zur Verfügung. Es gibt verschiedene Möglichkeiten, an ein `File`-Objekt und damit an eine bestimmte Datei heranzukommen. Die gebräuchlichste ist die `GetFile()`-Methode in der `FileSystemObject`-Klasse, an die der Pfad der gewünschten Datei übergeben werden muss. **Zugriff auf Dateien**

Die Bearbeitung des Inhalts von Textdateien ermöglicht die Scripting Runtime-Komponente über eine `TextStream`-Klasse. Eine `TextStream`-Klasse ist mit einer geöffneten Textdatei gleichzusetzen. **Streams**

> Es gibt in der Scripting Runtime-Komponente leider keine Methoden, um binäre Dateien korrekt zu verarbeiten.

8.1.1 Auflisten von Dateien

Eine der häufigsten Aufgaben beim Umgang mit Dateien ist sicherlich das Auflisten der Dateien in einem Ordner im Dateisystem.

Dir-Befehl Das nachfolgende Listing listet alle Dateien des Verzeichnisses */temp* auf dem Laufwerk *C:* auf. Nach der Variablendeklaration wird ein `FileSystemObject`-Objekt erstellt und die Referenz in der Variablen `FSO` gespeichert. Nun wird durch die `GetFolder()`-Methode des `FileSystemObject` eine Referenz auf das Verzeichnis in Form eines `Folder`-Objekts in der Variablen `Verzeichnis` gespeichert. Die nachfolgende `For Each`-Schleife durchläuft die `Files`-Objektmenge des `Folder`-Objekts und gibt die Namen der Dateien aus. Die `Files`-Objektmenge enthält für jede einzelne im Ordner vorhandene Datei einzelne `File`-Objekte. Dabei wird durch die `Echo()`-Methode des `WScript`-Objekts das Attribut `Name` jedes einzelnen `File`-Objekts ausgegeben.

```
' DateienAuflisten.vbs
' Auflisten von Dateien
' verwendet: SCRRun
' ===============================
Option Explicit
' Deklaration der Konstanten
Const Verzeichnis = "C:\temp"
' Deklaration der Variablen
Dim FSO, Verzeichnis, Datei
'Objekt erzeugen
Set FSO = CreateObject("Scripting.FileSystemObject")
'Referenz auf ein Verzeichnis holen
Set Verzeichnis = FSO.GetFolder(Verzeichnis)
'Über alle Dateien im Verzeichnis iterieren
For Each Datei In Verzeichnis.Files
    WScript.Echo Datei.Name
Next
```

Listing 8.1: */Skripte/Kapitel08/DateienAuflisten.vbs*

8.1.2 Dateieigenschaften bestimmen

Die Bestimmung von Dateieigenschaften wird durch die `File`-Klasse der Scripting Runtime-Komponente unterstützt. Dateien können unterschiedliche Attribute besitzen; manche werden durch das Betriebssystem vergeben, andere durch den Anwender.

FileExists() Das folgende Skript überprüft nach der obligatorischen Variablendeklaration und der Erstellung der `FileSystemObject`-Referenz, ob der in der Konstante `Dateiname` definierte Dateiname existiert (`FileExists()`-Methode). Ist dies der Fall, wird durch die `GetFile()`-Methode in der Variablen `Datei` eine Referenz auf die Datei gespeichert.

Größe, Datum Durch die `Echo()`-Methode des `WScript`-Objekts erfolgt die Ausgabe der Attribute des `File`-Objekts. In diesem Fall sind das die Attribute `Size`, das die Dateigröße ermittelt, sowie `DateCreated`, `DateLastAccessed` und `DateLastModified` für die Datumsinformationen des `File`-Objekts.

Dateiattribute Außerdem wird die `Attributes`-Eigenschaft ausgegeben, welche die Ja-/Nein-Eigenschaften (engl. *Flags*) der Datei enthält. Das Attribut `Attributes` enthält eine Zahl, die die Summe der gesetzten Dateieigenschaften enthält.

Die folgende Tabelle listet die verfügbaren Attribute und die zugehörigen Konstanten auf. Die Tabelle ist so zu verstehen: Eine Datei, die schreibgeschützt, versteckt und komprimiert ist, enthält in `Attributes` den Wert `131` (1+2+128). Sie werden merken, dass jeder Wert genau einem Bit entspricht.

Tabelle 8.1 *Dateieigenschaften*

Attributwert	Beschreibung
1	schreibgeschützt
2	versteckt
4	System
8	Laufwerk
32	Archiv
64	Verknüpfung
128	komprimiert

Numerische Eigenschaft

Um die eigentlichen Attribute zu ermitteln, wird der numerische Attributwert mit dem logischen `AND`-Operator in die einzelnen Werte zerlegt. Für jeden gefundenen Wert wird eine passende Zeichenkette in der Variablen `Ausgabe` abgelegt. Am Schluss des Skripts werden störende Leerzeichen durch die `Trim()`-Funktion entfernt und die Attributwerte ausgegeben.

```
' HoleDateiAttribute.vbs
' Ermitteln von Dateieigenschaften
' verwendet: SCRRun
' ===============================
Option Explicit
' Deklaration der Variablen
Dim FSO, Datei, Ausgabe
' Konstanten definieren
Const Dateiname="C:\docs\WSL_Kapitel07.doc"
'Objekt erzeugen
Set FSO = CreateObject("Scripting.FileSystemObject")
' Gibt es die Datei überhaupt?
if FSO.FileExists(Dateiname) then
  ' Ja, also eine Verbindung herstellen
  Set Datei = FSO.GetFile(Dateiname)
  WScript.Echo "Größe der Datei: " & Datei.Size & " Bytes."
  WScript.Echo "Typ der Datei: " & Datei.Type
  WScript.Echo "Attribute der Datei: " & Datei.Attributes
  WScript.Echo "Erstellt am " & Datei.DateCreated
  WScript.Echo "Geändert am " & Datei.DateLastAccessed
  WScript.Echo "Letzter Zugriff " & Datei.DateLastModified
  ' Dateiattribute ermitteln
  If Datei.attributes and 0 Then  Ausgabe = Ausgabe & "Normal "
  If Datei.attributes and 1 Then  Ausgabe = Ausgabe & "Nur-Lesen "
  If Datei.attributes and 2 Then  Ausgabe = Ausgabe & "Versteckt "
  If Datei.attributes and 4 Then  Ausgabe = Ausgabe & "System "
  If Datei.attributes and 32 Then  Ausgabe = Ausgabe & "Archiv "
```

```
  If Datei.attributes and 64 Then  Ausgabe = Ausgabe & "Link "
  If Datei.attributes and 128 Then  Ausgabe = Ausgabe & "Komprimiert "
else
  WScript.Echo "Datei " & Dateiname & " nicht gefunden!"
end if
WScript.Echo "Die Datei " & Dateiname & _
 " hat die Attributwerte [" & Trim(Ausgabe) & "]"
```

Listing 8.2: */Skripte/Kapitel08/HoleDateiAttribute.vbs*

8.1.3 Dateieigenschaften ändern

Entfernen

Die Änderung von in Flags gespeicherten Dateieigenschaften geschieht auf zwei Wegen durch Veränderung von `Attributes`: Das Entfernen von Attributen erfolgt durch die logische Verknüpfung des aktuellen Attributwerts mit dem zu invertierenden Attributwert (`NOT x`) durch den `AND`-Operator, während das Setzen von Attributen durch die logische Verknüpfung über den `OR`-Operator erfolgt. Das Beispiel erzeugt ein `FileSystemObject` und prüft über die `FileExists()`-Methode, ob die Datei überhaupt existiert. Ist dies der Fall, wird durch die `GetFile()`-Methode in der Variablen `Datei` eine Referenz auf die Datei abgelegt. Sollte die Datei nicht vorhanden sein, verzweigt die oben angesprochene `FileExists()`-Methode in den `Else`-Zweig der Prüfung und gibt eine entsprechende Meldung aus.

Nun erfolgt die Ausgabe des numerischen Werts des `Attributes`-Attributs. Um die eigentlichen Attribute zu ermitteln, wird die Hilfsfunktion `HoleAttribute()` aufgerufen. Dieser Funktion wird die Objektreferenz auf die Datei als Parameter übergeben.

Auswertung der Attribute

Die Hilfsfunktion ermittelt durch die Auswertung des numerischen Attributwerts mit dem logischen `AND`-Operator die einzelnen Eigenschaften und gibt diese als Zeichenkette an das aufrufende Skript zurück.

Attribute setzen

Nachdem die aktuellen Attribute ausgegeben wurden, werden alle Werte zurückgesetzt und die `HoleAttribute()`-Funktion wird erneut aufgerufen. Anhand der Ausgabe ist zu erkennen, dass keine Attribute mehr gesetzt sind. Im nächsten Schritt werden der Datei alle zugewiesen und wiederum durch `HoleAttribute()` ermittelt. Die Ausgabe zeigt die gesetzten Werte.

```
' SetzeDateiAttribute.vbs
' Setzen von Dateieigenschaften
' verwendet: SCRRun
' ===============================
Option Explicit
' Deklaration der Variablen
Dim FSO, Datei, Attributwerte
' Konstanten definieren
Const Dateiname="C:\boot.ini"
'Objekt erzeugen
Set FSO = CreateObject("Scripting.FileSystemObject")
' Gibt es die Datei überhaupt?
If FSO.FileExists(Dateiname) Then
  ' Ja, also eine Verbindung herstellen
```

```
  Set Datei = FSO.GetFile(Dateiname)
  WScript.Echo "Größe der Datei: " & Datei.Size & " Bytes."
  WScript.Echo "Typ der Datei: " & Datei.Type
  WScript.Echo "Attribute der Datei: " & Datei.Attributes
  WScript.Echo "Erstellt am " & Datei.DateCreated
  WScript.Echo "Geändert am " & Datei.DateLastAccessed
  WScript.Echo "Letzter Zugriff " & Datei.DateLastModified
  Attributwerte=HoleAttribute(Datei)
  WScript.Echo "Die Datei " & Dateiname & " hat die Attributwerte
  [" & _ Attributwerte & "]"
  ' Entfernen der Attribute
  Datei.Attributes = Datei.Attributes and not 0
  Datei.Attributes = Datei.Attributes and not 1
  Datei.Attributes = Datei.Attributes and not 2
  Datei.Attributes = Datei.Attributes and not 4
  Datei.Attributes = Datei.Attributes and not 32
  Datei.Attributes = Datei.Attributes and not 64
  Datei.Attributes = Datei.Attributes and not 128
  Attributwerte=HoleAttribute(Datei)
  WScript.Echo "Die Datei " & Dateiname & " hat die Attributwerte
  [" & _ Attributwerte & "]"
  Attributwerte=""
  'Setzen der Attribute
  Datei.Attributes = Datei.Attributes or 0
  Datei.Attributes = Datei.Attributes or 1
  Datei.Attributes = Datei.Attributes or 2
  Datei.Attributes = Datei.Attributes or 4
  Datei.Attributes = Datei.Attributes or 32
  Datei.Attributes = Datei.Attributes or 64
  Datei.Attributes = Datei.Attributes or 128
  Attributwerte=HoleAttribute(Datei)
  WScript.Echo "Die Datei " & Dateiname & " hat die Attributwerte
  [" & _ Trim(Attributwerte) & "]"
Else
  WScript.Echo "Datei " & Dateiname & " nicht gefunden!"
End If

Private Function HoleAttribute(Handle)
' Hilfsroutine : Aufschlüsseln von Dateieigenschaften
' Deklaration der Variablen
Dim Ausgabe
   ' Normal-Flag gesetzt
   If Datei.attributes and 0 Then  Ausgabe = Ausgabe & "Normal "
   ' Nur-Lesen-Flag gesetzt
   If Datei.attributes and 1 Then  Ausgabe = Ausgabe & "Nur-Lesen "
   ' Versteckt-Flag gesetzt
   If Datei.attributes and 2 Then  Ausgabe = Ausgabe & "Versteckt "
   ' System-Flag gesetzt
   If Datei.attributes and 4 Then  Ausgabe = Ausgabe & "System "
   ' Archiv-Flag gesetzt
   If Datei.attributes and 32 Then  Ausgabe = Ausgabe & "Archiv "
```

```
  ' Alias-Flag gesetzt
  If Datei.attributes and 64 Then  Ausgabe = Ausgabe & "Link "
  ' Komprimiert-Flag gesetzt
  If Datei.attributes and 128 Then  Ausgabe = Ausgabe & "Komprimiert "
  ' Werte zurückgeben
  HoleAttribute=Trim(Ausgabe)
End Function
```

Listing 8.3: */Skripte/Kapitel08/SetzeDateiAttribute.vbs*

8.1.4 Anlegen einer Textdatei

Das Anlegen von Dateien erfolgt durch die Klasse `FileSystemObject`. Hier steht mit `CreateTextFile()` eine Möglichkeit zur Verfügung, eine neue Textdatei zu erzeugen. Das Ergebnis dieser Methode ist ein Objekt vom Typ `TextStream`.

Überschreiben erlaubt

Nach der Variablendeklaration und der Erzeugung des `FileSystemObject`-Objekts wird durch die `CreateTextFile()`-Methode die Textdatei *Beispiel.txt* erzeugt und die Referenz auf diese Datei in der Variablen `Datei` abgelegt. Der boolesche Parameter (`True/False`), der ebenfalls an die Methode übergeben wird, erlaubt das Überschreiben einer vorhandenen Datei mit demselben Dateinamen. Die `WriteLine()`-Methode des `File`-Objekts schreibt nun eine Zeile Text in die Datei und danach wird die Datei durch die `Close()`-Methode geschlossen.

```
' ErzeugeDatei.vbs
' Erzeugen einer Textdatei
' verwendet: SCRRun
' ===============================
Option Explicit
' Deklaration der Variablen
Dim FSO
Dim Datei
' Objekt erzeugen
Set FSO = CreateObject("Scripting.FileSystemObject")
'Datei Beispiel.txt erzeugen
Set Datei = Fso.CreateTextFile("Beispiel.txt", True)
'Eine Zeile in die Datei schreiben
Datei.WriteLine("Dies ist meine erste automatisch erzeugte Datei")
'Datei schließen
Datei.Close
```

Listing 8.4: */Skripte/Kapitel08/ErzeugeDatei.vbs*

8.1.5 Lesen einer Textdatei

Mit der Methode `OpenTextFile()` auf der Ebene der `FileSystemObject`-Klasse kann eine Datei direkt über ihren Pfad geöffnet werden. Das Ergebnis dieser Methode ist ein `TextStream`-Objekt.

Viele Wege führen nach Rom

Dem Auslesen dienen die nachfolgenden Methoden im `TextStream`-Objekt, die alle eine Zeichenkette (`String`) zurückliefern:

- ReadAll() liest die komplette Textdatei in einen String ein.
- ReadLine() liest dagegen nur eine Zeile.
- Noch feiner granuliert werden kann das Einlesen mit Read(AnzahlZeichen): Der Parameter AnzahlZeichen bestimmt die Anzahl der Zeichen, die eingelesen werden sollen. Die nachfolgenden Skripte veranschaulichen jeweils eine Methode zum Lesen von Textdateien.

Beispiel 1: Zeichenweises Einlesen

Zeichenweise lesen

Das erste Skript liest die Textdatei zeichenweise ein. Dazu wird ein FileSystemObject erzeugt und in einer Variablen abgelegt. Nach dem Prüfen auf Existenz der Datei mit der FileExist()-Methode wird die Datei mit der OpenTextFile()-Methode geöffnet. Sie wird nun in einer Do-Until-Schleife bis zum Ende durchlaufen, wobei die Prüfung auf das Dateiende durch das atEndOfStream-Attribut erledigt wird. Das atEndOfStream-Attribut liefert den booleschen Wert True, wenn das Dateiende erreicht ist.

In der Schleife wird mit Read(1) jeweils ein Zeichen aus der Datei gelesen und in der Variablen Zeichen gespeichert. Um das zeichenweise Einlesen zu zeigen, werden der Variablen Inhalt dieses gelesene Zeichen sowie ein Zeilenumbruch zugewiesen. Das Schließen der Datei übernimmt die Close()-Methode. Danach wird der Inhalt der Textdatei am Bildschirm ausgegeben.

```
' LeseDateiZeichenweise.vbs
' Eine Textdatei zeichenweise lesen
' verwendet: SCRRun
' ===============================
Option Explicit
' Deklaration der Variablen
Dim FSO, DateiInhalt, Zeile, Inhalt, Zeichen
' Konstanten definieren
Const DateiName="beispiel.txt"
'Objekt erzeugen
Set FSO = CreateObject("Scripting.FileSystemObject")
' Gibt es die Datei überhaupt?
If FSO.FileExists(DateiName) then
    ' Ja, also eine Verbindung herstellen
    Set DateiInhalt = FSO.OpenTextFile(DateiName)
    'Solange das Ende der Datei nicht erreicht ist
    Do Until DateiInhalt.atEndOfStream
        'Ein Zeichen lesen
        Zeichen = DateiInhalt.Read(1)
        Inhalt=Inhalt + Zeichen + vbcrlf
    Loop
    'Datei schließen
    DateiInhalt.Close
    'Inhalt ausgeben
    WScript.Echo Inhalt
Else
    WScript.Echo "Datei " & DateiName & " nicht gefunden!"
End If
```

Listing 8.5: */Skripte/Kapitel08/LeseDateiZeichenweise.vbs*

Zeilenweise lesen

Beispiel 2: Zeilenweises Einlesen

Das nächste Skript liest die Datei zeilenweise ein. Nach der Erstellung eines `FileSystemObject` und der Überprüfung, ob die Datei existiert, erfolgt das Öffnen der Datei durch `OpenTextFile()`. Auch in diesem Skript wird die Datei in einer Schleife bis zum Ende durchlaufen. Allerdings wird nun durch die `ReadLine()`-Methode immer eine ganze Zeile gelesen und in der Variablen `Zeile` gespeichert. Wenn das Ende der Datei erreicht ist, wird die Datei geschlossen und der Inhalt am Bildschirm ausgegeben.

> Enthält die Datei als Zeilenende anstelle von Zeilenumbruch und Zeilenvorschub lediglich einen Zeilenvorschub, wird die gesamte Datei beim ersten Lesen durch `ReadLine` eingelesen, da `ReadLine()` immer bis zum Auftreten eines Zeilenumbruchs liest.

```
' LeseDateiZeilenweise.vbs
' Eine Textdatei zeilenweise lesen
' verwendet: SCRRun
' ===========================================================
Option Explicit
' Deklaration der Variablen
Dim FSO, DateiInhalt, Zeile, Inhalt
' Konstanten definieren
Const Dateiname="beispiel.txt"
'Objekt erzeugen
Set FSO = CreateObject("Scripting.FileSystemObject")
' Gibt es die Datei überhaupt?
If FSO.FileExists(DateiName) Then
    ' Ja, also eine Verbindung herstellen
    Set DateiInhalt = FSO.OpenTextFile(Dateiname)
    Do Until DateiInhalt.atEndOfStream
        Zeile = DateiInhalt.ReadLine
        Inhalt=Inhalt + Zeile + vbcrlf
    Loop
    DateiInhalt.Close
    WScript.Echo Inhalt
Else
    WScript.Echo "Datei " & Dateiname & " nicht gefunden!"
End If
```

Listing 8.6: */Skripte/Kapitel08/LeseDateiZeilenweise.vbs*

Beispiel 3: Datei komplett einlesen

Alles lesen

Am einfachsten ist das Einlesen der gesamten Textdatei mit einem einzigen Befehl. Dies wird mit dem nächsten Skript demonstriert. Das Skript ist vom Aufbau her identisch zu den vorherigen, weshalb eine erneute Beschreibung unterlassen wird. Lediglich beim Einlesen treten Unterschiede zutage: Der Einlesevorgang wird hier nicht mehr in einer Schleife vorgenommen, sondern beschränkt sich auf eine Codezeile. Der Variablen `Inhalt` wird das Ergebnis der `ReadAll()`-Methode zugewiesen. Diese Methode liest den gesamten Inhalt der Textdatei auf einmal ein.

```
' LeseDateiKomplett.vbs
' Eine Textdatei komplett lesen
' verwendet: SCRRun
' ================================
Option Explicit
' Deklaration der Variablen
Dim FSO, DateiInhalt, Zeile, Inhalt
' Konstanten definieren
Const DateiName="beispiel.txt"
'Objekt erzeugen
Set FSO = CreateObject("Scripting.FileSystemObject")
' Gibt es die Datei überhaupt?
if FSO.FileExists(DateiName) then
    ' Ja, also eine Verbindung herstellen
    set DateiInhalt = FSO.OpenTextFile(DateiName)
    'Gesamte Datei auf einmal lesen
    Inhalt=DateiInhalt.ReadAll()
    'Datei schließen
    DateiInhalt.Close
    'Inhalt ausgeben
    WScript.Echo Inhalt
else
    WScript.Echo "Datei " & DateiName& " nicht gefunden!"
end if
```

Listing 8.7: */Skripte/Kapitel08/LeseDateiKomplett.vbs*

8.1.6 Schreiben von Dateien

Analog zu den Lesemethoden gibt es Methoden für den Schreibzugriff.

- `Write("Text")`
- `WriteLine("Text")`
- `WriteBlankLines(AnzahlLeerzeilen)`

Zeile oder Zeichen

Es ist möglich, eine Textdatei zeilenweise (`WriteLine()`) oder zeichenweise (`Write()`) zu schreiben. Es gibt jedoch keine explizite Methode, um eine komplette Textdatei mithilfe eines Methodenaufrufs zu speichern. `WriteBlankLines()` schreibt eine beliebige Anzahl von Leerzeilen. Das folgende Skript schreibt die Buchstaben des deutschen Alphabets (a bis z und A bis Z) in eine Zeile einer Textdatei. Würde `Write()` durch `WriteLine()` ersetzt, stünde jeder Buchstabe in einer eigenen Zeile.

Das Beispielskript zeigt das Schreiben in eine Datei anhand der `Write()`-Methode. Die Datei wird durch `OpenTextFile()` geöffnet, aber anders als beim Lesen wird der Öffnungsmodus nicht auf dem Standardwert `ForReading` belassen, sondern es wird als zusätzlicher Parameter `ForWriting` übergeben. Dieser Parameter erlaubt das Schreiben in die geöffnete Datei. In einer `For`-Schleife werden alle 26 Klein- und Großbuchstaben des Alphabets zeichenweise in die Datei geschrieben. Zum Schluss wird die Datei durch die `Close()`-Methode geschlossen.

```
' SchreibeDatei.vbs
' Eine Textdatei schreiben
' verwendet: SCRRun
' ==============================
Option Explicit
'Konstantendefinitionen
Const ForWriting = 2
Const DateiName="beispiel.txt"
' Deklaration der Variablen
Dim FSO, DateiInhalt, Zaehler
'Objekt erzeugen
Set FSO = CreateObject("Scripting.FileSystemObject")
set DateiInhalt = FSO.OpenTextFile(DateiName, ForWriting)
'Alle Buchstaben des Alphabets in die Datei schreiben
For Zaehler = 1 To 26
    'Kleinbuchstaben beginnen an Position 97
    DateiInhalt.Write Chr(96 + Zaehler)
    'Großbuchstaben beginnen an Position 65
    DateiInhalt.Write Chr(64 + Zaehler)
Next
'Datei schließen
DateiInhalt.Close
```

Listing 8.8: */Skripte/Kapitel08/SchreibeDatei.vbs*

8.1.7 Umbenennen einer Datei

Keine eigene Methode

Für das Umbenennen von Dateien stellt die Klasse `FileSystemObject` – entgegen der Erwartung – keine entsprechende Methode bereit. Die Benennung einer Datei ist einfach möglich, indem man schreibend auf das Attribut `Name` zugreift.

> Wichtig ist, dass dabei als neuer Name nur der Dateiname, nicht der komplette Pfad anzugeben ist.

```
' DateiUmbenennen.vbs
' Umbenennen einer Datei
' verwendet: SCRRun
' ===============================================
Option Explicit
' Deklaration der Variablen
Dim Dateisystem, Datei
' Konstanten definieren
Const DateiPfadAlt="c:\ausgabe.xml"
Const DateiNameNeu="Skriptausgabe.xml"
'FSO-Objekt erzeugen
Set DateiSystem = CreateObject("Scripting.FileSystemObject")
'File-Objekt gewinnen
Set Datei = Dateisystem.GetFile(DateiPfadAlt)
'Neuen Namen setzen
```

```
Datei.Name = DateiNameNeu
'Erfolgsmeldung ausgeben
MsgBox "Datei wurde umbenannt!"
```

Listing 8.9: */Skripte/Kapitel08/DateiUmbenennen.vbs*

8.1.8 Kopieren einer Datei

Für das Kopieren von Dateien stellt das `FileSystemObject` die Methode `CopyFile()` zur Verfügung: `CopyFile(QuellPfad, ZielPfad, ÜberschreibenJaNein)`.

Überschreiben erlaubt

Der `CopyFile()`-Methode werden die Dateinamen für die Quell- und Zieldatei übergeben sowie als dritter Parameter ein boolescher Wert, der angibt, ob eine bereits bestehende Datei mit gleichem Namen überschrieben werden soll.

```
' KopiereDatei.vbs
' Eine Datei kopieren
' verwendet: SCRRun
' ==========================================
Option Explicit
' Deklaration der Variablen
Dim FSO
' Konstanten definieren
Const DateiNameQuelle="beispiel.txt"
Const DateiNameZiel="beispiel2.txt"
'Objekt erzeugen
Set FSO = CreateObject("Scripting.FileSystemObject")
If FSO.FileExists(DateiNameQuelle) Then
    'Kopieren mit CopyFile
    FSO.CopyFile DateiNameQuelle, DateiNameZiel, True
    WScript.Echo DateiNameQuelle & " wurde nach " & _
        DateiNameZiel & " kopiert."
Else
    WScript.Echo DateiNameQuelle & " ist nicht vorhanden."
End If
```

Listing 8.10: */Skripte/Kapitel08/KopiereDatei.vbs*

8.1.9 Verschieben einer Datei

Kein Überschreibmodus

Auch das Verschieben von Dateien lässt sich genauso wie das Kopieren über eine integrierte Methode erreichen. Das `FileSystemObject` stellt hierfür die Methode

`MoveFile("QuellPfad","ZielPfad")`

zur Verfügung. Auch die `MoveFile()`-Methode bekommt als Parameter die Namen für die Quell- und Zieldatei übergeben.

> Allerdings ist das Überschreiben bereits bestehender Dateien nicht möglich. Wenn die Datei schon vorhanden ist, erscheint ein Laufzeitfehler.

```
' VerschiebeDatei.vbs
' Eine Datei verschieben
' verwendet: SCRRun
' ===============================
Option Explicit
' Deklaration der Variablen
Dim FSO, DateiNameQuelle, DateiNameZiel
' Konstanten definieren
Const DateiNameQuelle="beispiel.txt"
Const DateiNameZiel="beispiel3.txt"
'Objekt erzeugen
Set FSO = CreateObject("Scripting.FileSystemObject")
If FSO.FileExists(DateiNameQuelle) Then
    ' Verschieben mit MoveFile
    FSO.MoveFile DateiNameQuelle, DateiNameZiel
    ' Ausgabe
    WScript.Echo DateiNameQuelle & " wurde nach " & _
        DateiNameZiel & " verschoben."
Else
    ' Fehlermeldung ausgeben
    WScript.Echo DateiNameQuelle & " ist nicht vorhanden"
End If
```

Listing 8.11: */Skripte/Kapitel08/VerschiebeDatei.vbs*

Überschreiben selbst gemacht

Besser ist eine zweite Methode, die aber etwas mehr Programmieraufwand erfordert. Hierbei wird die Datei kopiert und dann die Quelldatei durch die Methode `DeleteFile()` gelöscht. Der zweite Vorteil des Skripts liegt darin, dass sich so auch schreibgeschützte Dateien verschieben lassen.

```
' VerschiebeDatei2.vbs
' Eine Datei sicher verschieben
' verwendet: SCRRun
' ===============================
Option Explicit
' Deklaration der Variablen
Dim FSO, DateiNameQuelle, DateiNameZiel
' Konstanten definieren
Const DateiNameQuelle="beispiel.txt"
Const DateiNameZiel="beispiel3.txt"
'Objekt erzeugen
Set FSO = CreateObject("Scripting.FileSystemObject")
If FSO.FileExists(DateiNameQuelle) Then
    ' Kopiere die Datei
    FSO.CopyFile DateiNameQuelle, DateiNameZiel, True
    ' Nun löschen, auch schreibgeschützt
    FSO.DeleteFile DateiNameQuelle, true
    ' Ausgabe
    WScript.Echo DateiNameQuelle & " wurde nach " & _
        DateiNameZiel & " verschoben."
```

```
Else
    ' Fehlermeldung ausgeben
    WScript.Echo DateiNameQuelle & " ist nicht vorhanden"
End If
```

Listing 8.12: */Skripte/Kapitel08/VerschiebeDatei2.vbs*

8.1.10 Dateien suchen

Die Scripting Runtime-Komponente stellt keine Methode zur Verfügung, um Dateien oder Verzeichnisse zu suchen. Um Dateien in einem Laufwerk zu suchen, muss selbst ein Skript geschrieben werden, das beginnend im Startverzeichnis des Laufwerkes die gesamte Verzeichnisstruktur durchläuft. Die Inhalte der Verzeichnisse – Datei- und Verzeichnisnamen – werden mit der angegebenen Suchmaske verglichen. Ist die Suchmaske in dem Namen enthalten, wird eine Meldung ausgegeben.

Rekursive Suche

Um eine beliebige hierarchische Verzeichnisstruktur durchsuchen zu können, muss man die sogenannte *Rekursion* einsetzen: Rekursion bedeutet, dass eine Unterroutine sich selbst aufruft und diesen Selbstaufruf erst bei einer bestimmten Bedingung abbricht. In dem nachfolgenden Skript steckt die Rekursion in `ListeOrdner()`. Übergeben werden der Pfad eines Ordners und der Suchbegriff.

```
' SucheDateien.vbs
' Suchen von Dateien
' verwendet: SCRRun
' ===============================
Option Explicit
Dim Start, Suchwort
If WScript.Arguments.Count = 2 Then
  ' Werte von der Kommandozeile lesen
  Start = WScript.Arguments(0)
  Suchwort=WScript.Arguments(1)
  ' Aufruf der Hilfsroutine
  ListeOrdner Start, Suchwort
else
    'Syntax ausgeben
    WScript.Echo "Syntax: SucheDateien.vbs Startverzeichnis Suchwort"
End If
' Hilfsroutine: Rekursion über Ordnerinhalte
Sub ListeOrdner(Ordner, Suchmaske)
' Deklaration der Variablen
Dim FSO, Verzeichnis, Datei, Unterverzeichnis
' Objekt erzeugen
Set FSO = CreateObject("Scripting.FileSystemObject")
' Referenz auf Verzeichnis erzeugen
Set Verzeichnis = FSO.GetFolder(Ordner)
' Alle Dateien im Verzeichnis durchlaufen
For Each Datei In Verzeichnis.Files
    ' Wenn Dateiname mit Suchwort übereinstimmt
    If InStr(UCase(Datei.Name),UCase(Suchmaske))>0 Then
```

```
        ' Ausgabe des Pfades und des Dateinamens
        WScript.Echo "Gefunden: " & Datei.path
    End If
Next
' Durchlaufe alle Unterverzeichnisse
For Each Unterverzeichnis In Verzeichnis.SubFolders
    ' Wenn Verzeichnisname mit Suchwort übereinstimmt
    If InStr(UCase(Unterverzeichnis.Name),UCase(Suchmaske))>0 then
        ' Ausgabe des Pfades und des Verzeichnisnamens
        WScript.Echo Unterverzeichnis.Name
    End If
    'Rekursiver Aufruf der Routine
    ListeOrdner Unterverzeichnis.Path, Suchmaske
Next
End Sub
```

Listing 8.13: */Skripte/Kapitel08/SucheDateien.vbs*

Dieses Skript wird mit Parametern an der Kommandozeile aufgerufen. Die Syntax ist folgende:

```
cscript.exe SucheDateien.vbs Startverzeichnis Suchwort
```

Die Hauptroutine des Skripts ist sehr kurz gehalten. Es erfolgt eine Prüfung, ob zwei Parameter übergeben wurden. Ist dies der Fall, wird die `ListeOrdner()`-Methode mit den übergebenen Parametern aufgerufen. Wurden nicht genügend Parameter übergeben, erfolgt eine Ausgabe mit der genauen Syntax.

Beginne bei null Die `Arguments`-Auflistung ist nullbasiert, deshalb stehen die Parameter in `Arguments(0)` und `Arguments(1)`. Allerdings ist die `Count`-Eigenschaft der Arguments-Auflistung einsbasiert, weshalb im Skript auf `Arguments.Counts=2` geprüft wird.

Files In der `ListeOrdner()`-Methode wird die Referenz auf ein `FileSystemObject` erzeugt und mittels der `GetFolder()`-Methode wird ein Verweis auf das `Folder`-Objekt des Startverzeichnisses in der Variablen `Verzeichnis` gespeichert. In den beiden `For Each`-Schleifen werden die `Files()`- und die `SubFolders()`-Auflistungen des `FileSystemObject` durchlaufen, welche die im referenzierten Verzeichnis enthaltenen Dateien und Unterverzeichnisse enthalten. Über die `InStr()`-Funktion wird der Datei- oder Verzeichnisname mit dem gesuchten Begriff verglichen. Ist der gesuchte Begriff in der Zeichenkette enthalten, liefert die `InStr()`-Funktion einen Wert größer `0` zurück, ansonsten wird der Index des gesuchten Begriffs in der Zeichenkette zurückgeliefert. Jede gefundene Datei und jedes gefundene Verzeichnis wird ausgegeben.

SubFolders In der `For Each`-Schleife der Verzeichnissuche wird für jedes Unterverzeichnis der `SubFolders`-Auflistung des `Folder`-Objekts rekursiv die `ListeOrdner()`-Methode erneut aufgerufen.

Um Fehler bei der Suche auszuschließen, werden sowohl die Verzeichnisnamen als auch das Suchkriterium durch die `UCase()`-Funktion in Großbuchstaben umgewandelt.

8.1.11 Suchen in Dateiinhalten

Dateiinhalte suchen

Eine weitere Suchvariante ist das Suchen von Dateiinhalten in Dateien. Das nachfolgende Skript durchsucht alle Dateien innerhalb eines Verzeichnisbaums nach dem Vorkommen einer Zeichenkette. Da das Skript nahezu identisch mit dem obigen Beispiel ist, beschränken sich die Erläuterungen lediglich auf die abweichenden Teile.

Zeichenfolge enthalten?

Beim Durchlaufen der `Files()`-Auflistung wird jede Datei im Textmodus geöffnet. Die `ReadAll()`-Methode liest den gesamten Inhalt der Datei in eine Variable. Die `InStr()`-Funktion von Visual Basic vergleicht nun den gesuchten String mit dem Dateiinhalt. Wird ein Wert größer als `0` zurückgegeben, ist die gesuchte Zeichenfolge in der Datei enthalten. Es erfolgt eine Ausgabe des Dateinamens inklusive Pfad.

```
' SucheInDatei.vbs
' Suchen in Dateien
' verwendet: SCRRun
' ===============================
Option Explicit
' Deklaration der Variablen
Dim Verzeichnis, Unterverzeichnis
Dim SuchText, FSO

' Suchtext aus der Kommandozeile lesen
SuchText = WScript.Arguments(0)
'Objekt erzeugen
Set FSO = CreateObject("Scripting.FileSystemObject")
' Zu durchsuchendes Verzeichnis aus der Kommandozeile lesen
Set Verzeichnis = FSO.GetFolder(WScript.Arguments(1))
' Aufruf der Suchfunktion
WScript.Echo "Der Text " & SuchText & " wurde gefunden in:"
Suche Verzeichnis,SuchText

Function Suche(Verzeichnis,SucheText)
Dim Dateien,TextStream,Dateiinhalt
For Each Dateien in Verzeichnis.Files
  Set TextStream = FSO.OpenTextFile(Dateien.Path,1)
  Dateiinhalt = TextStream.ReadAll
  If InStr(1, Dateiinhalt, SucheText, 1) then
    WScript.Echo Dateien.Path
  End If
  TextStream.Close
Next

' Unterverzeichnis durchsuchen
For Each Unterverzeichnis in Verzeichnis.SubFolders
  Suche Unterverzeichnis,SucheText
Next
End Function
```

Listing 8.14: */Skripte/Kapitel08/SucheInDatei.vbs*

8.1.12 Dateien löschen

Das folgende Skript nutzt die Delete()-Methode der File-Klasse, um alle Dateien mit der Erweiterung *.wmf* aus *C:\temp* zu löschen.

Ohne Rückfrage

Es wird ein neues Objekt erzeugt, das in der Objektvariablen FSO gespeichert wird. Anschließend erzeugt die Methode GetFolder() ein Folder-Objekt und speichert dieses in der Variablen Verzeichnis. Mittels einer For Each-Schleife wird nun die Files-Auflistung des Folder-Objekts durchlaufen und das Attribut Name der Datei überprüft. Entspricht die Erweiterung dem geforderten Muster, wird die Datei gelöscht.

```
' LoescheDatei.vbs
' Löschen von Dateien
' verwendet: SCRRun
' ===============================
Option Explicit
' Deklaration der Variablen
Dim FSO, Datei, Verzeichnis
' FSO erzeugen
Set FSO = CreateObject("Scripting.FileSystemObject")
' Referenz auf Verzeichnis holen
Set Verzeichnis = FSO.GetFolder("c:\inetpub")
' Alle Dateien bearbeiten
For Each Datei In Verzeichnis.Files
  ' Wenn Dateiendung .WMF dann
  If UCase(Right(Datei.Name, 4)) = ".WMF" Then
    ' Ausgabe
    WScript.Echo "Loesche " & Datei.Name
    ' Lösche Datei
    Datei.Delete
  End If
Next
```

Listing 8.15: */Skripte/Kapitel08/LoescheDatei.vbs*

8.2 Verzeichnisse

Max. 255 Einträge

Verzeichnisse (alias Ordner) dienen der Strukturierung eines Dateisystems. Der Zugriff auf Ordner erfolgt auf die gleiche Weise wie der Zugriff auf Dateien, nur dass anstelle eines File-Objekts ein Folder-Objekt im Spiel ist, das ebenfalls in der Scripting Runtime-Komponente zur Verfügung gestellt wird. Genau wie es eine GetFile()-Methode gibt, steht auch eine GetFolder()-Methode zur Verfügung, die ein Folder-Objekt liefert, über das ein beliebiger Ordner über seinen Dateisystempfad angesprochen werden kann.

8.2.1 Auflisten eines einzelnen Verzeichnisses

Das folgende Listing zeigt, wie die in einem bestimmten Ordner enthaltenen Dateien und Unterordner aufgelistet werden. Dieses Beispiel listet nur die erste Ebene innerhalb eines Verzeichnisses auf.

Files und SubFolder

Zu Beginn werden entsprechende Variablen deklariert und ein Verweis auf das `FileSystemObject` erzeugt. Der Verweis auf das Verzeichnis erfolgt über die `GetFolder()`-Methode, die den Verweis in der Variablen `Verzeichnis` speichert. Nun wird in der ersten `For Each`-Schleife die `Files`-Objektmenge des `Folder`-Objekts durchlaufen und alle Dateinamen werden ausgegeben. In der nächsten `For Each`-Schleife wird die `SubFolders`-Objektmenge durchlaufen, welche die im Verzeichnis enthaltenen Unterverzeichnisse enthält. Auch die Verzeichnisnamen werden an der Konsole ausgegeben.

```
' LeseOrdner.vbs
' Lesen eines Verzeichnisses
' verwendet: SCRRun
' ===============================
Option Explicit
' Deklaration der Variablen
Dim FSO, Verzeichnis, UnterVerzeichnis
Dim Datei
' Konstanten definieren
Const VerzeichnisName="INetPub"
'Objekt erzeugen
Set FSO = CreateObject("Scripting.FileSystemObject")
'Referenz auf ein Verzeichnis holen
Set Verzeichnis = FSO.GetFolder(VerzeichnisName)
' Ausgabe
WScript.Echo "-- Dateien:"
' Alle Dateien
For Each Datei In Verzeichnis.Files
  WScript.Echo Datei.Name
Next
WScript.Echo "-- Ordner:"
' Alle Unterverzeichnisse
For Each UnterVerzeichnis In Verzeichnis.SubFolders
  WScript.Echo UnterVerzeichnis.Name
Next
```

Listing 8.16: */Skripte/Kapitel08/LeseOrdner.vbs*

8.2.2 Auflisten eines Verzeichnisbaums

Rekursives Auflisten

Um einen Verzeichnisbaum mit allen seinen Unterverzeichnissen aufzulisten, benötigt man Rekursion. Hierbei wird ausgehend von einem Verzeichnis durch den gesamten untergeordneten Verzeichnisbaum traversiert. Das Skript unterscheidet sich lediglich im rekursiven Aufruf der `ListeVerzeichnisRek()`-Prozedur. Als Parameter wird ein `Verzeichnis`-Objekt an die Hilfsfunktion übergeben.

```
' ListeVerzeichnisseRek.vbs
' Auflisten von Verzeichnissen
' verwendet: SCRRun
' ================================
Option Explicit
' Aufruf der Routine
' Konstanten definieren
Const VerzeichnisBezeichner="."

ListeVerzeichnisseRek VerzeichnisBezeichner

Sub ListeVerzeichnisseRek(Verzeichnisname)
' Deklaration der Variablen
Dim FSO, Verzeichnis, UnterVerzeichnis
'Objekt erzeugen
Set FSO = CreateObject("Scripting.FileSystemObject")
' Wenn das Verzeichnis existiert
if FSO.FolderExists(Verzeichnisname) then
  ' Ordner holen
  Set Verzeichnis = FSO.GetFolder(Verzeichnisname)
  ' Alle Unterverzeichnisse auflisten
  for each UnterVerzeichnis in Verzeichnis.subfolders
    WScript.Echo UnterVerzeichnis.Name
    ' Erneuter Aufruf mit dem Unterverzeichnis
    ListeVerzeichnisseRek UnterVerzeichnis
  next
end if
End Sub
```

Listing 8.17: */Skripte/Kapitel08/ListeVerzeichnisseRek.vbs*

> Neben absoluten Verzeichnisnamen lassen sich auch (wie in den Beispielen demonstriert) relative Verzeichnisangaben nutzen. So ist der Zugriff auf das aktuelle Verzeichnis durch die Zuweisung von „." möglich, während das übergeordnete Verzeichnis durch „.." repräsentiert wird. Auch ist ein Zugriff auf das Wurzelverzeichnis durch die Zuweisung von „\" möglich.

8.2.3 Anlegen eines Verzeichnisses

CreateFolder()

Die Methode `CreateFolder()` in der Klasse `FileSystemObject` dient dem Anlegen eines Ordners. Durch das Anlegen eines Verzeichnisses wird der Grundstock für die weitere Arbeit mit Verzeichnissen gelegt. Das Beispielskript erzeugt durch `CreateObject()` einen Verweis auf eine Instanz von `FileSystemObject`, der in der Variablen `FSO` gespeichert wird. Die Überprüfung auf Existenz des Verzeichnisses mittels `FolderExists()` wird durch den `Not`-Operator negiert. Nur wenn das Verzeichnis nicht existiert, wird es durch die `CreateFolder()`-Methode angelegt; andernfalls erscheint ein Hinweis, dass das Verzeichnis bereits vorhanden ist.

```
' ErzeugeOrdner.vbs
' Erzeugen eines Verzeichnisses
' verwendet: SCRRun
' ==============================
Option Explicit
' Deklaration der Variablen
Dim FSO, Verzeichnis
' Konstanten definieren
Const VerzeichnisName="Test"
' Objekt erzeugen
Set FSO = CreateObject("Scripting.FileSystemObject")
' Prüfung, ob das Verzeichnis bereits existiert
if Not FSO.FolderExists(VerzeichnisName) then
    ' Verzeichnis anlegen
    FSO.CreateFolder(VerzeichnisName)
else
    ' Fehlermeldung ausgeben
    WScript.Echo "Verzeichnis " & VerzeichnisName & " existiert bereits"
End If
```

***Listing 8.18:** /Skripte/Kapitel08/ErzeugeOrdner.vbs*

Die Existenz des gerade angelegten Verzeichnisses kann mit dem Skript des nächsten Abschnitts überprüft werden.

8.2.4 Verzeichnisattribute bestimmen

Verzeichnis-attribute

Neben Dateien können auch Verzeichnisse über Eigenschaften verfügen (vgl. Kapitel 8.1.2). Diese sind teilweise identisch. Lediglich die Eigenschaft `Verzeichnis` kommt hinzu.

***Tabelle 8.2** Verzeichnis-eigenschaften*

Wert	Bedeutung
16	Verzeichnis
1	schreibgeschützt
2	versteckt
4	System
8	Laufwerk
32	Archiv
64	Verknüpfung
128	komprimiert

Der Zugriff erfolgt über das `Attributes`-Attribut des `Folder`-Objekts. Nach der Erzeugung der `FileSystemObject`-Referenz und der Überprüfung, ob das Verzeichnis existiert, wird durch die `GetFolder()`-Methode ein Verweis auf das Verzeichnis erzeugt und in der Variablen `Verzeichnis` abgespeichert. Anschließend erfolgt die Ausgabe einzelner Attribute des `Folder`-Objekts. Dies sind im Beispiel die Attribute `Type`,

`ParentFolder`, `ShortName`, `DateCreated`, `DateLastAccessed`, `DateLastModified` und das `Attributes`-Attribut. Letzteres Attribut wird durch einen numerischen Wert repräsentiert, der durch Addition einzelner Attribute entsteht (vgl. die Erläuterungen zu Dateieigenschaften in Kapitel 8.1.2).

Numerischer Wert

Die Zerlegung dieses numerischen Werts in seine einzelnen Bestandteile erfolgt über die logische Operation `AND`.

```
' VerzeichnisAttribute.vbs
' Attribute eines Verzeichnisses
' verwendet: SCRRun
' ===============================
Option Explicit
' Deklaration der Variablen
Dim FSO, Verzeichnis
' Konstanten definieren
Const VerzeichnisName="INetPub"
'Objekt erzeugen
Set FSO = CreateObject("Scripting.FileSystemObject")
' Gibt es das Verzeichnis überhaupt?
if FSO.FolderExists(VerzeichnisName) then
    ' Ja, also eine Verbindung herstellen
    Set Verzeichnis = FSO.GetFolder(VerzeichnisName)
    WScript.Echo "Typ des Objekts       : " & Verzeichnis.Type
    WScript.Echo "Elternverzeichnis     : " & Verzeichnis.ParentFolder
    WScript.Echo "ShortName             : " & Verzeichnis.ShortName
    WScript.Echo "Erstellt am           : " & Verzeichnis.DateCreated
    WScript.Echo "Geändert am           : " & _
         Verzeichnis.DateLastModified
    WScript.Echo "Letzter Zugriff       : " & _
        Verzeichnis.DateLastAccessed
    WScript.Echo "Attribute des Objekts : " & Verzeichnis.Attributes
    WScript.Echo "-----------------------"
    If Verzeichnis.Attributes AND 2 Then
     WScript.Echo "Versteckter Ordner"
    End if
    If Verzeichnis.Attributes AND 4 Then
     WScript.Echo "Systemordner"
    End if
    If Verzeichnis.Attributes AND 16 Then
     WScript.Echo "Ordner"
    End if
    If Verzeichnis.Attributes AND 32 Then
     WScript.Echo "Archive Bit gesetzt"
    End if
    If Verzeichnis.Attributes AND 2048 Then
     WScript.Echo "Komprimierter Ordner"
    End if
else
    WScript.Echo "Verzeichnis " & VerzeichnisName & " nicht gefunden!"
end if
```

Listing 8.19: */Skripte/Kapitel08/VerzeichnisAttribute.vbs*

Die folgende Abbildung zeigt die Ausgabe des Skripts.

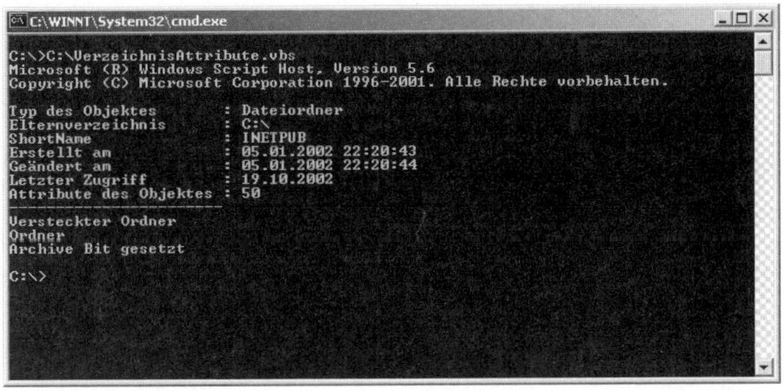

Bild 8.1 Verzeichnisattribute ausgeben

8.2.5 Umbenennen eines Verzeichnisses

Für das Umbenennen von Verzeichnissen stellt das `FileSystemObject` wie beim Umbenennen von Dateien keine explizite Methode zur Verfügung. Auch hier kann einfach schreibend auf das Attribut `Name` eines `Folder`-Objekts zugegriffen werden.

> Ebenso wie beim Umbenennen einer Datei mit dem `File`-Objekt ist es wichtig, dass als neuer Name nicht der komplette Pfad angegeben wird.

```
' OrdnerUmbenennen.vbs
' Umbenennen eines Dateisystemordners
' verwendet: SCRRun
' ===============================
Option Explicit
' Deklaration der Variablen
Dim Dateisystem, Ordner
' Konstanten definieren
Const OrdnerPfadAlt="c:\test"
Const OrdnerNameNeu="Skripte"
'FSO-Objekt erzeugen
Set DateiSystem = CreateObject("Scripting.FileSystemObject")
'File-Objekt gewinnen
Set Ordner = Dateisystem.GetFolder(OrdnerPfadAlt)
'Neuen Namen setzen
Ordner.Name = OrdnerNameNeu
'Erfolgsmeldung ausgeben
MsgBox "Ordner wurde umbenannt!"
```

Listing 8.20: */Skripte/Kapitel08/OrdnerUmbenennen.vbs*

8.2.6 Löschen von Verzeichnissen

Vorhandene Ordner löschen

Für das Löschen von Verzeichnissen wird die Methode `DeleteFolder()` in der Klasse `FileSystemObject` genutzt. Diese Methode erwartet als Parameter den Pfad und den Namen des Verzeichnisses. Als optionalen zweiten Parameter kann man angeben, ob das Verzeichnis auch gelöscht werden soll, wenn es einen Schreibschutz gibt.

Im nachfolgenden Skript wird ein Verweis auf das `FileSystemObject` erzeugt und in der Variablen `FSO` gespeichert. Nachdem durch die `Folder Exists()`-Methode erfolgreich überprüft wurde, ob das Verzeichnis existiert, wird das Verzeichnis durch die `DeleteFolder()`-Methode gelöscht. Ist das Verzeichnis nicht vorhanden, wird eine Fehlermeldung an der Konsole ausgegeben.

```
' LoescheVerzeichnis.vbs
' Löschen eines Verzeichnisses
' verwendet: SCRRun
' ===============================
Option Explicit
' Deklaration der Variablen
Dim FSO
Const VerzeichnisName="w:\alteDokumente"
'Objekt erzeugen
Set FSO = CreateObject("Scripting.FileSystemObject")
' Wenn es das Verzeichnis gibt, dann ...
If FSO.FolderExists(VerzeichnisName) Then
  ' löschen
  FSO.DeleteFolder Verzeichnisname, true
  ' Ausgabe
  WScript.Echo "Das Verzeichnis " & VerzeichnisName & " wurde gelöscht."
Else
  ' sonst Fehlermeldung ausgeben
  WScript.Echo "Das Verzeichnis " & VerzeichnisName & _
    " existiert nicht."
End If
```

Listing 8.21: */Skripte/Kapitel08/LoescheVerzeichnis.vbs*

8.2.7 Kopieren von Verzeichnissen

Unterschiedliche Verzeichnisse

Für das Kopieren von Verzeichnissen stellt das `FileSystemObject` die Methode `CopyFolder()` zur Verfügung.

Im Beispielskript wird der Verweis auf das `FileSystemObject` wie üblich in der Variablen `FSO` gespeichert. Nun wird die `CopyFolder()`-Methode mit dem Namen des Quell- und Zielverzeichnisses aufgerufen. Dadurch wird der Ordner kopiert. Quell- und Zielverzeichnis sollten auf unterschiedliche Verzeichnisse zeigen, da sonst keine Kopieroperation durchgeführt wird. Es wird allerdings auch keine Fehlermeldung erzeugt.

```
' KopiereOrdner.vbs
' Kopieren eines Verzeichnisses
' verwendet: SCRun
' ================================
Option Explicit
' Deklaration der Variablen
Dim FSO
' Konstanten definieren
Const VerzeichnisNameQuelle="Test"
Const VerzeichnisNameZiel="Test1"
' FSO-Objekt erstellen
Set FSO = CreateObject("Scripting.FileSystemObject")
' Zielordner bereits vorhanden?
if not FSO.FolderExists(VerzeichnisNameZiel) then
    ' Quellverzeichnis vorhanden?
    if FSO.FolderExists(VerzeichnisNameQuelle) then
      ' Kopieren des Ordners
      FSO.CopyFolder VerzeichnisNameQuelle,VerzeichnisNameZiel
      WScript.echo "Ordner " & VerzeichnisNameQuelle & " wurde nach " & _
                   VerzeichnisNameZiel & " kopiert"
    else
        WScript.echo "Quellordner " & VerzeichnisNameQuelle & _
                     " existiert nicht"
    end if
else
    WScript.echo "Zielordner " & VerzeichnisNameZiel & " existiert bereits"
end if
```

Listing 8.22: */Skripte/Kapitel08/KopiereOrdner.vbs*

8.2.8 Verschieben von Verzeichnissen

Das Verschieben eines Verzeichnisses erfolgt durch die `MoveFolder()`-Methode, die den Pfad auf das Quell- und Zielverzeichnis erwartet.

Im Beispiel wird nach der Erzeugung des `FileSystemObject` und der Überprüfung, ob das Quellverzeichnis existiert, die `MoveFolder()`-Methode aufgerufen. Sollte das Quellverzeichnis nicht existieren, wird eine Fehlermeldung an der Konsole ausgegeben.

> Sollte das Zielverzeichnis bereits vorhanden sein, wird die etwas merkwürdige Meldung „Die Datei ist bereits vorhanden." ausgegeben.

```
' VerschiebeOrdner.vbs
' Verschieben eines Verzeichnisses
' verwendet: SCRRun
' ================================
Option Explicit
' Deklaration der Variablen
Dim FSO
' Konstanten definieren
Const VerzeichnisNameQuelle="Test"
Const VerzeichnisNameZiel="Test1"
' FSO-Objekt erstellen
Set FSO = CreateObject("Scripting.FileSystemObject")
' Wenn die Quelle existiert, dann
if FSO.FolderExists(VerzeichnisNameQuelle) then
  ' Verschieben des Ordners
  FSO.MoveFolder VerzeichnisNameQuelle,VerzeichnisNameZiel
  WScript.Echo "Ordner " & VerzeichnisNameQuelle & _
    " wurde nach " & VerzeichnisNameZiel & " verschoben"
else
  WScript.Echo "Quelle " & VerzeichnisNameQuelle & " existiert nicht"
end if
```

Listing 8.23: */Skripte/Kapitel08/VerschiebeOrdner.vbs*

8.2.9 Verzeichnis suchen

Das `FileSystemObject` stellt für die Suche nach Verzeichnissen keine eigene Methode zur Verfügung. Deshalb demonstriert das nachfolgende Beispiel das Vorgehen, um Verzeichnisse im Dateisystem zu suchen.

Verzeichnissuche

Nach der Deklaration der Variablen wird ein Verweis auf ein `FileSystemObject` durch die `CreateObject()`-Methode erstellt und in der Variablen `FSO` abgelegt. Nun wird ein Verweis auf das Verzeichnis erzeugt, das bei der Suche als Startverzeichnis fungieren soll. Dieser Verweis wird durch die `GetFolder()`-Methode ermittelt und in der Variablen `Verzeichnis` gespeichert. Anschließend wird in einer `For Each`-Schleife die `SubFolders`-Objektmenge des `Folder`-Objekts durchlaufen. Jeder Verzeichnisname wird durch die `InStr()`-Funktion mit dem Suchwort verglichen. Sollte das Suchwort in dem Verzeichnisnamen vorkommen, liefert `InStr()` einen Wert größer `0`. In diesem Fall erfolgt die Ausgabe des Verzeichnisnamens.

Rekursive Suche

Eine Besonderheit an diesem Skript ist der rekursive Aufruf der `SucheOrdner()`-Methode mit dem Namen des aus der `SubFolder`-Auflistung ermittelten Verzeichnisnamens und der gesuchten Zeichenkette. Dadurch wird der gesamte Verzeichnisbaum unterhalb des Startverzeichnisses durchlaufen.

```
' VerzeichnisSuche.vbs
' Suchen eines Verzeichnisses (rekursiv)
' verwendet: SCRRun
' ================================
Option Explicit
```

```
' Aufruf der Routine
SucheOrdner "C:\Winnt","System"

' === Unterroutine
Sub SucheOrdner(StartVerzeichnis,Suchtext)
' Deklaration der Variablen
Dim FSO, Verzeichnis, Unterverzeichnis
' FSO-Objekt erstellen
Set FSO = CreateObject("Scripting.FileSystemObject")
' Referenz auf Verzeichnis holen
Set Verzeichnis = FSO.GetFolder(StartVerzeichnis)
' Durchlaufe Unterverzeichnisse
For Each Unterverzeichnis In Verzeichnis.SubFolders
  ' Entspricht Verzeichnisname dem gesuchten Element?
  If InStr(UCase(Unterverzeichnis.Name),UCase(Suchtext))>0 then
    ' Ausgabe des Verzeichnisnamens
    WScript.Echo Unterverzeichnis.Name
  End If
  ' Rekursiver Aufruf für nächste Verzeichnisebene
  SucheOrdner Unterverzeichnis.Path,Suchtext
Next
End Sub
```

Listing 8.24: */Skripte/Kapitel08/VerzeichnisSuche.vbs*

Bild 8.2
Ausgabe des Skripts VerzeichnisSuche.vbs

8.2.10 Eine Verzeichnisstruktur gemäß einer XML-Datei anlegen

Große Verzeichnisbäume

Das Erstellen einzelner Verzeichnisse wurde in diesem Kapitel bereits gezeigt. Allerdings ist der Aufbau großer und komplexer Verzeichnisbäume mit dieser Methode nur unzureichend zu bewerkstelligen. Deshalb wird in diesem Beispiel eine komplexe Aufgabe vorgestellt, die eine Verzeichnisstruktur aus einer XML-Datei aufbaut. Da eine Verzeichnisstruktur hierarchisch ist, ist es am besten, für die Definition der Verzeichnisstruktur eine XML-Datei zu verwenden, weil diese es auf einfache Weise erlaubt, hierarchische Strukturen abzubilden.

> Die Verwendung von XML-Dateien wurde bereits in Kapitel 7 besprochen.

Das Skript durchläuft den in einer XML-Datei gespeicherten Verzeichnisbaum und erstellt die darin definierten Verzeichnisse. Das XML-Dokument, das als Eingabe für das Skript dient, besteht unterhalb des Wurzelknotens „VerzeichnisStruktur" aus hierarchisch angeordneten „Verzeichnis"-Einträgen.

Bild 8.3 XML-Datei zur Beschreibung einer Verzeichnisstruktur

```
- <VerzeichnisStruktur>
    <!-- Firma -->
  - <Verzeichnis Name="IT-Visions.de">
    - <Verzeichnis Name="Leistungen">
        <Verzeichnis Name="Schulungen" />
        <Verzeichnis Name="Beratung" />
        <Verzeichnis Name="Entwicklung" />
      </Verzeichnis>
      <Verzeichnis Name="Kunden" />
      <Verzeichnis Name="Lieferanten" />
      <Verzeichnis Name="Internes" />
    </Verzeichnis>
    <!-- Websites -->
  - <Verzeichnis Name="Websites">
      <Verzeichnis Name="www.windows-scripting.de" />
      <Verzeichnis Name="www.dotnetframework.de" />
      <Verzeichnis Name="www.dotnet-doktor.de" />
      <Verzeichnis Name="www.IT-Visions.de" />
      <Verzeichnis Name="www.komponenten.Info" />
      <Verzeichnis Name="www.dotnet-camp.de" />
      <Verzeichnis Name="www.powershell-doktor.de" />
    </Verzeichnis>
  </VerzeichnisStruktur>
```

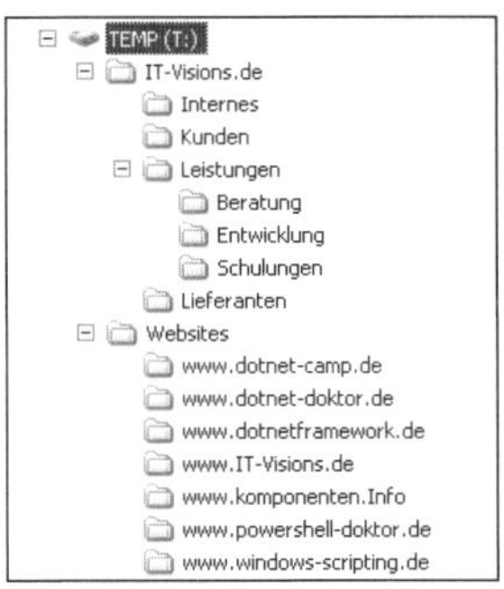

Bild 8.4 Diese Abbildung zeigt das Ergebnis der Anwendung des Skripts auf die obige XML-Datei.

Das Skript

Das Skript erwartet, dass die XML-Datei mit Namen *Verzeichnisstruktur.xml* im gleichen Verzeichnis wie das Skript liegt. Das Basisverzeichnis wird durch einen dem Skript zu übergebenden Parameter festgelegt. Da das Skript eine Ausgabezeile für jedes Verzeichnis erzeugt, sollte es mit *cscript.exe* gestartet werden, um eine Vielzahl von Dialogfenstern zu vermeiden:

```
cscript.exe VerzeichnisstrukturAnlegen.vbs
```

Das Skript besteht aus zwei Teilen: aus dem Hauptprogramm, das die Pfade ermittelt und das XML-Dokument lädt, sowie aus der Unterroutine `VerzeichnisseAnlegen()`, die den Durchlauf durch das XML-Dokument durch rekursiven Selbstaufruf durchführt und entsprechend die Verzeichnisse mit der Scripting Runtime-Komponente anlegt. Nach dem Anlegen eines Verzeichnisses ruft sich die Routine selbst wieder auf, um die Unterknoten des aktuellen Knotens abzuarbeiten. Damit unterstützt das Skript eine beliebig tiefe Verzeichnishierarchie.

Die Hauptroutine übergibt beim Aufruf der Unterroutine das Wurzelelement des geladenen XML-Dokuments (`XMLDocument.documentElement`). Die Unterroutine führt dann eine Schleife über alle Kinderknoten (`childNodes`) des übergebenen Elements aus. Die Anzahl der untergeordneten XML-Elemente kann man mit `Length` ermitteln. Wichtig ist, dass nur Inhaltsknoten gezählt werden, da die in dem XML-Eingabedokument enthaltenen XML-Kommentare ignoriert werden müssen. Den Namen des anzulegenden Verzeichnisses findet man in dem XML-Attribut „Name" des aktuellen XML-Elements: `NeuerName = Unterknoten.Item(i).GetAttribute("Name")`.

```
' ----------------------------------------
' Skriptname: VerzeichnisstrukturAnlegen.vbs
' ----------------------------------------
' Dieses Skript legt im Dateisystem eine
' Verzeichnisstruktur gemäß den Vorgaben einer
' XML-Datei an.
' ----------------------------------------
' verwendet FSO, MSXML, WSH-Objekte
' ----------------------------------------

Option Explicit

' Deklaration der Variablen
Dim FSO
Dim XMLDocument
Dim WSHShell
Dim Eingabedatei
Dim StartKnoten

' Parameter
Const Basisverzeichnis = "T:\"

' Notwendige COM-Objekte erzeugen
Set FSO = CreateObject("Scripting.FileSystemObject")
```

```
Set XMLDocument = CreateObject("Msxml2.DOMDocument")
XMLDocument.async = False
Set WSHShell = CreateObject("Wscript.shell")

' Basisverzeichnis erzeugen, wenn nicht vorhanden
If Not FSO.FolderExists(BasisVerzeichnis) Then
        WScript.Echo "Basisverzeichnis " &  Basisverzeichnis & " wird
erzeugt..."
        FSO.CreateFolder(BasisVerzeichnis)
End If

Eingabedatei = WSHShell.CurrentDirectory & "/Verzeichnisstruktur.xml"
' Lade die XML-Datei
WScript.echo "Lade " & Eingabedatei
XMLDocument.Load Eingabedatei
XMLDocument.async = False
' Rekursion starten mit Wurzelknoten
Set StartKnoten = XMLDocument.documentElement
' ALTERNATIV:
'Set StartKnoten = XMLDocument.SelectSingleNode("/VerzeichnisStruktur/
'Verzeichnis[@Name='Websites']")
If Not StartKnoten Is Nothing Then
VerzeichnisseAnlegen StartKnoten,Basisverzeichnis
Else
 WScript.Echo "Kein Startknoten!"
End If
' === Rekursive Hilfsroutine zum Anlegen der Verzeichnisse
Sub VerzeichnisseAnlegen(AktKnoten, AktVerz)
Dim Unterknoten
Dim NeuerName
Dim NeuerPfad
Dim i
Dim Knoten
Dim Ordner

' Schleife über alle Unterknoten
Set Unterknoten = AktKnoten.childNodes
For i = 0 To Unterknoten.length - 1
Set Knoten = Unterknoten.Item(i)
If Knoten.nodeType = 1 Then
' Knoten auslesen und neuen Verzeichnisnamen erzeugen
NeuerName = Knoten.GetAttribute("Name")
      NeuerPfad = AktVerz & "\" & NeuerName
   If Not FSO.FolderExists(NeuerPfad) Then
        ' Verzeichnis erzeugen
        WScript.Echo "Verzeichnis " & NeuerPfad & " wird erzeugt..."
        Set Ordner = FSO.CreateFolder(NeuerPfad)
      Else
        WScript.Echo "Verzeichnis " &  NeuerPfad & " ist bereits vorhanden!"
```

```
        End If
        ' Rekursion
        VerzeichnisseAnlegen Knoten, NeuerPfad
End If
Next
End Sub
```

***Listing** 8.25: /Skripte/Kapitel08/ErzeugeVerzeichnisbaumXML.vbs*

Selektion einzelner Elemente

Natürlich will man nicht immer den kompletten Baum durchlaufen, um ein bestimmtes Element zu finden. Das `DOMDocument`-Objekt bietet daher mit `SelectNodes()` und `SelectSingleNode()` zwei Suchmethoden an. `SelectNodes()` findet alle Knoten, die einer bestimmten Pfadangabe entsprechen. `SelectSingleNode()` findet nur einen einzelnen Knoten. Gibt es mehrere Knoten, die der Pfadangabe entsprechen, so wird der erste genommen. Die Angabe des Pfads erfolgt in beiden Fällen mit XPath-Ausdrücken. Auf einfache Weise kann man das Skript zum Anlegen der Verzeichnisstruktur so manipulieren, dass nur noch ein Teilbereich angelegt wird.

Der folgende XPath-Ausdruck macht den Verzeichnisknoten, der ein XML-Attribut „Name“ mit dem Wert „Websites“ besitzt, zum Startknoten der Rekursion.

```
Set StartKnoten = XMLDocument.SelectSingleNode("/VerzeichnisStruktur/
Verzeichnis[@Name='Websites']")
```

Einsatz im Netzwerk

Das Erzeugen von Verzeichnisstrukturen beschränkt sich nicht nur auf den lokalen Computer, sondern kann ebenfalls im Netzwerk genutzt werden. Dazu ist nicht einmal das Verbinden mit dem entfernten Computer notwendig. Das Skript verarbeitet auch UNC-Namen im Netzwerk. So legt das Skript auch dann die Verzeichnisstruktur an, wenn in der Konstanten `Basisverzeichnis` ein UNC-Name wie z.B. „\\ServerE02\d$\WSLBuch“ abgelegt wurde. Lediglich das Verzeichnis, das die Verzeichnisstruktur aufnehmen soll, muss vorhanden sein.

8.2.11 Eine Verzeichnisstruktur in einer XML-Datei dokumentieren

Im letzten Unterkapitel wurde gezeigt, wie man eine komplexe Verzeichnisstruktur mithilfe von XML beschreiben und aus einem XML-Dokument erzeugen kann. In diesem Abschnitt soll nun die gegensätzliche Aufgabe gelöst werden: Eine vorhandene Verzeichnisstruktur soll in XML-Form dokumentiert werden. Es geht also um das Erstellen und Verändern von XML-Dokumenten via Skript.

Die Aufgabe wird durch die Bildschirmabbildungen 8.3 und 8.4 skizziert: Die in Abbildung 8.4 dargestellte Verzeichnisstruktur soll in Form der in Abbildung 8.3 dargestellten XML-Datei dokumentiert werden. Für das Scripting mit XML kommt die COM-Komponente MSXML zum Einsatz.

Das Erzeugen eines Knotens innerhalb eines XML-Dokuments vollzieht sich in zwei Schritten, weil die `XMLDOMNodeList`-Objektmenge keine Methode zum direkten Hinzufügen eines Unterknotens bereitstellt.

- Zunächst muss eine Instanz der entsprechenden Knotentyp-Klasse erzeugt werden. Da die Knotentyp-Klassen nicht von außen instanziierbar sind, kann dies nur über eine Methode der Stammklasse erfolgen. Die Klasse `DOMDocument` bietet Methoden der Form `create 'KnotentypName'()` an, also z.B. `CreateElement()` und `createProcessingInstruction()`.
- Danach muss das Element an die gewünschte Stelle in den Baum eingehängt werden. Dafür stehen die Methoden `AppendChild()` und `InsertBefore()` in der `XMLDOMNodeList`-Klasse zur Verfügung. `AppendChild()` fügt den neuen Knoten am Ende der Liste der Kinderknoten an. Bei `InsertBefore()` kann ein Kinderknoten angegeben werden, von dem aus gesehen links der neue Knoten eingefügt werden soll.

Das Skript

Das folgende Listing zeigt das Skript, das anschließend erläutert wird.

```
' ----------------------------------------
' Skriptname: VerzeichnisstrukturDokumentieren.vbs
' ----------------------------------------
' Dieses Skript dokumentiert die Struktur
' eines Dateisystemverzeichnisses in XML-Form
' ----------------------------------------
' verwendet FSO, MSXML
' ----------------------------------------

Option Explicit

' Deklaration der Variablen
Dim FSO
Dim XMLDocument
Dim StartKnoten

Const MaxEbene = 3
Const Basisverzeichnis = "T:\"
Const Ausgabedatei = "T:\verzeichnisstruktur.xml"

' Notwendige COM-Objekte erzeugen
Set FSO = CreateObject("Scripting.FileSystemObject")
Set XMLDocument = CreateObject("Msxml.DOMDocument")

' Prüfen, ob Basisverzeichnis vorhanden
If Not FSO.FolderExists(BasisVerzeichnis) Then
        WScript.Echo "Verzeichnis " &  Basisverzeichnis & " existiert nicht!"
WScript.Quit
End If

' Processing Instruction erzeugen
```

```
Dim pi
Set pi = XMLDocument.createProcessingInstruction("xml", " version=""1.0""")
XMLDocument.InsertBefore pi, XMLDocument.childNodes.Item(0)
' -- Erzeuge Root-Element
Dim Wurzel
Set Wurzel = xml_add(XMLDocument, XMLDocument, "VerzeichnisStruktur", "")
' Rekursion
VerzeichnisseDokumentieren Basisverzeichnis, Wurzel, 1

' Speichern
XMLDocument.save Ausgabedatei
WScript.Echo "Ausgabedatei wurde erfolgreich gespeichert!"

' === Rekursive Hilfsroutine zum Anlegen der XML-Knoten für jeden Ordner
Sub VerzeichnisseDokumentieren(Pfad, XmlKnoten,Ebene)
Dim Ordner
Dim Unterordner
Dim ele
' Ordner holen
Set Ordner = FSO.GetFolder(Pfad)
WScript.Echo "Dokumentiere Ordner: " & Ordner.Path
' Element für Ordner erzeugen
Set ele = xml_add(xmldocument, XmlKnoten, "Verzeichnis", "")
ele.setAttribute "Name", Ordner.Name
' Maximale Dokumentationstiefe erreicht?
if Ebene = MaxEbene then Exit Sub
' Schleife über die Unterordner
For Each Unterordner In Ordner.SubFolders
VerzeichnisseDokumentieren Unterordner.Path,ele, Ebene+1
Next
End Sub


' === Einzelnes Element erzeugen
Function xml_add(xdoc, xparent, name, value)
Dim xele ' Neues Element
' -- Unterelement erzeugen
Set xele = xdoc.createElement(name)
' -- Wert setzen
xele.text = value
' -- Element anfügen
If xdoc.documentElement Is Nothing Then  ' root-Element?
    Set xdoc.documentElement = xele ' Ja
Else
    xparent.appendChild xele        ' Nein
End If
Set xml_add = xele
End Function
```

Listing 8.26: *VerzeichnisstrukturDokumentieren.vbs*

Das Skript beginnt mit dem Erzeugen der notwendigen COM-Objekte. Danach wird mit `FSO.FolderExists()` sichergestellt, dass das zu dokumentierende Verzeichnis überhaupt existiert. An das mit `CreateObject("Msxml.DOMDocument")` erzeugte neue XML-Dokument hängt das Skript dann die XML Processing Instruction und den Wurzelknoten `<VerzeichnisStruktur>` an, bevor die Routine `VerzeichnisseDokumentieren()` mit dem Wurzelknoten als Parameter angestoßen wird.

Als Eingabeparameter erwartet die Routine `VerzeichnisseDokumentieren()` drei Informationen:

1. den Pfad des zu dokumentierenden Verzeichnisses
2. einen Objektverweis auf einen Knoten in einem XML-Dokument
3. eine Zahl mit der laufenden Verzeichnistiefe, da man die Dokumentationstiefe durch eine Konstante begrenzen kann

`VerzeichnisseDokumentieren()` erzeugt jeweils einen Unterknoten für das aktuelle Verzeichnis unter dem aktuellen Knoten und iteriert dann über alle Unterordner, sofern die maximale Dokumentationstiefe noch nicht erreicht ist. Innerhalb der Schleife über die Unterordner erfolgt der rekursive Selbstaufruf der Routine. In der Routine kommen `xml_add()` und `SetAttribute()` zum Einsatz.

Die Hilfsroutine `xml_add()` in dem Listing dient der Erzeugung neuer Elemente in einem bestimmten Dokument am Ende der Liste der Kinderknoten eines übergebenen Vaterknotens. Man beachte die Fallunterscheidung für das Wurzelelement eines XML-Dokuments: Dies kann nicht durch `InsertBefore()` oder `AppendChild()` angefügt werden, sondern nur durch direkte Zuweisung an das Attribut `documentElement` der Klasse `XmlDocument`. Die Hilfsroutine gibt dem Aufrufer einen Objektverweis auf das neu erzeugte XML-Element zurück, damit der Aufrufer das Element weiter bearbeiten kann.

Wenn man das gewünschte Ausgabeformat betrachtet, sieht man, dass die Verzeichnisnamen nicht im Inhalt des XML-Elements, sondern in einem Attribut „Name" stehen sollen. Für das Hinzufügen eines XML-Attributs zu einem XML-Element benötigt man nur eine einzige Programmcodezeile:

```
ele.setAttribute "Name", "Wert"
```

Nach der Rückkehr der Routine ins Hauptprogramm wird das erzeugte XML-Dokument mit der Methode `Save()`, die in der `XmlDocument`-Klasse angeboten wird, im Dateisystem als XML-Datei abgespeichert.

8.3 Papierkorb leeren

Um den Papierkorb des angemeldeten Benutzers zu löschen, ist neben der COM-Klasse `Scripting.FileSystemObject` auch die COM-Klasse `Shell.Application` zurück. Letztere liefert über die Methode `Namespace()` unter Angabe des Hexadezimalwerts &Ha& (Dezimal: 10) den Standort und Inhalt des Papierkorbs.

```
' LoescheVerzeichnis.vbs
' Leeren des Papierkorbs des angemeldeten Benutzers
' verwendet: Shell.Application und Scripting.FileSystemObject
' ==============================

Dim objShell, objFolder, ssfBITBUCKET

' COM-Objekt für Shell erzeugen
Set objShell = CreateObject("Shell.Application")
' COM-Objekt für Dateisystem erzeugen
Set DateiSystem = CreateObject("Scripting.FileSystemObject")

' Zugriff auf Papierkorb
BITBUCKET = 10 ' Konstante für den Papierkorb
Set objFolder = objShell.Namespace(BITBUCKET)

' Elemente im Papierkorbs holen
Set Elemente = objFolder.Items

' Schleife über alle Elemente mit Fallunterscheidung zwischen Ordner und Datei
For Each Element In Elemente
 WScript.Echo "Typ: " + Element.Type
 If (Element.Type = "File folder" Or Element.Type = "Dateiordner" ) Then
WScript.Echo "Lösche Ordner: " + Element.Path
 DateiSystem.DeleteFolder Element.Path, True
 Else
WScript.Echo "Lösche Datei: " + Element.Path
 DateiSystem.DeleteFile Element.Path
 End If
Next
```

Listing 8.27: *Löschen des Papierkorbs des angemeldeten Benutzers*

Auch andere Sonderordner können Sie über `Namespace()` ermitteln, z.B.

- Windows-Ordner: &H24& bzw. 36
- Desktop-Ordner: &H24& bzw. 36
- Programme-Ordner: &H2& bzw. 2
- Anwendungsdaten-Ordner: &H1A& bzw. 26

Den Pfad zu einem dieser Ordner kann man dann so ausgeben:

```
OrdnerID = &H1a&
Set objFolder = objShell.Namespace(OrdnerID)
WScript.Echo OrdnerID & ": " & objFolder.Self.Path
```

Um den Papierkorb für alle Benutzer zu leeren, würde man einfach den Inhalt des ganzen Papierkorb-Oberordners (unter Windows 7 und 8: *c:\$recycle.bin*) löschen (siehe folgendes Skript).

Das Löschen aller Papierkörbe kann nur gelingen, wenn das Skript wirklich als Administrator läuft. Bitte beachten Sie die Restriktionen der Benutzerkontensteuerung (vgl. Kapitel „Scripting und die Benutzerkontensteuerung“).

```
' LoescheVerzeichnis.vbs
' Leeren des Papierkorbs für alle Benutzer
' verwendet: Shell.Application
' ================================

Set DateiSystem = CreateObject("Scripting.FileSystemObject")

' Zugriff auf Papierkorb
Set objFolder = DateiSystem.GetFolder("c:\$recycle.bin\")

' Unterordner im Papierkorb holen
Set Ordnerliste = objFolder.SubFolders

' Schleife über alle Elemente mit Fallunterscheidung zwischen Ordner und Datei
For Each Element In Ordnerliste
WScript.Echo "Lösche Ordner: " + Element.Path
On Error Resume Next
DateiSystem.DeleteFolder Element.Path, True
If Err.number > 0 Then
WScript.Echo "Fehler: " & Err.Description
Err.Clear
End If
Next
```

***Listing 8.28:** Löschen des Papierkorbs aller Benutzer*

8.4 Rechte auf Dateien und Verzeichnisse vergeben

Die Vergabe von Rechten auf Dateien im Dateisystem wird vom `FileSystemObject` nicht direkt unterstützt. Dafür wird die Komponente *AdsSecurity* benötigt. Die Verwendung dieser Komponente ist derart komplex, dass sie den Rahmen dieses Buchs sprengt. Details zur Rechtevergabe erfahren Sie in [SCH07a].

8.5 Laufwerke

Neben den Dateien und Ordnern gibt es als dritte Kategorie von Objekten, die über die Scripting Runtime-Komponente zur Verfügung gestellt werden, Laufwerke. Für jedes Laufwerk des Computers existiert ein `Drive`-Objekt, das über die `Drives`-Auflistung angeboten wird. Um ein einzelnes Laufwerk ansprechen zu können (etwa um den freien Speicherplatz zu ermitteln), wird die `GetDrive()`-Methode des `FileSystemObject` aufgerufen.

> Für einige Aktionen werden zusätzliche Klassen benötigt:
>
> - Netzlaufwerke verbinden und trennen über die Klasse `WSHShell` aus der WSH Runtime-Komponente
> - Ausführung der Festplattenprüfung über die Klasse `Win32_LogicalDisk` in WMI

8.5.1 Auflisten von Laufwerken

Drives()

Das folgende Skript listet alle Laufwerke eines Computers auf. Wie das Beispiel zeigt, gibt es nur wenige Attribute, die auf jeden Fall ausgelesen werden können (`DriveLetter`, `DriveType`, `ShareName` und `Path`). Der Zugriff auf medienabhängige Attribute ist dagegen nur möglich, wenn sich auch ein lesbares Medium im Laufwerk befindet. Dies sollte mit `IsReady` überprüft werden, bevor ein Zugriff auf die medienabhängigen Attribute erfolgt. `IsReady` liefert den Wert `True`, wenn sich ein Datenträger im Laufwerk befindet.

Die Beschreibung der einzelnen Attribute kann der Ausgabe des Skripts entnommen werden.

```
' ListeLaufwerke.vbs
' Auflisten aller Laufwerke eines Computers
' verwendet: SCRRun
' ===============================
Option Explicit
' Deklaration der Variablen
Dim FSO, Laufwerk
' FSO-Objekt erstellen
Set FSO = CreateObject("Scripting.FileSystemObject")
' Alle Laufwerke durchlaufen
For Each Laufwerk In FSO.Drives
  WScript.Echo "Laufwerksbuchstabe: " & Laufwerk.DriveLetter
  WScript.Echo "Laufwerkstyp: " & Laufwerk.DriveType
  WScript.Echo "Freigabename: " & Laufwerk.ShareName
  WScript.Echo "Pfad: " & Laufwerk.Path
  ' Wenn ein Datenträger im Laufwerk ist, dann können diese
  ' Attribute zusätzlich ausgegeben werden
  If Laufwerk.IsReady Then
    WScript.Echo "IsReady: " & Laufwerk.IsReady
    WScript.Echo "Seriennummer: " & Laufwerk.SerialNumber
    WScript.Echo "Dateisystem: " & Laufwerk.FileSystem
    WScript.Echo "Volumename: " & Laufwerk.VolumeName
    WScript.Echo "--- Mediengröße"
    WScript.Echo "Gesamtgröße: " & Laufwerk.TotalSize
    WScript.Echo "Freier Speicher: " & Laufwerk.FreeSpace
    WScript.Echo "Verfügbarer Speicher: " & Laufwerk.AvailableSpace
   End If
Next
```

Listing 8.29: */Skripte/Kapitel08/ListeLaufwerke.vbs*

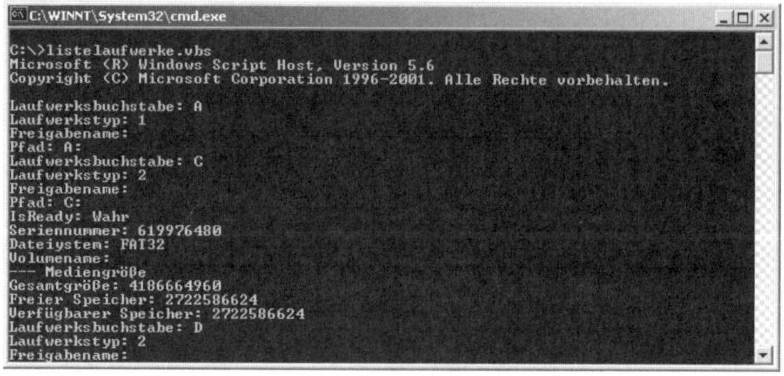

Bild 8.5 *Auflistung der vorhandenen Laufwerke*

8.5.2 Laufwerkstyp bestimmen

Daten- trägerart

Abhängig von der Art des Datenträgers lassen sich einige Operationen nur auf bestimmten Datenträgern durchführen. So ist beispielsweise die Formatierung einer Diskette mit dem NTFS-Dateisystem nicht möglich. Um nun überprüfen zu können, von welcher Art ein Datenträger ist, wird im nachfolgenden Skript die Information über den Datenträgertyp in verständlicher Form ausgegeben.

Nach der Deklaration zweier Variablen wird eine Referenz auf das `FileSystemObject`-Objekt erzeugt und in der Variablen `FSO` gespeichert. Aus dem im Skript als Konstante definierten Laufwerksbuchstaben wird über die `GetDrive()`-Methode ein Verweis auf das `Drive`-Objekt erzeugt und in der Variablen `Laufwerk` abgelegt. Nun wird durch eine Fallunterscheidung in einer `Select Case`-Anweisung der numerische Wert der Eigenschaft `DriveType` ausgewertet. Nach der Ausgabe des Ergebnisses an der Konsole wird das Skript beendet. Das Ergebnis ist in Abbildung 8.5 dargestellt.

```
' HoleLaufwerkstyp.vbs
' Datenträgertyp ermitteln
' verwendet: SCRRun
' ================================================
Option Explicit
' Deklaration der Variablen
Dim Laufwerk, Laufwerkstyp
Const Laufwerksbezeichnung="C:"
' FSO-Objekt erstellen
Set FSO = CreateObject("Scripting.FileSystemObject")
' Referenz auf Laufwerk ermitteln
Set Laufwerk=FSO.GetDrive(Laufwerksbezeichnung)
' Fallunterscheidung über die Laufwerksarten
Select Case Laufwerk.DriveType
  Case 0: Laufwerkstyp = "Unbekannt"
  Case 1: Laufwerkstyp = "Wechseldatenträger"
  Case 2: Laufwerkstyp = "Lokaler Datenträger"
  Case 3: Laufwerkstyp = "Netzwerklaufwerk"
  Case 4: Laufwerkstyp = "CD-ROM-Laufwerk"
  Case 5: Laufwerkstyp = "Virtuelles Laufwerk"
```

```
End Select
'Ausgabe des Ergebnisses
WScript.Echo Laufwerksbezeichnung & " " & Laufwerkstyp
```

Listing 8.30: */Skripte/Kapitel08/HoleLaufwerkstyp.vbs*

Bild 8.6 *Darstellung des Laufwerkstyps*

8.5.3 Dateisystemtyp ermitteln

Die Ermittlung des auf einem Laufwerk verwendeten Dateisystems kann über zwei verschiedene Technologien geschehen. Das erste Beispielskript beschreibt den Lösungsweg über WMI, während das zweite Skript dieselben Informationen über das `FileSystemObject`-Objekt erhält.

Lösung über WMI

WMI

Die Ermittlung des Dateisystems über WMI erfolgt über die Abfrage der Klasse `Win32_LogicalDisk`. Diese Klasse stellt für jedes Laufwerk unter anderem das verwendete Dateisystem zur Verfügung.

> Bitte stellen Sie sicher, dass WMI installiert ist und läuft. Dies ist nicht auf allen Systemen automatisch der Fall (vgl. Kapitel 6).

Das Skript erzeugt nach der Deklaration der verwendeten Variablen mittels `GetObject()` einen Verweis auf das Objekt des Computers und speichert es in der Variablen `WMIService`. Anschließend werden über eine WQL-Abfrage alle Laufwerke der Klasse `Win32_LogicalDisk` abgefragt. Diese Klasse stellt unter anderem die benötigten Attribute `DeviceID` und `FileSystem` zur Verfügung. `DeviceID` kennzeichnet den Laufwerksbuchstaben und `FileSystem` das verwendete Dateisystem.

Alle Dateisysteme im Überblick

Das Skript durchläuft in einer `For Each`-Schleife das Ergebnis der WQL-Abfrage und gibt alle Laufwerke mit dem verwendeten Dateisystem aus.

```
' ErmittleSystem_WMI.vbs
' Dateisystem aller Laufwerke eines Rechners ermitteln, Variante 1
' verwendet: WMI
' ================================
Option Explicit
' Deklaration der Variablen
Dim WMIService, Disks, Disk
' Konstanten definieren
Const Computer="Laptop"
Set WMIService = GetObject("WinMgmts:" & _
  "{impersonationLevel=impersonate}!\\" & Computer & "\root\cimv2")
```

```
Set Disks = WMIService.ExecQuery ("Select * from Win32_LogicalDisk")
For Each Disk in Disks
  WScript.Echo "Das auf Laufwerk " &  Disk.DeviceID & _
    " verwendete Dateisystem ist " & Disk.FileSystem
Next
```

Listing 8.31: */Skripte/Kapitel08/ErmittleSystem_WMI.vbs*

Lösung über SCRRun

FSO Die Ermittlung des verwendeten Dateisystems mittels der Scripting Runtime-Komponente stellt das folgende Skript vor. Es erstellt nach der Deklaration der benötigten Variablen einen Verweis auf das `FileSystemObject` und speichert ihn in der Variablen `FSO`. Mittels einer `For Each`-Schleife über die `Drives`-Auflistung des `Drive`-Objekts wird nun für jedes Laufwerk die Methode `GetDrive()` aufgerufen. Der Verweis auf das Laufwerk wird in der Variablen `Platte` abgelegt. Nach der Überprüfung, ob das Laufwerk bereit ist, wird eine Ausgabe erzeugt, in der das Attribut `FileSystem` des `Drive`-Objekts ausgegeben wird.

```
' ErmittleSystem_FSO.vbs
' Dateisystem aller Laufwerke eines Rechners ermitteln, Variante 2
' verwendet: SCRRun
' ===============================
Option Explicit
' Deklaration der Variablen
Dim FSO, Platte,Laufwerk
' FSO-Objekt erstellen
Set FSO = CreateObject("Scripting.FileSystemObject")
' Referenz auf das Laufwerk ermitteln
For Each Laufwerk In FSO.Drives
  Set Platte=FSO.GetDrive(Laufwerk)
  ' Wenn das Laufwerk bereit ist
  if Platte.isReady then
    WScript.Echo "Das auf Laufwerk " & Laufwerk & _
      " verwendete Dateisystem ist " & Platte.FileSystem
  else
    WScript.Echo "Laufwerk " & Laufwerk & " ist nicht bereit"
  end if
Next
```

Listing 8.32: */Skripte/Kapitel08/ErmittleSystem_FSO.vbs*

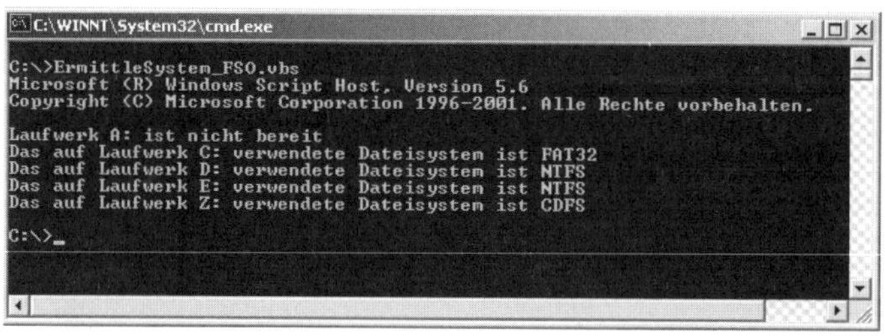

Bild 8.7 *Ermittlung des Dateisystems*

8.5.4 Speicherplatzbelegung anzeigen

Die Anzeige aller Informationen zur Speicherplatzbelegung eines Datenträgers wird durch das Drive-Objekt der Scripting Runtime-Komponente unterstützt.

Angaben in Byte

Das Drive-Objekt stellt die Attribute TotalSize (Gesamtkapazität), FreeSpace (Freier Speicherplatz) und AvailableSpace (Verfügbarer Speicherplatz) zur Verfügung. Diese Informationen werden als Byte-Angaben ausgegeben, was bei der Größe heutiger Datenträger sehr lange Zahlen mit sich bringt. Außerdem fehlt eine Eigenschaft für den belegten Speicherplatz.

Verweis auf Laufwerk

Im nachfolgenden Beispiel wird die Ermittlung aller Speicherplatzangaben eines Laufwerks demonstriert. Zu Beginn werden alle benötigten Variablen deklariert. Danach wird das FileSystemObject durch CreateObject() erzeugt und in der Variablen FSO gespeichert. Fällt die Überprüfung, ob das Laufwerk existiert, positiv aus, wird durch die GetDrive()-Methode ein Verweis auf das Drive-Objekt in der Variablen Laufwerk abgelegt.

Als letzte Prüfung wird durch IsReady die Bereitschaft des Laufwerks ermittelt. Sind alle Prüfungen positiv verlaufen, werden sowohl der Gesamtspeicher durch das Attribut TotalSpace als auch der freie Speicherplatz durch das Attribut FreeSpace ermittelt. Der belegte Speicherplatz wird aus den beiden Werten berechnet. War die Prüfung der IsReady-Eigenschaft negativ, wird die Variable Speicher auf den Wert 0 gesetzt.

In der nächsten If-Abfrage wird diese Variable überprüft, um die Berechnungen durchführen zu können. Hat die Variable Speicher den Wert 0, wird eine Fehlermeldung ausgegeben; andernfalls erfolgt die Ausgabe der Daten.

Umrechnung

Um die ermittelten Daten sinnvoll darstellen zu können, verwendet das Skript die Hilfsroutine BerechneSpeicher(). Diese Routine überprüft die Größe des Speicherplatzes und gibt den formatierten Wert in der korrekten Dimension zurück.

```
' Speicherplatz.vbs
' Ermitteln des freien Speicherplatzes eines Laufwerks
' verwendet: SCRRun
' ===============================
Option Explicit
' Deklaration der Variablen
Dim FSO, Laufwerk
Dim Speicher,BelegterSpeicher,FreierSpeicher
Const Laufwerksbezeichnung="C:"
' Objekt referenzieren
Set FSO = CreateObject ("Scripting.FileSystemObject")
' Laufwerk existiert?
if FSO.DriveExists("C:") then
  ' Verbindung aufnehmen
  Set Laufwerk = FSO.GetDrive(Laufwerksbezeichnung)
  ' Laufwerk bereit
  if Laufwerk.isReady then
    ' Freier Speicher
```

```
      FreierSpeicher = Laufwerk.FreeSpace
      ' Gesamtspeicher
      Speicher=Laufwerk.TotalSize
      ' Belegung berechnen
      BelegterSpeicher=Speicher-FreierSpeicher
    else
      ' Wenn Laufwerk nicht bereit, Speicher=0
      Speicher=0
    End if
    ' Wenn Speicher größer 0
    if Speicher>0 then
      ' Bytes
      if Speicher<1024 then
        WScript.Echo " Das Laufwerk " & Laufwerksbezeichnung & _
        " enthält :" & vbcrlf & _
        " Gesamtspeicher    : " & BerechneSpeicher(Speicher) & vbcrlf & _
        " Belegten Speicher : " & BerechneSpeicher(BelegterSpeicher) & _
        vbcrlf & " Freien Speicher   : " & _
        BerechneSpeicher(FreierSpeicher)
      End if
      ' Kilobytes
      if Speicher<1024^2 then
        WScript.Echo " Das Laufwerk " & Laufwerksbezeichnung & _
        " enthält :" & vbcrlf & _
        " Gesamtspeicher    : " & BerechneSpeicher(Speicher) & vbcrlf & _
        " Belegten Speicher : " & BerechneSpeicher(BelegterSpeicher) & _
        vbcrlf & " Freien Speicher   : " & _
        BerechneSpeicher(FreierSpeicher)
      end if
      ' Megabytes
      if Speicher<1024^3 then
        WScript.Echo " Das Laufwerk " & Laufwerksbezeichnung & _
        " enthält :" & vbcrlf & _
        " Gesamtspeicher    : " & BerechneSpeicher(Speicher)  & vbcrlf & _
        " Belegten Speicher : " & BerechneSpeicher(BelegterSpeicher) & _
        vbcrlf & " Freien Speicher   : " & _
        BerechneSpeicher(FreierSpeicher) & " Megabytes"
      else
      ' sonst Gigabytes
        WScript.Echo " Das Laufwerk " & Laufwerksbezeichnung & _
        " enthält :" & vbcrlf & _
        " Gesamtspeicher    : " & BerechneSpeicher(Speicher)  & vbcrlf & _
       " Belegten Speicher : " & BerechneSpeicher(BelegterSpeicher) & _
       vbcrlf & " Freien Speicher   : " & BerechneSpeicher(FreierSpeicher)
      end if
    else
      WScript.Echo "Das Laufwerk " & Laufwerk & " ist nicht bereit"
    end if
  else
```

```
  WScript.Echo "Das Laufwerk " & Laufwerk & " existiert nicht"
end if

Function BerechneSpeicher(RAM)
' Umrechnung von Bytes in andere Größen
' Zahlen werden mit 4 Nachkommastellen geliefert
if RAM<1024 then BerechneSpeicher=FormatNumber(RAM,4) & " Bytes"
if RAM<1024^2 then BerechneSpeicher=FormatNumber(RAM/1024,4) & _
" Kilobytes"
if RAM<1024^3 then
  BerechneSpeicher=FormatNumber(RAM/1024^2,4) & " Megabytes"
else
  BerechneSpeicher=FormatNumber(RAM/1024^3,4) & " Gigabytes"
end if
End Function
```

Listing 8.33: */Skripte/Kapitel08/Speicherplatz.vbs*

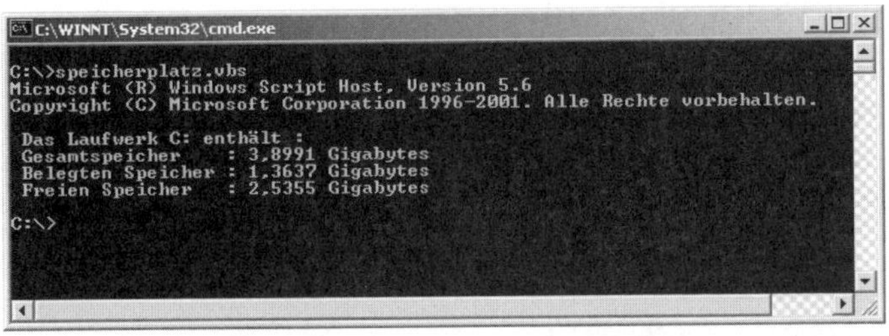

Bild 8.8 *Anzeige des Speicherplatzes eines Laufwerks*

8.5.5 Mit einem Netzlaufwerk verbinden

Um auf ein Netzlaufwerk zugreifen zu können, muss das Laufwerk erst mit dem lokalen Computer verbunden werden. Das Beispiel demonstriert die Vorgehensweise anhand eines Skripts.

MapNetworkDrive()

Nachdem die im Skript verwendeten Variablen deklariert wurden, wird über die `CreateObject()`-Methode ein `WSHNetwork`-Objekt (aus der WSH Runtime-Komponente) angelegt und die Referenz auf dieses Objekt der Variablen `Network` zugewiesen. Dann wird über die `MapNetworkDrive()`-Methode des `WSHNetwork`-Objekts eine Verbindung zu einem Netzlaufwerk angelegt:

```
Network.MapNetworkDrive Laufwerk, Share, True, Benutzer, Kennwort
```

Als Parameter erwartet das Skript die folgenden Werte:

Tabelle 8.3 *Parameter für MapNetworkDrive()*

Parameter	Beschreibung
`Laufwerk`	Kennzeichnet den Laufwerksbuchstaben, auf dem die Verbindung abgelegt wird
`Verbindung`	Freigabe, die verbunden werden soll
`Benutzer`	Benutzer, mit dessen Rechten die Verbindung hergestellt wird
`Kennwort`	Kennwort des Benutzers

```
' ErzeugeNetzFreigabe.vbs
' Verbinden eines Netzwerklaufwerks
' verwendet: WSHRun
' ================================
Option Explicit
' Deklaration der Variablen
Dim Network
' Netzwerk-Objekt erstellen
Set Network = WScript.CreateObject("WScript.Network")
' Laufwerk verbinden
Network.MapNetworkDrive "X:", _
"\\Laptop\TestFreigabe",True,"HugoHastig","hugoh"
' Ausgabe
WScript.Echo "Verbindung hergestellt"
```

Listing 8.34: */Skripte/Kapitel08/ErzeugeNetzFreigabe.vbs*

8.5.6 Netzwerkverbindung trennen

RemoveNetWorkDrive()

Das Trennen einer bestehenden Netzwerkverbindung erfolgt über die Methode `RemoveNetWorkDrive()` des `WSHNetwork`-Objekts. Als Parameter wird der Laufwerksbuchstabe des zu trennenden Laufwerks angegeben. Das Beispielskript führt diese Aufgaben durch und gibt eine Meldung an der Konsole aus, nachdem die Verbindung getrennt wurde.

```
' LoescheNetzFreigabe.vbs
' Verbindung zu einem Netzwerklaufwerk trennen
' verwendet: WSHNetwork
' ================================
Option Explicit
' Deklaration der Variablen
Dim Network
' Netzwerk-Objekt erstellen
Set Network = WScript.CreateObject("WScript.Network")
' Verbindung trennen
Network.RemoveNetworkDrive "X:"
' Ausgabe
WScript.Echo "Verbindung wurde getrennt"
```

Listing 8.35: */Skripte/Kapitel08/LoescheNetzFreigabe.vbs*

> Sollte das angegebene Laufwerk nicht verbunden sein oder es sich um keine gültige Netzwerkverbindung handeln, wird die Fehlermeldung „Diese Netzwerkverbindung existiert nicht.“ ausgegeben.

8.5.7 Festplattenprüfung (CheckDisk)

Für Datenträgerprüfungen stellt jedes Microsoft-Betriebssystem das Konsolenprogramm *ChkDsk* zur Verfügung. Auch in der Skriptprogrammierung steht eine Methode gleichen Namens in der WMI-Klasse `Win32_LogicalDisk` bereit. Das Beispielskript zeigt den Umgang mit diesem Kommando auf.

> Bitte stellen Sie sicher, dass WMI (vgl. Kapitel 6) auf Ihrem Computer installiert ist und läuft.

Zugriff auf Festplatten

Nach der obligatorischen Variablendeklaration werden drei Konstanten festgelegt. Anschließend wird durch `GetObject()` ein Verweis auf den *cimv2*-Namensraum des in der Konstanten `Computer` angegebenen Rechners erzeugt. Ergebnis dieser Operation ist ein Objekt vom Typ `SWbemService`. Dieser Verweis wird in der Variablen `WMIService` abgelegt. Anschließend wird durch die `Get()`-Methode ein Verweis auf das angegebene Laufwerk aus der Menge der Instanzen der Klasse `Win32_LogicalDisk` geholt und in der Variablen `Platte` gespeichert. Der Zugriff auf das Laufwerk erfolgt durch die Angabe der `DeviceID`. Der Aufruf der Methode `ChkDsk()` mit der Konstanten `FIX_ERRORS = False` schließt das Skript ab.

> Dieses Skript ist nur ab Windows XP lauffähig, weil die WMI-Implementierung in der früheren Version 1.5 die Methode `ChkDsk()` nicht anbietet.

```
' CheckDriveType.vbs
' Festplattenprüfung (ChkDsk) mit WMI ausführen
' verwendet: WMI
' ==============================================
Option Explicit
' Deklaration der Variablen
Dim WMIService, Platte
' Konstanten definieren
Const FIX_ERRORS = False
Const Laufwerk="C:"
Const Computer="Laptop"
' Service-Objekt erstellen
Set WMIService = GetObject("WinMgmts:" & _
  "{impersonationLevel=impersonate}!\\" & Computer & "\root\cimv2")
' Laufwerksobjekt erstellen
Set Platte = WMIService.Get("Win32_LogicalDisk.DeviceID='" & _
  Laufwerk & "'")
' ChkDsk aufrufen und Ergebnis darstellen
WScript.Echo Platte.ChkDsk(FIX_ERRORS)
```

Listing 8.36: */Skripte/Kapitel08/ChkDsk.vbs*

8.6 Freigaben

Ein FileShare-Objekt repräsentiert eine Verzeichnisfreigabe. Der Zugriff auf diese Objekte erfolgt ausschließlich über den Windows-Systemdienst ntlanmanserver. Eine Freigabe ist direkt über einen ADSI-Pfad der Form *WinNT://ComputerName/lanmanserver/Freigabename* erreichbar.

> Die Klasse FileShare wird über die ADSI-Komponente bereitgestellt. Bitte vergewissern Sie sich, dass auf dem Computer, auf dem das Skript laufen soll, ADSI installiert ist (vgl. Kapitel 6).

8.6.1 Anlegen von Freigaben

Einfache Freigaben

Das Anlegen von Freigaben wird im nachfolgenden Beispiel dargestellt. Das Skript erzeugt nach der Variablendeklaration über die GetObject()-Methode einen Verweis auf den Fileservice *LanManServer* und speichert diesen in der Variablen Netzwerk. Nach dem Instanziieren des FileShare-Objekts über die Create()-Methode des Fileservice wird das Attribut Path des Fileshare-Objekts auf das freizugebende Verzeichnis gesetzt. Der explizite Aufruf von SetInfo() schließt die Freigabe ab. Am Schluss erfolgt die Ausgabe einer Meldung.

```
' ErzeugeFreigabe.vbs
' Erzeugen einer Freigabe
' verwendet: ADSI
' ===============================
Option Explicit
' Deklaration der Variablen
Dim Netzwerk, Freigabe
Const Freigabepfad="T:\Websites"
Const Freigabename="Websites"
Const Computer="Laptop"
' Netzwerk-Objekt erstellen
Set Netzwerk = GetObject("WinNT://" & Computer & "/lanmanserver")
' Freigabe erzeugen
Set Freigabe = Netzwerk.create("Fileshare",Freigabename)
' Attribute setzen
' Freizugebendes Verzeichnis
Freigabe.path = Freigabepfad
' Werte festschreiben
Freigabe.Setinfo
' Ausgabe
WScript.Echo "Freigabe wurde erstellt!"
```

Listing 8.37: */Skripte/Kapitel08/Freigabe_ErzeugenOhneRechte.VBS*

Die neu erstellte Freigabe kann dann auf einem Rechner im Netzwerk mit einem Laufwerksbuchstaben verbunden werden.

```
' ErzeugeNetzFreigabe.vbs
' Verbinden eines Netzwerklaufwerks
' verwendet: WSHRun
' ================================
Option Explicit
' Deklaration der Variablen
Dim Network
' Netzwerk-Objekt erstellen
Set Network = WScript.CreateObject("WScript.Network")
' Laufwerk verbinden
Network.MapNetworkDrive "X:", "\\PC171\
Websites",True,"HolgerSchwichtenberg","geheim-123"
' Ausgabe
WScript.Echo "Verbindung hergestellt"
```

Listing 8.38: */Skripte/Kapitel08/Netzlaufwerk_Mappen.vbs*

8.6.2 Löschen von Freigaben

Entfernen

Ist eine Freigabe erstellt, muss sie auch wieder zu entfernen sein. Dazu wird die `Delete()`-Methode des Windows-Systemdienstes `ntlanmanserver` verwendet. Dieser Methode wird der Name der zu löschenden Freigabe als Parameter übergeben. Das folgende Skript erzeugt einen Verweis auf das `FileService`-Objekt und ruft nun die `Delete()`-Methode auf. Ein Aufruf von `SetInfo()` ist nicht notwendig.

```
' LoescheFreigabe.vbs
' Löschen einer Freigabe
' verwendet: ADSI
' ================================
Option Explicit
' Deklaration der Variablen
Dim Netzwerk
Const Freigabename="TempDateien"
Const Computer="Laptop"
' Netzwerk-Objekt erstellen
Set Netzwerk = GetObject("WinNT://" & Computer & "/lanmanserver")
' Freigabe löschen
Netzwerk.Delete "fileshare", Freigabename
' Ausgabe
WScript.Echo "Freigabe wurde gelöscht!"
```

Listing 8.39: */Skripte/Kapitel08/LoescheFreigabe.vbs*

8.6.3 Rechte auf Freigaben

Rechte über WMI

Die Vergabe von Rechten auf Freigaben wird durch die Verwendung von WMI unterstützt. Allerdings ist der Vorgang derart komplex, dass er den Rahmen dieses Buchs sprengt. Ein Skript dazu finden Sie auf der Buch-Website (*Freigabe_ErzeugenMitRechten .vbs*). Weitere Skripte und Hintergrundinformationen zur Rechtevergabe gibt es in [SCH07a].

8.7 Fragen und Aufgaben

1. Wie ist das Überschreiben von Textdateien beim Öffnen möglich?
2. Unter welchen Voraussetzungen und mit welchen Methoden ist das Anhängen von Text an bestehende Textdateien möglich?
3. Ist die Vergabe von Rechten auf Dateiebene möglich? Wenn ja, welche Komponenten werden dazu benötigt?
4. Stellt das `FileSystemObject` Methoden zur Verfügung, die das Suchen von Dateiinhalten erlauben?
5. Welche der folgenden Methoden erlaubt das Löschen schreibgeschützter Dateien, `Delete()` oder `DeleteFile()`?
6. Auf Laufwerk *C:* soll die Verzeichnisstruktur *\ErsterOrdner\ZweiterOrdner* erzeugt werden. Ist dies mit der `CreateFolder()`-Methode möglich?
7. Welche Fehlermeldung erzeugt die `CopyFolder()`-Methode, wenn das Zielverzeichnis bereits vorhanden ist?
8. Bietet das `Drive`-Objekt eine Eigenschaft zur Bestimmung des belegten Speicherplatzes? Wenn ja, wie heißt diese Methode?
9. Kann ein Laufwerk mit einer Methode des `FileSystemObject` auf Fehler überprüft werden?
10. Steht die Klasse `FileSystemObject` nach der Installation des WSH automatisch zur Verfügung? Wenn nein, welche Komponenten müssen zusätzlich installiert werden?

9 Scripting der Benutzerverwaltung

Dieses Kapitel versetzt den Administrator in die Lage, selbst komplexere Vorgänge in der Benutzerverwaltung durch das Zusammenführen einzelner Vorgänge zu vereinfachen. Benutzerverwaltung soll hier im weiteren Sinne auch Benutzergruppen und Benutzercontainer umfassen. **Lernziele**

Die Verwaltung von Benutzerkonten in Unternehmensnetzen gewinnt immer mehr an Bedeutung. Während das Verwalten einzelner Benutzer durch den Administrator noch in endlicher Zeit erledigt werden kann, gestaltet sich das Verwalten der Benutzerkonten in komplexen Netzwerken sehr aufwendig. Hier schafft die Skriptprogrammierung dem Administrator die Möglichkeit, lästige Aufgaben durch einfaches Aufrufen von Skripten zu erledigen. **Vereinfachte Administration**

> Aufgrund unterschiedlicher Anforderungen und Vorgehensweisen ist dieses Kapitel getrennt in die Benutzerverwaltung Active Directory-basierte Systeme und alle anderen Windows-Systeme (z.B. ein Windows 7). Die Benutzerverwaltung für lokale Benutzer in Windows 2000 Professional, Windows XP Home, Windows XP Professional, Windows Vista, Windows 7/8 sowie Windows Servern, die kein Active Directory-Domänencontroller sind, erfolgt auf die gleiche Weise wie bei NT4-Workstations und -Domänen. Die Active Directory-Benutzerverwaltung kann wirklich nur auf das Active Directory angewendet werden.

ADSI

Die Benutzerverwaltung basiert auf der Komponente ADSI. Es gibt zwar auch einige Klassen in WMI für die Benutzerverwaltung, die Verwaltung mit ADSI ist jedoch einfacher und vollständiger, sodass sie hier verwendet wird. **ADSI**

> Als wichtige Begriffe seien noch einmal wiederholt: Ein Container ist ein Verzeichnisobjekt, das andere Verzeichnisobjekte enthalten darf. Über einen Container kann man mit `For Each` eine Schleife bilden. Ein Blatt ist ein Verzeichnisobjekt, das keine Unterobjekte enthält; somit ist eine `For Each`-Schleife nicht möglich.

9.1 Benutzerverwaltung für NT-Domänen und lokale Benutzerkonten

Flache Strukturen

Die Frage, ob nicht Active-Directory-basierte Windows-Versionen überhaupt einen Verzeichnisdienst haben, führt gewöhnlich zu hitzigen Diskussionen, da diese Betriebssysteme alle Verzeichnisobjekte in flachen Strukturen verwalten. Es existieren nur einige wenige Container und auch das Anlegen von eigenen Untercontainern wird nicht unterstützt. Aus Gründen der Einfachheit verwenden wir hier jedoch den Begriff Verzeichnisdienst auch für NT-Domänen.

> Ebenfalls aus Gründen der Vereinfachung wird in diesem Kapitel immer von der NT-Benutzerverwaltung gesprochen.

Die hier vorgestellten Verfahren gelten nicht nur für Windows NT-Domänen, sondern auch für:

- Windows 2000 Professional
- Windows XP
- Windows Vista
- Windows 7/8
- Windows 2000 Server, die nicht Domänencontroller sind
- Windows Server 2003 inkl. R2, die nicht Domänencontroller sind
- Windows Server 2008 inkl. R2, die nicht Domänencontroller sind
- Windows Server 2012, die nicht Domänencontroller sind

9.1.1 Anlegen eines Benutzerkontos

Benutzer erzeugen

Vor dem Anlegen eines neuen NT-Benutzerkontos muss zunächst die Bindung an den übergeordneten `Domain`- oder an einen `Computer`-Container hergestellt werden. Dazu wird bei `GetObject()` ein ADSI-Pfad zu einem Computer oder einer Domäne angegeben. Der Pfad ist sehr einfach:

`WinNT://COMPUTERNAME` oder `WinNT://DOMÄNENNAME`

> Die zusätzliche Angabe des Klassennamens im ADSI-Pfad beschleunigt den Aufruf, weil ADSI dann genau weiß, wonach es suchen soll. Der Klassenname kann am Ende des Pfads durch ein Komma getrennt angegeben werden:
>
> `WinNT://COMPUTERNAME, Computer` oder `WinNT://DOMÄNENNAME, Domain`

Auch wenn dies in Kapitel 6 schon mehrfach erwähnt wurde, sei hier dennoch erneut die Warnung ausgesprochen: WinNT müssen Sie mit großen [W], [N], [T] und kleinem [i], [n] schreiben. Die häufigste Ursache für nicht funktionierende ADSI-Skripte ist die falsche Schreibweise dieses Begriffs. Dieser Fehler tritt so häufig auf, weil die Relevanz der Groß- und Kleinschreibung in der VBScript-Programmierung sehr selten ist.

Create()

Grundsätzlich wird in ADSI ein Objekt mit der Methode `Create()` angelegt. Bei der Methode `Create()` sind der Klassenname `user` und als zweiter Parameter der gewünschte Benutzername anzugeben. Erst mit dem Aufruf von `SetInfo()` wird der Benutzer tatsächlich angelegt.

Attribute

Die `User`-Klasse verlangt keine Pflichtattribute; im Skript werden allerdings die folgenden optionalen Attribute verwendet:

- `FullName`: kennzeichnet den Anzeigenamen des Benutzers
- `Description`: eine Beschreibung des Benutzers
- `HomeDirectory`: der Pfad zu dem Verzeichnis, in dem der Benutzer seine Daten ablegt
- `AccountExpirationDate`: Datum, an dem das Konto ungültig wird
- `PasswordExpirationDate`: Datum, an dem das Kennwort des Kontos abläuft. `PasswordExpirationDate` kann aber nicht beschrieben werden. Das Ablaufdatum kann nur beeinflusst werden über `MaxPasswordAge` auf Domänen- bzw. Computerebene. Damit der Benutzer nach dem Anmelden sein Kennwort ändern muss, setzt man `Benutzer.PasswordExpired = 1`.
- `LoginScript`: das bei der Anmeldung des Benutzers auszuführende Skript

Bitte passen Sie in diesem Skript unbedingt den Namen des Containers an, bevor Sie es testen. Tragen Sie in die Konstante `CONTAINERNAME` den Namen eines Computers oder einer Domäne ein, die bei Ihnen erreichbar ist. Selbstverständlich müssen Sie Administratorrechte auf dem Computer bzw. der Domäne besitzen, um das Skript ausführen zu können.

```
' BenutzerAnlegen.vbs
' Anlegen eines Benutzerkontos
' verwendet: ADSI
' ===============================

Option Explicit
' Variablen deklarieren
Dim Benutzer
Dim Domaene
' Name des Containers, in dem der Benutzer angelegt werden soll
Const CONTAINERNAME = "PC171" ' Computername oder Domänenname
Const KLASSE = "Computer" ' oder: Domain
' Zugriff auf Domain-Objekt
Set Domaene = GetObject("WinNT://" & CONTAINERNAME & "," & KLASSE)
```

```
' Benutzer anlegen
Set Benutzer= Domaene.Create("user", "WilliWinzig3")
' Setzen von Eigenschaften
' Voller Name
Benutzer.FullName = "Willi Winzig"
' Beschreibung des Benutzers
Benutzer.Description = "Herr Willi Winzig ist unser neuer Mitarbeiter."
' Home-Verzeichnis des Benutzers
Benutzer.HomeDirectory = "e:\homes\winzig"
' Ablaufdatum des Kontos: 1 Jahr
Benutzer.AccountExpirationDate = Now() + 365
' Verweis auf das Login-Skript
Benutzer.LoginScript = "benutzer.bat"
' Kennwort setzen
Benutzer.SetPassword "SehrGeheim123"
' Kennwortänderung bei erster Anmeldung erzwingen
Benutzer.PasswordExpired = 1
' Festschreiben der Werte
Benutzer.SetInfo
' Meldung ausgeben
WScript.Echo "Benutzer angelegt!"
```

Listing 9.1: */Skripte/Kapitel09/WinNT/BenutzerAnlegen.vbs*

In den folgenden Bildschirmabbildungen werden bewusst verschiedene neuere Betriebssysteme verwendet, um zu beweisen, dass diese Vorgehensweise auch in modernen Betriebssystemen und im Zeitalter des Active Directory noch relevant ist. Viele Administratoren glauben fälschlicherweise, die Benutzerkontenverwaltung in einem Netzwerk mit Active Directory würde komplett über LDAP laufen.

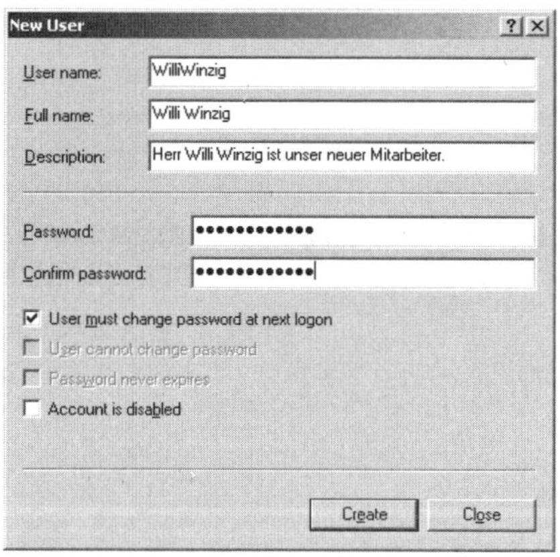

Bild 9.1 *Anlegen des Benutzers Willi Winzig als lokaler Benutzer (hier: Active Directory-Mitgliedsserver auf Basis von Windows Server 2003 R2)*

Der neue Benutzer WilliWinzig erscheint aber nicht in der Benutzerkontenverwaltung der Systemsteuerung, weil er nicht Mitglied der Standardgruppe „Benutzer" ist. Der neu angelegte Benutzer gehört zunächst zu keiner Gruppe und er hat auch noch kein Kennwort. Diese beiden Schritte erfolgen in den nächsten Skripten.

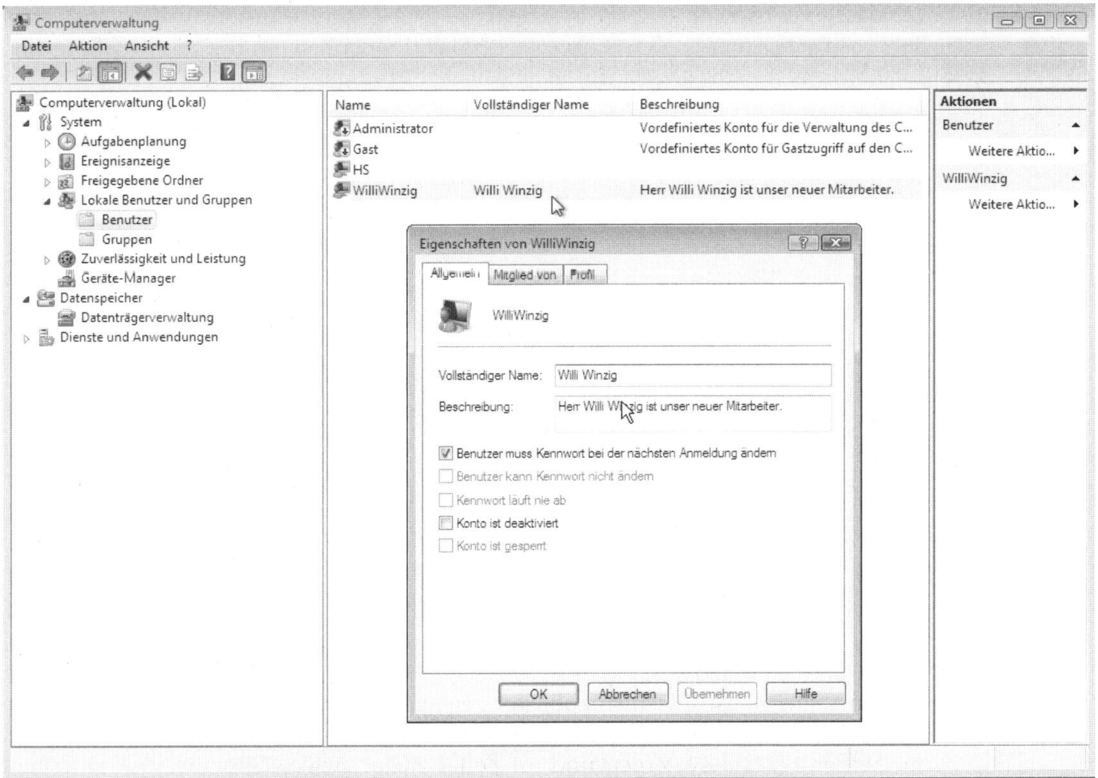

***Bild 9.2:** Anzeige des neuen Benutzerkontos (hier: Windows Vista/Windows 7/8)*

9.1.2 Umbenennen eines Benutzers

Namensänderung

Der NT-Verzeichnisdienst erlaubt die Umbenennung eines Benutzerkontos nach dem Anlegen, da für die eindeutige Identifizierung nicht der Kontoname, sondern der Security Identifier (SID) des Kontos maßgeblich ist. Das Konto verliert also nicht seine Gruppenzuordnungen oder Rechte. Die Methode zur Umbenennung heißt in ADSI `MoveHere()`. Diese Methode wird sowohl von der `Computer`- als auch von der `Domain`-Klasse unterstützt.

> Es ist nicht möglich, ein Benutzerkonto im WinNT-Verzeichnisdienst zu verschieben, weil es nur einen Container für Benutzer geben kann. Eine Verschiebung zwischen Domänen ist ebenfalls nicht möglich.

Das Skript deklariert die benötigten Variablen für die Objekte. Durch den Aufruf von `GetObject()` wird eine Instanz des `Domain`-Objekts erzeugt und der Variablen `Container` zugewiesen. Als Parameter werden der WinNT-Provider und der Name des Computers angegeben, auf dem sich das Benutzerkonto befindet.

Umbenennen durch Verschieben

Der Aufruf der MoveHere()-Methode des Domain-Objekts mit dem ADSI-Pfad des Benutzers sowie dem neuen Benutzernamen führt die Umbenennung durch. Die erfolgreiche Umbenennung wird durch eine Meldung angezeigt.

```
' BenutzerUmbenennen.vbs
' Umbenennen eines Benutzerkontos
' verwendet: ADSI
' ===============================
Option Explicit

' Konstanten - bitte anpassen!!!
Const CONTAINERNAME = "ServerE02" ' Computername oder Domänenname
Const ALTERNAME = "WilliWinzig"
Const NEUERNAME = "WilliWichtig"

' Notwendige Variablen deklarieren
Dim Container
' Zugriff auf Domain-Objekt
Set Container = GetObject("WinNT://" & CONTAINERNAME)
' MoveHere ausführen
Container.MoveHere _
"WinNT://" & CONTAINERNAME & "/" & ALTERNAME,NEUERNAME
' Meldung ausgeben
Wscript.Echo "Benutzer umbenannt!"
```

Listing 9.2: */Skripte/Kapitel09/WinNT/BenutzerUmbenennen.vbs*

Wie Sie in nachfolgender Bildschirmabbildung sehen können, wird durch die MoveHere()-Methode nur der Benutzername selbst, nicht aber die anderen Attribute wie FullName und Description beeinflusst.

> Bitte beachten Sie, dass nach Ausführung dieses Skripts das Benutzerkonto „WilliWinzig" nicht mehr existiert. Da die nachfolgenden Skripte „WilliWinzig" verwenden, sollten Sie mithilfe des ersten Skripts in diesem Kapitel „WilliWinzig" wieder anlegen.

9.1.3 Kennwort eines Benutzers ändern

Grundsätzlich gibt es zwei Möglichkeiten, ein Kennwort mit ADSI zu setzen:

SetPassword()

- Bei SetPassword() ist die Angabe des bisherigen Kennworts nicht nötig.
- Bei der Methode ChangePassword() muss das bisherige Kennwort angegeben werden.

ChangePassword()

ChangePassword() sollte angewendet werden, wenn sichergestellt werden soll, dass nur der betreffende Benutzer selbst das Kennwort ändert. Die Methode lässt sich nur ausführen, wenn die Kontorichtlinien dies erlauben (wenn Sie das Skript ausgeführt haben, das die minimale Kennwortdauer auf zehn Tage setzt, dann kann ChangePassword() erst nach zehn Tagen zum ersten Mal ausgeführt werden!).

Für den Administrator ist die Methode `SetPassword()` gedacht, da das alte Kennwort nicht bekannt sein muss. `SetPassword()` kann nicht nur beim erstmaligen Setzen, sondern zu beliebiger Zeit ausgeführt werden.

In älteren Windows-Versionen (vor Windows Server 2003 und Windows XP mit Service Pack 2) konnte das Kennwort beim Anlegen eines neuen Benutzers erst gesetzt werden, nachdem das Anlegen mit `SetInfo()` vollzogen wurde. Damit ist eine potenzielle Sicherheitslücke geschlossen.

Für den LDAP-Provider gilt jedoch die Aussage „Erst Konto komplett anlegen, dann Kennwort setzen“ immer noch. Das potenzielle Risiko kann hier dadurch umgangen werden, dass das Konto, das im Standard deaktiviert ist, erst nach der Kennwortvergabe aktiviert wird!

```
' KennwortAendern1.vbs
' Setzen eines Kennworts für ein Benutzerkonto
' verwendet: ADSI
' ==================================================================

Dim Benutzer
' Bitte ADSI-Pfad anpassen: WinNT://CONTAINER/BENUTZERNAME
Set Benutzer = GetObject("WinNT://ServerE02/WilliWinzig,user")
Benutzer.SetPassword "Helmut"
Msgbox "Kennwort gesetzt!"
```

Listing 9.3: */Skripte/Kapitel09/WinNT/KennwortAendern1.vbs*

```
' KennwortAendern2.vbs
' Ändern eines Kennworts für ein Benutzerkonto
' verwendet: ADSI
' ==================================================================

Dim Benutzer
' Bitte ADSI-Pfad anpassen: WinNT://CONTAINER/BENUTZERNAME
Set Benutzer = GetObject("WinNT://ServerE02/WilliWinzig,user")
Benutzer.ChangePassword "Helmut", "Gerhard"
Msgbox "Kennwort geändert!"
```

Listing 9.4: */Skripte/Kapitel09/WinNT/KennwortAendern2.vbs*

Um den Benutzer zu veranlassen, sein Kennwort bei der nächsten Anmeldung zu ändern, wird die Eigenschaft `AccountExpirationDate` auf das aktuelle Datum und die aktuelle Uhrzeit gesetzt.

9.1.4 Anlegen einer Benutzergruppe

Andere Klasse

Das Einrichten einer Gruppe erfolgt analog zur Erstellung eines `User`-Objekts. Beachten Sie aber den bei `Create()` anzugebenden Klassennamen `Group`.

Lokal oder global GroupType ist ein Pflichtattribut des WinNT-Verzeichnisdienstes, das aber automatisch auf den Wert 2 (globale Gruppe) gesetzt wird, wenn der ADSI-Client keinen Wert vorgibt. Das Beispielskript allerdings erzeugt eine lokale Gruppe (Wert 4).

```
' GruppeAnlegen.vbs
' Anlegen einer lokalen Gruppe
' verwendet: ADSI
' ===============================================================

Option Explicit
' Variablen deklarieren
Dim Container
Dim Gruppe
' Konstanten definieren
Const GRUPPENNAME = "Finanzbeamte"
' Name des Containers, in dem der Benutzer angelegt werden soll
Const CONTAINERNAME = "ServerE02" ' Computername oder Domänenname

' Zugriff auf Domain-Objekt
Set Container = GetObject("WinNT://" & CONTAINERNAME)
' Erzeugen der Gruppe
Set Gruppe = Container.Create("group", GRUPPENNAME)
' Gruppentyp setzen
' 4 = Lokale Gruppe, 2= Globale Gruppe
Gruppe.Put "Grouptype", 4
' Beschreibungstext setzen
Gruppe.Description = "Beispielgruppe für das Buch 'Windows Scripting lernen'"
' Festschreiben der Änderungen
Gruppe.SetInfo
' Meldung ausgeben
WScript.Echo "Gruppe " & GRUPPENNAME & " wurde angelegt!"
```

Listing 9.5: */Skripte/Kapitel09/WinNT/GruppeAnlegen.vbs*

Bild 9.3 *Neue Gruppe erstellt*

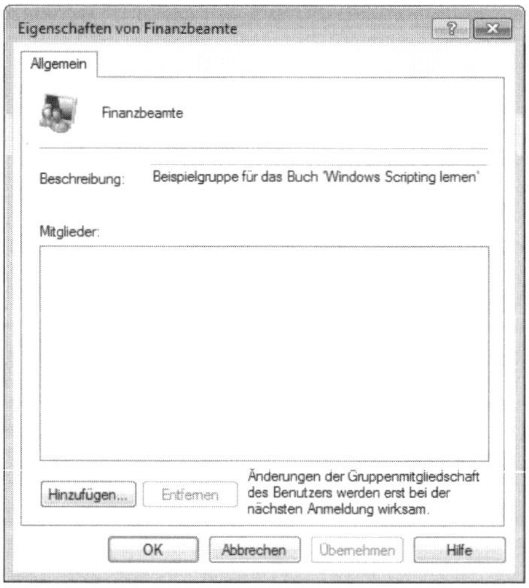

9.1.5 Hinzufügen eines Benutzers zu einer Gruppe

Gruppieren

Das folgende Skript ordnet einen bestehenden Benutzer einer existierenden Gruppe zu. Das Skript deklariert die benötigte Variable für das `Group`-Objekt. Durch den Aufruf von `GetObject()` wird eine Instanz des `Group`-Objekts erzeugt und der Variablen `Gruppe` zugewiesen. Durch Aufruf der `Add()`-Methode des `Group`-Objekts wird der als Parameter übergebene Benutzer der Gruppe zugeordnet.

Der Befehl `SetInfo()` ist hier nicht notwendig, die Änderung wird sofort wirksam.

> Der Benutzer muss bereits vorhanden sein, ansonsten wird die Fehlermeldung „Ein Mitglied konnte in der lokalen Gruppe nicht hinzugefügt oder entfernt werden, da das Mitglied nicht vorhanden ist.“ ausgegeben.

```
' BenutzerzuGruppe.vbs
' Hinzufügen eines Benutzers zu einer Gruppe
' verwendet: ADSI
' ===============================
Option Explicit
' Variablen deklarieren
Dim Gruppe
' Zugriff auf das Gruppen-Objekt
Set Gruppe = GetObject("WinNT://ServerE02/Finanzbeamte,Group")
' Hinzufügen des Benutzer-Objekts zur Gruppe
Gruppe.Add ("WinNT://ServerE02/WilliWinzig")
' Meldung ausgeben
Wscript.Echo "Benutzer WilliWinzig zur Gruppe 'Finanzbeamte' hinzugefügt!"
```

Listing 9.6: */Skripte/Kapitel09/WinNT/BenutzerzuGruppe.vbs*

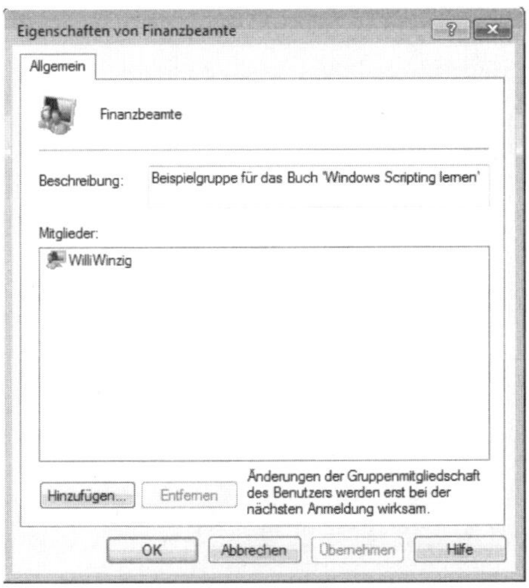

Bild 9.4 *Benutzer in die Gruppe eingefügt*

9.1.6 Entfernen eines Benutzers aus einer Gruppe

Benutzer entfernen

Das nachfolgende Skript *LoescheBenutzerausGruppe.vbs* entfernt einen Benutzer aus einer Benutzergruppe. Zentraler Befehl ist die Methode `Remove()`, die auf einem `Group`-Objekt ausgeführt wird. Als Parameter erwartet `Remove()` den ADSI-Pfad des Benutzers, der aus der Gruppe entfernt werden soll.

Identifikation

Der Variablen `Gruppe` wird durch `GetObject()` ein Verweis auf das `Group`-Objekt der betreffenden Gruppe zugewiesen. Danach wird `Remove()` ausgeführt. Der Befehl `SetInfo()` ist hier nicht notwendig, die Änderung wird sofort wirksam.

```
' LoescheBenutzerausGruppe.vbs
' Löschen eines Benutzerkontos aus einer Gruppe
' verwendet: ADSI
' ===============================
Option Explicit
Dim Benutzer
Dim Gruppe
' Zugriff auf das Gruppen-Objekt
Set Gruppe = GetObject("WinNT://ServerE02/Finanzbeamte,group")
' Benutzer-Objekt aus der Gruppe entfernen
Gruppe.Remove("WinNT://ServerE02/WilliWinzig,user")
Wscript.Echo "Der Benutzer WilliWinzig wurde aus der " & _
    "Gruppe Finanzbeamte entfernt."
```

Listing 9.7: */Skripte/Kapitel09/WinNT/LoescheBenutzerausGruppe.vbs*

9.1.7 Deaktivieren eines Benutzerkontos

Konto sperren

Soll einem Benutzer der Zugang zum Netzwerk nur kurzfristig entzogen werden, muss das Konto nicht gelöscht, sondern es kann deaktiviert werden. Ein Konto kann auch gesperrt werden. Dies hat denselben Effekt wie die Deaktivierung.

Das nachfolgende Beispiel zeigt, wie mithilfe des Attributs `AccountDisabled` ein Benutzer deaktiviert wird, sodass er sich nicht mehr am Netz anmelden kann. Dazu wird mit `GetObject()` ein Verweis auf das `User`-Objekt erstellt und in der Variablen `Benutzer` gespeichert. Durch Setzen der Eigenschaft `AccountDisabled` auf den Wert `True` wird das `User`-Objekt angewiesen, das Konto zu sperren. Die Sperrung erfolgt erst mit dem Aufruf von `SetInfo()`.

Entsperrung

Die Umkehrung der Aktion ist mit der Zuweisung des booleschen Werts `False` an die Eigenschaft `AccountDisabled` möglich.

```
' DeaktiviereKonto.vbs
' Deaktivieren eines Benutzerkontos
' verwendet: ADSI
' ================================================================
Option Explicit
' Variablen deklarieren
Dim Benutzer
' Zugriff auf User-Objekt
Set Benutzer= GetObject("WinNT://ServerE02/WilliWinzig,user")
```

```
' Deaktivierung
Benutzer.AccountDisabled = True ' = False zum Reaktivieren!
' Cache schreiben
Benutzer.SetInfo
' Meldung ausgeben
Wscript.Echo "Benutzer WilliWinzig deaktiviert!"
```

Listing 9.8: */Skripte/Kapitel09/WinNT/DeaktiviereKonto.vbs*

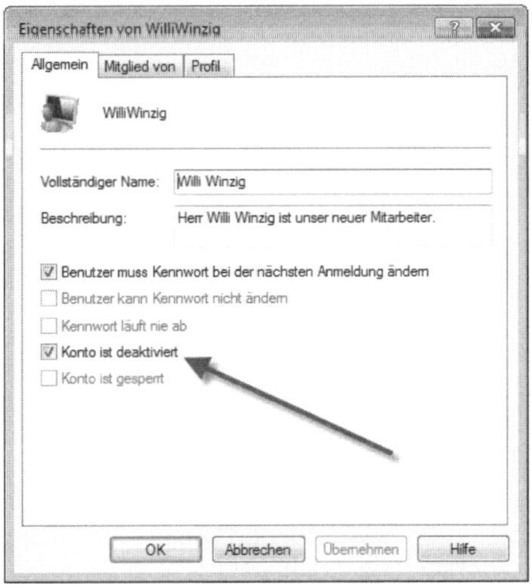

Bild 9.5
Benutzerkonto ist deaktiviert

9.1.8 Löschen einer Gruppe

Delete()

Zentraler Befehl beim Löschen eines Objekts ist die Methode `Delete()`, die nur von Container-Objekten (also den Klassen `Domain` und `Computer`) bereitgestellt wird. `Delete()` erwartet nicht nur den Namen des zu löschenden Objekts, sondern zuvor im ersten Parameter auch den Klassennamen.

Im nächsten Beispiel wird das Löschen einer Gruppe demonstriert. Dazu wird nach der Variablendeklaration der Variablen `Container` der Verweis auf das durch `GetObject()` erzeugte `Domain`- oder `Computer`-Objekt zugewiesen. Unter Angabe des Klassennamens `Group` und des Gruppennamens löscht die `Delete()`-Methode die Gruppe aus dem Container.

> Bitte verwechseln Sie nicht die Methoden `Remove()` und `Delete()`. `Remove()` entfernt einen Benutzer aus einer Gruppe. Eine Gruppe gilt nicht als ein Container-Objekt, weil die Gruppe den Benutzer im engeren Sinne nicht enthält, sondern nur einen Verweis auf den Benutzer speichert. Ein Objekt kann immer nur in einem Container sein. Wäre die Gruppe ein Container, könnte der Benutzer nur Mitglied einer einzigen Gruppe sein. Nach einem `Remove()` ist das Benutzerkonto immer noch vorhanden. `Delete()` dagegen entfernt einen Benutzer aus einem Container, sodass er permanent gelöscht wird.

Sofortige Löschung

Ein expliziter Aufruf von SetInfo() ist hier nicht notwendig. Die Löschung wird sofort durchgeführt.

```
' LoescheGruppe.vbs
' Löschen einer Gruppe
' verwendet: ADSI
' ===========================================================
Option Explicit
' Variablen deklarieren
Dim Container
' Konstanten definieren
Const GRUPPENNAME ="Finanzbeamte"
' Zugriff auf Domain-Objekt
Set Container = GetObject("WinNT://ServerE02")
' Löschen der Gruppe
Container.Delete "group", GRUPPENNAME
' Meldung ausgeben
Wscript.Echo "Gruppe " & GRUPPENNAME & " wurde gelöscht!"
```

Listing 9.9: */Skripte/Kapitel09/WinNT/LoescheGruppe.vbs*

9.1.9 Löschen eines Benutzers

Verwechslungen möglich

Ein Benutzer wird gelöscht durch den Aufruf der Delete()-Methode des Containers, in dem er enthalten ist. Das folgende Beispiel zeigt das Löschen eines Domänenbenutzers. Bei der Delete()-Methode ist – wie beim Erzeugen – der Klassenname User anzugeben, um Verwechslungen mit eventuell gleichnamigen Group-Objekten zu vermeiden. Der Aufruf von SetInfo() ist nicht notwendig; Delete() wird sofort ausgeführt!

```
' LoescheBenutzer.vbs
' Löschen eines Benutzerkontos
' verwendet: ADSI
' ================================
Option Explicit
' Variable deklarieren
Dim Container
' Zugriff auf Domain-Objekt
Set Container = GetObject("WinNT://ServerE02")
' Benutzer löschen
Container.Delete "user", "WilliWinzig"
' Meldung ausgeben
WScript.Echo "Benutzer gelöscht!"
```

Listing 9.10: */Skripte/Kapitel09/WinNT/LoescheBenutzer.vbs*

9.2 Active Directory-Benutzerverwaltung unter Windows Server 2000/2003/2008/2012

Die folgenden Beispiele demonstrieren den Umgang mit der Benutzerverwaltung in einem Active Directory (kurz: AD) unter Windows 2000 Server oder Windows Server 2003 (inkl. R2) oder Windows Server 2008 (inkl. R2). Alle Beispiele setzen die im ersten Unterkapitel erzeugte Organisationseinheit *WSH-Scripting* voraus.

> Weil dieser Fehler sehr häufig gemacht wird, seien Sie an dieser Stelle noch einmal gewarnt: Sie können mit den folgenden Skripten wirklich nur die Objekte in einem Active Directory im engeren Sinne verwalten. Benutzer und Gruppen, die lokal auf einem Windows-Client oder Windows-Server, der nicht Domänencontroller ist, existieren, gehören nicht zum Active Directory. Diese Objekte werden wie ein NT4-System verwaltet (vgl. vorheriges Unterkapitel). Gleiches gilt für einen Windows 2000 Server oder einen Windows Server 2003 (inkl. R2) oder einen Windows Server 2008 (inkl. R2), bzw. Windows Server 2012, auf dem das Active Directory nicht installiert ist.
>
> Microsoft hat in der Vergangenheit leider viele Benutzer mit einer zu globalen Verwendung des Begriffs Active Directory Service in die Irre geführt. Dies zeigt sich zum Beispiel auch am Namen der Komponente Active Directory Service Interface (ADSI). Wie bereits in Kapitel 6 geschildert, ist diese Komponente keineswegs nur für das Active Directory zuständig.

9.2.1 Anlegen einer Organisationseinheit

Verschachtelte Einheiten

Eine hervorstechende Eigenschaft des Active Directory (gegenüber der NT4-Benutzerverwaltung) besteht darin, beliebige Organisationsstrukturen in Form von Containern abbilden zu können. Ein solcher Container heißt im Active Directory `OrganizationalUnit`.

Oberste Ebene

Das Beispielskript erstellt eine Organisationseinheit im Active Directory. Dazu wird nach der Variablendeklaration ein Verweis auf das `RootDSE`-Objekt erzeugt und in der Variablen `Wurzel` abgelegt. `RootDSE` kennzeichnet das oberste Element in einem Active Directory.

> Wichtig ist auch hier, dass Sie LDAP komplett in Großbuchstaben schreiben. Die Schreibweise der nachfolgenden Wörter ist jedoch egal (`rootdse`, `ROOTDSE`, `rootDSE` etc.).

Nun wird der LDAP-Pfad des Wurzelverzeichnisses vom Active Directory durch Abfrage der Eigenschaft `defaultNamingContext` ermittelt und in der Variablen `Domaene` gespeichert.

> Die Verwendung des `RootDSE`-Objekts bringt den Vorteil, dass Sie nicht den kompletten LDAP-Pfad zu Ihrem Active Directory wissen müssen. Selbstverständlich können Sie den Pfad aber auch manuell angeben. Dies ist in vielen der folgenden Skripte gezeigt.

Beachten Sie beim Anlegen von Organisationseinheiten den Klassennamen (`organizationalUnit`) im ersten Parameter und das dem eigentlichen Containernamen vorangestellte `OU=` im zweiten Parameter bei `Create()`.

Viele Eigenschaften

Die Organisationseinheiten stellen neben vielen Eigenschaften unter anderem die Eigenschaft `Description` zur Verfügung, die eine Beschreibung des Objekts zulässt. Erst durch den Aufruf von `SetInfo()` wird das Objekt im Active Directory abgelegt.

```
' ErzeugeOU.vbs
' Erzeugen einer Organisationseinheit im Active Directory
' verwendet: ADSI
' ================================
Option Explicit
' Variablen deklarieren
Dim Wurzel, Domaene, OrgEinheit
' Konstanten definieren
Const OUName="WSH-Scripting"
' Oberstes Element des AD holen
Set Wurzel = GetObject("LDAP://RootDSE")
' Wurzelverzeichnis bestimmen
Set Domaene = GetObject("LDAP://" & Wurzel.Get("defaultNamingContext"))
' OU anlegen
Set OrgEinheit = Domaene.Create("organizationalUnit", "OU=" & OUName)
' Beschreibung setzen
OrgEinheit.Description = "Dies ist eine OU für das Scripting-Buch"
' Werte festschreiben
OrgEinheit.SetInfo
' Ausgabe
WScript.Echo "OU wurde angelegt:" & OrgEinheit.AdsPath
```

Listing 9.11: */Skripte/Kapitel09/LDAP/ErzeugeOU.vbs*

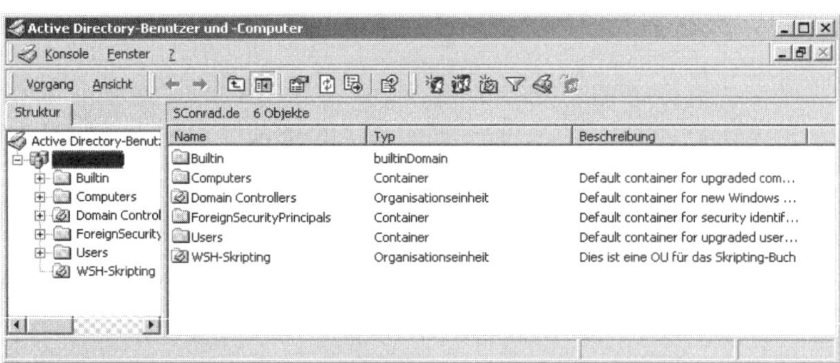

Bild 9.6 *Die Organisationseinheit WSH-Scripting wurde erzeugt*

9.2.2 Anlegen eines Organisationseinheitenbaums im Active Directory

Untergeordnete Organisationseinheit anlegen

Durch den hierarchischen Aufbau ist das Active Directory in der Lage, `Container`-Objekte auf mehreren Ebenen aufzunehmen. Das Beispiel in diesem Abschnitt zeigt, wie man aus einer XML-Datei eine Organisationseinheitenhierarchie anlegt.

Das Finden der richtigen Organisationsstruktur ist oftmals ein Politikum beim Aufbau einer Active Directory-Infrastruktur. Benötigt wird ein Instrument, mit dem man eine umfangreiche Hierarchie von Organisationseinheiten auf einfache Weise definieren und mit dessen Hilfe man die Organisationseinheiten nachher schnell implementieren kann.

Für hierarchische Daten hat sich der XML-Standard inzwischen durchgesetzt. Die folgende Abbildung zeigt, wie man eine Organisationsstruktur in XML-Form definieren könnte. Wenn man eine solche Hierarchie einmal definiert hat, liegt es nahe, ein Skript zu verwenden, das diese Hierarchie automatisch in das Active Directory einfließen lässt.

```
  <?xml version="1.0" encoding="utf-8" ?>
- <OUStruktur>
  - <OU Name="www.IT-Visions.de">
      <OU Name="Geschäftsführung" />
    - <OU Name="Experten">
        <OU Name="DOTNET" />
        <OU Name="Scripting" />
      - <OU Name="Windows">
          <OU Name="Client" />
          <OU Name="Server" />
        </OU>
      </OU>
      <OU Name="Verwaltung" />
    </OU>
  </OUStruktur>
```

Bild 9.7 Eingabedatei für das Anlegen einer AD-OU-Struktur

Das Skript

Das Skript ist trotz seiner Mächtigkeit überschaubar. Neben dem Active Directory Service Interface (ADSI) kommt eine weitere Scripting-Komponente, das Microsoft XML Document Object Model (MSXML), zum Einsatz, um die XML-Datei zu lesen. Durch rekursive Programmierung (die Routine `ParseXMLDokument()` ruft sich immer wieder selbst auf, wenn es noch eine Unterebene gibt) kann man das Skript sehr prägnant halten. Das Ergebnis des Skripts ist in der unten stehenden Bildschirmabbildung zu sehen.

```
' -----------------------------------------
' Skriptname: OUs_AusXmlDateiAnlegen.vbs
' Autor: Dr. Holger Schwichtenberg 2006-2007
' -----------------------------------------
' Dieses Skript erstellt eine OU-Struktur aus einer XML-Datei
' -----------------------------------------
' Verwendet FSO, MSXML, ADSI
' -----------------------------------------

Option Explicit
```

```
' Parameter
Const WURZEL = "LDAP://E02/dc=it-visions,dc=local"
Const EINGABEDATEI = "OUStruktur.xml"

' Deklaration der Variablen
Dim Datei, WSHShell
Dim XMLDokument
Dim wurzelknoten

' COM-Objekte erstellen
Set WSHShell = CreateObject("Wscript.shell")
Set XMLDokument = CreateObject("Msxml2.DOMDocument")

' Pfad zur Eingabedatei
Datei = WSHShell.CurrentDirectory & "/" & EINGABEDATEI

' Asynchrones Laden ausschalten
XMLDokument.async = False
' Datei laden
XMLDokument.load(DATEI)
WScript.Echo "Dokument geladen"
' Fehler?
If XMLDokument.parseError.reason <> "" Then MsgBox
XMLDokument.parseError.reason, ,"Fehler"
' Wurzel-Knoten auswählen
Set wurzelknoten = XMLDokument.selectSingleNode("OUStruktur")
' Durchlauf starten bei Wurzel
ParseXMLDokument 0, wurzelknoten, WURZEL

' === Alle Kind-Knoten durchlaufen
Sub ParseXMLDokument(ByVal ebene,  ByVal wurzelknoten, ByVal ouwurzel)
Dim OUKnoten, neuou
ebene = ebene + 1
For Each OUKnoten In wurzelknoten.Childnodes
WScript.echo "OU gefunden in XML-Datei: " & Space(ebene) &
OUKnoten.getAttribute("Name")
neuou = OUAnlegen(ouwurzel,OUKnoten.getAttribute("Name"))
ParseXMLDokument ebene, OUKnoten, neuou ' Rekursion
Next
End Sub

' === OU anlegen
Function OUAnlegen(Vater,OUName)
Dim Domain, OrgEinheit
' Verweis auf die bestehende OU holen
Set Domain = GetObject(Vater)
' Neue OU anlegen
Set OrgEinheit = Domain.Create("organizationalUnit", "OU=" & OUName)
' Beschreibung setzen
```

```
OrgEinheit.Description = "Angelegt mit dem Skript von Holger Schwichtenberg!"
' Werte festschreiben
OrgEinheit.SetInfo
' Ausgabe
WScript.Echo "OU wurde angelegt:" & OrgEinheit.ADsPath
OUAnlegen = OrgEinheit.ADsPath
End Function
```

Listing 9.12: */Skripte/Kapitel09/LDAP/OUs_AusXmlDateiAnlegen.vbs*

Bild 9.8
Ergebnis der Skriptausführung

9.2.3 Anlegen eines Benutzerkontos

Andere Attribute

Ähnlich, aber dennoch nicht identisch zur NT4-Benutzerverwaltung ist das Anlegen eines Benutzers im Active Directory. Neben dem Verzeichnisnamen benötigt jeder AD-Benutzer als Pflichtattribut einen `SAMAccountName`. Da bei `LDAP` anders als bei NT4 der Attributname des Schlüsselattributs (hier „`cn`") Teil des Verzeichnisnamens ist, muss dem neuen Benutzernamen in der `Create()`-Methode getrennt durch ein Gleichheitszeichen der Attributname vorangestellt werden, der der Identifizierung der Instanzen dieser Klasse dient (also: „`cn=`").

Benutzer in Container

Das Beispielskript legt einen neuen Benutzer innerhalb der Organisationseinheit *WSH-Scripting* an. Bitte haben Sie Verständnis dafür, dass nicht alle Attribute besprochen werden können, aber das würde den Rahmen dieses Buchs sprengen. Die verwendeten Attribute sind:

- `SamAccountName`: kennzeichnet den Benutzer
- `AccountDisabled`: aktiviert oder deaktiviert das Konto des Benutzers

```
' BenutzerAnlegen.vbs
' Erzeugen eines Benutzerkontos im AD
' verwendet: ADSI
' ===============================
Option Explicit
' Variablen deklarieren
Dim Container
Dim Benutzer
' Konstanten definieren
Const BenutzerName="HugoHastig"
' Bindung an Container
Set Container = _
GetObject("LDAP://ServerE02/OU=WSH-Scripting,DC=IT-Visions,DC=de")
' Erzeugen des neuen Benutzers
Set Benutzer = Container.Create("user", "CN=" & BenutzerName)
' Attribute setzen
```

```
Benutzer.Put "samAccountName", BenutzerName
' Festschreiben der Werte
Benutzer.SetInfo
' Konto aktivieren
Benutzer.AccountDisabled = False
' Festschreiben der Werte
Benutzer.SetInfo
' Meldung ausgeben
WScript.Echo "Benutzer " & Benutzer.AdsPath & " angelegt"
```

Listing 9.13: */Skripte/Kapitel09/LDAP/BenutzerAnlegen.vbs*

Die folgende Darstellung zeigt den Benutzer innerhalb der Organisationseinheit „WSH-Scripting“.

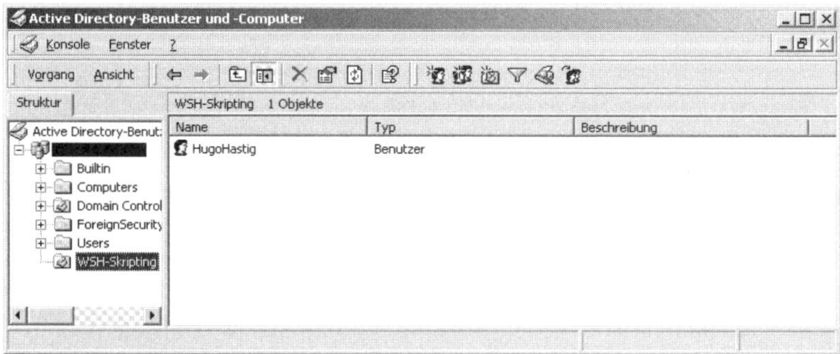

Bild 9.9 *Erzeuge den Benutzer „HugoHastig“ in „WSH-Scripting“.*

9.2.4 Anlegen von Benutzern aus einer Access-Datenbank

Große Netzwerke

Das Verwalten einzelner Benutzer kann noch in endlicher Zeit erledigt werden; kritisch wird die Verwaltung der Benutzer in großen Netzwerken. Als Datenbasis für das Anlegen von großen Benutzermengen eignet sich Microsoft Access bestens. Die Daten können über Formulare in einer Access-Anwendung verwaltet werden. Das folgende Skript liest alle in der Tabelle „Benutzer“ in der Datenbank *BenutzerDB.mdb* enthaltenen Benutzer aus und legt diese im Active Directory an.

Wiederverwendbarer Code

Zum Anlegen der Benutzer wird das Skript aus dem vorherigen Kapitel benutzt. Lediglich die Methode `SetPassword()` wird hier zusätzlich verwendet. Die Methode erlaubt das Setzen des Kennworts beim Anlegen eines Benutzerkontos (vgl. Kapitel 9.2.2).

> Die Verwendung von Access-Tabellen wird in Kapitel 7 beschrieben.

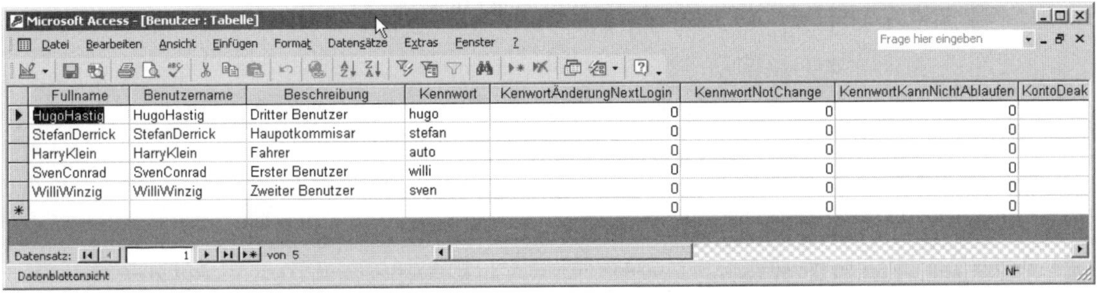

Fullname	Benutzername	Beschreibung	Kennwort	KenwortÄnderungNextLogin	KennwortNotChange	KennwortKannNichtAblaufen	KontoDeak
HugoHastig	HugoHastig	Dritter Benutzer	hugo	0	0	0	
StefanDerrick	StefanDerrick	Haupotkommisar	stefan	0	0	0	
HarryKlein	HarryKlein	Fahrer	auto	0	0	0	
SvenConrad	SvenConrad	Erster Benutzer	willi	0	0	0	
WilliWinzig	WilliWinzig	Zweiter Benutzer	sven	0	0	0	
				0	0	0	

***Bild 9.10:** Die Tabelle „Benutzer", die als Datenbasis dient*

```
' BenutzerAnlegenAusDatenbank.vbs
' Erzeugen von AD-Benutzern aus einer Datenbank
' verwendet: ADSI, ADO
' ===============================
Option Explicit
' Variablendeklaration
Dim DatenQuelle
Dim DBConnection, SqlString, Ergebnismenge
Dim Container, Benutzer
' Konstanten definieren
Const Verbindung="Provider=Microsoft.Jet.OLEDB.4.0; Data
Source=BenutzerDB.MDB;"
' Connection-Objekt erzeugen
Set DBConnection = CreateObject("ADODB.Connection")
' Verbindung öffnen
DBConnection.Open Verbindung
' Alle Benutzer verwenden
SqlString="SELECT * FROM Benutzer"
' SQL-Statement ausführen
Set Ergebnismenge = DBConnection.Execute(SqlString)
On Error Resume Next
' An den Anfang des Abfrageergebnisses springen
Ergebnismenge.MoveFirst
' Bindung an Container
Set Container = GetObject("LDAP://ServerE02/OU=WSH-Scripting,
                DC=IT-Visions,DC=de")
' Durchlaufe gesamte Datenbasis
Do While Not Ergebnismenge.eof
    ' Aufruf der Hilfsroutine
    BenutzerAnlegen Container, Ergebnismenge("Fullname"), _
                Ergebnismenge("Kennwort")
    ' Nächsten Satz aus der Ergebnismenge holen
    Ergebnismenge.MoveNext
Loop
' Schließen der Abfrage
Ergebnismenge.Close
' Schließen der Verbindung
```

```
DBConnection.Close

Sub BenutzerAnlegen (Container, Benutzername,Passwort)
' Hilfsroutine: Erzeugen eines Benutzerkontos unter Windows 2000
' Variablen deklarieren

Dim Benutzer
' Erzeugung des neuen Benutzers
Set Benutzer = Container.Create("user", "cn=" & Benutzername)
' Attribute setzen
Benutzer.Put "samAccountName", CStr(Benutzername)
' Festschreiben der Werte
Benutzer.SetInfo
' Konto aktivieren
Benutzer.AccountDisabled = false
Benutzer.SetInfo
' Kennwort des Benutzers setzen
Benutzer.SetPassword Passwort
' Meldung ausgeben
WScript.Echo "Benutzer " & Benutzer.AdsPath & " angelegt"
 ' Freigeben der Objekte
End Sub
```

Listing 9.14: */Skripte/Kapitel09/LDAP/BenutzerAnlegenAusDatenbank.vbs*

9.2.5 Anlegen einer Benutzergruppe

Um Benutzer in Gruppen verwalten zu können, müssen diese erst angelegt werden. Eine Zuweisung von Benutzern an nicht vorhandene Gruppen erzeugt den Laufzeitfehler „Ein solches Objekt ist auf dem Server nicht vorhanden.".

Kompatibilität Das nachfolgende Skript generiert nach der Konstantendefinition und der Variablendeklaration ein `Domain`-Objekt durch den Zugriff auf das LDAP-Verzeichnis. Die `Create()`-Methode erzeugt ein `Group`-Objekt und legt es in der Variablen `Gruppe` ab. Dem Namen der Gruppe muss `cn=` vorangestellt werden.

Im nächsten Schritt werden zwei Eigenschaften des `Group`-Objekts gesetzt. Die Eigenschaft `samAccountName` kennzeichnet den Gruppennamen sowohl für die Windows NT 4.0-kompatible Welt als auch für das Active Directory.

GroupType Die Eigenschaft `GroupType` gibt den Gruppentyp an. Für die Gruppentypen existieren nachfolgende Werte, die bitweise verknüpft werden können (`OR`-Operator):

```
Const GLOBAL_GROUP = 2
Const LOCAL_GROUP = 4
Const UNIVERSAL_GROUP = 8
Const SECURITY_ENABLED = -2147483648
```

Beispiele:

- `4` ist eine lokale Verteilergruppe.
- `-2147483644` (`=4 or -2147483648`) ist eine lokale Sicherheitsgruppe.

Der Aufruf von `SetInfo()` schreibt die Änderungen im Active Directory fest.

```
' GruppeAnlegen.vbs
' Erzeugen einer Gruppe im Active Directory
' verwendet: ADSI
' ===============================================================
Option Explicit
' Konstantendefinition
Const ADS_GROUP_TYPE_DOMAIN_LOCAL_GROUP = &H4
Const ADS_GROUP_TYPE_SECURITY_ENABLED = &H80000000
Const GruppenName="ScriptingGruppe"
' Variablendeklaration
Dim Gruppe
Dim Domaene
' Domain-Objekt erzeugen
Set Domaene = GetObject _
("LDAP://ServerE02/OU=WSH-Scripting,DC=IT-Visions,DC=de")
'Erzeugen des Group-Objekts
Set Gruppe = Domaene.Create("group", "CN=" & GruppenName)
' Name für WinNT
Gruppe.Put "samAccountName", GruppenName
' Gruppentyp setzen
Gruppe.Put "groupType", ADS_GROUP_TYPE_DOMAIN_LOCAL_GROUP _
Or ADS_GROUP_TYPE_SECURITY_ENABLED
' Werte festschreiben
Gruppe.SetInfo
' Ausgabe
WScript.echo "Die Gruppe " & Gruppe.AdsPath & " wurde angelegt."
```

Listing 9.15: */Skripte/Kapitel09/LDAP/GruppeAnlegen.vbs*

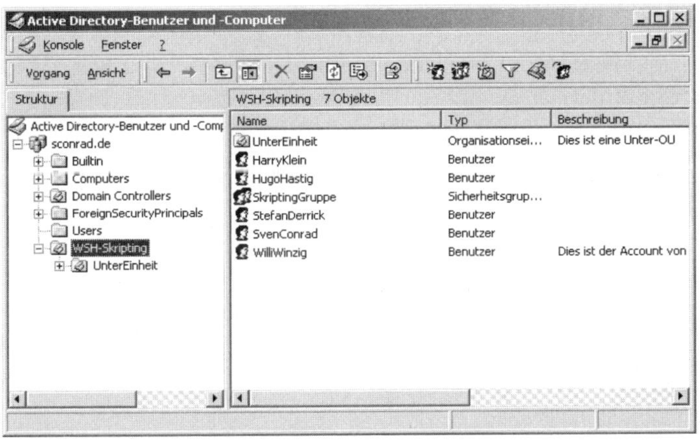

Bild 9.11 *Die Gruppe „Scripting-Gruppe" wurde angelegt.*

Das Attribut `samAccountName` und der Name der Gruppe müssen nicht gleich sein. Hier sind unterschiedliche Zuweisungen möglich.

9.2.6 Hinzufügen eines Benutzers einer Gruppe

Rechte-zuweisung

Das Verwalten von Benutzern in Gruppen erleichtert dem Administrator die Zuweisung von Rechten an eine Auswahl von Personen. Ein Benutzer kann einer beliebigen Anzahl von Gruppen zugeordnet werden. Das Beispielskript demonstriert eine solche Zuordnung eines Benutzers zu einer Gruppe.

Bild 9.12 Benutzer „HugoHastig" zur „Scripting-Gruppe" hinzugefügt

LDAP-Identifikation

Durch `GetObject()` wird eine Referenz auf das `Group`-Objekt der angegebenen Gruppe erzeugt und anschließend wird mittels `Add()` der Benutzer der Gruppe zugeordnet. Hierbei ist sowohl die Identifikation der Gruppe als auch die des Benutzers über den kompletten LDAP-Pfad notwendig.

```
' BenutzerzuGruppe.vbs
' Hinzufügen eines Benutzerkontos zu einer Gruppe im AD
' verwendet: ADSI
' ==================================================================
Option Explicit
' Variablen deklarieren
Dim Gruppe
' Konstanten definieren
Const GruppenName="ScriptingGruppe"
Const BenutzerName="HugoHastig"
' Bindung an Gruppen-Container
Set Gruppe = GetObject("LDAP://ServerE02/CN=" & GruppenName & _
",OU=WSH-Scripting,DC=IT-Visions,DC=de")
' Hinzufügen eines Benutzers zur Gruppe
Gruppe.Add ("LDAP://ServerE02/CN=" & BenutzerName & _
",OU=WSH-Scripting,DC=IT-Visions,DC=de")
' Ausgabe
WScript.Echo "Der Benutzer " & BenutzerName & " wurde der Gruppe " _
 & GruppenName & " hinzugefügt."
```

***Listing 9.16:** /Skripte/Kapitel09/LDAP/BenutzerzuGruppe.vbs*

9.2.7 Ändern des Kennworts

Das Ändern von Kennwörtern ist eine der am häufigsten vergessenen Aufgaben eines Benutzers. In diesem Beispiel wird dem Administrator ein Skript an die Hand gegeben, mit dem Kennwörter von Benutzern geändert werden können.

Wie NT 4.0

Auch hier werden wie bei der Benutzerverwaltung von Windows NT 4.0 zwei Methoden für den Kennwortwechsel angeboten:

- Mit der Methode `ChangePassword()` kann das Kennwort nur unter Angabe des bisherigen Kennworts geändert werden.
- Bei `SetPassword()` ist die Angabe des bisherigen Kennworts nicht erforderlich.

> Bitte beachten Sie auch die Hinweise zur Kennwortänderung bei der NT4-Benutzerverwaltung (Kapitel 9.2.2).

Sofortige Änderung

Im Skript wird durch `GetObject()` ein Verweis auf das Benutzerkonto erzeugt, dessen Kennwort geändert werden soll. Als Parameter ist der komplette LDAP-Pfad auf das `User`-Objekt anzugeben. Anschließend erfolgt der Aufruf der Methode `SetPassword()`, die das Kennwort auf den neuen Wert setzt. Diese Änderung wird sofort durchgeführt.

```
' KennwortAendern.vbs
' Ändern eines Benutzerkennwortes im AD
' verwendet: ADSI
' ================================
Option Explicit
' Variablen deklarieren
Dim Container
Dim Benutzer
' Konstanten definieren
Const BenutzerName="HugoHastig"
Const Kennwort="williw"
' Zugriff auf das Benutzer-Objekt
Set Benutzer = GetObject("LDAP://laptop/CN=" & BenutzerName & _
",OU=WSH-Scripting,DC=IT-Visions,DC=de")
' Kennwort ändern
Benutzer.SetPassword(Kennwort)
' Meldung ausgeben
WScript.Echo "Kennwort für Benutzer " & Benutzer.AdsPath & " wurde geändert"
```

Listing 9.17: */Skripte/Kapitel09/LDAP/KennwortAendern.vbs*

9.2.8 Umbenennen eines Benutzers

Nicht über Attribute

Die Umbenennung eines Benutzers wird in diesem Beispiel anhand des folgenden Skripts demonstriert. Dazu wird die Methode `MoveHere()` verwendet.

> Eine Umbenennung über die Zuweisung an die im `User`-Objekt vorhandenen Attribute ist nicht möglich. So ist es nicht möglich, den Namen, der in der „Active Directory-Benutzer und -Computer"-Konsole angezeigt wird, zu verändern, sondern lediglich die Eigenschaften `givenName`, `samAccountName` und `displayName`. Keines dieser drei Attribute steuert allerdings die Anzeige in besagter Konsole.

Umbenennen durch Verschieben

Um nun einen Benutzer umzubenennen, wird erst ein Verweis auf ein bestehendes Benutzerkonto erzeugt. Dies geschieht durch die Zuweisung des kompletten LDAP-Pfads und den anschließenden Aufruf von `GetObject()`. Nun werden der `MoveHere()`-Methode der LDAP-Pfad zu dem zu ändernden Benutzerkonto sowie der neue Name des Benutzers übergeben.

```
' BenutzerUmbenennen.vbs
' Umbenennen eines Benutzers im Active Directory
' verwendet: ADSI
' ===============================
Option Explicit
' Variablen deklarieren
Dim Domaene
' Konstanten definieren
Const NeuerName="WilliRiesig"
Const BenutzerName="HugoHastig"
' Bindung an Domain-Container
Set Domaene = GetObject("LDAP://ServerE02/OU=WSH-Scripting,
DC=IT-Visions,DC=de")
' Setzen der Attribute
Domaene.MoveHere "LDAP://ServerE02/CN=" & BenutzerName & _
                ",OU=WSH-Scripting,DC=IT-Visions,DC=de", "CN=" & NeuerName
Wscript.Echo "Benutzer wurde umbenannt"
```

Listing 9.18: */Skripte/Kapitel09/LDAP/BenutzerUmbenennen.vbs*

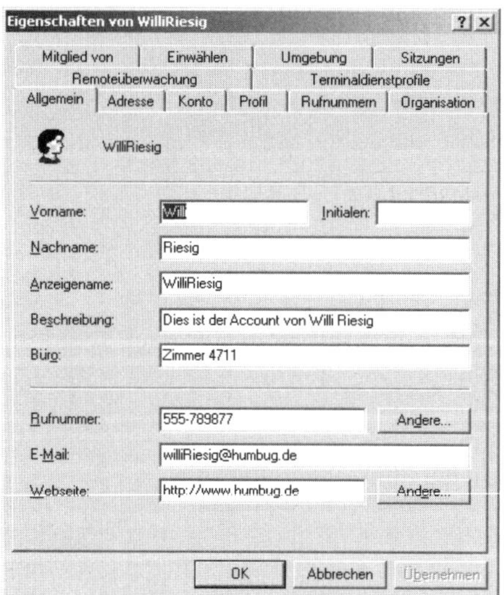

Bild 9.13 *Der Benutzer wurde umbenannt*

> Eine Gesamtübersicht über die Attribute des `User`-Objekts würde den Rahmen dieses Kapitels sprengen. Um einen Überblick über die einzelnen Attribute von Objekten zu erhalten, hat sich der Microsoft Active Directory Service Browser (ADB) als sehr nützlich erwiesen. Sie finden ihn auf der Buch-Website unter */Werkzeuge*.

9.2.9 Ändern der Benutzerdaten

Daten-änderung

Das folgende Skript zeigt, wie man verschiedene Eigenschaften eines vorhandenen Benutzers ändern kann. Die Attributnamen sind sprechend und daher verständlich.

```
' BenutzerdatenAendern.vbs
' Ändern von Benutzerdaten im Active Directory
' verwendet: ADSI
' ================================
Option Explicit
' Variablen deklarieren
Dim Benutzer
' Bindung an Benutzer-Container
Set Benutzer = GetObject("LDAP://ServerE02/CN=WilliRiesig, _
OU=WSH-Scripting,DC=IT-Visions,DC=de")
' Setzen der Attribute
Benutzer.Put "samAccountName", "WilliRiesig"
Benutzer.Put "givenName", "Willi"
Benutzer.Put "sn", "Riesig"
Benutzer.Put "displayName", "WilliRiesig"
Benutzer.Put "physicalDeliveryOfficeName", "Zimmer 4711"
Benutzer.Put "telephoneNumber", "555-789877"
Benutzer.Put "mail", "williRiesig@IT-Visions.de"
Benutzer.Put "description", "Dies ist der Account von Willi Riesig"
Benutzer.Put "WWWHomePage", "http://www.IT-Visions.de"
' Werte werden festgeschrieben
Benutzer.SetInfo
Wscript.Echo "Benutzer " & Benutzer.AdsPath & " wurde geändert!"
```

Listing 9.19: */Skripte/Kapitel09/LDAP/BenutzerdatenAendern.vbs*

9.2.10 Deaktivieren eines Benutzerkontos

Sperrung

Soll einem Benutzer der Zugang zum Netzwerk nur kurzfristig entzogen werden, muss man das Konto nicht löschen, sondern kann es kurzfristig deaktivieren.

Das nachfolgende Beispiel zeigt, wie mithilfe des Attributs `userAccountControl` ein Benutzer deaktiviert wird, sodass er sich nicht mehr am Netz anmelden kann. Dazu wird mit `GetObject()` ein Verweis auf das `User`-Objekt erstellt und in der Variablen `Benutzer` gespeichert. Die Referenz auf den Benutzer erfordert den kompletten LDAP-Pfad zur Identifikation.

Deaktivierung Nun wird in der Variablen UserAccountData der aktuelle Wert der Eigenschaft userAccountControl abgelegt. Durch Verknüpfung des aktuellen Status von userAccountControl mit dem Wert der Konstanten ADS_UF_ACCOUNTDISABLE (2) über den OR-Operator und die Zuweisung des Werts mittels Put() wird das Konto zur Sperrung vorbereitet. Die eigentliche Sperrung erfolgt erst mit dem Aufruf von SetInfo().

```
' DeaktiviereKonto.vbs
' Deaktivieren eines Benutzerkontos im Active Directory
' verwendet: ADSI
' ===============================
Option Explicit
' Variablen deklarieren
Dim Container
Dim Benutzer
Dim UserAccountData
' Konstanten definieren
Const BenutzerName="WilliRiesig"
Const ADS_UF_ACCOUNTDISABLE = 2
' Zugriff auf das Benutzer-Objekt
Set Benutzer = GetObject("LDAP://ServerE02/CN=" & BenutzerName & _
               ",OU=WSH-Scripting,DC=IT-Visions,DC=de")
' Benutzerdaten ermitteln
UserAccountData = Benutzer.Get("userAccountControl")
' Daten ändern
Benutzer.Put "userAccountControl", UserAccountData OR ADS_UF_ACCOUNTDISABLE
' Änderungen festschreiben
Benutzer.SetInfo
' Meldung ausgeben
WScript.Echo "Benutzerkonto " & Benutzer.AdsPath & " wurde deaktiviert"
```

Listing 9.20: */Skripte/Kapitel09/LDAP/DeaktiviereKonto.vbs*

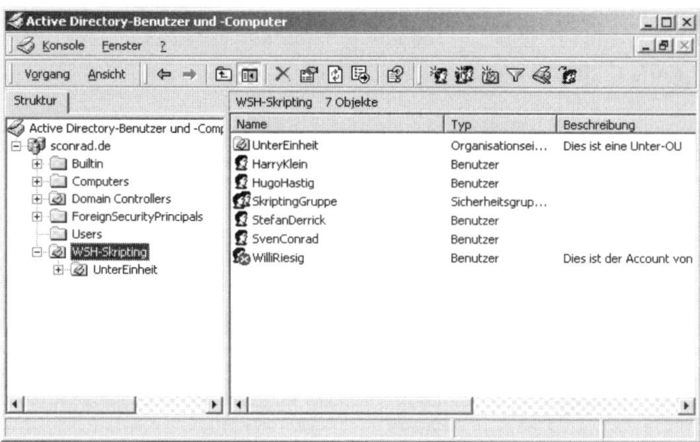

Bild 9.14 *Benutzerkonto für „Willi-Riesig" ist deaktiviert*

> Das Aktivieren des gesperrten Kontos ist ebenfalls möglich. Allerdings existiert hierfür keine Konstante. Das Konto kann durch die Verknüpfung der Eigenschaft `userAccountControl` mit dem Wert 4 durch den `AND`-Operator wieder aktiviert werden. Auch hier ist der Aufruf von `SetInfo()` notwendig.

9.2.11 Entfernen eines Benutzers aus einer Gruppe

Rechteentzug

Durch Entfernen eines Benutzers aus einer Gruppe können Rechte und Beschränkungen bequem entfernt bzw. hinzugefügt werden. Im Beispiel wird ein Verweis auf das `Group`-Objekt der angegebenen Gruppe erzeugt und durch die `Remove()`-Methode des `Group`-Objekts wird der Benutzer aus der Gruppe entfernt. Sowohl die Identifikation des `Group`-Objekts als auch die des `User`-Objekts erfolgen über einen gültigen LDAP-Pfad.

```
' LoescheBenutzerausGruppe.vbs
' Löschen eines Benutzerkontos aus einer Gruppe im AD
' verwendet: ADSI
' ===============================
Option Explicit
' Variablen deklarieren
Dim Gruppe
' Konstanten definieren
Const GruppenName="ScriptingGruppe"
Const BenutzerName="HugoHastig"
' Bindung an Gruppen-Container
Set Gruppe = GetObject("LDAP://ServerE02/CN=" & GruppenName & _
",OU=WSH-Scripting,DC=IT-Visions,DC=de")
' Entfernen des Benutzers
Gruppe.Remove ("LDAP://ServerE02/CN=" & BenutzerName & _
",OU=WSH-Scripting,DC=IT-Visions,DC=de")
' Ausgabe
WScript.Echo "Der Benutzer " & BenutzerName & _
 " wurde aus der Gruppe " & GruppenName & " entfernt."
Löschen einer Gruppe
```

Listing 9.21: */Skripte/Kapitel09/LDAP/LoescheBenutzerausGruppe.vbs*

Werden Gruppen nicht mehr benötigt, weil beispielsweise Abteilungen aufgelöst wurden, lassen sich diese Objekte auch wieder aus dem Active Directory entfernen.

Gruppenlöschung

Das Beispiel demonstriert das Vorgehen an der aus den vorherigen Kapiteln bekannten Gruppe „ScriptingGruppe". Um diese Gruppe zu löschen, wird durch `GetObject()` ein Verweis auf das `Users`-Objekt angelegt. Ein anschließender Aufruf der `Delete()`-Methode löscht die Gruppe. Als Parameter werden der Klassenname `Group` sowie der Name des `Group`-Objekts (mit vorangestelltem `CN=`) erwartet.

> Die `Delete()`-Methode gibt kein Objekt zurück und ein Aufruf von `SetInfo()` ist nicht notwendig, da die Aktion sofort ausgeführt wird.

```
' LoescheGruppe.vbs
' Entfernen einer Gruppe im AD
' verwendet: ADSI
' ===============================================================
Option Explicit
' Variablendeklaration
Dim Domaene
' Konstanten definieren
Const GruppenName="ScriptingGruppe"
' Domain-Objekt erzeugen
Set Domaene = GetObject _
("LDAP://ServerE02/OU=WSH-Scripting,DC=IT-Visions,DC=de")
' Löschen der Gruppe
Domaene.Delete "group", "CN=" & GruppenName
' Ausgabe
WScript.echo "Die Gruppe " & GruppenName & " wurde entfernt."
```

Listing 9.22: */Skripte/Kapitel09/LDAP/LoescheGruppe.vbs*

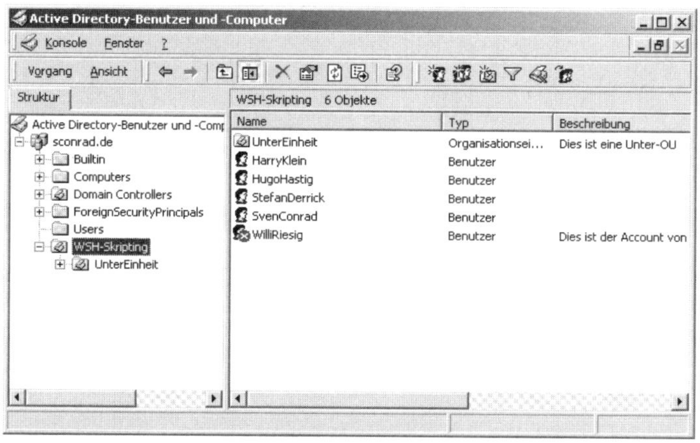

Bild 9.15 *Die Gruppe wurde gelöscht*

9.2.12 Löschen eines Benutzerkontos

Benutzer loswerden

Da nicht alle Benutzer im Unternehmen verbleiben, muss gelegentlich auch mal einer gelöscht werden. Um nun einen angelegten Benutzer wieder loszuwerden, nutzt das Beispielskript die `Delete()`-Methode des übergeordneten Containers. Der Verweis auf den Container, in diesem Fall die Organisationseinheit *WSH-Scripting*, wird über den LDAP-Pfad referenziert und durch den Aufruf von `GetObject()` erzeugt. Anschließend wird die `Delete()`-Methode mit dem Klassennamen `User` und dem Namen des Benutzers (mit vorangestelltem `CN=`) aufgerufen. Die `Delete()`-Methode löscht den Benutzer sofort und ohne Nachfrage.

```
' LoescheBenutzer.vbs
' Löschen eines Benutzerkontos im AD
' verwendet: ADSI
' ================================
```

```
Option Explicit
' Variablen deklarieren
Dim Container
' Konstanten definieren
Const BenutzerName="HugoHastig"
' Zugriff auf das Container-Objekt
Set Container = GetObject _
("LDAP://ServerE02/OU=WSH-Scripting,DC=IT-Visions,DC=de")
' Benutzer löschen
Container.Delete "User", "CN=" & BenutzerName
' Meldung ausgeben
WScript.Echo "Benutzer " & Benutzername & " wurde gelöscht"
```

Listing 9.23: */Skripte/Kapitel09/LDAP/LoescheBenutzer.vbs*

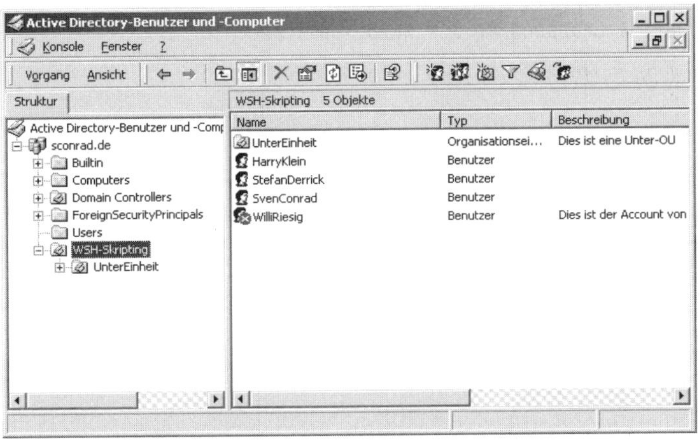

Bild 9.16 *Der Benutzer HugoHastig wurde gelöscht*

9.2.13 Löschen einer Organisationseinheit

Container löschen

Analog zur Erstellung von Organisationseinheiten lassen sich diese auch wieder aus dem Active Directory entfernen. Die Vorgehensweise ist identisch mit dem Löschen eines Benutzers oder einer Gruppe. Anstelle der `Create()`-Methode wird zum Löschen die `Delete()`-Methode aufgerufen.

> Die Organisationseinheit kann nur gelöscht werden, wenn sie keine Unterobjekte mehr enthält.

```
' LoescheOU.vbs
' Löschen einer Organisationseinheit im AD
' verwendet: ADSI
' ===============================
' Variablendeklaration
Dim Root
Dim Domain
' Konstanten definieren
```

```
Const OUName="WSH-Scripting"
' Oberstes Element des AD holen
Set Wurzel = GetObject("LDAP://RootDSE")
' Wurzelverzeichnis bestimmen
Set Domaene = GetObject("LDAP://" & Wurzel.Get("defaultNamingContext"))
' OU löschen
Domaene.Delete "organizationalUnit", "OU=" & OUName
' Ausgabe
WScript.Echo "OU " & OUName & " wurde gelöscht"
```

Listing 9.24: */Skripte/Kapitel09/LDAP/LoescheOU.vbs*

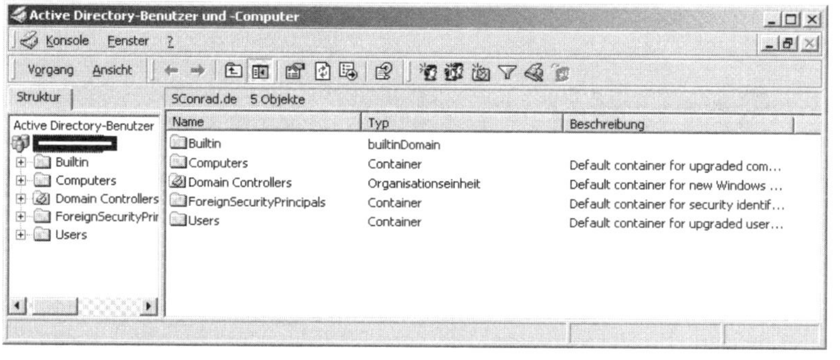

Bild 9.17 *Nun ist die OU auch wieder weg*

9.3 Fragen und Aufgaben

1. Verliert ein Benutzer nach der Umbenennung seines Kontos seine zugewiesenen Berechtigungen?
2. Wird beim Zuordnen eines Benutzers zu einer Gruppe dieser Benutzer automatisch angelegt, wenn er nicht vorhanden ist?
3. Aktiviert eine Zuweisung des Werts `True` an die Eigenschaft `AccountDisabled` das Konto eines Benutzers oder deaktiviert sie es?
4. Können Benutzer in der NT4-Benutzerdatenbank wie im Active Directory auf andere Ebenen verschoben werden?
5. Wenn eine Gruppe gelöscht wird, werden dann automatisch die darin enthaltenen Benutzer gelöscht?
6. Ist eine Organisationseinheit ein Container oder ein Blatt-Objekt?
7. Kann das Kennwort eines Benutzers ohne Kenntnis des alten Kennworts geändert werden? Wenn ja, mit welcher Methode?
8. Was kennzeichnet der nachfolgende LDAP-Pfad genau? *LDAP://ServerE02/CN=Trainer, OU=Scripting,DC=IT-Visions,DC=de*
9. Ist die Verschachtelung von Container-Objekten einer Beschränkung unterworfen?
10. Lassen sich Container-Objekte mit einem einfachen `Delete()` rekursiv löschen?

10 Scripting der Computerverwaltung

In diesem Kapitel erfolgt die Betrachtung der Verwaltung eines Rechners in einer Domäne. Dabei spielt es keine Rolle, ob es sich um eine Windows NT 4.0-Domäne oder um eine Active Directory-basierte Verzeichnisstruktur von Windows 2000 Server und Windows Server 2003/2008 handelt. **Lernziele**

Die Domäne bildet die Ausgangsbasis zur Sammlung aller Informationen über Rechner und Benutzer und stellt somit das zentrale Verwaltungselement dar. Alle Skripte in diesem Kapitel setzen voraus, dass sich der zu verwaltende Rechner in einer Domäne befindet.

10.1 Computer auflisten

Zur Ermittlung aller Computer einer Domäne bzw. zur Ermittlung von deren Benutzern und weiteren Einstellungen der Rechner können mehrere Ansätze herangezogen werden. Generell wird ein ADSI-Provider verwendet, bei dem es sich um eine Programmierschnittstelle zum einheitlichen Zugriff auf den Verzeichnisdienst – die NT-Domäne oder das Active Directory – handelt.

Die Nutzung des ADSI-Providers für Domänen stellt eine einfache Möglichkeit dar, anhand des Domänennamens auf Rechner und Benutzer Einfluss zu nehmen. Durch das Skript wird zunächst ein ADSI-Objekt erzeugt. Der Provider `WinNT` liefert eine Auflistung aller Domänen, die von dem Rechner, auf dem das Skript ausgeführt wird, erreichbar sind. Von dieser Auflistung ausgehend werden die Rechner in den einzelnen Domänen ermittelt und dort die eingerichteten Benutzer und Gruppen aufgeführt. **Lösung**

```
' EnumerateDomains.vbs
' Listet alle Benutzer, Gruppen, Rechner und Domänen auf; Variante 1
' verwendet: ADSI
' ==========================================================================
Dim Domaenen, Domaene
Dim DomaenenComputer, GruppenBenutzer, Mitglied
Set Domaenen = GetObject("WinNT:")

For Each Domaene In Domaenen
    WScript.Echo Domaene.Name

    Set DomaenenComputer = GetObject ("WinNT://" & Domaene.Name)
    DomaenenComputer.filter = Array("Computer")

    For Each Computer In DomaenenComputer
        Wscript.Echo "-> " & Computer.Name

        Set GruppenBenutzer = GetObject ("WinNT://" & Computer.Name)
        GruppenBenutzer.Filter = Array("User", "Group")

        For Each Mitglied In GruppenBenutzer
            WScript.Echo "    -> " & Mitglied.Name & _
            " (" & Mitglied.Class & ")"
        Next
    Next
Next
```

Listing 10.1: */Skripte/Kapitel10/EnumerateDomains.vbs*

Die nachfolgende Active Directory-spezifische Lösung erledigt im Grunde genommen dieselbe Aufgabe wie das vorherige Skript. Allerdings liegt hier der Fokus auf der Nutzung des erweiterten Informationsgehalts des Active Directory.

Zunächst wird der LDAP-Pfad der aktuellen Domäne über das `RootDSE`-Objekt ermittelt.

> In LDAP stellt das `RootDSE`-Objekt die Wurzel des Active Directory dar und dient dazu, Informationen über die Domäne bereitzustellen. Das Attribut `defaultNamingContext` des `RootDSE`-Objekts liefert den ADSI-Pfad zur aktuellen Active Directory-Domäne. Damit entfällt die starre Festlegung des eigenen ADSI-Pfads im Skript.

ADO Nachdem der *LDAP-Pfad* der Domäne ermittelt wurde, setzt die Lösung die ActiveX Data Objects (ADO) ein, um einen einfach zu handhabenden Container für die aus dem Active Directory gewonnenen Informationen zu erhalten. Allerdings wird die Verbindung nicht zu einer Datenbank, sondern zu einem Active Directory aufgebaut.

> Die beiden Komponenten ADSI und ADO können zusammenarbeiten, da es einen OLEDB-Provider für LDAP gibt. Dieser Provider heißt `ADsDSOObject`. Der Provider versteht SQL, als Tabellenname im SELECT-Befehl ist jedoch ein ADSI-Pfad anzugeben, z.B.:
>
> ```
> "SELECT Name, Location FROM 'LDAP://" & varDomainNC & "' " & _
>        "WHERE objectClass='Computer'"
> ```

In einer `Do Loop`-Schleife können diese Datensätze – wie die Einträge in einer Datenbank – durchlaufen und ausgegeben werden.

```
' EnumerateDomainsAD.vbs
' Listet alle Benutzer, Gruppen, Rechner und Domänen auf; Variante 2
' verwendet: ADSI, ADO
' ===========================================================
Const ADS_SCOPE_SUBTREE = 2

Set objRootDSE = GetObject("LDAP://rootDSE")
varDomainNC = objRootDSE.Get("defaultNamingContext")

Set objConnection = CreateObject("ADODB.Connection")
Set objCommand =   CreateObject("ADODB.Command")

objConnection.Provider = "ADsDSOObject"
objConnection.Open "Active Directory Provider"

Set objCommand.ActiveConnection = objConnection
objCommand.CommandText = _
    "SELECT Name, Location FROM 'LDAP://" & varDomainNC & "' " & _
       "WHERE objectClass='Computer'"

objCommand.Properties("Page Size") = 1000
objCommand.Properties("Timeout") = 30
objCommand.Properties("Searchscope") = ADS_SCOPE_SUBTREE
objCommand.Properties("Cache Results") = False

Set objRecordSet = objCommand.Execute

objRecordSet.MoveFirst

Do Until objRecordSet.EOF
    Wscript.Echo "Computer Name: " & objRecordSet.Fields("Name").Value
    Wscript.Echo "Standort: " & objRecordSet.Fields("Location").Value
    objRecordSet.MoveNext
Loop
```

Listing 10.2: */Skripte/Kapitel10/EnumerateDomainsAD.vbs*

10.2 Leistung eines Computers ermitteln

Leistung des Computers

Windows Vista und Windows 7/8 enthalten in der Systemsteuerung ein Systembewertungswerkzeug (*Windows System Assessment Tool – WinSAT*), das für Prozessor, Speicher, Grafikkarte und Festplatte eine Note vergibt und den Benutzer durch einen Link auf *www.WindowsMarketplace.com* führt, wo er für sein System geeignete Software finden kann. Bei schlechten Leistungen liefert das Werkzeug „Zuverlässigkeits- und Leistungsüberwachung“ eine detaillierte Systemanalyse.

Das WinSAT-Werkzeug führt auf Ihrem Computer eine Reihe von Tests durch und bewertet ihn anschließend auf einer Skala von 1 bis 7,9 (wobei 1 das schlechteste und 7,9 das beste Ergebnis ist). Genau genommen bewertet das Werkzeug Komponenten Ihres Computersystems, so z.B. den Prozessor und den Speicher, die primäre Festplatte, die Grafikleistung und die Qualität von Gaming-Grafiken. Mit diesen Werten und einem speziellen Algorithmus (keine einfache Durchschnittsrechnung) wird dann die Gesamtleistung des Windows-Systems bewertet. Deshalb kann es leicht vorkommen, dass die Gesamtnote niedriger ist als der Durchschnitt der einzelnen Komponentenbewertungen (siehe Abbildung 10.1).

Das WinSAT-Werkzeug wird während der Installation von Windows automatisch ausgeführt und stellt dabei einen Ausgangswert für den Computer auf. Wenn Sie die Hardware-Konfiguration ändern oder einfach die Bewertung überprüfen möchten, können Sie das Systembewertungswerkzeug jederzeit erneut ausführen. Entweder geben Sie an der Eingabeaufforderung *winsat.exe* ein oder Sie rufen die Systemsteuerung auf und klicken unter *System Maintenance* (Systemwartung) auf *Performance Ratings and Tools* (Leistungsbewertungen und Werkzeuge).

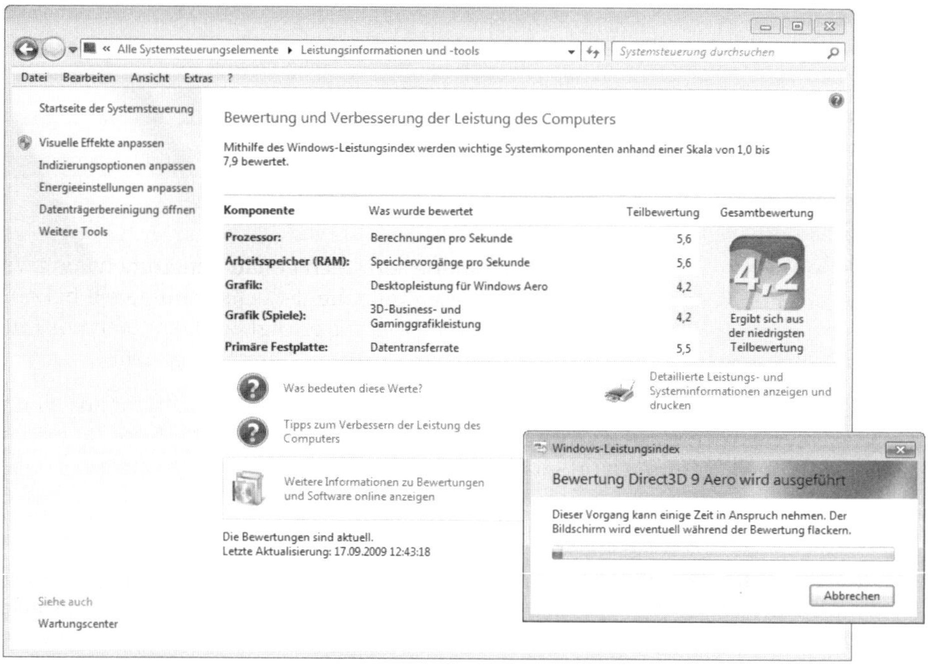

Bild 10.1 *Bewertung der Leistung eines Computersystems in Windows 7*

In WMI stehen diese Daten in der Klasse `Win32_WinSAT` zur Verfügung. Es gibt immer nur eine Instanz der Klasse, dennoch verwendet das folgende Skript nicht `ItemIndex()`, sondern die klassische Iterationsmethode, sodass das Skript auch von einem älteren System aus abfragen kann.

```
' Computer_Leistungsdaten.vbs
' Abrufen der Daten des Windows System Assessment Tool - WinSAT '
' Läuft nur auf Vista und Windows 7/8!
' verwendet: WMI
' ========================================================

' Parameter
Server = "PC171"
Username = "hs"
Password = "geheim-123"
NAMESPACE = "root\CIMV2"

' --- WMI-Zugriff
Set objLoc = CreateObject("WbemScripting.SWbemLocator")
Set objServ = objLoc.ConnectServer(Server, NAMESPACE, Username, Password)
' -- Instanzen einlesen
Set Menge = objServ.InstancesOf("Win32_WinSAT ")
' -- Instanzen auflisten
For Each objWO In Menge
wscript.echo "Bewertung des Prozessors: " & objWO.CPUScore
wscript.echo "Bewertung des Speichers: " & objWO.MemoryScore
wscript.echo "Bewertung der primären Festplatte: " & objWO.DiskScore
wscript.echo "Bewertung der Grafikkarte: " & objWO.GraphicsScore
wscript.echo "Bewertung der Grafikkarte in Bezug auf Spiele: " & objWO.D3DScore
wscript.echo "Gesamtbewertung: " & objWO.WinSPRLevel
Next
```

Listing 10.3: *[/Skripte/Kapitel10/Computer_Leistungsdaten.vbs]*

10.3 Computerkonto erstellen

Das Hinzufügen eines Rechners zur Domäne setzt sich genau genommen aus zwei Arbeitsschritten zusammen. Zum einen muss der Client-Rechner mitgeteilt bekommen, dass nun die Rechteprüfung durch die Domäne erfolgt, zum anderen wird für diesen Rechner ein spezielles Computerkonto im Active Directory erstellt.

Den Eintrag zur Nutzung einer Domäne kann jeder lokale Administrator an seinem Rechner vornehmen; das Hinzufügen zum Active Directory bleibt in der Regel den Domänenadministratoren vorbehalten. Die hier besprochene Lösung beschränkt sich auf das Erzeugen des Computerkontos – das Hinzufügen des Rechners zur Domäne muss gesondert erfolgen.

Lösung

Das folgende Skript ermittelt über ein `RootDSE`-Objekt den Namen der aktuellen Domäne, mit dem anschließend das Container-Objekt für Rechner im Active Directory ermittelt wird. Durch die Methode `Create()` des Container-Objekts kann eine neue Instanz eines Rechners erzeugt und mit weiteren Parametern versehen werden. Dabei ist das Setzen des Parameters SAMAccountName obligatorisch.

```
' CreateCompAccount.vbs
' Fügt ein Computerkonto zum Active Directory hinzu
' verwendet: ADSI
' ===============================

Dim Computer
Dim objRootDSE, objContainer, objComputer

Const ADS_UF_PASSWD_NOTREQD            = &h0020
Const ADS_UF_WORKSTATION_TRUST_ACCOUNT = &h1000

Computer = "WORKSTATION"

Set objRootDSE = GetObject("LDAP://rootDSE")
Set objContainer = GetObject("LDAP://cn=Computers," & _
     objRootDSE.Get("defaultNamingContext"))

Set objComputer = objContainer.Create("Computer", "cn=" & Computer)
objComputer.Put "sAMAccountName", Computer & "$"
objComputer.Put "userAccountControl", _
    ADS_UF_PASSWD_NOTREQD Or ADS_UF_WORKSTATION_TRUST_ACCOUNT
objComputer.SetInfo
```

***Listing 10.4:** /Skripte/Kapitel10/CreateCompAccount.vbs*

10.4 Computerkonto löschen

Das Löschen eines Computerkontos ist nötig, wenn ein Rechner aus der Domäne entfernt werden soll. Hierbei ist es aus Sicht des Administrators ausreichend, wenn der entsprechende Verweis aus dem Active Directory entfernt wird. Selbst wenn der Client-Rechner noch als Domänenmitglied konfiguriert ist, wird für eine korrekte Mitgliedschaft in der Domäne stets das entsprechende Computerkonto benötigt.

Lösung Diese Lösung zum Entfernen des Computerkontos aus dem Active Directory verwendet denselben Ansatz, wie er bereits beim Erzeugen des Computerkontos beschrieben wurde. Zunächst wird über das LDAP-Standardattribut RootDSE die Wurzel des Verzeichnisdienstes ausgelesen, um den Namen der aktuellen Domäne zu ermitteln. Über den Domänennamen wird das mit dem Rechner korrespondierende Computer-Objekt ermittelt. Dieses Computer-Objekt kann über seine Methode DeleteObject() entfernt werden. Der anzugebende Parameter ist für die Verwendung der Methode irrelevant. In diesem Skript wird daher eine 0 als Parameter eingetragen.

```
' DeleteCompAccount.vbs
' Entfernt ein Computerkonto aus dem Active Directory
' verwendet: ADSI
' ==========================================================================

Dim Computer
Dim objRootDSE, objComputer

Computer = "WORKSTATION"

Set objRootDSE = GetObject("LDAP://rootDSE")
Set objComputer = GetObject("LDAP://cn=" & _
    Computer & ",cn=Computers," & _
    objRootDSE.Get("defaultNamingContext"))

objComputer.DeleteObject(0)
```

Listing 10.5: */Skripte/Kapitel10/DeleteCompAccount.vbs*

10.5 Computer zu Domäne hinzufügen

Das Hinzufügen eines Computers zu einer Domäne stellt einen der häufigsten Arbeitsschritte bei der Rechnerverwaltung in der zentral verwalteten Struktur einer Domäne dar. Erst durch die Mitgliedschaft in der Domäne kann ein Rechnersystem von der zentralisierten Benutzerverwaltung Gebrauch machen und Ressourcen auf einfache Weise anderen Nutzern zur Verfügung stellen.

Nachdem bereits in Kapitel 10.3 gezeigt wurde, wie Computerkonten in der Domäne erzeugt werden, steht hier die eigentliche Konfiguration des Clients zur Domänenzugehörigkeit im Vordergrund.

Lösung

Die Konfiguration des lokalen Rechners erfolgt über das WMI-Objekt `Win32_ComputerSystem`. Zunächst ist es notwendig, den Rechnernamen des lokalen Systems zu ermitteln. Zur Namensermittlung wird die Eigenschaft `ComputerName` des `WSHNetwork`-Objekts herangezogen.

JoinDomainOrWorkgroup()

Durch die Konstruktion eines WMI-Pfads mit dem Computernamen lässt sich die Methode `JoinDomainOrWorkgroup()` des so ermittelten Computer-Objekts aufrufen. Die `JoinDomainOrWorkgroup()`-Methode erwartet als Parameter zwingend den Domänennamen sowie ein Benutzerkonto und das Kennwort eines Administrators.

```
' JoinDomain.vbs
' Fügt einen Rechner einer Domäne hinzu
' verwendet: WMI, WSHRun
' ========================================================
Const JOIN_DOMAIN             = 1
Const ACCT_CREATE             = 2
Const ACCT_DELETE             = 4
Const WIN9X_UPGRADE           = 16
Const DOMAIN_JOIN_IF_JOINED   = 32
```

```
Const JOIN_UNSECURE           = 64
Const MACHINE_PASSWORD_PASSED = 128
Const DEFERRED_SPN_SET        = 256
Const INSTALL_INVOCATION      = 262144

Dim objNetwork, objComputer, Computer, Reboot
Dim Domain, User, Password, Computer

User     = "Administrator"
Password = "password"
Domain   = "WSL"

Set objNetwork = CreateObject("WScript.Network")
Computer = objNetwork.ComputerName

Set objComputer = _
    GetObject("WinMgmts:{impersonationLevel=Impersonate}!\\" & _
        Computer & "\root\cimv2:Win32_ComputerSystem.Name='" & _
        Computer & "'")
ReturnValue = objComputer.JoinDomainOrWorkGroup(Domain, _
    Password, Domain & "\" & User, _
    NULL, JOIN_DOMAIN + ACCT_CREATE)
```

Listing 10.6: */Skripte/Kapitel10/JoinDomain.vbs*

10.6 Computer umbenennen

Das Umbenennen eines Computers erfordert nahezu dieselben Arbeitsschritte wie das Hinzufügen des Rechners zu einer Domäne. Grundsätzlich ist bei einem Rechner als Domänenmitglied dessen Name an zwei unterschiedlichen Orten zu ändern: auf dem lokalen System und auf dem Domänencontroller.

Die beiden Schritte zum Umbenennen des Computers werden zur Vereinfachung in zwei verschiedenen Skripten untergebracht. Neben dem Skript zur Umbenennung im Active Directory existieren zwei Möglichkeiten, einen lokalen Rechner mit einem neuen Namen zu versehen.

Schritt 1: Umbenennen im Active Directory

Zum Umbenennen eines Rechners im Active Directory wird die Methode `MoveHere()` verwendet, die das Verschieben von Elementen in der Verzeichnisstruktur erlaubt. Durch Angabe eines neuen Zielnamens entspricht das Verschieben – bei gleichbleibendem Container – einer Umbenennung.

Das Verschieben eines Eintrags erfordert die Angabe von Quelle und Ziel des Computereintrags im Active Directory. Diese Einträge werden auf Basis des aktuellen Namensbezugs `defaultNamingContext` erstellt. Die Angaben von Quelle und Ziel unterscheiden sich nur dadurch, dass bei der Quelle der Name des Rechners mit spezifiziert wird.

Die Methode MoveHere() des Zielobjekts wird mit zwei Parametern aufgerufen. Zunächst erwartet die Methode das Quellobjekt, das über den Eintrag mit dem Computerkonto verfügt. Der neue Name des Rechners wird in Form einer Zeichenkette als zweiter Parameter übergeben.

MoveHere()

```
' RenameWkstAD.vbs
' Umbenennen einer Arbeitsstation im Active Directory
' verwendet: WMI
' ===============================

Dim objNewOU, objMoveComputer
Dim Source, Destination, NewName

Set objNetwork = CreateObject("WScript.Network")
Computer = objNetwork.ComputerName

Set objRootDSE = GetObject("LDAP://rootDSE")

Source = ("LDAP://cn=" & _
    Computer & ",cn=Computers," & _
    objRootDSE.Get("defaultNamingContext"))
Destination = ("LDAP:// cn=Computers," & _
    objRootDSE.Get("defaultNamingContext"))
NewName = "WORKSTATION"

Set objNewOU = GetObject(Destination)
Set objMoveComputer = objNewOU.MoveHere _
    (Source, NewName)
```

Listing 10.7: */Skripte/Kapitel10/RenameWkstAD.vbs*

Schritt 2: Lokales System umbenennen

Nach der Veränderung im Active Directory ist es zusätzlich noch notwendig, das lokale Rechnersystem umzubenennen. Hierbei gibt es zwei unterschiedliche Ansätze, die allerdings durch die Wahl des Betriebssystems vorgegeben sind.

- Bei allen Windows-Versionen vor Windows XP erfolgt die Änderung des Namens in der Registrierung und erfordert einen Neustart des Systems.
- Für die beiden neuesten Betriebssystemversionen ist eine Methode Rename() im WMI-Objekt Win32_ComputerSystem vorgesehen, die einen Neustart überflüssig macht.

Um den Namen eines Rechners zu ändern, ist es notwendig, zwei Schlüssel

Lösung für NT4, 9x, 2000 und ME

- *HKLM\SYSTEM\CurrentControlSet\Control\ComputerName\ComputerName\ComputerName* und
- *HKLM\SYSTEM\CurrentControlSet\Services\Tcpip\Parameters\NV Hostname*

in der Registrierungsdatenbank zu modifizieren. Dazu verwendet die vorgestellte Lösung die Methode RegWrite() aus dem WScript-Objekt in der WSHRun-Komponente, deren Eigenschaften in einem späteren Kapitel erläutert werden.

```
' RenameWkst.vbs
' Ändern des lokalen Rechnernamens
' verwendet: WSHRun
' ===============================

Dim Computer, WSHShell

Computer = InputBox("neuer Rechnername: ")
If Computer <> "" Then
    Set WSHShell = CreateObject("WScript.Shell")

    WSHShell.RegWrite "HKLM\SYSTEM\CurrentControlSet\Control\" & _
        "ComputerName\ComputerName\ComputerName", Computer
    WSHShell.RegWrite "HKLM\SYSTEM\CurrentControlSet\Services\" & _
        "Tcpip\Parameters\NV Hostname", Computer
    WScript.Echo "Der Rechner wurde in '" & Computer & "' umbenannt."
    WScript.Echo "Bitte starten Sie jetzt den Rechner neu!"
End If
```

Listing 10.8: */Skripte/Kapitel10/RenameWkst.vbs*

Lösung für XP und Windows Server 2003

Ab Windows XP ist bei der Verwendung von WMI zur Umbenennung eines Rechners die Methode `Rename()` implementiert, die in einem Parameter den Zielnamen des Rechners enthält. Die Methode selbst kann über das `Win32_ComputerSystem`-Objekt aufgerufen werden, das durch eine WQL-Abfrage gewonnen wird.

> Die Syntax einer WQL-Anfrage ist im Aufbau einer SQL-Anfrage sehr ähnlich, die an eine Datenbank gestellt wird. Weitere Details zum Aufbau der Anfrage können Kapitel 6 entnommen werden.

```
' RenameWkstXP.vbs
' Umbenennen einer Arbeitsstation (ab Windows XP)
' verwendet: WMI
' ===============================

COnst COMPUTERALT = "ServerE02"
Const COMPUTERNEU = "ServerE01"

Set objWMIService = GetObject("WinMgmts:" & _
    "{impersonationLevel=impersonate}!\\" & _
    COMPUTERALT & "\root\cimv2")

Set colComputers = objWMIService.ExecQuery _
    ("SELECT * FROM Win32_ComputerSystem")

For Each objComputer in colComputers
    err = ObjComputer.Rename(COMPUTERNEU)
    Wscript.Echo err
Next
```

Listing 10.9: */Skripte/Kapitel10/RenameWkstXP.vbs*

10.7 Einen Computer herunterfahren/ neu starten

Nach der Installation von Software oder der Konfiguration des Systems kann es notwendig werden, das System neu zu starten. Durch die Verwendung von WMI besteht nun die Möglichkeit, den lokalen oder einen beliebigen entfernten Rechner durch ein Skript gesteuert herunterzufahren bzw. neu zu starten.

Voraussetzung

Um einen Rechner herunterzufahren oder neu zu starten, werden Administratorrechte vorausgesetzt. Alternativ kann der Benutzer auch gesondert das Recht zum Herunterfahren des Systems erhalten. Zusätzlich ist es notwendig, dass auf dem zu verwaltenden Rechner WMI installiert ist.

Lösung

Die skriptbasierte Lösung bedient sich der Methode `Reboot()` bzw. `Shutdown()`, um einen Rechnerneustart auszulösen oder den Rechner herunterzufahren. Zur Verwendung dieser Methoden ist es nötig, mithilfe von WMI ein `Win32_OperatingSystem`-Objekt des zu verwaltenden Rechnersystems zu ermitteln. Zunächst wird hierzu ein WMI-Dienstobjekt durch Verwendung des Computernamens und des WMI-Namensraums `\root\cimv2` erzeugt, über das in einem zweiten Schritt das Betriebssystem-Objekt geholt wird. Durch die Variable `Computer` kann bestimmt werden, welches Rechnersystem bearbeitet wird; die Variable `Reboot` spezifiziert die durchzuführende Aktion: entweder `Reboot()` oder `Shutdown()`.

```
' ShutdownRestart.vbs
' Fährt einen Rechner herunter (und startet ihn neu)
' verwendet: WMI
' ===============================

Dim objWMIService, objOperatingSystem, Computer, Reboot

Computer = "."
Reboot = True

Set objWMIService = GetObject("WinMgmts:" _
    & "{impersonationLevel=impersonate,(Shutdown)}!\\" & _
    Computer & "\root\cimv2")

Set colOperatingSystems = objWMIService.ExecQuery _
    ("SELECT * FROM Win32_OperatingSystem")

For Each objOperatingSystem in colOperatingSystems
    If Reboot Then
        objOperatingSystem.Reboot()
    Else
        objOperatingSystem.Shutdown()
    End If
Next
```

Listing 10.10: */Skripte/Kapitel10/ShutdownRestart.vbs*

Der Ausdruck "." bezeichnet in WMI den lokalen Computer, also den Computer, auf dem das Skript läuft.

10.8 Fragen und Aufgaben

1. Bei einem Rechner, der Domänenmitglied ist, wird der Name verändert. Wo muss der neue Name angepasst werden?
2. Wann wird der neue Rechnername auf einem Client-Rechner wirksam?
3. Wo werden Computerkonten erstellt und gelöscht?
4. Worin besteht der Unterschied zwischen dem Erstellen eines Computerkontos und dem Hinzufügen eines Rechners zu einer Domäne?
5. Welches Objekt bietet die Möglichkeit, einen Rechner herunterzufahren oder ihn neu zu starten?
6. Welche Komponenten können zum Auflisten von Benutzern und Gruppen auf einem Rechner verwendet werden?
7. Entwerfen Sie ein Skript, das für den lokalen Rechner ein Computerkonto erzeugt und ihn direkt zur Domäne hinzufügt.
8. Entwerfen Sie ein Skript, das einen Rechner nach dem Umbenennen nach Benutzeraufforderung neu startet.

11 Scripting der Ereignisprotokolle

Lernziele

Das Ereignisprotokoll bzw. die Ereignisanzeige ist ein elementarer Bestandteil aller Microsoft-Betriebssysteme, die auf der Windows NT-Linie aufsetzen. Mithilfe der Ereignisanzeige können verschiedene Hardware- und Software-Aktivitäten angezeigt werden. Die Ereignisanzeige führt die Überprüfung anhand von Protokolldateien durch, in denen die Ereignisse aufgezeichnet werden.

Protokolltypen

Die Informationen zu den Ereignissen werden in drei Protokolltypen aufgezeichnet:

- Anwendungsprotokoll

  Das Anwendungsprotokoll enthält Ereignisse, die von Anwendungen oder Programmen aufgezeichnet werden. Beispielsweise könnte von einem Datenbankprogramm ein Dateifehler im Anwendungsprotokoll vermerkt werden. Der Entwickler entscheidet, welche Ereignisse aufgezeichnet werden.

- Systemprotokoll

  Das Systemprotokoll enthält alle Ereignisse, die von den Windows-Systemkomponenten aufgezeichnet wurden. So wird beispielsweise im Systemprotokoll aufgezeichnet, wenn das Laden eines Gerätetreibers oder einer anderen Systemkomponente während des Starts fehlschlägt. Die von den Systemkomponenten aufgezeichneten Ereignisarten werden im Voraus bestimmt.

- Sicherheitsprotokoll

  Das Sicherheitsprotokoll enthält Sicherheitsereignisse wie gültige und ungültige Anmeldeversuche und Ereignisse zur Ressourcennutzung, wie beispielsweise das Erstellen, Öffnen oder Löschen von Dateien. Der Administrator kann festlegen, welche Ereignisse im Sicherheitsprotokoll aufgezeichnet werden. Wenn Sie z.B. die Anmeldeüberwachung aktiviert haben, werden alle Anmeldeversuche am System im Sicherheitsprotokoll aufgezeichnet.

Neben der Möglichkeit, eigene Protokolltypen zu erstellen (die im weiteren Verlauf des Kapitels gezeigt werden), existieren auf einem Domänencontroller, der ein Active Directory verwaltet, weitere Protokolltypen:

- Directory Service
- DNS-Server
- Dateireplikationsdienst

Der Ereignisprotokolldienst wird beim Starten von Windows automatisch ausgeführt. Anwendungs- und Systemprotokolle können von allen Benutzern, Sicherheitsprotokolle nur von Administratoren eingesehen werden.

Ereignistypen

Die Meldungen in der Ereignisanzeige werden in fünf unterschiedliche Ereignistypen kategorisiert, die jeweils ganz bestimmte Einsatzgebiete abdecken:

- Fehler: ein schwerwiegendes Problem wie Datenverlust oder Funktionsausfall. Wenn z.B. ein Dienst während des Systemstarts nicht geladen wird, wird ein Fehler aufgezeichnet.
- Warnung: ein Ereignis, das an sich nicht schwerwiegend ist, aber auf künftig auftretende Probleme hindeuten kann. Eine Warnung wird beispielsweise aufgezeichnet, wenn der Speicherplatz auf dem Datenträger knapp wird.
- Informationen: ein Ereignis, das die erfolgreiche Ausführung einer Anwendung, eines Treibers oder eines Dienstes beschreibt. Ein Informationsereignis wird z.B. aufgezeichnet, wenn ein Netzwerktreiber erfolgreich geladen werden konnte.
- Erfolgsüberwachung: ein erfolgreich verlaufener, überwachter Sicherheitszugriff. Die erfolgreiche Anmeldung eines Benutzers am System wird z.B. als Erfolgsüberwachungsereignis aufgezeichnet.
- Fehlerüberwachung: ein fehlgeschlagener, überwachter Sicherheitszugriff. Der vergebliche Versuch eines Benutzers, auf ein Netzlaufwerk zuzugreifen, wird beispielsweise als Fehlerüberwachungsereignis aufgezeichnet.

Diese Unterscheidung in Typen ist besonders zur Filterung von Ereignissen bei der Anzeige geeignet, weil damit der Umfang der angezeigten Meldungen erheblich verringert werden kann.

11.1 Protokolleinträge lesen

Voraussetzung

Damit das Skript seine Aufgabe (Auslesen der Ereignisprotokolle) erfüllen kann, ist darauf zu achten, dass dem Benutzer, der das Skript ausführt, auch erlaubt ist, die entsprechende Operation durchzuführen. Einem einfachen Benutzer ist es lediglich erlaubt, das Anwendungs- und Systemprotokoll auszulesen. Für das Sicherheitsprotokoll sind Administratorrechte notwendig.

Zur Ausführung des Skripts ist es zusätzlich notwendig, dass auf dem ausführenden Rechner auch die WMI-Komponente installiert ist. Dies ist seit Windows NT 4.0 Service Pack 4 in der Regel der Fall.

Lösung

Zur Ermittlung der Ereignisprotokolleinträge wird eine WQL-Anfrage an den Namensraum `\root\cimv2` abgesetzt. Die Anfrage wird durch die `ExecQuery()`-Methode des WMI-Objekts ausgeführt und liefert als Rückgabewert eine Objektmenge aus `Win32_NTLogEvent`-Objekten. Die WMI-Klasse `Win32_NTLogEvent` enthält mehrere Attribute, die über das einzelne Ereignis detailliert Auskunft geben.

Durch eine `For Each`-Schleife werden alle Objekte der Objektmenge durchlaufen und die wichtigsten Charakteristika des `Win32_NTLogEvent`-Objekts ausgegeben.

```
' ReadEventlog.vbs
' Liest alle Ereignisse eines Protokolls aus
' verwendet: WMI
' ===========================================================

Dim objWMIService, colLoggedEvents, objEvent
Dim Computer, LogName

Computer = "."
LogName = "Application"

Set objWMIService = GetObject("WinMgmts: " & _
    "{impersonationLevel=impersonate}!\\ " & Computer & _
    "\root\cimv2")

Set colLoggedEvents = objWMIService.ExecQuery _
    ("SELECT * FROM Win32_NTLogEvent WHERE Logfile = '" & _
    LogName & "'")

For Each objEvent in colLoggedEvents
    Wscript.Echo "Kategorie: " & objEvent.Category
    Wscript.Echo "Computername: " & objEvent.ComputerName
    Wscript.Echo "Ereignis-ID: " & objEvent.EventCode
    Wscript.Echo "Beschreibung: " & objEvent.Message
    Wscript.Echo "Datensatznummer: " & objEvent.RecordNumber
    Wscript.Echo "Quelle: " & objEvent.SourceName
    Wscript.Echo "Datum/Uhrzeit: " & objEvent.TimeWritten
    Wscript.Echo "Typ: " & objEvent.Type
    Wscript.Echo "Benutzer: " & objEvent.User
    Wscript.Echo ""
Next
```

Listing 11.1: */Skripte/Kapitel11/ReadEventlog.vbs*

11.2 Protokolleinträge schreiben

Das Schreiben von Einträgen aus Programmen und Skripten heraus erlaubt eine genaue Aufzeichnung der Ereignisse bei deren Ablauf. So kann über die Möglichkeiten der Fernverwaltung der Status einer durchgeführten Operation ermittelt werden, ohne dass hierzu selbst erzeugte Protokolldateien durchlaufen werden müssen.

Die Betriebssysteme Windows 9x/Windows ME besitzen keine Ereignisanzeige, doch ist auch hier eine skriptbasierte Erzeugung von Einträgen möglich. Allerdings werden diese Einträge lediglich in der Textdatei *WSH.log* abgelegt, die sich im `%Windows%`-Verzeichnis befindet.

Voraussetzung Während die WMI-Funktionen zum Auslesen der Ereignisprotokolle sehr umfangreich gestaltet sind, ist zum Schreiben von Ereignissen keine Methode implementiert. Daher wird zur Erzeugung von Meldungen auf das `WSHShell`-Objekt des Windows Script Hosts zurückgegriffen.

Lösung Das `WSHShell`-Objekt bietet mit der Methode `LogEvent()` die Möglichkeit, einen benutzerdefinierten Eintrag in das Anwendungsprotokoll zu schreiben. Die Methode erwartet mindestens zwei Parameter: Der erste Parameter gibt den Typ der Meldung in Form einer Integer-Zahl an und bestimmt damit auch indirekt das Symbol, das in der Ereignisanzeige verwendet wird. Der zweite obligatorische Parameter bestimmt mithilfe einer Zeichenkette die ausführliche Meldung, die im Ereignisprotokoll zu diesem Ereignis hinterlegt werden soll. Durch einen optionalen dritten Parameter kann durch Angabe eines UNC-Pfads ein Eintrag auch auf einem entfernten Rechner erzeugt werden.

Hinweis Bei der Verwendung der Methode `LogEvent()` ist zu beachten, dass lediglich Einträge in dem Anwendungsprotokoll vorgenommen werden können. Für das Sicherheits- und das Systemprotokoll sowie für etwaige selbst definierte Protokolle können keine Einträge erzeugt werden. Weiterhin wird als Quelle der Ereignisse pauschal der Windows Script Host (WSH) angenommen, sodass in der Ereignisanzeige eine Zuordnung von Meldungen und ausgeführten Skripten nicht offensichtlich ist.

```
' AddEvent.vbs
' Schreibt einen Eintrag in das Anwendungsprotokoll
' verwendet: WSHRun
' ===============================

Const EVENT_SUCCESS = 0
Const EVENT_ERROR = 1
Const EVENT_WARNING = 2
Const EVENT_INFORMATION = 4
Const EVENT_SUCCESSAUDIT = 8
Const EVENT_FAILUREAUDIT = 16

Const MessageSeparator = ": "

Dim objShell, Message

Message = "Aktion erfolgreich durchgeführt!"

Set objShell = WScript.CreateObject("WScript.Shell")

objShell.LogEvent EVENT_SUCCESS, WScript.ScriptName & _
    MessageSeparator & Message
```

Listing 11.2: */Skripte/Kapitel11/AddEvent.vbs*

Meldungen im Anwendungsprotokoll unterscheiden

Die folgende Abbildung zeigt die beispielhaft erzeugten Meldungen im Anwendungsprotokoll eines Rechners mit der Detailansicht einer Meldung. Hierbei ist zu erkennen, dass durch Hinzufügen des Skriptnamens in der Beschreibung eine Unterscheidung verschiedener ausführender Skripte vorgenommen werden kann. Dieses Verfahren wird auch vom Microsoft Installer (MSI) verwendet.

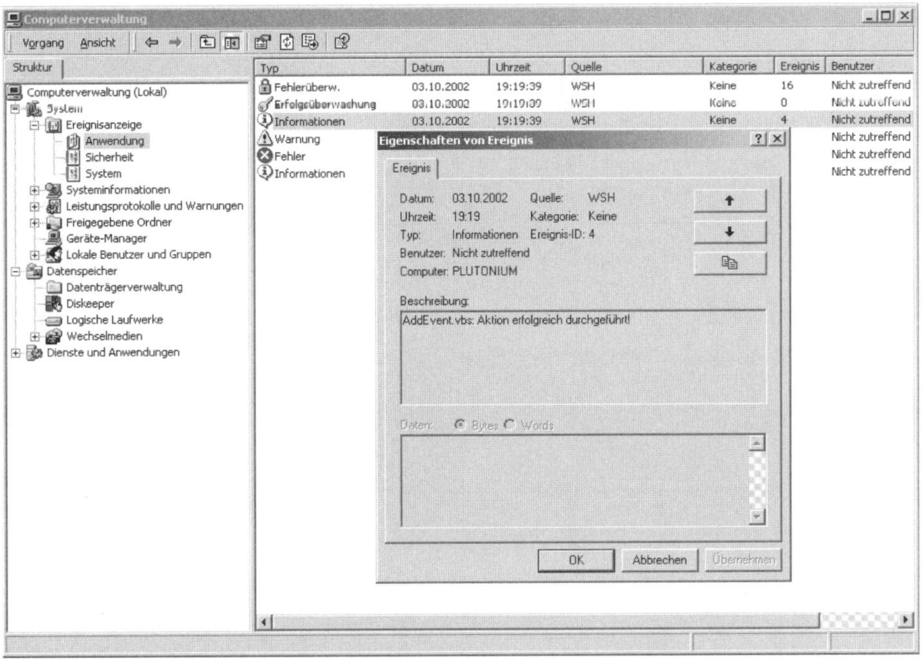

Bild 11.1 *Selbst erzeugte Einträge im Anwendungsprotokoll der Ereignisanzeige*

Verbesserung ab Windows XP

Unter den Betriebssystemen ab Windows XP kann zur Erzeugung eines Ereignisprotokolleintrags das Kommandozeilenwerkzeug *EventCreate.exe* herangezogen werden. Durch die Verwendung dieses Werkzeugs kann in jedem beliebigen Protokoll der Ereignisanzeige ein Eintrag vorgenommen werden.

Lösung

Um *EventCreate.exe* aus einem WSH-Skript heraus zu nutzen, werden zunächst die benötigten Parameter definiert und zu einem Kommandozeilenbefehl zusammengesetzt. Dieser Kommandozeilenbefehl wird dann durch eine Instanz des `WSHShell`-Objekts aus der WSH Runtime-Komponente unter Verwendung der `Run()`-Methode ausgeführt, die das Ausführen eines beliebigen Kommandozeilenbefehls erlaubt.

```
' AddEventXP.vbs
' Schreibt einen Eintrag in das benutzerdefinierte
' Protokoll "Anwendung"
' verwendet: WSHRun, EventCreate.exe
' ===============================

Dim WSHShell
Dim LogName, Message, Typ, ID, Command
```

```
Set WSHShell = WScript.CreateObject("WScript.Shell")

LogName = "Application"
Message = "Aktion erfolgreich durchgeführt!"
Typ = "Error"
ID = "100"

Command = "eventcreate.exe " & _
    " /T " & Typ & _
    " /ID " & ID & " " & _
    " /L " & LogName & " " & _
    " /SO """ & WScript.ScriptName & """" & _
    " /D """ & Message & """"

WScript.Echo "Führe aus: " & Command

WSHShell.Run Command
```

Listing 11.3: */Skripte/Kapitel11/AddEventXP.vbs*

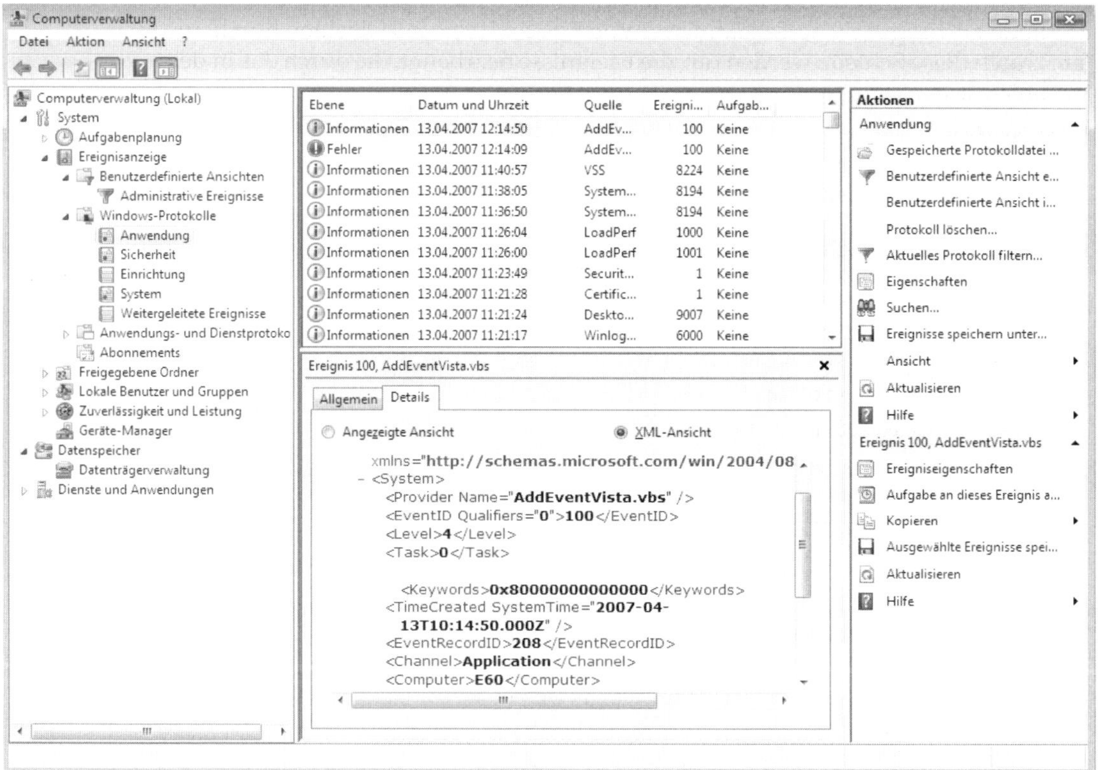

Bild 11.2: *Auch das komplexere Ereignisprotokollsystem unter Windows Vista/Windows 7/8 kann die mit EventCreate.exe gesendeten Meldungen richtig verarbeiten und darstellen.*

11.3 Protokolleinträge auswerten

Die Anzahl der im Anwendungsprotokoll eines Rechners hinterlegten Einträge wird schnell sehr umfangreich, sodass das einfache Auslesen der Einträge selten zum Ziel führt. In der Regel steht die Betrachtung einer bestimmten Anwendung im Vordergrund, sodass eine komprimierte Darstellung der relevanten Ereignisse notwendig wird.

Voraussetzung

Neben den allgemeinen Voraussetzungen – WMI und Rechte –, die auch für das Auslesen der Einträge erforderlich sind, ist der Aufbau der Beschreibung der Meldung ausschlaggebend. Die Beschreibung beginnt stets mit dem Skriptnamen und einem Doppelpunkt, an den sich die eigentliche Meldung anschließt. Das Skript *AddEvent.vbs* aus dem vorhergehenden Kapitel erzeugt die entsprechenden Einträge.

Lösung

Die Lösung für die zusammenfassende Darstellung von Meldungen liegt in der detaillierten Selektion von Ereignissen. Zum einen werden alle WSH-Einträge des Anwendungsprotokolls eines bestimmten Typs ausgewählt. Aus diesen Bedingungen wird eine WQL-Abfrage konstruiert und durch die `ExecQuery()`-Methode des WMI-Objekts ausgeführt. Zum anderen wird die durch die `ExecQuery()`-Methode zurückgegebene Objektmenge von `Win32_NTLogEvent`-Objekten durchlaufen. Durch diese Schleife werden nur die Ereignisse bearbeitet, die durch das in der Variablen `SourceScriptName` angegebene Skript erzeugt wurden.

```
' AnalyseEvents.vbs
' Ermittelt aus dem Anwendungsprotokoll diejenigen Ereignisse,
' die bestimmten Kriterien entsprechen
' verwendet: WMI
' ================================================

Const EVENT_ERROR = 1
Const EVENT_WARNING = 2
Const EVENT_INFORMATION = 3
Const EVENT_SUCCESSAUDIT = 4
Const EVENT_FAILUREAUDIT = 5

Const Source = "WSH"
Const LogName = "Application"
Const MessageSeparator = ": "

Dim objWMIService, colLoggedEvents, objEvent
Dim Computer, SourceScriptName, EventType, SeparatorPosition

Computer = "."
SourceScriptName = "AddEvent.vbs"
EventType = EVENT_ERROR
Set objWMIService = GetObject("WinMgmts:" & _
    "{impersonationLevel=impersonate}!\\" & Computer & _
    "\root\cimv2")
```

```
Set colLoggedEvents = objWMIService.ExecQuery _
    ("SELECT * FROM Win32_NTLogEvent WHERE " & _
    "Logfile = '" & LogName & "' AND " & _
    "SourceName='" & Source & "' AND " & _
    "EventType=" & EventType)

Wscript.Echo "Das Skript '" & SourceScriptName & _
    "' lieferte folgende Ereignisse:"

For Each objEvent in colLoggedEvents
    SeparatorPosition = InStr(objEvent.Message, MessageSeparator)
    If LCase(Left(objEvent.Message, _
        SeparatorPosition - 1)) _
        = LCase(SourceScriptName) Then

        Wscript.Echo "  Datum/Zeit: " & objEvent.TimeWritten
        Wscript.Echo "  Meldung:    " & Mid(objEvent.Message, _
            SeparatorPosition + Len(MessageSeparator))
        Wscript.Echo ""
    End If
Next
```

Listing 11.4: */Skripte/Kapitel11/AnalyseEvents.vbs*

11.4 Datensicherung des Ereignisprotokolls

Der zur Speicherung der Ereignisse bereitgestellte Speicher ist in der Regel begrenzt, sodass nicht jedes Ereignis über einen größeren Zeitraum aufbewahrt werden kann. Um trotzdem eine lückenlose Historie aller Ereignisse zu ermöglichen, kann der Inhalt der Protokolle in Dateien gespeichert werden.

> Das erzeugte Dateiformat bei der Sicherung der Protokolldateien ist spezifisch und kann nur korrekt durch die Ereignisanzeige eingesehen werden.

Voraussetzung Zur Speicherung eines Ereignisprotokolls in einer Datei gelten dieselben Voraussetzungen wie beim Auslesen von Einträgen – das Auslesen wird durch die Windows Management Instrumentation (WMI) übernommen. Zusätzlich sind Schreibrechte im Dateisystem erforderlich, um das Backup des Protokolls zu speichern.

Lösung Zur Speicherung des gesamten Protokolls wird auf die WMI-Methode `BackupEventLog()` der `Win32_NTEventLogFile`-Klasse zurückgegriffen. Diese Methode erwartet einen Parameter in Form einer Zeichenkette und spezifiziert einen Dateinamen, der zur Aufnahme der Ereigniseinträge verwendet wird. Allerdings schlägt die

Methode fehl, wenn der Dateiname bereits existiert. Um dies zu vermeiden, wird aus dem Namen des Protokolls, der aktuellen Uhrzeit und dem Datum ein Dateiname erstellt.

Rückgabewert

Die Methode `BackupEventLog()` liefert einen Rückgabewert in Form einer Integer-Zahl. Ist der Rückgabewert `0`, war die Operation erfolgreich. Andere Zahlen bedeuten, dass ein Fehler aufgetreten ist, wobei jede Zahl einen unterschiedlichen Fehler bedeutet (`21`: Ungültiger Parameter; `183`: Der Archivdateiname ist bereits vorhanden. Datei kann nicht erstellt werden; `8`: Unbekannter Fehler).

```
' BackupLog.vbs
' Sichert ein Protokoll in eine Datei
' verwendet: WMI
' ================================================
Dim objWMIService, colLogFiles, objLogFile
Dim Computer, LogName, FileName
Dim LogDate, LogTime
Dim errBackupLog

Computer = "."
LogName = "Application"
LogDate = Replace(FormatDateTime(Date, 0), ".", "")
LogTime = Replace(FormatDateTime(Time, 3), ":", "")
FileName = "C:\" & LogName & "_" & LogDate & "_" & LogTime & ".evt"

Set objWMIService = GetObject("WinMgmts:" _
    & "{impersonationLevel=impersonate,(Backup)}!\\" & _
    Computer & "\root\cimv2")
Set colLogFiles = objWMIService.ExecQuery _
    ("SELECT * FROM Win32_NTEventLogFile WHERE " & _
    "LogFileName='" & LogName & "'")
For Each objLogfile in colLogFiles
    errBackupLog = objLogFile.BackupEventLog(FileName)
    If errBackupLog <> 0 Then
        Wscript.Echo "Das Ereignisprotokoll '" & LogName & "' " & _
            "konnte nicht gesichert werden."
    Else
        Wscript.Echo "Das Ereignisprotokoll '" & LogName & "' " & _
            "wurde in der Datei '" & FileName & "' gesichert."
    End If
Next
```

Listing 11.5: */Skripte/Kapitel11/BackupLog.vbs*

11.5 Ereignisprotokoll anlegen

Ab Windows 2000 ist es möglich, eigene Ereignisprotokolle zu erzeugen, die spezifische Meldungen entgegennehmen können. Dadurch kann eine individuelle Strukturierung selbst erzeugter Ereignisse vorgenommen werden. Allerdings kann lediglich mit der *EventCreate.exe*-Anwendung in diese Protokolle geschrieben werden.

Lösung Zur Erzeugung eines benutzerdefinierten Protokolls ist die Erzeugung eines Registrierungsschlüssels ausreichend. Durch die Methode `RegWrite()` des `WSHShell`-Objekts wird der entsprechende Schlüssel generiert.

```
' CreateLog.vbs
' Legt ein benutzerdefiniertes Ereignisprotokoll an
' verwendet: WSHRun
' ===============================

Const NO_VALUE = Empty

Dim LogName, WSHShell

LogName = "Scripts"

Set WSHShell = WScript.CreateObject("WScript.Shell")

WSHShell.RegWrite "HKLM\System\CurrentControlSet\" & _
    "Services\EventLog\" & LogName & "\", NO_VALUE
```

Listing 11.6: */Skripte/Kapitel11/CreateLog.vbs*

Das Hinzufügen eines einzigen Schlüssels in der Registrierungsdatenbank ist ausreichend, um ein benutzerdefiniertes Ereignisprotokoll zu erzeugen. Die nachfolgende Abbildung zeigt beispielhaft, wie das Ergebnis des Skripts aussehen könnte.

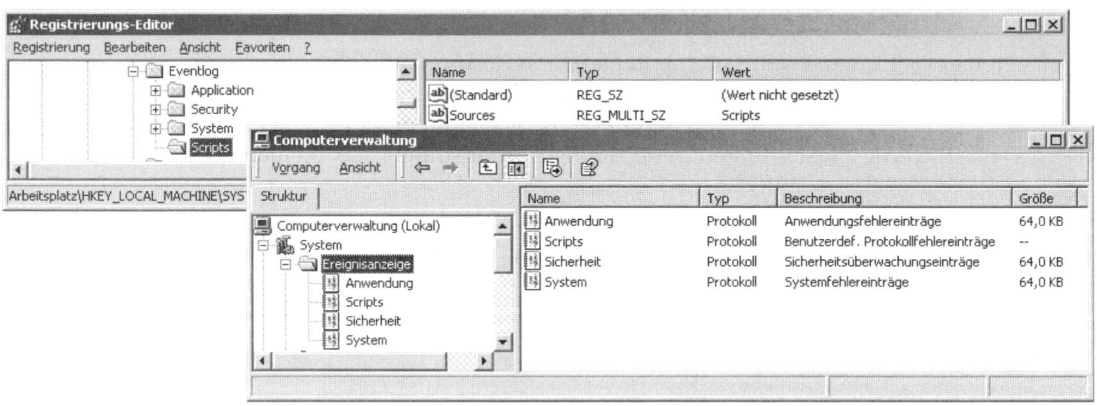

Bild 11.3: *Ein benutzerdefiniertes Ereignisprotokoll wurde angelegt.*

11.6 Ereignisprotokoll löschen

Werden die benutzerdefinierten Protokolle, die durch das Skript *CreateLog.vbs* erzeugt wurden, nicht mehr benötigt, so können sie auch skriptbasiert wieder entfernt werden.

Lösung

Das Entfernen von Protokolldateien erfolgt – analog zur Erzeugung – durch Bearbeitung der Registrierungsdatenbank. Mithilfe der Methode `RegDelete()` des `Wsh-Shell`-Objekts kann ein beliebiger Schlüssel aus der Registrierungsdatenbank entfernt werden.

Hinweis

Es ist darauf zu achten, dass die Anwendungs-, Sicherheits- und Systemprotokolle nicht entfernt werden, da dies zu Fehlfunktionen des Systems führen kann, weil auch der Verweis auf diese Protokolle durch Schlüssel in der Registrierungsdatenbank erfolgt.

```
' DeleteLog.vbs
' Löscht ein Ereignisprotokoll
' verwendet: WSHRun
' ===============================

Dim LogName, WSHShell

LogName = "Scripts"

Set WSHShell = WScript.CreateObject("WScript.Shell")

WSHShell.RegDelete "HKLM\System\CurrentControlSet\" & _
    "Services\EventLog\" & LogName & "\"
```

Listing 11.7: */Skripte/Kapitel11/DeleteLog.vbs*

11.7 Ereignisprotokoll leeren

Das Leeren eines Ereignisprotokolls stellt eine Erweiterung zur Sicherung der Einträge dar und darf nicht mit dem Löschen des Protokolls verwechselt werden. Bei einem Leeren des Protokolls werden lediglich die vorhandenen Einträge entfernt, der Verweis und die Einstellungen in der Registrierungsdatenbank bleiben erhalten.

Lösung

Wie bei allen Lesezugriffen auf die Ereignisprotokolle wird eine Installation der Windows Management Instrumentation (WMI) vorausgesetzt.

Das WMI-Objekt `Win32_NTEventLogFile` besetzt die Methode `ClearEventLog()`, die die Einträge eines bestimmten Ereignisprotokolls ohne Erstellung einer Sicherheitskopie leert.

```
' ClearLog.vbs
' Leert den Inhalt eines Ereignisprotokolls
' verwendet: WMI
' ==========================================================

Dim objWMIService, colLogFiles, objLogFile
Dim Computer, LogName

Computer = "."
LogName = "Application"

Set objWMIService = GetObject("WinMgmts:" _
    & "{impersonationLevel=impersonate,(Backup)}!\\" & _
    Computer & "\root\cimv2")

Set colLogFiles = objWMIService.ExecQuery _
    ("SELECT * FROM Win32_NTEventLogFile WHERE " & _
    "LogFileName='" & LogName & "'")

For Each objLogfile in colLogFiles
    objLogFile.ClearEventLog()
Next
```

Listing 11.8: */Skripte/Kapitel11/ClearLog.vbs*

11.8 Überwachung von Einträgen

Bei der Systemverwaltung wird es häufig notwendig, auf bestimmte Ereignisse in einem Rechnersystem zu reagieren und dadurch vordefinierte Aktionsschritte zu initiieren, um die Funktionalität des Systems zu gewährleisten.

Lösung Durch die Verwendung der Methode `ExecNotificationQuery()` des WMI-Objekts wird eine Anfrage zum Empfang von Ereignissen abgesetzt. Dazu wird die Klasse `__Instance CreationEvent` abgefragt, die anzeigt, ob ein neues WMI-Objekt erzeugt wurde. Zusätzlich ist es notwendig, den Typ des neu erzeugten Objekts festzulegen. Zur Überwachung von Einträgen im Ereignisprotokoll ist dies die Klasse `Win32_NTLogEvent`. Abschließend wird, um nicht bei jedem Neueintrag im Ereignisprotokoll eine Nachricht zu erhalten, die Liste der Einträge durch `TargetInstance.EventCode` gefiltert.

NextEvent() Die Ausgabe erfolgt in einer Endlosschleife, die durch `Do ... Loop` ohne Abbruchbedingung realisiert wird. Diese Form der Schleife ist notwendig, weil nicht im Voraus bekannt ist, wann ein Ereignis eintreten wird. Durch die Methode `NextEvent()` wird das nächste Ereignis, das der Beschreibung in der WQL-Anfrage entspricht, ermittelt und ausgegeben.

```
' LogEvent.vbs
' Überwachen von Einträgen im Ereignisprotokoll
' verwendet: WMI
' ================================

strCOMPUTERConst strCOMPUTER = "."
Set objWMIService = GetObject("WinMgmts:" & _
    "{impersonationLevel=impersonate, (Security)}!\\" & _
    strCOMPUTER & "\root\cimv2")

Set colMonitoredEvents = objWMIService.ExecNotificationQuery _
    ("SELECT * FROM __InstanceCreationEvent WHERE TargetInstance ISA" & _
    "'Win32_NTLogEvent' AND TargetInstance.EventCode = '11707' ")

Do
    Set objLatestEvent = colMonitoredEvents.NextEvent
        strAlertToSend = "Die Installation mit dem" & _
            " MSI-Installer war erfolreich. " & vbCrLf
        strAlertToSend = objLatestEvent.TargetInstance.Message
        Wscript.Echo strAlertToSend
Loop
```

Listing 11.9: */Skripte/Kapitel11/LogEvent.vbs*

11.9 Fragen und Aufgaben

1. In welches Ereignisprotokoll können Sie mit der WSHRun-Komponente neue Ereignisse eintragen?
2. Wo werden die Einträge im Anwendungsprotokoll auf einem Windows 9x/ME-Rechner abgelegt?
3. Welche unterschiedlichen Formen von Ereignissen gibt es?
4. Wie lautet das WMI-Objekt zum Zugriff auf die Ereignisprotokolle?
5. Wo können neue Ereignisprotokolle angelegt werden?
6. Wodurch können Ereignisse, die vom WSH angelegt wurden, unterschieden werden?
7. Wie erfolgen Einträge in selbst erzeugte Ereignisprotokolle?
8. Mit welchem Programm können in eine Datei gesicherte Ereignisprotokolle sinnvoll betrachtet werden?

12 Scripting der Systemdienste

In diesem Kapitel steht die Verwaltung von Diensten im Vordergrund. Bei Diensten handelt es sich um Prozesse und Programme, die im Hintergrund – d.h. ohne Benutzerschnittstelle – ausgeführt werden. Hieraus ergeben sich Vorteile: Diese Anwendungen sind bereits ab dem Start des Betriebssystems verfügbar und müssen nicht manuell gestartet werden. Zusätzlich laufen Dienste gänzlich unabhängig von einem eventuell am System angemeldeten Benutzer. **Lernziele**

Die Verwaltung von Diensten stellt bei NT-basierten Rechnersystemen ein wesentliches Mittel zu deren Administration dar. Daher umfasst dieses Kapitel die Anzeige, die Statusüberprüfung und das Starten bzw. Beenden von Diensten.

Die skriptbasierte Verwaltung der Dienste setzt eine Installation der Windows Management Instrumentation (WMI) voraus, da erst mit WMI ein Zugriff auf die Eigenschaften eines Dienstes möglich wird. **Voraussetzungen**

12.1 Auflisten aller Dienste

Eine Übersicht über die Dienste bildet die Ausgangsbasis zu deren Verwaltung, da nicht jeder Dienst auf jedem beliebigen Rechnersystem verfügbar sein muss. Die Lösung besteht in der Formulierung einer WQL-Abfrage, die an jedes beliebige Rechnersystem gerichtet werden kann.

Zur Auflistung aller Dienste wird die WQL-basierte Anfrage so formuliert, dass sie aus der Tabelle `Win32_Service` sämtliche Einträge auswählt. **Lösung**

Durch die Methode `ExecQuery()`, die vom WMI-Objekt bereitgestellt wird, wird die `WQL-Abfrage` ausgeführt. Der Rückgabewert stellt eine Sammlung (Collection) aus `Win32_Service`-Objekten dar, deren Eigenschaft `DisplayName` im Folgenden aufgelistet wird. **ExecQuery()**

```
' ListServices.vbs
' Liste aller Dienste eines Rechners ermitteln und ausgeben
' verwendet: WMI
' ===============================

Dim objWMIService, objService, colListOfServices, Computer

Computer = "."
Set objWMIService = GetObject("WinMgmts:" & _
    "{impersonationLevel=impersonate}!\\" & Computer & _
    "\root\cimv2")

Set colListOfServices = objWMIService.ExecQuery _
    ("SELECT * FROM Win32_Service")

For Each objService in colListOfServices
    WScript.Echo objService.DisplayName
Next
```

Listing 12.1: */Skripte/Kapitel12/ListServices.vbs*

Win32_Service-Objekt

Das Objekt `Win32_Service` bietet zahlreiche Attribute, die über den Zustand der Dienste Auskunft geben und zur Verwaltung eines Rechners herangezogen werden können.

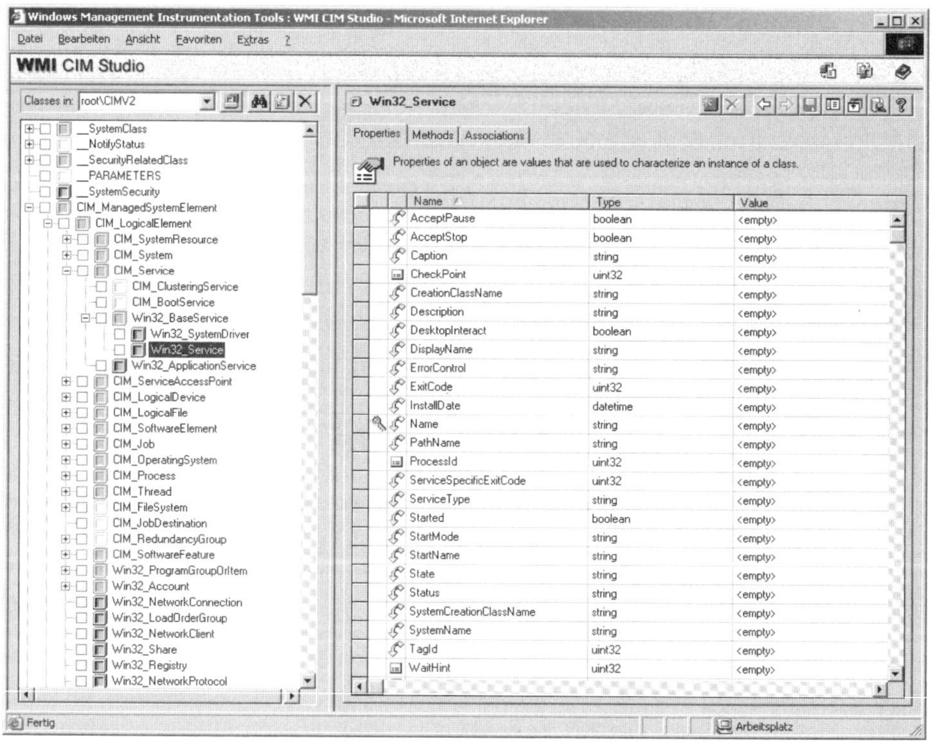

Bild 12.1 *Eigenschaften des Win32_Service-Objekts*

12.2 Auflisten aller laufenden Dienste

Die Verwaltung der Dienste wird in der Regel nicht alle in einem System installierten Dienste betreffen, sondern sich hauptsächlich auf die gerade laufenden Dienste beschränken.

Lösung

Um aus der Liste aller Dienste die laufenden herauszufiltern, muss die WQL-Anfrage aus dem vorherigen Unterkapitel um eine Bedingung ergänzt werden. Die Selektion erfolgt gemäß der SQL-Syntax durch die `WHERE`-Klausel, mit der alle Datensätze ausgewählt werden, bei denen der Zustand des Dienstes laufend – also `Running` – ist.

```
' ListRunningServices.vbs
' Liste aller laufenden Dienste eines Rechners ermitteln und ausgeben
' verwendet: WMI
' ==================================================================

Dim objWMIService, objService, colListOfServices, Computer

Computer = "."
Set objWMIService = GetObject("WinMgmts:" & _
    "{impersonationLevel=impersonate}!\\" & Computer & _
    "\root\cimv2")

Set colListOfServices = objWMIService.ExecQuery _
    ("SELECT * FROM Win32_Service WHERE State=""Running""")

For Each objService in colListOfServices
    WScript.Echo objService.DisplayName
Next
```

Listing 12.2: */Skripte/Kapitel12/ListRunningServices.vbs*

12.3 Status ermitteln

Der Status eines Dienstes beschreibt seinen Zustand, also ob der Dienst noch arbeitsfähig ist und seine Aufgabe erfüllen kann. Dabei spielt die Eigenschaft, dass der Dienst läuft, nur eine untergeordnete Rolle – ein beendeter Dienst hat stets den Zustand *OK*.

Lösung

Die Anzeige eines Dienstzustands wird durch Verwendung des entsprechenden `Status`-Attributs des Objekts `Win32_Service` realisiert.

```
' ListRunningSvcStatus.vbs
' Liste aller laufenden Dienste eines Rechners ermitteln und Status ausgeben
' verwendet: WMI
' ==================================================================
Dim objWMIService, objService, colListOfServices, Computer

Computer = "."
Set objWMIService = GetObject("WinMgmts:" & _
```

```
    "{impersonationLevel=impersonate}!\\" & Computer & _
    "\root\cimv2")
Set colListOfServices = objWMIService.ExecQuery _
    ("SELECT * FROM Win32_Service WHERE State=""Running""")
For Each objService in colListOfServices
    WScript.Echo objService.Status & vbTab & objService.DisplayName
Next
```

Listing 12.3: */Skripte/Kapitel11/ListRunningSvcStatus.vbs*

12.4 Starten

Die Möglichkeit zum manuellen Starten eines Dienstes stellt eine wesentliche Anforderung an die skriptbasierte Administration der Dienste dar. Hiermit kann einerseits erreicht werden, dass für bestimmte Anwendungszwecke die benötigten Dienste stets verfügbar sind und dass andererseits ein durch einen Fehler beendeter Dienst erneut gestartet werden kann.

Lösung

Das Starten eines Dienstes erfolgt über die `StartService()`-Methode des `Win32_Service`-Objekts. Um das Dienst-Objekt eines konkreten Dienstes zu ermitteln, ist es notwendig, eine entsprechende WQL-Anfrage zu konstruieren, die durch die Variable `ServiceName` parametrisiert wird. Diese Variable nimmt den Namen des zu startenden Dienstes auf. Hierbei ist zu beachten, dass es sich um den Namen des Dienstes handelt – in der Regel eine Kurzform – und nicht um den ausführlichen Anzeigenamen. Der Vorteil in der Verwendung des Dienstnamens besteht darin, dass diese Bezeichnung auf Windows-Systemen nicht sprachabhängig andere Ausprägungen haben kann.

On Error Resume Next

Durch die Anweisung `On Error Resume Next` wird die Ausführung des Skripts im Fehlerfall beim nachfolgenden Befehl fortgesetzt. Bezogen auf das Skript zum Starten eines Dienstes geht es bei der Verwendung der Anweisung darum, nach Abschluss der Operation herauszufinden, ob diese auch erfolgreich war, da die WMI-Methoden keine Rückgabewerte liefern.

> Beim Starten eines Dienstes muss auch dessen Startmodus (z.B. automatisch, manuell oder deaktiviert) beachtet werden. Ohne der Diskussion der Starttypen im Unterkapitel 12.9 vorzugreifen, ist es wichtig hervorzuheben, dass ein deaktivierter Dienst ohne eine Änderung des Starttyps nicht gestartet werden kann.

```
' StartService.vbs
' Einen Dienst starten
' verwendet: WMI
' ===============================
On Error Resume Next

Dim objWMIService, colListOfServices, objService, ServiceName, Computer

Computer = "."
```

```
Set objWMIService = GetObject("WinMgmts:" & _
    "{impersonationLevel=impersonate}!\\" & Computer & _
    "\root\cimv2")

ServiceName = "netlogon"

Set colListOfServices = objWMIService.ExecQuery _
    ("SELECT * FROM Win32_Service WHERE Name=""" & ServiceName & """")

For Each objService in colListOfServices
    objService.StartService()
Next

If  Err.Number <> 0 Then
    WScript.Echo "Beim Starten des Dienstes ist ein Fehler" & _
        "aufgetreten: " & Err.Number
Else
    WScript.Echo "Das Starten des Dienstes war erfolgreich."
End If
```

Listing 12.4: */Skripte/Kapitel12/StartService.vbs*

12.5 Beenden eines Dienstes

Das Beenden eines Dienstes verfolgt den Ansatz, dass Situationen denkbar sind, in denen bestimmte Dienste nicht benötigt werden, um z.B. Systemressourcen zu sparen oder um skriptbasierte Konfigurationen am System vorzunehmen, die erst bei einem Neustart des Dienstes verwendet werden.

Lösung

Der verfolgte Lösungsansatz in diesem Kapitel entspricht im Aufbau dem aus dem vorhergehenden Kapitel zum Starten der Dienste. Durch die Methode `StopService()` des `Win32_Service`-Objekts aus dem WMI-Namensraum `\root\cimv2` wird der entsprechende Dienst beendet, der durch die Variable `ServiceName` spezifiziert wurde.

> Allerdings ist hierbei zu beachten, dass nicht jeder Dienst beendet werden kann. So finden zahlreiche Dienste unter Windows Verwendung, die für die Systemintegrität zuständig sind. Diese können auf keinen Fall beendet werden. Daher wird bei der Ermittlung des `Win32_Service`-Objekts bereits die Eigenschaft `AcceptStop` überprüft, die darüber Auskunft gibt, ob sich der Dienst überhaupt beenden lässt.

```
' StopService.vbs
' Einen Dienst beenden
' verwendet: WMI
' ============================================
On Error Resume Next

Dim objWMIService, colListOfServices, objService, ServiceName, Computer

Computer = "."
Set objWMIService = GetObject("WinMgmts:" & _
    "{impersonationLevel=impersonate}!\\" & Computer & _
    "\root\cimv2")

ServiceName = "netlogon"

Set colListOfServices = objWMIService.ExecQuery _
    ("SELECT * FROM Win32_Service WHERE Name=""" & ServiceName & _
    """AND AcceptStop=True")

For Each objService in colListOfServices
    objService.StopService()
Next

If  Err.Number <> 0 Then
    WScript.Echo "Beim Beenden des Dienstes ist ein Fehler" & _
        "aufgetreten: " & Err.Number
Else
    WScript.Echo "Das Beenden des Dienstes war erfolgreich."
End If
```

Listing 12.5: */Skripte/Kapitel12/StopService.vbs*

12.6 Neustart eines Dienstes auf mehreren Computern gemäß einer Textdatei

Bei der Konfiguration mehrerer Rechnersysteme in einem lokalen Netz ist es sinnvoll, diese von einem zentralen Arbeitsplatz aus zu verwalten. Im Rahmen der Dienste kann es sich daher als nützlich erweisen, auf mehreren Rechnern unterschiedliche Dienste neu zu starten.

Lösung Der in diesem Kapitel gewählte Lösungsansatz baut auf den Skripten der beiden vorhergehenden Kapitel zum Starten und Beenden der Dienste auf. Ergänzt wird die Verwaltung der Dienste durch eine Textdatei, die Rechnernamen und Dienstnamen des Dienstes enthält, der neu gestartet werden soll.

Zunächst wird mithilfe der Klasse `FileSystemObject` aus der SCRRun-Komponente die Textdatei geöffnet, bevor diese dann zeilenweise in der `Do-Until`-Schleife durchlaufen wird. Jede Zeile der Datei ist eine Textzeile und enthält zwei durch Semikola getrennte Werte, die mithilfe der `Split()`-Funktion in ein Array umgewandelt werden.

Aus diesem Array werden dann Rechnername und Dienstname entnommen und durch `Trim()` werden eventuelle Leerzeichen vor und hinter dem Namen entfernt.

Der weitere Ablauf des Skripts wurde bereits in den vorherigen Kapiteln erläutert. Allerdings ist beim Beenden des Dienstes zu beachten, dass dieser nicht sofort beendet ist und neu gestartet werden kann. Diesem Umstand trägt die Methode `Sleep()` aus dem `WScript`-Objekt Rechnung, die es erlaubt, ein Skript für einen bestimmten Zeitraum anzuhalten – in diesem Fall für 3000 Millisekunden.

```
' RestartServices.vbs
' Dienste anhand einer Textdatei neu starten
' verwendet: WMI, SCRRun
' ==========================================================
On Error Resume Next

Dim objWMIService, colListOfServices, objService, ServiceName, Computer
Dim arrFile()

Set objFSO = CreateObject("Scripting.FileSystemObject")
Set objFile = objFSO.OpenTextFile("AdminService.txt", 1)

Do Until objFile.AtEndOfStream
    arrLine = Split(objFile.ReadLine, ";")
    Computer = Trim(arrLine(0))
    ServiceName = Trim(arrLine(1))

    WScript.Echo "Der Dienst " & ServiceName & _
        " auf Rechner " & Computer & _
        " wird neu gestartet"
        Set objWMIService = GetObject("WinMgmts:" & _
        "{impersonationLevel=impersonate}!\\" & _
        Computer & "\root\cimv2")
    Set colListOfServices = objWMIService.ExecQuery _
        ("SELECT * FROM Win32_Service " & _
        "WHERE Name=""" & ServiceName & _
        """AND AcceptStop=True")
    For Each objService in colListOfServices
        objService.StopService()
        WScript.Sleep 3000
        objService.StartService()
    Next
Loop
objFile.Close

If  Err.Number <> 0 Then
    WScript.Echo "Beim Neustart eines Dienstes ist ein Fehler" & _
    "aufgetreten: " & Err.Number
Else
    WScript.Echo "Der Neustart aller Dienste war erfolgreich."
End If
```

***Listing 12.6:** /Skripte/Kapitel12/RestartServices.vbs*

Der Aufbau der Steuerdatei für das Skript ist sehr einfach gehalten. In jeder Zeile stehen der NetBIOS-Name des Rechners und durch ein Semikolon getrennt der Name des Dienstes, der bearbeitet werden soll.

```
PLUTONIUM; Browser
PLUTONIUM; DHCP
KRYPTON; W32Time
XENON; DHCP
```

***Listing 12.7:** /Skripte/Kapitel12/AdminService.txt*

12.7 Anhalten eines Dienstes

Das Anhalten eines Dienstes entspricht in den Grundzügen etwa seinem Beenden. Der Dienst wird grundsätzlich keine Dienstleistung mehr erbringen. Allerdings befindet er sich in einem pausierten Zustand, sodass er im Bedarfsfall wesentlich schneller wieder fortgesetzt werden kann.

Lösung Das Anhalten eines Dienstes erfolgt über die `PauseService()`-Methode des WMI-Objekts `Win32_Service`. Zu beachten ist hierbei, dass nur die wenigsten Dienste angehalten und wieder fortgesetzt werden können. Daher ist eine Überprüfung der Eigenschaft `AcceptPause` notwendig.

```
' PauseService.vbs
' Einen Dienst anhalten
' verwendet: WMI
' ===============================================
On Error Resume Next
Dim objWMIService, colListOfServices, objService, ServiceName, Computer
Computer = "."
Set objWMIService = GetObject("WinMgmts:" & _
    "{impersonationLevel=impersonate}!\\" & Computer & _
    "\root\cimv2")
ServiceName = "netlogon"

Set colListOfServices = objWMIService.ExecQuery _
    ("SELECT * FROM Win32_Service WHERE Name="" & ServiceName & _
    """AND AcceptPause=True")
For Each objService in colListOfServices
    objService.PauseService()
Next
If  Err.Number <> 0 Then
    WScript.Echo "Beim Anhalten des Dienstes ist ein Fehler" & _
    "aufgetreten: " & Err.Number
Else
    WScript.Echo "Das Anhalten des Dienstes war erfolgreich."
End If
```

***Listing 12.8:** /Skripte/Kapitel12/PauseService.vbs*

Die nachfolgende Abbildung zeigt einen Ausschnitt aus dem WMI Object Browser, der sich mit der Auflistung der Dienste in Form von `Win32_Service`-Objekten beschäftigt. Hierbei ist deutlich zu erkennen, dass nicht alle Dienste beendet bzw. angehalten werden können.

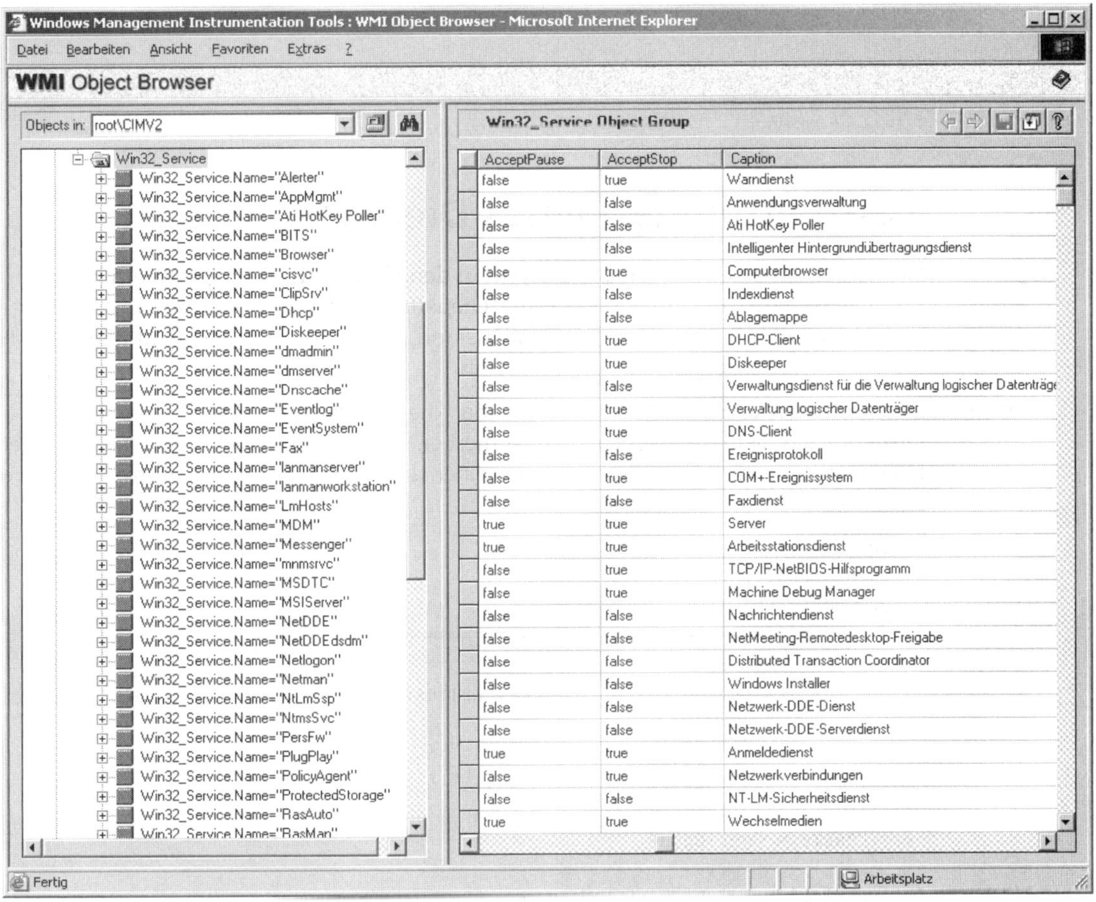

Bild 12.2: *Vergleich der Dienstmerkmale zum Beenden und Anhalten von Diensten*

12.8 Fortsetzen eines Dienstes

Das Skript *ResumeService.vbs* bildet das Gegenstück zum Skript aus dem vorhergehenden Kapitel, das zum Anhalten der Dienste verwendet wird.

Lösung

Der Aufbau ist ähnlich dem Starten bzw. Beenden eines Dienstes. Der Unterschied besteht in der Formulierung der Anfrage, da ein angehaltener Dienst nicht unbedingt wieder fortgesetzt werden kann. Daher ist die Überprüfung des Attributs `AcceptResume` des `Win32_Service`-Objekts notwendig. Anschließend kann die Methode `ResumeService()` des WMI-Objekts `Win32_Service` aufgerufen werden.

```
' ResumeService.vbs
' Einen Dienst fortsetzen
' verwendet: WMI
' ================================

On Error Resume Next
Dim objWMIService, colListOfServices, objService, ServiceName

Computer = "."
Set objWMIService = GetObject("WinMgmts:" & _
    "{impersonationLevel=impersonate}!\\" & Computer & _
    "\root\cimv2")

ServiceName = "netlogon"

Set colListOfServices = objWMIService.ExecQuery _
    ("SELECT * FROM Win32_Service WHERE Name=""" & ServiceName & _
    """AND AcceptResume=True")


For Each objService in colListOfServices
    objService.ResumeService()
Next

If  Err.Number <> 0 Then
    WScript.Echo "Beim Fortsetzen des Dienstes ist ein Fehler" & _
    "aufgetreten: " & Err.Number
Else
    WScript.Echo "Das Fortsetzen des Dienstes war erfolgreich."
End If
```

Listing 12.9: */Skripte/Kapitel12/ResumeService.vbs*

12.9 Daten ändern

Neben der grundlegenden Funktionalität zum Starten und Beenden können bei Diensten auch verschiedene Eigenschaften skriptbasiert angepasst werden. Dazu gehören neben vielen sehr dienstspezifischen Eigenschaften unter anderem auch die Einstellungen zu Fehlertyp, Startmodus und Anzeigenamen.

Lösung Die Konfiguration der Dienstparameter erfolgt wiederum über das `Win32_Service`-Objekt des WMI-Namensraums `\root\cimv2`. Durch die Methode `Change()` des Objekts, das bis zu elf Parameter erwartet, wird auf die Eigenschaften des Dienst-Objekts zugegriffen.

Die wichtigsten Eigenschaften betreffen den Startzeitpunkt eines Dienstes bezogen auf den Systemstart. Die folgende Tabelle gibt Auskunft über die unterschiedlichen Startmodi. Zur Veränderung des Startzeitpunkts eines Dienstes übergeben Sie den in der Spalte „Wert“ angegebenen Befehl als Zeichenkette in die Variable `StartMode`.

Tabelle 12.1 Startmodi eines Dienstes

Wert	Bedeutung
`Boot`	Gerätetreiber, die durch den Loader des Betriebssystems geladen werden
`System`	Gerätetreiber, die durch die Methode `IoInitSystem()` gestartet werden. Dieser Wert ist nur für Treiberdienste gültig.
`Automatic`	Dienste, die automatisch durch den Dienstkontrollmanager beim Systemstart ausgeführt werden
`Manual`	Dienste, die erst durch Ausführen der Methode `StartService()` des Dienstkontrollmanagers gestartet werden
`Disabled`	Dienste, die nicht gestartet werden können

Beachten Sie bitte, dass nicht jeder Dienst zum `Boot`- oder `System`-Zeitpunkt geladen werden kann. Sollten Sie sich unsicher sein, so verwenden Sie stets `Automatic`, um einen Dienst automatisch zu starten.

Ein deaktivierter Dienst kann niemals gestartet werden.

Ein Dienst besitzt keine Benutzerschnittstelle und hat somit nur rudimentäre Möglichkeiten, seine Fehlfunktion mitzuteilen. Die meisten Dienste verwenden die Einstellung „Normal“, mit der der Benutzer bei einer Fehlfunktion eine Meldung des Dienstmanagers erhält. Genauere Informationen können dann in der Ereignisanzeige nachgeschlagen werden.

Tabelle 12.2 Überblick über die Fehlerprotokollmöglichkeiten eines Dienstes

Wert	Bedeutung
`0`	Ignorieren: Der Benutzer wird nicht benachrichtigt.
`1`	Normal: Der Benutzer wird benachrichtigt.
`2`	Severe: Das System wird mit der letzten als gut bekannten Konfiguration gestartet.
`3`	Critical: Das System wird mit einer guten Konfiguration neu gestartet.

Beachten Sie, dass das Verändern der Fehlerkontrolle das Gesamtsystem im Fehlerfall erheblich beeinträchtigen kann.

```
' ModifyService.vbs
' Bei einem Dienst bestimmte Eigenschaften ändern
' verwendet: WMI
' ==============================

On Error Resume Next
Dim objWMIService, colListOfServices, objService, ServiceName, Computer

Computer = "."
Set objWMIService = GetObject("WinMgmts:" & _
    "{impersonationLevel=impersonate}!\\" & Computer & _
    "\root\cimv2")
```

```
ServiceName = "W32Time"
StartMode = "Manual"

Set colListOfServices = objWMIService.ExecQuery _
    ("SELECT * FROM Win32_Service WHERE Name=""" & ServiceName & """")

For Each objService In colListOfServices
WScript.echo "Ändere Starttyp für: " & objService.Name
    objService.ChangeStartMode(Starttyp)
Next

If  Err.Number <> 0 Then
    WScript.Echo "Bei der Änderung des Starttyps ist ein Fehler" & _
    "aufgetreten: " & Err.Number
Else
    WScript.Echo "Die Änderung des Starttyps war erfolgreich."
End If
```

Listing 12.10: */Skripte/Kapitel12/ModifyService.vbs*

12.10 Dienste überwachen

Die Dienste unter Windows arbeiten im Hintergrund und stets ohne Benutzerschnittstelle. Daher ist es oftmals schwierig zu erkennen, ob ein Dienst noch funktionsfähig ist oder ob er aufgrund eines Fehlers beendet wurde. Deshalb erweist es sich als sinnvoll, den Zustand von Diensten zu überwachen und bei Veränderungen den Administrator zu benachrichtigen.

Lösung Das Skript zur Zustandsüberwachung von Diensten erzeugt durch Verwendung der Methode `ExecNotificationQuery()` eine Objektmenge von WMI-Ereignisobjekten, deren Auswahl in der WQL-Abfrage genauer spezifiziert wird. Überwacht werden alle Ereignisse, die die Veränderung einer Instanz (`__InstanceModificationEvent`) bewirken und einen `Win32_Service` betreffen. Durch die Angabe von `WITHIN` wird die Granularität der Ereignissammlung zeitlich festgelegt. `WITHIN 10` bedeutet, dass alle zehn Sekunden auf eine Veränderung der Dienstzustände hin geprüft wird.

NextEvent() Durch die Endlosschleife `Do ... Loop` wird jeweils mit `NextEvent()` ein neues Ereignis aus der mit `ExecNotificationQuery()` ermittelten Objektmenge ausgelesen. Sofern es sich bei dem neu eingetretenen Ereignis um eine Veränderung des Dienstzustands handelt, wird eine Meldung über die Art des Zustandswechsels ausgegeben.

```
' MonitorServices.vbs
' Den Zustand von Diensten überwachen
' verwendet: WMI
' ===============================

strCOMPUTERConst strCOMPUTER = "."

Set objWMIService = GetObject("WinMgmts:" _
```

```
    & "{impersonationLevel=impersonate}!\\" & _
    strCOMPUTER & "\root\cimv2")

Set colServices = objWMIService. _
    ExecNotificationQuery("SELECT * FROM __InstanceModificationEvent " _
        & "WITHIN 10 WHERE TargetInstance ISA 'Win32_Service'")

Do
    Set objService = colServices.NextEvent
    If objService.TargetInstance.State <> _
        objService.PreviousInstance.State Then
        Wscript.Echo objService.TargetInstance.Name _
            &  " is " & objService.TargetInstance.State _
            & ". The service previously was " & _
            objService.PreviousInstance.State & "."
    End If
Loop
```

Listing 12.11: */Skripte/Kapitel12/MonitorServices.vbs*

12.11 Fragen und Aufgaben

1. Welches WMI-Objekt erlaubt den Zugriff auf die Dienste eines Rechnersystems?
2. Wie wird ein Dienst neu gestartet?
3. Was ist bei einem Neustart des Dienstes zu beachten?
4. Worin besteht der Unterschied zwischen dem Anhalten eines Dienstes und einem Neustart?
5. Was ist zu beachten, wenn ein Dienst angehalten werden soll?
6. Warum ist es bei der Überwachung von Diensten sinnvoll, die Ereignisse über einen gewissen Zeitraum (z.B. zehn Sekunden) zu sammeln?
7. Kann jeder Dienst beendet werden?
8. Welche unterschiedlichen Startzeitpunkte für Dienste gibt es?

13 Scripting des Desktops

Bei der Verwaltung des Desktops sind sehr viele Ansatzpunkte denkbar. Hauptsächlich wird die skriptbasierte Verwaltung eines benutzerdefinierten Desktops zur Umsetzung einer Corporate Identity verwendet werden. Durch einfache Skripte ist es möglich, Einstellungen auf unterschiedliche Rechnersysteme eines Netzwerks anzuwenden.

Lernziele

Das Ziel dieses Kapitels ist es, eine Auswahl an Aufgaben aufzuzeigen, die bei der Verwaltung des Desktops skriptbasiert gelöst werden können.

13.1 Desktop verändern

Hintergrundbild ändern

Das Ändern des Hintergrundbilds ist eine der visuell offensichtlichsten Veränderungen am Aussehen des Desktops eines Benutzers.

Lösung

Die hier gewählte Lösung erlaubt es, ein beliebiges Hintergrundbild, das als Bitmap-Datei (**.bmp*) gespeichert wurde, für den aktuell angemeldeten Benutzer zu verwenden. Dazu werden zwei Registrierungsschlüssel angepasst.

> Allerdings kann der Desktop per Skript nicht dynamisch aktualisiert werden, sodass der Benutzer erst nach der nächsten Neuanmeldung das neue Hintergrundbild zu sehen bekommt.

```
' Wallpaper.vbs
' Ändert/setzt das Hintergrundbild für den angemeldeten Benutzer
' verwendet: WSHRun
' ===============================================================

Dim Computer, WSHShell

Wallpaper = "C:\Winnt\Seifenblase.bmp"

Set WSHShell = CreateObject("WScript.Shell")
WSHShell.RegWrite "HKEY_CURRENT_USER\Control Panel\" & _
    "Desktop\Wallpaper", Wallpaper
WSHShell.RegWrite "HKEY_CURRENT_USER\Control Panel\" & _
    "Desktop\TileWallpaper", 1

WScript.Echo "Das Hintergrundbild wurde eingerichtet."
WScript.Echo "Bitte melden Sie sich neu an!"
```

Listing 13.1: */Skripte/Kapitel13/Wallpaper.vbs*

13.2 Startmenü verändern

Ordner im Startmenü anlegen

Das Startmenü eines Benutzers kann individuell angepasst werden. Es handelt sich um eine Sammlung von Unterverzeichnissen mit Verweisen auf Programme. Diese Ordner können auch skriptbasiert erzeugt werden.

Lösung

Die Lösung verwendet das `WSHShell`-Objekt, um mit der Eigenschaft `SpecialFolders` den Verzeichnispfad zu dem allgemeinen Programmverzeichnis aller Benutzer eines Rechners zu ermitteln. Bei Betriebssystemen, bei denen diese Pfadangabe nicht existiert (z.B. Windows 95), wird das benutzerspezifische Programmverzeichnis verwendet.

Zu diesem Verzeichnis wird durch Verwendung der `FileSystemObject`-Klasse ein Unterverzeichnis erstellt, dessen Bezeichnung aus der Variablen `FolderName` kommt.

```
' CreateStartMenuFolder.vbs
' Erzeugt ein Verzeichnis im Startmenü des Benutzers
' verwendet: WSHRun, SCRRun
' ====================================================================

Dim WSHShell, objFSO
Dim strProgramsMenu, FolderName

FolderName = "WSL - Windows Scripting Lernen"

Set WSHShell = WScript.CreateObject("WScript.Shell")

strProgramsMenu = WSHShell.SpecialFolders("AllUsersPrograms")
If strProgramsMenu = "" Then
    strProgramsMenu = WSHShell.SpecialFolders("Programs")
```

```
End If

Set objFSO = CreateObject("Scripting.FileSystemObject")

If objFSO.CreateFolder(strProgramsMenu & "\" & FolderName) <> "" Then
   WScript.Echo "Das Verzeichnis wurde erfolgreich erzeugt."
End If
```

Listing 13.2: */Skripte/Kapitel13/CreateStartMenuFolder.vbs*

Verknüpfung anlegen

Neben der Möglichkeit, die Verzeichnisstruktur im Startmenü zu erweitern, stellt die skriptbasierte Erzeugung von Verweisen ein wesentliches Element bei der Erweiterung des Menüs dar.

Lösung

Die nachfolgende Lösung generiert für jede Datei, die sich im selben Verzeichnis befindet und auf *.vbs* endet, einen Verweis im Startmenü.

Dazu wird zunächst durch Verwendung der Methode `FolderExists()` in der Klasse `FileSystemObject` festgestellt, ob das Zielverzeichnis bereits existiert. Ist dies der Fall, dann wird aus dem Verzeichnisnamen durch die Methode `GetFolder()` ein Verzeichnisobjekt erzeugt, über das in einer `For Each`-Schleife über alle Dateien iteriert wird. Da nur für Dateien mit der Dateierweiterung *.vbs* eine Verknüpfung erstellt werden soll, wird zunächst mit den Zeichenkettenfunktionen `Right()` und `InStrRev()` die Erweiterung des Dateinamens extrahiert.

Stimmt die ermittelte Dateierweiterung mit der Zeichenkette „.vbs" überein, wird mit der `WSHShell`-Objektmethode `CreateShortcut()` ein Verknüpfungsobjekt erzeugt. Die Eigenschaften dieses Verknüpfungsobjekts werden nachfolgend mit Informationen gefüllt, bevor das Objekt gespeichert wird.

```
' CreateLinks.vbs
' Erzeugt Verknüpfungen im Startmenü des Benutzers
' verwendet: WSHRun, SCRRun
' ==============================================================

Dim WSHShell, objFSO
Dim strProgramsMenu, FolderName

Set WSHShell = WScript.CreateObject("WScript.Shell")
Set objFSO = CreateObject("Scripting.FileSystemObject")

FolderName = WSHShell.SpecialFolders("AllUsersPrograms") & _
    "\WSL - Windows Scripting Lernen"

If objFSO.FolderExists(FolderName) Then

    Set ScriptFile = objFSO.GetFile (WScript.ScriptFullName)
    Pathname = Replace(Scriptfile.Path, Scriptfile.Name, "")

    Set objFolder = objFSO.GetFolder(Pathname)
```

```
    For Each objFile In objFolder.Files
        FileExtension = Right(objFile.Name, Len(objFile.Name) - _
            InStrRev(objFile.Name, "."))
        If LCase("vbs") = LCase(FileExtension) Then
            set oShellLink = WSHShell.CreateShortcut(FolderName & _
                "\" & objFile.Name & ".lnk")
            oShellLink.TargetPath = objFile.Path
            oShellLink.WindowStyle = 1
            oShellLink.Hotkey = ""
            oShellLink.IconLocation = "notepad.exe, 0"
            oShellLink.Description = objFile.Name
            oShellLink.WorkingDirectory = objFolder.Path
            oShellLink.Save

            WScript.Echo "Verweis zur Datei: '" & _
                objFile.Name & "' wurde erzeugt."
         End If
    Next
Else
    WScript.Echo "Bitte führen Sie zuerst das Skript " & _
        "'CreateStartMenuFolder.vbs' aus"
End If
```

Listing 13.3: */Skripte/Kapitel13/CreateLinks.vbs*

13.3 Fragen und Aufgaben

1. Wie wird die Dateierweiterung von Dokumenten ermittelt?
2. Wo sind die Einstellungen des Benutzer-Desktops abgelegt?
3. Wie kann man skriptbasiert die besonderen Verzeichnisse von Windows, wie Desktop oder Startmenü, ansprechen?
4. Warum muss sich der Benutzer nach einer skriptbasierten Änderung des Hintergrundbilds neu anmelden?

14 Scripting der Registrierungsdatenbank

Lernziele

Die Registrierungsdatenbank (alias: Registry) unter Windows stellt die zentrale Datenbank zur Ablage von Informationen zum Betriebssystem und einzelnen Anwendungen dar. Historisch gesehen bildet sie den Nachfolger der dezentralen Datenhaltung durch *.ini*-Dateien.

Durch die Tatsache, dass nahezu die komplette Konfiguration eines Windows-Betriebssystems über die Registrierungsdatenbank erfolgt, erlaubt deren skriptbasierte Bearbeitung eine umfassende und automatisierte Steuerung der Systemeigenschaften. Manipulationen an den Betriebssystemeigenschaften oder an Einstellungen für Anwendungen können so einfach auf andere Rechnersysteme übertragen werden und führen zu deren einheitlicher Konfiguration.

Grundsätzlich besteht die Bearbeitung der Registrierungsdatenbank aus drei Aufgabenbereichen:

- Erzeugen von Schlüsseln und Einträgen
- Auslesen von Schlüsseln und Einträgen
- Löschen von Schlüsseln und Einträgen

Lösung

Zur Bearbeitung der Registrierungsdatenbank wird die `WSHShell`-Klasse verwendet, die eine bunte Sammlung verschiedenster Funktionen darstellt, die neben der Bearbeitung der Registrierungsdatenbank hauptsächlich im Zusammenhang mit der Benutzeroberfläche, den Umgebungsvariablen und dem Ereignisprotokoll verwendet wird. Die Klasse `WSHShell` ist Grundbestandteil des Windows Script Hosts (WSH).

Alternativ zur Benutzung der `WSHShell`-Klasse kann die Bearbeitung der Registrierungsdatenbank auch durch die Verwendung der WMI-Klasse `StdRegProv` aus dem Namensraum `\root\default` erfolgen. Hierbei sind die verfügbaren Methoden wesentlich umfangreicher als bei der Nutzung der `WSHShell`-Klasse.

Bei der Beschreibung der Aufgaben werden, sofern diese mit beiden Klassen erledigt werden können, auch Beispiele für deren Verwendung gezeigt.

Bild 14.1 Übersicht über die Methoden der WMI-StdRegProv-Klasse

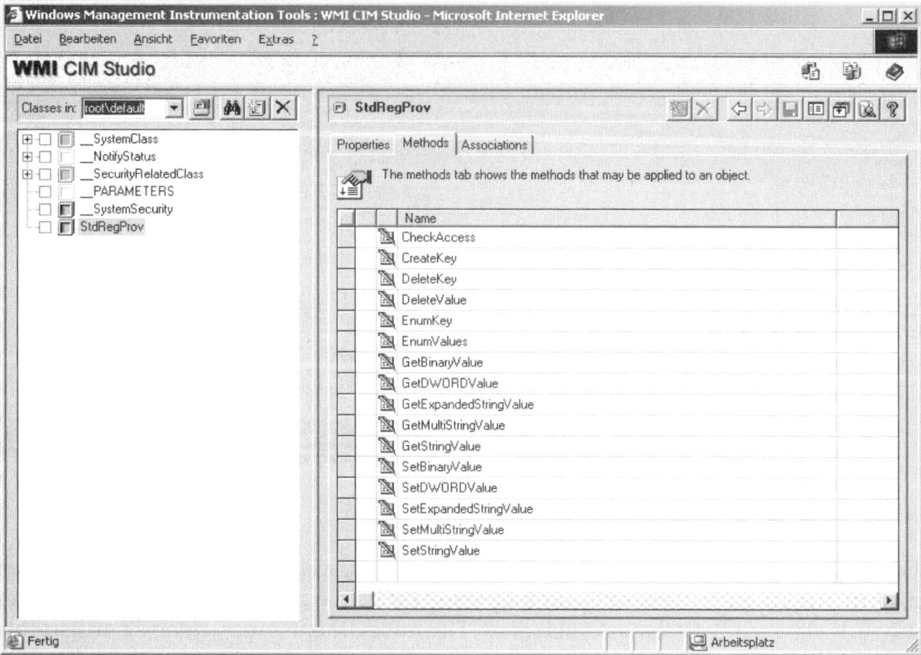

Aufteilung der Registrierungsdatenbank

Bevor zur Bearbeitung der Registrierungsdatenbank übergegangen werden kann, ist es zunächst notwendig, kurz über die Struktur dieser Datenbank zu sprechen: Die Registrierungsdatenbank besteht aus einer Liste von Registrierungsschlüsseln, die wiederum andere Schlüssel enthalten können. Ein Schlüssel kann auch Werte enthalten. Die Registrierungsdatenbank arbeitet mit benannten Werten, bei denen jeder Wert einen Namen besitzt, um ihn von anderen Werten innerhalb desselben Schlüssels unterscheiden zu können.

Bild 14.2 Einblick in die Registrierungsdatenbank

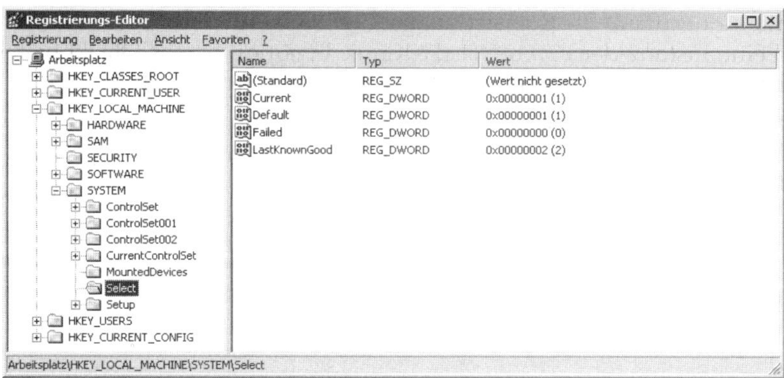

Wurzelschlüssel

Die oberste Ebene der Registrierungsschlüssel wird durch die Wurzelschlüssel (Hives) gebildet, wobei es für einige dieser Schlüssel Abkürzungen gibt, die in den nachfolgenden Skripten verwendet werden.

Kürzel	Schlüssel
HKCR	HKEY_CLASSES_ROOT
HKCU	HKEY_CURRENT_USER
HKLM	HKEY_LOCAL_MACHINE

Tabelle 14.1 Abkürzungen für die Registrierungsdatenbank-Wurzelschlüssel

Datentypen

Darüber hinaus werden in der Registrierungsdatenbank noch die nachfolgenden Datentypen unterschieden, die die einzelnen Werte charakterisieren, wobei der Typ `REG_EXPAND SZ` lediglich von Betriebssystemen unterstützt wird, die auf der NT-Plattform aufsetzen.

- REG_SZ
- REG_DWORD
- REG_BINARY
- REG_EXPAND_SZ
- REG_MULTI_SZ

14.1 Eintrag lesen

Voraussetzungen

Die einfachste Form des Zugriffs auf die Registrierungsdatenbank besteht im lesenden Zugriff auf Einträge. Generell sind hier keine Probleme zu erwarten, allerdings ist es möglich, dass auf Betriebssystemen der NT-Familie die entsprechenden Zugriffsrechte gesetzt sein müssen.

Es gibt zwei Möglichkeiten, einen einzelnen Wert aus der Registrierungsdatenbank zu lesen:

- mit der WSHRun-Komponente oder
- mit der WMI-Komponente.

Zugriff mit WSHRun

Lösung

Für den lesenden Zugriff auf die Registrierungsdatenbank mit der WSHRun-Komponente wird eine Instanz der `WScript.Shell`-Klasse benötigt. Dieses Objekt bietet eine Methode `RegRead()` an, die einen lesenden Zugriff erlaubt.

RegRead()

Die Methode `RegRead()` benötigt einen Parameter, der aus einer einfachen Zeichenkette besteht und den exakten Pfad zu einem Eintrag in der Registrierungsdatenbank definiert. Beim Zusammensetzen der Pfadangaben müssen folgende Hinweise beachtet werden:

- Die Pfadangabe muss stets mit einem der fünf Wurzelschlüssel begonnen werden.
- Die einzelnen Schlüssel werden durch Backslashs [\] voneinander getrennt.
- Auf den Wertnamen darf kein Backslash folgen.

Rückgabewert

Die Methode `RegRead()` liefert den Wert des Eintrags zurück, der durch den Parameter `Path` angegeben wurde. Ist der Wertname nicht vorhanden oder handelt es sich um einen Schlüssel, so wird eine Fehlermeldung erzeugt.

```
' RegRead.vbs,
' Registrierungsschlüssel auslesen
' verwendet: WSHRun
' ================================================
Dim WSHShell, Path, Value

Set WSHShell = CreateObject("WScript.Shell")
Path = "HKLM\SOFTWARE\Microsoft\Windows NT\CurrentVersion\ProductName"

Value = WSHShell.RegRead(Path)
MsgBox Value
```

Listing 14.1: */Skripte/Kapitel14/RegRead.vbs*

Zugriff mit WMI

Nutzung von WMI

Mit der Unterstützung von WMI kann ebenfalls auf die Registrierungsdatenbank zugegriffen werden. Zunächst gestaltet sich diese Form des Zugriffs aufwendiger, bietet aber zusätzlich die Möglichkeit, auf die Datenbank eines entfernten Rechners zuzugreifen. Darüber hinaus muss bereits beim lesenden Zugriff bestimmt werden, welcher Datentyp erwartet wird.

Die Klasse `StdRegProv` im Namensraum `\root\default` bietet für jeden Datentyp eine spezielle Methode für den Lesezugriff.

- `GetStringValue()`
- `GetDWORDValue()`
- `GetBinaryValue()`
- `GetExpandedStringValue()`
- `GetMultiStringValue()`

Rückgabewert

Bei der Lösung mithilfe der WMI ist zu beachten, dass die oben genannten Methoden keine Rückgabewerte liefern. Der Wert des Registrierungsdatenbankeintrags wird stattdessen als Referenzparameter im Methodenaufruf zurückgegeben. Zusätzlich ist es notwendig, die Wurzelschlüssel nicht über ihren Namen (wie beim WSH-Beispiel geschehen) zu identifizieren, sondern über eine Konstante im `Long`-Format.

> `GetMultiStringValue()` liefert ein Array zurück. Das Array kann mit `For Each` ausgegeben werden. Mehr über Arrays haben Sie in Kapitel 12 erfahren.

```
' RegReadWMI.vbs
' Registrierungsschlüssel mithilfe von WMI auslesen
' verwendet: WMI
' ================================
Const HKEY_CLASSES_ROOT = &H80000000
Const HKEY_CURRENT_USER = &H80000001
Const HKEY_LOCAL_MACHINE = &H80000002
Const HKEY_USERS = &H80000003
Const HKEY_CURRENT_CONFIG = &H80000005
```

```
Const HKEY_DYN_DATA = &H80000006

Const COMPUTER = "."

Dim KeyPath, ValueName, Value, ValueArray
Dim objReg

Set objReg = _
    GetObject("WinMgmts:\\" & _
    COMPUTER & "\root\default:StdRegProv")

KeyPath = "SOFTWARE\Microsoft\Windows Script Host\Settings"
ValueName = "DisplayLogo"
objReg.GetStringValue HKEY_LOCAL_MACHINE, KeyPath, _
    ValueName, Value
WScript.Echo "Anzeige des Logos: " & Value

KeyPath = "Console"
ValueName = "HistoryBufferSize"
objReg.GetDWORDValue HKEY_CURRENT_USER, KeyPath, _
    ValueName, Value
WScript.Echo "Befehlsspeicher: " & Value

KeyPath = "SOFTWARE\Microsoft\Windows NT\CurrentVersion"
ValueName = "DigitalProductId"
objReg.GetBinaryValue HKEY_LOCAL_MACHINE, KeyPath, _
    ValueName, Value

For i = lBound(Value) to uBound(Value)
    WScript.Echo Value(i)
Next
KeyPath = "SOFTWARE\Microsoft\Windows NT\CurrentVersion\ProfileList"
ValueName = "ProfilesDirectory"
objReg.GetExpandedStringValue HKEY_LOCAL_MACHINE, KeyPath, _
    ValueName, Value
WScript.Echo "Profilverzeichnis: " & Value

KeyPath = "SYSTEM\CurrentControlSet\Services\Eventlog\System"
ValueName = "Sources"
objReg.GetMultiStringValue HKEY_LOCAL_MACHINE, KeyPath, _
    ValueName, ValueArray

For Each Value In ValueArray
    WScript.Echo Value
Next
```

Listing 14.2: */Skripte/Kapitel14/RegReadWMI.vbs*

14.2 Wert schreiben

Neben dem Auslesen von Werten aus der Registrierungsdatenbank gehört das Schreiben von Werten in Einträge zu den Hauptaufgaben bei der skriptgestützten Administration.

Voraussetzungen Wie beim Auslesen von Werten aus der Registrierungsdatenbank ist sowohl eine Lösung mit dem `WScript`-Objekt als auch eine mithilfe von WMI denkbar. Zunächst wird mithilfe der WSH Runtime Library das Schreiben von Werten in der Registrierungsdatenbank gezeigt. Neben dem Vorhandensein des Windows Script Hosts auf dem Rechner, der für die Ausführung des Skripts zuständig ist, ist bei Betriebssystemen, die auf der NT-Plattform basieren, zu beachten, dass auch für die Registrierungsdatenbank Zugriffsrechte definiert sein können. So ist es sehr häufig „normalen" Benutzern untersagt, schreibend auf den Schlüssel `HKEY_LOCAL_MACHINE` zuzugreifen.

Zugriffsrechte Die Überprüfung der entsprechenden Rechte kann allerdings nicht durch den Windows Script Host erfolgen. Eine Diskussion der Rechtevergabe und -überprüfung erfolgt in Kapitel 14.8.

RegWrite() Das `Shell`-Objekt der WSH Runtime Library enthält eine Methode `RegWrite()`, die das Schreiben beliebiger Werte übernimmt. Die Methode `RegWrite()` erwartet drei Parameter, die den Eintrag in der Registrierungsdatenbank, den Wert und optional den Werttyp enthalten. Beim Schreiben eines Werts ist darauf zu achten, dass der Pfadname mit einem Backslash [\] endet, damit auch der entsprechende Wertname angesprochen wird. Nicht vorhandene Wertnamen sowie Schlüssel bzw. Unterschlüssel werden automatisch erzeugt. Bei der Angabe des Datentyps ist darauf zu achten, dass es sich bei dessen Beschreibung nicht um vordefinierte Konstanten handelt, sondern um Zeichenketten, deren Ausprägung bereits in der Einleitung beschrieben ist.

```
' RegWrite.vbs
' Wert in die Registrierungsdatenbank schreiben
' verwendet: WSHRun
' ===============================
On Error Resume Next
Dim WSHShell, Path, Value, Type

Set WSHShell = CreateObject("WScript.Shell")

Path = "HKCU\Software\Microsoft\Internet Explorer\Main\Start Page"
Value = "http://www.it-visions.de"
Type = "REG_SZ"

WSHShell.RegWrite Path, Value, Type

If  Err.Number <> 0 Then
    WScript.Echo "Beim Bearbeiten der Registrierungsdatenbank ist ein " & _
    "Fehler aufgetreten: " & Err.Number
Else
    WScript.Echo "Die Registrierungsdatenbank wurde erfolgreich bearbeitet"
End If
```

Listing 14.3: */Skripte/Kapitel14/RegWrite.vbs*

Alternative: WMI

Neben der Möglichkeit, durch das WScript-Objekt Registrierungsschlüssel zu erzeugen, kann diese Arbeit durch WMI erfolgen. Analog zum Auslesen von Werten werden in der Klasse StdRegProv verschiedene Methoden unterschieden, mit denen Werte aufgrund ihres Datentyps geschrieben werden.

Lösung mit WMI

Die Klasse StdRegProv bietet die folgenden Methoden für den Schreibzugriff:

- SetStringValue()
- SetDWORDValue()
- SetBinaryValue()
- SetExpandedStringValue()
- SetMultiStringValue()

Zu beachten ist bei der Verwendung der WMI-Methoden zum Schreiben von Werten, dass abweichend von den Eigenschaften des WSHShell-Objekts keine Schlüssel automatisch erzeugt werden.

```
' RegWriteWMI.vbs
' Registrierungsschlüssel mithilfe von WMI schreiben
' verwendet: WMI
' ===============================
Const HKEY_CLASSES_ROOT = &H80000000
Const HKEY_CURRENT_USER = &H80000001
Const HKEY_LOCAL_MACHINE = &H80000002
Const HKEY_USERS = &H80000003
Const HKEY_CURRENT_CONFIG = &H80000005
Const HKEY_DYN_DATA = &H80000006

Const COMPUTER = "."

Dim KeyPath, ValueName, Value
Dim objReg, objAdapter

Set objReg = _
GetObject("WinMgmts:\\" & _
COMPUTER & "\root\default:StdRegProv")

KeyPath = "Software\Microsoft\Internet Explorer\Main\"
ValueName = "Start Page"
Value = "http://www.it-visions.de"

objReg.SetStringValue HKEY_CURRENT_USER, KeyPath, _
ValueName, Value
```

***Listing 14.4:** /Skripte/Kapitel14/RegWriteWMI.vbs*

Mithilfe von WMI besteht die Möglichkeit, mehrwertige Registrierungsschlüssel zu bearbeiten und zu schreiben. Damit mehrwertige Attribute mit einem Methodenaufruf geschrieben werden können, ist es wie beim Auslesen der Werte notwendig, diese in Form eines Arrays anzuordnen (zu Arrays siehe Kapitel 12).

Mehrwertige Registrierungsschlüssel

```
' RegWriteMultiStringWMI.vbs
' Mehrwertige Registrierungsschlüssel mithilfe von WMI schreiben
' verwendet: WMI
' ================================
Const HKEY_CLASSES_ROOT = &H80000000
Const HKEY_CURRENT_USER = &H80000001
Const HKEY_LOCAL_MACHINE = &H80000002
Const HKEY_USERS = &H80000003
Const HKEY_CURRENT_CONFIG = &H80000005
Const HKEY_DYN_DATA = &H80000006

Const COMPUTER = "."

Dim KeyPath, ValueName, ValueArray, ReturnVal
Dim objReg, objAdapter

Set objReg = _
GetObject("WinMgmts:\\" & _
COMPUTER & "\root\default:StdRegProv")

KeyPath = ""
ValueName = "SetMultiString"
ValueArray = Array("Bearbeiten", "der", "Registrierung", "mit", "WMI")

objReg.SetMultiStringValue HKEY_LOCAL_MACHINE, KeyPath, _
    ValueName, ValueArray
```

Listing 14.5: */Skripte/Kapitel14/RegWriteMultiStringWMI.vbs*

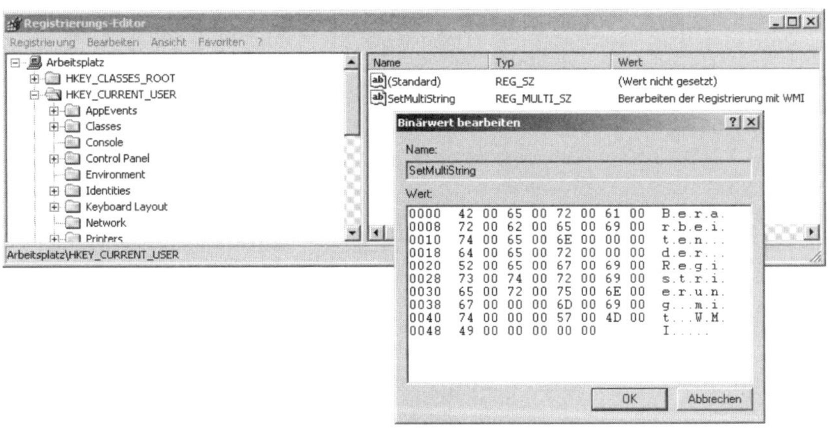

Bild 14.3 *Mehrwertige Registrierungsschlüssel*

14.3 Eintrag anlegen

Das Anlegen eines Eintrags entspricht von der Herangehensweise an die Problemstellung exakt dem Schreiben von Werten in der Registrierungsdatenbank. Durch die Methoden der WMI-Klasse `StdRegProv` und der Klasse `WScript.Shell`, die im vorangegangenen Kapitel vorgestellt wurden, wird stets ein eventuell fehlender Wertname automatisch erzeugt.

14.4 Eintrag löschen

Jeder Wert in der Registrierungsdatenbank kann nicht nur erstellt oder geändert werden; es besteht darüber hinaus die Möglichkeit, einzelne Werte zu löschen. Beim Löschen eines Werts werden die anderen Wertnamen eines Schlüssels nicht verändert. Die Aufgabe des Löschens kann sowohl vom `WScript.Shell`-Objekt als auch von der WMI-Klasse `StdRegProv` übernommen werden.

Alternative 1: Löschen mit der WSHRun-Komponente

RegDelete()

Zunächst wird die Löschung eines Registrierungsdatenbankeintrags mithilfe der Klasse `WScript.Shell` betrachtet. Hierbei wird die Methode `RegDelete()` verwendet, die den zu löschenden Wertnamen als Parameter erwartet. Zu beachten ist, dass der Pfad, der den Wertnamen beschreibt, nicht mit einem Backslash [\] enden darf.

```
' RegDelete.vbs
' Registrierungsschlüssel löschen
' verwendet: WSHRun
' ================================
On Error Resume Next
Dim WSHShell, Path, Value

Set WSHShell = CreateObject("WScript.Shell")

Path = "HKCU\Software\Microsoft\Internet Explorer\Main\Start Page"

WSHShell.RegWrite Path

If  Err.Number <> 0 Then
    WScript.Echo "Beim Bearbeiten der Registrierungsdatenbank ist ein " & _
    "Fehler aufgetreten: " & Err.Number
Else
    WScript.Echo "Die Registrierungsdatenbank wurde erfolgreich bearbeitet"
End If
```

Listing 14.6: */Skripte/Kapitel14/RegDelete.vbs*

Alternative 2: Löschen mit der WMI-Komponente

DeleteValue()

Unter WMI steht in der Klasse `StdRegProv` die Methode `DeleteValue()` zur Verfügung, die drei Parameter erwartet. Der erste Parameter gibt in Form eines hexadezimalen Werts den zu bearbeitenden Wurzelschlüssel an. Die zwei nachfolgenden Parameter definieren als Zeichenketten den Pfad bzw. den Wertnamen selbst.

Zu beachten ist an dieser Stelle, dass die Methoden zur Bearbeitung der Registrierungsdatenbank keine Auskunft über den Erfolg liefern. Das Ergebnis wird weder durch einen Rückgabewert noch durch einen Laufzeitfehler angezeigt.

```
' RegDeleteWMI.vbs
' Registrierungsschlüssel mit WMI löschen
' verwendet: WMI
' ===============================
Const HKEY_CLASSES_ROOT = &H80000000
Const HKEY_CURRENT_USER = &H80000001
Const HKEY_LOCAL_MACHINE = &H80000002
Const HKEY_USERS = &H80000003
Const HKEY_CURRENT_CONFIG = &H80000005
Const HKEY_DYN_DATA = &H80000006

Const COMPUTER = "."

Dim KeyPath, ValueName
Dim objReg

Set objReg = _
GetObject("WinMgmts:\\" & _
COMPUTER & "\root\default:StdRegProv")

KeyPath = "Software\Microsoft\Internet Explorer\Main"
ValueName = "Start Page"

objReg.DeleteValue HKEY_LOCAL_MACHINE, KeyPath, ValueName
```

Listing 14.7: */Skripte/Kapitel14/RegDeleteWMI.vbs*

14.5 Unterschlüssel auflisten

Es sind viele Fälle denkbar, in denen der komplette Pfad zu einem Registrierungsschlüssel nicht von vornherein bekannt ist. In solchen Situationen ist es hilfreich, skriptbasiert alle relevanten Unterschlüssel aufzulisten.

Voraussetzungen Die Möglichkeiten der `WScript`-Klasse sind nur auf das Auslesen eines exakt spezifizierten Werts aus der Registrierungsdatenbank beschränkt. Eine Lösung stellt nur die Verwendung von WMI dar. Zur Nutzung wird eine Installation der Windows Management Instrumentation (WMI) auf dem Rechner, der das Skript ausführen soll, vorausgesetzt.

Lösung und Rückgabewert WMI bietet in der Klasse `StdRegProv` die Methode `EnumerateSubkeys()`, die als Rückgabewert ein Array mit allen zu einem Schlüssel existierenden Unterschlüsseln liefert. Wie bei allen WMI-Methoden zur Bearbeitung der Registrierungsdatenbank werden die Rückgabewerte als Referenzparameter übergeben.

```
' RegReadSubkeysWMI.vbs
' Registrierungsschlüssel mithilfe von WMI auslesen
' verwendet: WMI
' ===============================
Const HKEY_CLASSES_ROOT = &H80000000
Const HKEY_CURRENT_USER = &H80000001
Const HKEY_LOCAL_MACHINE = &H80000002
```

```
Const HKEY_USERS = &H80000003
Const HKEY_CURRENT_CONFIG = &H80000005
Const HKEY_DYN_DATA = &H80000006

Const COMPUTER = "."

Dim KeyPath, ValueName, ValueArray, Value
Dim objReg

Set objReg - _
GetObject("WinMgmts:\\" & _
COMPUTER & "\root\default:StdRegProv")

KeyPath = "System\CurrentControlSet\Services"
objReg.EnumKey HKEY_LOCAL_MACHINE, KeyPath, ValueArray

For Each Value In ValueArray
    WScript.Echo Value
Next
```

Listing 14.8: */Skripte/Kapitel14/RegReadSubkeysWMI.vbs*

14.6 Schlüssel anlegen

Neben dem Anlegen und Verändern von Werten stellt das Anlegen von Schlüsseln eine weitere wichtige Eigenschaft der Bearbeitung der Registrierungsdatenbank dar. Die Schlüssel dienen der Strukturierung der Einträge, ähnlich wie Verzeichnisse eine Strukturierung von Dateien auf Datenträgern erlauben. Für diese Aufgabe stehen wieder zwei unterschiedliche Lösungswege bereit. Zunächst wird die Shell-Methode `RegWrite()` zur Erstellung von Schlüsseln herangezogen.

RegWrite()

Die Methode `RegWrite()` des `WSHShell`-Objekts (aus der WSH Runtime Library) kam bereits in einem vorangegangenen Kapitel zum Anlegen von Werten zum Einsatz. Die Besonderheit dieser Methode ist, dass bei der Belegung von Wertnamen mit Werten die entsprechenden Unterschlüssel automatisch erzeugt werden. Darüber hinaus kann an jeder beliebigen Stelle – selbst wenn der übergeordnete Schlüssel nicht existiert – ein neuer Schlüssel angelegt werden. Der entsprechende Pfad wird automatisch erzeugt.

Lösung

Von der Methode `RegWrite()` werden drei Parameter erwartet, wobei der erste Parameter den Pfad des zu erzeugenden Schlüssels angibt. Hierbei ist darauf zu achten, dass die Pfadbezeichnung mit einem Backslash [\] endet, da ansonsten ein Wertname erzeugt wird. Die beiden weiteren Parameter der Methode definieren einen Wert bzw. den Datentyp des Werts. Für einen korrekten Methodenaufruf sind diese notwendig, können aber durch beliebige Werte, sofern diese gültig sind, belegt werden. Sehr häufig werden leere Zeichenketten verwendet.

```
' RegCreateKey.vbs
' Schlüssel in der Registrierungsdatenbank erzeugen, mit WSH Runtime
' verwendet: WSHRun
' ===============================
```

```
On Error Resume Next
Dim WSHShell, Path, Value, Type

Set WSHShell = CreateObject("WScript.Shell")

Path = "HKCU\Software\Windows Scripting Lernen\"
Value = ""
Type = "REG_SZ"

WSHShell.RegWrite Path, Value, Type

If  Err.Number <> 0 Then
    WScript.Echo "Beim Bearbeiten der Registrierungsdatenbank ist ein " & _
    "Fehler aufgetreten: " & Err.Number
Else
    WScript.Echo "Die Registrierungsdatenbank wurde erfolgreich bearbeitet"
End If
```

Listing 14.9: */Skripte/Kapitel14/RegCreateKey.vbs*

Alternative: WMI

CreateKey() Mithilfe der Methode CreateKey() aus der WMI-Klasse StdRegProv ist es ebenfalls möglich, Schlüssel in der Registrierungsdatenbank zu erzeugen. Diese Methode erwartet zwei Parameter: Der Wurzelschlüssel wird – wie bei allen WMI-Methoden – durch einen Long-Wert definiert; der zu erzeugende Schlüssel wird durch eine Zeichenkette, die den Pfad beschreibt, bestimmt.

```
' RegCreateKeyWMI.vbs
' Registrierungsschlüssel mithilfe von WMI erzeugen
' verwendet: WMI
' ===============================
Const HKEY_CLASSES_ROOT = &H80000000
Const HKEY_CURRENT_USER = &H80000001
Const HKEY_LOCAL_MACHINE = &H80000002
Const HKEY_USERS = &H80000003
Const HKEY_CURRENT_CONFIG = &H80000005
Const HKEY_DYN_DATA = &H80000006

Const COMPUTER = "."

Dim KeyPath
Dim objReg

Set objReg = _
GetObject("WinMgmts:\\" & _
COMPUTER & "\root\default:StdRegProv")

KeyPath = "Software\Windows Scripting Lernen"
objReg.CreateKey HKEY_CURRENT_USER, KeyPath
```

Listing 14.10: */Skripte/Kapitel14/RegCreateKeyWMI.vbs*

14.7 Schlüssel löschen

Das Löschen von Registrierungsschlüsseln kann ebenfalls wieder auf zwei unterschiedliche Arten erfolgen. Zunächst bietet die Methode `RegDelete()` des `WSHShell`-Objekts nicht nur die Möglichkeit, Wertnamen zu entfernen, sondern diese Methode erlaubt es auch, Schlüssel zu entfernen.

RegDelete()

Die Methode `RegDelete()` erwartet einen Parameter, der den zu löschenden Schlüssel angibt. Hierbei ist darauf zu achten, dass die Zeichenkette, die den Pfad zum Registrierungsschlüssel beschreibt, stets mit einem Backslash \ endet. Erst so wird der Methode mitgeteilt, dass es sich um einen Schlüssel und nicht um einen Wertnamen handelt.

```
' RegDeleteKey.vbs
' Schlüssel in der Registrierungsdatenbank löschen
' verwendet: WSHRun
' ===============================
On Error Resume Next
Dim WSHShell, Path, Value, Type

Set WSHShell = CreateObject("WScript.Shell")

Path = "HKCU\Software\Windows Scripting Lernen\"

WSHShell.RegDelete Path

If  Err.Number <> 0 Then
    WScript.Echo "Beim Bearbeiten der Registrierungsdatenbank ist ein " & _
    "Fehler aufgetreten: " & Err.Number
Else
    WScript.Echo "Die Registrierungsdatenbank wurde erfolgreich bearbeitet"
End If
```

Listing 14.11: */Skripte/Kapitel14/RegDeleteKey.vbs*

> Weiterhin ist es notwendig zu erwähnen, dass durch diese Methode nur Schlüssel entfernt werden können, die keine Unterschlüssel mehr besitzen. Die Existenz von Wertnamen spielt für das Entfernen des Schlüssels keine Rolle. Um einen Schlüssel mit Unterschlüsseln zu löschen, existieren im `WSHShell`-Objekt keine geeigneten Methoden. Hier müssen Sie auf WMI ausweichen (siehe unten).

Alternative: Löschen mit der WSHRun-Komponente

DeleteKey()

Dieselbe Aufgabe kann auch durch Verwendung der Methode `DeleteKey()` der WMI-Klasse `StdRegProv` erledigt werden. Hierbei gelten die gleichen Beschränkungen wie bei der `WSHShell`-Methode `RegDelete()`: Es können keine Registrierungsschlüssel gelöscht werden, die noch Unterschlüssel enthalten.

```
' RegDeleteKeyWMI.vbs
' Registrierungsschlüssel mithilfe von WMI löschen
' verwendet: WMI
' ===============================
Const HKEY_CLASSES_ROOT = &H80000000
Const HKEY_CURRENT_USER = &H80000001
Const HKEY_LOCAL_MACHINE = &H80000002
Const HKEY_USERS = &H80000003
Const HKEY_CURRENT_CONFIG = &H80000005
Const HKEY_DYN_DATA = &H80000006

Const COMPUTER = "."

Dim KeyPath
Dim objReg

Set objReg = _
GetObject("WinMgmts:\\" & _
COMPUTER & "\root\default:StdRegProv")

KeyPath = "Software\Windows Scripting Lernen"
objReg.DeleteKey HKEY_CURRENT_USER, KeyPath
```

Listing 14.12: */Skripte/Kapitel14/RegDeleteKeyWMI.vbs*

14.8 Berechtigungen vergeben

Auch die Vergabe von Rechten auf Registrierungsdatenbank-Einträge ist ein sehr komplexer Vorgang, der daher nicht in diesem Buch, sondern in dem weiterführenden Werk [SCH07a] besprochen wird.

14.9 Fragen und Aufgaben

1. Welche beiden Komponenten können für einen Zugriff auf die Registrierungsdatenbank herangezogen werden?
2. Welche Werttypen werden in der Registrierungsdatenbank unterschieden?
3. Welcher Werttyp von Schlüssel kann durch die WSHRun-Komponente nicht erzeugt werden?
4. Wie wird bei einem Zugriff auf die Registrierungsdatenbank mit der WSHRun-Komponente zwischen Werten und Schlüsseln unterschieden?
5. Welcher Namensraum wird bei einem WMI-Zugriff auf die Registrierungsdatenbank verwendet?
6. Was sind Registrierungsdatenbank-Hives?
7. Wie adressiert man Wurzelschlüssel mit WMI und der WSHRun-Komponente?
8. Wie viele Wurzelschlüssel kann es geben?
9. Wofür steht HKCU und was bedeutet es?

15 Scripting der Netzwerkkonfiguration

Das Einrichten der Netzwerkkonfiguration betrifft einen zentralen Aspekt in der Verwaltung von Rechnersystemen in verteilten Umgebungen. In diesem Kapitel steht die Manipulation der Einstellungen des einzusetzenden Netzwerkprotokolls im Vordergrund. Es existieren zwar Netzwerkprotokolle, die keiner Konfiguration bedürfen, doch stellt heute selbst in einfachen Netzstrukturen das Protokoll TCP/IP die erste Wahl dar.

Aufgrund des erhöhten Konfigurationsbedarfs von TCP/IP existieren mit dem Dynamic Host Configuration Protocol (DHCP) bzw. der automatischen Adressvergabe privater IP-Adressen von Windows zwei Mittel, um den administrativen Eingriff an einem Rechner zu minimieren, doch sind diese Dienste unter Umständen nicht an jedem Standort verfügbar. Oft wird in Unternehmensnetzen auf den Einsatz von DHCP verzichtet, um aus Sicherheitsgründen nicht jedem beliebigen angeschlossenen Rechnersystem automatisch eine gültige IP-Adresse zuzuweisen. Daher stellt die skriptbasierte Konfiguration der Netzwerkkarte eine berechtigte Alternative dar.

Sehr hilfreich kann sich diese Form der Konfiguration für Nutzer eines Notebooks erweisen, die zwischen verschiedenen Netzen pendeln, weil die zahlreichen Parameter des Netzwerkprotokolls auf Tastendruck verfügbar sind, ohne sich unterschiedliche Zahlenkombinationen merken zu müssen.

Lernziele

Die folgenden Aufgabenfelder gilt es bei der Konfiguration von TCP/IP abzudecken:

- Festlegen einer statischen IP-Adresse
- Festlegung eines Standard-Gateways
- Festlegung von DNS-Servern
- Festlegung von WINS-Servern
- Nutzung von DHCP

Darüber hinaus kann im Zusammenhang mit der Konfiguration des Netzwerkprotokolls ab Windows 2000 noch Einfluss auf die Einträge in der Netzwerkumgebung genommen werden. Zusätzlich ist an dieser Stelle zu beachten, dass in einem Rechnersystem durchaus mehr als eine Netzwerkkarte installiert sein kann, sodass es unter Umständen notwendig ist, zunächst die richtige zu ermitteln.

Durch die unterschiedlichen Möglichkeiten der Manipulation der Registrierungsdatenbank, die Sie bereits in Kapitel 14 kennengelernt haben, wäre es denkbar, auch die Eigenschaften des Netzwerkprotokolls zu modifizieren. Dies stellt zwar einen gangbaren Weg zur Einrichtung dar, eleganter ist hier allerdings die Nutzung von WMI, weil hierbei die Einstellungen sofort und ohne Neustart verfügbar sind.

15.1 Festlegen einer statischen IP-Adresse

Wenn kein DHCP verwendet wird, müssen die IP-Adressen auf den einzelnen Computern statisch gesetzt werden. Neben der eigentlichen IP-Adresse ist stets auch die Verwendung einer Subnetz-Maske zur Trennung zwischen Rechner- und Netzadresse notwendig. Erst über diese beiden obligatorischen Informationen kann ein Rechnersystem in einem Netzwerk korrekt adressiert werden. Ergänzt wird die Konfiguration schließlich durch die Verwendung eines Standard-Gateways zur Weiterleitung von Datenpaketen an andere Rechnersysteme.

Voraussetzungen Damit das Skript seine Aufgabe der Netzwerkkartenkonfiguration erfüllen kann, sind in den Microsoft-Betriebssystemen, denen die NT-Architektur zugrunde liegt, auf jeden Fall lokale Administrationsrechte notwendig. Einem einfachen Benutzer ist es nicht erlaubt, die Einstellungen der Netzwerkkonfiguration zu verändern.

Zusätzlich ist es erforderlich, dass auf dem Computer, auf dem das Skript ausgeführt werden soll, auch die WMI-Komponente installiert ist.

Lösung WMI bietet die Klasse `Win32_NetworkAdapterConfiguration`, von der es mehrere Instanzen geben kann, die durchnummeriert sind. Schlüsselattribut ist `Index`. In dem Beispiel wird der erste Netzwerkadapter gebunden. Dies können Sie über die Konstante `ADAPTERINDEX` ändern. Auf welchem Rechner die Aktion ausgeführt werden soll, bestimmen Sie durch die Konstante `COMPUTER`.

EnableStatic() Danach wird die Methode `EnableStatic()` aufgerufen, die im ersten Parameter ein Zeichenketten-Array der IP-Adressen und im zweiten Parameter ein Zeichenketten-Array für die zugehörigen Subnetz-Masken enthält.

Wichtig ist, dass

- immer ein Zeichenketten-Array übergeben werden muss, auch wenn nur eine IP-Adresse zu setzen ist;
- die Anzahl der Elemente in beiden Arrays immer gleich sein muss.

Rückgabewerte Wenn `EnableStatic()` den Wert `0` zurückliefert, war die Operation erfolgreich. Andere Zahlen bedeuten, dass ein Fehler aufgetreten ist (z.B. `70` = fehlerhafte IP-Adresse; `90` = ungleiche Anzahl von Elementen in den beiden Arrays).

```
' WMI_IP_lokal.vbs
' IP-Adresse einstellen
' verwendet: WMI
' ===============================
Dim IP, SubNetMask, Ergebnis
Dim objServ, objAdapter

' Parameter
Const COMPUTER = "ServerE02"
Const ADAPTERINDEX = "1"

wscript.echo "IP-Adresse einstellen:"
IP = Array("192.168.123.2", "192.168.123.40", "192.168.123.41")
SubNetMask = Array("255.255.255.0", "255.255.255.0", "255.255.255.0")
Set objServ = _
GetObject("WinMgmts://" & COMPUTER)
Set objAdapter = objServ.Get _
    ("Win32_NetworkAdapterConfiguration.index=" & ADAPTERINDEX)

Ergebnis = objAdapter.EnableStatic(IP, SubNetMask)

If Ergebnis = 0 Then
    MsgBox "IP-Adresse(n) erfolgreich eingestellt."
Else
    MsgBox "Fehler: " & Ergebnis
End If
```

***Listing 15.1:** /Skripte/Kapitel15/WMI_IP.vbs*

Weitergehende Informationen

Jede Instanz von `Win32_NetworkAdapterConfiguration` ist einer Instanz von `Win32_NetworkAdapter` zugeordnet, die im Schlüsselattribut `DeviceID` eine Zahl besitzt, die `Win32_NetworkAdapterConfiguration` im Attribut `Index` hat.

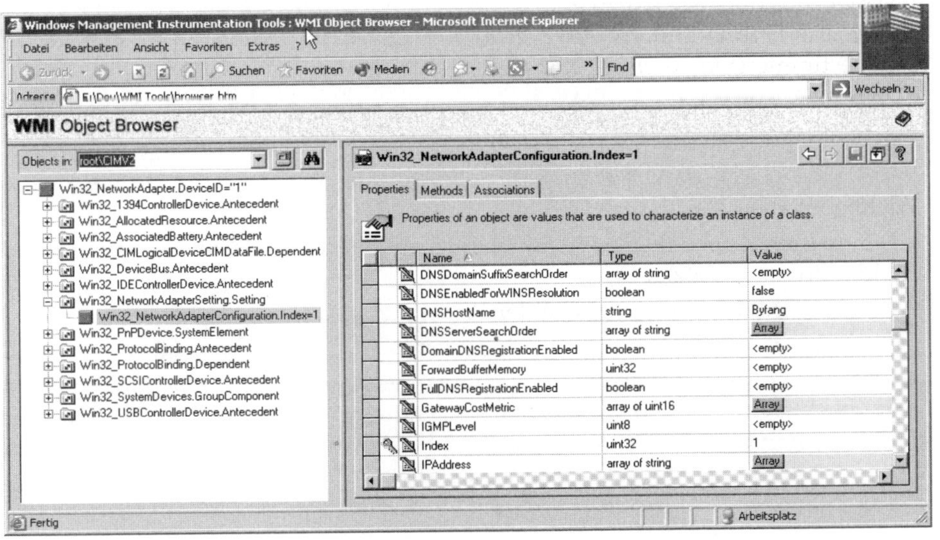

***Bild 15.1** Win32_NetworkAdapterConfiguration im WMI Object Browser*

Besonderheiten

Im Fall der Änderung der IP-Adresse eines entfernten Systems kommt es beim Aufruf von `EnableStatic()` immer zu einer Fehlermeldung. Dies ist das korrekte Verhalten, weil das Skript von dem entfernten Rechner keine Rückmeldung mehr erhalten kann, da durch das Ändern der IP-Adresse die DCOM-Verbindung zwischen beiden Rechnern sofort verloren geht. Hier muss man mit einem `on error resume next` die Fehlerbehandlung ausschalten.

```
' WMI_IP_Remote.vbs
' Statische IP-Adresse einstellen auf einem ENTFERNTEN Computer
' verwendet: WMI
' ================================

Dim IP, SubNetMask, Ergebnis
Dim objServ, objAdapter

' Parameter
Const COMPUTER = "ServerE02"
Const ADAPTERINDEX = "1"

MsgBox "IP-Adresse einstellen:"
IP = Array("192.168.123.2", "192.168.123.40", "192.168.123.41")
SubNetMask = Array("255.255.255.0", "255.255.255.0", "255.255.255.0")

Set objServ = GetObject ("WinMgmts://" & COMPUTER)
Set objAdapter = objServ.Get _
        ("Win32_NetworkAdapterConfiguration.index=" & ADAPTERINDEX)
on error resume next
objAdapter.EnableStatic IP, SubNetMask
' Leider kann man den Erfolg in diesem Fall nicht direkt ermitteln
msgBox "Befehl übermittelt, Erfolg kann nicht automatisch festgestellt werden!"
```

Listing 15.2: *Statische IP-Adresse einstellen auf einem entfernten (!) Computer*

> Bei der skriptbasierten Konfiguration einer statischen IP-Adresse kann der Einrichtungsvorgang unter Umständen bis zu eine Minute in Anspruch nehmen. Ist das Rechnersystem auf den dynamischen Bezug einer IP-Adresse eingestellt, ist es notwendig, dass der Vorgang zur Anforderung einer IP-Adresse abgeschlossen wird, selbst wenn kein DHCP-Server vorhanden ist.

15.2 Standard-Gateway festlegen

Notwendigkeit des Standard-Gateways

Bei TCP/IP handelt es sich um ein routingfähiges Netzwerkprotokoll, das auch in Weitverkehrsnetzen wie dem Internet Anwendung findet. Damit ein Rechner die Entscheidung treffen kann, ob sich ein Ziel-Host im selben Subnetz befindet, wird die Subnetzmaske des Rechners auf die IP-Adresse des Ziel-Hosts angewendet. Die so ermittelten Netzadressen werden verglichen, wobei der Rechner bei Ungleichheit daraus schließt, dass es sich um einen weiter entfernten Rechner handelt. In der Regel wird der Rechner nicht selbst in der Lage sein, die Datenpakete an den Empfänger zuzustellen, sondern wird diese zur Vermittlung an einen Router weiterreichen. Ein Router in einem Netzwerk wird daher zu einem Standard-Gateway „ernannt“, das alle Pakete erhält, die nicht für das lokale Netz bestimmt sind.

Lösung

Aus diesem kurzen Exkurs in die Paketvermittlung wird die Notwendigkeit zur Konfiguration eines Standard-Gateways bei der Nutzung statischer IP-Adressen ersichtlich. Die Lösung erfolgt über die Methode `SetGateways()` der WMI-Klasse `Win32_NetworkAdapterConfiguration`, mit deren Hilfe eine Reihe von Gateways festgelegt werden kann.

SetGateways()

Die Methode `SetGateways()` erwartet zwei Zeichenketten-Arrays, wobei das erste die IP-Adressen der Router definiert und der zweite Parameter die Entfernungskosten angibt. Zur Verwendung eines Standard-Gateways sind die Kosten auf 1 zu setzen. Bei dem zweiten Parameter handelt es sich um einen optionalen Parameter, der lediglich ab Windows 2000 verfügbar ist, weil nur diese Betriebssysteme eine Konfiguration mit mehreren Gateways erlauben.

Bei diesen ist es wichtig, dass

- immer ein Zeichenketten-Array übergeben werden muss, auch wenn nur ein Router zu setzen ist;
- die Anzahl der Elemente in beiden Arrays immer gleich sein muss.

Rückgabewerte

Die Rückgabewerte der `SetGateway()`-Methode geben über die erfolgreiche Konfiguration Auskunft. Durch einen von `0` verschiedenen Wert wird angezeigt, dass ein Fehler aufgetreten ist (z.B. `71` = fehlerhafte Gateway-Adresse; `90` = ungleiche Anzahl von Elementen in den beiden Arrays).

Das nachfolgende Skript basiert auf Listing 13.1 und konfiguriert den lokalen Rechner mit einer IP-Adresse, einer Subnetz-Maske und einem Standard-Gateway.

```
' WMI_IPGW.vbs
' IP-Adresse und Gateway einstellen
' verwendet: WMI
' ===============================

Dim IP, SubNetMask, Gateway, Metric, Ergebnis
Dim objServ, objAdapter


' Parameter
Const COMPUTER = "."
Const ADAPTERINDEX = "1"

Set objServ = _
GetObject("WinMgmts://" & COMPUTER)
Set objAdapter = objServ.Get _
    ("Win32_NetworkAdapterConfiguration.index=" & ADAPTERINDEX)
IP = Array("192.168.0.1")
```

```
SubNetMask = Array("255.255.255.0")


Ergebnis = objAdapter.EnableStatic(IP, SubNetMask)

If Ergebnis = 0 Then
    Gateway = Array("192.168.0.254")
    Metric = Array("1")
    Ergebnis = objAdapter.SetGateway(Gateway, Metric)
    If Ergebnis = 0 Then
        MsgBox "IP-Adresse(n) und Gateway(s) erfolgreich eingestellt."
    Else
        MsgBox "Fehler bei der Einstellung des Gateways: " & Ergebnis
    End If
Else
    MsgBox "Fehler bei der Einstellung der IP-Adresse: " & Ergebnis
End If
```

Listing 15.3: */Skripte/Kapitel15/WMI_IPGW.vbs*

15.3 DNS-Server festlegen

Aufgabe eines DNS-Servers Die Nutzung von DNS-Servern stellt ein wesentliches Merkmal bei der Kommunikation von Weitverkehrsnetzen wie dem Internet dar. Die Aufgabe eines DNS-Servers besteht in der Umwandlung von vollqualifizierten Domänennamen (FQDN), wie z.B. *www.it-visions.de*, in die dazugehörige IP-Adresse. Erst mit dieser Adresse kann eine Verbindung zum Host aufgebaut werden.

Lösung Zur Einrichtung eines oder mehrerer DNS-Server wird ebenfalls wieder WMI herangezogen. Durch die Methode `EnableDNS()` können umfassende Einstellungen an der DNS-Konfiguration eines Rechners vorgenommen werden. Allerdings ist es nicht immer notwendig, den Host-Namen oder die DNS-Domäne zu setzen. Die Konfiguration der Netzwerkkarte beschränkt sich daher auf das Setzen der Suchreihenfolge der DNS-Server mithilfe der Methode `DNSServerSearchOrder()`.

DNSServer-SearchOrder() Die Methode `DNSServerSearchOrder()` erwartet einen Parameter, der ein Zeichenketten-Array darstellt und die Liste der IP-Adressen der DNS-Server enthält. Wie bereits aus der Konfiguration der IP-Adresse und des Standard-Gateways bekannt ist, ist die Konstruktion eines aus Zeichenketten bestehenden Arrays selbst dann notwendig, wenn nur ein einziger DNS-Server gesetzt werden soll.

Rückgabewerte Ist der von der Methode `DNSServerSearchOrder()` zurückgelieferte Rückgabewert von `0` verschieden, so ist dies ein Hinweis darauf, dass bei der Konfiguration der Liste der DNS-Server ein Fehler aufgetreten ist.

```
' WMI_DNS.vbs
' DNS-Server einstellen
' verwendet: WMI
' ===========================================
Dim DNSServer, Ergebnis
Dim objServ, objAdapter
```

```
' Parameter
Const COMPUTER = "."
Const ADAPTERINDEX = "1"

Set objServ = _
GetObject("WinMgmts://" & COMPUTER)
Set objAdapter = objServ.Get _
    ("Win32_NetworkAdapterConfiguration.index=" & ADAPTERINDEX)

DNSServer = Array("192.168.0.250", "192.168.0.254")

Ergebnis = objAdapter.SetDNSServerSearchOrder(DNSServer)

If Ergebnis = 0 Then
    MsgBox "DNS-Server erfolgreich eingestellt."
Else
    MsgBox "Fehler: " & Ergebnis
End If
```

Listing 15.4: */Skripte/Kapitel15/WMI_DNS.vbs*

15.4 WINS-Server festlegen

Aufgabe eines WINS-Servers

Während ein DNS-Server für die Umwandlung von FQDN in IP-Adressen zuständig ist und somit als Verzeichnis in IP-basierten Weitverkehrsnetzen fungiert, übernimmt ein WINS-Server die Umwandlung von NetBIOS-Namen in IP-Adressen. Diese NetBIOS-Namen werden von Windows für die Netzwerkumgebung verwendet und erlauben die Nutzung von Freigaben auf entfernten Systemen. Allerdings werden diese Namen mithilfe von Broadcasts propagiert, sodass diese in gerouteten Netzwerken nicht verwendet werden können. Dieser Nachteil wird durch die Verwendung eines WINS-Servers dahingehend gelöst, indem dieser jedem Rechner ein NetBIOS-Namensverzeichnis zur Verfügung stellt.

Lösung

Zur Konfiguration der WINS-Server wird ebenfalls wieder eine Methode der WMI-Klasse `Win32_NetworkAdapterConfiguration` verwendet. Neben der Möglichkeit, über WMI verschiedene Parameter bezüglich der Nutzung von WINS zu bestimmen, bietet die Methode `SetWINSServer()` die Möglichkeit, im Rahmen der skriptbasierten TCP/IP-Konfiguration die WINS-Server zu setzen.

SetWINS-Server()

Über die Methode `SetWINSServer()`, die zwei Parameter vom Typ Zeichenkette erwartet, können für TCP/IP bis zu zwei WINS-Server eingerichtet werden. Entgegen der bisher besprochenen Methoden zum Konfigurieren des Netzwerkprotokolls werden hier keine Zeichenketten-Arrays zur Wertübergabe verwendet. Als Besonderheit ist hierbei noch anzumerken, dass ab Windows 2000 mehr als zwei WINS-Server eingestellt werden können.

Rückgabewert

Ist der von der Methode `SetWINSServer()` zurückgelieferte Rückgabewert von 0 verschieden, so ist das ein Hinweis darauf, dass bei der Konfiguration der WINS-Server ein Fehler aufgetreten ist.

```
' WMI_WINS.vbs
' WINS-Server einstellen
' verwendet: WMI
' ================================

Dim WINSServer1, WINSServer2, Ergebnis
Dim objServ, objAdapter

' Parameter
Const COMPUTER = "."
Const ADAPTERINDEX = "1"

Set objServ = _
GetObject("WinMgmts://" & COMPUTER)
Set objAdapter = objServ.Get _
    ("Win32_NetworkAdapterConfiguration.index=" & ADAPTERINDEX)
WINSServer1 = "192.168.0.220"
WINSServer2 = ""
Ergebnis = objAdapter.SetWINSServer(WINSServer1, WINSServer2)

If Ergebnis = 0 Then
    MsgBox "WINS-Server erfolgreich eingestellt."
Else
    MsgBox "Fehler: " & Ergebnis
End If
```

Listing 15.5: */Skripte/Kapitel15/WMI_WINS.vbs*

15.5 Auf DHCP umstellen

Die Konfiguration eines Rechners wird durch die Verwendung des DHCP-Protokolls zur automatischen Einrichtung des TCP/IP-Protokolls erheblich vereinfacht, da hierbei lediglich eine Option – zur Nutzung von DHCP – gesetzt werden muss.

Lösung Ebenso wie in dem vorangegangenen Skript zur Einrichtung einer statischen IP-Adresse wird bei der Nutzung von DHCP wieder auf die WMI-Klasse `Win32_NetworkAdapterConfiguration` zurückgegriffen. Hierbei ist ebenfalls wieder zu beachten, dass in einem Rechner verschiedene Netzwerkkarten installiert sein können, sodass es notwendig ist, durch die Konstante `ADAPTERINDEX` die gewünschte Karte zu selektieren.

EnableDHCP() Durch den Aufruf der Methode `EnableDHCP()` wird der Rechner angewiesen, eine IP-Adresse von einem DHCP-Server anzufordern. Diese Methode erwartet keine Parameter. Der Erfolg der Methode wird ebenfalls wieder durch Rückgabewerte signalisiert, wobei die Ausprägung der Werte exakt der der `EnableStatic()`-Methode entspricht.

Weitergehende Informationen

Bei der Verwendung ist zu beachten, dass durch DHCP nicht nur die IP-Adresse, sondern auch weitere Einstellungen von TCP/IP wie Standard-Gateway, DNS- und WINS-Server vorgenommen werden können. Allerdings muss dies nicht der Fall sein. So ist durchaus ein Szenario denkbar, in dem die IP-Adresse von einem DHCP-Server bezogen wird, andere Einstellungen allerdings statisch erfolgen. Der skriptbasierte Wechsel von einer statischen zu einer dynamischen IP-Adresse durch die `EnableDHCP()`-Methode liefert das eben geschilderte Szenario, weil durch die verwendete Methode `EnableDHCP()` keine weiteren Einstellungen an der TCP/IP-Protokoll-Suite modifiziert werden.

> Daher ist es notwendig, die Einstellungen an Gateway, DNS- und WINS-Servern vor einem Aufruf von `EnableDHCP()` zu entfernen, um eine umfassende automatische Konfiguration zu erreichen.

```
' WMI_DHCP.vbs
' IP-Adresse über DHCP beziehen
' verwendet: WMI
' ===============================

Dim DNSServer, WINSServer, Gateway, Ergebnis
Dim objServ, objAdapter


' Parameter
Const COMPUTER = "."
Const ADAPTERINDEX = "1"

Set objServ = GetObject("WinMgmts://" & COMPUTER)
Set objAdapter = objServ.Get _
    ("Win32_NetworkAdapterConfiguration.index=" & ADAPTERINDEX)

Gateway = Array("")
Ergebnis = objAdapter.SetGateway(Gateway)

DNSServer = Array("")
Ergebnis = objAdapter.SetDNSServerSearchOrder(DNSServer)

WINSServer = ""
Ergebnis = objAdapter.SetWINSServer (WINSServer, WINSServer)

Ergebnis = objAdapter.EnableDHCP()
If Ergebnis = 0 Then
    MsgBox "DHCP erfolgreich eingestellt."
Else
    MsgBox "Fehler: " & Ergebnis
End If
```

Listing 15.6: */Skripte/Kapitel15/WMI_DHCP.vbs*

15.6 Fragen und Aufgaben

1. Welche TCP/IP-Einstellungen werden zwingend für eine Kommunikation in einem lokalen Netz benötigt?
2. Welches WMI-Objekt erlaubt den Zugriff auf die TCP/IP-Konfiguration?
3. Wie viele WINS-Server können skriptbasiert konfiguriert werden?
4. Was ist bei der skriptbasierten Konfiguration von DHCP zu beachten?
5. Bei wie vielen Netzwerkkarten kann TCP/IP konfiguriert werden?
6. Wie werden verschiedene, in einem Rechner installierte Netzwerkkarten unterschieden?
7. Welche Parameter erwartet die Methode `EnableDHCP()`?

16 Scripting der Softwareverwaltung

In diesem Kapitel steht die Verwaltung der Softwareeigenschaften eines Rechnersystems im Vordergrund. Sehr häufig wird in Unternehmensnetzwerken die Möglichkeit gesucht, sich auf einfache Weise einen Überblick über die eingesetzten Softwareprodukte zu verschaffen. Auf diese Art kann gewährleistet werden, dass stets die korrekte Anzahl an Softwarelizenzen vorhanden ist. **Lernziel**

Auch die Möglichkeit, auf entfernten Rechnersystemen Software zu installieren bzw. zu deinstallieren, ist eine Funktion, die in großen Netzwerken den Administrationsaufwand vereinfacht. Hier ist es nicht mehr notwendig, sich von einem Rechnersystem zum anderen zu bewegen, um ein neues Softwareprodukt zu installieren.

Damit die Installation von Software auf einem Rechner erfolgreich durchgeführt werden kann, sind auf dem Zielrechner Administratorrechte notwendig. Ebenso setzt die Verwendung von WMI zur Verwaltung der Software Administratorrechte voraus. **Voraussetzung**

16.1 Installierte Software auflisten (Softwareinventarisierung)

Um sich zunächst einen Überblick über die installierte Software auf einem Rechner zu verschaffen, exportiert das nachfolgende Skript umfassende Informationen der einzelnen Softwareprodukte in eine Textdatei.

Zur Auflistung der installierten Softwareprodukte eines Rechners wird mittels einer WQL-definierten WMI-Anfrage eine Auflistung von `Win32_Product`-Objekten erzeugt, deren Eigenschaften in eine Datei geschrieben werden. **Lösung**

Aktuelles Verzeichnis ermitteln Zunächst ermittelt das Skript mithilfe der Klasse `FileSystemObject` den Pfadnamen des Verzeichnisses, in dem das Skript ausgeführt wird. Dieses Verzeichnis wird zur Ablage der gesammelten Softwareinformationen verwendet. Hierzu wird zunächst durch die Methode `GetFile()` aus dem Skriptnamen, der durch das `WScript`-Objekt verfügbar ist, ein Objekt erzeugt. Über die `Replace()`-Methode wird dann aus der Zeichenkette mit der vollständigen Pfadbeschreibung des Skripts der Skriptname entfernt, sodass der Variablen `Pathname` lediglich der Pfad zugewiesen wird. Hieraus wird der Name der Softwareinventarisierungsdatei erzeugt.

Erzeugen der Textdatei Die Protokolldatei wird durch die Methode `CreateTextFile()` des `FileSystemObject` generiert. Die einzelnen Einträge werden im weiteren Verlauf des Skripts durch Tabulatoren getrennt in diese Datei geschrieben. Zur späteren Ansicht der Datei empfiehlt sich allerdings ein Import in Excel, um den großen Umfang an Informationen zu den einzelnen Softwareprodukten in gegliederter Weise darzustellen.

Ermittlung der Softwareprodukte Die installierten Softwareprodukte werden durch die Verwaltungsschnittstelle WMI aufgelistet. Hierzu werden alle Einträge aus der Tabelle `Win32_Product` ausgewählt und anschließend durch Iteration in einer `For Each`-Schleife bestimmte Eigenschaften, wie Name, Installationsdatum und Version, in die Textdatei geschrieben.

```
' Skriptname: Software_inventar1.vbs
' Dieses Skript erstellt eine Liste der installierten Software
' Verwendet: ScrRun, WMI
' ------------------------------------------


Dim objFSO, objTextFile, colSoftware
Dim Computer, Filename

Set objFSO = CreateObject("Scripting.FileSystemObject")

Set ScriptFile = objFSO.GetFile (WScript.ScriptFullName)
Pathname = Replace(Scriptfile.Path, Scriptfile.Name, "")
Filename = Pathname & "software.csv"

WScript.Echo "Die Auflistung erfolgt in der Datei: " & _
    vbCrLf & Filename &vbCrLf

Set objTextFile = objFSO.CreateTextFile(Filename, True)

Computer = "."
Set objWMIService = GetObject("WinMgmts:" & _
    "{impersonationLevel=impersonate}!\\" & Computer & _
    "\root\cimv2")

Set colSoftware = objWMIService.ExecQuery _
    ("SELECT * FROM Win32_Product")
WScript.Echo "Der Inventarisierungsvorgang beginnt."
objTextFile.WriteLine "Überschrift" & vbTab & _
    "Beschreibung" & vbTab & _
    "Identifikationsnummer" & vbTab & _
```

```
    "Installationsdatum" & vbTab & _
    "Installationsverzeichnis" & vbTab & _
    "Zustand der Installation" & vbTab & _
    "Name" & vbTab & _
    "Paketzwischenspeicher" & vbTab & _
    "SKU Nummer" & vbTab & _
    "Hersteller" & vbTab & _
    "Version"

For Each objSoftware in colSoftware
    objTextFile.WriteLine objSoftware.Caption & vbTab & _
    objSoftware.Description & vbTab & _
    objSoftware.IdentifyingNumber & vbTab & _
    objSoftware.InstallDate & vbTab & _
    objSoftware.InstallLocation & vbTab & _
    objSoftware.InstallState & vbTab & _
    objSoftware.Name & vbTab & _
    objSoftware.PackageCache & vbTab & _
    objSoftware.SKUNumber & vbTab & _
    objSoftware.Vendor & vbTab & _
    objSoftware.Version
Next

objTextFile.Close

WScript.Echo "Der Inventarisierungsvorgang ist beendet."
```

Listing 16.1: */Skripte/Kapitel16/ Software_Inventar1.vbs*

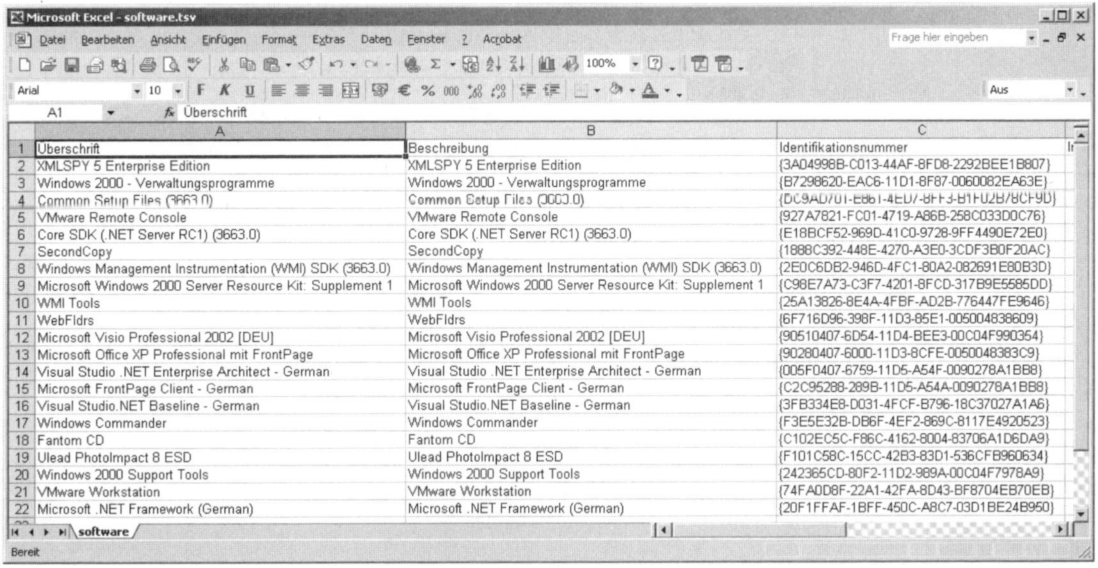

Bild 16.1: *Softwareinventar nach dem Import in Excel*

Das obige Beispiel kann man noch in einigen Punkten erweitern:

- Es wird nicht nur ein einzelner Computer abgefragt, sondern man hinterlegt in einer Textdatei eine Liste von Computernamen (oder IP-Adressen), die nacheinander abgefragt werden sollen.
- Man prüft vor dem Zugriff auf den Computer mit einem Ping, ob der Computer überhaupt erreichbar ist, um die lange Timeout-Zeit von WMI zu vermeiden.

Beide Erweiterungen sind zusammen mit einer stärkeren Strukturierung des Codes in Unterroutinen in dem folgenden Listing enthalten.

```
' Skriptname: Software_inventar2.vbs
' Dieses Skript erstellt eine Liste der installierten Software
' Verwendet: WMI
' ----------------------------------------
Option Explicit

' --- Vorgabewerte
Const Trennzeichen = ";" ' Trennzeichen für Spalten in der Ausgabedatei
Const Eingabedateiname = "computernamen.txt"
Const Ausgabedateiname = "softwareinventar.csv"
Const Bedingung = "SELECT * FROM Win32_Product where not Vendor like
'%Microsoft%'"

Dim objFSO' Dateisystem-Objekt
Dim objTX    ' Textdatei-Objekt für die Liste der zu durchsuchenden Computer
Dim i  ' Zähler für Computer
Dim computer ' Name des aktuellen Computers
Dim Eingabedatei' Name und Pfad der Eingabedatei
Dim Ausgabedatei' Name und Pfad der Ausgabedatei

' --- Startmeldung
WScript.Echo "Softwareinventar.vbs"
WScript.Echo "(C) Dr. Holger Schwichtenberg, http://www.Windows-Scripting.de"

' --- Global benötigtes Objekt
Set objFSO = CreateObject("Scripting.FileSystemObject")

' --- Ermittlung der Pfade
Eingabedatei = GetCurrentPfad & "\" & Eingabedateiname
Ausgabedatei = GetCurrentPfad & "\" & Ausgabedateiname

' --- Auslesen der Computerliste
Set objTX = objFSO.OpenTextFile(Eingabedatei)

' --- Meldungen
WScript.Echo "Eingabedatei: " & Eingabedatei
WScript.Echo "Ausgabedatei: " & Ausgabedatei

' --- Überschriften einfügen
Ausgabe _
```

```
"computer" & Trennzeichen & _
"Name" & Trennzeichen & _
    "Beschreibung" & Trennzeichen & _
    "Identifikationsnummer" & Trennzeichen & _
    "Installationsdatum" & Trennzeichen & _
    "Installationsverzeichnis" & Trennzeichen & _
    "Zustand der Installation" & Trennzeichen & _
    "Paketzwischenspeicher" & Trennzeichen & _
    "SKU Nummer" & Trennzeichen & _
    "Hersteller" & Trennzeichen & _
    "Version"

' --- Schleife über alle Computer
Do While Not objTX.AtEndOfStream
    computer = objTX.ReadLine
    i = i + 1
    WScript.Echo "=== Computer #" & i & ": " & computer
    If Not Ping(computer) Then
WScript.echo "Computer " & computer & " nicht erreichbar!"
Else
GetInventar computer
End If
Loop

' --- Eingabedatei schließen
objTX.Close
' --- Abschlussmeldung
WScript.echo "Softwareinventarisierung beendet!"

' === Softwareliste für einen Computer erstellen
Sub GetInventar(computer)

Dim objProduktMenge
Dim objProdukt
Dim objWMIDienst

' --- Zugriff auf WMI
Set objWMIDienst = GetObject("WinMgmts:" &_
    "{impersonationLevel=impersonate}!\\" & computer &_
    "\root\cimv2")
' --- Liste anfordern
Set objProduktMenge = objWMIDienst.ExecQuery _
    (Bedingung)
' --- Liste ausgeben
WScript.echo "Auf " & computer & " sind " & _
objProduktMenge.Count & " Produkte installiert."
For Each objProdukt In objProduktMenge
    Ausgabe _
    computer & Trennzeichen & _
    objProdukt.Name & Trennzeichen & _
```

```
    objProdukt.Description & Trennzeichen & _
    objProdukt.IdentifyingNumber & Trennzeichen & _
    objProdukt.InstallDate & Trennzeichen & _
    objProdukt.InstallLocation & Trennzeichen & _
    objProdukt.InstallState & Trennzeichen & _
    objProdukt.PackageCache & Trennzeichen & _
    objProdukt.SKUNumber & Trennzeichen & _
    objProdukt.Vendor & Trennzeichen & _
    objProdukt.Version
WScript.Echo    objProdukt.Name
Next
End Sub

' === Ausgabe
Sub Ausgabe(s)
Dim objTextFile
' Ausgabedatei öffnen
Set objTextFile = objFSO.OpenTextFile(Ausgabedatei, 8, True)
objTextFile.WriteLine s
objTextFile.Close
'WScript.Echo s
End Sub

' === Ping ausführen
Function Ping(computer)
Dim objPing
Set objPing = GetObject("WinMgmts:Win32_PingStatus.address='" & computer & "'")
Ping = (objPing.StatusCode = 0)
End Function

' === Pfad ermitteln, in dem das Skript liegt
Function GetCurrentPfad
GetCurrentPfad = objFSO.GetFile (WScript.ScriptFullName).ParentFolder
End Function
```

Listing 16.2: */Skripte/Kapitel16/ Software_Inventar2.vbs*

16.2 Software (entfernt) installieren

Die entfernte Installation von Software stellt ein einfaches und effizientes Mittel zur Softwareverteilung dar. Auf diese Weise ist eine Aktualisierung von Software möglich, so z.B. die Verteilung von Service Packs.

Lösung Das Skript zur Installation von Software verwendet wieder die Möglichkeiten der Windows Management Instrumentation. Im Unterschied zum Auslesen der installierten Software eines Rechners wird hier das Objekt `WbemLocator` aus der WMI-Komponente verwendet, um zunächst eine Verbindung zum Zielrechner aufzubauen. Über dieses Verbindungsobjekt wird auf dem entfernten Rechner eine Instanz des `Win32_Product`-Objekts ermittelt.

Das Win32_Product-Objekt besitzt die Methode Install(), die drei Parameter erwartet. Der erste Parameter spezifiziert in einer Zeichenkette das zu installierende Softwareprodukt. Durch eine weitere Zeichenkette können der Installationsroutine Parameter in Form von Attribut=Wert-Paaren übergeben werden. Der dritte Parameter gibt an, ob das zu installierende Softwareprodukt für alle Benutzer des Rechners verfügbar sein soll.

Install()

Der Erfolg der Softwareinstallation wird durch einen Rückgabewert signalisiert, sofern dieser den Wert 0 hat. Alle davon verschiedenen Werte zeigen einen Fehler an (z.B. 2 = Installationsdatei ist nicht vorhanden).

Rückgabewert

```
' Install_Software.vbs
' Installiert Software auf einem entfernten Rechner
' verwendet: WMI
' ===============================

Dim objWBemLocator, objConnection, objSoftware
Dim User, Password, Computer, Software, Error

User = "Administrator"
Password = "password"
Computer = "Webserver"
Software = "C:\Temp\q320206_w2k_sp4_x86_de.exe"

Set objWbemLocator = CreateObject("WbemScripting.SWbemLocator")
Set objConnection = objwbemLocator.ConnectServer _
    (Computer, "root\cimv2", User, _
     Password)

Set objSoftware = objConnection.Get("Win32_Product")

Error = objSoftware.Install(Software,,True)

If Error = 0 Then
    WScript.Echo "Die Installation war erfolgreich."
Else
    WScript.Echo "Bei der Installation ist " & _
    "folgender Fehler aufgetreten: " & Error
End If
```

Listing 16.3: */Skripte/Kapitel16/Install_Software.vbs*

16.3 Software auf mehreren Computern installieren (gemäß einer XML-Datei)

Um mehrere Softwareprodukte auf demselben oder auf unterschiedlichen Rechnern zu installieren, ist das Skript aus dem vorhergehenden Kapitel zu starr. Durch die Parametrisierung des Skripts mittels einer XML-Datei kann der Installationsprozess flexibler gestaltet werden.

Lösung Das Skript basiert im Kern sehr stark auf der im vorhergehenden Kapitel entwickelten Struktur zur Installation von Software. Durch die `For ... Next`-Schleife wird dieser Teil der Installationsroutine mit Rechnernamen und Software versorgt.

Der Rechnername und die Installationsdatei des Softwareprodukts werden in Anlehnung an die in Kapitel 6 besprochene Vorgehensweise (Komponente MSXML) zum Auslesen der XML-Dateien gewonnen.

```
' Install_Software_XML.vbs
' Installiert Software auf einem entfernten Rechner anhand einer XML-Datei
' verwendet: MSXML, SCRRun, WMI
' ===============================

Dim XMLDoc
Dim SoftInstallNode
Dim objWBemLocator, objConnection, objSoftware
Dim User, Password, Computer, Software, Error

User = "Administrator"
Password = "password"

' Erzeugen des Verweises
Set xmlDoc = CreateObject("Msxml2.DOMDocument")

' Asynchrones Laden ausschalten
xmlDoc.async = False

' Datei laden
Set objFSO = CreateObject("Scripting.FileSystemObject")
Set ScriptFile = objFSO.GetFile (WScript.ScriptFullName)

Pathname = Replace(Scriptfile.Path, Scriptfile.Name, "")
Filename = Pathname & "SoftInstall.xml"
xmlDoc.load(Filename)

' Knoten-Auflistung auswählen
Set SoftInstallNode = xmlDoc.selectNodes("*/*")

' Alle Knoten durchlaufen
For i=0 To SoftInstallNode.length-1
    ' Software installieren
    Computer = SoftInstallNode.item(i).childNodes.item(0).Text
    Software = SoftInstallNode.item(i).childNodes.item(1).Text

    Set objWbemLocator = CreateObject("WbemScripting.SWbemLocator")
    Set objConnection = objwbemLocator.ConnectServer _
        (Computer, "root\cimv2", User, _
         Password)
```

```
    Set objSoftware = objConnection.Get("Win32_Product")

    Error = objSoftware.Install(Software,,True)

    If Error = 0 Then
        WScript.Echo "Die Installation war erfolgreich."
    Else
        WScript.Echo "Bei der Installation ist " & _
        "folgender Fehler aufgetreten: " & Error
    End If
Next

Set SoftInstallNode=Nothing
Set xmlDoc=Nothing
```

Listing 16.4: */Skripte/Kapitel16/Install_Software_XML.vbs*

XML-Datei

Das XML-Dokument, das von dem Skript zur Installation der Software auf den unterschiedlichen Rechnersystemen verwendet wird, hat einen sehr einfachen Aufbau. In den Elementen mit Namen `<SoftwareInstallation>` sind die beiden Elemente `<Computer>` und `<Software>` definiert, die über das auf einem Rechnersystem zu installierende Softwareprodukt Auskunft geben.

```
<?xml version="1.0" encoding="UTF-8"?>
<Installation xmlns:xsi="http://www.w3.org/2001/XMLSchema-instance" xsi:
   noNamespaceSchemaLocation="SoftInstall.xsd">
    <SoftwareInstallation>
        <Computer>Webserver</Computer>
        <Software>C:\Temp\q320206_w2k_sp4_x86_de.exe</Software>
    </SoftwareInstallation>
    <SoftwareInstallation>
        <Computer>Server</Computer>
        <Software>C:\Temp\q320206_w2k_sp4_x86_de.exe</Software>
    </SoftwareInstallation>
    <SoftwareInstallation>
        <Computer>Server</Computer>
        <Software>C:\Temp\Q321599_W2K_SP4_X86_de.exe</Software>
    </SoftwareInstallation>
    <SoftwareInstallation>
        <Computer>Workstation</Computer>
        <Software>C:\Temp\q320206_w2k_sp4_x86_de.exe</Software>
    </SoftwareInstallation>
</Installation>
```

Listing 16.5: */Skripte/Kapitel16/SoftInstall.xml*

16.4 Software deinstallieren

Neben der Installation von Software, die in den beiden vorangegangenen Kapiteln ausführlich erläutert wurde, hat sehr häufig die Deinstallation einen ebenso hohen Stellenwert.

Lösung Diese Lösung setzt, wie auch die letzten beiden Skripte, das `SWbemServices`-Objekt ein, um mithilfe von Anmeldeinformationen eine Verbindung zu einem entfernten Rechner aufzubauen. Durch die Methode `ConnectServer()` wird eine Verbindung zum Zielrechner geöffnet, die im Objekt `objConnection` gespeichert wird. Auf Basis dieser Verbindung kann dann die WQL-basierte Abfrage zur Ermittlung des zu deinstallierenden Softwareprodukts ausgeführt werden.

Zur Deinstallation eines Softwareprodukts wird die `Uninstall()`-Methode des `Win32_Product`-Objekts verwendet.

```
' Deinstall_Software.vbs
' Deinstalliert Software auf einem entfernten Rechner
' verwendet: WMI
' ===============================

Dim objWMIService, colSoftware, objSoftware
Dim Computer, ProductName

User = "Administrator"
Password = "password"
Computer = "."
ProductName = "Windows 2000 - Verwaltungsprogramme"

Set objWbemLocator = CreateObject("WbemScripting.SWbemLocator")
Set objConnection = objwbemLocator.ConnectServer _
    (Computer, "root\cimv2", User, _
     Password)

Set colSoftware = objConnection.ExecQuery ("SELECT * FROM" & _
    Win32_Product WHERE Name = """ & ProductName & """")

For Each objSoftware in colSoftware
    objSoftware.Uninstall()
Next
```

Listing 16.6: */Skripte/Kapitel16/Deinstall_Software.vbs*

16.5 Fragen und Aufgaben

1. Welches Objekt wird zum Zugriff auf Softwareprodukte eines Rechners verwendet?
2. Welche Methode wird verwendet, um mit einem anderen als dem aktuellen Benutzerkonto eine Verbindung zu einem entfernten Rechner über WMI aufzubauen?
3. Erweitern Sie das Skript zum Verteilen von Software auf mehreren Systemen so, dass auch Benutzername und Kennwort aus der XML-Datei gewonnen werden.

17 Scripting der Prozessverwaltung

Die Prozessverwaltung umfasst das Auflisten der auf einem System laufenden Prozesse, das Starten eines neuen Prozesses und das Beenden ausgewählter Prozesse. **Lernziel**

Das Auflisten der Prozesse ist sinnvoll, um zu beobachten, welche Anwendungen auf einem System aktiv sind und wie viel Speicher sie verbrauchen.

Das Starten von Windows-Prozessen gehört zu den häufigen Aufgaben im Rahmen des Scriptings, weil einige Aufgaben nicht oder nicht einfach per Skript gelöst werden können und man in diesen Fällen besser ein vorhandenes Kommandozeilenwerkzeug oder Windows-Programm startet.

Das Beenden von Windows-Prozessen per Skript wird oft eingesetzt, um zahlreiche Instanzen einer Anwendung auf einem oder mehreren Systemen auf einfache Weise beenden zu können.

Für die Prozessverwaltung sind nur teilweise Administratorrechte erforderlich. Über das `WScript.Shell`-Objekt können auch normale Benutzer Prozesse starten und beenden. **Voraussetzung**

17.1 Prozesse auflisten

Zum Auflisten der laufenden Prozesse auf einem System verwendet man die WMI-Klasse `Win32_Process`.

Mit der Abfrage

```
Select * from Win32_Process
```

in der WMI Query Language (WQL) kann man eine Liste der laufenden Prozesse auf dem Computer erhalten. Dabei kann man sich auch mit dem WMI-Dienst eines entfernten Systems verbinden. Ein Blick in den WMI Object Browser (siehe Bildschirmabbildung) verrät, dass ein `Win32_Process`-Objekt zahlreiche sinnvolle Informationen über einen Prozess offenbart.

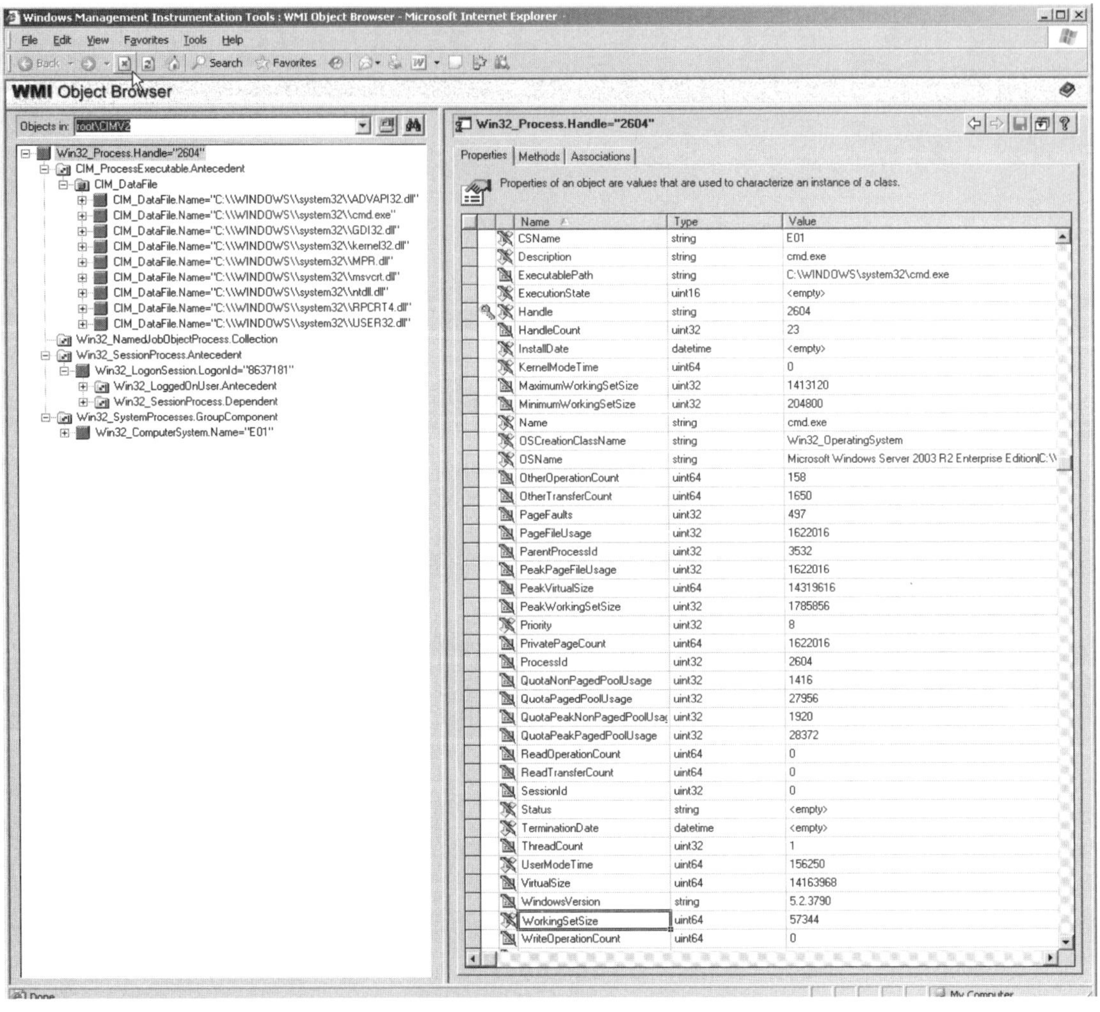

Bild 17.1: *Die Klasse Win32_Process im WMI Object Browser*

Das folgende Skript zeigt, wie man auf einfache Weise alle Prozesse auflisten kann. Die Auflistung erfolgt durch eine WQL-Abfrage, deren Ergebnis in einer `For Each`-Schleife durchlaufen wird. Durch die Konstante `COMPUTER` am Skriptanfang kann das Skript auch andere Systeme abfragen.

> Durch eine Abänderung der WQL-Abfrage kann man die Liste auch auf Instanzen bestimmter Anwendungen beschränken, z.B. alle Instanzen des Internet Explorers:
>
> ```
> Const WQL = "Select * from Win32_Process where name = 'iexplore.exe'"
> ```

```
' Prozessliste.vbs
' Prozesse auflisten
' verwendet: WMI
' ================================
Option Explicit

' Parameter
Const COMPUTER = "PC171"
Const WQL = "Select * from Win32_Process"
'Const WQL = "Select * from Win32_Process where name = 'iexplore.exe'"

' Variablen
Dim process, Menge

' --- WMI-Anfrage: Alle Prozesse
Set Menge = WMI_query(WQL,COMPUTER,"/root/cimv2")
If Err.number <> 0 Then ' Fehler?
MsgBox Err.Description,vbOKOnly + vbError, "Fehler bei der Abfrage"
HoleProzessListe = Err.Description
On Error Goto 0
WScript.Quit
End If

For Each process In Menge
WScript.Echo(process.name & ";" & process.handle & ";" &
process.workingsetsize)
Next

' ### Ausführen einer WQL-Abfrage
Function WMI_query(Query, COMPUTER, NAMESPACE)
Dim objServ ' As WbemScripting.SWbemServices
Dim Menge ' As WbemScripting.SWbemObjectSet
Set objServ = GetObject("WinMgmts:\\" & COMPUTER & NAMESPACE)
Set Menge = objServ.ExecQuery(Query)
Set WMI_query = Menge
End Function
```

Listing 17.1: */Skripte/Kapitel17/Prozessliste.vbs*

17.2 Prozesse (entfernt) starten

Zum Starten von Prozessen gibt es drei Möglichkeiten:

- Methode `Run()` in der Klasse `WScript.Shell`
- Methode `Exec()` in der Klasse `WScript.Shell`
- Methode `Create()` in der WMI-Klasse `Win32_Process`

Da `Exec()` in allen Punkten `Run()` überlegen ist, wird hier auf die Darstellung von `Run()` ganz verzichtet. Eine Beschreibung von `Run()` finden Sie in [SCH07a].

> Beim Starten eines neuen Prozesses ist der Umstand zu beachten, dass eine Interaktion mit dem lokal angemeldeten Benutzer lediglich dann erfolgt, wenn dieses Benutzerkonto auch zum Starten des Prozesses verwendet wird. Ansonsten wird der Prozess ohne Benutzerschnittstelle ausgeführt. Beim Fernstart einer Anwendung durch einen anderen Benutzer ist diese Voraussetzung nicht erfüllt. Die Anwendung läuft dann zwar, ist aber nicht sichtbar!

17.2.1 Prozesse starten mit WScript.Shell

In der Klasse `WScript.Shell` bietet die Methode `Exec()` im Gegensatz zu `Run()` die Möglichkeit, den Status des erzeugten Prozesses („läuft noch" oder „ist beendet") abzufragen. Außerdem kann der Entwickler auf die Standardein- und -ausgabe des Kindprozesses zugreifen. Der Vaterprozess darf in die Standardeingabe des Kindprozesses schreiben und die Standardeingabe des Kindprozesses lesen. Der Vaterprozess darf den Kindprozess auch vorzeitig beenden. `Exec()` liefert zu diesem Zweck ein Objekt vom Typ `WSHExec` zurück. Das `WSHExec` beinhaltet die Attribute `ProcessID`, `Status`, `StdErr`, `StdIn`, `StdOut` und `ExitCode` sowie die Methode `Terminate()`. Sowohl mit `Run()` als auch mit `Exec()` können nur lokale Programme gestartet werden. Um entfernte Programme zu starten, muss man WMI einsetzen.

Im folgenden Beispiel wird das Kommandozeilenprogramm *Ping.exe* aufgerufen. Die Ausgaben werden über das `WSHExec`-Objekt abgefangen und ausgewertet. Das Skript zählt die Anzahl der korrekten bzw. fehlerhaften Antworten. Zur Auswertung der Ergebnisse von *Ping.exe* können nur die Bildschirmausgaben herangezogen werden. Dabei ist darauf zu achten, ob man sich auf einem deutschen („Antwort von") oder englischen System („Reply from") befindet.

> Die Auswertung der Ausgaben einer Kommandozeilenanwendung wird auch als „Screen Scraping" bezeichnet. Die gleiche Bezeichnung wird auch verwendet, wenn Computeranwendungen den Inhalt von HTML-basierten Webseiten analysieren. Die Gefahr beim Screen Scraping ist, dass die aufgerufene Anwendung bzw. Webseite das Ausgabeformat ändern und das Screen Scraping dann zu unerwarteten Ereignissen führen kann. Dieses Problem ergibt sich gerade in multinationalen Unternehmen, bei denen die Betriebssystemsprache nicht eindeutig ist. Wenn Sie dann auf die oben dokumentierte Weise die Ausgaben einer Kommandozeilenanwendung auslesen, muss man jede Sprachversion, die vorkommen kann, einzeln behandeln.

```
' ProzessStarten_WScript.vbs
' Prozess starten: Ausführen eines Pings und zählen,
' wie viele Pings einen Fehler lieferten!
' verwendet: WMI
' ===============================

' Parameter
Const ZIELHOST = "www.windows-scripting.de"
Const ANTWORTTEXT = "Reply from" ' "Antwort von"
Const ZEITTEXT = "time" ' "Zeit"

' Variablen
Dim WSHShell
Dim WSHExec
Dim Counter
Dim CountOK
Dim CountFehler
Dim CountAnzahl

CountOK = 0
CountFehler = 0

Set WSHShell = WScript.CreateObject("WScript.Shell")

' -- Ping-Prozess starten...
Set WSHExec = WSHShell.Exec("ping " & ZIELHOST)

WScript.Echo "------- Ausgabe von Ping.exe:"
' -- Schleife über Ausgaben
While Not WSHExec.StdOut.AtEndOfStream
     ' --- Ausgabe des Kindprozesses einlesen
     Output= WSHExec.StdOut.Readline()
     ' --- Ausgabe auswerten
     If InStr(Output,ANTWORTTEXT) > 0 Then ' nur Antworten zählen!
     If InStr(Output,ZEITTEXT) = 0 Then
    CountFehler = CountFehler +1
     Else
    CountOK = CountOK +1
     End If
     End If
     ' --- Ausgabe weiterreichen
     WScript.Echo Output
Wend

CountAnzahl = CountOK + CountFehler

WScript.Echo "------- Auswertung:"
WScript.Echo CountFehler & " von " & CountAnzahl & _
 " Pings waren fehlerhaft!"
```

Listing 17.2: */Skripte/Kapitel17/ProzessStarten_WScript.vbs*

17.2.2 Prozesse starten mit Win32_Process

Ein Prozess kann in WMI durch die `Create()`-Methode der Klasse `Win32_Process` gestartet werden. Als ersten Parameter erwartet die Methode `Create()` eine Zeichenkette, die das auszuführende Programm auf dem Zielrechner beschreibt. Zwei weitere Parameter geben das Startverzeichnis und Startinformationen an; beide Angaben sind nicht zwingend vorgeschrieben und können auf „Nothing" gesetzt werden. Der vierte Parameter ist ein Referenzparameter und liefert beim Erfolg der `Create()`-Methode die Prozess-ID des neu erzeugten Prozesses. Der Erfolg der Methode kann durch einen Rückgabewert in Form einer Ganzzahl beurteilt werden. Sollte dieser Wert von 0 verschieden sein, so deutet das stets darauf hin, dass bei der Ausführung der Methode ein Fehler aufgetreten ist.

> Der Umfang dieses Buchs bietet leider nicht ausreichend Platz, um alle WMI-Fehlercodes aufzuführen. Sie können die verschiedenen Fehlercodes im WMI Object Browser nachschlagen, eine beliebige Instanz der Klasse `Win32_Process` heraussuchen (schwarzes Fernglas-Symbol) und dann die Hilfe aufrufen (gelbes ?-Symbol).

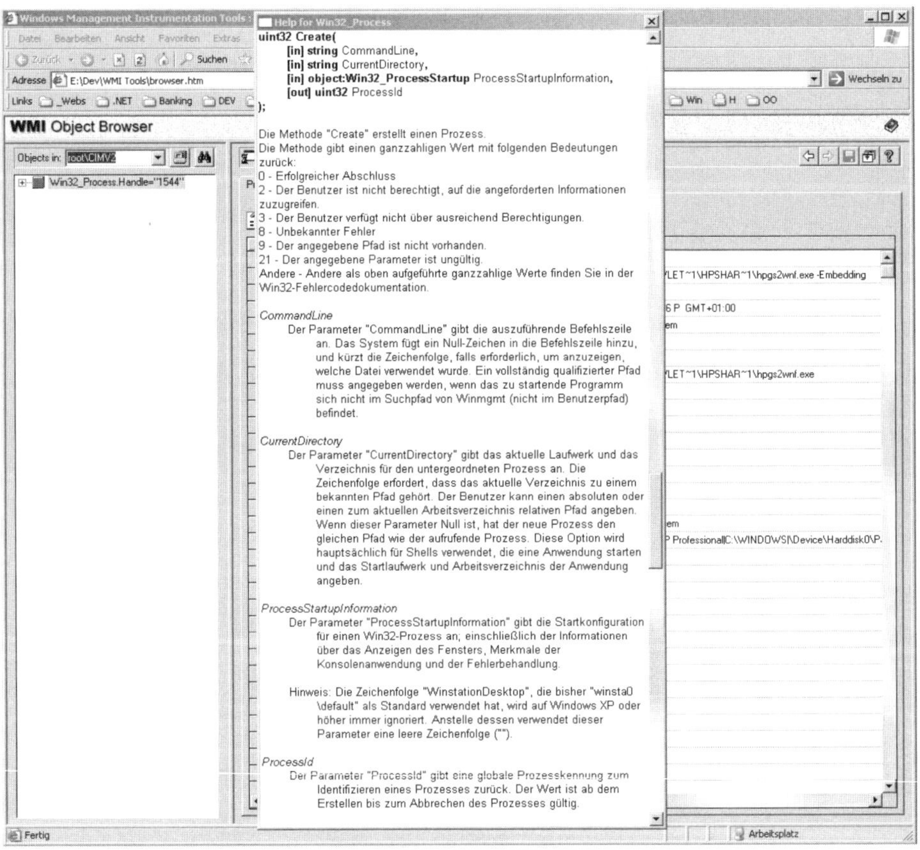

Bild 17.2 Ausführliche Hilfetexte mit Fehlercodes im WMI Object Browser

Der Vorteil gegenüber der Lösung mit der WSH Runtime Library besteht darin, dass die Klasse `Win32_Process` auf einem entfernten Computer instanziiert werden kann, dass also ein Prozess auch auf einem anderen Computer gestartet werden kann. Der Computername (oder die IP-Adresse) ist im WMI-Pfad bei `GetObject()` anzugeben. Ein Punkt (".") steht für den lokalen Computer. Außerdem kann man durch ein zusätzliches Objekt vom `Win32_ProcessStartup`, das man bei `Create()` als dritten Parameter angibt, bestimmen, wie das Prozessfenster aussehen soll.

Der Nachteil der WMI-Lösung gegenüber dem Einsatz der Klasse `WScript.Shell` liegt darin, dass diese Lösung dem Administrator vorbehalten ist. `Exec()` in der Klasse `WScript.Shell` kann auch ein normaler Benutzer verwenden.

```
' Prozessstart_WMI.vbs
' Prozess mit WMI starten
' Autor: hs@IT-Visions.de
' verwendet: WMI
' ================================
Option Explicit

' Parameter
Const Computer = "PC171"
Const ProcessName = "explorer.exe http://www.Windows-scripting.de"

' Variablen
Dim objWMIService, colProcessList, objProcess
Dim Error, ProcessID, objStartup, objConfig, strComputer, strCommand

' WMI-Objekt erzeugen
Set objWMIService = GetObject("WinMgmts:" &_
    "{impersonationLevel=impersonate}!\\" &_
    Computer & "\root\cimv2")

' Prozessstart konfigurieren
Set objStartup = objWMIService.Get("Win32_ProcessStartup")
Set objConfig = objStartup.SpawnInstance_
objConfig.ShowWindow = 0 'SW_NORMAL
objConfig.X = 0
objConfig.Y = 0
objConfig.XSize = 200
objConfig.YSize = 200

' Prozess starten
Set objProcess = objWMIService.Get("Win32_Process")
Error = objProcess.Create(ProcessName, Nothing, objConfig, ProcessID)

' Ergebnis auswerten
If Error = 0 Then
    WScript.Echo "Die Anwendung " & ProcessName & " wurde mit einer " &_
    "ProzessID " & ProcessID & " gestartet."
Else
```

```
    WScript.Echo "Die Anwendung " & ProcessName & " konnte aufgrund " &_
    " eines Fehlers nicht gestartet werden. Fehlercode: " & Error & "."
End If
```

Listing 17.3: */Skripte/Kapitel17/Prozessstart_WMI.vbs*

17.3 Prozesse (entfernt) beenden

Das Beenden von Prozessen stellt das skriptbasierte Gegenstück zu der im vorherigen Kapitel besprochenen Methode zum Starten von Prozessen dar. Es ist nicht nur möglich, selbst erzeugte Prozesse zu beenden; es ist auch denkbar, dass jeder beliebige Prozess beendet werden kann.

> Allerdings ist darauf zu achten, dass sich unter den Einträgen mit Prozess-ID, wie sie im Windows-Taskmanager zu sehen sind, auch Dienste befinden, die nicht wie ein Prozess terminiert werden können bzw. deren Beendigung zum Herunterfahren des Systems führt.

Zum Beenden von Prozessen gibt es zwei Möglichkeiten:

- `Terminate()` in der COM-Klasse `WScript.Shell`
- `Terminate()` in der WMI-Klasse `Win32_Process`

Der Unterschied ist der gleiche wie beim Prozessanlegen: `WScript.Shell` kann nur auf dem lokalen System angewendet werden, steht aber auch normalen Benutzern zur Verfügung. `Win32_Process` ermöglicht auch den Fernzugriff, ist jedoch Administratoren vorbehalten.

17.3.1 Prozesse beenden mit WScript.Shell

Das folgende Beispiel ist eine Modifikation des Beispiels zu *Ping.exe* aus dem Unterkapitel „Prozesse starten". Das Skript enthält eine Unterroutine `Ping()`, die mithilfe eines Aufrufs von *Ping.exe* prüft, ob ein Host durch genau zehn Pings mindestens einmal erreicht werden kann. Sofern der Host erreicht wird, wird *Ping.exe* sofort beendet. Dabei kommt die Methode `Terminate()` der Klasse `WSHExec` zum Einsatz. *Ping.exe* führt im Standard nur vier Pings aus. Mit der Option `"-t"` werden die Pings endlos ausgeführt. Ohne den Einsatz von `Terminate()` würde das Skript erst enden, wenn die Timeout-Zeit des WSH erreicht ist.

Das Attribut `Status` in dem Rückgabeobjekt vom Typ `WSHExec` zeigt an, ob der Kindprozess noch läuft. 0 bedeutet, der Prozess läuft. 1 bedeutet, der Prozess ist beendet.

```
' ProzessStarten_WScript_mitTerminate.vbs
' Prozess starten: Prüfen, ob ein Rechner erreichbar ist
' Autor: hs@IT-Visions.de
' verwendet: WMI
' ===============================
```

```
' Parameter
Const ZIELHOST = "www.windows-scripting.de"
Const ANTWORTTEXT = "Reply from" ' "Antwort von"
Const ZEITTEXT = "time" ' "Zeit"


' Variablen
Dim ergebnis

ergebnis = ping(ZIELHOST)

If ergebnis Then
    WScript.echo "Zielhost " & ZIELHOST & " gefunden!"
Else
    WScript.echo "Zielhost " & ZIELHOST & " nicht erreichbar!"
End If

' ### Liefert True/False, ob Host mindestens 1x erreicht werden kann!
Function ping(host)
Dim WSHShell
Dim WSHExec
Dim Fehler
Dim Count
Dim Output

ping = False
Count = 0

Set WSHShell = WScript.CreateObject("WScript.Shell")

' -- Ping-Prozess starten...
Set WSHExec = WSHShell.Exec("ping " & host)

' -- Schleife über Ausgaben
Do While Not WSHExec.StdOut.AtEndOfStream
     ' --- Ausgabe des Kindprozesses einlesen (Screen Scraping)
     Output= WSHExec.StdOut.Readline()
     ' Antwort?
     If InStr(Output,ANTWORTTEXT) >= 0 Then
       ' nur Antworten auswerten
          Count = Count + 1
           ' gefunden?
          If InStr(Output,ZEITTEXT) > 0 Then
            ping = True
          End If
     End If

     ' Abbruch?
     If Count = 10 Or ping = True Then
        WSHExec.Terminate ' sofort beenden
```

```
        Exit Do
    End If

Loop
End Function
```

Listing 17.4: */Skripte/Kapitel17/ProzessStarten_WScript_mitTerminate.vbs*

17.3.2 Prozesse beenden mit Win32_Process

In diesem Skript wird durch die Formulierung einer WQL-Anfrage, die auf dem Zielrechner ausgeführt wird, eine Auflistung aller Prozesse mit dem in der Variablen `ProcessName` spezifizierten Namen erzeugt. Die Auflistung wird durch eine `For ... Each`-Schleife durchlaufen und mithilfe der `Terminate()`-Methode des `Win32_Process`-Objekts beendet.

Rückgabewert Ein Rückgabewert ungleich `0` gibt an, dass die Methode `Terminate()` nicht erfolgreich war.

In dem folgenden Beispiel werden alle Instanzen des Internet Explorers auf einem Computer beendet.

```
' Prozesse_Beenden_WMI.vbs
' Prozess mit WMI beenden
' Autor: hs@IT-Visions.de
' verwendet: WMI
' ================================
Option Explicit

' Parameter
Const Computer = "PC171"
Const ProcessName = "iexplore.exe"

' Variablen
Dim objWMIService, colProcessList, objProcess
Dim Error

' WMI-Objekt
Set objWMIService = GetObject("WinMgmts:" & _
    "{impersonationLevel=impersonate}!\\" & _
    Computer & "\root\cimv2")

' WQL-Suchabfrage
Set colProcessList = objWMIService.ExecQuery _
    ("SELECT * FROM Win32_Process WHERE Name = '" &_
    ProcessName & "'")

' Schleife über alle Instanzen dieser Anwendung
For Each objProcess In colProcessList
    WScript.Echo "Die Anwendung " & ProcessName & " mit einer " & _
    "ProzessID " & objProcess.ProcessId & " wird beendet."
```

```
    Error = objProcess.Terminate()
    If Error = 0 Then
        WScript.Echo "Die Anwendung wurde erfolgreich beendet."
    Else
        WScript.Echo "Beim Beenden der Anwendung ist der Fehler " & _
        Error & " aufgetreten."
    End If
    WScript.Echo ""
Next
```

Listing 17.5: */Skripte/Kapitel17/Prozesse_Beenden_WMI.vbs*

17.4 Fragen und Aufgaben

1. Wann bekommt ein Benutzer eine Anwendung zu sehen, die von einem anderen System ferngestartet wurde?
2. Was ist der Unterschied zwischen dem Einsatz der WMI-Klasse `Win32_Process` und der Klasse `WScript.Shell` zur Prozessverwaltung?

18 Scripting der Gruppenrichtlinien

In Großunternehmen kann sich durch eine Vielzahl unterschiedlicher Gruppenrichtlinien der Bedarf ergeben, die Zuweisung der Gruppenrichtlinien zu automatisieren oder per Skript zu dokumentieren. Häufig sind auch Szenarien anzutreffen, in denen Gruppenrichtlinien zeitbedingt oder fallweise geändert werden sollen. Die als Erweiterung ab Windows XP erhältliche GPMC-Komponente (vgl. Kapitel 6.5) unterstützt die Erstellung entsprechender Skripte.

> Die nachfolgenden Skripte laufen nur ab Windows XP, da Microsoft für die GPMC-Komponente keine Installation auf älteren Windows-Versionen anbietet. Ein Windows 2000 Server-basiertes Active Directory kann aber durch diese Skripte fernverwaltet werden.

18.1 Informationen über ein einzelnes Gruppenrichtlinienobjekt

Das erste Skript in diesem Kapitel liefert Basisinformationen zu einem einzelnen Gruppenrichtlinienobjekt (GPO). Das Skript instanziiert zunächst das Wurzelobjekt mit `CreateObject("GPMgmt.GPM")`. Von dort kann mit `GetDomain()` eine einzelne Domäne angesprochen werden, die durch eine Instanz der Klasse `GPMDomain` repräsentiert wird.

Suche nach einem GPO

GetGPO-ByName()

Einzelne GPOs können nur über ihre GUIDs angesprochen werden, mithilfe der Methode `GetGPO()` in einem `GPMDomain`-Objekt. Wenn man eine Gruppenrichtlinie über ihren Namen ansprechen will, muss man leider eine Suche starten. Dazu erzeugt die in dem folgenden Listing-Fragment dokumentierte Hilfsroutine `GetGPOByName()` ein `GPMSearchCriteria`-Objekt. Die Definition der Bedingung ist leider gewöhnungsbedürftig, weil keine Zeichenkette der Form „DisplayName = xy" übergeben werden darf, sondern sowohl das zu durchsuchende Attribut (`gpm.GetConstants().SearchPropertyGPODisplayName`) als auch das Gleichheitszeichen (`gpm.GetConstants().SearchOpEquals`) durch eine Konstante zu spezifizieren sind.

```
' === Suche ein GPO anhand seines Namens
Function GetGPOByName(Name)
Dim objGPMSearchCriteria
Dim Liste
' Suchkriterium erzeugen
Set objGPMSearchCriteria = gpm.CreateSearchCriteria()
' Suche nach allen verlinkten SOMs
objGPMSearchCriteria.Add gpm.GetConstants().SearchPropertyGPODisplayName, _
  gpm.GetConstants().SearchOpEquals, Name
' Suche ausführen
Set Liste = objDOMAIN.SearchGPOs(objGPMSearchCriteria)
Set GetGPOByName = Liste.item(1)
End Function
```

Informationen über ein GPO

GPOInfo() Die Basisdaten eines GPO ermittelt die Hilfsroutine `GPOInfo()`. Jedes `GPMGPO`-Objekt besitzt die Eigenschaften `Name`, `ID` (ein GUID), `Path` (ein LDAP-Pfad), `IsUserEnabled` und `IsComputerEnabled` (zwei Ja-Nein-Attribute) sowie Datumsangaben wie `CreationTime` und `ModificationTime`.

```
' === Ausgabe von Informationen zu einem GPO
Sub GPOInfo(GPO)
WScript.echo "------------------------------------"
WScript.Echo "Name:" & GPO.DisplayName
WScript.Echo "ID:" & GPO.ID
WScript.Echo "Path:" & GPO.Path
WScript.Echo "ID:" & GPO.ID
WScript.Echo "Einstellungen für Benutzer:" & GPO.IsUserEnabled
WScript.Echo "Einstellungen für Computer:" & GPO.IsComputerEnabled
WScript.Echo "Erstellungsdatum:"& GPO.CreationTime
WScript.Echo "Letztes Änderungsdatum:" & GPO.ModificationTime
GPOLinks(GPO)
End Sub
```

Verknüpfungen auflisten

GPOLinks() Die Ausgabe der verknüpften Container ist in eine OU gekapselt. `GPOLinks()` in dem unten stehenden Skript liefert für ein übergebenes GPO die Liste der SOMs, mit denen das GPO verknüpft ist. Dazu muss zunächst ein Suchkriterium (eine Instanz des Typs `GPMSearchCriteria`) definiert werden. In diesem Fall werden alle GPOs gesucht, die das übergebene GPO als Verknüpfungen zu einem SOM besitzen.

```
Set objGPMSearchCriteria = GPM.CreateSearchCriteria()
objGPMSearchCriteria.Add Constants.SearchPropertySOMLinks, _
  Constants.SearchOpContains, GPMGPO
set SOMList = GPMDomain.SearchSOMs(objGPMSearchCriteria)
```

Danach kann die Suche ausgeführt und eine Liste der Suchergebnisse ausgegeben werden. Zu einem SOM besonders interessant sind der LDAP-Pfad (`path`) und der SOM-Typ (`Type`).

Das komplette Skript

Das folgende Listing zeigt das komplette Skript.

```
' GPMC_ZugriffAufEinzelnesGPO.VBS
' Auflisten aller GPOs und ihrer Verknüpfungen in einer Domain
' verwendet: GPMC Objects
' ============================================================

Option Explicit

Dim gpm
Dim objDOMAIN
Dim GPO

' Parameter setzen
Const DOMAIN = "IT-Visions.net"
Const GPOGUID = "{6AC1786C-016F-11D2-945F-00C04fB984F9}"
' Default Domain Controllers Policy
Const GPOName = "Default Domain Controllers Policy"

WScript.Echo "Zugriff auf Domain " & DOMAIN

' Zugriff auf das Wurzelobjekt
Set gpm = CreateObject("GPMgmt.GPM")

' Zugriff auf Domäne
Set objDOMAIN = gpm.GetDomain(DOMAIN, "", gpm.GetConstants().UseAnyDC)

' Zugriff auf GPO über GUID
Set GPO = objDOMAIN.GetGPO(GPOGUID)
GPOInfo(GPO)

' Zugriff auf GPO über Name
Set GPO = GetGPOByName(GPOName)
GPOInfo(GPO)

' === Suche ein GPO anhand seines Namens
Function GetGPOByName(Name)
Dim objGPMSearchCriteria
Dim Liste
```

```
' Suchkriterium erzeugen
Set objGPMSearchCriteria = gpm.CreateSearchCriteria()
' Suche nach allen verlinkten SOMs
objGPMSearchCriteria.Add gpm.GetConstants().SearchPropertyGPODisplayName, _
  gpm.GetConstants().SearchOpEquals, Name
' Suche ausführen
Set Liste = objDOMAIN.SearchGPOs(objGPMSearchCriteria)
Set GetGPOByName = Liste.item(1)
End Function

' === Ausgabe von Informationen zu einem GPO
Sub GPOInfo(GPO)
WScript.echo "-------------------------------------"
WScript.Echo "Name:" & GPO.DisplayName
WScript.Echo "ID:" & GPO.ID
WScript.Echo "Path:" & GPO.Path
WScript.Echo "ID:" & GPO.ID
WScript.Echo "Einstellungen für Benutzer:" & GPO.IsUserEnabled
WScript.Echo "Einstellungen für Computer:" & GPO.IsUserEnabled
WScript.Echo "Erstellungsdatum:"& GPO.CreationTime
WScript.Echo "Letztes Änderungsdatum:" & GPO.ModificationTime
GPOLinks(GPO)
End Sub

' === Ausgabe aller SOMs für ein GPO
Sub GPOLinks(GPO)
Dim objGPMSearchCriteria
Dim SOMList
Dim SOM
Dim strSOMType
WScript.Echo "Diese Gruppenrichtlinie wird benutzt in:"
' Suchkriterium erzeugen
Set objGPMSearchCriteria = gpm.CreateSearchCriteria()
' Suche nach allen verlinkten SOMs
objGPMSearchCriteria.Add gpm.GetConstants().SearchPropertySOMLinks, _
  gpm.GetConstants().SearchOpContains, GPO
' Suche starten
Set SOMList = objDOMAIN.SearchSOMs(objGPMSearchCriteria)

If SOMList.Count = 0 Then
  WScript.Echo "keine"
Else

' Schleife für alle SOM-Objekte in den Suchergebnissen
  For Each SOM In SOMList
    Select Case SOM.Type
      Case gpm.GetConstants().SOMSite
        strSOMType = "Site"
      Case gpm.GetConstants().SOMDomain
        strSOMType = "Domain"
```

```
      Case gpm.GetConstants().SOMOU
        strSOMType = "OU"
    End Select
    WScript.Echo "- " & SOM.Path & " (" & strSOMType & ") "
  Next
End If
End Sub
```

Listing 18.1: */Skripte/Kapitel18/GPMC_ZugriffAufEinzelnesGPO.VBS*

18.2 Alle Gruppenrichtlinien und ihre Verknüpfungen auflisten

Das zweite Skript in diesem Kapitel listet alle Gruppenrichtlinienobjekte (GP-Objekte oder GPOs) in einer Active Directory-Domäne auf. Außerdem zeigt das Skript an, mit welchen Containern im Active Directory die jeweilige Richtlinie verbunden („verknüpft" oder „verlinkt") ist.

SearchGPOs()

Das Skript instanziiert zunächst das Wurzelobjekt mit `CreateObject("GPMgmt.GPM")`. Von dort kann mit `GetDomain()` eine einzelne Domäne angesprochen werden. Innerhalb der Domäne kann durch die Methode `SearchGPOs()` eine Liste der GPOs gewonnen werden. Bei `SearchGPOs()` bedeutet die Übergabe von `nothing` als Parameter, dass keine Einschränkung bei der Suche erfolgen und alle GPOs zurückgegeben werden sollen.

Ergebnis von `SearchGPOs()` ist eine `GPMGPOCollection` mit einzelnen `GPMGPO`-Objekten, die Eigenschaften wie `Name`, `ID` (ein GUID), `Path` (ein LDAP-Pfad), `IsUserEnabled` und `IsComputerEnabled` (zwei Ja-Nein-Attribute) sowie Datumsangaben wie `CreationTime` und `ModificationTime` besitzen.

```
' GPMC_GPOListe.VBS
' Auflisten aller GPOs und ihrer Verknüpfungen in einer Domain
' verwendet: GPMC Objects
' ==========================================================

Option Explicit

Dim GPM
Dim Constants
Dim GPMDomain
Dim GPOList
Dim GPMSearchCriteria
Dim GPO

' Zu untersuchende AD-Domain
Const DOMAIN = "IT-Visions.net"

WScript.Echo "Zugriff auf Domain " & DOMAIN
```

```
' Zugriff auf das Wurzelobjekt
Set GPM = CreateObject("GPMgmt.GPM")

' Zugriff auf Konstanten
Set Constants = GPM.GetConstants()

' Zugriff auf Domain
Set GPMDomain = GPM.GetDomain(DOMAIN,"", Constants.UseAnyDC)

' Liste aller GPOs (GPMGPOCollection) holen
Set GPOList = GPMDomain.SearchGPOs(Nothing)

WScript.Echo "Anzahl GPO-Objekte: " & GPOList.Count
' Schleife für die GPOs
For Each GPO In GPOList
  WScript.echo "-------------------------------------"
  WScript.Echo "Name:" & GPO.DisplayName
  WScript.Echo "ID:" & GPO.ID
  WScript.Echo "Path:" & GPO.Path
  WScript.Echo "ID:" & GPO.ID
  WScript.Echo "Einstellungen für Benutzer:" & GPO.IsUserEnabled
  WScript.Echo "Einstellungen für Computer:" & GPO.IsUserEnabled
  WScript.Echo "Erstellungsdatum:"& GPO.CreationTime
  WScript.Echo "Letztes Änderungsdatum:" & GPO.ModificationTime
  GPOLinks(GPO)
Next
' === Ausgabe aller SOMs für ein GPO
Function GPOLinks(GPMGPO)
  Dim objGPMSearchCriteria
  Dim SOMList
  Dim SOM
  Dim strSOMType

  WScript.Echo "Links:"
' Suchkriterium erzeugen
Set objGPMSearchCriteria = GPM.CreateSearchCriteria()
' Suche nach allen verlinkten SOMs
objGPMSearchCriteria.Add Constants.SearchPropertySOMLinks, _
  Constants.SearchOpContains, GPMGPO
' Suche starten
Set SOMList = GPMDomain.SearchSOMs(objGPMSearchCriteria)

If SOMList.Count = 0 Then
  WScript.Echo "keine"
Else
' Schleife für alle SOM-Objekte in den Suchergebnissen
  For Each SOM In SOMList
    Select Case SOM.Type
      Case Constants.SOMSite
        strSOMType = "Site"
```

```
      Case Constants.SOMDomain
        strSOMType = "Domain"
      Case Constants.SOMOU
        strSOMType = "OU"
    End Select
    WScript.Echo "- " & SOM.Path & " (" & strSOMType & ") "
  Next
End If
End Function
```

***Listing 18.2:** /Skripte/Kapitel18/GPMC_GPOListe.VBS*

Ausgabe

Das Skript liefert die nachfolgende Ausgabe für den Fall, dass neben den Standardrichtlinien „Default Domain Policy“ und „Default Domain Controllers Policy“ drei weitere Gruppenrichtlinien definiert wurden. Von den neuen Gruppenrichtlinien besitzt ein GPO vier Links und die anderen beiden zwei Links.

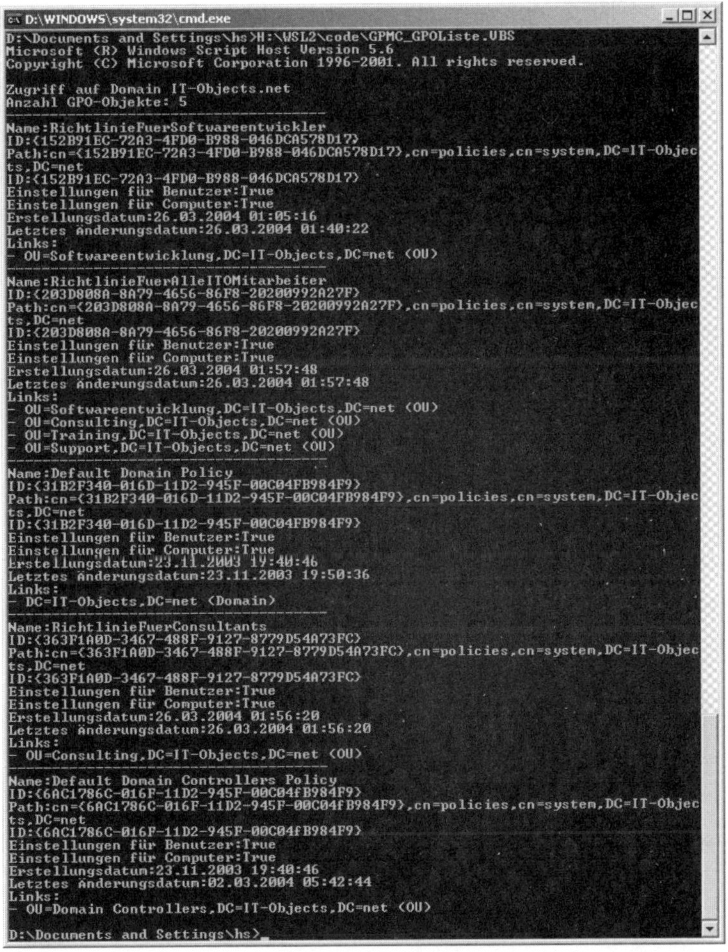

***Bild 18.1** Ausgabe des Skripts GPMC_GPOListe.vbs*

18.3 Eine Gruppenrichtlinie für einen Container auflisten

Sie können zur Auflistung der aktuellen Gruppenrichtlinien auch die Sichtweise eines einzelnen Active Directory-Containers wählen und sich per Skript alle Gruppenrichtlinienobjekte auflisten lassen, die einer Domain, einer Site oder einer OU zugeordnet sind.

GPMGPOLink-Collection

Das folgende Skript bezieht zunächst ein `GPOSOM`-Objekt über den in der Konstante `CONTAINER` festgelegten LDAP-Pfad. Durch `GetGPOLinks()` erhält man von dort eine `GPMGPOLinksCollection` mit einzelnen `GPMGPOLink`-Objekten, die jeweils eine Verknüpfung des Containers mit einer Gruppenrichtlinie repräsentieren. Ein `GPMGPOLink`-Objekt enthält die Attribute `GPMDomain` und `GPOID` zur Bezeichnung der verknüpften Gruppenrichtlinie. `GPMDomain` enthält den voll qualifizierten Domänennamen als Zeichenkette, `GPOID` den `GUID` des Gruppenrichtlinienobjekts. Diese Informationen reichen jedoch aus, um das zugehörige `GPMGPO`-Objekt durch `GetDomain()` und `GetGPO()`zu ermitteln.

> Wenn Sie `GetSOM()` eine leere Zeichenkette übergeben, indem Sie die Konstante `CONTAINER` auf "" setzen, dann erhalten Sie das SOM-Objekt für die ganze Domäne.

Neben den Ausgaben des vorherigen Skripts zeigt dieses Skript als erste Information zu jeder Gruppenrichtlinie auch die relative Position des GPO innerhalb des SOM an. Diese kann über das Attribut `SOMLinkOrder` in einem `GPMGPOLink`-Objekt ermittelt werden.

```
' GPMC_GPOListe.VBS
' Auflisten aller GPOs zu einem AD-Container
' verwendet: GPMC Objects
' ==========================================================

Option Explicit

Dim GPM
Dim GPMDomain
Dim GPO
Dim Links, Link
Dim objContainer

' Zu untersuchende AD-Domain
Const DOMAIN = "IT-Visions.net"
Const CONTAINER = "OU=Softwareentwicklung,DC=IT-Visions,DC=net"

WScript.Echo "Zugriff auf Domain: " & DOMAIN

' Zugriff auf das Wurzelobjekt
Set GPM = CreateObject("GPMgmt.GPM")
```

```
' Zugriff auf Domain
Set GPMDomain = GPM.GetDomain(DOMAIN,"", GPM.GetConstants().UseAnyDC)

' Zugriff auf den Container
Set objContainer = GPMDomain.GetSOM(CONTAINER)

WScript.Echo "Zugriff auf Container: " & objContainer.Path

' Zugriff auf GPOLinks
Set Links = objContainer.GetGPOLinks()

WScript.Echo "Anzahl GPO-Objekte: " & Links.Count

' Schleife über alle Links in dem Container
For Each Link In Links
Set GPO = GPMDomain.GetGPO(Link.GPOID)
WScript.echo "------------------------------------"
WScript.Echo "GPO-Position: " & Link.SOMLinkOrder
WScript.Echo "Name:" & GPO.DisplayName
WScript.Echo "ID:" & GPO.ID
WScript.Echo "Path:" & GPO.Path
WScript.Echo "ID:" & GPO.ID
WScript.Echo "Einstellungen für Benutzer:" & GPO.IsUserEnabled
WScript.Echo "Einstellungen für Computer:" & GPO.IsUserEnabled
WScript.Echo "Erstellungsdatum:"& GPO.CreationTime
WScript.Echo "Letztes Änderungsdatum:" & GPO.ModificationTime
GPOLinks(GPO)
Next

' === Ausgabe aller SOMs für ein GPO
Function GPOLinks(GPMGPO)

Dim objGPMSearchCriteria
Dim SOMList
Dim SOM
Dim strSOMType

WScript.Echo "Dieses GPO ist verknüpft mit:"

' Suchkriterium erzeugen
Set objGPMSearchCriteria = GPM.CreateSearchCriteria()
' Suche nach allen verlinkten SOMs
objGPMSearchCriteria.Add GPM.GetConstants().SearchPropertySOMLinks, _
  GPM.GetConstants().SearchOpContains, GPMGPO
' Suche starten
Set SOMList = GPMDomain.SearchSOMs(objGPMSearchCriteria)

If SOMList.Count = 0 Then
  WScript.Echo "keine"
```

```
Else

' Schleife für alle SOM-Objekte in den Suchergebnissen
  For Each SOM In SOMList
    Select Case SOM.Type
      Case GPM.GetConstants().SOMSite
        strSOMType = "Site"
      Case GPM.GetConstants().SOMDomain
        strSOMType = "Domain"
      Case GPM.GetConstants().SOMOU
        strSOMType = "OU"
    End Select
    WScript.Echo "- " & SOM.Path & " (" & strSOMType & ") "
  Next
End If
End Function
```

Listing 18.3: */Skripte/Kapitel18/GPMC_GPOListe.VBS*

Da die Ausgabe dieses Skripts sich nicht wesentlich von der Ausgabe des vorherigen unterscheidet, sei hier auf die platzraubende Bildschirmabbildung verzichtet.

18.4 Eine Gruppenrichtlinie mit einem AD-Container verknüpfen

CreateGPO-Link()

Um eine neue Verknüpfung einer Gruppenrichtlinie zu einem AD-Container herzustellen, brauchen Sie im Vergleich zu den beiden vorherigen Skripten nur einen neuen Befehl: `CreateGPOLink(-1, GPO)`

Dabei ist es wichtig, die Parameter zu verstehen: Der erste Parameter gibt an, an welcher Position das neue Objekt in die Liste der Gruppenrichtlinienobjekte eingefügt werden soll. Die Positionszählung beginnt bei 1. Eine –1 bedeutet, dass das neue Objekt am Ende angefügt werden soll. Der zweite Parameter ist die einzufügende Gruppenrichtlinie.

> Viele andere Objektmengen beim Windows Scripting beginnen die Zählung bei 0. Die GPMC-Komponente bildet hier eine Ausnahme!

Das folgende Skript hängt das GPO mit dem GUID {152B91EC-72A3-4FD0-B988-046DCA578D17} an die Organisationseinheit `"OU=Softwareentwicklung,DC=IT-Visions, DC=net"` an.

```
' GPMC_LinkGPO.vbs
' Verknüpfen eines GPO mit einem AD-Container
' verwendet: GPMC Objects
' ===========================================================
Option Explicit

Dim gpm
Dim gpmDomain
Dim GPO
Dim Links, Link
Dim objContainer

' Zu untersuchende AD-Domain
Const DOMAIN = "IT-Visions.net"
Const CONTAINER = "OU=Softwareentwicklung,DC=IT-Visions,DC=net"
Const GPOGUID = "" ' oder z.B. {152B91EC-72A3-4FD0-B988-046DCA578D17}"
Const GPONAME = "RichtlinieFuerSoftwareentwickler"

WScript.Echo "Zugriff auf Domain: " & DOMAIN
' Zugriff auf das Wurzelobjekt
Set gpm = CreateObject("GPMgmt.GPM")
' Zugriff auf Domain
Set gpmDomain = gpm.GetDomain(DOMAIN,"", gpm.GetConstants().UseAnyDC)
' Zugriff auf den Container
Set objContainer = gpmDomain.GetSOM(CONTAINER)
' Zugriff auf das GPO
If GPOGUID <> "" Then
  Set GPO = gpmDomain.GetGPO (GPOGUID)
Else
  Set GPO = GetGPOByName(GPONAME)
End If
' Verknüpfung herstellen
Set Link = objContainer.CreateGPOLink(-1, GPO)
WScript.echo "Die GPO " & GPO.DisplayName & " wurde dem Container " & _
  objContainer.Path & " zugewiesen!"

' === Suche ein GPO anhand seines Namens
Function GetGPOByName(Name)
Dim objGPMSearchCriteria
Dim Liste
' Suchkriterium erzeugen
Set objGPMSearchCriteria = gpm.CreateSearchCriteria()

' Suche nach allen verlinkten SOMs
objGPMSearchCriteria.Add gpm.GetConstants().SearchPropertyGPODisplayName, _
  gpm.GetConstants().SearchOpEquals, Name
' Suche ausführen
Set Liste = gpmDomain.SearchGPOs(objGPMSearchCriteria)
Set GetGPOByName = Liste.item(1)
End Function
```

Listing 18.4: */Skripte/Kapitel18/GPMC_LinkGPO.vbs*

Ausgabe Die folgende Abbildung zeigt die Ausgabe des Skripts nach zweimaligem (!) Starten. Die erste Ausführung ist erfolgreich. Durch die zweite Ausführung wird versucht, eine bereits vorhandene Verknüpfung erneut zu setzen. Dies führt zu der Fehlermeldung „Cannot create a file when that file already exists.“. Diese Fehlermeldung erklärt sich dadurch, dass jedes Gruppenrichtlinienobjekt und jede Gruppenrichtlinienverknüpfung intern durch eine Datei im */SYSVOL*-Verzeichnis repräsentiert werden.

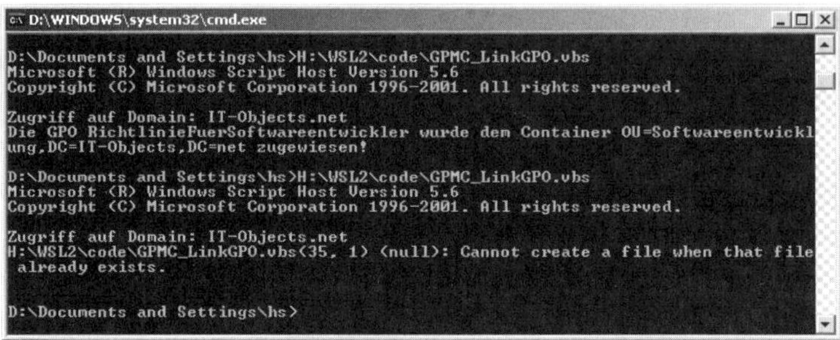

***Bild 18.2** Ausgabe des Skripts GPMC_LinkGPO.vbs*

18.5 Eine Gruppenrichtlinienverknüpfung löschen

Gruppenrichtlinien muss man auch wieder von einem Container lösen können. Das folgende Skript entfernt ein durch einen GUID oder einen Namen bezeichnetes Gruppenrichtlinienobjekt aus der Verknüpfungsliste eines Containers. Das Gruppenrichtlinienobjekt selbst bleibt dabei im System auf jeden Fall erhalten, auch wenn es mit keinem anderen Container mehr verknüpft ist.

Delete() Eine Verknüpfung wird gelöscht durch den Aufruf der Methode `Delete()` in dem entsprechenden `GPMGPOLink`-Objekt. Das heißt, man muss aus der Menge der einem Container zugeordneten `GPMGPOLink`-Objekte zunächst das richtige Objekt herausfiltern. Da eine Suche nur über die relative Position (über `Item()` in der `GPMGPOLinksCollection`), nicht aber über Name oder GUID des GPO möglich ist, bleibt lediglich die Variante einer Schleife über alle Elemente der `GPMGPOLinksCollection` und eines Vergleichs von `GPOID` bzw. `DisplayName`.

```
' GPMC_RemoveLinkGPO.vbs
' Entfernen einer Verknüpfung eines GPO mit einem AD-Container
' verwendet: GPMC Objects
' ============================================================

Option Explicit

Dim gpm
Dim gpmDomain
Dim GPO
Dim Links, Link
Dim objContainer
```

```
' Zu untersuchende AD-Domain
Const DOMAIN = "IT-Visions.net"
Const CONTAINER = "OU=Softwareentwicklung,DC=IT-Visions,DC=net"
Const GPOGUID = "{152B91EC-72A3-4FD0-B988-046DCA578D17}"
Const GPOName = "RichtlinieFuerSoftwareentwickler"

WScript.Echo "Zugriff auf Domain: " & DOMAIN

' Zugriff auf das Wurzelobjekt
Set gpm = CreateObject("GPMgmt.GPM")

' Zugriff auf Domain
Set gpmDomain = gpm.GetDomain(DOMAIN,"", gpm.GetConstants().UseAnyDC)

' Zugriff auf den Container
Set objContainer = gpmDomain.GetSOM(CONTAINER)

WScript.Echo "Zugriff auf Container: " & CONTAINER

' Zugriff auf GPOLinks
Set Links = objContainer.GetGPOLinks()

WScript.echo "GPOs vor dem Löschen:"
' Schleife über alle Links in dem Container
For Each Link In Links
  Set GPO = gpmDomain.GetGPO(Link.GPOID)
  WScript.Echo "Name:" & GPO.DisplayName
Next

WScript.echo vbCrLf

' Suche des zu entfernenden GPO
For Each Link In Links
  Set GPO = gpmDomain.GetGPO(Link.GPOID)
  If Link.GPOID = GPOGUID OR GPO.DisplayName = GPOName Then _
  ' Link gefunden -> löschen!
    Link.Delete()
    WScript.Echo "GPO-Verknüpfung " & GPO.DisplayName & " wurde entfernt!"
    Exit For
  End If
Next

WScript.echo vbCrLf

' Zugriff auf GPOLinks
Set Links = objContainer.GetGPOLinks()

WScript.echo "GPOs nach dem Löschen:"
```

```
' Schleife über alle Links in dem Container
For Each Link In Links
  Set GPO = gpmDomain.GetGPO(Link.GPOID)
  WScript.Echo "Name:" & GPO.DisplayName
Next
```

Listing 18.5: */Skripte/Kapitel18/GPMC_RemoveLinkGPO.vbs*

Ausgabe Die folgende Bildschirmabbildung zeigt die Ausgabe des obigen Skripts.

Bild 18.3 *Ausgabe von GPMC_RemoveLinkGPO.vbs*

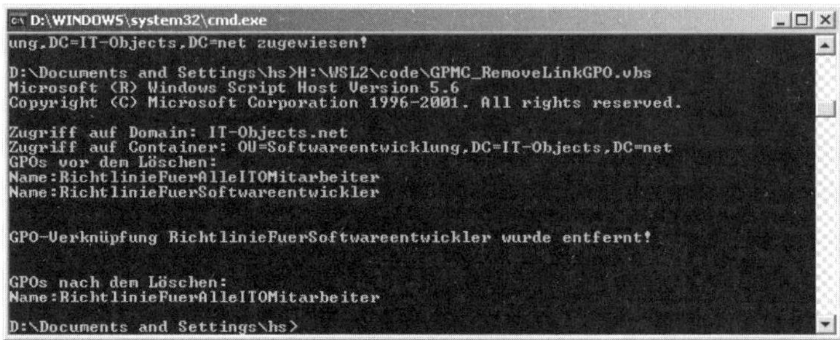

18.6 Eine Gruppenrichtlinie löschen

Delete() Sie können eine Gruppenrichtlinie endgültig aus dem System entfernen. Die Klasse `GPMGPO` bietet dazu die Methode `Delete()`, um die Gruppenrichtlinie, die durch das aktuelle GPO repräsentiert wird, zu löschen. Allerdings ist diese Aufgabe nicht so trivial, wie es scheint: `Delete()` entfernt die Gruppenrichtlinie, nicht die Verknüpfungen der Gruppenrichtlinie zum Container. In der Folge könnte es zu verwaisten Verknüpfungen kommen (siehe folgende Abbildung).

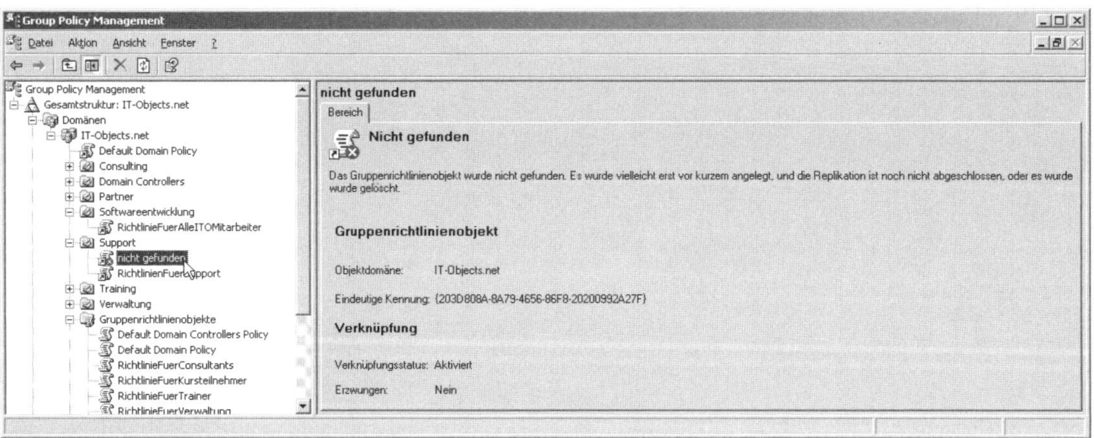

Bild 18.4: *Eine verwaiste Gruppenrichtlinienverknüpfung in der GPMC*

Verknüpfungen vorher löschen

Aus dem vorgenannten Grund ist es sehr wichtig, alle Verknüpfungen herauszusuchen und zu entfernen, bevor man ein GPO löscht. Leider kann man zu einem GPO nicht direkt die GPMGPOLink-Objekte ermitteln; diese erhält man nur von den GPMSOM-Objekten.

Daher sind zwei Schleifen notwendig:

- Für die zu löschende Gruppenrichtlinie sind zunächst über eine Suchanfrage alle GPMSOM-Objekte zu ermitteln, mit denen das GPMGPO-Objekt verknüpft ist.
- Innerhalb der SOMs sind alle Objekte des Typs GPMGPOLink nach dem korrekten GUID des GPMGPO-Objekts zu durchsuchen.

In dem folgenden Skript ist aus Gründen der Übersichtlichkeit die erste Schleife in der Unterroutine GPORemoveLinks(GPO) gekapselt und die zweite in der Unterroutine RemoveLink(SOM, GPO). Die Funktion von RemoveLink(SOM, GPO) entspricht dabei im Kern dem Skript *GPMC_RemoveLinkGPO.vbs* aus dem vorherigen Unterkapitel.

```
' GPMC_DeleteGPO.VBS
' Löschen eines GPO und seiner Verknüpfungen in einer Domain
' verwendet: GPMC Objects
' ============================================================

Option Explicit

Dim gpm
Dim gpmDomain
Dim GPO
' Zu untersuchende AD-Domain
Const DOMAIN = "IT-Visions.net"
Const GPOGUID = "{8D8383F7-79F3-4B5E-B2F2-B7858C4DA323}"

WScript.Echo "Zugriff auf Domain " & DOMAIN

' Zugriff auf das Wurzelobjekt
Set gpm = CreateObject("GPMgmt.GPM")
' Zugriff auf Domain
Set gpmDomain = gpm.GetDomain(DOMAIN, "", gpm.GetConstants().UseAnyDC)
' Zugriff auf GPO
Set GPO = gpmDomain.GetGPO(GPOGUID)

WScript.Echo "GPO " & GPO.DisplayName & " wird endgültig gelöscht..."
GPORemoveLinks(GPO)
GPO.Delete()
WScript.echo "Skript erfolgreich beendet!"

' === Entfernen aller Verknüpfungen für ein GPO
Function GPORemoveLinks(GPO)

Dim objGPMSearchCriteria
Dim SOMs, SOM
```

```
WScript.Echo "Links:"

' Suchkriterium erzeugen
Set objGPMSearchCriteria = gpm.CreateSearchCriteria()
' Suche nach allen verlinkten SOMs
objGPMSearchCriteria.Add gpm.GetConstants().SearchPropertySOMLinks, _
  gpm.GetConstants().SearchOpContains, GPO
' Suche starten
Set SOMs = gpmDomain.SearchSOMs(objGPMSearchCriteria)

' Schleife für alle SOM-Objekte in den Suchergebnissen
For Each SOM In SOMs
  WScript.Echo "- Entfernte GPO aus: " & SOM.Path
  RemoveLink SOM, GPO
Next

End Function
' === Entferne eine Verknüpfung eines GPO aus einem SOM
Function RemoveLink(SOM, GPO)

Dim Links, Link
' Zugriff auf GPOLinks
Set Links = SOM.GetGPOLinks()

' Suche des zu entfernenden GPO
For Each Link In Links
  If Link.GPOID = GPOGUID Then ' Link gefunden -> löschen!
    Link.Delete()
    WScript.Echo "  GPO-Verknüpfung " & GPO.DisplayName & " wurde entfernt!"
    Exit For
  End If
Next

End Function
```

Listing 18.6: */Skripte/Kapitel18/GPMC_DeleteGPO.vbs*

Bild 18.5 *Korrektes Löschen eines GPO mit GPMC_DeleteGPO.vbs*

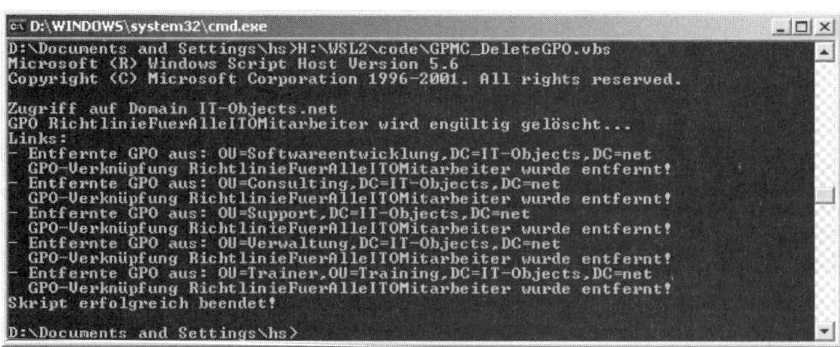

18.7 Sicherungskopien von Gruppenrichtlinien anlegen

Backup()

Die GPMC erlaubt das Anlegen von Sicherungskopien („Backups") von Gruppenrichtlinien im Dateisystem. Diese Funktion wird auch durch die Scripting-Klasse `GPMGPO` in Form der Methode `Backup()` unterstützt. Anzugeben ist lediglich ein Pfad im Dateisystem. An jede Sicherungskopie wird automatisch ein GUID vergeben.

> In der Sicherungskopie wird nur die Gruppenrichtlinie selbst abgelegt, nicht deren Verknüpfungen zu AD-Containern.

```
' GPMC_BackupErstellen.VBS
' Erstellen einer Sicherungskopie eines GPO
' verwendet: GPMC Objects
' ============================================================

Option Explicit

Dim gpm
Dim objDOMAIN
Dim GPO

' Parameter setzen
Const DOMAIN = "IT-Visions.net"
Const GPOName = "Default Domain Controllers Policy"
Const DIR = "g:\ gpmcbackup"

WScript.Echo "Zugriff auf Domain " & DOMAIN

' Zugriff auf das Wurzelobjekt
Set GPM = CreateObject("GPMgmt.GPM")

' Zugriff auf Domäne
Set objDOMAIN = GPM.GetDomain(DOMAIN, "", GPM.GetConstants().UseAnyDC)

' Zugriff auf GPO über Name
Set GPO = GetGPOByName(GPOName)

WScript.echo "Sicherung " & GPO.DisplayName & " " & GPO.ID & " startet..."
GPO.Backup DIR, "Sicherung " & Now
WScript.echo "Sicherung beendet!"

' === Suche ein GPO anhand seines Namens
Function GetGPOByName(Name)
Dim objGPMSearchCriteria
Dim Liste
```

```
' Suchkriterium erzeugen
Set objGPMSearchCriteria = GPM.CreateSearchCriteria()
' Suche nach allen verlinkten SOMs
objGPMSearchCriteria.Add GPM.GetConstants().SearchPropertyGPODisplayName, _
  GPM.GetConstants().SearchOpEquals, Name
' Suche ausführen
Set Liste = objDOMAIN.SearchGPOs(objGPMSearchCriteria)
Set GetGPOByName = Liste.item(1)
End Function
```

Listing 18.7: */Skripte/Kapitel18/GPMC_BackupErstellen.vbs*

18.8 Sicherungskopien einer Gruppenrichtlinie auflisten

GPMBackup-Dir

Über die GPMC-Komponente kann man alle Sicherungskopien zu einer bestimmten Gruppenrichtlinie auflisten, die sich in einem Dateisystemverzeichnis befinden. Dazu sind folgende Schritte notwendig:

- Erzeugung eines `GPMBackupDir`-Objekts mithilfe der Methode `GetBackup Dir(DIR)` aus einer Instanz der Klasse `GPM`
- Erstellung eines `GPMSearchCriteria`-Objekts, durch das festgelegt wird, welche Gruppenrichtlinien-Sicherungskopien aufgelistet werden sollen. Es kann festgelegt werden, ob alle oder nur die aktuellste Sicherungskopie gelistet werden sollen.
- Ausführung der Suche durch `SearchBackups(SearchCriteria)` auf dem `GPMBackupDir`-Objekt. Ergebnis ist eine `GPMBackupCollection`.
- Iteration in einer `For ... Each`-Schleife über die `GPMBackupCollection`, die einzelne `GPMBackup`-Objekte liefert

Das nachfolgende Skript listet zunächst alle und danach die letzte Sicherung einer anhand des Namens spezifizierten Gruppenrichtlinie auf.

```
' GPMC_BackupsAuflisten.VBS
' Auflisten aller Backups eines GPO in einem bestimmten Verzeichnis
' verwendet: GPMC Objects
' =============================================================
Option Explicit

Dim gpm
Dim objDOMAIN
Dim GPO

' Parameter setzen
Const DOMAIN = "IT-Visions.net"
Const GPOName = "Default Domain Controllers Policy"
Const DIR = "g:\gpmcbackup"

WScript.Echo "Zugriff auf Domain " & DOMAIN
```

```
' Zugriff auf das Wurzelobjekt
Set gpm = CreateObject("GPMgmt.GPM")

Dim BackupDir ' GPMBackupDir
Dim Backupliste ' GPMBackupCollection
Dim Backup
Dim SearchCriteria

Set BackupDir = gpm.GetBackupDir(DIR)

WScript.echo vbCr & "Alle Backups von " & GPOName

Set SearchCriteria = gpm.CreateSearchCriteria()
SearchCriteria.Add gpm.GetConstants().SearchPropertyGPODisplayName, _
  gpm.GetConstants().SearchOpEquals, GPOName
Set Backupliste = BackupDir.SearchBackups(SearchCriteria)

For Each Backup In Backupliste
  WScript.echo Backup.GPOID & ";" & Backup.Comment & ";" & Backup.TimeStamp
Next

WScript.echo vbCr & "Das aktuellste Backup von " & GPOName

Set SearchCriteria = gpm.CreateSearchCriteria()
SearchCriteria.Add gpm.GetConstants().SearchPropertyBackupMostRecent, _
  gpm.GetConstants().SearchOpEquals, True
SearchCriteria.Add gpm.GetConstants().SearchPropertyGPODisplayName, _
  gpm.GetConstants().SearchOpEquals, GPOName
Set Backupliste = BackupDir.SearchBackups(SearchCriteria)

For Each Backup In Backupliste
  WScript.echo Backup.GPOID & ";" & Backup.Comment & ";" & Backup.TimeStamp
Next
```

Listing 18.8: */Skripte/Kapitel18/GPMC_BackupsAuflisten.vbs*

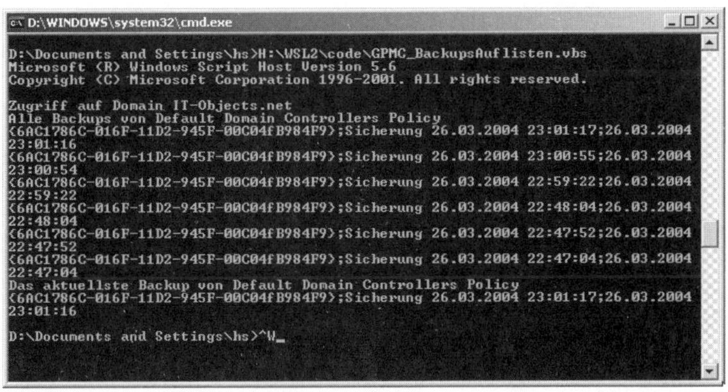

Bild 18.6
Die Ausgabe zeigt sechs verschiedene Sicherungskopien der Gruppenrichtlinie „Default Domain Controllers Policy".

18.9 Wiederherstellung von Gruppenrichtlinien

Restore-GPO()

Zum Wiederherstellen von Gruppenrichtlinien muss man zunächst ein GPMBackup-Objekt erzeugen, wie in dem vorherigen Skript dargestellt. Das nachfolgende Skript ermittelt die letzte Sicherung für eine anhand des Namens identifizierbare Gruppenrichtlinie. Zur Wiederherstellung muss das GPMBackup-Objekt an die Methode RestoreGPO() übergeben werden, die die Klasse GPMDomain bereitstellt. Dadurch werden vorher vorhandene Einstellungen der Gruppenrichtlinie überschrieben.

```
' GPMC_LetzteVersionWiederherstellen.vbs
' Wiederherstellen der letzten gesicherten Version einer Gruppenrichtlinie
' verwendet: GPMC Objects
' ============================================================
Option Explicit

Dim GPM ' GPM
Dim DOMAIN ' GPMDomain
Dim GPO ' GPMGPO
Dim BackupDir ' GPMBackupDir
Dim Backupliste ' GPMBackupCollection
Dim Backup ' GPMBackup
Dim SearchCriteria ' GPMSearchCriteria

' Parameter setzen
Const DOMAINSTRING = "IT-Visions.net"
Const GPOName = "Default Domain Controllers Policy"
Const DIR = "g:\gpmcbackup"

WScript.Echo "Zugriff auf Domain " & DOMAINSTRING

' Zugriff auf das Wurzelobjekt
Set GPM = CreateObject("GPMgmt.GPM")

Set BackupDir = GPM.GetBackupDir(DIR)

WScript.echo vbCr & "Das aktuellste Backup von '" & GPOName &_
"' wird gesucht..."

Set SearchCriteria = GPM.CreateSearchCriteria()
SearchCriteria.Add GPM.GetConstants().SearchPropertyBackupMostRecent, _
  GPM.GetConstants().SearchOpEquals, True
SearchCriteria.Add GPM.GetConstants().SearchPropertyGPODisplayName, _
  GPM.GetConstants().SearchOpEquals, GPOName
Set Backupliste = BackupDir.SearchBackups(SearchCriteria)

For Each Backup In Backupliste
  WScript.echo "Gefunden: " & Backup.GPOID & ";" & Backup.Comment & ";" & _
    Backup.TimeStamp
```

```
  ' Zugriff auf Domäne
  Set DOMAIN = GPM.GetDomain(DOMAINSTRING, "", GPM.GetConstants().UseAnyDC)
  ' Wiederherstellung
  DOMAIN.RestoreGPO Backup,0
  WScript.echo "GPO wurde wiederhergestellt!"
Next
```

Listing 18.9: */Skripte/Kapitel18/GPMC_LetzteVersionWiederherstellen.vbs*

18.10 Weitere Möglichkeiten

Ausblick

Die GPMC-Komponente bietet auch die Möglichkeit, Zugriffsrechte auf Gruppenrichtlinien zu vergeben, Gruppenrichtlinien zwischen Domänen zu kopieren, und die Option, Pfad und Benutzerrechte während der Wiederherstellung einer Gruppenrichtlinie zu verändern und damit eine im Dateisystem abgelegte Gruppenrichtlinie an anderer Stelle als dem Ursprungsort einzusetzen. Dies wird möglich durch eine XML-basierte Migrationstabelle. Leider bleibt in diesem Einsteigerwerk nicht der Raum für diese umfangreicheren und zum Teil sehr komplexen Themen.

18.11 Fragen und Aufgaben

1. Welche Aufgaben in Zusammenhang mit Gruppenrichtlinien kann man per Skript steuern?
2. Welche Voraussetzungen muss ein System erfüllen, damit man Gruppenrichtlinienskripte ausführen kann?
3. Wie werden Gruppenrichtlinienobjekte eindeutig identifiziert?
4. Wie ermittelt man, welchen Organisationseinheiten eine Gruppenrichtlinie zugewiesen ist?

19 Scripting-Sicherheit

Der Love-Letter-Wurm war im Jahr 2000 der erste prominente Vertreter der Gattung der WSH-Viren. Dieser in VBScript geschriebene Wurm hat der Welt gezeigt, wie mächtig das Windows Scripting ist und wie einfach es missbraucht werden kann. Dieses Kapitel thematisiert die möglichen Bedrohungen durch WSH-Skripte und die vorhandenen Schutzmaßnahmen gegen diese Bedrohungen.

Love-Letter-Wurm

19.1 Bedrohungen durch WSH-Skripte

Im Hinblick auf WSH-Skripte sind zwei zentrale Bedrohungen zu betrachten:

1. Ein WSH-Skript kann durch seine Ausführung Schaden im System anrichten.
2. Ein WSH-Skript kann Informationen enthalten, die nicht sichtbar sein sollten.

Schäden durch die Ausführung von WSH-Skripten

Ausgeführt wird ein Skript immer unter den Rechten des Benutzers, der das Skript startet. Wenn derjenige, der ein Skript startet, ein Systemadministrator ist, kann ein Skript fast jede beliebige Aktion ausführen. Der Love-Letter-Wurm hat jedoch bewiesen, dass auch im Kontext eines normalen Benutzers viel Schaden angerichtet werden kann. Insbesondere hat ein Benutzer ja Zugriffsrechte auf das Dateisystem. Benötigt wird also eine Beschränkung der Nutzung des WSH auf bestimmte Benutzer – besser noch: eine Beschränkung der Ausführung einzelner Skripte auf bestimmte Benutzer.

Gefährliche Skripte

Schäden durch Einblick in Skripte

Spionage Die zweite Bedrohung geht von der einfachen Lesbarkeit der Skripte aus. Zur Erinnerung: Ein WSH-Skript ist eine mit jedem Texteditor lesbare Textdatei. Daraus ergibt sich eine Bedrohung von innen: Nicht jeder, der ein Skript ausführen kann, sollte den Quellcode auch lesen oder gar ändern können. Beispielsweise sollte ein Benutzer kein Anmeldeskript lesen können, das bestimmte Einstellungen im System unter Ausnutzung eines im Skript vollzogenen Identitätswechsels ausführt.

19.2 Schutz vor bösen Skripten

Für den Schutz vor bösen Viren gibt es zwei Ansätze: globale Deaktivierung des WSH oder Sperrung auf Skriptdateiebene.

19.2.1 Globale WSH-Deaktivierung

Löschen der WSH-Executables Der radikalste Schutzmechanismus gegen unerwünschte WSH-Skripte ist die Entfernung des WSH von einem System. Während man unter Windows 98 den WSH noch über das Software-Symbol in der Systemsteuerung entfernen konnte, gibt es diese Möglichkeit in neueren Windows-Versionen nicht mehr. Auf allen Systemen hilft aber das Löschen der Dateien *wscript.exe* und *cscript.exe*, die beide im Verzeichnis */WinNT/System32* bzw. */Windows/System32* liegen. Danach kann kein WSH-Skript mehr gestartet werden.

Entfernen der Dateinamenerweiterungsverknüpfungen Weniger wirkungsvoll ist das Entfernen der Dateisystemextensionen *.vbs*, *.js* und *.wsf* aus der Registrierungsdatenbank. Skripte mit diesen Dateinamenerweiterungen werden zwar danach nicht mehr gestartet, aber ein Angreifer könnte noch *wscript.exe* oder *cscript.exe* explizit vor dem Skriptnamen aufrufen und damit das Skript zur Ausführung bringen.

Deaktivieren per Registrierungsdatenbank Seit dem WSH 5.6 besteht die Option, den WSH durch eine Registrierungsdatenbankeinstellung systemweit oder benutzerspezifisch zu deaktivieren.

- Um den WSH für alle Benutzer zu deaktivieren, setzen Sie den Eintrag *HKEY_LOCAL_MACHINE\Software\Microsoft\Windows Script Host\Settings\Enabled* auf den Wert 0.
- Um den WSH für einzelne Benutzer zu deaktivieren, setzen Sie für die jeweiligen Benutzer *HKEY_CURRENT_USER\Software\Microsoft\Windows Script Host\Settings\Enabled* auf den Wert 0.

Unterhalb des Windows-Schlüssels existieren verschiedene Unterschlüssel, die mit „Windows Script“ beginnen. Achten Sie darauf, dass Sie genau den oben genannten Schlüssel verändern. Der Eintrag „Settings“ existiert normalerweise nicht und muss von Ihnen als DWORD-Wert angelegt werden. Um den WSH wieder zu aktivieren, wählen Sie einen Wert größer als 0.

Wenn der WSH auf o.g. Weise deaktiviert wurde, erhalten die betroffenen Benutzer nachstehende Fehlermeldung.

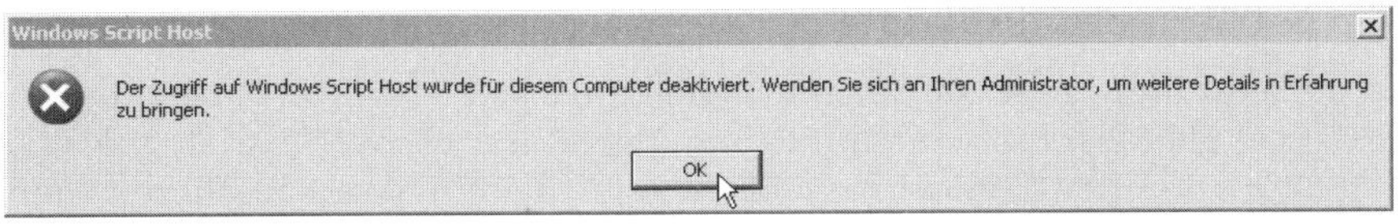

Bild 19.1 *Fehlermeldung beim Start eines Skripts, wenn der WSH deaktiviert wurde*

NTFS-Rechte

Die gleiche Wirkung hat die Reglementierung der Dateisystemzugriffsrechte auf die Dateien *wscript.exe* oder *cscript.exe*. Dies ist natürlich nur möglich, wenn Sie NTFS als Dateisystem einsetzen. In diesem Fall müssen Sie die Startberechtigung über das Recht „Datei ausführen" steuern. Wenn Sie WSH-Skripte für alle Benutzer (auch lokale Administratoren) verbieten wollen, können Sie diese beiden Dateien auch einfach löschen.

19.2.2 Sperrung auf Skriptdateiebene

Alle bisherigen Lösungsvorschläge schalten den WSH entweder für alle Benutzer oder für einzelne Benutzer aus. Es ist mit den obigen Lösungen nicht möglich, dass Benutzer bestimmte Skripte (die von der Netzwerkadministration bereitgestellt werden) ausführen, während eingeschleppte Skripte blockiert werden.

NTFS-Rechte auf Skriptdateien

Um einem Benutzer die Berechtigung zu entziehen, eine bestimmte WSH-Datei zu starten, können Sie auch die NTFS-Dateisystemrechte verwenden. Sie müssen dazu dem Benutzer das Recht „Datei lesen" nehmen, nicht das Recht „Datei ausführen". Die NTFS-Rechtesteuerung auf Skriptebene wirkt dann aber nur für die vorhandenen Skripte. Das Einschleppen eines neuen Skripts via Diskette oder E-Mail (vgl. Love-Letter-Wurm) ist dadurch nicht zu verhindern.

Digitale Signaturen für Skripte

Aus diesem Grund hat Microsoft ab dem Windows Script Host Version 5.6 digitale Signaturen für Skripte eingeführt, mit denen die Authentizität und die Integrität von Skripten geprüft werden können. Ein Administrator oder Skriptautor kann Skripte digital signieren und die Ausführung auf digital signierte Skripte beschränken. In allen Windows-Versionen vor Windows XP ist die Steuerung der erlaubten Signaturen jedoch nur sehr grob möglich über die Registrierung vertrauenswürdiger Zertifizierungsstellen. Ab Windows XP steht mit den Software Restriction Policies (SRP) ein geeignetes Instrument zur Verfügung, um auf Ebene einzelner Signaturen oder sogar von Hash-Werten einzelner Zertifikate die Zugriffsrechte zu steuern.

19.2.3 WSH-Skripte signieren

CryptoAPI-Tools

Um ein Skript digital signieren zu können, benötigt der Skriptautor ein Schlüsselpaar und ein Zertifikat für den öffentlichen Schlüssel aus diesem Schlüsselpaar. Um Schlüssel und Zertifikat auf ein Skript anzuwenden, ist nicht nur die Verwendung des WSH ab Version 5.6 notwendig, sondern auch das Tool *signcode.exe*, das zu den Microsoft CryptoAPI-Tools gehört. Die CryptoAPI-Tools sind Teil des Internet Explorer Authenticode-Add-Ons (siehe auf der Buch-Website *\Install\Werkzeuge\WSH-Sicherheit\Authenticode50*) oder Teil des .NET Framework SDK. Zu den Authenticode-Tools gehört auch das Werkzeug *makecert.exe*, mit dem man zu Testzwecken Schlüssel und Zertifikate erzeugen kann.

Die CryptoAPI-Tools bestehen aus sieben Kommandozeilenwerkzeugen und einem GUI-Werkzeug; die wichtigsten unter ihnen sind:

- *signcode.exe* zum Signieren eines Skripts
- *pvk2pfx.exe* zum Verpacken von Zertifikat und privatem Schlüssel in eine *.pfx*-Datei
- *makecert.exe* zum Erstellen eines Zertifikats
- *chktrust.exe* zum Prüfen einer Signatur
- *certmgr.exe* zum Verwalten der Zertifikate
- *setreg.exe* zum Erstellen von Einstellungen für die Testzertifizierungsstelle

> Um das Buch im Rahmen des vorgegebenen Seitenumfangs zu halten, finden Sie an dieser Stelle keine grundlegende Einführung in das Thema der digitalen Signaturen. Allgemeine Informationen über digitale Signaturen können Sie in zahlreichen Grundlagenwerken zum Thema Sicherheit nachlesen.

Zertifikat erstellen

Um ein Skript digital signieren zu können, benötigt der Skriptautor ein Schlüsselpaar und ein Zertifikat für den öffentlichen Schlüssel aus diesem Schlüsselpaar. Ein solches Zertifikat bekommt er von einem Windows Server mit installiertem Zertifikatsdienst, von einem externen Zertifikatsanbieter im WWW oder er erstellt sich selbst eins mit *makecert.exe*. Beim Einsatz von *makecert.exe* hat man noch die Option, eine eigene Zertifizierungsstelle anzulegen oder aber eine eingebaute Testzertifizierungsstelle zu verwenden. Hier werden beide Wege beschrieben.

> Das Zertifikat muss explizit für die Codesignatur freigeschaltet sein. Bei den mit *makecert.exe* erstellten Testzertifikaten ist dies immer der Fall.

Erstellen eines Zertifikats mit eigener Zertifizierungsstelle

Zum Erstellen der eigenen Zertifizierungsstelle ist der folgende Kommandozeilenbefehl auszuführen (*ErstelleEigeneZertStelle.bat* auf der Buch-Website):

```
makecert -n "CN=IT-Visions Certificate DEMO Root" -a sha1 -eku
1.3.6.1.5.5.7.3.3 -r -sv itv_root.pvk itv_root.cer -ss Root -sr localMachine
```

Nach der Abfrage eines Kennworts zur Verschlüsselung des privaten Schlüssels der neuen Zertifizierungsstelle erscheint in der MMC-Konsole „Zertifikate" eine neue „Trusted Root Certification Authority" (siehe Bildschirmabbildung). Dieses Zertifikat hat die Zertifizierungsstelle sich selbst signiert („Self Signed"). Im Dateisystem liegen im aktuellen Verzeichnis nun das Zertifikat (*itv_root.cer*) und der private Schlüssel (*itv_root.pvk*) der Zertifizierungsstelle.

Das Zertifikat und der private Schlüssel der Zertifizierungsstelle werden nun verwendet, um ein neues Zertifikat für den Skriptautor zu erstellen (*ErstelleTestZertifikat_store.bat*):

```
makecert -pe -n „CN=HSchwichtenberg DEMO" -ss MY -a sha1 -eku 1.3.6.1.5.5.7.3.3
-iv itv_root.pvk -ic itv_root.cer
```

Danach erscheint das neue Zertifikat unter den eigenen Zertifikaten im Zertifikatsspeicher.

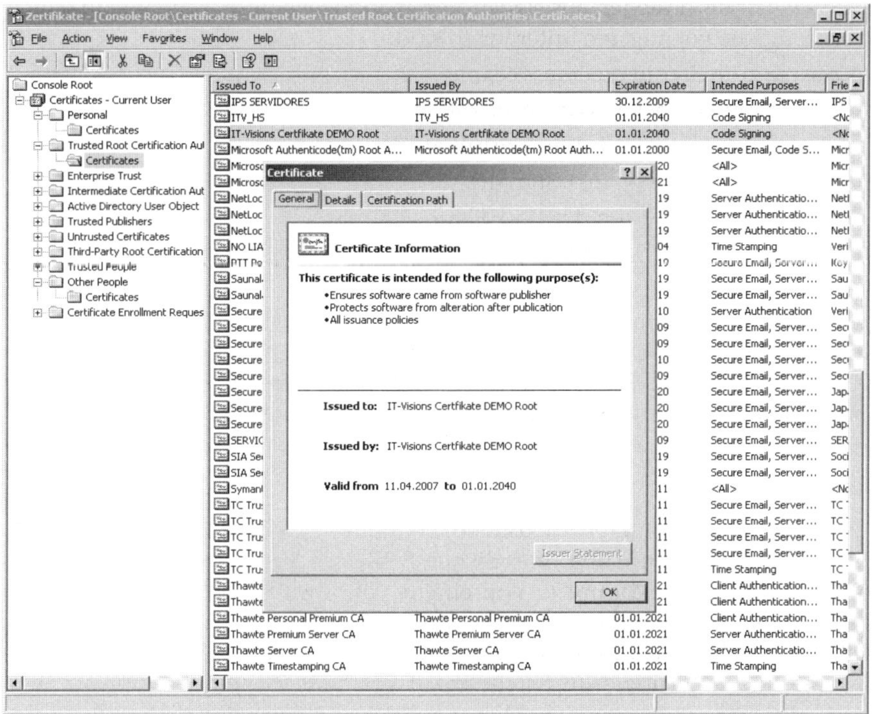

Bild 19.2
Ansicht des Zertifikats der neuen Zertifizierungsstelle

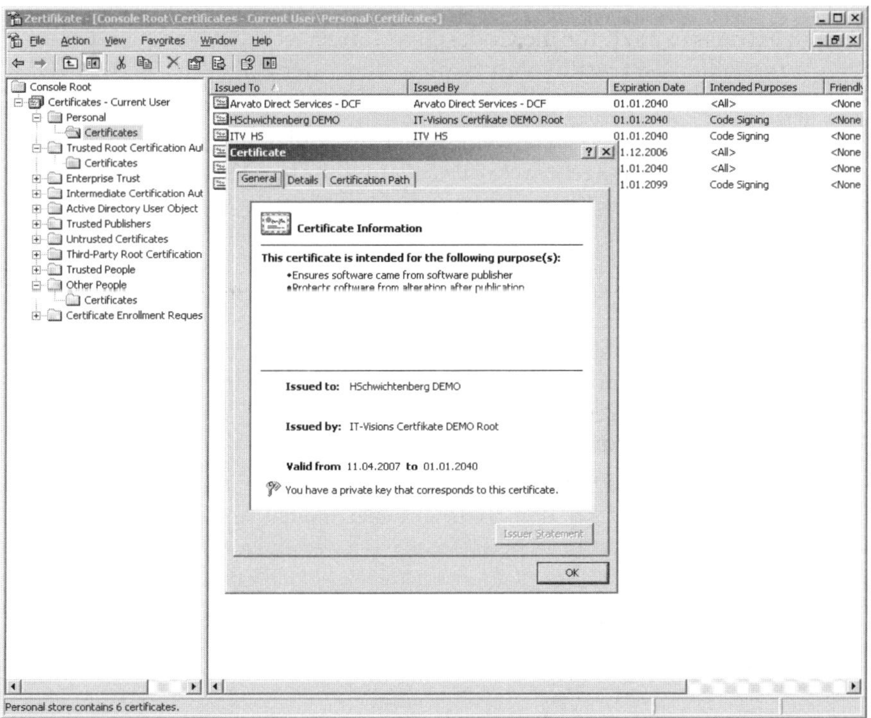

Bild 19.3
Ansicht des eigenen Zertifikats

Nun ist diesem Zertifikat noch zu vertrauen, indem man eine Kopie davon in „Trusted Publishers" (Vertraute Herausgeber) ablegt. Eine Kopie erstellt man in der MMC-Konsole „Zertifikate", indem man das eigene Zertifikat mit der Maus markiert und dann per Ziehen & Fallenlassen (Ziehen & Fallenlassen/Drag&Drop) bei gedrückter STRG-Taste (!) nach „Trusted Publishers/Certificates" zieht.

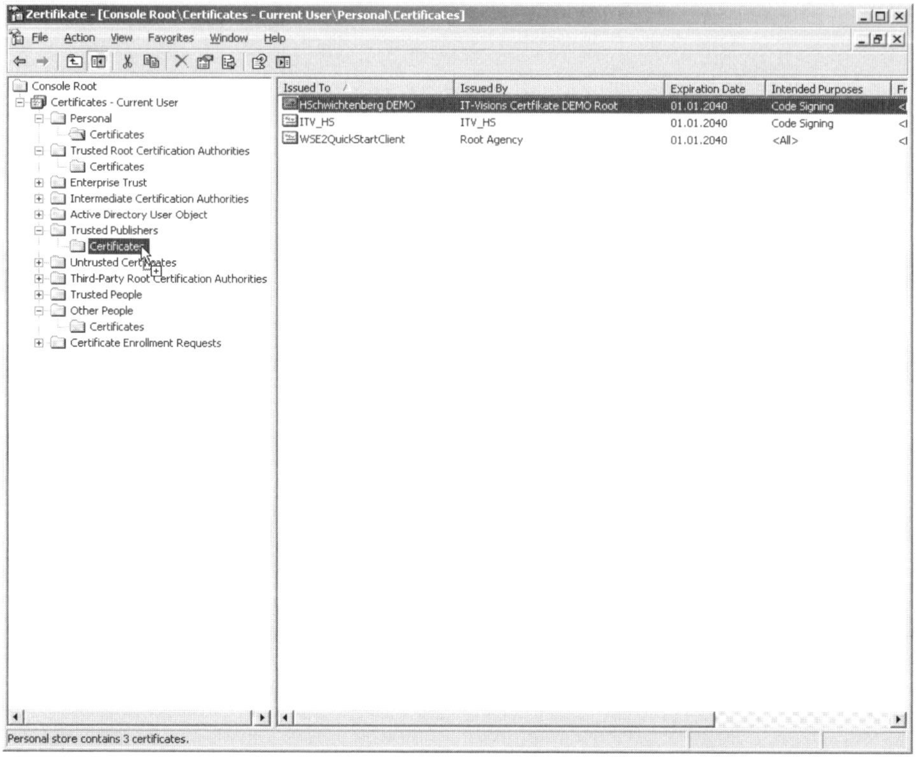

Bild 19.4 Erstellen einer Kopie des Zertifikats unter den „vertrauten Herausgebern"

Erstellen eines Zertifikats mit der Testzertifizierungsstelle

Um mit einem Testzertifikat arbeiten zu können, muss man auch das Vertrauen in die Testzertifizierungsstelle aktivieren:

```
setreg 1 TRUE
```

Mit dem folgenden Befehl erzeugt man dann ein Schlüsselpaar und ein Zertifikat von dieser Testzertifizierungsstelle. *HSchwichtenberg.cer* enthält dann das Zertifikat mit dem öffentlichen Schlüssel und *HSchwichtenberg.pvk* als dem privaten Schlüssel.

```
makecert HSchwichtenberg.cer -n "CN=Dr. Holger Schwichtenberg"
-sv HSchwichtenberg.pvk
```

Transport von Zertifikaten

Zertifikate können durch PFX-Dateien auf andere Systeme weitergegeben werden, wobei wahlweise der private Schlüssel dort enthalten oder nicht enthalten ist. Die Weitergabe des privaten Schlüssels bedeutet, dass dort mit diesem Zertifikat signiert werden kann. Wird nur das Zertifikat selbst weitergegeben, kann es dort lediglich zur Überprüfung von Signaturen eingesetzt werden.

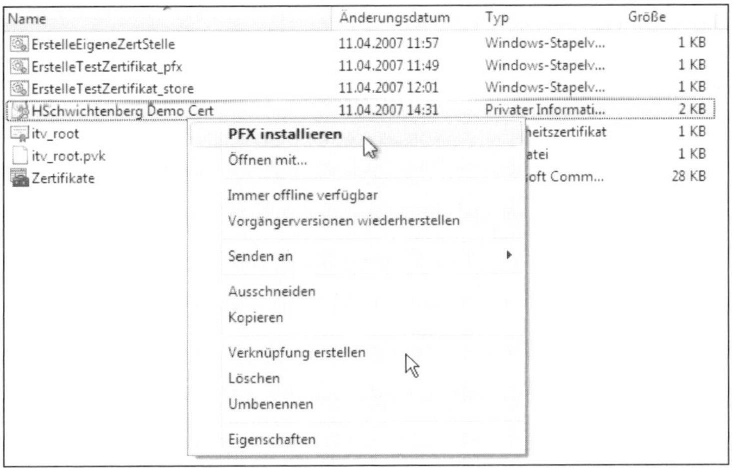

Bild 19.5 Installieren eines Zertifikats (hier in Windows Vista)

PFX-Dateien erstellt man durch den Export eines Zertifikats in der MMC-Konsole „Zertifikate" oder durch das Kommandozeilenwerkzeug *pvk2pfx.exe*. PFX-Dateien können dann durch einen Doppelklick auf dem Zielsystem im dortigen Zertifikatsspeicher abgelegt werden. Dies zeigt die folgende Bildschirmabbildung am Beispiel von Windows Vista; möglich ist dies aber auch auf früheren Betriebssystemen.

Bild 19.6 Der Assistent informiert über seine Möglichkeiten (hier in Windows Vista).

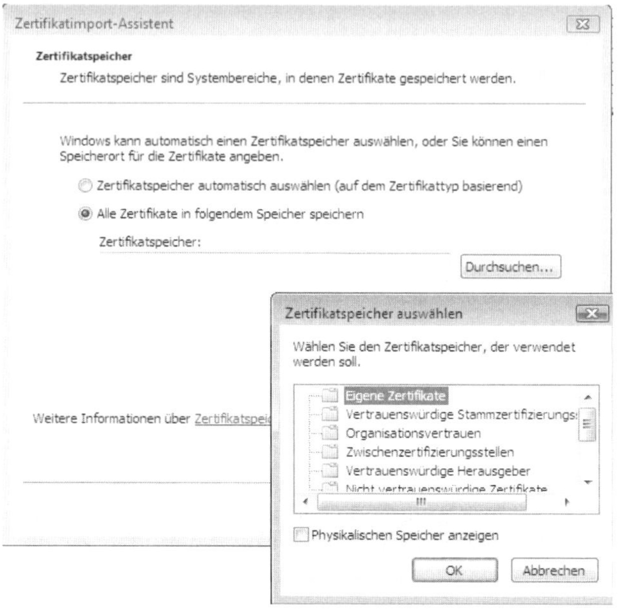

Bild 19.7 Auswahl des Installationsorts (hier in Windows Vista)

Signcode-Wizard

Signcode.exe *Signcode.exe* kann als Kommandozeilenwerkzeug arbeiten; es bietet für Benutzer, die die zahlreichen Optionen nicht kennen, aber auch eine ansprechende grafische Benutzerschnittstelle in Form eines Wizards („Assistent für digitale Signaturen"). Der Wizard fragt zunächst nach der zu signierenden Datei. Das Auswahlfenster bietet zwar nur die Optionen, die binären Dateitypen *.exe*, *.dll*, *.ocx* und *.cab* sowie Zertifikatsvertrauenslisten (*.slt*) und Katalogdateien (*.cat*) zu signieren. Wenn der WSH ab Version 5.6 installiert ist, funktioniert aber auch die Auswahl sämtlicher Skriptdateitypen (*.vbs*, *.vbe*, *.js*, *.jse*, *.wsf*).

Bild 19.8 Start des Signcode-Wizards

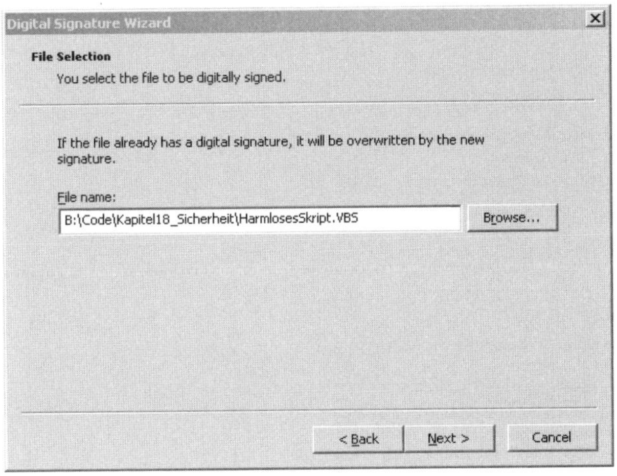

Bild 19.9
Auswahl des zu signierenden Skripts

Nach der Auswahl des Skripts muss der signierende Benutzer aus dem Zertifikatsspeicher ein für ihn dort abgelegtes Zertifikat auswählen oder den Pfad zu einer Zertifikatsdatei angeben.

Der Wizard hängt nach Abschluss aller Einstellungen die Signatur an die Skriptdatei an. Das folgende Listing zeigt ein einfaches *.vbs*-Skript, das durch das Werkzeug *signcode.exe* digital signiert wurde. Die Signatur ist in Kommentarzeilen verborgen, sodass der Skriptspracheninterpreter sich nicht beschwert, wenn das Skript ausgeführt wird.

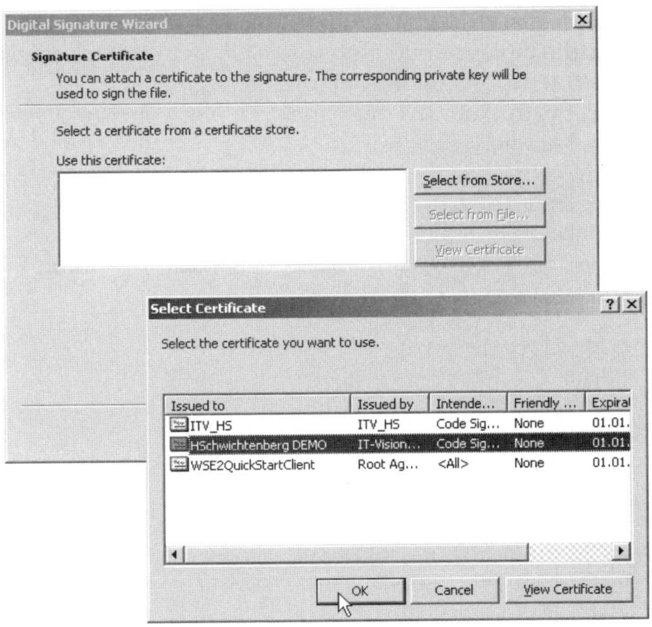

Bild 19.10
Auswahl des Zertifikats für die Signatur

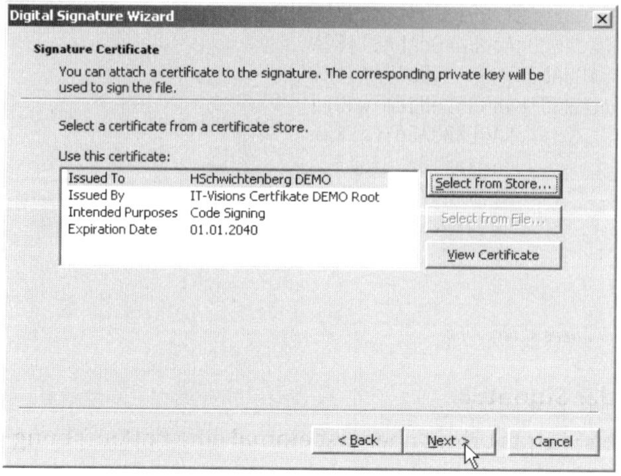

Bild 19.11 *Zertifikatsanzeige nach der Auswahl*

```
' SigniertesSkript.vbs
' Beispiel für die Signierung einer .vbs-Datei
' Autor: Dr. Holger Schwichtenberg
' ============================================================

MsgBox "Ich bin ein harmloses Skript!"

'' SIG '' Begin signature block
'' SIG '' MIIEVgYJKoZIhvcNAQcCoIIERzCCBEMCAQExCzAJBgUr
'' SIG '' DgMCGgUAMGcGCisGAQQBgjcCAQSgWTBXMDIGCisGAQQB
'' SIG '' gjcCAR4wJAIBAQQQTvApFpkntU2P5azhDxfrqwIBAAIB
'' SIG '' AAIBAAIBAAIBADAhMAkGBSsOAwIaBQAEFAOjz04iSRoo
'' SIG '' 4c+vDEDPYriQNaTMoIICHjCCAhowggGDoAMCAQICEF5E
'' SIG '' uvQZTTaNSLHZIgwkpQQwDQYJKoZIhvcNAQEEBQAwGTEX
'' SIG '' MBUGA1UEAxMOSG9sZ2VyVGVzdENlcnQwHhcNMDQwNDE5
'' SIG '' MjMyNzMzWhcNMzkxMjMxMjM1OTU5WjAZMRcwFQYDVQQD
'' SIG '' Ew5Ib2xnZXJUZXN0Q2VydDCBnzANBgkqhkiG9w0BAQEF
'' SIG '' AAOBjQAwgYkCgYEAuUIjpCIufyH1QyjCc8Mb72BdfY5Z
'' SIG '' BI9ZtbqXTBeSW87uO8oECM/sBtiAD50EbMXK54hzlhWf
'' SIG '' WRcEoEY5QCvvnyeuzkFcn6vB91sxYV/ZqpPztchRLaRa
'' SIG '' Pg17bdJCpVWMyAzAssC9CTx8VcNfj2aukWbqJ223pmVo
'' SIG '' MrDLZOyn01MCAwEAAaNjMGEwEwYDVR0lBAwwCgYIKwYB
'' SIG '' BQUHAwMwSgYDVR0BBEMwQYAQohMllUOlEWQraNWhFpE9
'' SIG '' 8KEbMBkxFzAVBgNVBAMTDkhvbGdlclRlc3RDZXJ0ghBe
'' SIG '' RLr0GU02jUix2SIMJKUEMA0GCSqGSIb3DQEBBAUAA4GB
'' SIG '' ALC2tNYSED21cELwzaVCT2YrkkUJ+fbtHU/ST921kFbe
'' SIG '' UsAR9/ijC+cjQPmf0tDXsN+2vuCIE00P9heLFbCmQQQR
'' SIG '' hhOR8AsM2Ixh4shRK8luseT7tYjN0XOIvy/fvj5978jY
'' SIG '' Akf5X07dK/FJnYdWWaeeVI9UUEdVzzL1mVm1WGRZMYIB
'' SIG '' pDCCAaACAQEwLTAZMRcwFQYDVQQDEw5Ib2xnZXJUZXN0
'' SIG '' Q2VydAIQXkS69BlNNolIsdkiDCSlBDAJBgUrDgMCGgUA
'' SIG '' oIHOMBkGCSqGSIb3DQEJAzEMBgorBgEEAYI3AgEEMBwG
'' SIG '' CisGAQQBgjcCAQsxDjAMBgorBgEEAYI3AgEVMCMGCSqG
```

```
'' SIG '' SIb3DQEJBDEWBBTG9TSOJgoLKlQlLQOis8pXtsiuHzBu
'' SIG '' BgorBgEEAYI3AgEMMWAwXqA6gDgAcwBpAGcAbgBlAGQA
'' SIG '' IABiAHkAIABTAHkAcwB0AGUAbQBTAGMAcgBpAHAAdABl
'' SIG '' AHIAIAA1AC4AMKEggB5odHRw0i8vd3d3LnNjcmlwdGlu
'' SIG '' dGVybmFscy5kZSAwDQYJKoZIhvcNAQEBBQAEgYCjkKqn
'' SIG '' VZfR6bLR2jZ6nLv9+oZArqSSOlU06mapai2rU8IZLPQT
'' SIG '' +4Ybl9yIWA1s3vlkahOXs3Wz9zo5VdWnadZDps3U2H9M
'' SIG '' uXVrdY3OIHDMvt9nlaZmyC1IDSmvWaVrwLX5dpSRbIIC
'' SIG '' dJAP9+VY1Lk34ZVeXiH6ryBou9uTDoNEMw==
'' SIG '' End signature block
```

Listing 19.1: */Skripte/Kapitel19/HarmlosesSkript.vbs*

Prüfung der Integrität und der Signatur

ChkTrust.exe

Der Start eines derart signierten Skripts bringt aber erst einmal eine Enttäuschung: Windows führt das Skript aus, egal wer es signiert hat. In der Standardeinstellung werden auch nach der Installation des WSH 5.6 unsignierte Skripte weiterhin ohne Nachfrage ausgeführt. Und sogar bei Skripten, deren Quelltext nach der Signierung verändert wurde, beschwert sich Windows nicht. Auch Windows Vista/Windows Server 2008 (mit WSH 5.7) und Windows 7/8/Windows Server 2008 R2/Server 2012 (mit WSH 5.8) verhalten sich so.

Dass sich das Betriebssystem aber sehr wohl im Klaren über die Integritätsverletzung ist, beweist der Einsatz des Tools *ChkTrust.exe* aus den oben bereits erwähnten CryptoAPI-Tools.

Die Ausführung des Kommandozeilenbefehls

```
ChkTrust.exe SigniertesSkript.vbs
```

testet die angegebene Skriptdatei *SigniertesSkript.vbs*. Nur wenn die Integrität der Skriptdatei bestätigt wird, meldet *ChkTrust.exe* „Signiertes Skript.vbs: Succeeded" zurück. Ein Fehler wird erzeugt und dem Benutzer angezeigt, wenn jemand das Skript nachträglich verändert hat.

> Leider hat der Benutzer in der Standardeinstellung auch im Fehlerfall die Möglichkeit, das Skript dennoch zu akzeptieren und damit ein „Succeeded" zu erzeugen. Nur wenn der Benutzer die Warnung des Systems nicht ignoriert, wird das Skript blockiert.

Registrierungsoptionen

Um ein wirkungsvolles Sicherheitssystem für WSH-Skripte einzurichten, muss *ChkTrust.exe* bei jedem Skriptstart automatisch gestartet werden. Der entscheidende Registrierungsschlüssel dafür ist *HKEY_LOCAL_MACHINE\Software\Microsoft\Windows Script Host\Settings*. In diesem Schlüssel muss *TrustPolicy* als REG_DWORD-Wert auf 0, 1 oder 2 gesetzt werden:

- Der Wert 0 ist die Standardeinstellung und bedeutet, dass alle Skripte (wie bisher) laufen.
- Um dem Benutzer bei unsignierten Skripten die Wahl zu lassen, gehört eine 1 in den Eintrag *TrustPolicy*.
- Um grundsätzlich die Ausführung aller Skripte zu unterbinden, die unsigniert sind, deren Integrität verletzt ist oder bei denen es Unzulänglichkeiten hinsichtlich der Zertifizierungsstellen oder der Vertrauenskette gibt, ist 2 der richtige Wert.

Zum Setzen dieser Einstellungen finden Sie auf der Website zu diesem Buch im Verzeichnis *\Install\Werkzeuge\WSH-Sicherheit\TrustPolicyEditor* ein kleines, einfaches Werkzeug, um diese Einstellungen zu verändern. Dies ist zu Testzwecken sehr hilfreich.

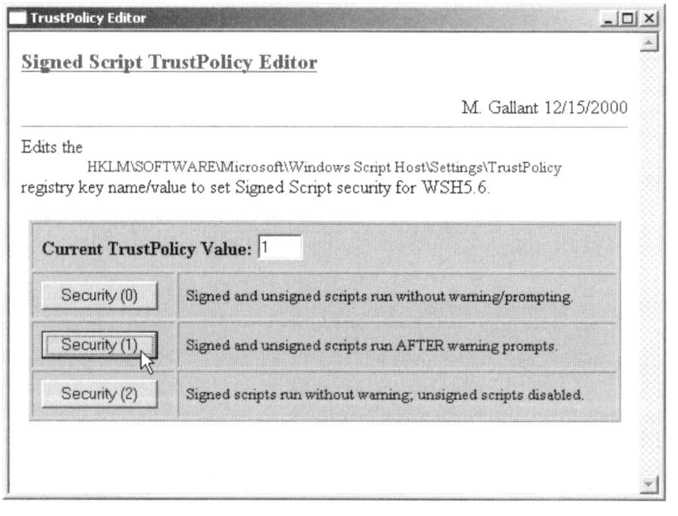

Bild 19.12: *Der Signed Script TrustPolicy Editor von Michel Gallant*

certmgr.exe Die letzte Einstellung („2") bedeutet, dass der Benutzer sich der Vertrauenswürdigkeit der Zertifizierungsstellen ausliefert. Welche Zertifizierungsstelle man in die Liste der vertrauenswürdigen Zwischen- und Stammzertifizierungsstellen aufnimmt, sollte also wohlüberlegt sein. Den Zertifikatsmanager erreicht man über *certmgr.exe* oder über den Internet Explorer über *Extras/Internetoptionen* und die Schaltfläche *Zertifikate* in der Registerkarte *Inhalte*. Zertifikatsdateien (z.B. *.cer*, *.crt*, *.spc*, *.p7b*) lassen sich von dort oder auch direkt über ihr Kontextmenü importieren. Wichtig ist in jedem Fall die Festlegung des Zertifikatszwecks im Zertifikatsmanager. Dazu müssen Sie ein Zertifikat auswählen und dann auf *Erweitert* klicken.

Schwachstelle bleibt

Auch nach der Aktivierung der *TrustPolicy* bleibt eine Schwachstelle: Im Standard enthält die Liste der vertrauenswürdigen Zwischen- und Stammzertifizierungsstellen bereits eine Reihe von Zertifizierungsstellen, die für den Zweck „Codesignatur" freigegeben sind. Dabei ist natürlich nicht kontrollierbar, wer ein solches Zertifikat bekommen kann. Diese Zertifizierungsstellen müssten deaktiviert werden, was aber die Ausführung von Anwendungen und ActiveX-Komponenten verhindert, die mit Zertifikaten dieser öffentlichen Zertifizierungsstellen signiert wurden.

Im nächsten Unterkapitel erfahren Sie, welche Verbesserungen Microsoft in dieser Hinsicht ab Windows XP vorgenommen hat, um besser steuern zu können, welche Zertifikate zugelassen sind und welche nicht.

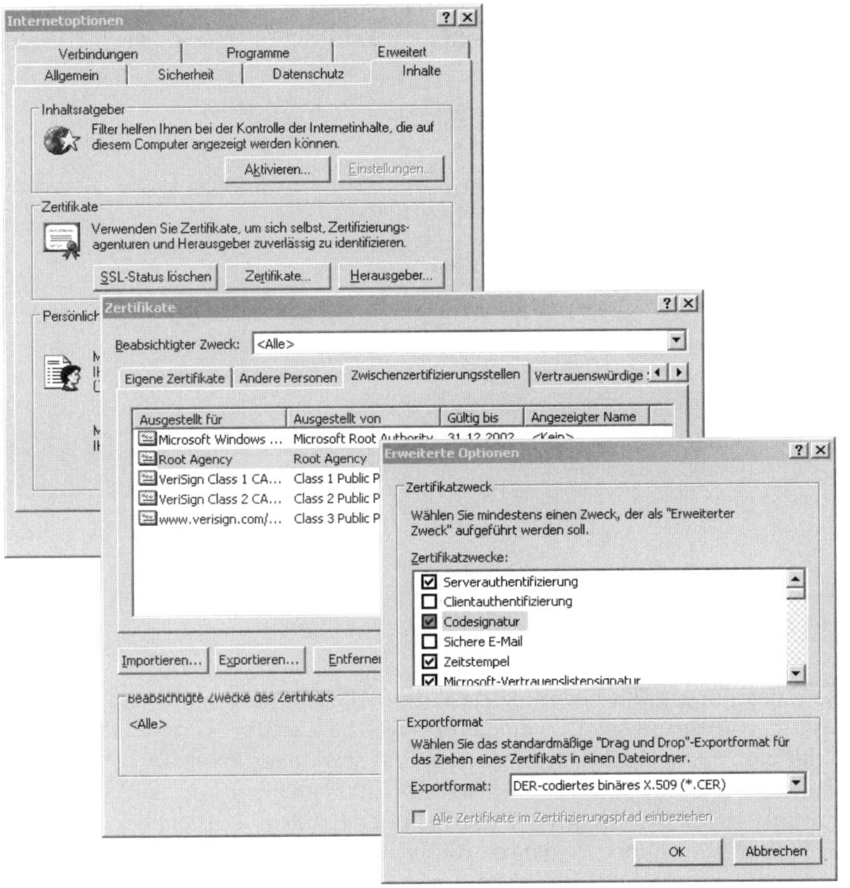

Bild 19.13 *Festlegung des Zertifikatszwecks*

19.2.4 Skriptkontrolle durch Richtlinien für Softwareeinschränkungen

Software Restriction Policies (SRP)

Eine Alternative zu der Kontrolle von Skripten über Zertifikate stellt eine Technik mit dem Namen „Richtlinien für Softwareeinschränkungen" (Software Restriction Policies (SRP), alias: WinSafer) dar. SRP wird ab Windows XP unterstützt und erlaubt die Beschränkung der Ausführung von Anwendungen und Skripten auf Basis zahlreicher Kriterien.

Kriterien für die Beschränkung der Softwareausführung sind folgende Kriterien der ausführbaren Datei (Skript oder *.exe*):

- der Hash-Wert der Datei,
- ein in der digitalen Signatur der Datei enthaltenes Zertifikat gemäß dem Microsoft Authenticode-Verfahren,
- die Internet Explorer-Zone, von der die Datei geladen wurde,
- der Dateisystempfad, in dem die Datei liegt,
- die Dateinamenerweiterung der Datei.

Wirkung der Beschränkung der Softwareausführung

Die SRP-Richtlinien wirken additiv zum Sicherheitssystem von Windows, nicht alternativ. Dies bedeutet, dass ein Skript oder eine Anwendung erst durch die Beschränkung der Softwareausführung genehmigt werden muss. Wenn diese Prüfung erfolgreich war, wirken bei der Ausführung der Software zusätzlich noch die Rechte des Benutzers, der die Software gestartet hat.

Setzen von Richtlinien für Softwareeinschränkungen

Eine SRP wird über eine lokale Windows-Richtlinie oder Active Directory-Gruppenrichtlinie gesetzt bzw. verbreitet. Üblicherweise setzt man die SRP-Grundeinstellung auf „Alles verbieten" und erlaubt dann einzelnen Skripten oder einzelnen Zertifikaten den Zugriff.

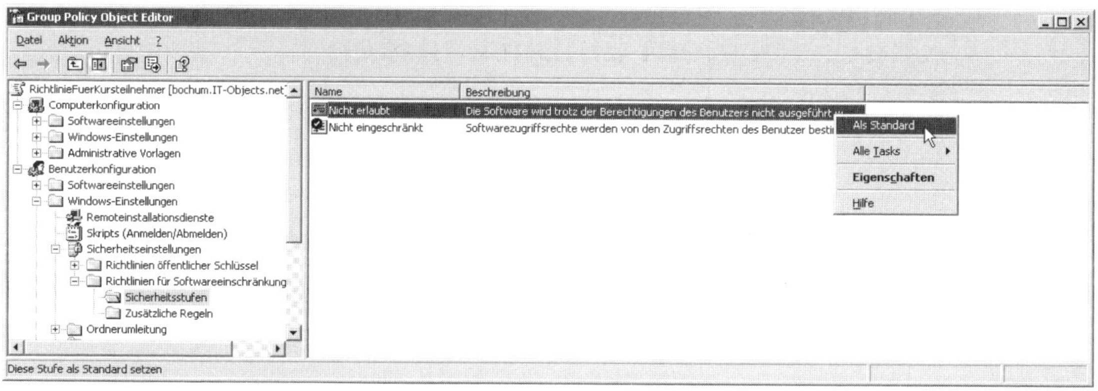

Bild 19.14: Definition der SRP-Grundregel

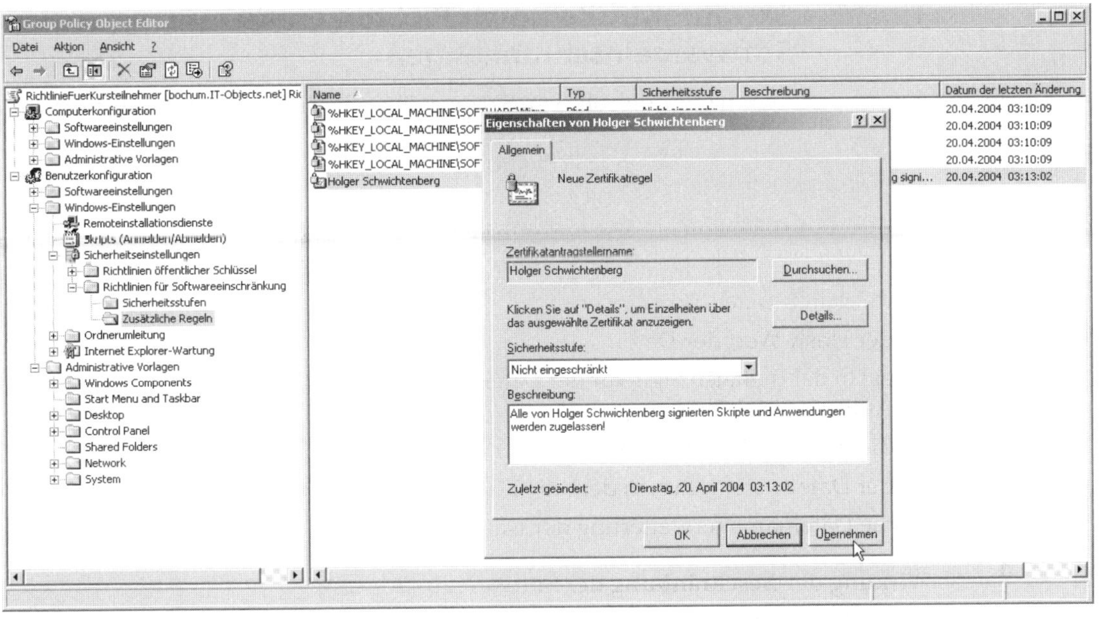

Bild 19.15: *Definition einer SRP-Ausnahme für von einem bestimmten Autor signierte Skripte und Anwendungen*

Alles oder nichts

Entweder gestattet eine SRP-Richtlinie einem Skript oder einer Anwendung den Start oder sie verbietet ihn. Einem Skript oder einer Anwendung den Start zu erlauben, es bzw. sie dann aber hinsichtlich seiner bzw. ihrer Fähigkeiten einzuschränken (z.B. Zugriff auf Dateisystem, aber nicht auf das Active Directory), ist mit WSH-Skripten nicht möglich. Es gibt komplexere Programmierumgebungen (Java und alle .NET-basierten Sprachen wie C# und Visual Basic .NET), die Einstellungen auf dieser Ebene erlauben.

19.3 Schutz vor dem Einblick in den Quellcode

Nicht alle Personen, die Skripte ausführen können sollen, sollten auch den Inhalt der Skripte lesen können. Das trifft zum Beispiel auf Anmeldeskripte zu, die im Benutzerkontext des sich anmeldenden Endbenutzers ausgeführt werden. Aber auch unter den Administratoren gibt es in großen Windows-Netzwerken Abstufungen, die einen Schutz vor dem Einblick in den Quellcode sinnvoll machen. Schließlich erfordert auch der Wunsch nach dem Schutz des geistigen Eigentums den Quellcodeschutz.

NTFS-Rechte

Da ein Skript zum Ausführen gelesen werden muss, wirkt die Unterscheidung der NTFS-Rechte „Lesen" und „Ausführen" nicht, d.h., man kann auf diese Weise nicht erreichen, dass ein Benutzer von einem Skript, das er ausführen soll, nicht auch dessen Quelltext lesen darf. Microsoft bietet dafür als Lösung die Skriptkodierung (Script Encoding) an.

Skriptkodierung mit dem Script Encoder

Der Microsoft Script Encoder ist ein Werkzeug, das den Quelltext der WSH-Skripte so kodiert (verwandelt), dass man den Quelltext nicht mehr einsehen kann; dabei können die Skripte aber so einfach wie bisher ausgeführt werden.

Der Script Encoder ist ein kostenloses Werkzeug, das Sie auf der Buch-Website unter *\Install\Werkzeuge\WSH-Sicherheit\Script Encoder* in einer deutschen und einer englischen Version finden.

WSH-Dateien können komplett oder in Teilen kodiert werden. Zur Kennzeichnung der erfolgten Kodierung müssen WSH-Dateien eine neue Dateinamenerweiterung erhalten, damit der WSH weiß, dass diese Dateien vor der Ausführung zu dekodieren (zurückzuwandeln) sind. Die Dateinamenerweiterung für kodierte *.vbs*-Dateien lautet *.vbe*.

Der Microsoft Script Encoder kann auf zwei verschiedene Arten verwendet werden:

- über das Kommandozeilen-Tool *screnc.exe* oder
- über die Klasse `Scripting.Encoder` aus der Scripting Runtime-Komponente (ab Version 5.0).

Beispiel

Das folgende Beispiel zeigt ein teilweise zu kodierendes Skript. Der Bereich, der kodiert werden soll, muss mit `'**Start Encode**` eingeleitet werden.

```
MsgBox "Hier stehen keine Geheimnisse!"
'**Start Encode**
MsgBox "Das ist geheim!"
```

Listing 19.2: */Skripte/Kapitel17/GeheimnisvollesSkript.vbs*

Das obige Skript kann mit folgendem Kommandozeilenbefehl kodiert werden:

```
screnc.exe GeheimnisvollesSkript.vbs GeheimnisvollesSkript.vbe
```

Nach der Kodierung steht in der kodierten Datei *GeheimnisvollesSkript.vbe* Folgendes:

```
MsgBox "Hier stehen keine Geheimnisse!"
'**Start Encode**#@~^IAAAAA==@#@&HdTAK6PrfmdPb/OPT+4nb:"r@#@&GggAAA==^#~@
```

Die Skriptdatei *GeheimnisvollesSkript.vbe* kann wie die Ursprungsdatei durch einen Doppelklick oder an der Kommandozeile gestartet werden. Die Ursprungsdatei muss an einem sicheren Ort aufbewahrt werden.

Dekodierung möglich!

Es handelt sich beim Script Encoder um eine einfache Austauschkodierung, die durch versierte Benutzer unter Einsatz externer Tools umkehrbar ist. Auf der Buch-Website finden Sie ein solches Werkzeug von David Hammel: *\Install\Werkzeuge\WSH-Sicherheit\Script Encoder\Script Decoding\decode.exe*

19.4 Ein Skript unter einem anderen Benutzerkontext starten

Ein WSH-Skript, das von einem Benutzer manuell gestartet wird, läuft automatisch komplett unter dessen Benutzerkontext. Der WSH als solcher unterstützt keinen Benutzerkontextwechsel (Impersonifizierung).

Impersonifizierung

Das Wort *Impersonifizierung* (engl.: Impersonification) sucht man in Wörterbüchern (noch) vergeblich. In Fachkreisen (so auch in Microsoft-Dokumentationen) wird dieser Begriff für einen Wechsel des Benutzerkontexts zur Laufzeit des Programms verwendet. Ein Benutzer kann also in die Rolle eines anderen Benutzers wechseln, ohne sich neu am System anmelden zu müssen. Diese Funktion ist besonders wichtig für Administratoren, die nur gelegentlich bestimmte administrative Aufgaben ausführen müssen.

Es gibt aber grundsätzliche Möglichkeiten in Windows, eine Anwendung unter einem anderen Benutzerkontext zu starten. Einige Scripting-Komponenten bieten zudem Optionen, einzelne Methodenaufrufe unter einem anderen Benutzerkonto auszuführen.

> Grundsätzlich ist zu beachten, dass ein Kennwort nicht im Skript hinterlegt, sondern nach Möglichkeit erst zur Laufzeit eingegeben werden sollte. Ungeeignet ist die Kennworteingabe natürlich dann, wenn das Skript entweder unbeaufsichtigt laufen oder aber im Kontext eines normalen Benutzers gestartet werden soll. In diesem Fall hilft es nur, das Skript unter einem Windows-Dienst (z.B. Zeitplandienst) zu starten, der eine Impersonifizierung mit sicherer Kennwortablage erlaubt.

19.4.1 Benutzerwechsel für ein komplettes Skript

runas.exe und su.exe

Das ab Version 2000 in Windows mitgelieferte Werkzeug *runas.exe* erlaubt den Benutzerkontextwechsel für eine beliebige aufzurufende Anwendung. Unter Windows NT 4.0 gab es dazu im Resource Kit das Werkzeug *su.exe*.

Runas.exe können Sie von der Kommandozeile starten. Als auszuführende Anwendung darf nicht direkt das Skript angegeben werden, sondern es muss Bezug auf *cscript.exe* oder *wscript.exe* genommen werden.

Beispiel

Das folgende Skript liefert den Namen des Benutzers, unter dem es ausgeführt wird. Es verwendet dazu die COM-Klasse Wscript.Network, die integraler Bestandteil des WSH ist.

```
Set WshNetwork = WScript.CreateObject("WScript.Network")
Domain = WshNetwork.UserDomain
User = WshNetwork.UserName
wscript.echo "Dieses Skript läuft unter Benutzerkonto: " & Domain & "\" & User
```

Listing 19.3: *ZuImpersonifizierendesSkript.vbs*

Der Start mit runas.exe sieht so aus:

```
runas.exe /user:e60\williwinzig "wscript.exe w:\
ZuImpersonifizierendesSkript.vbs"
```

Wscript.Network

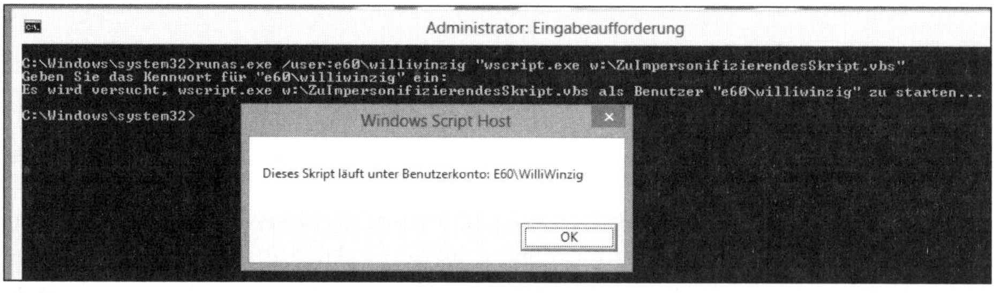

Bild 19.16 *Start eines Skripts mit runas.exe von der Kommandozeile*

Die grafische Version von *runas.exe* können Sie über eine Dateisystemverknüpfung aufrufen (nur bis Windows XP möglich!). Dazu müssen Sie in den erweiterten Eigenschaften der Verknüpfung eine Option anwählen, wie es in der nachfolgenden Abbildung gezeigt wird.

> Die Verknüpfung darf nicht direkt auf das Skript verweisen, sondern muss über den expliziten Aufruf von *cscript.exe* oder *wscript.exe* gestartet werden, da sonst die Option nicht zur Verfügung steht.

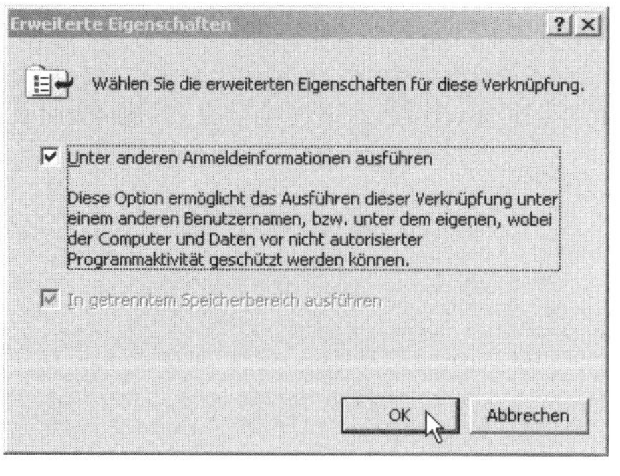

Bild 19.17 *Aktivieren von runas.exe für eine Dateisystemverknüpfung*

Grafische Version von runas.exe

Vor jedem Start des Skripts über eine so angelegte Dateisystemverknüpfung fragt Windows nach, unter welchem Benutzerkonto das Skript ausgeführt werden soll.

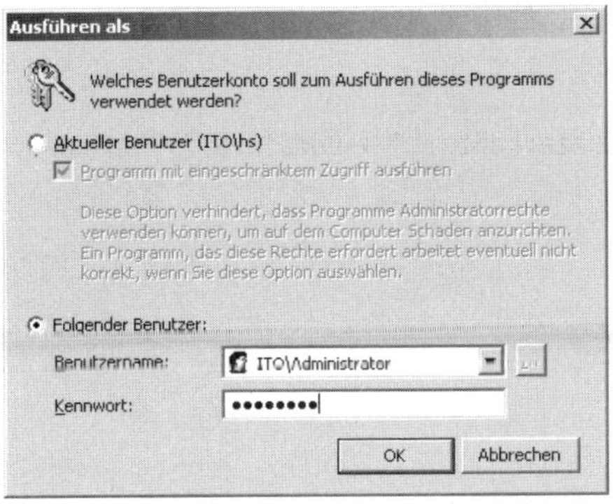

Bild 19.18 *Benutzerwechsel vor dem Start des Skripts*

19.4.2 Benutzerwechsel im Skriptablauf

Einige Scripting-Komponenten, z.B. das Active Directory Service Interface (ADSI, siehe Kapitel 6.4) und die Windows Management Instrumentation (WMI, siehe Kapitel 6.6), unterstützen die Impersonifizierung für einzelne Operationen auf diesen Komponenten. Diese Impersonifizierung gilt dann aber wirklich nur für alle Methodenaufrufe in diesen Komponenten, nicht für Aufrufe anderer Komponenten in dem gleichen Skript. Alle anderen Operationen laufen weiterhin unter dem Benutzerkontext, unter dem das Skript gestartet wurde. Diese Form des Benutzerkontextwechsels erfordert im Grundsatz, dass Benutzername und Kennwort im Quelltext des Skripts stehen.

> Auf keinen Fall sollten Sie aber ein Kennwort im Klartext in eine Skriptdatei schreiben. Das Skript sollte zumindest kodiert werden. Wenn möglich, sollte das Kennwort erst zur Laufzeit von dem Benutzer erfragt werden (z.B. über die Funktion `InputBox()`). Noch besser als `InputBox()` ist der Einsatz der Klasse `ScriptPW.Password`.

Einlesen von Kennwörtern während des Skriptablaufs

InputBox()

Eine einfache Möglichkeit zum Einlesen von Kennwörtern ist der Einsatz der in VBScript integrierten Funktion `InputBox()` (siehe auch Kapitel 4.11.1). Dies zeigt das nachfolgende Beispiel.

```
' Kennworteingabe_InputBox.vbs
' Beispiel für eine einfache Kennwortabfrage
' Autor: Dr. Holger Schwichtenberg
' ===========================================================
Dim kennwort
kennwort = Inputbox("Bitte geben Sie das Kennwort ein:")
If kennwort = "ganzGanzGeheim" Then
WScript.echo "Das Kennwort ist richtig!"
Else
WScript.echo "Das Kennwort ist falsch!"
End If
```

Listing 19.4: */Skripte/Kapitel19/Kennworteingabe_InputBox.vbs*

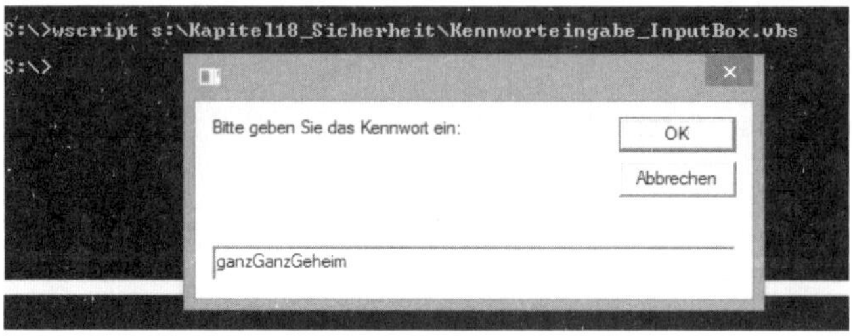

***Bild 19.19** Eingabe eines Kennworts mit InputBox()*

ScriptPW-Komponente

Es ist geboten, Kennwörter bei der Eingabe unsichtbar zu machen. Dies ist bei der in VBScript eingebauten Funktion `InputBox()` nicht möglich. Für WSH-Skripte kann man aber die Klasse `ScriptPW.Password` verwenden, die eine versteckte Kennworteingabe im Kommandozeilenfenster ermöglicht.

Leider liefert Microsoft diese Klasse seit Windows Vista nicht mehr mit Windows aus. Die zugehörige DLL ist aber auf der Website zu diesem Buch enthalten, sodass Sie diese auch in neueren Betriebssystemen nutzen können. Sie müssen die Datei *ScriptPW.dll* in das lokale Dateisystem kopieren und dann mit *regscr32.exe* registrieren, z.B.

```
regsvr32 s:\Kapitel18_Sicherheit\scriptpw.dll
```

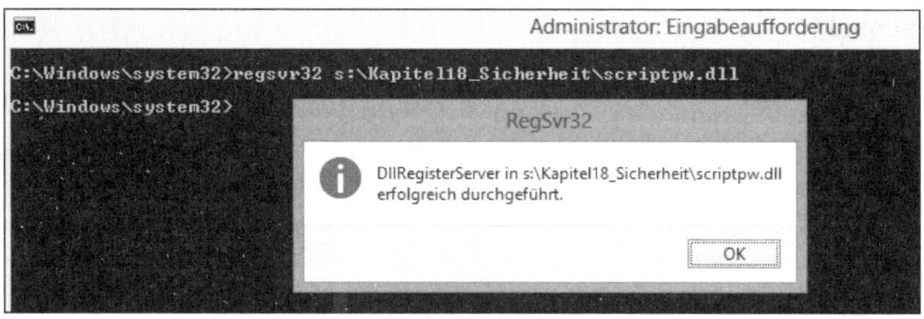

Die Klasse `ScriptPW.Password` bietet nur genau eine Methode: `GetPassword()`. `GetPassword()` liest eine Zeile (die mit dem Drücken der ↵-Taste beendet werden muss) von der Standardeingabe ein. Die gedrückten Tasten werden dabei (anders als bei `WScript.StdIn.Readline()`) aber nicht ausgegeben.

```
' Kennworteingabe_Kommandozeile.vbs
' Einlesen eines Kennworts aus der Kommandozeile
' Autor: Dr. Holger Schwichtenberg
' verwendet: ScriptPW-Komponente
' ==========================================================

Dim objPW, kennwort
Set objPW = CreateObject("ScriptPW.Password")
WScript.echo  "Bitte geben Sie das Kennwort ein: (Die eingegebenen Tasten
  werden nicht angezeigt. Beenden Sie die Eingabe mit RETURN)"
kennwort = objPW.GetPassword()
WScript.echo Chr(13)
```

```
If kennwort = "ganzGanzGeheim" Then
  WScript.echo "Das Kennwort ist richtig!"
Else
  WScript.echo "Das Kennwort ist falsch!"
End If
```

Listing 19.5: */Skripte/Kapitel19/Kennworteingabe_Kommandozeile.vbs*

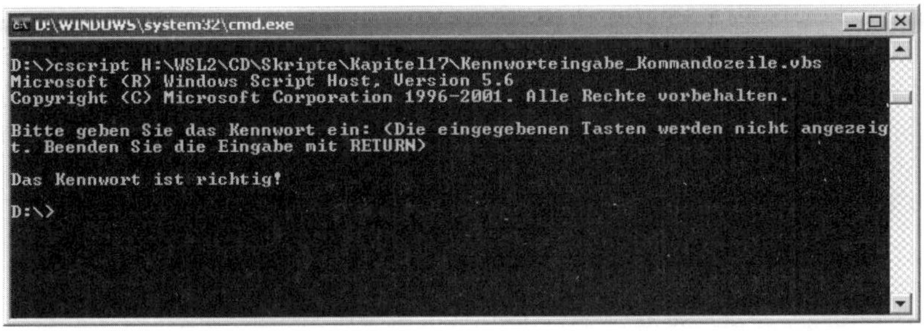

Bild 19.20 *Eingabe eines Kennworts mit GetPassword()*

> Das obige Skript kann nur funktionieren, wenn es mit der kommandozeilenbasierten Version des WSH (*cscript.exe*) gestartet wurde.

Benutzerwechsel für ADSI-Befehle

GetObject("LDAP:")

Um ADSI-Befehle unter einem anderen Benutzerkontext auszuführen, muss man lediglich den `GetObject()`-Befehl am Anfang des Skripts ersetzen. Leider bietet `GetObject()` selbst nicht die Möglichkeit, den Benutzernamen und das Kennwort eines Administrators anzugeben – sonst könnten viele Scripting-Komponenten impersonifizieren. Die Schöpfer von ADSI haben sich daher einen kleinen Umweg ausgedacht: Man instanziiert zunächst ein sogenanntes LDAP-Objekt durch den Befehl:

```
Set LDAP = GetObject("LDAP:")
```

Hierbei ist es korrekt, dass in den Anführungszeichen nichts anderes außer `LDAP:` steht. Bitte beachten Sie, dass `LDAP` komplett in Großbuchstaben geschrieben sein muss.

OpenDSObject()

Dieses LDAP-Objekt bietet dann eine Methode `OpenDSObject()` an, die grundsätzlich die gleiche Aufgabe erfüllt wie `GetObject()`, die allerdings zusätzlich drei Parameter besitzt: den Benutzernamen des zu impersonifizierenden Benutzers, sein Kennwort und sogenannte Flags, die die zu treffenden Sicherheitsvorkehrungen festlegen. Der Standardwert für die Flags ist 1 (`ADS_SECURE_AUTHENTICATION`).

```
' Container binden
Set Container = LDAP.OpenDSObject(ContainerPfad, NameDesAdmins, _
  KennwortDesAdmins, Flags)
```

> Danach kann das Skript mit diesem Container genauso weiterarbeiten wie mit einem von `GetObject()` direkt erzeugten Objekt.

Beispiel Das nachfolgende Beispiel zum Anlegen eines Benutzers entspricht hinsichtlich seiner Wirkung dem Beispiel aus Kapitel 9.2.2 – allerdings wird hier eine Impersonifizierung auf den Benutzer „itv\administrator" vorgenommen.

```
' BenutzerAnlegen_Impersonifiziert.vbs
' Erzeugen eines Benutzerkontos im Active Directory
' unter Nutzung des Impersonifizierungsmodus von ADSI


' Autor: Dr. Holger Schwichtenberg
' verwendet: ADSI
' ================================
Option Explicit
' Variablen deklarieren
Dim Container
Dim Benutzer

' Konstanten definieren
Const NameDesAdmins = "itv\administrator"
Const KennwortDesAdmins = "geheim"
Const NameDesNeuenBenutzers="HarryHirsch"
Const ContainerPfad = "LDAP://E02/OU=Teilnehmer,ou=Training, _
  DC=it-visions,DC=net"
Const Flags = 1 ' ADS_SECURE_AUTHENTICATION

' %%% Bindung an Container mit Impersonifizierung
' Unspezifisches LDAP-Objekt erzeugen
Dim LDAP
Set LDAP = GetObject("LDAP:") ' Namespace
' Container binden
Set Container = LDAP.OpenDSObject(ContainerPfad, NameDesAdmins, _
  KennwortDesAdmins, Flags)

' %%% Bindung an Container ohne Impersonifizierung
' Set Container = GetObject(ContainerPfad)

' Erzeugung des neuen Benutzers
Set Benutzer = Container.Create("user", "CN=" & NameDesNeuenBenutzers)
' Attribute setzen
Benutzer.Put "samAccountName", NameDesNeuenBenutzers
' Festschreiben der Werte
Benutzer.SetInfo
' Konto aktivieren
Benutzer.AccountDisabled = False
' Festschreiben der Werte
Benutzer.SetInfo
' Meldung ausgeben
WScript.Echo "Benutzer " & Benutzer.AdsPath & " angelegt"
```

Listing 19.6: */Skripte/Kapitel18/BenutzerAnlegen_Impersonifiziert.vbs*

Verbessertes Beispiel

In diesem Skript ist das Kennwort direkt im Quelltext hinterlegt. Daher folgt nun auch noch ein Beispiel, bei dem das Skript von der Kommandozeile gestartet und das Kennwort über die Klasse `ScriptPW.Password` eingelesen wird.

```
' BenutzerAnlegen_Impersonifiziert_KennwortEinlesen.vbs
' Erzeugen eines Benutzerkontos im Active Directory
' unter Nutzung des Impersonifizierungsmodus von ADSI
' und Einlesen des Kennworts für den zu
' impersonifizierenden Nutzer von der Kommandozeile
' Autor: Dr. Holger Schwichtenberg
' verwendet: ADSI, ScriptPW-Komponente
' ===============================

Option Explicit
' Variablen deklarieren
Dim Container
Dim Benutzer
Dim KennwortDesAdmins

' Konstanten definieren
Const NameDesAdmins = "itv\administrator"
Const NameDesNeuenBenutzers="HugoHastig"
Const ContainerPfad = "LDAP://E02/OU=Teilnehmer,ou=Training, _
  DC=it-visions,DC=net"
Const Flags = 1 ' ADS_SECURE_AUTHENTICATION

WScript.echo "Skript zum Anlegen eines Benutzers"

' Kennwort einlesen
Dim objPW
Set objPW = CreateObject("ScriptPW.Password")
WScript.echo  "Bitte geben Sie das Kennwort ein: (Die eingegebenen Tasten
  werden nicht angezeigt. Beenden Sie die Eingabe mit RETURN)"
KennwortDesAdmins = objPW.GetPassword()
WScript.echo Chr(13)

' %%% Bindung an Container mit Impersonifizierung
' Unspezifisches LDAP-Objekt erzeugen
Dim LDAP
Set LDAP = GetObject("LDAP:") ' Namespace
' Container binden
Set Container = LDAP.OpenDSObject(ContainerPfad, NameDesAdmins, _
  KennwortDesAdmins, Flags)

' %%% Bindung an Container ohne Impersonifizierung
' Set Container = GetObject(ContainerPfad)

' Erzeugung des neuen Benutzers
Set Benutzer = Container.Create("user", "CN=" & NameDesNeuenBenutzers)
' Attribute setzen
```

```
Benutzer.Put "samAccountName", NameDesNeuenBenutzers
' Festschreiben der Werte
Benutzer.SetInfo
' Konto aktivieren
Benutzer.AccountDisabled = False
' Festschreiben der Werte
Benutzer.SetInfo
' Meldung ausgeben
WScript.Echo "Benutzer " & Benutzer.AdsPath & " angelegt"
```

Listing 19.7: */Skripte/Kapitel19/BenutzerAnlegen_Impersonifiziert_KennwortEinlesen.vbs*

Benutzerwechsel für WMI-Befehle

Die Vorgehensweise für die Impersonifizierung bei WMI ist ähnlich wie die Vorgehensweise bei ADSI: `GetObject()` wird durch zwei andere Befehle ersetzt. Die konkreten Befehle sind jedoch etwas anders. Aus dem WMI-Befehl

```
Set objWMIService = GetObject("WinMgmts:" & _
  "{impersonationLevel=impersonate}!\\" & Computer & Namespace)
```

wird bei Verwendung der Impersonifizierung:

```
Set WMILocator = CreateObject("WbemScripting.SWbemLocator")
Set WMIService = WMILocator.ConnectServer(Computer, namespace, _
  NameDesAdmins, KennwortDesAdmins)
```

Wenn Sie dies mit dem obigen ADSI-Beispiel vergleichen, sehen Sie wieder einmal ein schönes Beispiel für die inkonsistente Verwendung der Befehle `GetObject()` und `CreateObject()`.

Beispiel Das folgende Beispiel ist die Erweiterung des Beispiels „Dienst starten" aus Kapitel 12.4 um die Impersonifizierung. Diesmal wird direkt die korrekte Lösung verwendet, bei der das Kennwort nicht im Quelltext steht, sondern von der Kommandozeile eingelesen wird. Dieses Skript muss daher mit *cscript.exe* gestartet werden.

```
' DienstStarten_Impersonifiziert_KennwortEinlesen.vbs
' Start eines Dienstes unter Nutzung des Impersonifizierungsmodus
' von WMI und Einlesen des Kennworts für den zu
' impersonifizierenden Nutzer von der Kommandozeile
' Autor: Dr. Holger Schwichtenberg
' verwendet: WMI, ScriptPW-Komponente
' ===============================

Option Explicit

' Variablen deklarieren
Dim objPW, WMIService, WMILocator
Dim KennwortDesAdmins
Dim DienstListe, Dienst
```

```
' Konstanten definieren
Const NameDesAdmins = "itv\administrator"
Const Computer = "E02"
Const Namespace = "root\CIMV2"
Const ServiceName = "wuauserv" ' Windows Update-Dienst

WScript.echo "Skript zum Start eines Dienstes"
' Kennwort einlesen
Set objPW = CreateObject("ScriptPW.Password")
WScript.echo  "Bitte geben Sie das Kennwort ein: (Die eingegebenen Tasten
  werden nicht angezeigt. Beenden Sie die Eingabe mit RETURN)"
KennwortDesAdmins = objPW.GetPassword()
WScript.echo Chr(13)

' %%% Bindung an Container mit Impersonifizierung
' Unspezifisches WMI-Objekt erzeugen
Set WMILocator = CreateObject("WbemScripting.SWbemLocator")
Set WMIService = WMILocator.ConnectServer(Computer, namespace, _
  NameDesAdmins, KennwortDesAdmins)

' %%% Bindung an Container ohne Impersonifizierung
' Set objWMIService = GetObject("WinMgmts:" & _
'    "{impersonationLevel=impersonate}!\\" & Computer & _
'    Namespace)

Set DienstListe = WMIService.ExecQuery _
    ("SELECT * FROM Win32_Service WHERE Name=""" & ServiceName & """")

For Each Dienst In DienstListe
    Dienst.StartService()
Next

If  Err.Number <> 0 Then
    WScript.Echo "Beim Starten des Dienstes ist ein Fehler" & _
        "aufgetreten: " & Err.Number
Else
    WScript.Echo "Das Starten des Dienstes war erfolgreich."
End If
```

Listing 19.8: */Skripte/Kapitel19/DienstStarten_Impersonifiziert_KennwortEinlesen.vbs*

> Im Gegensatz zu ADSI ist bei WMI die Impersonifizierung nur beim Zugriff auf entfernte Systeme erlaubt. Ein Versuch, das lokale System mit einem anderen Benutzerkontext anzusprechen, führt zum Fehler „Benutzeranmeldeinformationen können für lokale Verbindungen nicht verwendet werden.“.

19.5 Fragen und Aufgaben

1. Wie deaktiviert man den WSH für alle Benutzer außer für die Administratoren?
2. Wie kann man feststellen, wer ein Skript entwickelt hat?
3. Wie kann man erreichen, dass nur Skripte ausgeführt werden können, die bestimmte Skriptentwickler geschrieben haben?
4. Wie kann ich die von mir entwickelten Anmeldeskripte davor schützen, dass die Nutzer in meinem Netzwerk den Quellcode dieser Skripte betrachten?
5. Wie kann ich während des Programmablaufs ein Kennwort sicher einlesen?

20 Windows PowerShell (WPS) 3.0

Die **Windows PowerShell** ist eine neue Umgebung für kommandozeilenbasierte Systemadministration und Scripting auf Basis des .NET Framework. Das .NET Framework ist der im Jahr 2002 eingeführte Nachfolger des Component Object Model (COM). Das .NET Framework ist konsequent objektorientiert: Es definiert in .NET-Komponenten zahlreiche .NET-Klassen, von denen man Instanzen erzeugt (.NTE-Objekte). **.NET**

Durch objektorientiertes Pipelining mit .NET-Objekten arbeitet die PowerShell auf einem höheren Abstraktionsniveau als der WSH und ermöglicht damit prägnantere Skripte, verlangt aber zugleich weniger Programmierwissen von den Administratoren. **Pipelining**

Ein Kapitel reicht definitiv nicht aus, um die Windows PowerShell zu beschreiben. Verstehen Sie dieses Kapitel als einen Ausblick und als Motivation, sich mit der PowerShell zu beschäftigen, nicht als Grundlage, sie zu beherrschen. Ein eigener Band zur PowerShell ist in der net.com-Reihe bei Addison-Wesley erschienen:

Holger Schwichtenberg: Windows PowerShell, Addison-Wesley, München, 2008

ISBN: 978-38273-2533-4

Eine Aktualisierung und Erweiterung gab es für PowerShell 2.0:

Holger Schwichtenberg: Windows PowerShell 2.0 Das Praxishandbuch, Addison-Wesley, München, 2009

ISBN: 978-3-8273-2926-4

Und für die PowerShell 3.0:

Holger Schwichtenberg: Windows PowerShell 3.0 Das Praxishandbuch, Addison-Wesley, München, 2013

ISBN: 978-3-8273-3175-5

20.1 Voraussetzungen und Installation

Version 1.0 Die Windows PowerShell Version 1.0 ist im November 2006 erschienen als kostenlose Erweiterung zu Windows XP, Windows Server 2003 und Windows Vista. In Windows Vista Service Pack 1 und Windows Server 2008 wurde die PowerShell 1.0 dann direkt mit dem Betriebssystem mitgeliefert.

Version 2.0 In Windows 7 und Windows Server 2008 R2 ist die PowerShell 2.0 enthalten. Die PowerShell 2.0 kann man auch auf Windows XP, Windows Vista, Windows Server 2003 (inkl. R2) und Windows Server 2008 installieren.

Version 3.0 Die PowerShell 3.0 ist enthalten in Windows 8 und Windows Server 2012. Sie ist aber nicht mehr auf XP, Vista und Server 2003 installierbar, sondern nur noch auf Windows 7 und Windows Server 2008 (inkl. R2). Die älteren Betriebssysteme will Microsoft leider nicht mehr unterstützen. Die PowerShell 3.0 wird auf Windows 7 und Windows Server 2008 (inkl. R2) installiert als Teil des Windows Management Framework 3.0 (WMF) – [http://www.microsoft.com/en-us/download/details.aspx?id=34595]. Das Installationspaket ist auch auf der Buch-Website enthalten. Das Installationspaket betrachtet sich als Update für Windows (KB2506143). Falls man die PowerShell 3.0 deinstallieren möchte, muss man dies in der Systemsteuerung unter „Programme und Funktionen/Installierte Updates anzeigen" tun.

20.2 PowerShell-Werkzeuge

Konsole und ISE Microsoft liefert die Windows PowerShell mit zwei Werkzeugen aus:

- **„Windows PowerShell"** ist die klassische Windows-Konsole, die noch an DOS-Zeiten erinnert. Hier stehen alle PowerShell-Befehle zur Verfügung, aber der Komfort bei der Eingabe und die Flexibilität bei der Anpassung der Fensteranzeige stammen noch aus der Steinzeit.
- **„Windows PowerShell Integrated Scripting Environment (ISE)"** ist eine modernere Konsole mit Eingabeunterstützung in Vorschlagslisten (siehe Abbildung 20.1) und ein Skripteditor für PowerShell-Skripte.

ISE Konsole Die PowerShell ISE-Konsole bietet wie die normale PowerShell-Konsole einen interaktiven Eingabebereich für Befehle. Anders als bei der normalen PowerShell-Konsole gibt es hier aber Vorschlagslisten in Form von Drop-down-Menüs (IntelliSense-Eingabeunterstützung) sowohl für Commandlets und deren Parameter als auch für .NET-Klassen und Klassenmitglied sowie für Dateisystempfade.

In der PowerShell ISE gibt es zudem rechts einen „Befehls-Add-on" genannten Bereich, in dem man nach den Namen von PowerShell Commandlets suchen kann und die Parameter dieser Befehle als Eingabemaske erhält. Zudem bietet die PowerShell ISE weitere nützliche Befehle:

- Über eine „Remote PowerShell-Registerkarte" (siehe „Datei"-Menü) kann man Befehle auf einem entfernten System ausführen (sofern dort PowerShell installiert ist und die Fernausführung mit dem Befehl „Enable-PSRemoting" zugelassen ist).
- Die Schriftgröße kann man nahtlos zoomen (siehe Regler am unteren rechten Rand, alternativ auch mit STRG+Mausrad möglich).
- In den Einstellungen (Tools/Optionen) kann man sehr genau die Farben und Schriftarten für verschiedene Ausgabearten einstellen.
- Direkte Unterstützung für Copy/Paste und Cut/Paste mit Tastatur und Kontextmenü
- Die PowerShell ISE erlaubt die Entwicklung und Nutzung von Add-Ons (z.B. Rechtschreibprüfung), vgl. [http://social.technet.microsoft.com/wiki/contents/articles/2969.windows-powershell-ise-add-on-tools-en-us.aspx].

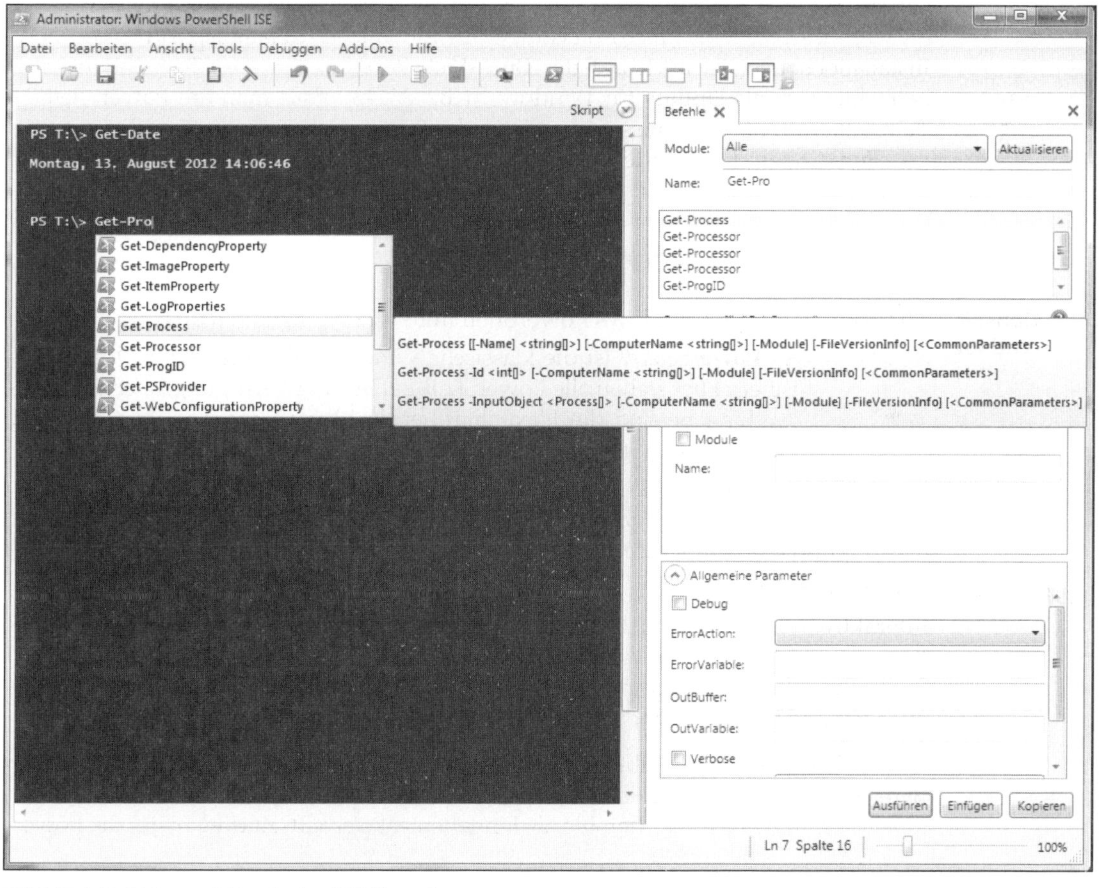

Bild 20.1: Befehlsvorschläge in der ISE-Konsole

ISE Editor Über das Menü „Ansicht/Skriptbereich" kann man den Skripteditor einblenden. In diesem kann man Skripte mit Eingabehilfen erfassen, Skripte starten und Skripte im Debugger schrittweise durchlaufen. Die Ausgaben der Skripte landen in dem darunterliegenden Konsolenbereich. Ebenso gibt es dort vorgefertigte Codeausschnitte („Snippets") (siehe Menü „Edit/Ausschnitt starten"). Darüber hinaus bietet die neue ISE auch viele andere Komfortfunktionen, die man von anderen Code-Editoren kennt, zum Beispiel Klammernpaarhervorhebung, Übernahme der Codefarben in die Zwischenablage (Rich Copy), Einklappen von Bereichen (Outlining) und eine Liste der zuletzt verwendeten Dateien.

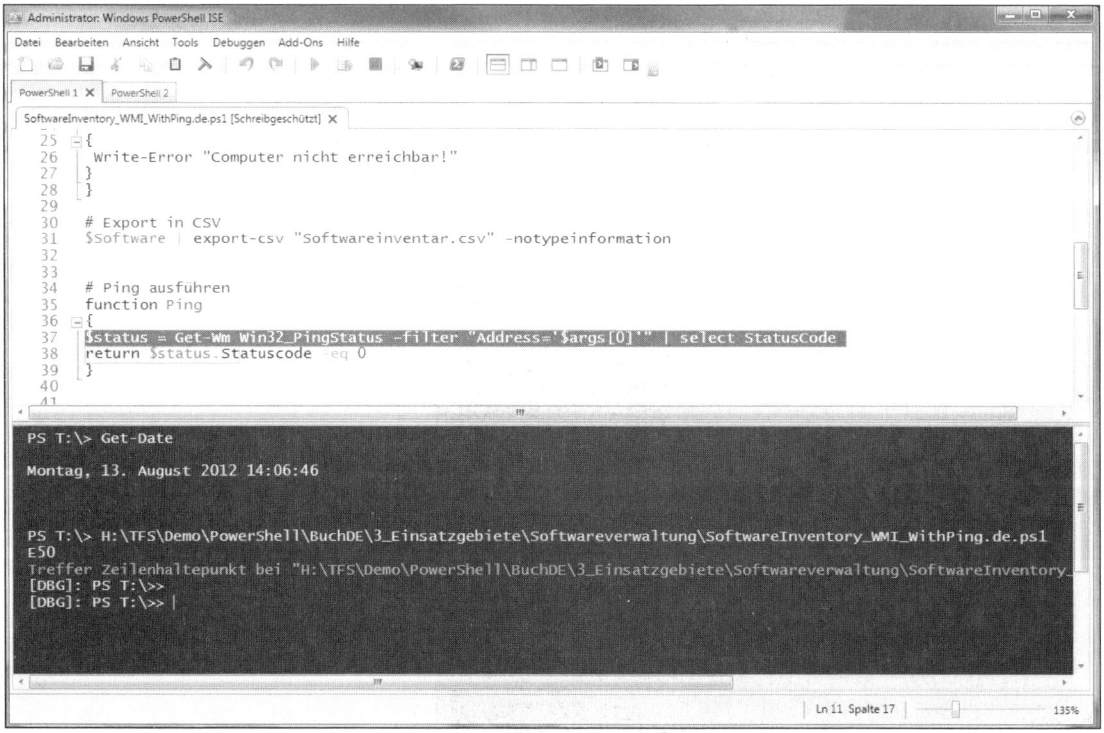

Bild 20.2: *PowerShell ISE beim Debugging*

20.3 Commandlets

Aufbau Ein Befehl der PowerShell heißt *Commandlet* (kurz: *Cmdlet*). Ein Commandlet besteht typischerweise aus drei Teilen:

- einem Verb,
- einem Substantiv und
- einer (optionalen) Parameterliste.

Verb und Substantiv werden durch einen Bindestrich „-" voneinander getrennt, die optionalen Parameter durch Leerzeichen. Die Groß- und Kleinschreibung ist bei den Commandlet-Namen ebenso wie bei den Parametern nicht relevant. Daraus ergibt sich der folgende Aufbau:

```
Verb-Substantiv [-Parameterliste]
```

Get-Process

Ein einfaches Beispiel ohne Parameter lautet:

```
Get-Process
```

Durch Angabe eines Parameters werden nur diejenigen Prozesse angezeigt, deren Name auf das angegebene Muster zutrifft, z.B. alle Prozesse, deren Name mit einem „S" beginnt:

```
Get-Process s*
```

Weil die Namen der Commandlets manchmal länger sind, gibt es Abkürzungen, sogenannte Aliase. `ps` und `gps` sind Abkürzungen für `Get-Process` (siehe Bildschirmabbildung).

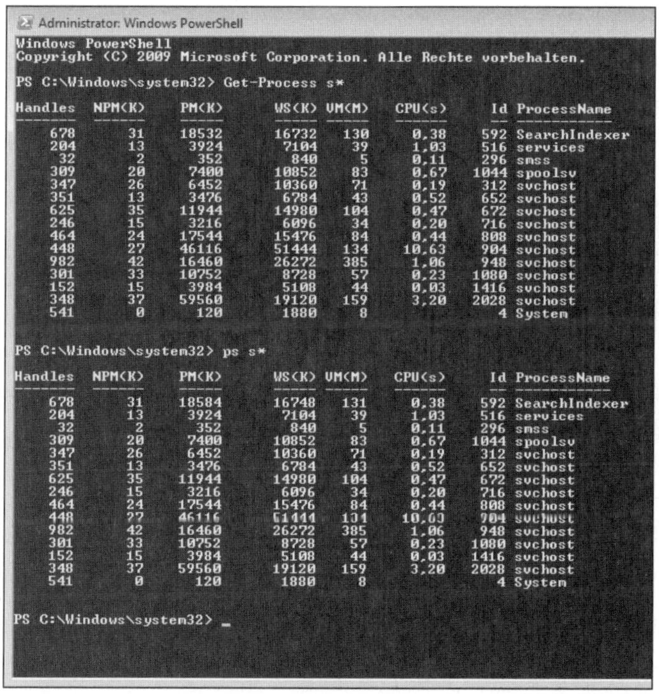

Bild 20.3
Auflisten aller Prozesse, deren Name mit „I" beginnt

Parameter

Wenn ein Commandlet mehrere Parameter besitzt, ist die Reihenfolge der Parameter entscheidend, oder der Nutzer muss die Namen der Parameter mit angeben. Alle folgenden Befehle sind gleichbedeutend (`dir` ist ein Alias für das Commandlet `Get-Childitem`, das den Inhalt eines Containers, z.B. eines Verzeichnisses im Dateisystem, auflistet):

```
Get-Childitem C:\temp *.doc
Get-Childitem -Path C:\temp -Filter *.doc
Get-Childitem -Filter *.doc -Path C:\temp
dir C:\temp *.doc
dir -Path C:\temp -Filter *.doc
dir -Filter *.doc -Path C:\temp
```

Sie können aus der PowerShell heraus auch normale Windows-Anwendungen starten (z.B. `c:\Windows\Notepad.exe`) und Berechnungen direkt ausführen. Probieren Sie zum Beispiel mal die Eingabe `(2*8 + 200) / 2`.

20.4 PowerShell-Pipelines

Seine Mächtigkeit entfaltet die PowerShell aber erst durch das sogenannte Pipelining. Pipelining bedeutet, dass ein Commandlet sein Ergebnis an ein anderes Commandlet weitergeben kann, das die Daten weiterverarbeitet. Wenn nur ein einziges Commandlet angegeben ist, wird das Ergebnis auf dem Bildschirm ausgegeben. Auch wenn mehrere Commandlets in einer Pipeline zusammengeschaltet sind, wird das Ergebnis des letzten Commandlets in der Pipeline ausgegeben. Wenn das letzte Commandlet keine Daten in die Pipeline wirft, erfolgt keine Ausgabe.

Eine Pipeline wird definiert durch das Zeichen „|“. Der Datenaustausch zwischen den Commandlets erfolgt über .NET-Objekte.

Beispiel Der folgende PowerShell-Pipeline-Befehl beendet alle Instanzen des Internet Explorers auf dem lokalen System, indem das Commandlet `Stop-Process` die Instanzen des betreffenden Prozesses von `Get-Process` empfängt.

```
Get-Process iexplore | Stop-Process
```

Wie die nächste Bildschirmabbildung zeigt, funktioniert dies aber nur dann gut, wenn es auch Instanzen des Internet Explorers gibt. Sind alle beendet, meldet `Get-Process` einen Fehler. Dies kann das gewünschte Verhalten sein. Mit einer etwas anderen Pipeline wird dieser Fehler jedoch unterbunden:

```
Get-Process | Where-Object { $_.Name -eq "iexplore" } | Stop-Process
```

Where-Object Die zweite Pipeline unterscheidet sich von der ersten dadurch, dass das Filtern der Prozesse aus der Prozessliste nun nicht mehr von `Get-Process` erledigt wird, sondern durch ein eigenes Commandlet mit Namen `Where-Object` in der Pipeline selbst durchgeführt wird. `Where-Object` ist toleranter als `Get-Process` in Hinblick auf die Möglichkeit, dass es kein passendes Objekt gibt.

> Ab PowerShell 3.0 kann man die obige Bedingung auch so schreiben:
>
> ```
> Get-Process | Where-Object Name -eq "iexplore" | Stop-Process
> ```
>
> Allerdings geht das nur bei eingliedrigen Bedingungen. Den nachfolgenden Befehl zum Beenden von allen drei Browsern kann man nicht verkürzen:
>
> ```
> Get-Process | Where-Object { $_.Name -eq "iexplore" -or $_.name -eq "Chrome"
> -or $_.name -eq "Firefox"  } | Stop-Process
> ```

Objektorientierung

Objektorientierung ist die herausragende Eigenschaft der Windows PowerShell: Commandlets können durch Pipelines mit anderen Commandlets verbunden werden. Anders als Pipelines in Unix-Shells tauschen die Commandlets der PowerShell keine Zeichenketten, sondern typisierte .NET-Objekte (Instanzen von .NET-Klassen) aus. Das objektorientierte Pipelining ist im Gegensatz zum in den Unix-Shells verwendeten zeichenkettenbasierten Pipelining nicht abhängig von der Position der Informationen in der Pipeline.

Dass es sich in der Pipeline um typisierte Objekte handelt, kann man auf zwei Wegen beweisen.

1. Den obigen Befehl zum Beenden der Internet Explorer-Instanzen könnte man expliziter formulieren, indem man nicht `Stop-Process`, sondern die `Kill()`-Methode aufruft. `Kill()` ist eine Methode der .NET-Klasse `System.Diagnostics.Process`. Instanzen dieser Klasse werden von `Get-Process` erzeugt und in die Pipeline geworfen:

   ```
   Get-Process | Where-Object { $_.name -eq "iexplore" } |
   Foreach-Object { $_.Kill() }
   ```

> Ab PowerShell 3.0 kann man auf das `Foreach-Object` bzw. % verzichten. Die runden Klammern sind aber notwendig!
>
> ```
> (Get-Process iexplore).Kill()
> ```

2. Mit dem Befehl

   ```
   Get-Process | Get-Member
   ```

   erhält man eine Information darüber, welche Objekte sich in der Pipeline befiden und welche Möglichkeiten man mit diesen Objekten hat. Dieser Vorgang wird als *Reflection* bezeichnet. Die folgende Bildschirmabbildung zeigt, dass es tatsächlich Instanzen von `System.Diagnostics.Process` mit einer `Kill()`-Methode in der Pipeline gibt.

Bild 20.4: *Reflection des Pipeline-Inhalts*

Beispiel Die Mächtigkeit des Objekt-Pipelining-Ansatzes soll an einem weiteren Beispiel verdeutlicht werden. Erinnern Sie sich noch an das etwas längere Softwareinventarisierungsskript aus Kapitel 16, das nacheinander mehrere Computer gemäß einer Liste in einer Textdatei abgefragt hat (*Software_Inventar2.vbs*)? Der folgende PowerShell-Einzeiler (der Befehl wurde hier nur aufgrund der beschränkten Buchbreite umbrochen) erfüllt die gleiche Funktion (mit Ausnahme des Ping-Versuchs vor der Abfrage):

```
Get-Content "computernamen.txt" |
Foreach-Object { Get-Wmiobject Win32_Product -computername $_ } |
Where-Object { $_.vendor -like "*Microsoft*" } |
Export-Csv "Softwareinventar.csv" -notypeinformation
```

Ausgaben Abschließend seien noch einige Commandlets zur Ausgabe erwähnt, mit denen man steuern kann, was man ausgegeben bekommen möchte und wie die Ausgabe formatiert sein soll:

- `Format-Wide`: zweispaltige Liste
- `Format-List`: detaillierte Liste
- `Format-Table`: Tabelle
- `Out-GridView`: grafische Tabelle mit Filtern und Sortieren

Mit dem folgenden Befehl wird die Ausgabe der Prozessliste auf die Spalten *Name* und *WS* (Kürzel für *WorkingSet*) beschränkt:

```
Get-Process | Format-Table name, ws
```

Bild 20.5
Beispiel zum Einsatz von Format-Table

20.5 Navigation in Containern

Navigieren wie im Dateisystem

Eine weitere interessante Eigenschaft der PowerShell besteht darin, dass man in ganz unterschiedlichen Containern genauso navigieren und agieren kann wie im Dateisystem. Testen Sie einmal folgende Befehlsfolge, um in der Registrierungsdatenbank zu arbeiten:

```
cd hklm:\software
Dir i*
md IT-Visions
Dir i*
CD IT-Visions
New-Item  -Name  "Website" -Value "www.IT-Visions.de" -type String
Dir
```

`cd` und `md` sind übrigens nicht die alten Windows-Kommandozeilenbefehle, sondern Aliase für die Commandlets `Set-Location` und `New-Item`.

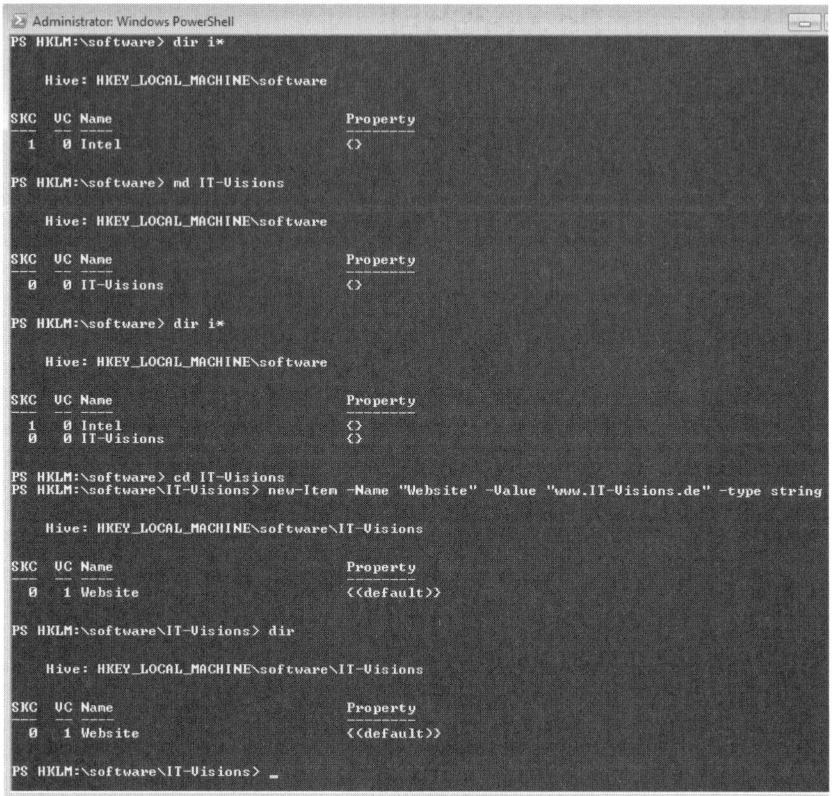

```
Administrator: Windows PowerShell
PS HKLM:\software> dir i*

    Hive: HKEY_LOCAL_MACHINE\software

SKC  VC Name                           Property
---  -- ----                           --------
  1   0 Intel                          {}

PS HKLM:\software> md IT-Visions

    Hive: HKEY_LOCAL_MACHINE\software

SKC  VC Name                           Property
---  -- ----                           --------
  0   0 IT-Visions                     {}

PS HKLM:\software> dir i*

    Hive: HKEY_LOCAL_MACHINE\software

SKC  VC Name                           Property
---  -- ----                           --------
  1   0 Intel                          {}
  0   0 IT-Visions                     {}

PS HKLM:\software> cd IT-Visions
PS HKLM:\software\IT-Visions> new-Item -Name "Website" -Value "www.IT-Visions.de" -type string

    Hive: HKEY_LOCAL_MACHINE\software\IT-Visions

SKC  VC Name                           Property
---  -- ----                           --------
  0   1 Website                        {(default)}

PS HKLM:\software\IT-Visions> dir

    Hive: HKEY_LOCAL_MACHINE\software\IT-Visions

SKC  VC Name                           Property
---  -- ----                           --------
  0   1 Website                        {(default)}

PS HKLM:\software\IT-Visions> _
```

Bild 20.6 *Ergebnis der Ausführung der obigen Befehlsfolge*

Navigationsprovider

Die Registrierungsdatenbank ist nicht der einzige Datenspeicher, den die PowerShell betrachten kann wie ein Dateisystem. Eingebaut in die PowerShell Version 1.0 ist die Navigation in:

- Windows-Dateisystem (`A:`, `B:`, `C:`, `D:`, `E:` etc.)
- Windows-Registrierungsdatenbank (`HKCU:`, `HKLM:`)
- Windows-Umgebungsvariablen (`env:`)
- Windows-Zertifikatsspeicher (`cert:`)
- Funktionen der PowerShell (`function:`)
- Variablen der PowerShell (`variable:`)
- Aliasen der PowerShell (`alias:`)
- WSMan-Konfiguration für den WS-Management-Dienst (`wsman:`)

Optional durch Zusatzmodule gibt es zum Beispiel folgende Laufwerke:

- Active Directory (`ad:`) – wenn das Active Directory-PowerShell-Modul aktiv ist
- IIS-Webserver (`iis:`) – wenn das Modul „WebAdministration" aktiv ist
- Microsoft SQL Server (`sqlserver:`) – wenn das Modul „SQL PS" aktiv ist

20.6 Hilfe zur PowerShell

Die PowerShell hat einige eingebaute Hilfefunktionen, die hier kurz vorgestellt werden sollen: `Get-Command`, `Get-Help` und `Show-Command`.

Get-Command

Get-Command

`Get-Command` liefert eine Liste aller verfügbaren Commandlets in der PowerShell. Dabei sind auch Muster erlaubt.

- `Get-Command get-*` liefert alle Befehle, die mit „get“ anfangen.
- `Get-Command [gs]et-*` liefert alle Befehle, die mit „get“ oder „set“ anfangen.
- `Get-Command *wmi*` liefert alle Befehle, die die Buchstabenfolge „wmi“ enthalten.
- `Get-Command | Where-Object { $_.name -like "*cim*" -or $_.name -like "*wmi*" }` liefert alle Befehle, die die Buchstabenfolge „wmi“ oder „cmi“ enthalten.

Get-Help

Get-Help

Hilfe zu einem Commandlet bekommt man über `Get-help commandletname`, z.B.

```
Get-Help Get-Process
```

Dabei kann man durch die Parameter –`detailed` und –`full` mehr Hilfe erhalten.

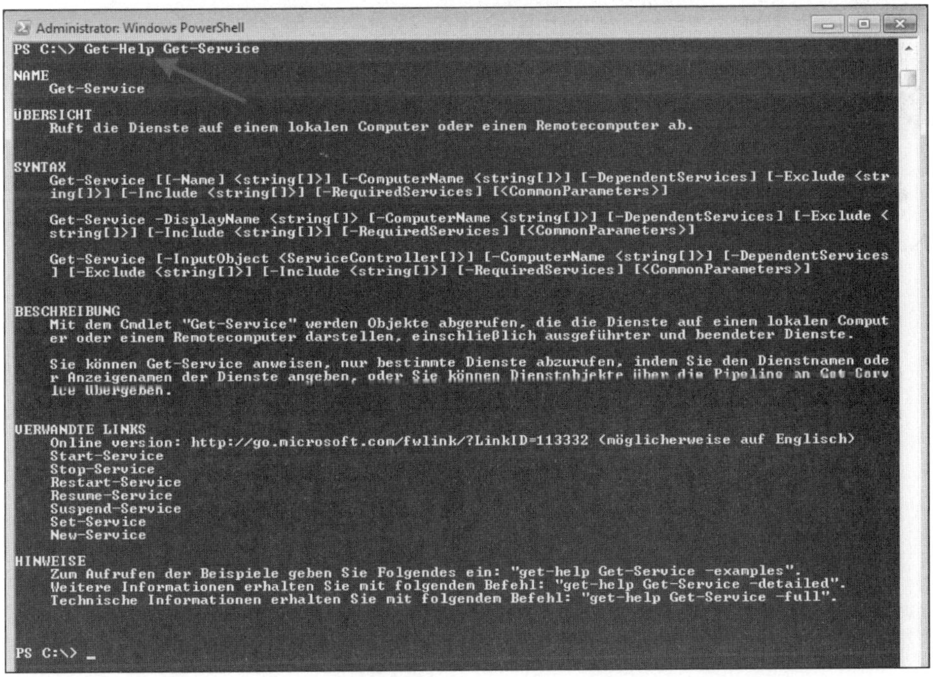

Bild 20.7
Hilfetext zum Commandlet Get-Service

Hingegen listet

`Get-Help get`

alle Commandlets auf, die das Verb `get` verwenden.

Get-Alias `Get-Aliase` liefert eine Liste aller Aliase.

`Get-PSDrive` zeigt die Liste der verfügbaren Container für die PowerShell-Navigation.

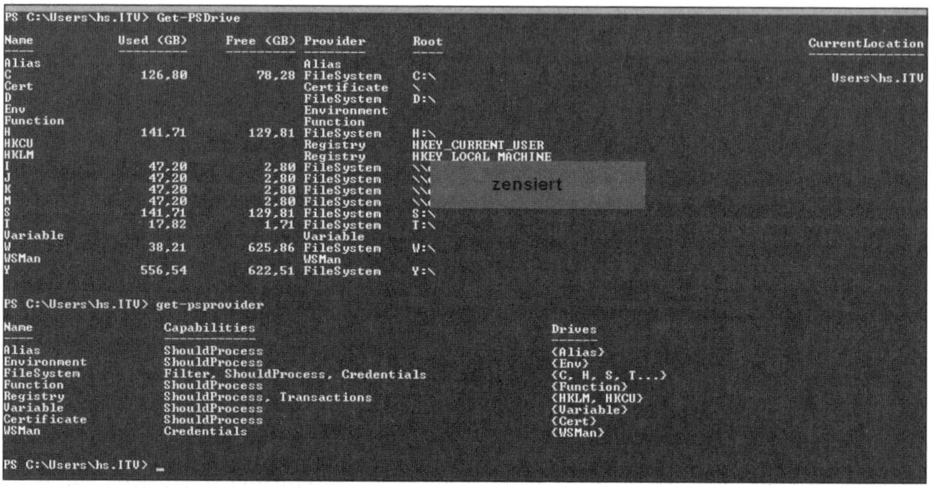

Bild 20.8 *Verfügbare Container für die PowerShell-Navigation*

Bei der Eingabe von Befehlen unterstützt Sie die PowerShell-Konsole durch Tabulator-Vervollständigung. Versuchen Sie in der Konsole folgende Eingaben:

- `Get-` [Tab]
- `Get-?e*` [Tab]
- `Get-Childitem -` [Tab]

Show-Command

Show-Command Die Windows PowerShell ist kommandozeilenorientiert. Vor der PowerShell 3.0 gab es in der Windows PowerShell nur zwei Befehle, die eine grafische Benutzeroberfläche emporbrachten: `Out-GridView` (zur Ausgabe von Objekten in einer filter- und sortierbaren Tabelle) und `Get-Credential` (zur Abfrage von Benutzername und Kennwort). Seit PowerShell 3.0 kann sich der PowerShell-Nutzer mit dem Commandlet `Show-Command` für jedes PowerShell-Commandlet und jede Function eine grafische Eingabemaske zeigen lassen.

Die folgende Abbildung zeigt dies für das Commandlet `Stop-Service`. Ziel von `Show-Command` ist es, insbesondere Einsteigern die Erfassung der Parameter zu erleichtern. Pflichtparameter sind mit einem Stern gekennzeichnet. Ein Klick auf die „Copy"-Schaltfläche legt den erzeugten Befehl in die Zwischenablage, ohne ihn auszuführen.

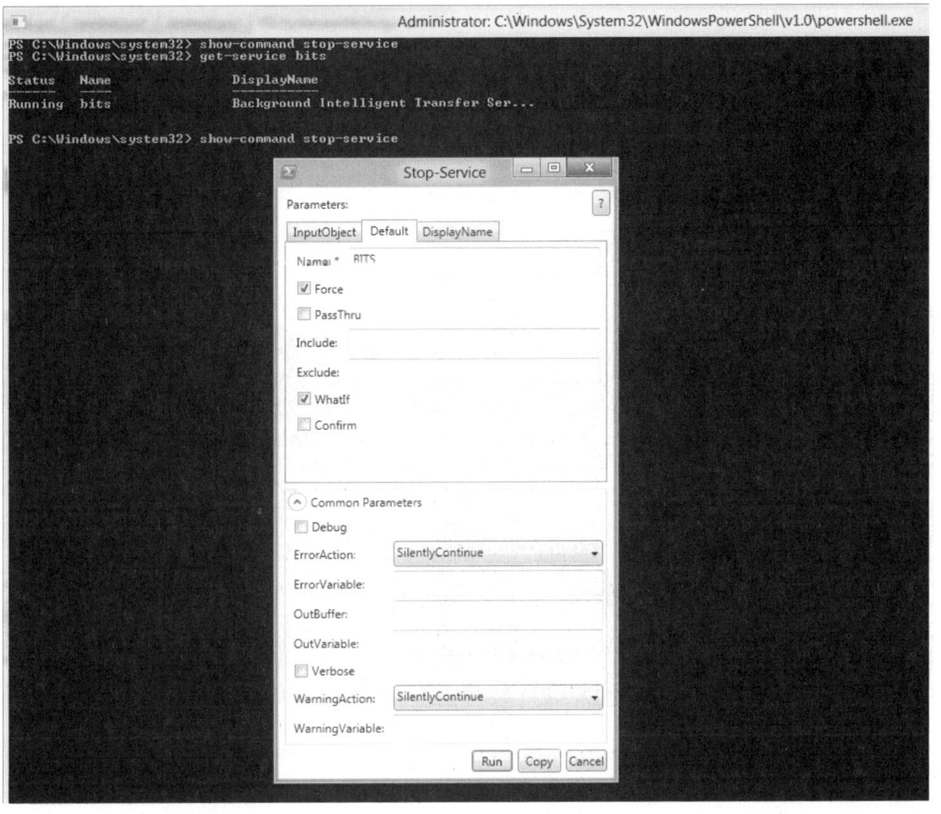

Bild 20.9 *Show-Command bietet Eingabehilfe für Einsteiger.*

20.7 PowerShell-Skripte

Neben dem interaktiven Modus, in dem man Aktionen durch die Aneinanderreihung von Commandlets in Pipelines auslösen kann, erlaubt die PowerShell auch das Erstellen von Skripten mit klassischen Konstrukten wie Variablen, Bedingungen und Schleifen.

.ps1-Dateien

Befehlsabfolgen können als PowerShell-Skripte im Dateisystem abgelegt und später (unbeaufsichtigt) ausgeführt werden. Diese Skripte sind reine Textdateien und haben die Dateierweiterung *.ps1*. Die Zahl 1 steht dabei für die Version 1.0 der PowerShell. Microsoft hat in Hinblick auf die Langlebigkeit vieler Skripte vorgesehen, dass verschiedene Versionen der PowerShell auf einem System koexistieren können.

20.7.1 PowerShell-Skript-Editoren

Da PowerShell-Skripte reine Textdateien sind, kann man jeden Editor nehmen. Spezialisierte Editoren bieten aber mehr Komfort. In PowerShell 1.0 gab es von Microsoft noch gar keinen spezialisierten Editor für die PowerShell. Dementsprechend haben mehrere Drittanbieter einen PowerShell-Editor entwickelt. Mit PowerShell 2.0 lieferte Microsoft erst mal das „Integrated Scripting Environment" (ISE). Der Editor war aber rudimentär im Vergleich zu den Drittanbieter-Editoren. Nun mit PowerShell 3.0 bietet ISE alle wesentlichen Funktionen, die auch die Drittanbieter-Editoren schon lange besitzen.

	ISE in PowerShell 3.0	PowerShell Plus 4.5	PrimalScript 2012 (6.5)	PowerGUI 3.2
Hersteller	**Microsoft**	**Idera**	**Sapien**	**Quest**
Website	**Keine**	**www.idera.com/Products/PowerShell/PowerShell-Plus**	**www.primalscript.com**	**www.powergui.org**
Preis	**Kostenlos**	**199 US-Dollar**	**349 US-Dollar**	**Kostenlos**
Konsole für interaktive Eingabe	Ja	Ja	Nein	Ja
Syntaxfarbhervorhebung	Ja	Ja	Ja	Ja
Skripteditor	Ja	Ja	Ja	Ja
Codeschnippsel (Snippets)	Ja	Ja	Ja	Ja
IntelliSense für Commandlets	Ja	Ja	Ja	Ja
IntelliSense für Alias	Ja	Ja	Ja	Ja
IntelliSense für Parameter	Ja	Ja	Ja	Ja.
IntelliSense für Klassennamen (nach New-Object)	Ja	Ja	Ja	Ja
IntelliSense für Klassennamen (in eckigen Klammern)	Ja	Ja	Ja	Ja
IntelliSense für .NET-Klassenmitglieder	Ja	Ja	Ja (außer Mitglieder statischer Klassen)	Nein
IntelliSense für Variablennamen	Ja	Ja	Ja	Ja

Tabelle 20.1: *Vergleich der PowerShell-Skripteditoren*

	ISE in PowerShell 3.0	PowerShell Plus 4.5	PrimalScript 2012 (6.5)	PowerGUI 3.2
Hersteller	Microsoft	Idera	Sapien	Quest
Website	Keine	www.idera.com/Products/PowerShell/PowerShell-Plus	www.primalscript.com	www.powergui.org
Preis	Kostenlos	199 US-Dollar	349 US-Dollar	Kostenlos
IntelliSense für Mitglieder der Variablen	Ja	Ja, erfordert aber tlw. vorherige Ausführung des Skripts	Ja	Nein
IntelliSense für Pfadangaben	Ja	Ja	Nein	Ja
Variablenbrowser	Nein	Ja	Nein	Ja
Debugging	Ja	Ja	Ja	Ja
Skripte signieren	Nein	Ja	Nein	Nein
Bearbeitung anderer Codearten	Nein	C#, XML, VBScript, Batch, VB.NET, HTML	WSH, ActionScript, AWK, AutoIt, Batch, HTA, Kixtart, LotusScript, Perl, Python, Rebol, REXX, Ruby, SQL, Tcl, WinBatch, ASP, HTML, JSP, PHP, XML, XLST, XSD, C#, C++, VB, ColdFusion u.a.	Nein

***Tabelle 20.1:** Vergleich der PowerShell-Skripteditoren (Forts.)*

20.7.2 Ein Beispiel

Das nachstehende Skript zeigt die vollständige Umsetzung des Inventarisierungsbeispiels aus dem Kapitel „Scripting der Softwareverwaltung", einschließlich der Erreichbarkeitsprüfung mit Ping und der Parametrisierung am Anfang des Skripts.

```
' Softwareinventar.ps1
' Das PowerShell-Script inventarisiert die installierte Software
' verwendet: WMI
' ==========================================================

$Hersteller = "*Microsoft*"
$Eingabedateiname = "computernamen.txt"
$Ausgabedateiname = "Softwareinventar.csv"

# Import der Computernamen
$Computernamen = Get-Content "computernamen.txt"
```

```
$Computernamen | foreach {

if (Ping($_))
{
Write-Host "Inventarisiere Software für Computer $_ ..."
# Auslesen der installierten MSI-Pakete auf allen Computern
$Software = foreach { get-wmiobject win32_product -computername $_ } |
  where { $_.vendor -like $Hersteller }

# Export in CSV
$Software | export-csv "Softwareinventar.csv" -notypeinformation
}
else
{
Write-Error "Computer nicht erreichbar!"
}
}

# Ping ausführen
function Ping
{
$status = Get-WmiObject Win32_PingStatus -filter "Address='$args[0]'" | select
StatusCode
return $status.Statuscode -eq 0
}
```

Listing 20.1: */Skripte/Kapitel 20/Softwareinventar.ps1*

20.7.3 Sprachkonstrukte

PowerShell Language (PSL) Die Befehlssprache der PowerShell ist eine neue Sprache, die aber stark an Perl, C# und Unix-Shell-Sprachen angelehnt ist. In dem obigen Skript sind folgende Konstrukte zu sehen:

- Kommentarzeile mit #,
- Variablen, die mit `$` beginnen,
- eine Bedingung mit `if`,
- eine Unterroutine mit `function`, die einen Wert mit `return` zurückgibt,
- Ausgabe mit `Write-Host` und `Write-Error`.

Schleifen In dem obigen Skript kommt zur Schleifenbildung weiterhin das Commandlet `Foreach-Object` (abgekürzt `foreach`) vor. Es gibt auch ein PowerShell-Sprachkonstrukt `foreach`, das hier alternativ eingesetzt werden könnte. Dann wäre die Syntax aber etwas anders:

```
foreach ($computer in $computernamen) { … }
```

Aus Platzgründen kann hier keine vollständige Auflistung aller Sprachkonstrukte geliefert werden.

20.7.4 Skripte ausführen

Skripte starten

Jeffrey Snover, der maßgebliche Entwickler, nennt als „Top-Sicherheitsfunktion“ der Windows PowerShell die Tatsache, dass man ein PowerShell-Skript nicht durch Doppelklick auf das Symbol in Windows starten kann. Grundsätzlich könnte man diese Startart definieren, diese Definition in der Registrierungsdatenbank ist aber nicht im Standardumfang der PowerShell-Installation enthalten.

Ein PowerShell-Skript wird gestartet durch Eingabe des Namens mit oder ohne Dateierweiterung bzw. mit oder ohne ein vorangestelltes Commandlet in der PowerShell-Konsole:

`Softwareinventar` oder

`Softwareinventar.ps1` oder

`&Softwareinventar.ps1` oder

`Invoke-Expression Softwareinventar.ps1`

Alternativ kann man ein PowerShell-Skript aus dem normalen Windows-Kommandozeilenfenster, durch eine Verknüpfung aus dem Windows-Desktop oder als Anmeldeskript starten, indem man *powershell.exe* voranstellt:

`powershell.exe Softwareinventar`

Sicherheitsrichtlinien

Alle Skripte zunächst verboten

Wenn Sie das obige Skript mit einem Texteditor eingeben (oder es von der Buch-Website kopieren), dann wird es Ihnen zunächst nicht gelingen, das Skript zu starten (siehe folgende Bildschirmabbildung). Die Standardeinstellung der PowerShell verbietet die Ausführung von Skripten durch eine Sicherheitsrichtlinie. Die PowerShell kann nur interaktiv verwendet werden.

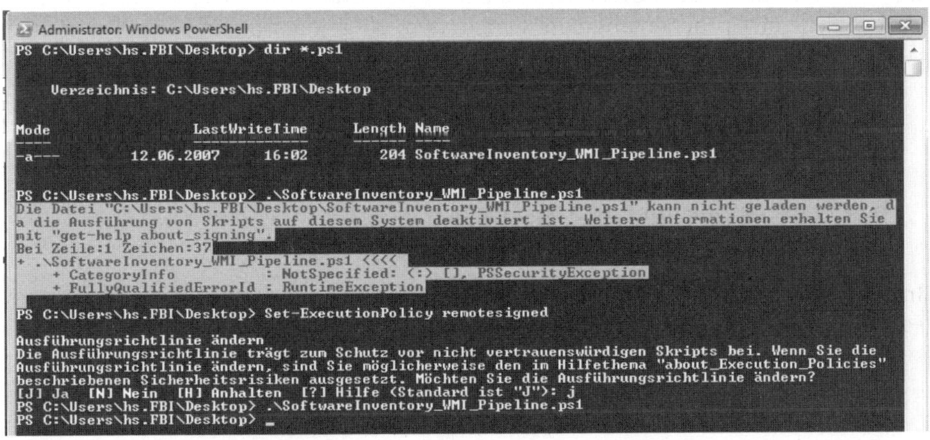

Bild 20.10 In der Standardeinstellung sind alle Skripte verboten

Set-Executionpolicy

Ein Benutzer kann die Shell zunächst nur interaktiv verwenden, bis er die Ausführungsrichtlinie mit dem Commandlet `Set-Executionpolicy` auf eine niedrigere Sicherheitsstufe herabsetzt:

- Modus „AllSigned“: Nur signierte Skripte starten und signierte Skripte von nicht vertrauten Quellen starten auf Nachfrage.
- Modus „EntferntSigned“: Eine vertraute Signatur ist nur für Skripte aus dem Internet (z.B. bezogen via Browser, Outlook, Messenger) erforderlich; lokale Skripte starten auch ohne Signatur.
- Modus „Unrestricted“: Alle Skripte laufen.

Sie können natürlich zu Testzwecken „Unrestricted“ verwenden; dies ist auf die Dauer aber ein Sicherheitsrisiko. Besser sind die Optionen, die digitale Signaturen erfordern.

Zertifikat anwenden

Skripte signieren

Um ein Skript zu signieren, müssen Sie die folgenden Schritte ausführen:

- Wenn Sie kein Zertifikat zum Signieren von Code besitzen, legen Sie sich ein Zertifikat an, wie in Kapitel 19 beschrieben.
- Lassen Sie sich Ihre eigenen Windows-Zertifikate in der PowerShell-Konsole auflisten:

```
dir cert:/currentuser/my
```

- Ermitteln Sie die Position des Zertifikats, das Sie verwenden wollen, und speichern Sie dieses Zertifikat in einer Variablen (Achtung: Die Zählung beginnt bei 0!):

```
$cert = @(dir "cert:/currentuser/my/")[1]
```

- Signieren Sie das Skript:

```
Set-AuthenticodeSignature Softwareinventar3.ps1 $cert
```

Bild 20.11
Signieren eines PowerShell-Skripts

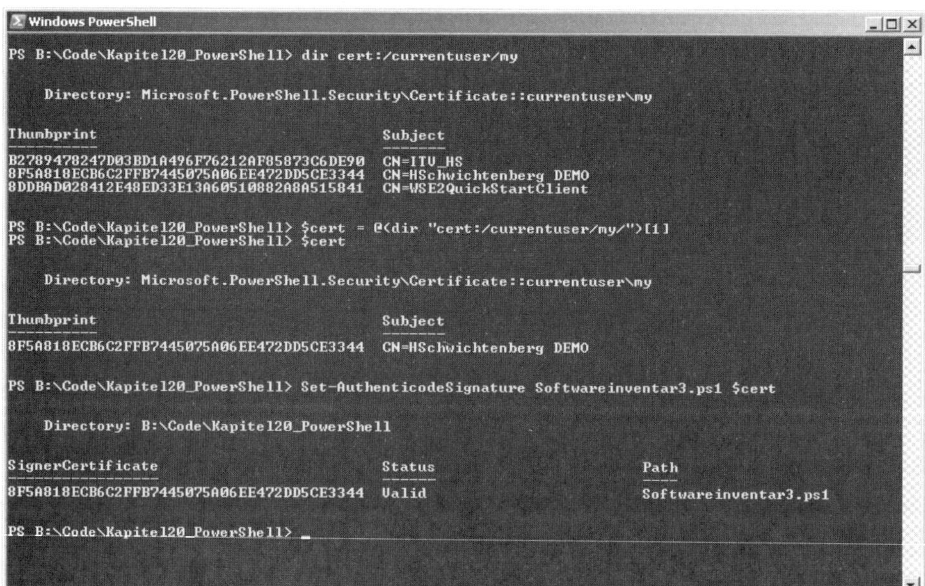

Wenn Sie nun

```
Set-AuthenticodeSignature AllSigned
```

setzen, sollte das von Ihnen signierte PowerShell-Skript laufen, alle anderen Skripte aber nicht.

Wenn die PowerShell beim Start des Skripts noch einmal nachfragt, ob Sie das Skript wirklich laufen lassen wollen, dann bedeutet dies, dass das Skript zwar von jemandem signiert ist und Sie die Zertifizierungsstelle, die das Zertifikat ausgestellt hat, in der Liste Stammzertifizierungsstellen haben, aber dass Sie diesem Skriptautor noch nicht explizit vertrauen. Durch die Option „Always Run" würde der Skriptautor unter die „Vertrauenswürdigen Herausgeber" in die Zertifikatsverwaltung aufgenommen werden.

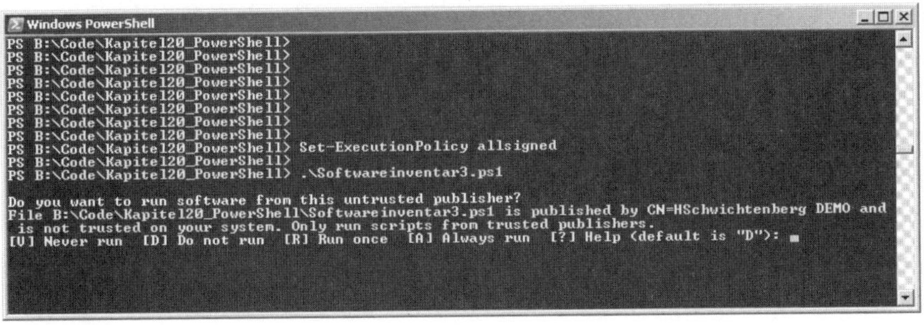

Bild 20.12
Nachfrage beim Skriptstart

20.8 Fernausführung von Befehlen

Remoting

Neu seit PowerShell 2.0 ist eine Funktion, die man auch beim WSH oft vermisst hat: die Möglichkeit, auf einfache Weise beliebige Befehle oder Skripte auf einem entfernten System auszuführen. PowerShell nennt diese Funktion „PowerShell Remoting". Sie basiert auf dem Webservice-Protokoll „WS-Management" und funktioniert nur zwischen Windows-Systemen, für die es die Funktion „Windows Remote Management (WinRM)" gibt. Aktuell sind dies Windows Vista, Windows 7, Windows 8, Windows Server 2008 (inkl. R2) und Windows Server 2012.

Im Auslieferungszustand der PowerShell sind PowerShell Fernaufrufe deaktiviert. Mit `Enable-PSRemoting` konfiguriert man einen Computer zum Empfang von Fernaufrufen von anderen Rechnern.

Tipp: Zum Unterdrücken der Nachfragen geben Sie ein: `Enable-Psremoting -force`.

Um einen einzelnen Befehl auf einem entfernten System auszuführen, kann man auch das Commandlet `Invoke-Command` mit dem Parameter `-Computername` verwenden. Der folgende Befehl liefert die Prozessliste von Computer „PC172".

```
Invoke-Command -ComputerName PC172 -scriptblock { Get-Process s* }
```

Das Commandlet `Invoke-Command` bietet auch die Möglichkeit, mehrere Computer in Form eines Arrays (eine durch Komma getrennte Liste) anzugeben.

Beispiel: Setzen von Datum und Uhrzeit auf mehreren Computern mit dem Commandlet `Set-Date`

```
Invoke-Command -computer PC170, PC171, PC172, PC173 -Scriptblock { Set-date -date }
```

Skripte entfernt starten

Mit `Invoke-Command` kann man auch ein auf dem entfernten System vorhandenes Skript starten, z.B.

```
Invoke-Command -computer PC170 -scriptblock { d:\Skripte\WPS2_Computername.ps1 }
```

Einige Commandlets in der PowerShell, darunter `Get-Process` und `Get-Service`, bieten auch noch einen kürzeren Weg für die Fernabfrage an. Bei diesen Commandlets kann man ein einzelnes entferntes System über den Parameter `-Computer` angeben, z.B. `Get-Process -Computer PC170`.

Vorteil dieser Methode ist, dass man dafür nicht WS-Management braucht und man also auch ältere Betriebssysteme abfragen kann, für die es kein WS-Management gibt. Nachteil ist, dass sich die Fernabfrage immer nur auf den einzelnen Befehl bezieht. Man kann weder Befehlsfolgen noch Skripte angeben. Außerdem kann man immer nur ein einzelnes entferntes System ansprechen.

Mit dem Commandlet `Enter-PSSession` eröffnet man eine interaktive Sitzung zu einem entfernten System im Stil des Telnet-Protokolls. Anzugeben ist der Computername, z.B.

```
Enter-PSSession -Computername PC170
```

Nach erfolgreicher Ausführung des Befehls wird der Computername vor der PowerShell-Eingabeaufforderung angezeigt. Alle eingegebenen Befehle werden nun auf dem entfernten System ausgeführt. Alle Ausgaben landen auf dem lokalen System (siehe Abbildung).

Bild 20.13 Sitzung mit einem entfernten System zur Abfrage von Prozessen und der IP-Konfiguration

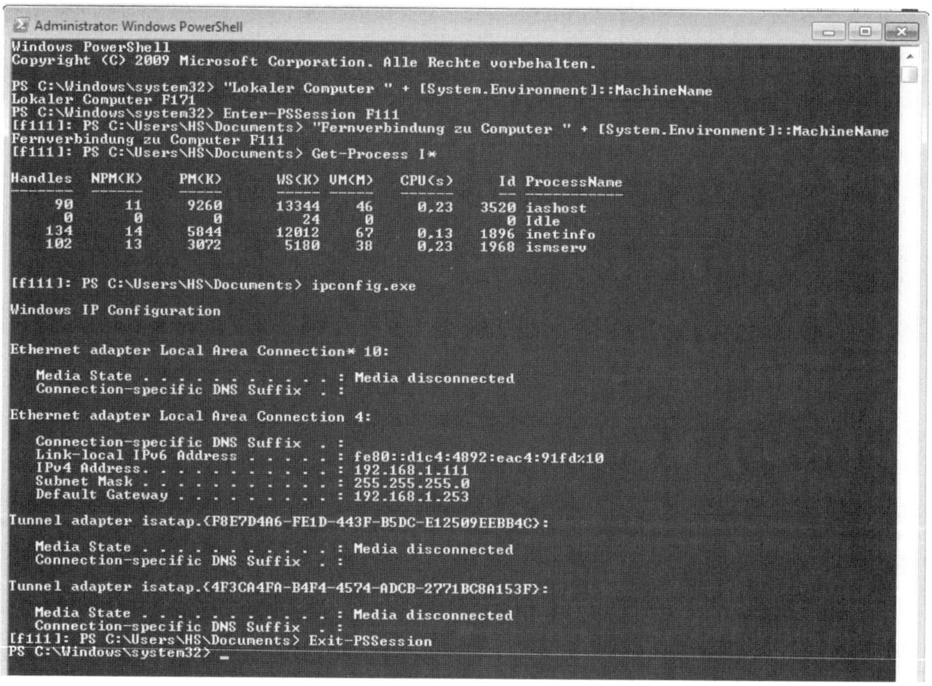

20.9 Zusatzkomponenten nutzen

Sie werden feststellen, dass die Menge der eingebauten Commandlets auch in der PowerShell Version 3.0 recht überschaubar ist. Es gibt verschiedene Formen von Zusatzkomponenten, die Sie nutzen können:

- Zusätzliche PowerShell-Module mit weiteren Commandlets
- COM-Komponenten, die man auch im WSH mit VBScript nutzen kann
- WMI-Klassen
- .NET-Klassen

Mit Ausnahme des letzten Punkts sind im Folgenden diese Themen kurz umrissen. .NET-Klassen sind ausgenommen, weil dies ein riesiges Gebiet mit weit mehr als 15.000 Klassen ist, das den Rahmen dieses Buchs sprengen würde.

20.9.1 Zusätzliche PowerShell-Module mit weiteren Commandlets

PowerShell-Module

PowerShell-Module sind Softwarepakete, die die PowerShell durch Funktionalität erweitern. Module können aus Navigationsprovidern, Commandlets, Funktionen, vordefinierten Variablen und Aliasen bestehen. Durch Module können Entwickler bzw. Administratoren Funktionalität zur Wiederverwendung an andere Personen weitergeben. Der Empfänger muss das Modul importieren und kann die darin enthaltene Funktionalität dann nutzen wie die Kernfunktionalität der PowerShell. Ein Modul ist im installierten Zustand ein Dateisystemverzeichnis, das die Moduldateien enthält. Systemmodule werden vom Betriebssystem installiert unter *\Windows\System32\WindowsPowerShell\v1.0\Modules*. Benutzer können Module installieren unter *$home\Documents\WindowsPowerShell\Modules*.

Zum Installieren eines PowerShell-Moduls kopiert man alle Dateien des Moduls in eines der PowerShell-Modulverzeichnisse. Wichtig ist, dass die Dateien nicht direkt in dem PowerShell-Modulverzeichnis liegen, sondern in einem seiner Unterordner.

Falsch:

```
C:\windows\system32\WindowsPowerShell\v1.0\Modules\ActiveDirectory.psd1
```

Richtig:

```
C:\windows\system32\WindowsPowerShell\v1.0\Modules\ActiveDirectory\
ActiveDirectory.psd1
```

> Oftmals werden PowerShell-Module durch Setup-Routinen (z.B. die Windows Server Remote Administration Tools) automatisch in die passenden Verzeichnisse installiert.

Get-Module

Der Befehl

```
Get-Module -listAvailable
```

zeigt alle auf dem System installierten Module. Zur Verwendung eines Moduls muss dieses aber nicht nur installiert, sondern auch in der aktuellen PowerShell-Sitzung importiert sein.

```
PS C:\Windows\system32> Get-module -ListAvailable | ft name,moduletype,description,version,{$_.exportedcommands.count},{$_.exportedaliases.count}

Name                           ModuleType Description              Version  $_.exportedcommands.coun $_.exportedaliases.count
                                                                                                    t
----                           ---------- -----------              -------  ------------------------ ------------------------
AppLocker                        Manifest                          1.0.0.0                         5                        0
Appx                             Manifest                          1.0.0.0                         6                        0
BitLocker                        Manifest                          1.0.0.0                        13                        0
BitsTransfer                     Manifest                          1.0.0.0                         8                        0
BranchCache                      Manifest                          1.0.0.0                        32                        0
CimCmdlets                       Manifest                          1.0.0.0                        24                       12
DirectAccessClientCom...         Manifest                          1.0.0.0                        11                        0
Dism                               Script                          1.0                            26                        4
DnsClient                        Manifest                          1.0.0.0                        17                        0
Hyper-V                            Binary                          1.0                           164                        0
International                    Manifest                          1.0.0.0                        18                        0
iSCSI                            Manifest                          1.0.0.0                        13                        0
ISE                                Script                          1.0.0.0                         3                        0
Kds                              Manifest                          1.0.0.0                         6                        0
Microsoft.PowerShell....         Manifest                          3.0.0.0                         5                        0
Microsoft.PowerShell....         Manifest                          3.0.0.0                         2                        0
Microsoft.PowerShell....         Manifest                          3.0.0.0                        82                        0
Microsoft.PowerShell....         Manifest                          3.0.0.0                        10                        0
Microsoft.PowerShell....         Manifest                          3.0.0.0                        92                        0
Microsoft.WSMan.Manag...         Manifest                          3.0.0.0                        13                        0
MMAgent                          Manifest                          1.0                             4                        0
MsDtc                            Manifest                          1.0.0.0                        41                        0
MSMQ                               Binary                          1.0.0.0                        22                        0
NetAdapter                       Manifest                          1.0.0.0                        64                        0
NetConnection                    Manifest                          1.0.0.0                         2                        0
NetLbfo                          Manifest                          1.0.0.0                        13                        0
NetQos                           Manifest                          1.0                             4                        0
NetSecurity                      Manifest                          1.0.0.0                        84                        0
NetSwitchTeam                    Manifest                          1.0.0.0                         7                        0
NetTCPIP                         Manifest                          1.0.0.0                        32                        1
NetWNV                           Manifest                          1.0.0.0                        18                        0
NetworkConnectivitySt...         Manifest                          1.0.0.0                         4                        0
NetworkTransition                Manifest                          1.0.0.0                        34                        0
PKI                              Manifest                          1.0.0.0                        17                        0
PrintManagement                  Manifest                          1.0                            20                        0
PSDiagnostics                      Script                          1.0.0.0                        10                        0
PSScheduledJob                     Binary                          1.0.0.0                        16                        0
PSWorkflow                       Manifest                          1.0.0.0                         3                        1
PSWorkflowUtility                Manifest                          1.0.0.0                         1                        0
ScheduledTasks                   Manifest                          1.0.0.0                        19                        0
SecureBoot                       Manifest                          1.0.0.0                         5                        0
SmbShare                         Manifest                          1.0.0.0                        56                       28
SmbWitness                       Manifest                          1.0.0.0                         4                        2
Storage                          Manifest                          1.0.0.0                        84                        1
TroubleshootingPack              Manifest                          1.0.0.0                         2                        0
TrustedPlatformModule            Manifest                          1.0.0.0                         9                        0
VpnClient                        Manifest                          1.0.0.0                         6                        0
Wdac                             Manifest                          1.0.0.0                        12                        0
WebAdministration                Manifest                          1.0.0.0                        80                        2
WindowsDeveloperLicense          Manifest                          1.0.0.0                         3                        0
WindowsErrorReporting              Script                          1.0                             3                        0
SQLASCMDLETS                     Manifest This module allows SQ... 1.0                            11                        0
SQLPS                            Manifest This module allows SQ... 1.0                            29                        0
```

Bild 20.14: *Liste der 53 mit Windows 8 (Grundinstallation von Windows 8 Enterprise) mitgelieferten PowerShell-Module – mit insgesamt 1269 zusätzlichen Befehlen*

```
PS C:\Windows\system32> Get-module -ListAvailable | ft name,moduletype,description,version,{$_.exportedcommands.count},{$_.exportedaliases.count}

Name                           ModuleType Description              Version  $_.exportedcommands.coun $_.exportedaliases.count
                                                                                                    t
----                           ---------- -----------              -------  ------------------------ ------------------------
ActiveDirectory                  Manifest                          1.0.0.0                       135                        0
AppLocker                        Manifest                          1.0.0.0                         5                        0
Appx                             Manifest                          1.0.0.0                         6                        0
BestPractices                    Manifest                          1.0                             4                        0
BitLocker                        Manifest                          1.0.0.0                        13                        0
BitsTransfer                     Manifest                          1.0.0.0                         8                        0
BranchCache                      Manifest                          1.0.0.0                        32                        0
CimCmdlets                       Manifest                          1.0.0.0                        24                       12
ClusterAwareUpdating               Binary                          1.0                            17                        0
DFSN                             Manifest                          1.0                            23                        0
DhcpServer                       Manifest                          1.0.0.0                       103                        0
DirectAccessClientCom...         Manifest                          1.0.0.0                        11                        0
Dism                               Script                          1.0                            26                        4
DnsClient                        Manifest                          1.0.0.0                        17                        0
DnsServer                        Manifest                          1.0.0.0                       100                        1
FailoverClusters                 Manifest                          1.0.0.0                        81                        2
GroupPolicy                      Manifest                          1.0.0.0                        29                        2
Hyper-V                            Binary                          1.0                           164                        0
International                    Manifest                          1.0.0.0                        18                        0
iSCSI                            Manifest                          1.0.0.0                        13                        0
IscsiTarget                      Manifest                          1.0.0.0                        24                        0
ISE                                Script                          1.0.0.0                         3                        0
Kds                              Manifest                          1.0.0.0                         6                        0
Microsoft.PowerShell....         Manifest                          3.0.0.0                         5                        0
Microsoft.PowerShell....         Manifest                          3.0.0.0                         2                        0
Microsoft.PowerShell....         Manifest                          3.0.0.0                        82                        0
Microsoft.PowerShell....         Manifest                          3.0.0.0                        10                        0
Microsoft.PowerShell....         Manifest                          3.0.0.0                        92                        0
Microsoft.WSMan.Manag...         Manifest                          3.0.0.0                        13                        0
MMAgent                          Manifest                          1.0                             4                        0
MsDtc                            Manifest                          1.0.0.0                        41                        0
MSMQ                               Binary                          1.0.0.0                        22                        0
NetAdapter                       Manifest                          1.0.0.0                        64                        0
NetConnection                    Manifest                          1.0.0.0                         2                        0
NetLbfo                          Manifest                          1.0.0.0                        13                        0
NetQos                           Manifest                          1.0                             4                        0
NetSecurity                      Manifest                          1.0.0.0                        84                        0
NetSwitchTeam                    Manifest                          1.0.0.0                         7                        0
NetTCPIP                         Manifest                          1.0.0.0                        32                        1
NetWNV                           Manifest                          1.0.0.0                        18                        0
NetworkConnectivitySt...         Manifest                          1.0.0.0                         4                        0
NetworkLoadBalancingC...         Manifest                          1.0.0.0                        35                        0
NetworkTransition                Manifest                          1.0.0.0                        34                        0
NFS                              Manifest                          1.0                            42                        0
PKI                              Manifest                          1.0.0.0                        17                        0
PrintManagement                  Manifest                          1.0                            20                        0
PSDiagnostics                      Script                          1.0.0.0                        10                        0
PSScheduledJob                     Binary                          1.0.0.0                        16                        0
PSWorkflow                       Manifest                          1.0.0.0                         3                        1
PSWorkflowUtility                Manifest                          1.0.0.0                         1                        0
RemoteAccess                     Manifest                          1.0.0.0                        71                        0
RemoteDesktop                    Manifest                          1.0.0.0                        73                        0
ScheduledTasks                   Manifest                          1.0.0.0                        19                        0
SecureBoot                       Manifest                          1.0.0.0                         5                        0
ServerManager                      Script                          2.0.0.0                         7                        2
ServerManagerTasks                    Cim                          1.0.0.0                        11                        0
SmbShare                         Manifest                          1.0.0.0                        56                       28
SmbWitness                       Manifest                          1.0.0.0                         4                        2
Storage                          Manifest                          1.0.0.0                        84                        1
TroubleshootingPack              Manifest                          1.0.0.0                         2                        0
TrustedPlatformModule            Manifest                          1.0.0.0                         9                        0
UpdateServices                   Manifest                          1.0.0.0                        12                        0
VpnClient                        Manifest                          1.0.0.0                         6                        0
Wdac                             Manifest                          1.0.0.0                        12                        0
WebAdministration                Manifest                          1.0.0.0                        80                        2
WindowsDeveloperLicense          Manifest                          1.0.0.0                         3                        0
WindowsErrorReporting              Script                          1.0                             3                        0
SQLASCMDLETS                     Manifest This module allows SQ... 1.0                            11                        0
SQLPS                            Manifest This module allows SQ... 1.0                            29                        0
```

Bild 20.15: *Durch die Installation der „Remote Server Administration Tools" erhöht sich in Windows 8 die Zahl der PowerShell-Module auf 69 – mit insgesamt 2036 zusätzlichen Befehlen.*

In PowerShell 2.0 war es notwendig, ein Modul explizit zu importieren, bevor man einen Befehl daraus verwenden konnte. Die PowerShell 3.0 macht dies bei Bedarf automatisch. Die PowerShell 3.0 zeigt sowohl in der ISE als auch in der Konsole alle Commandlets und Funktionen in der Vorschlagsliste und beim Aufruf von `Get-Command` bereits an. Der eigentliche Import des Moduls erfolgt dann beim ersten Aufruf eines Befehls aus einem Modul.

Import-Module

Weiterhin besteht die Möglichkeit, ein Modul explizit zu importieren. Zum expliziten Importieren eines Moduls nutzt man `Import-Module` gefolgt von dem Modulnamen (aus der Liste der installierten Module), z.B.:

```
Import-Module ActiveDirectory
```

Danach stehen in der aktuellen PowerShell-Sitzung die Befehle des Moduls zur Verfügung. Eine Liste der neuen Befehle (im Fall des Active Directory-Moduls sind dies z.B. 135) kann man auf einfache Weise erhalten:

```
Get-Command -module ActiveDirectory | ft name, modulename, pssnapin
```

20.9.2 COM-Komponenten, die man auch im WSH mit VBScript nutzen kann

COM in der PowerShell

Die Windows PowerShell basiert komplett auf dem Microsoft .NET Framework. Dennoch kann die PowerShell nicht nur .NET-Klassen, sondern auch Klassen aus dem Vorgänger von .NET, dem Component Object Model (COM), verwenden. .NET sollte eigentlich COM komplett ablösen, aber Microsoft hat viele Funktionen in seinem Betriebssystem und die Anwendungen (z.B. Microsoft Office) wurden niemals in .NET, sondern nur über COM bereitgestellt. In Windows 8 hat COM sogar eine Renaissance erfahren, weil das neue Betriebssystem API „Windows Runtime" auf COM basiert.

Bei der Instanziierung von COM-Klassen kommt das Commandlet `New-Object` zum Einsatz. Dem Namen der COM-Klasse ist der Parameter `–comobject` (kurz: `-com`) voranzustellen. Als Name ist der Programmatic Identifier (ProgID) anzugeben. Die COM-Klasse muss auf dem lokalen System in der Registrierungsdatenbank verzeichnet sein. `New-Object` entspricht `CreateObject()` in VBScript.

Die Nutzung von Attributen und Methoden erfolgt wie bei VBScript über die Punkt-Notation.

Das folgende Beispiel zeigt den Aufruf der Methode `GetTempName()` aus der COM-Klasse `Scripting.FileSystemObject`. Diese Methode liefert einen Namen für eine temporäre Datei.

```
$fso = New-Object -com "Scripting.Filesystemobject"
$fso.GetTempName()
```

Listing 20.2: *[COM CreateObject.ps1]*

Mit dem zweiten auf einer COM-Komponente basierenden Skript öffnet man den Internet Explorer mit einer bestimmten Seite mit Hilfe der COM-Klasse `InternetExplorer.Application`.

```
$ie = New-Object -com "InternetExplorer.Application"
$ie.Navigate("http://www.powershell-doktor.de")
$ie.visible = $true
```

Listing 20.3: *[COM CreateObject.ps1]*

Eine direkte Entsprechung zu `GetObject()` gibt es als PowerShell-Commandlet nicht. Aber man kann `GetObject()` in einer .NET-Klasse aufrufen. Das folgende Beispiel zeigt ein Word-Dokument (.doc) in Microsoft Word auf dem Bildschirm an und schreibt einen Text in das Dokument.

```
$doc = [microsoft.visualbasic.interaction]::GetObject("w:\daten\test.doc")
$doc.application.visible = $true
$doc.application.selection.typetext("Erfolgreicher Start von Word!")
```

Listing 20.4: *[COM GetObject.ps1]*

20.9.3 WMI-Klassen

WMI I der PowerShell

Die Windows PowerShell bietet die Möglichkeit zum Zugriff auf das lokale WMI-Repository und auch WMI-Repositories auf entfernten Systemen.

Dafür bietet die PowerShell folgende Konstrukte:

- Die Commandlets `Get-WmiObject` (seit PowerShell 1.0), `Remove-WmiObject`, `Set-WmiInstance` und `Invoke-WmiMethod` (seit PowerShell 2.0)
- Seit PowerShell 3.0 gibt es eine neue Familie von WMI-Befehlen, die nun „CIM" im Namen tragen, u.a. `Get-CimAssociatedInstance`, `Get-CimClass`, `Get-CimInstance`, `Invoke-CimMethod`, `New-CimInstance`, `Register-CimIndicationEvent`, `Set-CimInstance` und `Remove-CimInstance`.
- Die eingebauten PowerShell-Typen `[WMI]`, `[WMICLASS]` und `[WMISEARCHER]`
- Den PowerShell-WMI-Objektadapter, der den Zugriff auf WMI-Objekte vereinfacht

Diese Konzepte werden in den folgenden Abschnitten aufgabenorientiert erläutert.

Den Unterschied zwischen den alten und neuen WMI-Commandlets zeigt die folgende Tabelle.

	Alte Commandlets mit „WMI" im Namen	Neue Commandlets mit „CIM" im Namen
Verfügbar in	PowerShell ab 1.0	PowerShell ab 3.0
WMI-Version	1 und 2	2
Protokoll für lokale Zugriff	DCOM	DCOM
Protokoll für Fernzugriffe	DCOM	Webservices mit WS-Management (WS-Man) Optional: DCOM
.NET-Klasse für WMI-Instanz	`System.Management.ManagementObject`	`Microsoft.Management.Infrastructure.CimInstance`

Tabelle 20.2: *Alte versus neue WMI-Commandlets*

	Alte Commandlets mit „WMI“ im Namen	Neue Commandlets mit „CIM“ im Namen
.NET-Klasse für WMI-Klasse	`System.Management.ManagementClass`	`Microsoft.Management.Infrastructure.CimClass`
Eingabeunterstützung in PowerShell-Konsole und ISE	Nein	Ja

Tabelle 20.2: *Alte versus neue WMI-Commandlets (Forts.)*

Der Vorteil der neueren Commandlets gegenüber den älteren (z.B. `Get-CimInstance` im Vergleich zu `Get-WmiObject`) ist, dass die PowerShell-Konsole und die ISE Eingabeunterstützung für die WMI-Klassennamen gewähren. Allerdings bezieht sich die Vorschlagsliste immer auf die auf dem lokalen System vorhandenen WMI-Klassen. Auf einem eventuell angesprochenen entfernten System zusätzliche Klassen sieht man nicht. Zudem kann es sein, dass die vorgeschlagene WMI-Klasse auf dem entfernten System nicht existiert.

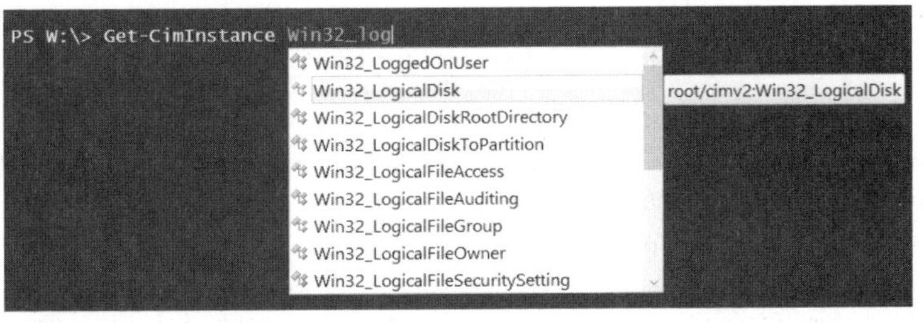

Bild 20.16: *Vorschlagsliste bei Get-CimInstance*

Abruf von WMI-Objektmengen

Get-CimInstance

Die Verwendung von `Get-CimInstance` oder `Get-WmiObject` in Verbindung mit einem WMI-Klassennamen in der Form

```
Get-CimInstance WMIKlassenname
```

liefert alle Instanzen der angegebenen WMI-Klasse (sofern es die angesprochene WMI-Klasse auf dem lokalen System gibt).

Beispiel:

```
# Name und Treiberdatei für alle Grafikkarten in diesem Computer
Get-CimInstance Win32_VideoController
```

liefert alle installierten Grafikkarten.

Dies ist eine Kurzform für

```
Get-CimInstance -ClassName Win32_VideoController
```

Sofern die Klasse nicht im Standardnamensraum `"root\cimv2"` liegt, muss man den Namensraum mit dem Parameter `-Namespace` explizit benennen:

```
Get-CimInstance -Namespace root/WebAdministration -ClassName Site
```

> Mit folgendem Befehl fragen Sie die Versionsnummer des WMI-Repository ab:
>
> `Get-CimInstance __cimomidentification -Namespace root/default`
>
> Unter Windows 8 sollte hier die Nummer 6.2.9200.xxxxx erscheinen.

Fernzugriffe

Remoting mit WMI

Man kann sowohl bei `Get-CimInstance` als auch `Get-WmiObject` mit dem Parameter `-Computer` auf entfernte Systeme zugreifen:

```
Get-CimInstance -class Win32_VideoController -Computer ServerF112
```

Allerdings ist zu beachten, dass `Get-CimInstance` dafür im Standard immer per SOAP-Webservice (WS-Management-Protokoll) redet. Wenn das entfernte System ein älteres System ohne WS-Management ist, dann muss man über eine explizite CIM-Sitzung die Kommunikation auf DCOM umschalten. Dafür verwendet man die Commandlets `New-CimSessionOption` und `New-CimSession`.

```
$so = New-CimSessionOption -Protocol DCOM
$s = New-CimSession -ComputerName ServerF112 -SessionOption $so
Get-CimClass -cimsession $s -class Win32_VideoController
```

Listing 20.5: *[WP3_CIMSession.ps1]*

Filtern und Abfragen

Filtern mit WMI

Wenn man nicht alle Instanzen, sondern nur ausgewählte Instanzen ermitteln möchte, die bestimmten Kriterien entsprechen, kann man eine der folgenden alternativen Möglichkeiten nutzen:

- Verwendung des Commandlets `Get-CimInstance` oder `Get-Wmiobject` mit einem Filter
- Verwendung von WQL-Abfragen mit dem Parameter `-Query` in den Commandlets `Get-CimInstance` oder `Get-WmiObject`
- Auf einzelne WMI-Objekte oder WMI-Klassen kann man zudem zugreifen mit Verwendung der eingebauten PowerShell-Typen `[WMI]` und `[WMIClass]` mit WMI-Pfaden.
- Direkte Instanziierung der Klassen `System.Management.ManagementObject` bzw. `System.Management.ManagementClass` jeweils unter Angabe eines WMI-Pfads im Konstruktor
- Verwendung von WQL-Abfragen mit dem Typ `[WMISEARCHER]`
- Verwendung von WQL-Abfragen mit der .NET-Klasse `System.Management.ManagementObjectSearcher`

Filtern mit Get-WmiObject

-Filter

Die Commandlets `Get-CimInstance` und `Get-Wmiobject` bieten die Möglichkeit, schon beim Abruf die Objekte zu filtern. Der Filter ist nach dem Parameter `-Filter` in einer Zeichenkette anzugeben.

Beispiele:

- Alle Benutzerkonten aus der Domäne „FBI“:

  `Get-CimInstance Win32_account -filter "domain='FBI'"`

- Alle Benutzerkonten aus der Domäne „FBI“, deren Benutzerkontenname mit „H“ beginnt:

  `Get-CimInstance Win32_account -filter "domain='FBI' and name like 'h%'"`

> Wichtig ist, dass bei WMI-Filtern die Operatoren wie bei SQL (z.B. =, <>, <, >, `like`, `and`, `or`) anzugeben sind und nicht wie bei PowerShell-Ausdrücken (z.B. `-eq`, `-ne`, `-lt`, `-gt`, `-like`, `-and`, `-or`).

Zugriff auf einzelne WMI-Objekte

Einzelobjekte

Um auf ein bestimmtes WMI-Objekt gezielt zuzugreifen, zeigt die nachstehende Tabelle verschiedene Möglichkeiten.

	Get-WmiObject oder Get-CimInstance mit Filter	Eingebaute PowerShell-Typen	Direkte Instanziierung der .NET-Klasse
WMI-Objekt aus einer WMI-Klasse mit einem Schlüsselattribut	`Get-CimInstance Win32_LogicalDisk -Filter "DeviceID='C:'"`	`[WMI] "\\.\root\cimv2:Win32_LogicalDisk.DeviceID='C:'"`	`New-Object System.Management.ManagementObject("\\.\root\cimv2:Win32_LogicalDisk.DeviceID='C:'")`
WMI-Objekt aus einer WMI-Klasse mit zwei Schlüsselattributen	`Get-CimInstance Win32_UserAccount -filter "name='hs' and domain='FBI'"`	`[WMI] "\\.\root\cimv2:Win32_UserAccount.Domain='FBI',Name='hs'"`	`New-Object System.Management.ManagementObject("\\.\root\cimv2:Win32_UserAccount.Domain='FBI',Name='hs'")`
WMI-Objekt auf einem entfernten System	`Get-CimInstance Win32_LogicalDisk -Filter "DeviceID='C:'" -computer "ServerF112"`	`WMI] "\\ServerF112\root\cimv2:Win32_UserAccount.Domain='FBI', Name='hs'"`	`New-Object System.Management.ManagementObject("\\ServerF112\root\cimv2:Win32_UserAccount.Domain='FBI',Name='hs'")`
WMI-Klasse	`Nicht möglich`	`[WMICLASS] "\\.\root\cimv2:Win32_UserAccount"`	`New-Object System.Management.ManagementClass("\\E01\root\cimv2:Win32_UserAccount")`

Tabelle 20.3: Beispiele zum Zugriff auf einzelne WMI-Objekte

Klassen, von denen es sowieso nur immer eine Instanz geben kann, lassen sich ohne Filter aufrufen:

```
Get-CimInstance Win32_ComputerSystem
Get-CimInstance Win32_OperatingSystem
Get-CimInstance __cimomidentification -Namespace root/default
```

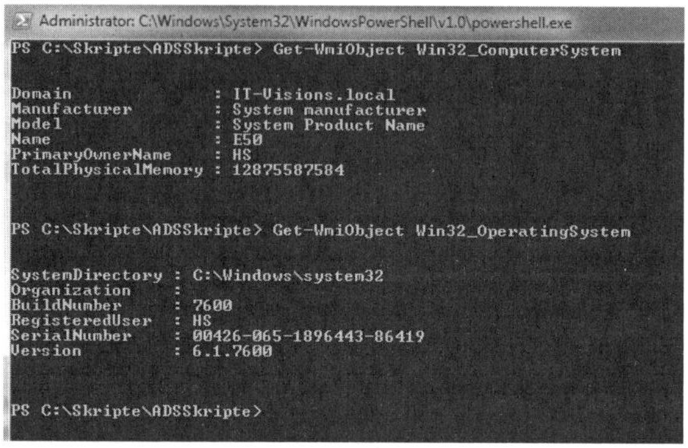

Bild 20.17: *Win32_Computersystem und Win32_ OperatingSystem gibt es sowieso immer nur einmal im WMI-Repository.*

Bei der Verwendung der Typbezeichner `[WMI]` und `[WMIClass]` wird häufig übersehen, den Pfadnamen zu klammern, wenn dieser zusammengesetzt wird. In diesem Beispiel wird PC170 aufgefordert, PC171 „anzupingen".

Falsch:

```
$Computer = "PC170"
[WMI] "\\." + $Computer + "\root\cimv2:Win32_PingStatus.Address='PC171'"
```

Richtig:

```
$Computer = "PC170"
[WMI] ("\\" + $Computer + "\root\cimv2:Win32_PingStatus.Address='PC171'")
```

WQL-Abfragen

SQL Abfragen in der Windows Management Instrumentation Query Language (WQL) kann man in der PowerShell mit dem Parameter `-Query` in den Commands `Get-CimInstance` und `Get-WmiObject` oder mit dem eingebauten Typ `[WMISEARCHER]` ausführen.

-Query Der folgende Befehl selektiert alle Netzwerkkarten, in denen die Zahlen „802" im Netzwerkkartentyp vorkommen.

```
Get-CimInstance -query "Select * from Win32_Networkadapter where adaptertype
like '%802%'" | select adaptertype,description
```

[WMI-Searcher] Alternativ kann man auch diese Abfrage mit dem eingebauten PowerShell-Typ `[WMISEARCHER]` ausführen:

```
([WMISEARCHER] "Select * from Win32_Networkadapter where adaptertype like
'%802%'").get()| select adaptertype,description
```

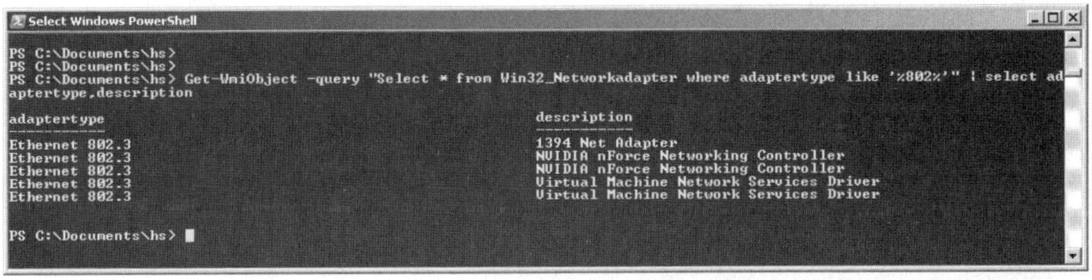

Bild 20.18 Ausführung einer WQL-Abfrage

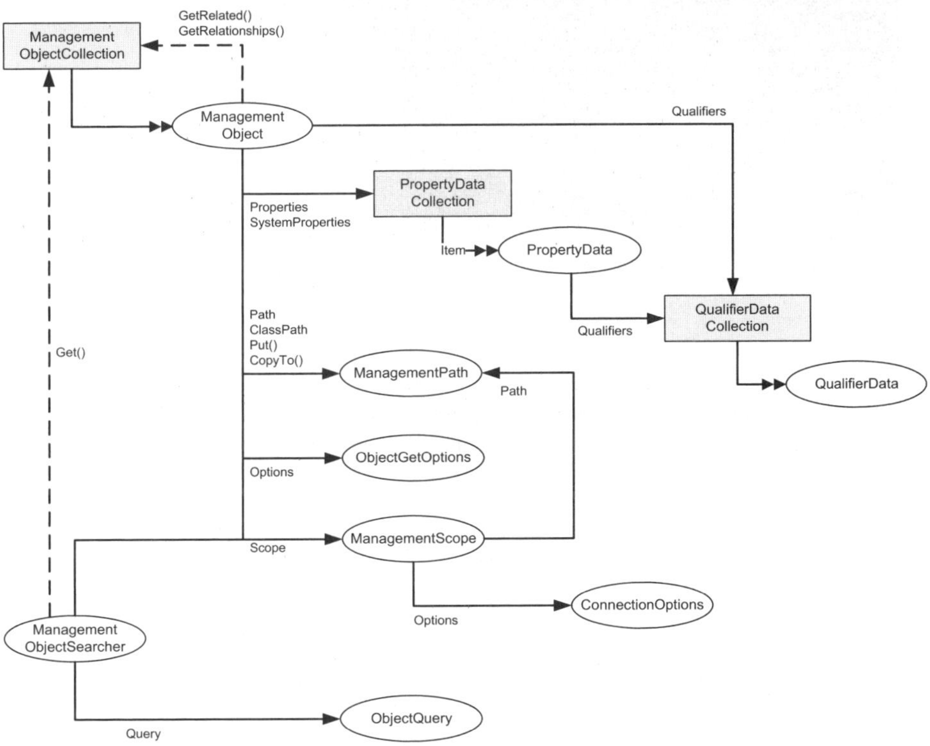

Bild 20.19 Objektmodell für Suchfunktionen über [WMISearcher] bzw. System.Management.ManagementObjectSearcher

> `Get-CimInstance` erlaubt es mit dem Parameter `-QueryDialect`, alternativ zu WQL auch Abfragen in CQL zu senden. Allerdings macht das nur Sinn bei der Abfrage von Nicht-Windows-Systemen. Auch aktuelle Windows-Systeme wie Windows 8 und Windows Server 2012 antworten mit „not implemented" auf das Senden einer CQL-Abfrage.

Ermittlung der Mitglieder des WMI-Objekts

Get-Member

Die Menge der verfügbaren Attribute und Methoden ermittelt man wie bei .NET-Objekten mit `Get-Member`. Obwohl die Mitglieder einer WMI-Klasse (z.B. `Win32_LogicalDisk`) nicht auch gleichzeitig Mitglieder der die WMI-Klasse verpackenden

.NET-Metaklasse (`System.Management.ManagementObject` bzw. `Microsoft.Management.Infrastructure.CimInstance`) sind, listet `Get-Member` dennoch die Mitglieder aus beiden Abstraktionsebenen auf.

> Wenn Sie Hilfeinformationen zu den Objekten in der Pipeline suchen, müssen Sie also in die Dokumentation des WMI-Schemas [MSDN55] schauen, nicht in die Dokumentation von `System.Management` [MSDN56].

Bild 20.20 *Auflisten des Pipeline-Inhalts mit Get-Member, wenn sich WMI-Objekte in der Pipeline befinden*

Umgang mit WMI-Datumsangaben

ToDateTime()

Datum und Uhrzeit werden in WMI als Zeichenkette der Form `yyyymmddHHMMSS.mmmmmmsUUU` gespeichert, wobei neben dem selbst erklärenden Kürzel anzumerken ist, dass `mmmmmm` die Anzahl der Millisekunden ist und `UUU` die Anzahl der Minuten, um welche die lokale Zeit von der Universal Coordinated Time (UTC) abweicht. Das `s` ist das Vorzeichen. In Deutschland steht daher für `UUU` der Wert *+060*.

Zur Konvertierung eines WMI-Datumsformats in das normale Datumsformat der PowerShell (Klasse `System.DateTime`) steht die statische Methode `ToDateTime()` in der Klasse `System.Management.ManagementDateTimeConverter` zur Verfügung.

```
$cs = Get-CimInstance -Class Win32_OperatingSystem
"Startzeit des Systems in WMI-Format: " + $cs.LastBootUpTime
[System.DateTime] $startzeit =
[System.Management.ManagementDateTimeConverter]::ToDateTime
($cs.LastBootUpTime)
"Startzeit des Systems in normalem Format: " + $startzeit
```

Listing 20.6: *Umwandlung von WMI-Datumsformaten in System.DateTime [WMI_Date.PS1]*

Wenn die PowerShell Community Extensions installiert sind, verfügt die Klasse `ManagementObject` über eine zusätzliche Methode `ConvertToDateTime()`, welche die Konvertierung erledigen kann:

```
$cs = Get-CimInstance -Class Win32_OperatingSystem -property LastBootUpTime
$cs.ConvertToDateTime($cs.LastBootUpTime)
```

Zugriff auf Mitglieder von WMI-Klassen

Auf die Attribute und auch auf die Methoden von WMI-Klassen kann man zugreifen wie auf die Mitglieder von .NET-Klassen. Die PowerShell abstrahiert von der Metaobjektmodell-Implementierung in der .NET-Klasse `System.Management.ManagementObject`. Der komplizierte Zugriff auf das Attribut `Properties` und die Methode `InvokemMethod()` ist daher nicht notwendig.

Sowohl beim Zugriff auf einzelne Objekte als auch auf Objektmengen erhält man eine lange Ausgabeliste. Im Standard werden mit `Format-List` die zahlreichen Eigenschaften der ermittelten WMI-Objekte ausgegeben (siehe Abbildung 20.21) am Beispiel `Win32_Videocontroller`).

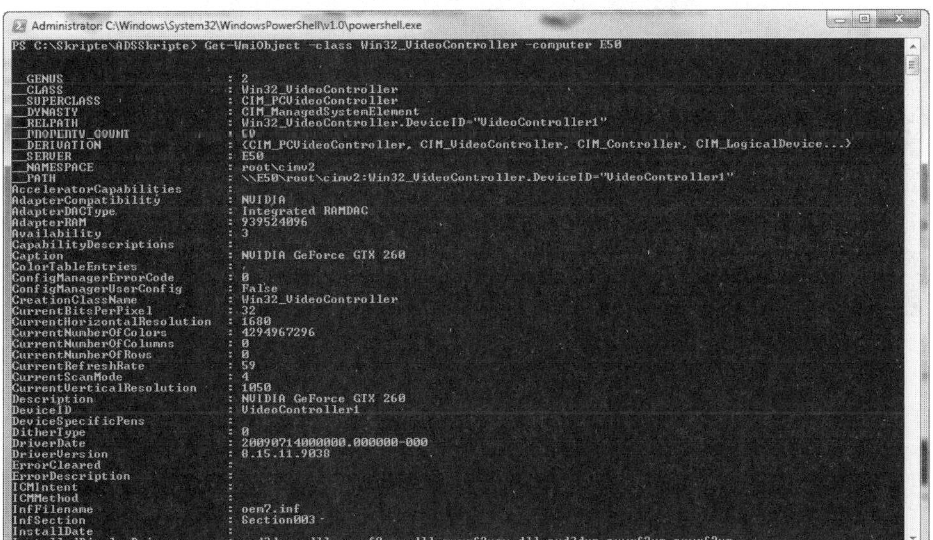

Bild 20.21 *Eigenschaften der Klasse Win32_VideoController*

Auch eine Ausgabe mit dem Commandlet `Format-Table` hilft nicht. Dies macht die Ausgabe zwar kürzer, aber viel breiter. Gut wäre es, das resultierende Objekt mit `Select-Object` auf die interessanten Eigenschaften zu „beschneiden“:

```
Get-CimInstance Win32_VideoController |
Select-Object name,installeddisplaydrive
```

types.ps1xml

Auch für einige WMI-Klassen ist in der *types.ps1xml*-Datei festgelegt, welche Attribute ausgegeben werden. Für `Win32_Videocontroller` gibt es eine solche Festlegung nicht; daher werden alle Attribute ausgegeben. Die folgenden Bildschirmabbildungen zeigen aber die Wirkung der Deklarationen für `Win32_CDRomDrive`.

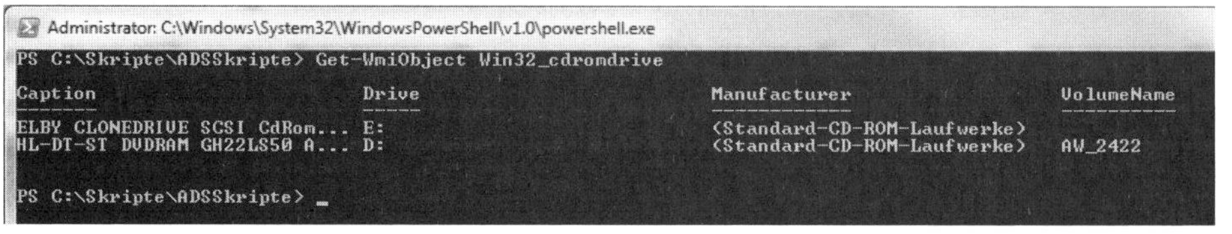

Bild 20.22 *Standardausgabe des Befehls Get-CimInstance Win32_CDRomDrive*

```
<Type>
    <Name>System.Management.ManagementObject#root\cimv2\Win32_CDROMDrive</Name>
    <Members>
        <PropertySet>
            <Name>PSStatus</Name>
            <ReferencedProperties>
                <Name>Availability</Name>
                <Name>Drive</Name>
                <Name>ErrorCleared</Name>
                <Name>MediaLoaded</Name>
                <Name>NeedsCleaning</Name>
                <Name>Status</Name>
                <Name>StatusInfo</Name>
            </ReferencedProperties>
        </PropertySet>
        <MemberSet>
            <Name>PSStandardMembers</Name>
            <Members>
                <PropertySet>
                    <Name>DefaultDisplayPropertySet</Name>
                    <ReferencedProperties>
                        <Name>Caption</Name>
                        <Name>Drive</Name>
                        <Name>Manufacturer</Name>
                        <Name>VolumeName</Name>
                    </ReferencedProperties>
                </PropertySet>
            </Members>
        </MemberSet>
    </Members>
</Type>
```

Bild 20.23 *Festlegung der auszugebenden Attribute für die WMI-Klasse Win32_CDRomDrive*

Das folgende Listing zeigt weitere Beispiele zum Einsatz von `Get-CimInstance` in Zusammenarbeit mit Commandlets zur Pipeline-Steuerung:

```
# Name und freie Bytes auf allen Laufwerken
Get-CimInstance Win32_logicaldisk | Select-Object deviceid,freespace

# Name und Domain der Benutzerkonten, deren Kennwort niemals verfällt
Get-CimInstance Win32_account | Where-Object {$_.Kennwortexpires -eq 0 } |
Select-Object Name,Domain
```

Statische Klassenmitglieder

Anders als bei .NET-Objekten macht die PowerShell bei WMI keine syntaktischen Unterschiede zwischen statischen Methoden und Instanzmethoden, d.h., es ist immer nur der einfache Punkt-Operator zu verwenden (in .NET-Objekten ist der doppelte Doppelpunkt für statische Methoden zu verwenden). Bei WMI ist nur zu beachten, dass mit dem PowerShell-Typ `[WMIClass]` auf den WMI-Pfad der WMI-Klasse, nicht einer konkreten Instanz verwiesen wird.

Beispiel:

```
[WMIClass] "Win32_Product").Install("c:\name.msi")
```

Werte setzen in WMI-Objekten

Mit dem Commandlet `Set-WmiInstance` kann man seit PowerShell 2.0 Werte in WMI-Objekten setzen: **Set-Wmi-Instance**

Beispiel: Ändern des Namens des Laufwerks C auf dem Computer „F171":

```
Set-WmiInstance -path "\\F171\root\cimv2:Win32_LogicalDisk.DeviceID='c:'"
-Arguments @{ VolumeName="System" }
```

Alternativ kann man seit PowerShell 3.0 auch `Set-CimInstance` verwenden: **Set-Cim-Instance**

```
Get-CimInstance  -namespace "root\cimv2" -class "Win32_LogicalDisk"
-Filter "DeviceID='c:'" | Set-CimInstance -property @{ VolumeName="System2" }
```

Methodenaufrufe mit Invoke-WmiMethod

Neu seit PowerShell 2.0 ist das Commandlet `Invoke-WmiMethod`, mit dem man WMI-Methoden direkt aufrufen kann. **Invoke-WmiMethod**

Beispiel: Aufruf der Methode `Chkdsk()` in der WMI-Klasse `Win32_LogicalDisk` mit sechs Parametern (auf Computer F171): **Chkdsk()**

```
Invoke-WmiMethod -Path "\\F171\root\cimv2:Win32_LogicalDisk.DeviceID='c:'"
-Name "Chkdsk" -ArgumentList $false,$false,$false,$false,$false
```

Seit PowerShell 3.0 kann man alternativ `Invoke-CimMethod` verwenden. Hier ist zu beachten, dass die Instanz, auf der der Befehl ausgeführt werden soll, zunächst mit `Get-CimInstance` geholt wird und die Parameter als Hash-Tabellen mit Name-Wert-Paaren anzugeben sind.

```
Get-CimInstance  -computername F171 -namespace "root\cimv2" -class "Win32_Logical-
Disk" -Filter "DeviceID='t:'" | Invoke-CimMethod -MethodName "Chkdsk" -Arguments
@{ FixErrors=$false; VigorousIndexCheck=$false; SkipFolderCycle=$false; Force-
Dismount=$false; RecoverBadSectors=$false; OKToRunAtBootUp=$false }
```

Liste aller WMI-Klassen

Eine Liste aller verfügbaren WMI-Klassen auf einem System erhält man mit `Get-CimClass`. Dabei sind Platzhalter möglich, z.B. **Zugriff auf das WMI-Repository**

```
Get-CimClass *disk*
```

Alternativ bekommt man eine Liste von `Get-WmiObject` mit dem Parameter `-List`. Ein Filter darf dabei nicht angegeben werden.

```
Get-Wmiobject -list
```

Wenn nichts angegeben wird, wird immer der Namensraum `"root\cimv2"` verwendet. Man kann einen Namensraum auch explizit angeben:

```
Get-CimClass *ftp* -Namespace root/WebAdministration
```

Man kann auch auf das WMI-Repository eines bestimmten entfernten Computers zugreifen, da die Menge der Klassen vom Betriebssystem und von den installierten Anwendungen abhängig ist.

```
Get-Wmiobject -list -Computer F171
```

bzw.

```
Get-CimClass *ftp* -Namespace root/WebAdministration -ComputerName F171
```

Neue WMI-Instanzen erzeugen

Viele WMI-Klassen sind so gestaltet, dass zum Anlegen neuer Systemelemente (Managed Objects) eine Instanz der WMI-Klasse erzeugt werden muss. Dafür werden auf Klassenebene statische Methoden angeboten mit Namen `Create()`, vgl. Abbildung 20.24. Alternativ kann man seit PowerShell 3.0 das Commandlet `New-CimInstance` verwenden.

Bild 20.24 Methoden der Klasse Win32_ Share

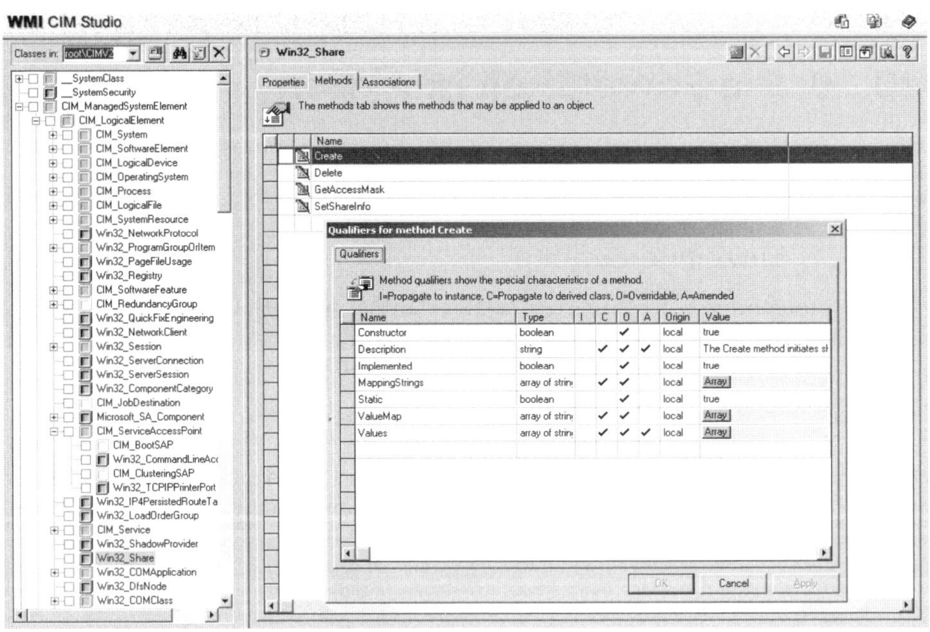

Das folgende Beispiel zeigt das Anlegen einer Freigabe mit Standardrechten. Die Vergabe von Rechten ist ein komplexeres Thema, das später noch behandelt wird.

Beispiel

```
# Create Win32_Share

$pfad = "w:\Temp"
$Sharename = "TempDateien"
$Comment = "Freigabe von w:\Temp"
$class = [WMIClass] "ROOT\CIMV2:Win32_Share"
$Access = $Null


$R = $class.Create($pfad, $Sharename, 0, 10, $Comment, "", $Access)
if ( $R.ReturnValue -ne 0) { Write-Error ("Fehler beim Anlegen: " +
$R.ReturnValue);}
else {"Freigabe wurde angelegt!" }
```

Listing 20.7: *New-Share-WithoutPermissions.ps1*

Weitere Möglichkeiten

Hier können aus Platzgründen folgende Möglichkeiten mit WMI nicht besprochen werden, die Sie aber im Buch [SCH08] finden:

- Statische Klassenmitglieder
- Instanziieren von WMI-Klassen
- Reagieren auf WMI-Ereignisse (Veränderungen im System)

20.10 Die PowerShell in Aktion

Dieses abschließende Unterkapitel zeigt eine bunte Mischung von Anwendungsbeispielen der PowerShell.

20.10.1 Einzeilige Befehle

Alle nachfolgenden Befehle in diesem Unterkapitel sind „Einzeiler“, bei denen die Daten über die Pipeline weitergegeben werden. Nur aufgrund der begrenzten Buchseitenbreite sind in diesem Buch Umbrüche vorhanden.

Einzeiler

Bitte beachten Sie, dass die mit (*) markierten Beispiele nur funktionieren, wenn Sie Windows Server 2008 R2/Windows Server 2012 oder Windows 7/8 mit aktiviertem Active Directory-Modul verwenden. Unter Windows 7 bzw. Windows 8 müssen Sie erst die Serververwaltungswerkzeuge installieren. Bei beiden Plattformen müssen Sie in der PowerShell eingeben: `Import-Module ActiveDirectory`.

Für ältere Betriebssysteme bekommen Sie eine ähnliche Funktionalität, wenn Sie die PowerShell-Erweiterungen installieren, die Sie kostenlos unter [WPS07] bekommen. Die PowerShell 1.0 bot für einige Anwendungsgebiete wie die Verzeichnisdienstprogrammierung noch keine solch einfachen Lösungen an.

<table>
<tr><th>Aufgabe</th><th>PowerShell-Befehl</th></tr>
<tr><td>Was bedeutet der Alias <code>gps</code>?</td><td><code>Get-Alias gps</code></td></tr>
<tr><td>Welche Aliase gibt es zum Commandlet <code>Get-Process</code>?</td><td><code>Get-Alias | where { $_.definition -match "get-process" }</code></td></tr>
<tr><td>Start eines Prozesses (hier: Notepad.exe) unter einer anderen Benutzeridentität (die in einem Dialog einzugeben ist)</td><td><code>Start-Process notepad.exe -credential Get-credential</code></td></tr>
<tr><td>Welche Prozessoren sind vorhanden?</td><td><code>Get-Wmiobject Win32_Processor</code></td></tr>
<tr><td>Welche Prozessoren sind vorhanden auf Computer E02?</td><td><code>Get-Wmiobject Win32_Processor -Computer E02</code></td></tr>
<tr><td>Wie stark ist der Prozessor gerade belastet?</td><td><code>Get-Wmiobject Win32_PerfRawData_PerfOS_Processor</code></td></tr>
<tr><td>Welche Netzwerkadapter sind vorhanden?</td><td><code>Get-Wmiobject Win32_NetworkAdapter</code></td></tr>
<tr><td>Welche Drucker gibt es?</td><td><code>Get-Wmiobject Win32_Printer</code>
oder
<code>Get-Printer</code></td></tr>
<tr><td>Welche Druckaufträge stehen an?</td><td><code>Get-Wmiobject Win32_Printjob</code>
oder
<code>Get-PrintJob Druckername</code></td></tr>
<tr><td>Anhalten aller Druckaufträge für den Drucker „PC171"</td><td><code>Get-Wmiobject Win32_Printjob -Filter "Drivername='PC171'" | foreach-object { $_.pause() }</code></td></tr>
<tr><td>Zeige eine Liste der laufenden Prozesse absteigend nach der Speicherbelastung</td><td><code>Get-Process | Sort-Object ws -desc</code></td></tr>
<tr><td>Sortiere die Prozesse, die das Wort „iexplore" im Namen tragen, gemäß ihrer CPU-Nutzung und beende den Prozess, der in der aufsteigenden Liste der CPU-Nutzung am weitesten unten steht (also am meisten Rechenleistung verbraucht).</td><td><code>Get-Process | where { $_.processname -ilike "*iexplore*" } | Sort-Object -p cpu | Select-Object -last 1 | Foreach-Object { $_.Kill() }</code></td></tr>
<tr><td>Welche Systemdienste sind gestartet?</td><td><code>Get-Service | Where-Object {$_.status -eq "running"}</code></td></tr>
<tr><td>Welche Systemdienste sind nicht gestartet?</td><td><code>Get-Service | Where-Object {$_.status -eq "stopped"}</code></td></tr>
<tr><td>Speichere eine Liste der laufenden Systemdienste in einer Textdatei.</td><td><code>Get-Service | Where-Object {$_.status -eq "running"} | export-csv w:\dokumente\dienste.csv -NoTypeInformation</code></td></tr>
<tr><td>Exportiere eine Liste der laufenden Dienste in eine HTML-Tabelle.</td><td><code>Get-Service | ConvertTo-Html name,status -title "Diensteliste" -body "Liste der Dienste" | Set-Content w:\dokumente\dienste.htm</code></td></tr>
<tr><td>Welche Dienste sind von einem Dienst abhängig?</td><td><code>([wmiSearcher]"Associators of {Win32_Service.Name='iisadmin'} Where AssocClass=Win32_DependentService Role=Antecedent").get()</code></td></tr>
</table>

Tabelle 20.4: *Einsatzbeispiele für die PowerShell12.10.2012*

Aufgabe	PowerShell-Befehl
Installiere ein MSI-Paket.	`(Get-WmiObject -ComputerName PC171 -List | Where-Object -FilterScript {$_.Name -eq "Win32_Product"}).Install("H:\demo\PS\Setup_for_HelloWorld_VBNET.msi")`
Deinstalliere eine Anwendung.	`(Get-WmiObject -Class Win32_Product -Filter "Name='Hello World VB.NET'" -ComputerName PC171).Uninstall()`
Welche Windows 8-Apps sind installiert?	`Get-AppxPackage`
Umbenennen eines Computers	`Rename-Computer -ComputerName PC171 -NewComputerName PC172`
Hinzufügen des lokalen Computers zu einer Domäne	`Add-Computer -DomainName fbi.org`
Hinzufügen des lokalen Computers aus einer Domäne	`Remove-Computer`
Herunterfahren eines Computers	`Stop-Computer`
Neustarten eines Computers	`Restart-Computer`
Was sind die letzten 30 Einträge im Anwendungsprotokoll?	`Get-EventLog Application -newest 30`
Zeige eine Auswertung der Ereignisse im Anwendungsprotokoll nach Ereignis-IDs.	`Get-EventLog Application | Group-Object eventid | Sort-Object Count`
Anlegen eines neues Ereignisprotokolls	`New-EventLog -LogName "ADSScripts" -Source "ADSImportScript"`
Erzeugen eines Ereignisprotokolleintrags	`Write-EventLog -LogName ADSScripts -Source ADSBackupScript -EventID 7778 -Message "Backup Skript erfolgreich abgeschlossen!" -EntryType Information`
Leeren eines Ereignisprotokolls	`Clear-Eventlog -LogName ADSScripts`
Welches Betriebssystem läuft?	`Get-Wmiobject Win32_OperatingSystem`
Welche Umgebungsvariablen sind definiert?	`dir env:`
Welchen Füllstand haben die Laufwerke?	`Get-Wmiobject Win32_Logicaldisk | Select-Object deviceid,size,freespace`
Kopiere eine Datei.	`Get-Wmiobject Win32_Logicaldisk | Select-Object deviceid,size,freespace`
Zeige eine Liste der Dateien in *c:\Windows* mit Rekursion über die Unterordner.	`Get-Childitem c:\Windows -filter "*.ps1" -recurse`
Statistische Werte über die Dateien in *c:\Windows*	`Get-Childitem c:\windows | measure-object -p length -sum -a -max -min`

Tabelle 20.4: *Einsatzbeispiele für die PowerShell12.10.2012 (Forts.)*

Aufgabe	PowerShell-Befehl
Ermittle aus dem Verzeichnis *System32* alle Dateien, die mit dem Buchstaben „a" beginnen. Beschränke die Menge auf diejenigen Dateien, die größer als 40.000 Byte sind, und gruppiere die Ergebnismenge nach Dateierweiterungen. Sortiere die gruppierte Menge nach dem Namen der Dateierweiterung.	`Get-Childitem c:\windows\system32 -filter a*.* | Where-Object {$_.Length -gt 40000} | Group-Object Erweiterung | Sort-Object name | Format-Table`
Bewege eine Datei.	`Move-Item w:\dokumente\profil.pdf c:\temp\profil_HSchwichtenberg.pdf`
Benenne eine Datei um.	`Rename-Item profil.pdf profil_HS.pdf`
Lösche alle Dateien im */Temp*-Ordner, die älter als 30 Tage sind.	`Get-Childitem c:\temp -recurse | where-object {($now - $_.LastWriteTime).Days -gt 30} | Remove-Item`
Wie viele Zeilen hat eine Textdatei?	`Get-content w:\dokumente\benutzerliste.csv | Measure-Object`
Lesen einer Binärdatei	`$a = Get-Content H:\demo\PowerShell\Registry\www.IT-Visions.de_Logo.jpg -encoding byte`
Zusammenführen mehrerer Microsoft Office-Benutzerwörterbücher (.dic-Dateien) zu einer Datei unter -Eliminierung von Duplikaten	`Dir "T:\Woerterbuecher" -Filter *.dic | Get-Content | Sort-Object | Get-Unique | Set-Content "T:\Woerterbuecher\MeinWoerterbuch.dic"`
Auflisten der vorhandenen Verzeichnisfreigaben mit Anzahl der verbundenen Benutzer	`Get-SmbShare | ft name, path, description, currentusers`
Auflisten der vorhandenen virtuellen Systeme auf einem HyperV-Host	`Get-VM -ComputerName ServerF112`
Starten eines virtuellen Systems auf einem HyperV-Host	`Start-VM 'MeineVM' -ComputerName ServerF112`
Auflisten aller geplanten Vorgänge	`Get-ScheduledTask`
Starten eines geplanten Vorgangs	`Start-ScheduledTask "\Microsoft\Windows\TaskScheduler\Manual maintenance"`
Ausführen zweier "Ping" von mehreren Computern zu einem Computer	`Test-Connection -Source PC171,PC172,PC173 -ComputerName PC111 -count 2`
Abruf eines Leistungsindikators	`Get-counter "\\PC171\processor(_total)\% processor time"`
Welche lokalen Benutzerkonten gibt es?	`Get-Wmiobject Win32_UserAccount`
Welche lokalen Benutzergruppen gibt es?	`Get-Wmiobject Win32_Group`
Hat ein Benutzer auf Computer E02 seinen Bildschirmschoner aktiviert?	`Get-Wmiobject Win32_Desktop -computer E02 | where { $_.Name -eq "ITV\hs" } | select screensaveractive`
Wer hat Zugriffsrechte auf einen Ordner im Dateisystem?	`Get-Acl g:\daten\kunden`

Tabelle 20.4: *Einsatzbeispiele für die PowerShell12.10.2012 (Forts.)*

Aufgabe	PowerShell-Befehl
Lege eine Organisationseinheit im Active Directory an (*).	`New-ADOrganizationalUnit -name "Alien-Agents" -Path "ou=Aliens,dc=FBI,dc=org"`
Lege ein Benutzerkonto im Active Directory an (*).	`New-ADUser -path $oupath -Name "Fox Mulder" -SamAccountName "FoxMulder" -DisplayName "Fox Mulder" -Title "Agent" -Enabled $true -ChangePasswordAtLogon $false -AccountPassword (ConvertTo-SecureString "I+love+Scully" -AsPlainText -force) -PassThru -PasswordNeverExpires:$true -Description "FBI Agent" -HomePage "www.xfiles.com" -Company "FBI"`
Zeige Daten zu einem Active Directory-Benutzer (*).	`Get-ADUser FoxMulder -properties *`
Zeige den Inhalt einer Organisationseinheit an (*).	`Get-ADObject -SearchBase "ou=Agents,dc=FBI,dc=org" -Filter *`
Lösche alle Einträge innerhalb eines Active Directory-Containers (*).	`Get-ADObject -SearchBase "ou=Aliens,dc=FBI,dc=org" -Filter * | Remove-ADObject -whatif`
Lösche einen Active Directory-Container (*).	`Remove-ADOrganizationalUnit "ou=Agents,dc=FBI,dc=org" -confirm:$false -recursive`
Welche Postfächer gibt es? (funktioniert nur für Exchange Server ab Version 2007!)	`Get-Mailbox`
Erzeuge ein neues Postfach für einen Benutzer. (funktioniert nur für Microsoft Exchange Server ab Version 2007!)	`New-Mailbox -alias "HSchwichtenberg" -name HolgerSchwichtenberg -userprincipalname HS@IT-Visions.de -database "ServerE01\First Storage Group\Mailbox Database" -org users`

Tabelle 20.4: *Einsatzbeispiele für die PowerShell12.10.2012 (Forts.)*

20.10.2 Mehrzeiler (Skripte)

Das vorherige Unterkapitel zeigte Einsatzbeispiele der Windows PowerShell, die sich in einer Befehlszeile (ggf. mit Pipelining) lösen lassen. Einige Aufgaben sind aber nicht als Einzeiler realisierbar und die Realisierung als Einzeiler ist ungünstig, weil die Lösung unübersichtlich wird. Es gibt zwar einen Wettkampf unter einigen PowerShell-Nutzern, den umfangreichsten Einzeiler zu schaffen („PowerShell Scripting Games"), aber das gehört in die Rubrik „Spaß". Im praktischen Einsatz ist die Übersichtlichkeit und Wartbarkeit wichtiger.

Papierkorb leeren

Das folgende Skript verwendet die COM-Klasse „Shell.Application", um den Papierkorb des angemeldeten Benutzers zu leeren (vgl. Lösung mit WSH/VBScript in Kapitel „Scripting des Dateisystems"). **Beispiel 1**

```
# COM-Objekt für Shell erzeugen
$objShell = New-Object -ComObject Shell.Application

# Zugriff auf Papierkorb
$ssfBITBUCKET = 0x0a # Konstante für den Papierkorb
$objFolder = $objShell.Namespace($ssfBITBUCKET)

# Liste der Elemente in dem Ordner, rekursiv löschen
$objFolder.items() | %{ remove-item $_.path -Recurse -Confirm:$false -verbose }
```

Listing 20.8: *Leeren des Papierkorbs des angemeldeten Benutzers [COM Papierkorb leeren.ps1]*

Netzwerkkonfiguration

Beispiel 2 Das folgende PowerShell-Skript wechselt für eine Netzwerkkarte zwischen DHCP und statischer IP-Adresse.

```
# Wechsel zwischen DHCP und statischer IP-Adresse
$config = Get-WmiObject Win32_NetworkadapterConfiguration -Filter
"IPEnabled=true" | where { $_.Description -like "*Controller #2*" }
"DHCP-Status Vorher: " + $Config.dhcpenabled
Get-WmiObject Win32_Networkadapterconfiguration -Filter "IPEnabled=true" |
select Description,IPAddress
if (!$Config.dhcpenabled)
{
"Aktiviere DHCP..."
$Config.EnableDHCP()
}
else
{
"Aktiviere statische IP-Addresse..."
[array] $ip =   "192.168.1.15"
[array] $subnet = "255.255.255.0"
$Config.EnableStatic($ip, $subnet)
}
$config = Get-WmiObject Win32_NetworkadapterConfiguration -Filter
"IPEnabled=true" | where { $_.Description -like "*Controller #2*" }
"DHCP-Status nachher: " + $Config.dhcpenabled
Get-WmiObject Win32_Networkadapterconfiguration -Filter "IPEnabled=true" |
select Description,IPAddress
```

Listing 20.9: *Änderung der Netzwerkkonfiguration [Switch_DHCP_StaticIP.ps1]*

> Die WMI-Methode `EnableStatic()` funktioniert nur, wenn die Netzwerkkarte aktiviert ist.

Massenanlegen von Benutzern

Beispiel 3

Das folgende Skript erwartet als Eingabedatei eine CSV-Datei mit Namen, Titel und Organisationseinheit:

```
Vorname;Name;Titel;Organisationseinheit
Fox;Mulder;Agent;Hauptdarsteller
Dana;Scully;Agent;Hauptdarsteller
John;Doggett;Agent;Nebendarsteller
Monica;Reyes;Agent;Nebendarsteller
Very;Grey;Alien;Subjekt
```

Für jede Zeile prüft das Skript zunächst, ob es die Organisationseinheit gibt, und legt diese ggf. an. Dann erzeugt das Skript den Benutzer und weist dabei ein zufällig gewähltes zehnstelliges Kennwort zu, das am Ende zusammen mit dem Benutzernamen auf dem Bildschirm ausgegeben wird.

```
import-module activedirectory

$Eingabedatei = "H:\TFS\Demo\PowerShell\BuchDE\3_einsatzgebiete\
verzeichnisdienste\WPSModule\NeueBenutzer.csv"
$oupfad = "ou=test,dc=FBI,dc=org"

Function New-Password([int] $Anzahl)
{
$kennwort = ""
$zufallszahlgenerator = New-Object System.Random
for($i=0;$i -lt $Anzahl;$i++) { $kennwort = $kennwort +
[char]$zufallszahlgenerator.next(33,127) }
return $kennwort
}

"Einlesen der Benutzerliste..."
$benutzerliste = Import-Csv $Eingabedatei -Delimiter ";"
"Anlegen der Benutzer..."
$i = 0

foreach($benutzer in $benutzerliste){
$i++

$unteroupath = "ou=" + $benutzer.Organisationseinheit + "," + $oupfad

if (-not (Test-Path AD:"$unteroupath" -WarningAction silentlycontinue))
{
 $ou = New-ADOrganizationalUnit -Name $benutzer.Organisationseinheit -path
$oupfad -PassThru
 "OU angelegt: " + $ou.distinguishedname
}
```

```
# Eigenschaften des Benutzers
$verzeichnisname = $benutzer.Vorname + "_" + $benutzer.Name
$Anzeigename = $benutzer.Vorname + " " + $benutzer.Name
$SamAccountName = $benutzer.Vorname.Substring(0,1) + $benutzer.Name
$kennwort = New-Password 10
$title = $benutzer.Titel

# Benutzer anlegen
$benutzerObj = New-ADUser -path $unteroupath -Name $verzeichnisname -
SamAccountName $SamAccountName -DisplayName $Anzeigename -Title $title -Enabled
$true -ChangePasswordAtLogon $true -AccountPassword (ConvertTo-SecureString
$Kennwort -AsPlainText -force) -PassThru

if ($benutzerObj -ne $null){
    "Benutzer #" +$i + ":" + $Anzeigename + " angelegt: SID=" +
$benutzerObj.Sid + " Kennwort=" + $kennwort
    }
}

"Skript ist fertig!"
```

Listing 20.10: *Massenanlegen von Benutzern aus einer CSV-Datei [ADS_UserCreateFromFile.ps1]*

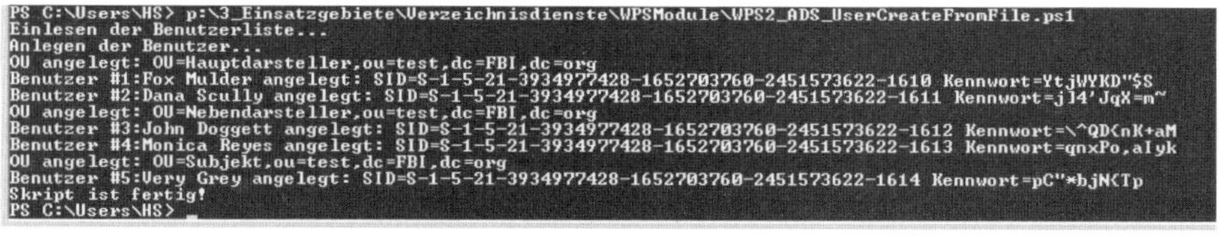

```
PS C:\Users\HS> p:\3_Einsatzgebiete\Verzeichnisdienste\WPSModule\WPS2_ADS_UserCreateFromFile.ps1
Einlesen der Benutzerliste...
Anlegen der Benutzer...
OU angelegt: OU=Hauptdarsteller,ou=test,dc=FBI,dc=org
Benutzer #1:Fox Mulder angelegt: SID=S-1-5-21-3934977428-1652703760-2451573622-1610 Kennwort=YtjWYKD"$S
Benutzer #2:Dana Scully angelegt: SID=S-1-5-21-3934977428-1652703760-2451573622-1611 Kennwort=jl4'JqX=m~
OU angelegt: OU=Nebendarsteller,ou=test,dc=FBI,dc=org
Benutzer #3:John Doggett angelegt: SID=S-1-5-21-3934977428-1652703760-2451573622-1612 Kennwort=\^QD<nK+aM
Benutzer #4:Monica Reyes angelegt: SID=S-1-5-21-3934977428-1652703760-2451573622-1613 Kennwort=qnxPo,aIyk
OU angelegt: OU=Subjekt,ou=test,dc=FBI,dc=org
Benutzer #5:Very Grey angelegt: SID=S-1-5-21-3934977428-1652703760-2451573622-1614 Kennwort=pC"*bjN<Tp
Skript ist fertig!
PS C:\Users\HS>
```

Bild 20.25 *Ausgabe des obigen Skripts*

20.11 Fragen und Aufgaben

Nehmen Sie sich bitte etwas Zeit, um die nachfolgenden Fragen zu beantworten. Sie helfen Ihnen, das Wissen aus diesem Kapitel zu wiederholen und praktisch zu üben. Die richtigen Antworten bzw. Musterlösungen finden Sie im Anhang.

1. Auf welchen Betriebssystemen läuft die PowerShell?
2. Geben Sie eine Liste aller Windows-Dienste aus, wobei nur der Name und der Status angezeigt werden sollen.
3. Listen Sie die Textdateien, die sich im Ordner c:\temp auf drei entfernten Systemen befinden, auf.
4. Mit welchem Commandlet erzeugt man eine Instanz einer COM-Klasse in der PowerShell?
5. Ermitteln Sie aus dem Verzeichnis *System32* alle Dateien, die mit dem Buchstaben „b" beginnen. Beschränken Sie die Menge auf diejenigen Dateien, die größer als 40.000 Byte sind, und gruppieren Sie die Ergebnismenge nach Dateierweiterungen. Sortieren Sie die Gruppen nach der Anzahl der Einträge absteigend und beschränken Sie die Menge auf das oberste Element. Geben Sie für alle Mitglieder dieser Gruppe die Attribute `Name` und `Length` aus.

21 Wie geht es weiter?

Leider sind wir jetzt (schon) am Ende dieses Buchs angekommen. Der WSH und die gesamte Windows Scripting- Architektur sowie die Windows PowerShell bieten noch zahlreiche weitere Funktionen, die allerdings hier nicht mehr besprochen werden können. Sie fragen sich nun, wieso man nicht noch ein paar Seiten anhängen kann? Leider ist es mit „ein paar" Seiten nicht getan, aber es gibt bei Addison-Wesley auch Bücher, die weiterführende Scripting-Themen behandeln:

Holger Schwichtenberg: Windows Scripting, 6. Auflage, Oktober 2009, Addison-Wesley, München, ISBN-13: 978-3-8273-2909-7

Holger Schwichtenberg: Windows PowerShell 3.0 – Das Praxishandbuch, 2013, Addison-Wesley, München, ISBN-13: 978-3-8273-3175-5

An dieser Stelle sei ein Ausblick auf einige Funktionen gegeben, die Windows Scripting noch beherrscht und die in den obigen Büchern beschrieben sind:

Scripting-Komponenten

- Außer den in diesem Buch erwähnten Komponenten gibt es noch einige Dutzend Komponenten von Microsoft und anderen Herstellern, die wichtige Bausteine des Betriebssystems und verschiedener Client- und Server-Anwendungen für das Scripting verfügbar machen. Beispiele für Dinge, die man skripten kann und die in den oben genannten Büchern besprochen werden: Rechteverwaltung, IIS, Exchange Server, Outlook, FTP, SMTP, SQL Server und Terminaldienste.

XML-strukturierte Skripte

- Mithilfe der Beschreibungssprache XML ist es möglich, mehrere Skripte, die in verschiedenen Skriptsprachen geschrieben sind, in einer Datei des Typs *.wsf* zu speichern. Außerdem können Skripte andere Skripte einbinden, sodass die Duplizierung von mehrfach verwendeten Unterroutinen in verschiedenen Skripten vermieden wird.

Remote Scripting

- Skripte können auch auf entfernten Computern gestartet werden. Diese Funktion nennt man Remote Scripting.

Kompilierung

- Auch den großen Bruder von Visual Basic Script, Visual Basic 6.0, kann man zur automatisierten Systemadministration einsetzen. Die Sprachen sind sehr ähnlich und Visual Basic 6.0 bietet viele Vorteile, insbesondere Kompilierung (schnellere Ausführung, Verstecken des Quellcodes) und die dazu passende komfortable Entwicklungsumgebung Visual Studio 6.0.

Weitere Scripting Hosts

- Neben dem WSH gibt es noch andere Scripting Hosts, die in verschiedene Microsoft-Produkte integriert sind, zum Beispiel in den Internet Information Server (IIS), den Microsoft SQL Server und den Microsoft Exchange Server.

A Eingebaute Funktionen in VBScript

Dieser Anhang listet alle eingebauten Funktionen von Visual Basic Script 5.8 in Windows 7, Windows 8 und Windows Server 2008 R2 und Windows Server 2012 auf. Die Version 5.6 (in Windows XP und Windows Server 2003) bzw. 5.7 (Windows Vista und Windows Server 2008) sind funktionsgleich.

Detailliertere Informationen zu den Parametern erhalten Sie in der VBScript-Hilfedatei, die Sie im Verzeichnis */Weitere Informationen* auf der Website zu diesem Buch finden.

A.1 Numerische Funktionen

Syntax	Beschreibung
`Abs(Zahl)`	Absolutwert einer Zahl (d.h. ohne Vorzeichen)
`Atn(Zahl)`	Arkustangens einer Zahl
`Cos(Zahl)`	Berechnet den Kosinus eines Winkels.
`Exp(Zahl)`	Gibt e (die Basis des natürlichen Logarithmus) potenziert mit einer Zahl zurück.
`Fix(Zahl)`	Gibt den ganzzahligen Anteil einer Zahl zurück. Auch bei negativen Zahlen wird der gebrochene Anteil abgeschnitten.
`Int(Zahl)`	Gibt den ganzzahligen Anteil einer Zahl zurück. Im Gegensatz zu `Fix()` rundet `Int()` bei negativen gebrochenen Zahlen zur nächstkleineren ganzen negativen Zahl ab.
`Log(Zahl)`	Gibt den natürlichen Logarithmus einer Zahl zurück.
`Rnd[(Zahl)]`	Gibt eine Zufallszahl >= 0 und < 1 zurück.
`Round(Ausdruck[, AnzDezimalstellen])`	Gibt eine auf die angegebene Anzahl von Dezimalstellen gerundete Zahl zurück.
`Sgn(Zahl)`	Gibt einen Wert zurück, der das Vorzeichen einer Zahl repräsentiert: –1 bedeutet kleiner 0, 0 bedeutet 0, 1 bedeutet größer 0.
`Sin(Zahl)`	Berechnet den Sinus eines Winkels.
`Sqr(Zahl)`	Quadratwurzel einer Zahl
`Tan(Zahl)`	Berechnet den Tangens eines Winkels.

A.2 Formatierungsfunktionen

Syntax	Beschreibung
`FormatPercent(Ausdruck[, AnzDezimalstellen [,FührendeNull [,KlammernFürNegativeWerte [,ZiffernGruppieren]]]])`	Gibt einen Ausdruck als Prozentangabe (multipliziert mit 100) und mit einem abschließenden Prozentzeichen („%") zurück.
`FormatDateTime(Datum[,Formatname])`	Gibt einen Ausdruck im Datums- oder Zeitformat zurück.
`FormatNumber(Ausdruck[, AnzDezimalstellen [,FührendeNull [,KlammernFürNegativeWerte [,ZiffernGruppieren]]]])`	Gibt einen als Zahl formatierten Ausdruck zurück.
`FormatCurrency(Ausdruck[, AnzDezimalstellen [,FührendeNull [,KlammernFürNegativeWerte [,ZiffernGruppieren]]]])`	Gibt einen Ausdruck als Währungsbetrag zurück, der mit dem in der Systemsteuerung festgelegten Währungssymbol formatiert ist.

A.3 Zeichenketten-Funktionen

Syntax	Beschreibung
`Asc(Zeichenkette)`	Gibt den Zeichencode zurück, der dem ersten Buchstaben in einer Zeichenkette entspricht.
`Chr(Zeichencode)`	Gibt das Zeichen mit dem angegebenen ANSI-Zeichencode zurück.
`InStr([Start, ]Zeichenkette1, Zeichenkette2[, Vergleich])`	Gibt die Position des ersten Auftretens einer Zeichenkette innerhalb einer anderen Zeichenkette zurück.
`InStrRev(Zeichenkette1, Zeichenkette2[, Start[, Vergleich]])`	Gibt die Position des Vorkommens einer Zeichenkette in einer anderen Zeichenkette zurück, wobei vom Ende der Zeichenkette aus gezählt wird.
`Join(Liste[, Trennzeichen])`	Gibt eine Zeichenkette zurück, die durch Verbinden mehrerer Teilzeichenketten in einem Datenfeld erstellt wurde.
`LCase(Zeichenkette)`	Gibt eine Zeichenkette zurück, in der alle Buchstaben in Kleinbuchstaben umgewandelt wurden.
`UCase(Zeichenkette)`	Gibt eine Zeichenkette zurück, in der alle Buchstaben in Großbuchstaben umgewandelt wurden.
`Left(Zeichenkette, Länge)`	Gibt eine bestimmte Anzahl von Zeichen ab dem ersten (linken) Zeichen einer Zeichenkette zurück.
`Len(Zeichenkette | Variablenname)`	Gibt die Anzahl der Zeichen in einer Zeichenkette oder die zum Speichern einer Variablen erforderlichen Bytes zurück.
`LTrim(Zeichenkette)`	Gibt eine Kopie einer Zeichenkette ohne vorangestellte Leerzeichen zurück.
`Mid(Zeichenkette, Start[, Länge])`	Gibt eine bestimmte Anzahl von Zeichen aus einer Zeichenkette zurück.
`Replace(Ausdruck, SuchZF, ErsetzenDurch[, Start[, Anzahl[, Vergleich]]])`	Gibt eine Zeichenkette zurück, in der eine bestimmte Zeichenkette durch eine andere Zeichenkette so oft wie angegeben ersetzt wurde.
`Right(Zeichenkette, Länge)`	Gibt einen Wert vom Typ `String` zurück, der eine bestimmte Anzahl von Zeichen von der rechten Seite (dem Ende) einer Zeichenkette enthält.
`RTrim(Zeichenkette)`	Gibt die Kopie einer Zeichenkette ohne nachfolgende Leerzeichen zurück.
`Space(Zahl)`	Gibt eine Zeichenkette mit einer bestimmten Anzahl an Leerzeichen zurück.
`Split(Ausdruck[, Trennzeichen[, Anzahl[, Vergleich]]])`	Gibt ein nullbasiertes eindimensionales Datenfeld zurück, das eine bestimmte Anzahl von Teilzeichenketten enthält.

Syntax	Beschreibung
`StrComp(Zeichenkette1, Zeichenkette2[, Vergleich])`	Gibt einen Wert zurück, der das Ergebnis eines Zeichenkettenvergleichs angibt.
`String(Zahl, Zeichen)`	Gibt eine Zeichenkette der angegebenen Länge mit einem sich wiederholenden Zeichen zurück.
`StrReverse(Zeichenkette1)`	Gibt eine Zeichenkette zurück, in der die Reihenfolge der Zeichen der angegebenen Zeichenkette umgekehrt wurde.
`Trim(Zeichenkette)`	Gibt die Kopie einer Zeichenkette ohne voran-gestellte oder nachfolgende Leerzeichen zurück.

A.4 Datums-/Uhrzeit-Funktionen

Syntax	Beschreibung
`Date()`	Gibt das aktuelle Systemdatum zurück.
`DateAdd(Intervall, Anzahl, Datum)`	Gibt ein Datum zurück, zu dem ein ange-gebenes Zeitintervall addiert wurde.
`DateDiff(Intervall, Datum1, Datum2 [,Erster Wochentag[, ErsteWocheimJahr]])`	Gibt den Zeitraum zwischen zwei Datums-angaben zurück.
`DatePart(Intervall, Datum [, ErsterWochentag[, ErsteWocheim Jahr]])`	Gibt den angegebenen Teil eines Datums zurück.
`DateSerial(Jahr, Monat, Tag)`	Setzt ein Datum (Datentyp `Date`) aus Einzel-angaben für Jahr, Monat und Tag zusammen.
`DateValue(Datum)`	Extrahiert ein Datum (Datentyp `Date`) aus einem String.
`Day(Datum)`	Gibt den Tag des Monats als ganze Zahl im Bereich von 1 bis 31 zurück.
`Hour(Uhrzeit)`	Gibt eine ganze Zahl im Bereich von 0 bis 23 zurück, die die Stunde des Tags darstellt.
`Minute(Uhrzeit)`	Gibt eine ganze Zahl im Bereich von 0 bis 59 zurück, die die Minute in der Stunde darstellt.
`Month(Datum)`	Gibt eine ganze Zahl im Bereich von 1 bis 12 zurück, die den Monat im Jahr darstellt.
`MonthName(Monat[, Abkürzung])`	Gibt eine Zeichenkette für den angegebenen Monat zurück. Abkürzung = `True|False`.
`Now()`	Gibt das aktuelle Datum und die aktuelle Zeit aus den Einstellungen für das Systemdatum und die Systemzeit auf Ihrem Computer zurück.
`Second(Uhrzeit)`	Gibt eine ganze Zahl im Bereich von 0 bis 59 zurück, die die Sekunde in der Minute darstellt.

Syntax	Beschreibung
`SetLocale(lcid)`	Legt das globale Gebietsschema fest und gibt das vorherige Gebietsschema zurück.
`Time`	Gibt einen Wert vom Typ `Date` zurück, der die aktuelle Systemzeit angibt.
`Timer`	Gibt die Anzahl der seit 24:00 Uhr (Mitternacht) vergangenen Sekunden an.
`TimeSerial(Stunde, Minute, Sekunde)`	Setzt eine Uhrzeit (Datentyp `Date`) aus Einzelangaben für Stunde, Minute und Sekunde zusammen.
`TimeValue(Uhrzeit)`	Extrahiert eine Uhrzeit (Datentyp `Date`) aus einer Zeichenkette.
`Weekday(Datum, [ErsterWochentag])`	Gibt den Wochentag als ganze Zahl zurück.
`WeekdayName(Wochentag, Abkürzen, ErsterWochentag)`	Gibt eine Zeichenkette mit dem angegebenen Wochentag zurück.
`Year(Datum)`	Gibt das Jahr als ganze Zahl zurück.

A.5 Array-Funktionen

Syntax	Beschreibung
`Array(Argumentliste)`	Erzeugt aus den als Parametern angegebenen Werten ein Array.
`UBound(Datenfeldname[, Dimension])`	Gibt den größten verfügbaren Index für die angegebene Dimension eines Arrays zurück.
`LBound(Datenfeldname[, Dimension]))`	Gibt den kleinsten verfügbaren Index für die angegebene Dimension eines Arrays zurück.

A.6 Funktionen zur Arbeit mit COM-Klassen

Syntax	Beschreibung
`CreateObject(Servername.Klassenname [, Computer])`	Instanziiert eine COM-Klasse auf einem bestimmten Computer und liefert einen Zeiger auf die neu erstellte Instanz.
`GetObject([Moniker] [, Klasse])`	Aktiviert eine bestehende Instanz einer COM-Klasse auf Basis des übergebenen COM-Monikers (z.B. ADSI-Pfad oder WMI-Pfad) oder erstellt eine neue Instanz.
`GetRef(ProzName)`	Gibt einen Zeiger auf eine Unterroutine zurück. Dieser Zeiger dient zur Bindung an Ereignisse, insbesondere bei der Arbeit mit dem DOM.

A.7 Systemfunktionen und Ein-/Ausgabe

Syntax	Beschreibung
`InputBox(Eingabeaufforderung[, Titel][, Standard][, xpos] [, ypos] [, Hilfedatei, Kontext])`	Zeigt in einem Dialogfenster eine Eingabeaufforderung an, wartet auf eine Texteingabe oder die Auswahl einer Schaltfläche durch den Benutzer und gibt den Inhalt des Textfelds zurück.
`LoadPicture(Bildname)`	Lädt ein Bild in den Speicher und liefert einen Zeiger auf ein Objekt der eingebauten Klasse `Picture`. Folgende Grafikformate werden akzeptiert: *.bmp*, *.ico*, *.rle*, *.wmf*, *.emf*, *.gif* und *.jpg*.
`MsgBox(Eingabeaufforderung[, Schaltflächen][, Titel] [, Hilfedatei, Kontext])`	Zeigt eine Meldung in einem Dialogfenster an, wartet darauf, dass der Benutzer auf eine Schaltfläche klickt, und gibt einen Wert zurück, der anzeigt, auf welche Schaltfläche geklickt wurde.
`ScriptEngine`	Gibt eine Zeichenkette mit der gerade verwendeten Skriptsprache zurück.
`ScriptEngineBuildVersion`	Gibt die Build-Versionsnummer des verwendeten Skriptmoduls zurück.
`ScriptEngineMajorVersion`	Gibt die Hauptversionsnummer des verwendeten Skriptmoduls zurück.
`ScriptEngineMinorVersion`	Gibt die Nebenversionsnummer des verwendeten Skriptmoduls zurück.

A.8 Typprüfung und -umwandlung

Syntax	Beschreibung
`CBool(Ausdruck)`	Umwandlung des übergebenen Ausdrucks in einen Wert vom Typ `Boolean`
`CByte(Ausdruck)`	Umwandlung des übergebenen Ausdrucks in einen Wert vom Typ `Byte`
`CCur(Ausdruck)`	Umwandlung des übergebenen Ausdrucks in einen Wert vom Typ `Currency`
`CDate(Datum)`	Umwandlung des übergebenen Ausdrucks in einen Wert vom Typ `Date`
`CDbl(Ausdruck)`	Umwandlung des übergebenen Ausdrucks in einen Wert vom Typ `Double`
`CInt(Ausdruck)`	Umwandlung des übergebenen Ausdrucks in einen Wert vom Typ `Integer`
`CLng(Ausdruck)`	Umwandlung des übergebenen Ausdrucks in einen Wert vom Typ `Long`
`CSng(Ausdruck)`	Umwandlung des übergebenen Ausdrucks in einen Wert vom Typ `Single`

Syntax	Beschreibung
`CStr(Ausdruck)`	Umwandlung des übergebenen Ausdrucks in einen Wert vom Typ `String`
`Hex(Zahl)`	Gibt eine Zeichenkette mit der Hexadezimaldarstellung einer Zahl zurück.
`IsArray(VarName)`	Gibt einen `Boolean`-Wert zurück, der angibt, ob es sich bei einer Variablen um ein Datenfeld handelt.
`IsDate(Ausdruck)`	Gibt einen `Boolean`-Wert zurück, der angibt, ob ein Ausdruck in ein Datum konvertiert werden kann.
`IsEmpty(Ausdruck)`	Gibt einen `Boolean`-Wert zurück, der angibt, ob eine Variable initialisiert wurde.
`IsNull(Ausdruck)`	Gibt einen `Boolean`-Wert zurück, der angibt, ob ein Ausdruck ungültige Daten (Null) enthält.
`IsNumeric(Ausdruck)`	Gibt einen `Boolean`-Wert zurück, der angibt, ob ein Ausdruck als Zahl ausgewertet werden kann.
`IsObject(Ausdruck)`	Gibt einen `Boolean`-Wert zurück, der angibt, ob ein Ausdruck auf ein gültiges Automatisierungsobjekt verweist.
`Oct(Zahl)`	Gibt eine Zeichenkette mit der Oktaldarstellung einer Zahl zurück.
`TypeName(VarName)`	Gibt eine Zeichenkette zurück, die den Datentyp einer Variablen in Form einer `String`-Konstante enthält.
`VarType(VarName)`	Gibt eine Zeichenkette zurück, die den Datentyp einer Variablen in Form einer numerischen Konstante enthält.

A.9 Sonstige Funktionen

Syntax	Beschreibung
`Eval(Ausdruck)`	Wertet einen Ausdruck aus und gibt das Ergebnis zurück.
`Execute(Code)`	Ausführung des in Form einer Zeichenkette übergebenen Programmcodes
`ExecuteGlobal(Code)`	Ausführung des in Form einer Zeichenkette übergebenen Programmcodes. `ExecuteGlobal()` führt die übergebenen Befehle im Gegensatz zu `Execute()` im globalen Namensraum aus.
`Filter(Zeichenketten, Wert[, Einschließen[, Vergleich]])`	Gibt ein nullbasiertes Array zurück, das anhand bestimmter Filterkriterien einen Teilbereich eines Zeichenkettendatenfelds enthält.

B Schreibweisen in diesem Buch

Alle Skripte sind in `nichtproportionaler Schrift` geschrieben. Damit Sie Befehle von Fachbegriffen unterscheiden können, sind alle Erwähnungen von Befehlen im Text auch mit `nichtproportionaler Schrift` ausgezeichnet.

Kursiv gesetzt sind Dateinamen und Pfadangaben sowie Bildschirmelemente wie Registerkarten, Menüeinträge und Schaltflächen.

Wichtige Hinweise und Einschübe sind mit einem Kasten hinterlegt.

Zusätzlich werden vier Symbole verwendet, um Ihre Aufmerksamkeit zu wecken:

Das Achtung-Symbol warnt vor Bugs oder möglichen Schwierigkeiten.

Interessante Hintergrundinformationen werden durch das Hinweis-Symbol gekennzeichnet.

Das Website-Symbol verweist auf die Buch-Website.

WWW

Das Tipp-Symbol steht für Tipps, die Sie schneller zum Ziel bringen können oder Ihnen helfen, Schwierigkeiten zu vermeiden.

C Hinweise zu den Listings

Alle Beispiele in diesem Buch sind in Visual Basic Script geschrieben und im Windows Script Host lauffähig. Als Testplattform wurden der Windows Script Host Version 5.7/5.8 und Visual Basic Script 5.7/5.8 auf Windows XP, Windows Vista, Windows 7, Windows 8, Windows Server 2003 R2 und Windows Server 2008 R2 sowie Windows Server 2012 verwendet. Ausgewählte Skripte wurden auf Windows Vista getestet.

Jedes Listing beginnt mit einem Listing-Header. Darin finden Sie folgende Informationen:

- Name der Skriptdatei auf der Buch-Website
- Kurzbeschreibung zum Zweck des Skripts
- Verwendete Scripting-Komponenten, die zum Funktionieren des Skripts notwendig sind
- Trennlinie

```
' Dateiname.vbs
' Beschreibung
' verwendete Komponenten: WMI, ADSI
' ==================================
```

> Wenn Skripte bei Ihnen nicht laufen, beachten Sie folgende Hinweise:
>
> - Stellen Sie sicher, dass Sie den WSH 5.7 oder 5.8 und VBSript 5.7 oder 5.8 installiert haben.
> - Vergewissern Sie sich, dass Sie die verwendeten Komponenten in den aktuellsten in diesem Buch beschriebenen Versionen installiert haben.
> - Prüfen Sie, ob es im Skript Angaben (Computernamen, Pfade, Benutzernamen) gibt, die in Ihrem Netzwerk möglicherweise nicht gültig sind.

Es ist möglich, dass Sie trotzdem Probleme haben, weil es diverse Unterversionen auf verschiedenen Windows-Versionen der Scripting-Bausteine gibt, die unterschiedliche Funktionen (und Bugs) haben. Im Zweifel stellen Sie bitte eine Frage auf der Leser-Website.

D Inhalt der Buch-Website

Die Website zu diesem Buch finden Sie unter *http://www.awl.de/3205*. Sie enthält folgende Verzeichnisse:

Verzeichnis	Inhalt
\Skripte	Alle Skripte aus dem Buch, geordnet nach Kapiteln
\Install	Erweiterungen, Komponenten, Sprachen und Tools für das Windows Scripting (zum Teil als Vollversionen, zum Teil als Demo-Versionen)
\Service-Website	Hier finden Sie eine HTML-Datei, die Ihnen sagt, wie Sie sich für den geschützten Leser-Bereich auf der deutschen Windows Scripting-Website (*http://www. windows-scripting.de*) anmelden können.
\Weitere Informationen	Dieses Verzeichnis enthält zusätzliche Dokumentationen zu Visual Basic Script, dem WSH und einigen der besprochenen Komponenten.
\über den Autor	Informationen über den Autor dieses Buchs

E Service-Website für Leser

Weitere Informationen und Unterstützung im WWW

Zu diesem Buch gibt es eine eigene Service-Website:

http://www.windows-scripting.de

Sie als Leser haben neben den öffentlichen Bereichen auch die Möglichkeit, auf einen geschützten Bereich zuzugreifen, der besondere Informationen enthält:

Downloads: die aktuellen Versionen der in diesem Buch abgedruckten Skripte sowie weitere Skripte und Codebeispiele.

Foren: Wenn Sie Fragen haben oder Ihre Meinung zu einem Thema dieses Buchs äußern möchten, dann können Sie hier auf Reaktionen anderer Nutzer hoffen.

Leser-Bewertung: Geben Sie Noten für dieses Buch und lesen Sie nach, was andere Leser von diesem Buch halten.

Bug-Report: Melden Sie hier Fehler, die Sie in diesem Buch gefunden haben! Hier können Sie auch nachlesen, welche Fehler anderen nach Drucklegung aufgefallen sind.

Newsletter: Alle registrierten Leser erhalten in unregelmäßigen Abständen einen Newsletter.

> Der URL für den Zugang zum Leser-Portal lautet:
>
> *http://www.IT-Visions.de/leser*
>
> Bei der Anmeldung müssen Sie das Kennwort *Falling Skies* angeben (Falling Skies ist eine Science-Fiction-Serie, die von Steven Spielberg produziert wird).
>
> Bitte beachten Sie, dass das Leser-Portal eine freiwillige, private Leistung des Autors ist, auf die es keinen Rechtsanspruch gibt.

F Lösungen zu den Übungsaufgaben in diesem Buch

Dieses Kapitel enthält die Lösungen zu allen Übungsaufgaben in diesem Buch.

F.1 Lösungen zu Kapitel 1

1. Gar nicht. In Version 1.0 stand WSH für Windows Scripting Host. Ab Version 2.0 hat Microsoft das Produkt nur noch Windows Script Host genannt.
2. Ja, in Windows 8 ist der WSH 5.8 bereits enthalten. Der WSH 5.8 unterscheidet sich aber nur hinsichtlich JavaScript von seinen Vorgängern WSH 5.7 und WSH 5.6.
3. Visual Basic Script ist keine Compiler-Sprache, sondern eine Interpreter-Sprache. Ein Compiler ist der Gegensatz zu einem Interpreter. Während ein Interpreter ein Programm fortlaufend und immer wieder in Maschinensprache übersetzt, führt ein Compiler die Übersetzung einmalig aus und speichert das Ergebnis. Visual Basic Script ist erfolgreich, weil die Sprache einfach ist und zu einer Sprachfamilie gehört, die auch auf anderen Gebieten in Windows stark verwendet wird.
4. Es fehlt ein Anführungszeichen vor dem Wort „Keine".

   Richtig ist also: `WScript.Echo "Keine Tippfehler machen!"`

   Zeichenketten, die auf dem Bildschirm erscheinen sollen, müssen in Anführungszeichen stehen. Ohne das Anführungszeichen sucht der WSH nach einem Befehl mit Namen „Keine", wird nicht fündig werden und sich mit einer Fehlermeldung beschweren.

5. *WScript.exe* lässt das Skript als eine Windows-Anwendung laufen. Ausgaben mit `WScript.Echo` werden als Dialogfenster dargestellt. Bei *CScript.exe* läuft das Skript als eine Kommandozeilenanwendung, die Ausgaben mit `WScript.Echo` in ein Kommandozeilenfenster sendet.
6. Man kann aber *Cscript.exe* zum Standard-Scripting-Host machen. Geben Sie dazu einmalig folgenden Befehl in der Eingabeaufforderung ein:

```
cscript //H:cscript
```

7. Normalerweise muss ein Befehl in genau einer Zeile stehen. Ein Befehl kann sich nur über mehrere Zeilen erstrecken, wenn die einzelnen Zeilen mit einem Unterstrich getrennt sind:

```
WScript.Echo _
"Dies ist der " & WScript.Name & _
" Version " & WScript.Version
```

8. Die richtige Lösung ist:

```
WScript.Echo "Am Ende dieser Zeile steht die Versionsnummer des
installierten WSH: " & WScript.Version
```

Falsch wäre übrigens, die Nummer statisch einzutragen, z.B.

```
WScript.Echo "Am Ende dieser Zeile steht die Versionsnummer des
installierten WSH: 5.8"
```

F.2 Lösungen zu Kapitel 2

1. Es ist nicht zwingend erforderlich, einen bestimmten Editor zu verwenden. Um VBScript-Anwendungen zu erstellen, benötigt man lediglich einen einfachen Texteditor, wie z.B. den bei Windows mitgelieferten Editor *Notepad.exe*. Nach dem Erstellen und Speichern lässt sich das Skript einfach über die Kommandozeile oder durch Doppelklicken starten.
2. Bei dem Begriff Debugging handelt es sich um das Vorgehen zum Finden und Entfernen von Bugs (Programmfehlern) im Skript. Aber auch das Testen und Verifizieren von Skripten geschieht durch den Debugging-Prozess. Microsoft stellt dafür extra ein kostenfreies Werkzeug zur Verfügung, das zusammen mit dem Internet Explorer installiert wird: den Microsoft Script Debugger.
3. Innerhalb von Skripten können drei grundlegende Arten von Fehlern auftreten:

Kompilierungsfehler: Bei Kompilierungsfehlern handelt es sich um Fehler, die durch eine falsche Schreibweise oder die falsche Übergabe von Parametern auftreten können, z.B. Übergabe einer Zeichenkette an eine Funktion, die eine Zahl erwartet.

Aber auch die falsche Verwendung von VBScript-Sprachkonstrukten kann einen Kompilierungsfehler hervorrufen, wenn z.B. ein abschließender Befehl wie `End If` vergessen wird.

Diese Fehler treten bereits beim Starten auf und beenden die weitere Ausführung sofort.

Laufzeitfehler: Bei Laufzeitfehlern handelt es sich um Fehler, die nicht automatisch von der Laufzeitumgebung erkannt werden und erst beim Auftreten dazu führen, dass das Skript unter Umständen beendet wird. Dies könnte beispielsweise dann eintreten, wenn der Benutzer zwei Zahlen eingibt, von denen eine durch die andere geteilt wird. Ist die Zahl, durch die geteilt wird, gleich 0, kommt es zu einem Fehler. Diese Fehlerart lässt sich nicht im Voraus ausschließen.

Logische Fehler: Bei logischen Fehlern handelt es sich um Fehler, die durch die Logik einer Anwendung bestimmt sind. Diese Fehler können nur durch den Entwickler erkannt und behoben werden. Ein typischer Fehler ist beispielsweise eine versehentliche Vertauschung von Variablen während der Entwicklung.

F.3 Lösungen zu Kapitel 4

1. Um den Programmablauf von bestimmten Bedingungen abhängig zu machen, existieren zwei grundlegende Konstrukte:

   `If...Then...`

   Mit diesem Konstrukt lassen sich Blöcke von Anweisungen abhängig von einer Bedingung ausführen oder überspringen.

   `Select Case`

   Das `Select Case`-Konstrukt kann einen Ausdruck auf verschiedene Inhalte überprüfen und abhängig davon in einen bestimmten Anweisungsblock verzweigen.
2. Um dem Benutzer Informationen zu präsentieren, existiert die Funktion `MsgBox()`. Mittels dieser lässt sich ein beliebiger Text mit unterschiedlichen Symbolen und Schaltflächen zur Beantwortung übergeben.

   Um Informationen vom Benutzer abzufragen, kann die Funktion `InputBox()` benutzt werden.
3. Zur Konvertierung einer Zahl in eine Zeichenkette muss man die Funktion `CStr()` verwenden: `CStr(231)` ergibt die Zeichenkette „231".

   Um allerdings eine Zeichenkette in eine Zahl zu konvertieren, muss die Funktion `CInt()` verwendet werden: `CInt("942")` ergibt die Zahl `942`.

4. Um einen Block von Anweisungen beliebig oft zu wiederholen, kann eine Schleife verwendet werden.

   `For ... Next-Schleife`

   Mit einer `For ... Next`-Schleife kann jeder beliebige ganzzahlige Zahlenwert von einem bestimmten Startwert bis zu einem Endwert durchlaufen werden. Damit ist eine festgelegte Anzahl von Schleifendurchläufen möglich.

   `Do ... Loop-Schleife`

   Mit einer `Do ... Loop` -Schleife lässt sich ein Anweisungsblock so lange wiederholen, wie eine bestimmte Bedingung erfüllt ist.

5. Um zu überprüfen, ob eine Variable ein Datum enthält, kann die Funktion `IsDate()` verwendet werden. Enthält die entsprechende Variable einen Datumswert, wird `True`, sonst `False` zurückgegeben. Ein ähnliches Vorgehen ist möglich, um zu überprüfen, ob innerhalb einer Variablen eine Zahl gespeichert ist. Dazu kann die Funktion `IsNumeric()` verwendet werden.

6. Zur Definition einer eigenen Unterroutine muss ungefähr folgender Code erstellt werden:

```
Function MeineUnterroutine(a, b)
    Anweisung1...
    Anweisung2...
    ...
    MeineUnterroutine = a * a + b * b
End Function
```

F.4 Lösungen zu Kapitel 5

1. Es fehlt das Schlüsselwort `Set`, weil die Zuweisung eines Objekts an eine Objektvariable immer mit `Set` beginnen muss.

```
Set o = CreateObject("Scripting.FileSystemObject")
```

2. Wenn eine Methode einen Wert zurückliefert, müssen die Parameter in Klammern stehen. Wenn eine Methode keinen Wert zurückliefert, **dürfen** die Parameter **nicht** in Klammern stehen.

```
Set Benutzer= Domaene.Create("user", "HolgerSchwichtenberg")
Benutzer.ChangePassword "rot", "gruen"
```

3. Ausgegeben wird die Zahl `120000`. Zwar wurde das Gehalt von Kandidat „Edmund" (`k2`) nicht verändert, durch die Zuweisung `Set k1 = k2` wurde aber die Objektvariable `k1` auf das Objekt „Edmund" umgebogen, sodass der Zugriff `k1.Gehalt` das Gehalt von „Edmund" und nicht mehr das Gehalt von „Gerhard" veränderte.

4. Wenn die Objektmenge bei `0` zu zählen beginnt, dann `Benutzerliste(9)`. Wenn die Zählung bei `1` beginnt, `Benutzerliste(10)`. Welcher Startwert gewählt wurde, hängt von Lust und Laune der Microsoft-Entwickler ab.

F.5 Lösungen zu Kapitel 6

1. Die WSH Runtime-Komponente und die Scripting Runtime-Komponente werden automatisch zusammen mit dem WSH installiert, sind also auf Systemen ab Windows ME/Windows 2000 immer vorhanden.
2. Ein `File`-Objekt kann nicht direkt erzeugt werden; es muss eine Instanz von `FileSystemObject` generiert und dann auf diesem die Methode `GetFile()` aufgerufen werden.

```
Set Dateisystem = CreateObject("Scripting.FileSystemObject)
Set Datei = Dateisystem.GetFile("d:\daten\wsl.doc")
```

3. Die einfachste Möglichkeit ist die Anlage einer Datei mit der Dateinamenerweiterung *.udl* und die Verwendung des *Eigenschaften*-Fensters dieser Datei. Anschließend öffnen Sie die Datei mit einem beliebigen Editor, um die Verbindungszeichenfolge herauszukopieren. Dieses Verfahren wird im Unterkapitel zu ADO näher beschrieben.
4. Der Verzeichnisdiensttyp LDAP muss in Großbuchstaben geschrieben werden, also `set o = GetObject("LDAP://ServerE01")`.
5. Bitte vergewissern Sie sich zunächst mit dem Active Directory-Browser, dass es das Verzeichnisattribut wirklich gibt. Wenn es existiert und die Syntax `obj.Attributname = Wert` nicht funktioniert, verwenden Sie

   `u.Put "AttributName", CStr(Wert)` für Zeichenketten bzw.

   `u.Put "AttributName", Cint(Wert)` für Zahlen.
6. Dies ermöglicht die Klasse `Win32_LogicalDisk` aus der WMI-Komponente. Um die Bedingung formulieren zu können, muss man WQL verwenden.

```
Set Computer = GetObject("WinMgmts:\\ServerE02")
Set menge = Computer.ExecQuery("SELECT * FROM
    Win32_LogicalDisk WHERE Size>1000000")
For Each o In menge
    WScript.Echo o.name & " Größe:" & o.size
Next
```

   Bitte beachten Sie, dass die `1.000.000` nicht in Anführungszeichen stehen darf, weil das Attribut `Size` eine Zahl und keine Zeichenkette erwartet.

F.6 Lösungen zu Kapitel 7

1. Die `Split()`-Methode trennt Zeilen an einem gegebenen Trennzeichen auf und liefert das Ergebnis als Array zurück.
2. Das `TextStream`-Objekt unterstützt die Modi `ForReading`, `ForWriting` und `ForAppending`.
3. Nein. Eine Unterstützung von INI-Dateien ist im Windows Script Host nicht enthalten.

4. Nein. Das Connection-Objekt erwartet die benötigten Eigenschaften Provider und Datasource bereits beim Erstellen des Objekts. Eine Zuweisung an die Eigenschaften ist nicht möglich.
5. Ja. Die mit AddNew() hinzugefügten Zeilen sind temporärer Natur und müssen über die Update()-Methode gespeichert werden.
6. Nein. Für den Zugriff auf Excel wird das Excel.Application-Objekt verwendet, das Zugriff auf alle Methoden von Excel bietet.
7. Ja. Microsoft Excel muss auf dem Computer installiert sein, weil sonst das Excel.Application-Objekt nicht zur Verfügung steht.
8. Ja. Es existieren eine lange und eine verkürzte Schreibweise. Die lange Schreibweise lässt den Wert zwischen den Tags weg (<VORNAME>...</VORNAME>), während die kurze Schreibweise im Start-Tag wieder geschlossen wird (<VORNAME/>).
9. XML-Attribute definieren zusätzliche Eigenschaften der einzelnen Elemente.
10. Die Datei im Beispiel wird lediglich zum Lesen geöffnet. Der Öffnungsmodus in der zwölften Zeile ist als ForReading definiert. Ausgaben über WriteLine sind somit nicht zulässig. Die Datei muss im Modus ForWriting geöffnet werden.
11. Im Beispiel wird eine sogenannte Endlosschleife erzeugt. Es wird versucht, die Datenbank bis zum Ende zu durchlaufen, der Datensatzzeiger wird aber nie auf den nachfolgenden Datensatz positioniert. Somit wird die Eigenschaft EOF niemals den Wert True annehmen. Korrekt müsste das Skript so aussehen:

```
Dim DBConnection, SqlString, Ergebnismenge
Const Verbindung="Provider=Microsoft.Jet.OLEDB.4.0; Data  Source=.\
User.MDB;"
Set DBConnection = CreateObject("ADODB.Connection")
DBConnection.Open Verbindung
SqlString="SELECT * FROM Benutzer"
Set Ergebnismenge = DBConnection.Execute(SqlString)
Ergebnismenge.MoveFirst
Do While Not Ergebnismenge.eof
  WScript.echo Ergebnismenge("Benutzername")
  ' Hier erfolgt die korrekte Positionierung
  Ergebnismenge.MoveNext
Loop
```

F.7 Lösungen zu Kapitel 8

1. Der CreateTextFile()-Methode kann ein boolescher Parameter übergeben werden, der das Überschreiben bestehender Dateien zulässt.
2. Die Datei muss im Modus ForAppending geöffnet sein. Danach können alle Schreiboperationen benutzt werden, um Text an die Datei anzuhängen.
3. Ja, eine Vergabe ist möglich. Allerdings wird dazu die (sehr komplizierte) Komponente ADsSecurity aus dem ADSI-SDK benötigt.

4. Nein. Diese Funktionalität muss durch Skriptprogrammierung geschaffen werden. Dabei muss Rekursion eingesetzt werden.
5. Beide Methoden erlauben die Übergabe eines optionalen Parameters, mit dem das Löschen schreibgeschützter Dateien erzwungen werden kann.
6. Nein. Die `CreateFolder()`-Methode erlaubt das Anlegen verschachtelter Verzeichnisstrukturen nicht.
7. Keine. Es wird allerdings auch keine Kopieroperation durchgeführt.
8. Nein. Der belegte Speicherplatz muss aus den Attributen `TotalSize` und `FreeSpace` ermittelt werden.
9. Nein. Dies ist nur mit der Methode `ChkDsk()` des `Win32_LogicalDisk`-Objekts aus WMI möglich. Allerdings wird diese Methode nur auf Windows XP und Windows Server 2003 unterstützt.
10. Das `FileSystemObject` steht nach der Installation des Windows Script Host automatisch zur Verfügung. Die Installation weiterer Komponenten ist nicht notwendig.

F.8 Lösungen zu Kapitel 9

1. Nein. Die Identifikation eines Benutzers erfolgt über eine SID und nicht über den Namen. Die SID wird bei der Umbenennung nicht geändert.
2. Nein. Ein Benutzer muss vor der Zuweisung zu einer Gruppe bereits vorhanden sein.
3. Das Konto wird deaktiviert.
4. Nein. Das WinNT-Verzeichnis hat nur eine Ebene.
5. Nein. Ein Benutzer muss explizit aus der Benutzerverwaltung gelöscht werden.
6. Eine Organisationseinheit ist ein Container-Objekt; sie kann Unterobjekte enthalten.
7. Ja. Das Setzen von Kennwörtern ist durch die Methode `SetPassword()` möglich. Die Kenntnis des alten Kennworts ist nicht erforderlich.
8. Der Pfad beschreibt die Gruppe *Trainer* in der Organisationseinheit *Scripting* in der Domäne *IT-Visions.de*.
9. Nein. Es existiert keine Beschränkung in der Verschachtelungstiefe von Container-Objekten.
10. Nein. Ein zu löschender Container darf keine Objekte mehr enthalten.

F.9 Lösungen zu Kapitel 10

1. Beim umzubenennenden Rechner sind Anpassungen in der Registrierungsdatenbank und in der globalen Verzeichnisdatenbank bzw. auf dem Domänencontroller notwendig.
2. Der neue Rechnername wird erst nach einem Rechnerneustart wirksam.
3. Computerkonten sind Einträge im globalen Verzeichnis – in der Domänendatenbank oder im Active Directory – und werden dort erstellt und gelöscht.
4. Das Erstellen eines Computerkontos ist Voraussetzung dafür, dass ein Rechner überhaupt zur Domäne hinzugefügt werden kann. Dieses Konto kann nur durch einen Domänenadministrator erzeugt werden.

   Durch das Hinzufügen eines Computers zur Domäne wird der lokale Rechner angewiesen, bei einer Benutzerbestätigung den Verzeichnisdienst der Domäne zu befragen.

   Erst durch beide Schritte wird ein Computer zum Domänenmitglied.
5. Das WMI-Objekt `Win32_OperatingSystem` bietet durch die Methoden `Reboot()` und `Shutdown()` die Möglichkeit, einen Rechner neu zu starten oder ihn herunterzufahren.
6. Die Auflistung kann durch die Komponente ADSI erfolgen.
7. Die Lösung stellt eine Kombination der Skripte zum Erstellen eines Computerkontos und zum Hinzufügen zur Domäne dar.

```
' AddComputerToDomain.vbs
' Fügt ein Computerkonto zur Domäne hinzu
' verwendet: ADSI, WMI, WSHRun
' ===============================

Const JOIN_DOMAIN            = 1
Const ACCT_CREATE            = 2
Const ACCT_DELETE            = 4
Const WIN9X_UPGRADE          = 16
Const DOMAIN_JOIN_IF_JOINED  = 32
Const JOIN_UNSECURE          = 64
Const MACHINE_PASSWORD_PASSED = 128
Const DEFERRED_SPN_SET       = 256
Const INSTALL_INVOCATION     = 262144

Dim objNetwork, objComputer, Computer, Reboot
Dim Domain, User, Password

DomainAdmin = "Administrator"
Password    = "password"
Domain      = "WSL"

Dim Computer
Dim objRootDSE, objContainer, objComputer
```

```
Const ADS_UF_PASSWD_NOTREQD            = &h0020
Const ADS_UF_WORKSTATION_TRUST_ACCOUNT = &h1000

' Computernamen ermitteln
Set objNetwork = CreateObject("WScript.Network")
Computer = objNetwork.ComputerName

' Computerkonto erzeugen
Set objRootDSE = GetObject("LDAP://rootDSE")
Set objContainer = GetObject("LDAP://cn=Computers," & _
     objRootDSE.Get("defaultNamingContext"))

Set objComputer = objContainer.Create("Computer", "cn=" & Computer)
objComputer.Put "sAMAccountName", Computer & "$"
objComputer.Put "userAccountControl", _
    ADS_UF_PASSWD_NOTREQD Or ADS_UF_WORKSTATION_TRUST_ACCOUNT
objComputer.SetInfo

' Zur Domäne hinzufügen
Set objComputer = _
    GetObject("WinMgmts:{impersonationLevel=Impersonate}!\\" & _
        Computer & "\root\cimv2:Win32_ComputerSystem.Name='" & _
        Computer & "'")

ReturnValue = objComputer.JoinDomainOrWorkGroup(Domain, _
    Password, Domain & "\" & DomainAdmin, _
    NULL, JOIN_DOMAIN + ACCT_CREATE)
```

Listing F.1: */Skripte/Kapitel10/AddComputerToDomain.vbs*

8.

```
' RenameWkstReboot.vbs
' Ändern des lokalen Rechnernamens und
' Neustart des Rechners
' verwendet: WScript
' ================================

Dim Computer, WSHShell
Dim objWMIService, objOperatingSystem, Reboot

Computer = InputBox("neuer Rechnername: ")
If Computer <> "" Then
    Set WSHShell = CreateObject("WScript.Shell")

    WSHShell.RegWrite "HKLM\SYSTEM\CurrentControlSet\Control\" & _
        "ComputerName\ComputerName\ComputerName", Computer
    WSHShell.RegWrite "HKLM\SYSTEM\CurrentControlSet\Services\" & _
        "Tcpip\Parameters\NV Hostname", Computer
    WScript.Echo "Der Rechner wurde in " & Computer & " umbenannt."

    Computer = "."
```

```
        Set objWMIService = GetObject("WinMgmts:" _
            & "{impersonationLevel=impersonate,(Shutdown)}!\\" & _
            Computer & "\root\cimv2")

        Set colOperatingSystems = objWMIService.ExecQuery _
            ("SELECT * FROM Win32_OperatingSystem")

        If MsgBox("Beenden Sie alle Programme, " & _
            "damit der Rechner neu gestartet werden kann.") Then
            For Each objOperatingSystem in colOperatingSystems
                objOperatingSystem.Reboot()
            Next
        End If
    End If
```

Listing F.2: */Skripte/Kapitel10/RenameWkstReboot.vbs*

F.10 Lösungen zu Kapitel 11

1. Mit der Komponente WSHRun können Ereignisse nur in das Anwendungsprotokoll eingetragen werden.
2. Die Einträge erfolgen in der Datei *Wsh.log* im Windows-Verzeichnis.
3. Es werden sechs Formen von Ereignissen unterschieden: Erfolg, Fehler, Warnung, Information, Erfolgsüberwachung, Fehlerüberwachung.
4. Das WMI-Objekt, das einen Zugriff auf das Ereignisprotokoll erlaubt, heißt `Win32_NTEventLogFile`.
5. Neue Ereignisprotokolle werden durch einen simplen Eintrag in der Registrierungsdatenbank erzeugt (unterhalb von *HKLM\System\CurrentControlSet\Services\EventLog*).
6. Zur Unterscheidung von Ereignissen, die von unterschiedlichen Skripten erzeugt wurden, ist es notwendig, eine Identifizierung (wie z.B. den Skriptnamen) in die Ereignisbeschreibung mit aufzunehmen.
7. Ein Eintrag in selbst erzeugte Ereignisprotokolle kann mithilfe des Programms *eventcreate.exe* (ab Windows XP) erfolgen. Verwenden Sie alternativ `Write-EventLog` in der Windows PowerShell.
8. Die Ereignisprotokolle werden in einem Binärformat in Dateien abgelegt, sodass eine Betrachtung nur mit der Ereignisanzeige sinnvoll erfolgen kann.

F.11 Lösungen zu Kapitel 12

1. Durch das WMI-Objekt `Win32_Service` ist ein Zugriff auf die Diensteigenschaften möglich.
2. Ein Dienst wird neu gestartet, indem auf die Methode `StopService()` des WMI-Objekts `Win32_Service` die Methode `StartService()` ausgeführt wird. Es gibt einzelne Methoden, die einen Neustart veranlassen.
3. Bei einem Neustart des Dienstes ist zu beachten, dass der Dienst einen gewissen Zeitraum benötigt und nicht unmittelbar neu gestartet werden kann.
4. Ein pausierter Dienst kann seine Arbeit an derselben Stelle fortsetzen, an der er zuvor unterbrochen wurde. Bei einem Neustart beginnt der Arbeitszyklus des Dienstes von vorne.
5. Nicht jeder Dienst kann angehalten werden. Daher ist es wichtig, vorher die Eigenschaft `AcceptPause` zu überprüfen.
6. Das Überwachen von Diensten bezieht sich auf die Zustandsänderung von Diensten – hierbei besonders, wenn ein laufender Dienst seine Arbeit einstellt. Da ein Dienst aber durchaus wieder automatisch gestartet werden kann, ist es nicht notwendig, sofort einen Administrator zu alarmieren.
7. Nein. Viele für das System wichtige Dienste können nicht beendet werden. Die Eigenschaft `AcceptStop` gibt über die Möglichkeit zum Beenden eines Dienstes Auskunft.
8. Es existieren fünf unterschiedliche Startzeitpunkte für Dienste: `Boot`, `System`, `Automatic`, `Manual`, `Disabled`.

F.12 Lösungen zu Kapitel 13

1. Die Dateierweiterung eines Dateinamens kann durch den folgenden Befehl ermittelt werden:

```
FileExtension = Right(FileName, Len(FileName) - _
    InStrRev(FileName, "."))
```

2. Die Einstellungen sind in der Registrierungsdatenbank abgelegt.
3. Die Verzeichnisse kann man über `SpecialFolders` in der Klasse `WScript.Shell` ermitteln.
4. Der Benutzer muss sich neu anmelden, weil die Systemmethode zur dynamischen Aktualisierung des Desktops nicht per Skript aufgerufen werden kann.

F.13 Lösungen zu Kapitel 14

1. Ein Zugriff auf die Registrierungsdatenbank kann sowohl über die Komponente WSHRun als auch über WMI erfolgen.
2. Es werden fünf Typen von Werten in der Registrierungsdatenbank unterschieden:

```
REG_SZ
REG_DWORD
REG_BINARY
REG_EXPAND_SZ
REG_MULTI_SZ
```

3. Die Erzeugung von `REG_MULTI_SZ` bleibt WMI vorbehalten.
4. Bei einem Zugriff auf Schlüssel endet die Pfadbeschreibung stets mit einem „\“; bei Werten entfällt der umgekehrte Schrägstrich.
5. Der Namensraum lautet: `\root\default`.
6. Hives sind Wurzelschlüssel in der Registrierungsdatenbank – vergleichbar mit Stammordnern auf Datenträgern.
7. Für den Zugriff auf die Wurzelschlüssel in der Registrierung werden bei WMI Zahlenkonstanten benötigt, wohingegen die Komponente WSHRun mit Zeichenketten zur Identifizierung arbeitet.
8. Es kann, abhängig vom Betriebssystem, bis zu fünf unterschiedliche Wurzelschlüssel in der Registrierungsdatenbank geben.
9. `HKCU` steht für `HKEY_CURRENT_USER` und bezeichnet den Wurzelschlüssel des Benutzerprofils des interaktiv angemeldeten Benutzers.

F.14 Lösungen zu Kapitel 15

1. In einem lokalen Netz sind IP-Adresse und Subnetz-Maske ausreichend.
2. Durch das Objekt `Win32_NetworkAdapterConfiguration` ist ein Zugriff auf die Konfiguration möglich.
3. Skriptbasiert lassen sich lediglich zwei WINS-Server konfigurieren.
4. Bei der Verwendung von DHCP ist darauf zu achten, dass Gateway, WINS- und DNS-Server vorher entfernt werden, damit TCP/IP richtig konfiguriert werden kann.
5. Für ausnahmslos jede Netzwerkkarte des Rechners, die sich über einen Indexeintrag mithilfe von WMI erreichen lässt, kann die Konfiguration von TCP/IP erfolgen.
6. Die Netzwerkkarten in einem Rechner sind durchnummeriert.
7. Die Methode erwartet keine Parameter, da TCP/IP automatisch konfiguriert wird.

F.15 Lösungen zu Kapitel 16

1. Zum Zugriff auf installierte Software wird das WMI-`Win32_Product`-Objekt verwendet.
2. Um unter einem anderen Benutzerkonto eine WMI-Verbindung zu einem anderen Rechner aufzubauen, wird die `ConnectServer()`-Methode des `WbemScripting`-Objekts verwendet.
3. Benutzername und Kennwort müssen aus der XML-Datei extrahiert werden. Dazu müssen einerseits in der XML-Datei zu jedem Rechner das entsprechende Konto angegeben und andererseits die Variablen `Username` und `Password` durch Auslesen aus der XML-Datei in der `For`-Schleife gefüllt werden.

   Das nachfolgende Skript veranschaulicht die Veränderungen:

```
' Install_Software_XML_Login.vbs
' Installiert Software auf einem entfernten Rechner
' anhand einer XML-Datei
' verwendet: MSXML, FSO, WMI
' ===============================

Dim XMLDoc
Dim SoftInstallNode
Dim objWBemLocator, objConnection, objSoftware
Dim User, Password, Computer, Software, Error

' Erzeugen des Verweises
Set xmlDoc = CreateObject("Msxml2.DOMDocument")

' Asynchrones Laden ausschalten
xmlDoc.async = False

' Datei laden
Set objFSO = CreateObject("Scripting.FileSystemObject")
Set ScriptFile = objFSO.GetFile (WScript.ScriptFullName)

Pathname = Replace(Scriptfile.Path, Scriptfile.Name, "")
Filename = Pathname & "SoftInstallLogin.xml"
xmlDoc.load(Filename)

' Knoten-Auflistung auswählen
Set SoftInstallNode = xmlDoc.selectNodes("*/*")

' Alle Knoten durchlaufen
for i=0 to SoftInstallNode.length-1
    ' Software installieren
    Computer = SoftInstallNode.item(i).childNodes.item(0).Text
    Software = SoftInstallNode.item(i).childNodes.item(1).Text
    User = SoftInstallNode.item(i).childNodes.item(2).Text
    Password = SoftInstallNode.item(i).childNodes.item(3).Text
```

```
        Set objWbemLocator = CreateObject("WbemScripting.SWbemLocator")
        Set objConnection = objwbemLocator.ConnectServer _
            (Computer, "root\cimv2", User, Password)

        Set objSoftware = objConnection.Get("Win32_Product")

        Error = objSoftware.Install(Software,,True)

        If Error = 0 Then
            WScript.Echo "Die Installation war erfolgreich."
        Else
            WScript.Echo "Bei der Installation ist " & _
            "folgender Fehler aufgetreten: " & Error
        End If
    next
    Set SoftInstallNode=Nothing
    Set xmlDoc=Nothing
```

Listing F.3: */Skripte/Kapitel16/Install_Software_XML_Login.vbs*

```
<?xml version="1.0" encoding="UTF-8"?>
<Installation>
    <SoftwareInstallation>
        <Computer>Webserver</Computer>
        <Software>C:\Temp\q320206_w2k_sp4_x86_de.exe</Software>
        <User>Webmaster</User>
        <Password>secret</Password>
    </SoftwareInstallation>
    <SoftwareInstallation>
        <Computer>Server</Computer>
        <Software>C:\Temp\q320206_w2k_sp4_x86_de.exe</Software>
        <User>Administrator</User>
        <Password>password</Password>
    </SoftwareInstallation>
    <SoftwareInstallation>
        <Computer>Server</Computer>
        <Software>C:\Temp\Q321599_W2K_SP4_X86_de.exe</Software>
        <User>Administrator</User>
        <Password>password</Password>
    </SoftwareInstallation>
    <SoftwareInstallation>
        <Computer>Workstation</Computer>
        <Software>C:\Temp\q320206_w2k_sp4_x86_de.exe</Software>
        <User>Superuser</User>
        <Password>geheim</Password>
    </SoftwareInstallation>
</Installation>
```

Listing F.4: */Skripte/Kapitel16/SoftInstallLogin.xml*

F.16 Lösungen zu Kapitel 17

1. Der Benutzer bekommt die Anwendung erst dann zu sehen, wenn sie unter demselben Benutzerkonto, unter dem er angemeldet ist, gestartet wird.
2. `WScript.Shell` kann nur auf dem lokalen System angewendet werden, steht aber auch normalen Benutzern zur Verfügung. `Win32_Process` ermöglicht auch den Fernzugriff, ist aber Administratoren vorbehalten.

F.17 Lösungen zu Kapitel 18

1. Man kann bestehende Gruppenrichtlinienobjekte mit Active Directory verknüpfen und derartige Verknüpfungen wieder lösen. Außerdem kann man Sicherungskopien von Gruppenrichtlinienobjekten erstellen. Man kann jedoch per Skript keine Einstellungen in Gruppenrichtlinienobjekten setzen; dies ist nur über die grafische Benutzerschnittstelle des „Group Policy Editors" möglich.
2. Gruppenrichtlinienskripte kann man insofern auf einem System ausführen, wenn dort die Erweiterung „GPMC" installiert ist. Die GPMC gibt es ab Windows XP (als Add-On). Bei den Servern ist sie ab Windows Server 2003 R2 dabei. Per Skript steuern kann man Windows 2000- und Windows Server 2003- und Windows Server 2008-basierte Active Directory-Installationen.
3. Ein Gruppenrichtlinienobjekt besitzt einen 16 Byte langen Global Unique Identifier (GUID). Um im Skript ein Gruppenrichtlinienobjekt anzusprechen, muss man zunächst die COM-Klasse `GPMgmt.GPM` instanziieren und von dort aus mit `GetDomain()` eine Domäne ansprechen. Danach kann man mit `GetGPO()` das Gruppenrichtlinienobjekt ansprechen.

```
Const DOMAIN = "IT-Visions.net"
Const GPOGUID = "{6AC1786C-016F-11D2-945F-00C04fB984F9}"
Set gpm = CreateObject("GPMgmt.GPM")
Set objDOMAIN = gpm.GetDomain(DOMAIN, "", _
gpm.GetConstants().UseAnyDC)
Set GPO = objDOMAIN.GetGPO(GPOGUID)
```

   Wenn man nur den Namen der Gruppenrichtlinie kennt, muss man über den Namen in einer Domäne suchen. Dies leistet die Hilfsroutine `GetGPOByName()`.

```
' === Suche ein GPO anhand seines Namens
Function GetGPOByName(gpm, Name)
Dim objGPMSearchCriteria
Dim Liste
' Suchkriterium erzeugen
Set objGPMSearchCriteria = _
gpm.CreateSearchCriteria()
' Suche nach allen verlinkten SOMs
objGPMSearchCriteria.Add
gpm.GetConstants().SearchPropertyGPODisplayName, _
gpm.GetConstants().SearchOpEquals, Name
```

```
' Suche ausführen
Set Liste = _
objDOMAIN.SearchGPOs(objGPMSearchCriteria)
Set GetGPOByName = Liste.item(1)
End Function
```

4. Eine Organisationseinheit wird in der GPMC-Komponente durch ein `GPMSOM`-Objekt repräsentiert. Um alle `GPMSOM`-Objekte zu ermitteln, die auf eine Gruppenrichtlinie verweisen, muss man eine Suchanfrage starten. Ergebnis ist eine `GPMSOMCollection` mit `GPMSOM`-Objekten.

```
' Suchkriterium erzeugen
Set objGPMSearchCriteria =
GPM.CreateSearchCriteria()
' Suche nach allen verlinkten SOMs
objGPMSearchCriteria.Add
Constants.SearchPropertySOMLinks,
Constants.SearchOpContains, GPMGPO
' Suche starten
Set SOMList =
GPMDomain.SearchSOMs(objGPMSearchCriteria)
```

F.18 Lösungen zu Kapitel 19

1. Um zurückverfolgen zu können, wer ein Skript entwickelt hat, muss das Skript digital signiert sein. Digitale Signaturen für Skripte legt man mit dem Werkzeug *Signcode.exe* aus den Microsoft Authenticode-Tools an. Außerdem muss der WSH ab Version 5.6 installiert sein.
2. Bei allen Benutzern, die den WSH nicht nutzen können sollen, müssen Sie jeweils den Registrierungsschlüssel *HKEY_CURRENT_USER\Software\Microsoft\Windows Script Host\Settings\Enabled* auf den Wert 0 setzen. Es bietet sich an, diese Einstellung über eine Gruppenrichtlinie zu verbreiten.
3. Der WSH 5.6 erlaubt die Einschränkung von Skripten auf solche, die mit Zertifikaten signiert wurden, die von im Windows-Zertifikatsmanager registrierten Zertifizierungsstellen ausgestellt worden und im Zertifikatsmanager für Codesignierung zugelassen sind. Wirklich wirkungsvoll sind signierte Skripte aber erst durch die Verwendung der „Richtlinien für Softwareeinschränkungen", die eine Beschränkung auf einzelne Zertifikate erlauben. Die „Richtlinien für Softwareeinschränkungen" sind erst ab Windows XP verfügbar.
4. Den Quellcode von Skripten kann man mit dem Microsoft Script Encoder (*screnc.exe*) unkenntlich machen. Unkenntlich gemachte VBScript-Dateien müssen die Dateinamenerweiterung *.vbe* besitzen!

   ```
   Screnc.exe Original.vbs Unkenntlich.vbe
   ```

   Bitte beachten Sie aber, dass dieses Unkenntlichmachen durch geeignete Werkzeuge umkehrbar ist.

5. Ein sicheres Kennworteinlesen (das eingegebene Kennwort ist also während der Eingabe unsichtbar) kann man im Windows Script Host nur an der Kommandozeile durchführen.

```
Set objPW = CreateObject("ScriptPW.Password")
WScript.echo  "Bitte geben Sie das Kennwort ein:"
Kennwort = objPW.GetPassword()
```

   Voraussetzung ist, dass das Skript mit *cscript.exe* gestartet wurde. Beim Start mit *wscript.exe* kommt es zu einer Fehlermeldung.

F.19 Lösungen zu Kapitel 20

1. Die PowerShell ist eine kostenlose Erweiterung, die in der Version 1.0 und 2.0 auf allen Betriebssystemen ab Windows XP installierbar ist. Die aktuelle Version 3.0 der PowerShell läuft aber nur auf Windows 8, Windows 7 und Windows Server 2008 (inkl. R2).
2. Die Ausgabe der Systemdienste und ihres Status erfolgt mit:

```
get-service | format-table name,status
```

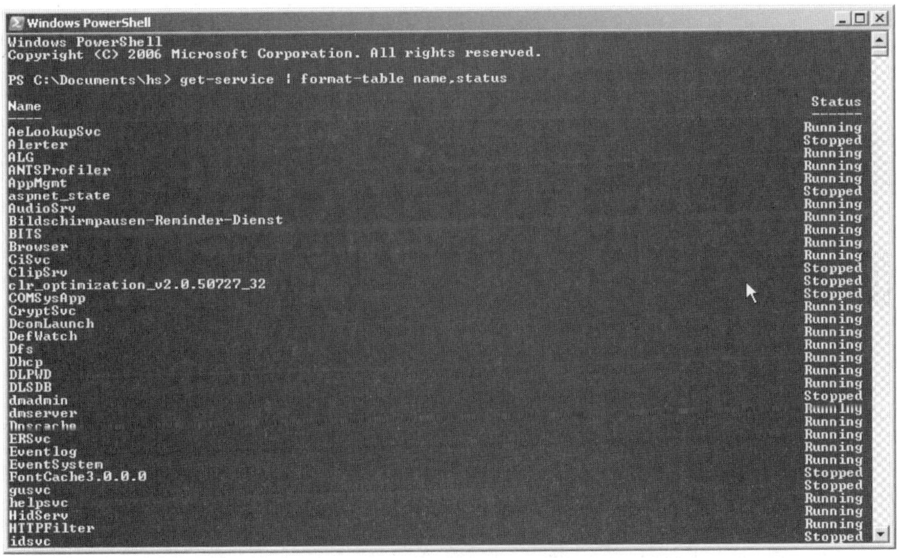

Bild F.1 *Ausgabe des Befehls*

3. Zum Fernaufruf verwendet man `Invoke-Command` (seit PowerShell 2.0). Darin einbetten kann man den `Dir`-Aufruf mit dem `Filter`-Attribut.

```
Invoke-Command -computer PC171, PC172, PC173 -script { dir c:\temp -Filter
"*.txt" }
```

4. Der Befehl ist `New-Object`, wobei der Parameter `-com` zusammen mit dem Klassennamen anzugeben ist, z.B.

   ```
   New-Object -com "Scripting.Filesystemobject"
   ```

5. Die Lösung ist der Pipeline-Befehl:

   ```
   Get-Childitem c:\windows\system32 -filter b*.* | Where-Object {$_.Length -gt
   40000} | Group-Object Erweiterung | Sort-Object count -desc | Select-Object
   -first 1 | Select-Object group | foreach {$_.group} | Select-Object
   name,length | Format-Table
   ```

G Abkürzungsverzeichnis

Abkürzung	Bedeutung
ACE	Access Control Entry
ACL	Access Control List
AD	Active Directory
ADB	Active Directory Browser
ADO	ActiveX Data Objects
ADO.NET	ActiveX Data Objects .NET
ADODB	ActiveX Data Objects Database
ADOMD	ActiveX Data Objects Multi Dimensional
ADOX	ActiveX Data Objects Extensions
ADS	Active Directory Service
ADSI	Active Directory Service Interface
ADTG	Advanced Data Tablegram
AKM	Active Knowledge Module
ANSI	American National Standards Institute
API	Application Programming Interface
AppDomain	Application Domain
APPID	Application Identifier
ASCII	American Standard Code for Information Interchange
ASP	Active Server Pages
ASP.NET	Active Server Pages .NET
AssemblyRef	Assembly Reference

Abkürzung	Bedeutung
ATL	Active Template Library
AUO	Active User Objects
BCL	Base Class Library
BIOS	Basic Input/Output System
BLOB	Binary Large Object
BOF	Begin Of File
C#	CSharp
CAS	Code Access Security
CATID	Category Identifier
CBF	Code Behind Forms
CCM	Change and Configuration Management
CCW	COM Callable Wrapper
CD	Compact Disc
CDO	Collaboration Data Objects
CDOEX	CDO 3.0 for Exchange 2000
CDOEXM	CDO for Exchange Management
CDONTS	CDO for NT Server
CDOSYS	CDO System (CDO 2.0 for Windows 2000)
CDOW2K	CDO 2.0 for Windows 2000
CDOWF	CDO Workflow Objects for Microsoft Exchange
CIM	Common Information Model
CIS	COM Internet Services
CLB	Component Load Balancing
CLI	Common Language Infrastructure
CLR	Common Language Runtime
CLS	Common Language Specification
CLSID	Class Identifier
CMIP	Common Management Information Protocol
CN	Common Name
COM	Component Object Model
COM+	Component Object Model Plus
CORBA	Common Object Request Broker Architecture
CR/LF	Carriage Return/Line Feed
CSV	Comma Separated Value
CTS	Common Type System
DACL	Discretionary Access Control List
DAO	Data Access Object
DAP	Directory Access Protocol
DAV	Distributed Authoring and Versioning

Abkürzung	Bedeutung
DB	Datenbank/Database
DBMS	Datenbank-Managementsystem
DC	Domain Controller oder Domain Component
DCE	Distributed Computing Environment
DCO	Domino Collaboration Objects
DCOM	Distributed Component Object Model
DFS	Distributed File System
DHCP	Dynamic Host Configuration Protocol
DHTML	Dynamic Hypertext Markup Language
DISPID	Dispatch Identifier
DLL	Dynamic Link Library
DML	Data Manipulation Language
DMO	Distributed Management Objects
DMTF	Desktop Management Task Force
DN	Distinguished Name
DNA	Distributed interNet Application Architecture
DNS	Domain Name Service
DOM	Document Object Model
DOS	Disc Operating System
DSN	Data Source Name
DSO	Decision Support Objects
DTC	Design Time Controls oder Distributed Transaction Coordinator
DTD	Document Type Definition
DTS	Data Transformation Service
ECMA	European Computer Manufacturers Association
EJB	Enterprise Java Beans
EOF	End Of File
EOS	End Of Stream
ESATE	Exchange Script Agent Test Environment
EXE	Executable (ausführbare Datei)
FCL	.NET Framework Class Library
FMTID	Format Identifier
FQDN	Fully Qualified Distinguished Name
FSMO	Flexible Single Master Operation
FSO	File System Object
FTP	File Transfer Protocol
GAC	Global Assembly Cache
GAL	Global Address List
GC	Garbage Collector oder Global Catalogue

Abkürzung	Bedeutung
GDI	Graphics Device Interface
GPMC	Group Policy Management Console
GPO	Group Policy Object
GUI	Graphical User Interface
GUID	Global Unique Identifier
HKCR	HKEY_CLASSES_ROOT
HKCU	HKEY_CURRENT_USER
HKLM	HKEY_LOCAL_MACHINE
HTA	HTML Application
HTML	Hypertext Markup Language
HTTP	Hypertext Transfer Protocol
HTTPS	HTTP over SSL
ICMP	Internet Control Message Protocol
ID	Identifier
IDE	Integrated Development Environment
IDL	Interface Definition Language
IE	Internet Explorer
IID	Interface Identifier
IIS	Internet Information Server
IL	Intermediation Language
IMDB	In-Memory Database
IO	Input/Output
IP	Internet Protocol
IPC	Interprocess Communication
IPID	Interface Pointer Identifier
IPM	Interpersonal Message
IPX	Internet Packet eXchange
IrdA	Infrared Data Association
IS	Information Store
ISO	International Organization for Standardization
IV	Initialisierungsvektor
J#	JSharp
JUMP	Java User Migration Path to Microsoft .NET
JVM	Java Virtual Machine
LCID	Locale Country Identifier
LDAP	Lightweight Directory Access Protocol
LIBID	Library Identifier
LPC	Local Procedure Call
LRPC	Lightweight Remote Procedure Call

Abkürzung	Bedeutung
MAPI	Messaging Application Programming Interface
MDAC	Microsoft Data Access Components
MDAIPP	OLE DBOLEDB Provider for Internet Publishing
MFA	Multi File Assembly
MIDL	Microsoft Interface Definition Language
MIME	Multipurpose Internet Mail Extensions
MINFU	Microsoft Nomenclature Foul-Up
MIT	Mobile Internet Toolkit
MMC	Microsoft Management Console
MMIT	Microsoft Mobile Internet Toolkit
MO	Managed Object
MOF	Managed Object Format
MOM	Microsoft Operations Manager
MS	Microsoft
MSDN	Microsoft Developer Network
MSDTC	Microsoft Distributed Transaction Coordinator
MSIL	Microsoft Intermediation Language
MTS	Microsoft Transaction Server
NDR	Network Data Representation
NDS	Novell Directory Service
NetBIOS	Network Basic Input/Output System
NGWS	Next Generation Windows Service
NLB	Network Load Balancing
NNTP	Network News Transfer Protocol
NT	Windows New Technology
NT4	Windows NT Version 4.0
NTFS	New Technology File System
NTLM	NT LAN-Manager
O	Organisation
OAEP	Optimal Asymmetric Encryption Padding
ODBC	Open Database Connectivity
OLAP	On-Line Analytical Processing
OLE	Object Linking and Embedding
OLEDB	Object Linking and Embedding Database
OM	Operations Management
OMG	Object Management Group
OMT	Object Modelling Technique
OO	Objektorientierung/objektorientiert
OO4O	Oracle Objects for OLE

Abkürzung	Bedeutung
OpCodes	Operation Codes
ORPC	Object Remote Procedure Call
OSI	Open Systems Interconnection
OU	Organizational Unit
PAB	Personal Addressbook
PC	Personal Computer
PDB	Program Database
PDC	Primary Domain Controller
PE	Portable Executable
PERL	Practical Extraction and Reporting Language
PGP	Pretty Good Privacy
PHP	Personal Home Page Tools
PICS	Platform for Internet Content Selection
ProgID	Programmatic Identifier
QFE	Quick Fix Engineering
RA	Regulärer Ausdruck
RAD	Rapid Application Development
RAS	Remote Access Service
RCW	Runtime Callable Wrapper
RDN	Relative Distinguished Name
RDO	Remote Data Objects
RDS	Remote Data Service
RFC	Request for Comment
RGB	Rot-Grün-Blau-Farbschema
ROT	Running Objects Table
RPC	Remote Procedure Call
RRAS	Routing and Remote Access Service
RSoP	Resultant Set of Policies
SACL	System Access Control List
SCE	Security Configuration Editor
SCM	Service Control Manager
SCRRun	Scripting Runtime-Komponente
SD	Security Descriptor
SDDL	Security Descriptor Definition Language
SDK	Software Development Kit
SFA	Single File Assembly
SID	Security Identifier
SMS	Systems Management Server
SMTP	Simple Mail Transfer Protocol

Abkürzung	Bedeutung
SNA	Strongly Named Assembly
SNMP	Simple Network Management Protocol
SOAP	Simple Object Access Protocol
SOM	Scopes of Management
SP	Service Pack
SPX	Sequenced Packet eXchange
SQL	Structured Query Language
SRP	Software Restriction Policy
SSH	System Scripting Host
SSL	Secure Socket Layer
SSP	Security Support Provider
TCL	Tool Command Language
TCP	Transfer Control Protocol
TDL	Template Definition Language
TOM	Text Object Model
T-SQL	Transaction SQL
TypeLib	Typbibliothek
UCS	Universal Character Set („Unicode")
UDA	Universal Data Access
UDDI	Universal Description, Discovery and Integration
UDL	Universal Data Link
UDP	User Datagram Protocol
UMI	Universal Management Interface
UML	Unified Markup Language
UNC	Universal Naming Convention
UPN	Umgekehrt Polnische Notation oder User Principal Name
URI	Uniform Resource Identifier
URL	Uniform Resource Locator
URN	Uniform Resource Name
UserID	User Identifier
UTC	Universal Coordinated Time
UTF	UCS Transformation Format
UUID	Universal Unique Identifier
VB	Visual Basic
VB.NET	Visual Basic .NET
VB6	Visual Basic Version 6.0
VB7	Visual Basic Version 7.0
VB8	Visual Basic Version 8.0
VB9	Visual Basic Version 9.0

Abkürzung	Bedeutung
Vb10	Visual Basic Version 10.0
VBA	Visual Basic for Applications
VBS	Visual Basic Script
VBScript	Visual Basic Script
VES	Virtual Execution System
VOS	Virtual Object System
VSA	Visual Studio for Applications
VTBL	Virtual Table
W3C	World Wide Web Consortium
W3SVC	Webservice
WBEM	Web Based Enterprise Management
WDM	Win32 Driver Model
WINS	Windows Internet Naming Service
WKGUID	Well Known Global Unique Identifier
WMI	Windows Management Instrumentation
WML	Wireless Markup Language
WPS	Windows PowerShell
WQL	WMI Query Language
WSC	Windows Script Component
WSDL	Web Services Description Language
WSF	Windows Scripting File
WSH	Windows Scripting Host/Windows Script Host
WSHRun	Windows Script Host Runtime-Komponente
WWW	World Wide Web
WYSIWYG	What You See Is What You Get
XDR	XML-Data Reduced
XML	Extensible Markup Language
XMLDOM	Extensible Markup Language Document Object Model
XMP	Extended Management Packs
XPATH	XML Path Language
XSD	XML Schema Definition
XSL	Extensible Stylesheet Language
XSLT	XSL Transformation

H Weiterführende Literatur

H.1 Bücher und Fachartikel

Weitere Veröffentlichungen von Holger Schwichtenberg zum Thema Scripting

[SCH99a] Schwichtenberg, H.: *Objekte im Zugriff: ADSI-Programmierung*. In: iX 2/99. S. 136.

[SCH99b] Schwichtenberg, H.: *Postfächer einrichten: Stapelverarbeitung für Exchange*. In: iX 3/1999. S. 138.

[SCH99c] Schwichtenberg, H.: *Druckkontrolle: Webbasierter Druckmanager*. In: iX 7/1999. S. 138.

[SCH99d] Schwichtenberg, H.: *Bausteine: COM als Basis für NT-Scripts*. In: iX 12/1999. S. 66.

[SCH00a] Schwichtenberg, H.: *Verzeichnisdienste verwalten mit ADSI*. In: basicpro 1/2000. S. 10.

[SCH00b] Schwichtenberg, H.: *Gefährliche Liebesgrüße: Windows Scripting-Viren*: Inside LoveLetter. In: iX 6/2000. S. 16ff.

[SCH00c] Schwichtenberg, H.: *Gezielter Zugriff: Skriptsteuerung des Windows 2000-Verzeichnisdienstes*. In: iX 9/2000. S. 110 ff.

[SCH00d] Schwichtenberg, H.: *Neuester Stand: Neuerungen in VBScript und JScript 5.x*. In: iX 10/2000, S. 118 ff.

[SCH00e] Schwichtenberg, H.: *Microsofts WBEM-Umsetzung: WMI*. In: iX 11/2000. S. 214 ff.

[SCH01a] Schwichtenberg, H.: *Fingerabdruck: Signierte Skripte im WSH 5.6*. In: iX 2/2001. S. 108ff.

[SCH01b] Schwichtenberg, H.: *Nachrichtenkontrolle: Exchange-2000-Webstore-Programmierung*. In: iX 6/2001. S. 124ff.

[SCH01c] Schwichtenberg, H.: *COM-Komponenten-Handbuch*, Addison-Wesley, 2001.

[SCH07a] Schwichtenberg, H.: *Windows Scripting*, 6. Auflage, Addison-Wesley, 2009.

[SCH07b] Schwichtenberg, H.: *.NET 4.0 Crashkurs*, Microsoft Press, 2011.

[SCH08] Schwichtenberg, H.: *Windows PowerShell 3.0 - Praxishandbuch*, Addison-Wesley, 2012.

H.2 Websites

Kürzel	URL	Erläuterung
[CDO00]	*http://www.cdolive.com*	Website zum Exchange- und Outlook-Scripting
[CMS00]	*http://www.componentsource.com*	Sehr großer kommerzieller Anbieter von Komponenten (zum Teil auch für WSH)
[DAR00]	*http://www.winscripter.com*	Scripting-Site von Daren Thiel
[DOM00]	*http://www.w3.org/DOM/*	Informationen zum Document Object Model
[MCO00]	*http://www.microsoft.com/com/*	Microsoft-Website zum Component Object Model (COM)
[MSDN55]	*http://msdn2.microsoft.com/en-us/library/Aa394554.aspx*	WMI Schema Class Reference
[MSDN56]	*http://msdn2.microsoft.com/en-us/library/system.management.aspx*	Dokumentation zum .NET-Namensraum System.Management
[MSS00]	*http://msdn2.microsoft.com/en-us/library/ms950396.aspx*	Scripting im Microsoft Developer Network
[MST02]	*http://technet.microsoft.com/en-us/scriptcenter/bb410849.aspx*	Microsoft TechNet Script Center
[PCE07]	*http://www.codeplex.com/PowerShellCX*	Windows PowerShell Community Extensions (PowerShellCX)
[PSCOM]	*http://www.powershell.com*	Community-Website zur PowerShell
[WPS06]	*http://www.microsoft.com/en-us/download/details.aspx?id=34595*	Bezugsquelle für die Windows PowerShell 3.0
[WPS07]	*http://www.powershell-doktor.de*	Deutsche PowerShell-Community-Website, betrieben vom Autor dieses Buchs
[WSS02]	*http://www.windows-scripting.de*	Deutsche Windows Scripting-Site, betrieben vom Autor dieses Buchs

H.3 Newsgroups

Newsserver

Microsoft bietet auf seinem Newsserver *msnews.microsoft.com* einige Diskussionsgruppen zum Windows Scripting an.

```
microsoft.public.de.german.scripting.wsh
microsoft.public.active.directory.interfaces
microsoft.public.inetexplorer.scripting
microsoft.public.scripting.debugger
microsoft.public.scripting.hosting
microsoft.public.scripting.jscript
microsoft.public.scripting.remote
microsoft.public.scripting.scriptlets
microsoft.public.scripting.vbscript
microsoft.public.scripting.wsh
microsoft.public.scripting.virus.discussion
microsoft.public.adsi.general
microsoft.public.wbem
microsoft.public.vb.database.ado
microsoft.public.data.ado
```

Stichwortverzeichnis

Symbols

A

B

C

D

E

H

I

P

Q

R

S

W

X

Y

Z